東洋史研究叢刊之七十三

明代郷紳の研究

寺田隆信 著

京都大学学術出版会

たのではないことを、指摘しておかねばならない。官職が世襲されたが故に、世上には清談が流行し、老荘思想や仏教信仰の影響を受けたが故に、若干の保留条件をつける必要があろうが、士は知識人、教養人でなければならない、学問と教養は士大夫の生命であるとする理念と実践までが、否定されたわけではなかった。(2) 知識人、教養人たるべき士が士として生きるには、経術、すなわち経典の読書と学習の他にはないとする社会通念は、間違いなく継承されたのである。

士大夫＝儒教教典についての学識と作詩作文の能力をもつ者を支配階級と認める理念は、常に同じ制度的裏付けをもっていたわけではない。したがって、時代とともに内実的には変容をともないながら、且つ幾つかの病弊を生みながら、理念そのものは清末まで、ほぼ二千年にわたって存続することになる。彼らの呼称についても、士・士人・士大夫・読書人、時には文人など、多岐にわたるけれども、彼らは一貫して知識人、教養人であった。その資格と条件を身につけてはじめて、彼らは官僚となって政治と文明を担い、権力と名誉を手に入れえたのである。また、その身分と地位が最も確実な致富の手段であったこと（陞官発財）も、見落されてはならない。

このように、士大夫あるいは官僚がすべての局面において、庶民に対して優位に立ちえたのは、ただただ彼らが知識人、教養人であったからに他ならない。そして何よりも、その身分は生まれつきのものではなかった。ただ、前述のとおり、官職の世襲が行われた時期があったのは事実であるが、それが常態として永続することはなかった。南北朝につづく隋唐以後、とくに科挙が制度化されるとともに、士大夫つまり支配階級の構成員たる資格は、個人の学問的・道徳的能力、人格の優秀性をもとに決定されねばならないとする、本来の考え方があらためて確認され、唐末宋初に貴族が没落して、官職の世襲制が完全に消滅すると、二〇世紀の初頭、清末に至るまで、それが復活することはなかった。この時代においても、士庶の区別は厳存したけれども、建前的にいえば、それは個人の能力と努力によって越えられる一線と、理解されていたはずである。

科挙の制度は宋代にはいると、皇帝独裁体制の確立と対応して、一段と整備された。科挙は官僚任用の権限を皇帝の手中におさめ、個人の能力にもとづいて官僚候補者を選抜しようとする制度であり、明清時代まで基本的に維持されたが、皇帝直々の選抜試験に合格して官僚となった士大夫が、強烈なエリート意識の持ち主となったのは当然であったろう。しかも、その身分と地位と特権が、門閥などという先天的條件によって与えられたのではなく、自ら努力して身につけた学識と教養にもとづくとする自覚は、ますます彼らの自尊心をたかめたはずである。彼らは誇りたかい選良であり、庶民の指導者・支配者たる官僚として、天下国家の運命は自分たちの双肩にかかっていると自負したのであった。

これら新官僚の代表者の一人として范仲淹（九八五〜一〇五二）がいて、つぎの言葉をのこしている。「士は当に天下の憂に先きんじて憂い、天下の楽しみに後れて楽しむべし」（范文正公集巻七・岳陽楼記）であるが、彼の自負と気概と責任感を率直にいいあらわしたと理解できるであろう。自己一身のあり方は、そのまま天下国家の盛衰にかかわり、「万世のために太平を開く」（張横渠の語・近思録巻二）ことこそ、われわれの責務であるとするのが、彼らの共通の認識であった。

こうした崇高な理念と自覚は、多少の形骸化・希薄化をともないつつ、後世に受け継がれて行く。科挙が実質的に実施されなかった元代はともかく、つづく明代には、范仲淹のと同じ趣旨の発言が幾つも記録されている。一証を挙げると、明末清初の動乱期を生き、顧炎武生涯の親友であり、「帰奇顧怪」と併称された帰荘（一六一三〜七三）は、生涯、生員、いうなれば、制度的には最下層の知識人に甘んじた人物であるが、つぎのように語っている。「余嘗て謂う。士大夫は仕えれば則ち当に一方に益有るべく、郷に居れば則ち当に桑梓に補有るべし」（帰荘集巻四・晉疆紀事稿本跋）、と。帰荘は当然、自らを士大夫の一員と意識したうえで、官場にあっても郷里にいても、士大夫たる者、それぞれに裨益するところが無ければならない、と説くのである。

六百年以上の歳月を隔てながら、進士である范仲淹と生員にとどまった帰荘との間に、士・士大夫のあり方について、それほど大きな見解の差異は認められない。しかも、同類の認識は、のちに紹介するとおり、数多くの実例をもって証明することができる。萬暦三二年（一六〇四）に顧憲成（一五五〇～一六一二）らの手で復興再建され、講学の場であるとともに、やがて東林党とよばれる、救世救国をめざす政治結社の本拠となった東林書院に、「風声、雨声、読書の声、声々は耳に入る」、「家事、国事、天下の事、事々に関心す」の対聯[3]が掲げられていた事実からも、そこに結集した士大夫たちの、天下国家への熱い思いはうかがえるであろう。

さて、本書が主題とする郷紳は、これら士大夫の系譜につらなる人々である。彼らは「在郷の縉紳」として郷紳と称せられたが、後述するとおり、科挙と学校制度をつうじて生み出され、明代中期から清代にかけて、とくに存在が注目される階層であった。ちなみに、郷紳という用語が文献にあらわれるのは、明代中期以降のことである。彼らは取得した身分や地位、それに附随する特権を与えられ、それらを背景に、時として「縉紳の横」と批判される反政府的・反社会的な不法・不正行為を働くことがあった。その一方、郷里すなわち本籍地に住み着き、名望家として、また有識の地域指導者として活動するかたわら、慣習的に期待された社会的責務である教化・慈善・救済・調停・治安維持などにも任じた。附言しておくと、後に触れるとおり、旧中国が屢々、国家と地域社会の二重体制と看做されたのは、こうした活動と無関係ではない。

これと関連して、郷紳の存在がこの時期に注目されるようになった理由については、つぎの諸点が指摘できる。その一は、趙翼が「宋時の士大夫は本籍に帰らず」（陔餘叢考巻一八）と、一五例を挙げて説明するとおり、退任後も任地などに寄居することの多かった宋代の官僚とは違い、賜暇あるいは退任にあたって、郷里に帰るのを常とした明代官僚の生き方である。その二は、明清時代の科挙が学校制度を包括し、科挙の第一段階である郷試の受験資格を、県学や府学の学生すなわち生員のみに与え、彼らを終身の身分と定めた処置である。生員より上位にある監生や挙人が、同様に扱われたのは、いうまでもない。科挙の最終合格者として任官する進士は当然、宋代以来、終身の資格を認められていた。

その三としては、これら終身の特権的身分や資格の所有者の増加を挙げねばならない。ただ、科挙の合格者である挙人と進士については、三年に一度、それも限定的に増える程度にすぎないが、本来、学生である監生と生員の増加は、これとは比較にならないほど急激であった。とくに生員の数は、顧炎武の計算によると、宣徳七年(一四三二)の三万から、二百年後の明末には五十万人に達したという(4)。生員は地元学校の学生であり、出身地の居住者であったから、その増加は必然的に、身分的に庶民と区別される「在郷の縉紳」の増加と結びつかざるをえない。この事実こそ、郷紳の存在が世上の注目を浴びるにいたった、最大の理由であった。

郷紳に対するわが学会の関心は、必ずしも新しいとはいえず、すでに明治の中頃には、これに論及する研究者(5)がいた。そして、戦後の一時期、郷紳は明清史研究の最も主要な課題であった。したがって、数々の業績が蓄積されており、あらためてこの問題を考察するのは、今更ら何をの感もなくはなかろうが、なお若干の独自性を主張しうる余地も残されているように思われる。というのは、本書を構成する幾つかの章節は、かつて単独の論文として発表しており(6)、古いものは一九七〇年代に遡るが、それらの執筆に際して、筆者の念頭にあったのは、郷紳概念を制度的に明確化するとともに、彼らの生き方に光をあて、一般論としてではなく、その常在的・具体的な生活実態を明らかにする、事例研究を目指したいとの思いであった。郷紳とよばれる階層がどのように成立し、固有の存在となったのか、彼らが日々何を考え、どのように生活し行動したのか、その実像を提示する必要性の認識であった。また、そうすることをつうじて、様々の角度から試みられた既往の研究との接点を求め、歴史的存在である郷紳への理解をより深められるのではないか、そうした期待もなくはなかった。

今、幾編かの書きおろし部分を加え、右のような年来の願望を継承し実現すべく、管見を披露しようというのが、本書の目的である。既に発表した各節については、できるだけ重複箇所を整理して、研究書としての統一性を保ちたいと考えたが、充分にその意が達せられたとは、いい難いかも知れない。また、対象とした時代が明代に特定され、他に論ずべき幾つもの問題を残しているであろうことも含めて、読者各位の海容をいただければ幸甚である。

なお、科挙といえば普通、常に文科挙を指すが、これとは別に、武官選抜のための武科挙もあった。しかし、両者は全く目的と性質を異にし、その社会的意義も同日に語るべきではないため、武科挙に関わる問題には、一切触れずにすませることを附記しておきたい。官界における武官（武生員・武挙人・武進士）の地位は極めて低く、世人の尊敬をうけず、歴史的にはほとんど顧みられない存在であった。要するに、武官は士大夫として扱われなかったのである。人数的にみれば、文官とほぼ同数であったろうが、武官の存在感は、とうてい文官に太刀討ちできるものではなかった。

補注

（1）宮崎市定・九品官人法の研究（全集第六巻・四四五頁）
（2）森三樹三郎・六朝士大夫の精神（同朋舎・三頁以下）
（3）王明・晩明社会変遷問題与研究（商務印書館・四八〇頁）。なお、同書には、顧文璧・東林〝三声三事〟名聯的来歴和作用問題（東林党学術研討会・薛福成学術研討会論文資料集）が紹介されているが、未見。
（4）日知録巻一九・生員額数、亭林文集巻一・生員論上
（5）内藤湖南・清朝改革難（全集第三巻）。この論説は一九〇一年（明治三四）九月に発表されている。
（6）既発表部分については、巻末の「寺田隆信著作目録」に載せた当該論文に＊印を付して明示してある。

目次

明代郷紳の研究

第一章　郷紳の登場

第一節　郷紳とは何か

一

「郷紳」という用語は、すでに宋代の文献にあらわれるともいわれるが、それが史料用語として定着するのは、明代、とくに、その中期以後のことである。この事実は、郷紳の存在がこの時期以降、政治的・社会的に注目されるようになったことを反映するであろう。郷紳とは「在郷の縉紳」を意味するが、縉紳（紳士）階層の存在を確認し、その歴史的役割に注視するところから、研究ははじまった。

日本の学界において、郷紳に対する関心は古くから存在し、一部の学者やジャーナリストたちの間で、それは旧中国社会の性格を理解するための重要な課題であると認められてきた。ところが、一九六〇年代になると、これとはまた別の関心から出発した郷紳研究がはじまり、一時期、明清史の最も主要なテーマとなったといって差し支えない。その主役を演じたのは、たとえば、広義の賦役制度史をつうじて「郷紳的土地所有」の成立を追求する人々であるが、彼らの間には、つぎのような共通の結論的認識があったように思われる。

すなわち、十六・七世紀＝明末清初期の国家権力は、郷紳的土地所有の展開に起因する里甲制の解体、換言すれば、明初に創設され維持されてきた、税役徴収と共同体的再生産のための機構の崩壊に対応して、郷紳的土地所有の展開に一定の制限を加え、右の機構を新たな形で再編制しつつ、窮極的には郷紳的土地所有を容認する。そして、国家は、この段階において、郷紳の利害を体現する権力機構となるのである、と。

要するに、郷紳の問題を土地所有や国家論と結びつけて論じようというわけであるが、そこにおいて、「郷紳とは何か」について言及されることは、ほとんどなかった。したがって、用いられる郷紳概念は、問題提起の意味を含むとはいえ、なお共通の理解を欠いており、概念の独り歩きが目立ったといわざるをえない。

もっとも、一部に「郷紳」についての規定がなされなかったわけではない。たとえば、郷紳とは、現任・賜暇・退任を問わず、官僚就任の経歴をもつ者の郷里における呼称であり、それをもたない挙人以下、監生・生員などを士人として、両者を区別して扱おうとする見解(1)がある。当然のことであるが、それを裏付ける文献的証拠も提示されているから、こうした見解を一概に否定することはできないが、私見によれば、それは狭義の郷紳を指すにとどまるであろう。

以上のように、「郷紳」という用語は、日本の学界において、学術用語として定着した感があるが、それについての理解は、必ずしも一致しているわけではない。こうした状況に対し、筆者は、郷紳を「在郷の縉紳」として広義に理解すべきであると考える。附論に明らかなとおり、筆者の調査によると、「縉紳」は明代の文献にあらわれる同類の用語のなかで、圧倒的に多く使われているが、その意義は、明末の人である陳継儒が、その著書羣砕録で説明するところによれば、つぎの如くである。

「縉紳は笏を紳に插すを謂う。紳は大帯なり、搢は插すなり。今は縉に作る。縉は帛の赤色」

つまり、「縉紳」とは、礼装した時、笏を大帯にさしはさむのを許された人、転じて、官位があり、身分のたかい人のことである。かって官僚は笏を帯にはさんでいたから縉紳とよばれたが、監生や生員も官僚なみの礼遇を与えられていたから、それに含めても差し支えないはずである。とするならば、「郷紳」とは、郷里に在住する、官位あり、身分のたかい人を指す用語でなければならない。これが当時の言語感覚であったはずである。だから、これを任官経験者のみに限定するのは、そうした使用例があるとはいえ、やや厳密にすぎるといわなければならない。郷紳の語がすべて、そのような意味をもって限定的に用いられていたとは考え難い。

さらに、郷紳については、用語の字義や使用例にとどまらず、それを生みだした制度を含む歴史的脈絡のなかで、常在の具体像が提示される必要がある。それが本書の課題であるが、まず、明末当時の用語としての「郷紳」は、生員・監生・挙人・進士などの身分乃至資格をもち、郷里に居住する者の総称であったと、筆者が考えていることを提起しておきたい。

二

郷紳の成立は、筆者の理解するところでは、科挙制度と学校制度に深く結びついている。すなわち、明清時代の科挙制度は、その下に学校制度を組みこんだ点に特徴をもつが、これが郷紳とよばれる階層を生みだす基本的要因であったのである。

郷試―会試―殿試の三段階の試験によって構成された宋代以降の科挙制度は、明代にいたって、その第一段階である郷試の受験資格を、地方の官立学校である府学・州学・県学の学生＝生員のみに限定するとともに、原則として、生員を終身の身分乃至資格と定めた。これにともなって、郷試の合格者である挙人もまた、終身の身分と認められるにいたった。宋・元時代の挙人と違って、明代の挙人が終身の身分となった理由については、よくわからないが、おそらく、生員が終身の身分である以上、一段階上位におかれた挙人も、終身のものとせざるをえない事情があったのであろう。

趙翼が指摘しているように(2)、宋代の挙人は一回かぎりの資格であり、会試あるいは殿試の不合格者が再度挑戦する場合には、あらためて郷試からスタートしなければならなかった。だから、郷試の合格者である挙人が、その身分乃至資格において、社会的に一つの階層を形成することは不可能であった。元代においても、事情は同じであった。

ところが、明代の挙人は、生員との関連もあって、その地位を公的に認められ、終身の身分であり資格となった。挙人はすでに学校との関係をはなれていたから、学業について何人の監督もうけず、会試と殿試に合格して進士にならなくても、その身分のままで官職につくことができた。だが、何らかの理由で官界にすすまなかった人々は、科挙および学校制度が原則とした本籍地主義にもとづいて郷里に居住し、その権威は生員のそれをはるかにうわまわった。挙人になると、官位をもたなくても、どのような扱いをうけるかは、顧公燮の消夏閑記摘鈔巻上の「明季紳衿之横」などによって明らかである。

これに対して、生員は学校の学生であった。彼らは制度の原則にしたがって本籍地の学校に在籍したが、学生である故に、教官たちの監督をうけ、そのままでは官職につくことはできなかった。しかし、科挙の受験資格の所有者として、官僚に準ずる礼遇を与えられ、あくまで庶民とは区別される存在であった。彼らには、法律で定められた、つぎのような儀礼的・司法的・経済的な特権が認められていたが、自己の勢力を悪用して、非合法の利益を享受する者も多かった。

一、郷試の受験資格を所有すること。

二、貢生として国子監に進学すること。

三、九品官相当の服装を着用すること。官僚に準ずる人格として軽々に逮捕監禁されないこと。（礼の適用をうけ、「刑は大夫に上さず」の実践である）

四　本人に課せられる徭役を免除されること。（明代の規定では二丁分＝この特権こそ士と庶をわかつ境界である）

かくして、終身のものとしての挙人あるいは生員の身分乃至資格をもつ人々が、科挙制度と学校制度のなかから、新しく誕生することになった。彼らは、制度の原則にしたがって本籍地に居住した。また、彼らのまわりには、賜暇・退任などの理由で郷里に帰った官僚経験者たちがおり、国都の国子監をはなれて帰郷中の学生＝監生があった。彼らは、いずれも、その身分あるいは資格において、庶民とは区別される人々、つまり「縉紳」であった。そして、これらの、生員・監生・挙人・進士などの身分乃至資格をもち、郷里に在住する人々によって、「郷紳」＝「在郷の縉紳」が形成されたのである。

以上にみるとおり、郷紳を制度的に生みだし、存続させたのは、明清時代の科挙制度と学校制度であった。郷紳の存在が明清時代にとくに注目されるのは、右のような制度的条件があったからに他ならない。したがって、郷紳の問題は、まず、科挙制度と学校制度を明らかにするところからはじめるべきである。殊に、当代に特有のものであり、人数的にも大半を占めた生員と監生の実態を知る必要があるであろう。ということは、彼らはともに学校の学生であるから、学校制度が考察されねばならないことを意味する。

三

科挙は取士、つまり高等文官の資格試験の制度であり、学校は養士、つまり教育の機関であって、両者は本来的に、その目的を一にしていたわけではない。とはいえ、科挙制度に学校を包括すること、あるいは、学校をたんなる教育機関にとどめることなく、積極的な取士の機関にしようとする試みは、明代にはじまったわけではない。たとえば、その試みの一つとして、煕寧元年（一〇六八）、王安石によって実施された「三舍の法」（舍法）をあげることができるが、それを制度的に定着させたのは、明代以降のことである。科挙と学校の関係は、明史巻六九・選挙志に、つぎのように要約されている。

「科挙は必ず学校に由る。而して学校より起家するには科挙に由らずして可なり。学校に二あり。曰く国学、曰く府・州・県学。府・州・県学の諸生の国学に入る者は、乃ち官を得べし、入らざる者は得る能わず」

科挙の受験者は学校の学生に限定されたが、別に、国学（国子監）の学生（監生）には、科挙をへずに任官できる途が開かれていたのである。

中国においては、歴代、取士の制度については、さまざまの方策が考えられ、実施されてきたが、養士の制度については関心がうすく、国立の学校もあるにはあったが、ほとんど有名無実の存在であった。こうした状況のなかで、明代の科挙が養士の機関である学校を制度的に組みこんだことは、取士と養士を結合させたもので、その意義は重視さるべきであろう。もし、これが有効に作動したならば、大きな成果をおさめたと思われるが、事態は、そのようにはならなかった。

結論的にいうならば、政府の熱意不足と教官に人材をえなかったなどの理由により、学校は養士の目的を全くはたさず、いたずらに、教育を科挙に隷属させる役割を演じたにすぎない。学校は、科挙の予備段階としてのみ存在することになり、本来の使命は忘れ去られてしまったのである。しかし、学校が科挙と直接関わりをもったことは、旧中国社会に科挙がもった意義との関係から、これを無視することはできない。教育的にはともかく、学校は、社会的・政治的に重大な役割をになうことになる。

明代の学校は、明史のいうとおり、二種類あった。国子監と府・州・県学である。前者は国立の中央大学、後者は国立の地方学校である。その制度的変遷を概観すると、およそ、つぎのとおりである。

国子監は、建国に先きだって、乙巳年（一三六五）に創設され、当初、官僚養成機関としての性格をつよくもっていた。殊に洪武年間において、国子監は代表的な官僚養成機関として、科挙以上の役目をはたし、多数の人材を官界におくりこんだ。(3) 明初—洪武から永楽にかけての有力な政治家には、監生の出身者が多い。

ところが、洪武十七年（一三八四）に科挙が再開され、以後、三年に一度、定期的に行われるようになると、国子監は唯一の官僚養成機関ではなくなった。また、官僚の任用について、科挙が重視され、その合格者である進士が進出してくるにともなって、国子監は、その地位を失っていった。やがて、監生のなかからも進士となって任官する者がでるようになると、国子監は科挙制度の下風に位置付けられることが多くなった。

それにもまして、国子監と監生の立場と権威を低下させたのは、景泰年間（一四五〇～五六）に、生員の捐納入監を認めたことであった。(4) しかも、のちには、生員でなくても、納銀さえすれば入監を許可するにいたって、創設の意義は完全に失われてしまった。王錡（一四三三～九九）の寓圃雑記巻五・監生五途には、旧制では監生となるのに二つの方途しかなかったのに、今や五途に増加しているとある。これをうけて、謝肇淛の記すところによ

[5]ると、明末の監生のうち、七〇パーセントは捐納入監者であったという。清代になると、この割合はさらに上昇したとされる。

国子監は、はじめ南京に、ついで永楽遷都ののちには北京にも設けられた（清代は北京のみ）。吏部によって任命された祭酒・司業・博士などの教官があり、彼らの監督のもとで、学生＝監生は厳しい勉学生活をおくり、何段階かの試験に合格したのち、官職を与えられることになっていた。監生は府・州・県学の学生である生員からとくに選抜された者（貢監生）と、二・三の特例によって入学を認められた者によって構成された。後者の代表が捐納による者（例監生）である。彼らは生員以上の身分と認められ、生員の享受する諸権利はもちろん、その他の特権を附与されていた。その最大のものは、所定の学業を修了すると、吏部の議叙によって官職を授けられる権利である。

地方の国立学校である府学・州学・県学は、国子監よりおくれて、洪武二年（一三六九）に創立された。府・州・県学は全く同格で、統属関係をもたず、その名称は教官と学生の員数を定める規準にすぎない。府学には教授一員と訓導四員、州学には学正一員と訓導三員、県学には教諭一員と訓導二員がおかれ、知府・知州・知県の提調のもとで教育に任じた。

その学生が生員で、俗に秀才ともよばれたが、いわゆる童試（入学試験）の合格者であり、本籍にしたがって、当地の各学校に入学を許された。学生の定員は、府学四〇名、州学三〇名、県学二〇名で、毎月廩米として米六斗が支給されたが、その反面、厳しい学規のもとに管理される定めであった。洪武十五年に発布された「禁例」[6]十二条のうち、生員に直接かかわる部分は、つぎのような内容をもっていた。

「生員は自家に関係する大事以外について、軽々しく役所に訴えてはならない。

生員は父母が非違を行った場合、再三やめるよう懇願し、父母を罪におとしいれるような不孝の行為があってはならない。

地方の利害については、すべての人に建言を許すが、生員にだけは、これを許さない。

生員は教官を尊敬し、真面目に学業に精励しなければならない。」

要するに、生員はあくまでも学生であり、みだりに訴訟をおこしたり、政治の得失を論じたりすることなく、一意専心、学業に励むことを期待されていたのである。そして、生員は、郷試に合格して挙人になるか、貢生として国子監に入学するか、あるいは処分をうけて学籍を剥奪されないかぎり、終生の身分を認められた。

明朝の生員対策は、この「禁例」によって確立し、一代をつうじて、これにもとづく生員の統制が実行された。生員の政治的発言乃至行動を厳しく取締り、彼らを忠実且つ従順な知識人として育成し、そのなかから官僚を選抜して、王朝の支配体制を安泰たらしめようとしたわけである。しかし、科挙のみを重視する歴代の弊風はあらたまらず、学校教育の実はあがらなかった。生員は学校に在籍するのみで、学業は科挙の合格を目的とする形式的な受験勉強に堕する一方であった。しかも、生員は王朝の期待どおりに行動せず、屡々、激しい政治活動を行い、中央あるいは地方の政治への批判を繰り返したばかりでなく、与えられた地位と特権を悪用して、庶民に危害を加えることも多かった。

こうした弊害が表面化した時、生員の行動を規制するため、「禁例」はいつも持ちだされた。また、政府は正統元年（一四三六）以後、提学官を設けて、府・州・県学に対する監督を強化し、教育目的の達成に努めた。だが、その効果はなく、養士と取士を統一した理想的な制度は、ついに充分な機能を発揮することなく、王朝滅亡の日を迎えるにいたった。この弊風は、さらに、清朝の時代にまで受け継がれたのである。

四

以上にみるとおり、明代にいたって、科挙制度が学校制度を包含したことを直接の契機として、その身分乃至資格を国家によって公認され、庶民とは区別される一群の人々が生みだされた。これが広義の、本来的な意味での「郷紳」なのである。

ところで、郷紳の存在が政治的・社会的に注目されるようになったのは、その数、とくに生員や監生の数が、時代とともに増加したことと関係する。すなわち、挙人や進士はいくら増えたといっても、三年に一度、多くても数千人、数百人の単位で増えるにすぎないが、生員や監生の増加は、これとは比較にならないほど急速であった。郷紳の存在が時代的関心の対象となり、明清時代に固有の現象と認められるのは、何よりも、監生と生員の増加に起因する。

前述のとおり、監生は、府・州・県学から選抜された者（貢生あるいは貢監）と、挙監・廕監・例監など、二・三の特例によって入学を許可された者とで構成されたが、国初において、その主体をなしたのは貢生である。彼らは地方の各学校からおくられた学生であるが、それには額数があった。たとえば、洪武十六年の規定では、各学は毎年一名であったが、洪武二十一年には、府学は一年に一名、州学は二年に一名、県学は三年に一名と改められた。その後も多少の変動があったが、正統六年（一四四一）にいたって、府学は一年に一名、州学は三年に二名、県学は二年に一名となり、これが定例となったようである。(7) だから、府州県の数がわかれば、年間に誕生する貢生の数もわかるはずである。

明代における府州県の設置数については、洪武三年のものとして、[8]府が一二〇、州が一〇六、県が八八七、合計一一一三とする記録がある。また、弘治元年（一四八八）には、府が一四七、州が二七七、県が一一四五、合計一五六九であったという記録もある。[9]（その後、明末にいたるまで、この数字に増減はほとんどなかった）いま、弘治元年の府州県数と、正統六年の額数によって、一年平均の貢生数を計算すると、府学から一四七名、州学から一八五名、県学から五七三名、合計九〇五名となる。毎年ほぼ一千名程度の貢生が生まれていた勘定である。

さらに、景泰年間以後、辺防の充実や饑饉の救済を目的として、納馬・納草・納粟・納銀による入監の例が開かれるにおよんで、監生の数は増加する。いわゆる例監生であるが、はじめ、生員にだけ認められていた捐納入監が、一般庶民にまで拡大されると、増加の勢いは一段と加速された。ただ、捐納入監は臨時的なもので、額数が決まっていたわけではないから、実態を把握するのは難しいが、実録成化十一年十月丙申の条には、納粟入監者が一千五百余人にのぼったとあり、南廱志巻十五・儲養考によると、成化二十年十月から二十二年五月にかけて、納粟入監者は六・七千人の多きに達したとある。明朝の財政悪化とともに、例監生の数は一層多くなったと考えられるが、清代、雍正年間（一七二三～三五）には、広東省の潮陽県だけで、例監生が千三・四百人もいたとする記録[10]がある。清代、とくに中期以後、監生の大部分は例監生であったと思われる。

監生は、本来、北京あるいは南京の国子監に在学し、厳しい学規のもとで勉学すべきものとされ、特別の理由がなければ、帰郷を許されなかった。ところが、正統（一四三六～四九）の頃から、いろいろな口実をもうけて入監せず、郷里にそのまま居住する者があらわれた。また、一旦入監した者でも、監生の数が増え、官職につくまでの期間がながくなると、郷里に帰って聴選するようになり、政府の側でも、財政的見地から、これを認めることが多くなった。明代中期には、入監から官職を授けられるまでに、十数年から二十数年もかかる状況となったから、監生の帰郷はますます普遍的となった。成化・弘治年間における在監監生と回郷監生の比率は、およそ、三対七であったといわれている。[11]

これらの回郷監生は、科挙に合格して進士となった者、ながい待機ののち、教職などの卑官に任ぜられた者のほか、その大部分は、監生の身分のまま郷里に根をおろし、ふたたび国子監にはもどらなかった。とくに、例監生の場合には、そうした例が著しい。彼らは庶民とは区別される身分の所有者であり、与えられた特権に守られて、社会的・経済的な勢力を築き、郷紳層の形成に大きな役割を演じたのである。

これに対して、生員は地方学校の学生であり、本来的に郷里の在住者であった。当然、生員についても定員が決まっており、洪武のはじめには、京師の府学が六十名、他の府学が四十名、州学が三十名、県学が二十名で、彼らには、毎月、廩米六斗が支給された。その後、生員の増額が認められることもあったが、それは不定期のことであり、その額も少数であった。

ところが、宣徳三年（一四二八）に、増額すべき生員の定数を決め、これを増広生員と名付け、旧来の生員と同数にすることになった。制度上、この時点において、生員の定数は二倍になったわけである。[12] 旧来の生員は、廩膳生員とよばれ、ひきつづき廩米を支給されたが、増広生員（増生）には廩米の支給はなかった。ついで趙翼の説では正徳年間に、[13] 生員の数をさらに増加することになり、廩膳・増広生員のうしろに附して、これを附学生員と称するにいたった。附学生員（附生）には定員がなかった。かくして、三種類の生員ができたわけで、附生・増生・廩生は、生員のなかのクラスと認められ、成績によって上下するものとなった。

ところで、常時、どのくらいの生員がいたかを知ることは、理論的には可能であるが、実際的には非常に困難である。何故ならば、附生の数は不明であり、各学校の定員が、一回の童試の合格者数なのか、それとも、明確な定員として欠員がなければ入学できなかったのかどうか、また、童試がどのくらいの頻度で行われたのか（清代では三年に二度）、などの諸点がわからないからである。

それはともかく、顧炎武のいうところを紹介すると、宣徳七年（一四三二）に、天下の生員は三万あまりであったが、二百年後の明末の頃には五十万をくだらなかったとある。[14]その原因は、上述のような定員の増加と、捐納あるいは関節（贈賄）によって生員になる事例が多発したからである。明末に五十万を数えた生員のうち、七・八〇パーセント、つまり三十五万乃至四十万が捐納と関節による生員であったという。

実録萬暦三十三年八月癸卯朔の条によると、江西の学校数は約九十、学生数は数万、生員をめざす受験生（童生）は十数万もいたとある。また、葉夢珠の記す[15]ところでは、明末＝崇禎の頃、上海県学では、三年に二度の試験を行い、七十名くらいの合格者をだしたが、童生は常に二・三千人をくだらなかったという。そして、朱国楨の湧幢小品巻十一・雍政には、府・州・県学のうち、大きなものは生員一・二千人を擁し、小さいものでも七・八百人、二・三百人しかいないのは下県窮郷の学校であったとする記述がある。おそらく、萬暦末年（一六〇〇年代）の状況を伝えたものであろう。

なお、参考として、張仲礼が清代の生員数として示す数字[16]は、太平天国以前の時期（十九世紀前半）において約五十三万、以後の時期（十九世紀後半）には、やや増えて約六十四万である。明末に顧炎武が提示した五十万と、それほど大きな差はない。

五

九六〇年、中国近世の幕あけを告げる宋朝の成立を契機として、唐末・五代の戦乱によって、すでに没落した貴族たちに代って、士大夫あるいは読書人とよばれる人々が、新しい時代の担い手として登場する。士大夫あるいは読書人とは、世襲の身分でないのを前提とし、文化的には知識人、政治的には皇帝独裁制を支える官僚、その候補者、経済的には地主であるような存在である。ただし、土地の所有は、士大夫であるための必須の条件ではなく、むしろ、その結果にすぎない。

彼らに求められたのは、何よりも学問的教養であって、宋代以後、より一層整備された科挙に合格して官僚となり、体得した学問を政治的実践をつうじて現実化することであった。彼らは経書や詩文を学んでいる故に、政治と文明の営為に参与しうる身分であり、そうでない人間＝庶民とは区別さるべき存在であった。しかし、宋・元時代において、その区別は、なお理念的であり、制度的なものではなかった。

ところが、明代になって、科挙制度が学校制度を包含し、科挙の受験資格が学校の学生のみに限定されたのを契機として、士と庶との間には、制度的な一線が劃されるにいたった。士大夫はまず学生＝生員となることによって、国家の公認する身分となったのである。監生・挙人・進士が、そうであったのはいうまでもない。かくして、郷紳とよばれる階層が社会的に定着する。郷紳の存在が、明清時代に固有のものであるのは、右のような士大夫の制度化に由来するのである。また、筆者が、郷紳の問題を、用語の字義や使用例からだけでなく、制度的な側面からも追求する必要があると述べたのは、こうしたことを考慮したからでもある。

郷紳をどう規定するかは、明清時代の中国社会の基本的理解にも関わるであろう。したがって、郷紳の問題は、制度的側面にとどまらず、さらに、より広く、多角的に論じられねばならない。「郷紳」を確固とした学術用語として鍛えるためには、なお論ずべきことが多いが、郷紳を右のように規定することによって、学業に従事することが権力に近付くことにつながった旧中国社会の実態を、より鮮明に把握できることを、まず指摘しておかなければならない。

とはいうものの、筆者においても、郷紳が完全に一体化した階層であったとみているわけではない。その内部には、国家から与えられた身分や地位による区別があり、彼らの利害が常に一致していたわけでもない。だから、郷紳の内部構成を問題にする場合には、たとえば、挙人と進士のグループと、生員と監生のグループに二分するのが、制度的には適当であろうと考えている。清朝の法制書において、前者は「科挙條例」の、後者は「学政全書」の扱うところである。

附言しておくと、郷紳用語への関心についてみれば、日本や中国におけるよりも、アメリカの学界の方が、より積極的であるように思われる。その全貌を紹介する余力はないが、張仲礼や何炳棣らの業績が知られている。[17] いずれも英文で発表されているが、それらにあって、郷紳はつぎのように定義されている。

張仲礼は郷紳の問題について二書を著している。いずれも清末、十九世紀の中国社会を対象とするが、そこに用いられている Gentry の語は紳士と訳されている。彼の説明によれば、紳士の地位は功名、学品、学銜、官職をつうじて入手されるが、その身分に属する者が紳士集団を構成する。ただし、正途つまり学校および科挙による者と、異途つまり捐納による者との区別があり、正途は生員、挙人、進士の学位もしくは身分の所有者である、と。そして、こうして形成された紳士階層の、十九世紀の中国社会における、さまざまな活動や影響を論じたのが、二書の内容である。

一方、何炳棣は明清時代にみられる社会的流動性の特徴と規模を考察するにあたり、広義の官僚階級（Official Class）は退職官吏、官吏採用予定者、および官吏となる可能性をもつ、ある種の学位保持者を含まなければならないとして、郷紳的階層の存在を想定している。さらに、生員が士人（Scholar ＝ Commoners）であったことは疑いなく、第一段階の学位保持者である彼らは、法律と社会通念によって、庶民のなかでの指導者集団と見做されていた、と主張している。生員は人々から鄭重に「相公」と挨拶されていた事実を指摘してもいる。

張・何両氏の見解には、細部について多少の相違が認められるかと思われるが、一般的に郷紳とよばれる階層の存在と構成に関しては、ほぼ一致しているといえよう。そして、筆者の理解とも、それほど大きな隔りはない。

補注

（1）藤井宏・郷紳（アジア歴史事典・平凡社・一九五九）、酒井忠夫・中国善書の研究（一九六〇）、奥崎裕司・中国郷紳地主の研究（一九七八）など。これらとは別に、儒林外史（第四七回・虞秀才重修元武閣、方塩商大鬧節孝祠）には、郷紳（郷官）・挙人・監生・生員を区別並列した記述もみえる。
（2）陔餘叢考巻一八・挙人。
（3）呉晗・明初的学校（清華学報十五巻一期）。
（4）王圻・続文献通考巻五〇・選挙考。
（5）五雑組巻十五。
（6）実録洪武十五年八月辛巳、萬暦会典巻七八・学校・学規。
（7）萬暦会典巻七七・貢挙・歳貢。
（8）実録洪武三年十二月辛酉。
（9）明臣奏議巻六（馬文升・陳治道疏）。
（10）藍鼎元・鹿洲公案巻上・五営兵食。
（11）谷光隆・明代監生の研究——仕官の一方途について——（史学雑誌七三編四・六号）。
（12）萬暦会典巻七八・学校・儒学・選補生員。
（13）陔餘叢考巻一八・秀才。
（14）日知録巻一九・生員額数、亭林文集巻一・生員論。
（15）閲世編巻二・学校。
（16）Chung-li Chang（張仲礼）: *The Chinese Gentry*（1955）. なお、この書には、他に武生員が二十一万、二十七万いたとある。

（17）Chung-li Chan（張仲礼）：*The Chinese Gentry*（1955）. *The Income of the Chinese Gentry*（1959）。Ping-ti Ho（何炳棣）：*The Ladder of Success in Imperial China*（1962）. この書には、寺田隆信と千種眞一による訳本「科挙と中国近世社会」（平凡社・一九九三）がある。

附論　郷紳用語の使用例

郷紳という用語を定義づける作業の一環として、それが具体的にどのように使用されていたかを、明人の文集によって確かめておきたい。結論として指摘できるのは、同類の用語のうち、明代をつうじて最も広く用いられたのは「縉紳」、ついで「薦紳」の語であるが、「郷紳」は明末から清初、とくに十六世紀以降にあらわれるという事実である。

宋学士文集	（宋濂・至大三～洪武一四）	薦紳・朝紳・郷士大夫・搢紳
劉誠意伯文集	（劉基・至大四～洪武八）	縉紳
清江貝先生文集	（貝瓊・？～洪武一二）	薦紳・搢紳
蘇平仲文集	（蘇伯衡・生没年不明）	搢紳
高太史大全集	（高啓・至元二～洪武七）	薦紳・郷都之大夫士

遜志斎集	（方孝儒・至正一七～建文四）	縉紳・薦紳・儒紳
況太守集	（況鍾・洪武一六～正統七）	紳士・郷耆縉紳・縉紳郷宦・致仕郷宦・紳耆
杜東原集	（杜瓊・洪武二九～成化一〇）	縉紳
沈石田集	（沈周・宣徳二～正徳四）	垂紳
匏翁家蔵集	（呉寛・宣徳一〇～弘治一七）	縉紳・儒紳
祝枝山集	（祝允明・天順四～嘉靖五）	縉紳・郷大夫士
甫田集	（文徴明・成化六～嘉靖三八）	儒紳
王文成公全書	（王守仁・成化八～嘉靖七）	儒士・郷士大夫・縉紳
雅宜山人集	（王寵・弘治七～嘉靖一二）	縉紳
震川先生全集	（帰有光・正徳元～隆慶五）	郷大夫士・薦紳・縉紳
荊川先生文集	（唐順之・正徳二～嘉靖三九）	薦紳・縉紳・郷大夫
海瑞集	（海瑞・正徳九～萬暦一五）	縉紳・郷大夫士
徐文貞三集	（徐渭・正徳一六～萬暦二一）	郷大夫士・薦紳・郷縉紳・縉紳
林次崖集	（林希元・生没年不明・正徳一二年の進士）	縉紳・吾郷大夫士・郷官或生員・郷官或士人・郷宦挙人生員・郷縉紳・薦紳・郷紳・朝紳
容台集	（董其昌・嘉靖三四～崇禎九）	縉紳・薦紳
牧斎初学集・有学集	（銭謙益・萬暦一〇～康熙三）	薦紳・縉紳・衿紳・郷紳・邑紳
梅村家蔵藁	（呉偉業・萬暦三七～康熙一〇）	縉紳・薦紳・垂紳・郷紳
南雷文集	（黄宗羲・萬暦三八～康熙三四）	縉紳・郷士大夫

亭林文集　（顧炎武・萬暦四一〜康熙二一）　薦紳

帰荘集　（帰荘・萬暦四一〜康熙一二）　薦紳・袍紳・縉紳・郷官・紳士・冠紳

堯峯文鈔　（汪琬・天啓四〜康熙二九）　縉紳・薦紳

魏叔子文集　（魏禧・天啓四〜康熙一九）　縉紳先生・郷三老・縉紳・郷大夫・薦紳・垂紳

三魚堂文集　（陸隴其・崇禎三〜康熙三一）　郷紳・書紳・縉紳・郷卿大夫・垂紳・耆老士紳

士人・士大夫などの、一般的に広く知られている用語を除いて、右のように多種多様な用語が使われているけれども、純粋の明人に限っていえば、郷紳の語は林次崖集に見出されるのみである。あとは明末清初を生きた銭謙益・呉偉業・陸隴其らの文集に認められるにとどまる。ちなみに、明実録にはじめて郷紳の語が出てくるのは、萬暦一六年二月庚辰の條である。

このように、明代をつうじて最も頻繁に用いられたのは縉紳の語であり、郷紳は「在郷の縉紳」として十六世紀以降にあらわれる。そして、縉紳は明人陳継儒が説明するとおり、官位があり、身分の高い人を意味するが、その語は古くから使用されていた。たとえば、後漢書巻二二・朱景王杜馬劉傅堅馬伝の論に「遂に縉紳は道塞がり、賢能は蔽壅せ使めらる」とあり、三国志魏書巻二・文帝紀にも「縉紳は六芸を考す」などとある。

また、薦紳についてみれば、史記巻一・五帝本紀の賛に「薦紳先生も之を言うに難し」とあるのを、古い用例として挙げることができるが、徐廣の注には「薦紳は即ち縉紳なり、古字の假借」とある。薦紳と縉紳は同義の語として、漢代以来使われてきた事実が、この注文から明らかとなるであろう。これらとくらべると、郷紳は新造の語といわざるをえない。

それはともかく、これを当代の実状にそくして解説すれば、縉紳および郷紳とは、科挙制度や学校制度をつうじて、公的に認められた特権者のことである。要するに、彼らは知的・道徳的、および人格的な優越性にもとづいて、庶民とは区別される人々であった。そして、郷紳の語が文献にあらわれるのが明代中期、十六世紀以降のことであるとするならば、その頃から、彼らの在郷性が注目されはじめた、その存在が社会的にさまざまな意味をこめて問題視されるようになった、と推定できるのではなかろうか。

第二節　郷紳の研究史

一

郷紳とよばれる社会階層、縉紳・薦紳・儒紳・郷大夫士など、呼称は多様であるけれども、これらと同類の社会的存在である郷紳に対して、わが国の研究者たちはこれまで、どのような関心を示し、生態をいかに把握していたのか。それを知るための最も初期の人物としては、多分、内藤湖南を挙げることができるであろう。彼はすでにはやく、一九〇一年（明治三四）九月、朝日新聞に連載した論説「清朝改革難」（全集第三巻）のなかに郷紳の語を使い、つぎのように記しているのである。

「支那の社会組織は先づ郷党なる者に重きを置かざるべからず。郷党なる者は、大抵同姓親族の発達せる者にして、実に支那社会組織の単位たり、又社会組織の最大団体たるなり。……郷紳なる者は則ち郷党の勢力を代表する者にして、天子の命吏以外に在りて、実際の民心を繋け、実際の統治を掌る」

内藤がここに用いた郷紳の語は、必ずしも明確に定義されてはいないが、中国社会のもつ固有の、基礎的組織である郷党、その代表者、支配者、指導者の意味と理解できるであろう。後年、彼はまた「支那論」（一九一四・全集第五巻）の自叙において、以下のようにも述べている。そこに使われているのは父老の語であるが、郷紳と同義とみて差し支えあるまい。

「此の父老収攬ということは、其の法則の善悪を問わず、人格の正邪を論ぜず、支那に於ける成功の秘訣である。悪人でも悪法でも、此の秘訣を得れば必ず成功する。……支那に於て生命あり、体統ある団体は郷党宗族以上には出でぬ。此の最高団体の代表者は、即ち父老である」

父老の説明[1]としては、たとえば、公羊伝・宣公一五年の条の何休の注に「在邑曰里、一里八十戸、八家共一巷、中里為校室、選其耆老有高徳者、名曰父老」とあるのを、遡って引用できる。右文はさらにつづけて、里（部落）には父老と里正が選任され、彼らは農耕などの生産活動を監督するほか、父老はとくに毎年十月、農事が終わると、校室に人々を集めて教育の任にあたったと伝えている。高徳の有識者である父老は、漢代には一段と尊敬され優遇されて、地方行政はいうまでもなく、中央の政治にも大きく貢献した。漢代には郷官なるものが設けられ、郡県制のもとでの地方自治制の色彩が濃厚であり、郷民のなかから郷官を選んだから、父老が郷官となる例が多かった。漢書巻一・高帝紀第一・二年二月の条に、

「民の年五十以上にして脩行有り、能く衆を帥いて善を為すものを挙げ、置きて以て三老と為す。郷に一人、郷三老一人を択んで県三老と為し、県令・丞・尉と与に事を以て相い教え、復して繇戍する勿らしむ」

とある。また、漢書巻一九・百官公卿表・県令の条には、県の下に郷・亭・里が置かれたが、郷には三老・有秩・嗇夫・游徼を任命したと記す。三老は教導感化を掌り、嗇夫は裁判と徴税を取り仕切り、游徼は警察業務を担当した。有秩は大郷の嗇夫のうち、とくに俸禄を給せられた者をいうと解せられている。そして、これら郷官のうち、政府が最も尊崇し重視したのが、父老が職制化したともいうべき三老（郷三老・県三老）で、その任用と処遇にはとくに配慮したが、三老を先頭とする郷官の責任と指導に委ねた結果、地方行政はすこぶる円滑に実施され、後漢もこれにならったから、両漢時代の民政は歴代の模範とするに足ると評されるにいたった。附言しておくと、隋唐以降、州郡の郷官を廃し、父老を重用しなくなったため、民政はついに漢代に及ばなかったと説かれることがある(2)。

内藤が用いた父老の語は、以上のような歴史を背負ってイメージされたと思われる。社会構造の基礎をなす郷党宗族を指導し教化するとともに、国家権力と民間秩序との紐帯的役割を果たす、高徳有識にして権威ある人物と、それは解説できるであろう。先きに言及した郷紳なる者との間に、存在感にそれほどの相違はなく、彼の意識のなかで、両者は同一のものと扱われていたと受けとめたとしても、ほぼ間違いはないであろう。

ところで、「支那論」は内藤がはじめて中国史の時代区分論、現に最も大きな影響を学界に及ぼしつつある近世説を提起した論著である。学問を経世実用と実事求是の実践ととらえた内藤が、辛亥革命によって清朝が倒れた後、中国が進むべき道を求めて歴史を遡り、宋代に行きついた結果として唱えられたのが、彼の近世説である。やや詳しく説明すると、辛亥革命に帰結する歴史過程を、「時勢の窮極して変通すべき機会が到着しつつあることを看取した」顧炎武や黄宗羲ら、明末清初を生きた経世学者の思索に導かれながら追跡して、宋代以降の歴史的発展のなかに、没落した貴族に代って抬頭した平民（庶民）が、歴史と社会の構築に大きな役割を演ずるようになった事実を発見し、革命後の中国が立憲共和政治に向かうであろうと予見した内藤が、平民の抬頭をもって特徴づけられる期間を近世としたのが、この学説の誕生の経緯であった。

と同時に、これまた顧炎武らの影響(3)であるが、内藤は中国が地域社会を基礎として構成されていると認め、平民の抬頭とは、別の見方をするならば、地方における権力の担い手が、かつての貴族から地域社会に移ったことを意味すると考えた。そして、いわゆる郷団あるいは郷党こそが中国近世社会の基礎単位であり、共和国建設の鍵を握ると主張したが、平民を主体とする、この地域社会（郷団・郷党）に勢力を占めたのが郷紳であった。「支那論」本文にはつぎの記述があり、郷紳が父老と同じ社会的存在であること、彼の理解する郷紳がいかなるものであったか、それらを明らかにするであろう。

「今日でも地方で勢力を占めて居る者は、矢張り平民ではなくして、旧と仕宦の家柄であると云うような者が郷紳として、人望と勢力を占めている」

内藤につづいて、橘樸は一九三〇年に発表した「中国社会の経済発達段階」（著作集第一巻）に、つぎのように記述している。そこには士紳の語が用いられているが、その実態はより明確に提示されているといえよう。

「抑も士紳は旧中国社会に於ける支配階級である。彼等は地主及び商業高利貸資本の投下者たることによりて、農村を経済的に支配すると同時に、所謂礼教の維持者として、道徳や宗教や其他一切の生活慣習を通じて、農民社会を支配し、且つ公権力と結び付き、之を利用することによって、経済的及社会的支配権を強める」

また、尾崎秀実は一九三九年に刊行した「現代支那論」（著作集第二巻）のなかで、以下のように記している。そこに使われているのは、まぎれもなく郷紳であり、官僚と地主を一体化したものと捉えられている。

「支那の官僚は支那社会の東洋専制的な国家機構と支那の農業社会における農業共同体的な組織とを繋ぐ支那政治上の極めて注目すべき地位に立つものであった。……この官僚は地方においては地主であり、中央政府の官吏からして、地方に下れば地方官として、また野に下れば地方の紳士として、郷村の紳士＝郷紳として極めて大きな勢力を持つわけである。政治的権力によって蓄積された富は土地に投下され、官僚を郷紳たらしめるのである」

さらに、戦後になって公けにされた著作であるが、佐野学は「清朝社会史」の第二部第三輯（一九四七）において、このような見解を提示している。豪紳の語が使われているが、それは「官僚も官を罷めて帰国する時は豪紳となり、豪紳は官途に就けば官僚となる」ような人たちであった。

「豪紳は地方に在住し、官僚と人民の間の媒介体となりつつ、しかも其地方の政治及び社会生活を実際的に運用する指導者的社会層である。……県の下にある郷・図・団・鎮などの地方共同体は完全に豪紳に左右せられ、県の施政についても、知県は豪紳の意見を徴した上で執行した。豪紳は人民の民事裁判を実際的に処理するのみならず、刑事裁判をも私的に行い、……租税は豪紳の介入する重要部面である」

右に紹介した内藤以下の四人は、いずれも、明治から昭和初期にかけての時代を生きたが、その生涯において、中国の改革を考え、現実の中国と直接あるいは間接に、向きあう時期をもった人たちである。彼らの経歴からみて当然であるが、それぞれ立場や視点を異にしたのはいうまでもなかろう。しかし、郷村社会には支配者的・指導者的役割を演ずる階層が存在したとする点では、共通の認識をもっていたといえよう。彼らがそれに与えた名称は同じではないし、それらが担った機能あるいは役割についても理解の差はあろうけれども、同時代の、刻々と変化する中国を見据えながら、到達した結論と認めて差し支えあるまい。

戦後間もなくの業績としてもう一つ、根本佶の「中国社会に於ける指導層――耆老紳士の研究」（一九四七）がある。そこには、同郷の長老は郷紳とよばれ、庶民とは区別される存在であること、郷紳は地縁からみれば庶民と同郷人であり、身分からいえば官吏と同じ読書人であり、官民の疎隔を仲介するのを職分とすること、などが指摘されている。前四者の見方とそれほどの隔りはない。

さて、以上のように提示された郷紳概念を批判することから、戦後の新しい研究は出発するが、その鋒先はまず、戦前戦中の研究者が共有したと認められる、特徴的な中国社会観にむけられた。すなわち、旧中国には国家権力の支配が及ぶ領域と、それが及ばない領域＝地域・郷村社会とがあり、後者の支配者・指導者あるいは官民の仲介者として、郷紳的階層が存在するという見解である。いい換えれば、国家と社会が分離した二重体制のもとに中国は存在するという認識であるが、最もはやく、意識的にこれを批判したのは松本善海であった。(4)

松本が直接批判の対象としたのは佐野と根本らであるが、松本の立場は要するに、国家と社会の分離ではなく、両者をより即応的なものとして捉えなおす、別の表現を用いるならば、これを政治過程と基礎過程の問題として、統一的に把握しようとするものであった。そして、郷紳の歴史的性格を、郷村の代表者としてではなく、官僚制の落し子、準官僚として、いわば官僚・支配者の側から出自したものと規定している。ただ、この考え方は適当な後継者をもたず、これ以上の議論の発展はない。

このことに関連していえば、内藤らが展開した郷紳論議を批判することは、現在の時点からすれば、それほど困難ではない。たとえば、それらはいずれも一般論的・概説的論述にとどまり、郷紳を一種の機能概念として捉えるのみで、その歴史性を考慮する視点を欠いているなどと、弱点を指摘するのは比較的容易であろう。また、郷紳を収攬する者は統治に成功し、然らざる者は失敗するとか、郷紳の存在を中国社会のもつ固有の特質と認め、これを将来に推し及ぼそうなどという考え方が、必ずしも現実性をもたないことは、いうまでもあるまい。

とはいえ、内藤らの業績が今や全く価値を失ったとみるのも、極論であろう。彼らは中国の社会に郷紳とよばれる階層が現に存在し、注目すべき影響力を行使しつづけてきた事実を、はじめて歴史のなかに発掘してみせたのである。彼らの見解は当然、すべて一致しているわけではないが、それは内在的には、各自の、中国の歴史や社会に対する理解の差、外在的には眼前にくりひろげられつつあった、中国の変革への関わり方の差に起因するのであって、各人各様の現実への関心が、それぞれの郷紳像を描かせたともいえる。このことについての彼らの先駆者的功績は、否定されてはならない。

二

前述のとおり、戦前の郷紳論は、国家と社会を二分し、社会（地方）の指導者としての郷紳を、その歴史性にはほとんど触れないまま、一種の機能概念ととらえ、概論風、一般論的に語るところに共通性をもった、と要約できる。また、郷紳の機能や役割について、郷党の代表者もしくは指導者、国家と社会の紐帯あるいは官と民の仲介者、地主、高利貸、加えて官僚など、多様な属性が列挙されているが、それを証明する史実の提示に問題をのこしている、と指摘することも可能である。

これに対して、郷紳の語で一括される在地の有力者、特権者層を、明代中期以降の時代に特有の存在と認め、新しい歴史的範疇として鋳直そうとする試みが、一九六〇年代からはじまった。それらは、郷紳を大土地所有者と認め、地主制との関連において扱おうとする点で特徴的であり、やがて明清史研究の中核的課題と意識されるにいたった。ごく初期の事例を紹介するならば、安野省三は、郷紳と、明末清初の時期に郷居から城居へと不在化の傾向を顕著に示す大土地所有者が、同一の社会的存在であるとして、これを郷紳地主とよんでいる。(5) 一九六一年のことである。これに先きだち、佐伯有一もまた、民変の対象となる明末期の大土地所有者が、官紳的（特権的）土地所有として出現した事実を明らかにし、これを官紳地主とよんだ。(6) 官紳的とは、郷紳的というのと同義であろう。

つづいて、小山正明は賦役制度の改革を検討する過程において、十六世紀以降に実施された、一連の制度改革を導出した基本的要因が、免役特権をもつ郷紳による土地集積の拡大にあると論じた。(7) この提言をうけて、七〇年代にはいると、里甲制の解体、水利事業の編成、土地の測量と登記、つまり丈量など、広義の賦役制度史の分野において、郷紳層の形成を念頭においた実証的研究が活発に進められ、郷紳地主あるいは郷紳的土地所有という用語は、個別研究のなかで、広く使用されるようになった。

小山の説明によると、宋代の形勢戸、明代初・中期の糧長戸に代って、明末に登場した新しい支配層が郷紳とよばれる階層であり、その背景には、科挙制度のもつ社会的機能の変化があるという。つまり、明代にあっては、科挙の最終合格者である進士はいうまでもなく、その下位に位置する挙人、監生、生員にも終身資格を認め、官僚たちと同じく徭役免除の特権を与えたのが、(8) 郷紳層の形成を促した。換言すれば、こうした官僚体系につらなる身分的特権が、郷紳的土地所有の成立と拡大に大きく作用したというわけである。そして、小山のこの見解は、充分な個別的検証をともなわないまま、郷紳の登場と擡頭を理解するについて、研究者たちのほぼ共通した認識として定着することになる。

ちなみに、学問をするのは個人のためではなく、国家や社会のためであるから、学業にたずさわる者には賦役を免じてやるべきだとする考え方は、古くから中国には存在した。(9) たとえば、漢代において博士官を設け、各博士に弟子五十名をあずけ、彼らの征戍を免除したのは、その最も古い例証といえるが、この制度的慣習は絶えることなく継承され、その歴史をつうじて、学業に従事する故をもって免役の特権を与えられた者＝士と、徭役を課せられる者＝庶とは、明確に区別され続けたのであった。徭役を課せられるか否か、これこそが士と庶を分つ境界であるとする世人の意識は、漢代以後、不動のものであり、士人に対する免役特権の附与は、明代特有の制度ではないのである。

それはともかく、もっぱら地主制や賦役改革と関連して展開された、一九六〇年代以降の郷紳研究が、それなりの成果をおさめたことは否定できない。もっとも、それらは郷紳そのものを対象とする個別・具体的な事例研究を欠いたまま進められ、そのことは研究史の重大な弱点とされねばならないであろうが、こうした方向性をもった研究の一応の到達点として、森正夫の要約するところ[10]は、つぎのとおりである。すなわち、十六・七世紀、明末清初期の国家権力は、郷紳的土地所有の展開に起因する里甲制の解体、いい換えれば、明初（十四世紀後半）に創設され維持されてきた、税役徴収と共同体的再生産のための諸制度の崩壊に対応し、これに一定の制約を加え、体制を新たなかたちで再編成しつつ、窮極的には郷紳的土地所有を容認する、と。別の表現を用いるならば、この段階において、国家は郷紳の利害を体現する権力機構に改編された、ということになるであろうか。

さらに、研究動向の主流を占めた、郷紳的土地所有論を批判的に継承しつつ、郷紳的土地所有＝郷紳対佃戸という階級関係の成立を基軸に据えながら、郷紳的土地所有とか郷紳地主などと称する、単なる地主支配の枠組をこえた、当該社会構造をトータルに把握する体制的概念として、郷紳支配なる範疇を設定する必要性が、重田徳によって提唱された[11]。一九七一年のことである。この問題提起は、彼が小山とともに立証しようとしていた、十七世紀つまり明末清初の時期に、中国における封建的土地所有制は確立するという見解を、より体系化するための試みであったと理解できる。「いわば領主化しえなかった封建的支配者が、集権制の傘の下で、事実上の関係として、極限的に展開した支配、それが郷紳とその支配であった」とするのが、その到達すべき結論であった。

附言しておくと、明治以来、多くの研究者の脳裡に存在した、「国家と社会の分離論」の克服をめざす意図を、そこに見出すことも可能であるかも知れない。

ただ、重田の提言は、彼の早逝によって、これ以上に深められることなく、未完のまま終ってしまった。しかし、郷紳あるいは郷紳支配とは経済的範疇にとどまらず、本来的には社会的・政治的諸関係を凝縮する概念であるべきだというのが、その基本的認識であって、批判と反論を含めて、研究者にさまざまな影響を及ぼしたことは否定できない。郷紳支配とは単なる地主支配ではなく、経済的・経済外的関係をつうじて、とりわけ国家権力との不即不離の関係を媒介として、佃戸に対する支配のみに限定されず、自作農を含む他の諸階層に対しても、いわば土地所有にもとづかない支配を完結するが、それはまた、明末清初という時代と社会の基礎的要件であるばかりか、近代が対決しなければならなかった、中国封建制の構造でもあったというのが、彼の考え方であったと思われる。

ところが、右のような、いわば地主制や徭役制、それらをつうずる支配機構としての国家論などに基軸をおいた、郷紳への関心とは別に、人々の意識や精神を含めた、いわば社会史的な手法にもとづく新しい研究が、一九八〇年代から開始される。郷紳勢力の形成と成長の原因としての、社会秩序、生活環境の変化に注目し、研究史の主流であった諸業績とは異なった視点から着手された研究である。

まず、岸本美緒は、郷紳自身のもつ地位や身分、それらを背景にもつ経済力よりも、「郷紳に依附する人々」の行動に注目して、郷紳勢力の伸長を説明しようと試みる。[12] すなわち、十六世紀にはじまる地方社会の流動化、具体的には農村から都市への人口流入に起因する、激しい生存競争のなかで、没落の危機にさらされた人々が、かつては遠い存在であった郷紳に接近し、権勢のある郷紳と結びつくこと（投靠、投献、詭寄）によって、身の安全を保とうとしたこと、商品経済の画期的な発展と、それにともなう急激な社会的変化によって、安定した生活が崩壊し、人々がバラバラの個人として競争社会に放り出された時、保護を求めて意志的につくられてくる人間結合が、郷紳勢力の拡大の基盤をなしたというわけである。

そして、こうした過程をへて形成され成長した郷紳たちは、学識と教養ある士大夫がもつと公認された人格的、道徳的能力に支えられて、地域の指導者、統治者として行動する。彼らは地方行政について政府と協力し、時にはこれと対立しつつ、あるいは相互に競争しあいながらも、威信ある存在として、流動化する社会における秩序維持の役割をはたしながら、階層として清朝末期まで存続するというのが、岸本の示す展望である。

森正夫もまた、郷紳層の形成について、社会秩序の変動、地域社会との関連に注目する。(13) その説くところによれば、十六世紀にはいると、農民の農業経営からの遊離が進行しはじめ、これを背景として郷紳とよばれる階層は形成される。しかし、彼らの多くは、土地をはじめとする大量の不動産や動産を所有し、多数の奴僕をかかえ、地代、家賃、商業、高利貸の利潤によって蓄積した莫大な富を消費と趣味に投じて、華美な生活をおくるばかりで、地域社会の利害を全く顧慮しない人たちであった。その一方、地域社会の利害に切実な関心をよせる者も、少数ながら存在し、彼らの地域社会の問題解決の意欲は強烈であった。

森は前者を地域社会の利害を無視して行動する陸官発財型、後者を知的道徳的立場から地域と公益に関心をもつ経世済民型と名付け、郷紳を二つに分類しているが、経世済民型の郷紳は清代にはいるとともに減少し、公的課題の解決への緊張感、使命感は希薄となったとも指摘している。清代の郷紳は、明代の郷紳に比べると、風流ではあっても、政治的・社会的実践に対する気慨では劣るというのである。

こうした研究動向とは関係なく、すでにはやく一九五〇年代の中頃、宮崎市定は、宋代以降の近世社会の支配者と認める士大夫（読書人）階級を、官僚となった者と、自らの意志でならなかった者とに分け、その生き方を考察している。(14) 科挙制度に関わる存在形態にもとづく区分であるが、さらに地域社会の利害や民衆の生活に関心をよせたかどうかによっても、区分する必要があると提言した。郷宦と市隠の区別であるが、この視点は、郷紳の在り方をめぐる研究と、直接つながるところがある。

後年、宮崎はまた[15]、明末の政治運動の中心的役割をはたした郷紳を、地方在住の士大夫にして官位（身分）をもち、同時に大地主あるいは資産家を兼ねた者と定義して、郷紳が社会に及ぼした作用を、三つの論点に要約した。第一は郷曲に武断すること。これは在地の民衆に権力または財力をもって影響を与え、意のままに動かすことであるが、常に抑圧的であったとは限らず、時には民衆の希望を代弁する場合もあった。第二は官政を把持すること。その実力によって、地方行政に口出しすることであり、害毒を流すばかりではなく、弱きを助け強きを挫く、義侠的な行動にでる事例もあった。第三は遥執朝柄。遠隔の地にいながら中央政府の方針を動かすことである。そして、郷紳の身分で政治を動かしえた理由として、大衆の動員力、情報の蒐集力、伝達力を挙げ、それを行使した一人の郷紳（張溥）を例にとって、その実態を明らかにした。

以上の研究業績は、もっぱら政治史的、経済史的、あるいは社会史的視点からする成果といえようが、さらに思想史的立場から明末社会の総体的把握をめざした、郷紳の研究も行われた。奥崎裕司のそれである[16]が、彼は、明末以降に盛行した善書の作成と普及に重要な役割を果した人物、袁了凡の家系と生涯を追求することをつうじて、いわゆる郷紳地主の実像を提示してみせた。他の研究とは違って、家系的・伝記的研究への、新しい可能性を求めての試みとしての側面をもっている。

郷紳の実像を明らかにせんとする事例研究は、奥崎とあい前後してはじまり、幾編もの論文が発表されている。ただ、そのすべてに漏れなく目を通し、概要を紹介するのは困難な状況にあるが、その一例として、濱島敦俊の検証成果[17]を挙げておくと、荘元臣なる人物を対象に、つぎのような結論がえられている。すなわち、彼は進士となった後、郷居から城居へと居住形態を変更したこと、それに応じて寄生地主化したこと、荘氏の収入が官僚としての俸給のほか、小作料、高利貸、桑地経営などを源泉としたこと、いわゆる詭寄・投靠・投献をつうじて土地を集積したこと、そして、現地の官僚へ影響力を行使したこと、である。

なお、この結論とは別に、濱島は郷紳の概念規定に当たっては、その社会的・慣習的用語法と法制上の規定との区別と連関を明確にするとともに、地域的差異を無視してはならないと注記しているが、筆者は必ずしも、その必要性を認めない。すでに明らかにしたとおり、郷紳という用語は、他に多くの同類の語をもち、それらの一つとして使われているにすぎず、厳密に規定してみても、あまり意味はないと考えるからである。我々が文献のなかに見出す郷紳の語を、その執筆者たちが、たとえば、最も広く使われた縉紳の語と、意識的に区別して使用したとは、とうてい考えられない。郷紳はあくまで「在郷の縉紳」であって、法制あるいは地域との関連で、特別に意味を異にするような用語ではない。

三

研究史の整理と要約、あるいは解説には見落しや誤解がともないがちであるが、それを承知のうえで、戦前戦後の時代をつうずる郷紳研究について、一応の私見を語らせてもらうと、およそ以上のようになる。結論的にいうならば、さまざまな視点、関心のもとに研究は展開され、それなりに多彩であり、数多くの業績が蓄積され、郷紳の実態はかなり明らかにされたといえるであろう。とはいえ、たとえば、郷紳とは何か、その概念・語義・用法についての通念的理解にすら、いまだに到達していないのもまた事実である。戦前のことはともかく、戦後においても、提示された郷紳概念はなお流動的であるといわざるをえない。

前節にも触れたとおり、郷紳という用語が明代中期、とくに末期以降の文献にあらわれることについては、共通の理解がえられているけれども、この語の含意するところに関しては、少なくとも、二つの対立する理解が今なお存在する。すなわち、官僚および官僚経験者にとどまらず、その予備軍ともいうべき、科挙受験の資格所有者を含む階層と認める立場と、官僚および退官者のみに限定し、それ以外の者は士人として区別すべしとする立場とである。ともに庶民の語と対比的に用いられるが、後者の根拠となる使用例があるのを認めつつ、筆者は時代と社会の状況に即して、郷紳の語をより広義に捉える、前者の側に立つべきだと考えている。

こうした対立が解消されない理由は多分、戦後の郷紳研究、とくに八〇年代以前のそれにあっては、郷紳の存在を明代中期以降の中国社会のあり方を問うべき、鍵鑰的な課題と認めつつも、地主としての側面に注目するあまり、概念の検討をなおざりにしてきたことに求められるであろう。郷紳のもつ多様な属性、機能、役割にはほとんど触れないまま、対象を地主に単純化して、その全体像について正面からの検討を等閑視した結果ともいえよう。そして、こうした状況を継承して、郷紳の実態についての常在的な実証研究を伴わないまま、イメージとしての郷紳概念が今なお独り歩きしつづけているのが現状ではなかろうか。一時期、あれほど多くの研究者が関心を寄せた郷紳の問題が、主要な研究課題の地位を失ったのも、これが一因であるかも知れない。

とはいえ、郷紳が明清史をつうじての、重要な研究課題であるのに変わりはない。明治以来の経緯を一瞥するだけで、それは充分に理解できるはずである。こうした認識のもとに、本書は、右のような研究動向とその成果を視野に入れながら、郷紳の現実にみる具体像を提示することを、主たる目的とする。そのため、「まえがき」に記したとおり、郷紳とよばれる階層があらわれた制度的・社会的背景を説き、郷紳用語の定義を試み、研究史を回顧したのをうけ、以下、つぎの諸問題を取りあげ検証することをつうじて、彼らの生態をより明らかにしたいと考えている。

まず、郷紳が士大夫・知識人であるかぎり、見逃されてはならない、士人の育成と教育課程および教養の内容である。ついで、彼らに期待された理念と現実との乖離の問題、自らのあるべき生活規範を記した四氏の家訓、郷紳の最下層を占めた生員の実像、さらに、個別家族の系譜と日常生活をめぐる五氏の事例研究、一人の郷紳（祁彪佳）の日記にもとづく生活実態の紹介、そして、敢えて郷紳とは別の生き方を選択した二人の人物の姿、などの各論である。いずれも、従来の研究がほとんど触れることのなかった分野である。

一概に郷紳とよんでも、彼らのあり方は、極めて多様であった。彼らはもちろん地主であり、地域の有力者であったが、それらはともに属性の一つであって、郷紳たるべき必須の条件ではない。「在郷の縉紳」と遇されるためには、何よりもまず、学問・教養を身につけた士大夫・知識人として、制度的には、生員・監生・挙人・進士の身分を手に入れなければならなかったが、彼らの生き方は一様ではなかった。そのことに関する同時代人自身の認識について、朱国禎の湧幢小品巻一〇・己丑館選には、つぎの記述がみえる。

「自来、士大夫の中には居郷して貪暴、而して居官すれば反って錚々自勵する者有り。蓋し立名進取の心勝り、欲する所、此より甚しきもの有る故なり。亦た居官には貪暴、而して居郷すればまた循々相安んずる者有り。蓋し保家遠禍の心勝り、悪む所、此より甚しきもの有るの故なり。二種の人は甚だ多し。然れども、猶お出処に作悪して、世間の一大蠹と為る者に愈らざる乎」

ここに士大夫の居郷する者というのが郷紳であるが、彼らには少なくとも、三通りの処世術があったらしい。郷里にあっては貪暴であっても、官僚としては職務に精励するタイプ、逆に官僚としては貪暴であっても、郷里においては循々と相い安んずるタイプ、そして、出処つまり居官と居郷のいずれにおいても悪事を働くタイプとである。士大夫としての生き方について、出処ともに作悪する者よりも、前二者の方が好ましかったであろうが、庶民にとっては「居官には貪暴、而して居郷すればまた循々相い安んずる者」が、より好ましかったはずである。もし出処ともに作善する者がいたならば、理想的であったこと、いうまでもなかろうが、それこそ士大夫の本来あるべき姿であったはずである。

また、士大夫のあり方を、上・中・下に三分する考え方もあった。礼記や孟子などにもとづく区別[18]かと思われるが、黄宗羲の明儒学案巻六一・東林学案四に引く学言（陳龍正）に、それを見出すことができる。

「上士は其の身を貞して移風易俗す。中士は自ら固くする焉爾矣。下士は毎に風俗に遇えば、則ち身ら之が為めに移る」

陳龍正は浙江嘉善県の人、崇禎七年の進士であるが、在郷の生活が長く、郷村活動に専念するかたわら、明末の政局に影響力を発揮した東林党の有力者[19]であった。彼の見解によれば、中士や下士は取るに足らず、上士だけが一身を正して移風易俗、風俗の醇化に努め、世情を善き方向に導く者であり、士大夫たる者は、朝にあっても野にあっても、かくなければならなかったのである。

以上に加えて、郷紳を論ずるに当っては、明清時代をつうじて、郷紳は階層としては安定していたが、個々の家系についてみれば、甚だ不安定な存在であった事実に着目しておく必要がある。彼らの身分や地位が世襲ではなく、学校や科挙の制度によって保証されている以上、それは当然の帰結であった。学校試や科挙試に合格者をださないかぎり、郷紳として存続するのは不可能であったのである。高官には恩蔭[20]の特典があったとしても、これに頼って何代も一家一族の繁栄を維持することは困難であった。王士性（一五四六〜一五九八）が記すように「縉紳の家は、科第を奕葉するに非らざれば、富貴を長守すること難し」（広志繹巻四）というのが、郷紳たちの置かれた現実であった。したがって、彼らの最大の関心事は、金銭を蓄え地主でありつづけることもさりながら、本質的には、学校試や科挙試に合格するための、子弟の教育であった。読書―中挙―做官こそ、彼らの最大の関心事であったといえよう。

補注

（1）父老の理解については、宇都宮清吉・漢代社会経済史研究（弘文堂・三六頁）、守屋美都雄・父老（東洋史研究一四―一）などを参照した。
（2）皇朝文献通考巻二一・職役考・序文。
（3）顧炎武・郡県論一～九（亭林文集巻一）。
（4）松本善海・旧中国社会の特質論への反省（東洋文化研究九号）、旧中国国家の特質論への反省（東洋文化研究十号）。
（5）安野省三・明末清初、揚子江中流域の大土地所有に関する一考察――湖北漢川県蕭堯采の場合を中心として――（東洋学報四四―三）。
（6）佐伯有一・明末董氏の変――所謂『奴変』の性格に関連して――（東洋史研究一六―一）。
（7）小山正明・明代の十段法について（一）・（二）（前近代アジアの法と社会・千葉大学文理学部文化科学紀要一〇）。
（8）徭役免除の規定や具体額については、酒井忠夫・中国善書の研究（弘文堂・一九九～二〇七頁）、山根幸夫・明代徭役制度の研究（東京女子大学・一二一頁）に記述がある。
（9）宮崎市定・九品官人法の研究（全集第六巻・二〇九頁）。
（10）森正夫・日本の明清時代史研究における郷紳論について（一）・（二）・（三）（森正夫明清史論集第一巻・汲古書院）。
（11）重田徳・郷紳支配の成立と構造（清代社会経済史研究・岩波書店）。
（12）岸本美緒・明清時代の郷紳（明清交替と江南社会――十七世紀中国の秩序問題――東京大学出版会）。
（13）森正夫・明代の郷紳（森正夫明清史論集第三巻・汲古書院）。

(14) 宮崎市定・明代蘇松地方の士大夫と民衆——明代史素描の試み——（全集第十三巻）。
(15) 宮崎市定・張溥の時代——明末における一郷紳の生涯——（全集第十三巻）。
(16) 奥崎裕司・中国郷紳地主の研究（汲古書院・一九七八）。
(17) 濱島敦俊・明末江南郷紳の具体像——南潯・荘氏について——（岩見・谷口編・明末清初期の研究）。
(18) 礼記・王制、孟子巻一〇・萬章章句下。
(19) 明史巻二五八・陳龍正伝、明儒学案巻六一。なお、彼が教化・福祉事業を行う任意団体としての同善会、その最も熱心な指導者であったことが、夫馬進・中国善会善堂史研究（同朋舎・一〇〇頁）に紹介されている。
(20) 宮崎市定・科挙史（全集第一五巻）。

第二章　近世士人の学問と教養

第一節　士人の養成と教育課程

一

前述のとおり、中国には二種類の人間が存在した。一般的に認められているような、奴隷主と奴隷、地主と佃戸などではなく、士人と庶民である。(1)この二つの人間類型は二千数百年にわたり、時代をこえて存在しつづけ、中国歴史の顕著な特徴を形作ったということができる。

庶民は圧倒的多数を占め、もっぱら生産の担当者であったが、彼らはほとんど政治と文明の枠外に置かれ、歴史的関心の対象となることは稀であった。これに対して、士人は、士・士大夫・士君子・大夫士・読書人など(2)と、いろいろな名称でよばれ、その概念にも相互に若干の差違がないわけではないが、一貫して、知識階級、支配者、統治者、あるいは指導者の立場にあり、政治と文明の担当者でありつづけた。

士人とは本来、いかなる存在であったのか、たとえば、礼記・王制には、つぎのように記されている。

「王者の禄爵を制するや、公侯伯子男、凡て五等なり、諸侯には上大夫卿、下大夫、上士、中士、下士、凡て五等なり」

礼記の成立年代は明らかではないが、前漢のはじめ、戴聖によって編纂されたといわれ、比較的古い（周代の）制度を伝えていると認められている。また、これとほぼ同様の記載が、孟子・萬章章句下にもみえる。

「北宮錡問うて曰く、周室の爵禄を班つや、之れ如何、孟子曰く、其の詳は聞くを得べからざるなり、諸侯其の己を害うを悪みて、皆、其の籍を去つ、然れども軻や嘗て其の略を聞けり、天子一位、公一位、侯一位、伯一位、子男同じく一位、凡そ五等なり、君一位、卿一位、大夫一位、上士一位、中士一位、下士一位、凡そ六等なり」

これら二つの文章は、天子（君）のもとに諸侯があり、諸侯は公侯伯子男の爵に分かれ、諸侯の臣には卿と大夫と士があり、それが西周以来の封建制社会における身分階層であったことを記しているのである。そして、この下に庶民が位置していた。

士、士人、士大夫、士君士、大夫士などの呼称は、こうした身分制度に由来するが、当初、彼らの身分は世襲され、それには収入、つまり采邑や俸給が附随していた。彼らは国政に参与し、官吏の地位につくことができ、戦時に際しては軍隊の幹部、将と士として出動する権利と義務をもった。士の本来的性格は、文士であるよりも、むしろ武士であったと考えられている(3)。

いわゆる「士庶の区別」の実態については、礼記・曲礼上に「礼は庶人に下らず、刑は大夫に上さず」とあるのによって明らかである。身分制のもとでは、士は大夫と庶民の中間にあるが、この場合、大夫と士は同じ身分内部のランクにすぎない。だからこそ、士大夫・大夫士などと一語になりうるのであり、彼らと庶民との間には、明確な一線が引かれていた事実を、この一文は伝えているといえよう。士庶とは基本的な対立概念をあらわす用語なのである。

ところで、周代に淵源する、右のような身分制度は、春秋から戦国にかけて、次第に変質してくる。すなわち、春秋後半、前六世紀の頃から、政治の実権はまず大夫に、ついで士に握られるようになってきた。殊に実務に長じた士は、戦国時代にはいると、国家の統治に欠くことのできない役割を担うようになった。こうした時代風潮のなかから、孔子があらわれてくる。

孔子は春秋末期に武士の階級から出身し、士の教育に従事した人である。彼は、旧来の学問が貴族の教養の具にとどまっていたのを、より広い範囲の人々のための一般的な教養へと拡げ、学問をつうずる人格の完成をめざして、弟子たちを教育した。孔子によって、士は武士から文士と性格を一変し、後世いうところの士人の原型がつくられたということができる。(4) 文（学問）を究めた者のみが政治に参与しうるとする儒教的文治の伝統、儒教を中心思想とする読書人の形成は、孔子を抜きにしては考えられない。

孔子の教えをうけた弟子たちは、やがて各国にかかえられ、師の思想にもとづく新しい理念によって、社会を指導するようになる。ついで、彼の孫弟子の時代になると、戦国の強国につかえて宰相になる者もあらわれた。彼らは政治的旧勢力に代って優位を占め、大きな発言権を保持して、儒教理念にもとづく文人官僚制国家をつくりだす原動力となるが、この趨勢は漢代にいたって結実し、礼教的な王朝国家の成立となるわけである。

以上のように、士は武士から文士へ、文士から官僚へと姿を変え、実力をたかめていったが、士と大夫をあわせた士大夫という用語が、新な意味をおびてくるのは、魏晋以後、中世の貴族制度が出現してからである。

中世において、士人あるいは士大夫は、世上に特権階級と認められた貴族を指し、士族・士類・世族などとも称されて、あらゆる点について、庶民とは峻別された。宋書巻四二・王弘伝に「士庶の際に至りては、実に天より隔てられる」とあるのが、事態を最も簡潔に表現するであろう。士と庶の間には、天地のような間隔が横たわり、それはもはや人事現象ではなく、自然現象ともみるべき血統の相違があると考えられたのである。別に「士庶の区別は国の章なり」（南史巻二三・王球伝）と表現されることもあった。

このような傾向は、すでに後漢の頃からあらわれていたが、魏代に九品官人法が実施されると、制度の初意に反して、これが貴族の世襲化を保証する基盤となり、隋代に廃止された後も、唐一代をつうじて、なおも世襲貴族の跋扈はつづいた。

当時、貴族が世間の尊敬をうけたのは、三国抗争以来の動乱を生きぬいた知略もさることながら、孔子のいうように「士は道に志す」、つまり世々学問を絶たず、教養ある知識人として、彼らが普遍的価値の擁護者であるとみなされたからであった。少なくとも、建前としては、そのようであった。そして、士庶の区別を制度的に確認する条項として、免役の特典が存した(5)。学問に精励する代償に徭役を免除される者が士、すなわち貴族であるとする理解が行われていたのである。

ところが、時代をへるとともに、貴族たちは、ただ古い家柄を誇るだけで、学問を廃して無教養となり、いたずらに既得の特権にすがりつく無用の存在となりはて、世人の軽視を招くにいたった。隋代に科挙制がはじまったのは、こうした弊害を矯正するためであったが、唐代には、貴族士人よりも、学問と教養のある、科挙出身の新しい士人が尊敬される風潮が生じてきた。ついで、五代の動乱をへて、旧貴族が完全に没落し、宋代を迎えるとともに、このような状況が全面的に展開定着するにいたった。近世士人の登場であり、郷紳は士人の範疇に属し、その系譜につらなる人々である。

九六〇年、宋朝の成立とともに、中世の士人＝貴族階級に代って、新しい士人が出現してくる。彼らはもっぱら士大夫・読書人などとよばれたが、家柄に頼ることなく、個人の能力によって、新しい時代の担い手となった人々であった。

二

士大夫あるいは読書人とは、文化的には知識人、政治的には皇帝独裁体制を支える官僚、社会経済的には地主であるような存在といえるが、彼らの地位や身分は世襲されず、土地の所有も必須の条件ではない。彼らに求められたのは、何よりも学問・古典的教養であり、宋代に一段と整備された科挙に合格して官僚となり、体得した学問を政治的実践をつうじて、現実化することであった。

このように、近世士人である士大夫あるいは読書人は、科挙制度と密接につながる存在であり、科挙こそは、士人の身分を社会的に公認し、士と庶の区別を明確にする制度であった。ただし、科挙はあくまでも個人の学力を問題にする制度で、その受験資格は、一部の例外を除いて、万人に開放されていたが、激烈な競争試験を突破するためには、一定の経済力を必要としたはずである。また、士大夫（官僚）の地位や身分は世襲できなかったが、彼らは免役を含むさまざまの特権を与えられ、庶民に対して優位にたつことも可能であった。

結局、士大夫も一種の貴族であったといえよう。(6) 彼らは多く自家の財力を背景に挙業につとめ、進士となって官僚に任じ、権力の庇護をえて富を増し、さらに後継の科挙合格者をだそうというのが、生き方であった。もっとも、個々の家についてみれば、もっぱら挙業の成否に起因して、自らなる栄枯盛衰は避けえなかったが、士大夫的階級としてはほとんど変ることなく、清朝末年までほぼ一千年間存続したのである。その間、彼らの生活と心理は学問と教養に支えられ、庶民とは別種の人間であることを、自他ともに認めるようになったのも、必然の成り行きであった(7)。

ところで、隋代にはじまった科挙は、数科目にわかれた試験によって俊才を抜擢し、官僚に登用する制度であった。だが、唐代になると、次第に進士科によって代表されるようになり、その主たる試験科目である詩賦が重視され、士大夫の教養をその方向に規制するにいたった。

宋代の科挙は、数段階をへて整備されたが、その概要はつぎの如くであった(8)。すなわち、(一) 実施の権限を皇帝のものとしたこと、(二) 科目を進士科に統一したこと。(三) 経義・詩賦・策論の試験内容を確立したこと、(四) 三年一貢としたこと、などである。そして、宋代に成立したこの制度は後代にもうけ継がれ、明代に学校制度を包摂したのを除いて、基本的にはほとんど改編されることはなかった。

以上のような科挙の整備過程をつうじて、士大夫の学問と教養は、決定的な影響をうけた。とくに第三の要点の影響は大きかった。というのは、第一場で帖経と墨義＝経書題、第二場で詩賦＝韻文題、第三場で策論＝散文題が課せられることになったので、これにむけた勉学が要請されるにいたった。いい換えれば経書の理解度、作詩と作文の能力をたかめることが、まず彼らの学問と教養の目的となったわけである。

かくして、宋代以降の士大夫＝近世士人は、(一) 古典(経書)に通暁すること、(二) 詩文(韻文と散文)を立派につくること、ついで、(三) 策論のための歴史的知識をもつこと、これら三つの条件を必ず具備しなければならなくなった。別のいい方をすれば、この条件を満たしてはじめて、士大夫として政治に参与し、社会的尊敬をうけ、文明の継承と創造に加わる資格をえたということである。

事態がこのように推移すると、当然ながら、子弟の教育は三要件を整えることをめざして進められ、士大夫養成のため、幾つもの教育課程がつくられることになる。そのうち、比較的初期の、最もよく知られているのが、胡瑗の教育活動である。

胡瑗（九九三～一〇五九）[9]、字は翼之、江蘇の泰州如皐県の人、教育者としてすぐれ、安定先生と称せられた。はじめ范仲淹の求めに応じて、蘇州と湖州で学を講ずること二十余年、ついで太学にあったが、その名声を慕って学生が集まり、学舎に収容できなかったという。彼の著作の多くは失われたが、その教育法について、宋元学案巻一・安定学案には、つぎのように記している。

「其の教人の法たるや、科条纖悉にして具さに備わる、経義・治事の二斎を立て、経義は則ち其の心性疏通し、器局有り大事を任すべき者を選択して、之に六経を講明せ使む、治事は則ち一人に各一事を治し、また一事を兼摂せしむ、治民は以て其の生を安んじ、講武は以て其の寇を禦ぎ、堰水は以て田を利し、算暦は以て数を明らかにするが如きは是也」

学生の能力をはかって学ぶところを指定する方法は、彼が詩賦のみに限らず、経義と治事を重視したのも手伝だって、大きな成果をおさめた。「礼部の士を得るところ、瑗の弟子十に常に四・五に居る」といわれ、門人から科挙に合格する者が続出したのである。

この他にも、数多くの実践が試みられたと思われる[10]が、それらを集約し、後世に最も影響を及ぼしたのが、程端礼の「程氏家塾読書分年日程」である。程端礼（一二七一～一三四五）字は敬叔、浙江寧波府鄞県の人である。彼の伝記は、元史、新元史、元史類編、元史新編、宋元学案などに載せるが、元史巻一九〇のそれは、つぎの如くである。

「(韓) 性の時に当り、慶元に程端礼・端学の兄弟なる者有り、幼にして穎悟純篤、十五歳で能く六経を記誦し、大義を暁折す、慶元にては宋季よりみな陸九淵氏の学を尊尚し、朱熹氏の学は慶元に行われず、端礼独り史蒙卿に従って游び、以て朱氏明体達用の指を伝う、学者の門に及ぶもの甚だ衆し、著すところに読書工程有り、国子監以て郡邑の校官に頒示して、学者の式と為す、仕えて衢州路儒学教授と為る、卒年七十五」

程端礼は、南宋から元代にかけての時代を生きたが、彼九歳の時に南宋は滅亡したから、実情としては元代の人という方が適当であろう。学者としては朱子学を奉じ、その名を後世に記憶させているのは「読書工程」、正式には程氏家塾読書分年日程（以下「日程」と略称）の著者であることによる。この書は元史の伝にいうとおり、国子監によって全国の学校に配布され、教育指導の規範となったばかりでなく、明清時代をつうじて、その価値を失わなかった。

この書は延祐二年（一三一五）八月の自序をもち、その頃に刊行されたと思われるが、この年は、太宗の一〇年（一二三八）に行われて以来中断していた科挙が、ようやく復活実施された年にあたっている。また、それに先立ち、皇慶二年（一三一三）十一月には、科挙程式条目が制定されているが、「日程」がこうした事態に対応してつくられたのは間違いない。

科挙程式条目は、いうまでもなく、元朝の科挙実施要綱であるが、このなかで、経義については、もっぱら朱子の注繹を基準とすると定めたのは、重要な決定であった(11)。朱子の学問は、その在世中は偽学として禁じられたが、没後四〇年をへて、ようやく正統の学問と認められ、学界に勢力を拡げつつあった。このような趨勢は、この処置によって決定的となった。しかも、この方針は明清両朝にもうけ継がれたから、朱子学は、士人の学問の正統的地位を保ちつづけることになる。

程端礼の「日程」が元・明・清の三代にわたって教学の基本的課程とされたのは、この事態と無関係ではない。彼は、読書と思弁、そして教育を重視した朱子の学徒として、先学の実践を参照しながら、この書を著わしたと思われる(12)。おそらく、彼の独創ではなく、当時、一般的に行われていたであろう教育課程を整理集約したもので あったはずである。しかし、「日程」は後世に大きく影響した。士人の読書あるいは学問内容を知るための、第一級の資料といって差支えはない。以下、その記すところを要約してみよう。八歳以前、八歳から十五歳、十五歳以後と、三段階にわけて教育課程が開示されている。

八歳入学前の時期

まず性理字訓（程端蒙撰、程逢原増補）を読み、文字を覚える。これをもって、通俗的な蒙求や千字文に代える。また、朱子の童子須知を壁に貼り、毎食後に一段ずつ記説する。

八歳入学後の時期　　以下の順序で読書する。

小学（朱子撰、実際は劉子澄らに編纂させた書、二巻）

大学経伝正文

論語正文

孟子正文

中庸正文

孝経刊誤（朱子撰、一巻、孝経を分析し経と伝にわかった書）

易経正文

書経正文
詩経正文
儀礼并礼記正文
周礼正文
春秋経并三伝正文
十五歳志学の年以後の時期　朱子の法[13]により四書注を、ついで五経を読む。
大学章句・大学或問
論語集注
孟子集注
中庸章句・中庸或問
論語或問の集注に合するもの
孟子或問の集注に合するもの
本経（易・書・詩・礼記・春秋）
三・四年かけて以上の学習が終了すると、その日から史書を看み、あわせて文章と詩賦を学びはじめる。五日を一周期とするが、その間、二日をとって四書・五経などの復習をする。
資治通鑑（通鑑綱目・史記・漢書・唐書・范氏唐鑑を参照）
韓愈の文
楚辞

この後、二・三年間、前掲の諸書の復習をしつつ、もっぱら文章を学ぶ。真徳秀の法（西山応挙工程）[14]により、経問・経義・古賦・制誥章表・策論の文章のつくり方を学ぶわけで、二二・三歳あるいは二四・五歳で課程を終え、科挙に応ずる学力が養成できることになる。ちなみに、明代における生員の入学（科挙受験の資格取得）年齢が、平均二二歳であったことがわかっている[15]。

教育課程を小学と大学の二期にわけたのは朱子であるが、「日程」がこれに拠っていることは明らかである。大学章句の序に、「八歳で小学校に入り、十五歳で大学に入る」と記されている。また、八歳で小学に入るのが宋元時代の一般的な習慣であったのは、蘇軾が東坡志林巻六に「吾れ八歳にして小学に入り」と述べているのによって知られる。

それはともかく、「日程」は八歳以前に文字を覚え、八歳からの小学の段階で、小学にはじまり、爾雅を除く十三経の全文（五七万字）を読む（諳誦する）ことを求めている。ついで十五歳で大学の段階にいると、朱子の注によって四書を読み、五経を読み、史書を読み、文章と詩賦を読み、文章のつくり方・書き方を学んで、教育課程が終了することになっている。士大夫たることが、いかに膨大なエネルギーをついやす難事業であったか、それを理解するのに困難はなかろう。

もっとも、「日程」の示す教育課程が、すべてそのまま、採用実施されたわけではないが、大体のところは、このようであったと認めて誤りはなかろう。元朝は科挙にさしたる興味を示さなかったが、それでも仁宗の延祐二年（一三一五）にはじまり、滅亡するまで一六回の試験を行っている。その間、「日程」が広く活用されたことは、前掲元史の程端礼伝からみても、自ら明らかなはずである[16]。

三

明朝は、太祖の洪武三年（一三七〇）から翌年にかけて、最初の科挙を実施したが、しばらく中断した後、洪武十五年に再開し、以後、三年に一度、定期的に試験が行われた。その制度は、学校制度を包括し、受験資格を府州県学の学生（生員）たることと定めた以外、ほぼ前代のそれをうけ継いだ。士人の資格を、制度的に一段と明確化したといえるが、明代中期以降、郷紳とよばれる階層の出現が、これと密接に関わることは、すでに明らかにしたとおりであり、彼らは上述の教育課程をつうじて学問と教養を身につけた人たちであった。つづく清朝も明制を継承し、光緒三〇年（一九〇四）に最後の試験を実施し、翌年廃止するまで、官僚の登用を科挙と学校制度に頼りつづけた。

このように、基本的条件が変わらなかったから、「日程」もまた利用価値を失わなかった。「日程」に跋文を寄せた清人胡文楷は、つぎのように記している。

「明初の諸儒の読書も、大抵奉じて準縄と為す、清の陸清献公は平生、力を致すこと尤も多く、霊寿に宰たりし時、覆刻本有り」

陸清献公とは、清初の康熙年間、大官であるとともに、有名な朱子学者で当世第一の醇儒と称せられた陸隴其（一六三〇〜九〇）である。明清時代をつうじて、「日程」が有用の書であったことがうかがえるであろう。また、明人胡居仁（一四三四〜八四）の麗澤堂学約并序にも、つぎの二条がある。

一、学中の規矩は、一に白鹿洞及び程端蒙・西山真（徳秀）先生を以て準と為す。
一、読書は務めて小学を以て先と為し、ついで四書、以て六経と周（敦頤）・程（顥・頤）・張（載）・朱（熹）・司馬（光）・邵雍の書に及ぶ、非理の書は、妄読するを得ず」

「日程」巻頭の綱領には、書斎に掲ぐべきものとして、白鹿洞書院教条、程董二先生学則、西山真先生教子斎規などをあげているから、前条が「日程」と同じ趣旨を述べているのは明らかである。後条にいう読書の順序と対象もまた、「日程」の内容とほぼ一致する。これによっても、「日程」の教育課程が、明代においても生命を保ちつづけていたことが知られるであろう。[17]

「日程」あるいはそれと同類の教育課程が子弟に施されていた証拠を、明人の伝記に一端を求めてみよう。それは学者のみにとどまらず、商人らにも及んでいたらしい。最後に紹介した汪貴の例が、それにあたる。

「汪克寛、字は徳一、祁門人……克寛十歳の時、父は授くるに双峯問答の書を以てす、輒ち悟る有り、乃ち四書を取り、自ら句読を定め、昼夜誦習す（明史巻二八二）

趙汸、字は子常、休寧の人……初め外傅に就きて朱子四書を読む、疑難するところ多ければ、乃ち尽く朱子の書を取りてこれを読む（明史巻二八二）

王艮、字は汝止、七歳にして書を郷塾に受く、貧にして竟学する能わず、艮の読書は止だ孝経・論語・大学のみ（明史巻二八三）

危素、字は太樸、金谿の人……少くして五経に通ず（明史巻二八五）

楊基、字は孟載……九歳にして六経を背誦す（明史巻二八五）

帰有光、字は熙甫、崑山の人、九歳にして能く文を属す。弱冠にして尽く五経三史の諸書に通ず（明史巻二八七）

汪東瀛先生、名は貴、字は道充、休（寧）治の西親義里の人……幼より奇偉にして群せず、小学四書を読み、輒ち能く其の要を領す、是において経伝を通習し、旁ら子史百家に及ぶ（汪氏統宗譜巻三七）」

以上にみるとおり、小学にはじまり、四書五経を中心とする教育が宋代以後、とくに元・明・清の三代において主流を占めた。また、それをつうじて、士大夫は養成され、彼らの学問と教養が形成されるとともに、科挙という立身出世の階梯を登ることが可能となったのである。しかし、この間、時代と社会の変遷に影響され、若干の手直しが試みられたのも事実であった。その一例として、明末清初の激動期を生きた陸世儀のつくった教育課程がある。

陸世儀（一六一一〜七二）、字は道威、江蘇の蘇州府太倉州の人で、桴亭先生として知られている。明の萬暦三九年に生まれ、清の康熙十一年に没しているから、明朝の滅亡は彼三四歳の年であったことになる。幾つかある伝記のうち、清史稿巻四八〇に載せるものには、つぎのようにある。

「少くして劉宗周に従って講学、帰って池十畝を鑿し、その中に亭を築き、賓客を通ぜず、自ら桴亭と号す、同里の陳瑚・盛敬・江士韶と約し、遷善改過の学を為す……思弁録を著す、小学・大学・立志・居敬・格致・誠正・修斉・治平・天道・人道・諸儒異学・経・史・史籍十四門に分つ」

明末清初の思想界に大きな位置を占めた劉宗周の弟子である彼は、当時、陸隴其と並称された朱子学の大家である（陸隴其が「日程」の覆刻本をつくったことは前述した）。明末に生員となって科挙の受験資格を取得したが、清朝の治世になると、世を避けて官途につかず、明朝の遺老として生涯を終えた人物である。[18]「居敬窮理」をかかげて修養の学を説いたが、空談を好まず実学を提唱し、政治・社会・軍事・農業・治水などに強い関心をもったといわれている。

彼の主著である思辨録は、これらの問題について、永年書きとめてきた覚書乃至箚記の類を集めたものであるが、晩年に、同学の友人たちが十四部門に分類整理して、思辨録輯要としたものが広く流布している。前掲の伝記にいう十四門とは、輯要の分類に他ならない。その教育課程は巻四・格致類・読書の項にみえるが、彼の読書法も三期にわけて説かれている。

五歳から十五歳までの十年間、つぎの書物を誦読する。

小学

四書（まず正文を読み、ついで注を読む）

五経（まず正文を読む）

周礼（柯尚遷の注が佳い）

太極通書（周敦頤撰）・西銘（張載撰）

通鑑綱目

古文（まず左伝・戦国策・史記・漢書・唐宋八大家の文章を読む。ただし十五歳以後でも差支えない）

古詩（まず離騒経と陶淵明の詩を読む）

各家歌訣[19]（天文・地理・水利・算学の歌訣のうち、日用に役立つものを暇な時に記誦する）

十五歳からの十年間、つぎの書物を講貫する。

四書（大全を看ること）

五経（大全を看ること）

周礼（柯尚遷の注）
性理（重輯し各自書を為るべきである）
通鑑綱目（通鑑と紀事本末の二書を同看するが、綱目を主と為すこと）
本朝事実
本朝典礼
本朝律令（これら三書は現在を知るために必読である）
文献通考（綱目と相表裏をなす）
大学衍義・衍義補
天文書（暦数を学ぶべきである）
地理書（険要を詳しくする）
水利農田書（新刊の水利全書と農政全書が有る）
兵法書（孫子・呉子・司馬法・武備志・紀效新書・練兵実紀、以上四家のうち、一家を専習すれば可なり）
古文（左伝・戦国策・史記・漢書・八大家）
古詩（李白と杜甫は全閲すべきである）
二五歳からの十年間、つぎの書物を渉獵する。
四書
五経
周礼（以上は注疏及び諸家の説を参看すること）
諸儒語録

二一史（野史にも及ぶこと）
本朝実録及び典礼律令の諸書
諸家経済類書
諸家天文書
諸家地理書（各省輿地志、旁ら堪輿家＝地相方位鑑定師に及ぶ）
諸家水利農田書
諸家兵法
諸家古文
諸家詩

陸世儀は朱子学者であるから、その教育課程が「日程」と基本的に変ったものでないのは当然である。だが、経歴からみて、彼は科挙のための学問のみを提唱したのではない。あるべき読書について、彼はこのように述べている。

「已上の諸書は、力能く兼ねる者は則ち之を兼ね、力能く兼ねざる者は則ち其の渉猟を略し、而して其の講貫を専らにせよ、又、然らざれば則ち其の詩文を去れ、其の経済中に於いては、或いは一家を専習せよ、其の余は則ち断々として必讀する所に在り、（かくすれば）学者は倶に有体有用の士と為るに庶し、今、天下の精神は皆、帖括に耗せり、誰か肯て真の読書人と為り、而して国家も又、安んぞ読書の益を収むるを得んや」

彼が求めたのは修己治人、つまり人格の陶冶と社会への有効な働きかけを両立させた読書と学問であり、こうした立場から、より広い範囲の読書の必要を説いたのである。「日程」にある経書・歴史・詩文に加えて、陸世儀が典章・制度から天文・地理・水利・農田・兵法の書、ついで歌訣までをあげたのは、現実に対応できる学問を構想していたからに他ならない。後に触れるとおり、顧炎武の態度もこれに近い。

明末清初の動乱を経験した陸世儀の立場は複雑であった。すなわち、体制が安泰であることによって自らの存在が保障され、また、自ら積極的に関わることで体制を維持し強化してきたのが、士大夫であった。ところが、彼らは今、ほとんど予想したこともない「天崩れ地解く」体制崩壊の現実を、身をもって経験した、いい換えれば、自己を根底から支えてきた教学＝儒教の現実適応能力が否定されるのを目撃したのである。

この事態に対処すべく、心ある人々は方策を模索したが、陸世儀もその一人であった。儒教の学徒として、その力説する修己治人の経世済民論を反省し、本来の目的を達成するために、読書と学問の内実をどのように変革すべきか、これに対する解答の一つが、彼の提示した教育課程であったといえよう。「帖括」つまり科挙応試文の熟達のみをめざす学問ではなく、士大夫が実学を身につけることをつうじて、文明の危機を克服しようというのが、彼の立場であった。しかし、清朝の支配が安定するとともに、このような教学は主流となりえなかったことも、とくに指摘しておく必要があろう。

四

清朝は明朝の旧制を変更することなく、ほとんどそのまま踏襲した。科挙もまたその例にもれない。北京入城の翌年、順治二年から三年にかけて、最初の試験が行われてから光緒三〇年まで、特別恩科を除いて三年一貢、丑・辰・未・戌の年には必ず実施された。この間二六〇年、折りにふれて形骸化を批判され、存続の意義を疑われながら、廃止されることはなかった。このため、科学受験をめざす教育課程も命脈を保ちつづけた。その一つとして、曾国藩（一八一一〜七二）が子弟に示した教学の指針がある。

あらためて紹介するまでもなく、曾国藩、宇伯涵、号滌正は湖南湘郷県の人、清末の歴史に大きな足跡をのこす政治家である。[20]道光十八年（一八三八）、二八歳で進士となり、翰林院に職を奉じたのにはじまり、中央・地方の諸官を歴任したが、太平天国の鎮圧に大功があり、一等毅勇侯に封ぜられたのは、空前の栄典であったとされる。彼はまた、翰林院にいた頃から、桐城派の古文を習い、唐鑑や倭仁らに導かれて朱子学を学ぶなど、学者あるいは文人としても、当代一流の名をたかめ、学者と文人を兼ねる伝統的な政治家としては、最後の大物であったと認められている。

黎庶昌の編する曾文正公年譜によると、曾国藩は五歳で学問をはじめ、九歳で五経を読みおえ、時文帖括の学つまり科挙のための文章の学習にとりかかったという。早熟な秀才であったらしいが、その課程は大体「日程」にもとづいて進められたと思われる。ただ、彼の学問は科挙の合格をもって終らず、朱子学から小学（文字訓詁の学）へと拡がっていった。比較的晩年の言葉であるが、「余れ本朝の大儒において顧亭林よりの外、最も高郵の王氏の学を好む[21]」というのが記録されている。

さて、道光二二年、三二歳の時、彼は自己の学習に関して、簡単な課程をつくっている。すなわち、同年十二月二〇日付の家信のなかで、十月一日に立志自新し、「毎日、楷書で日記を写く、毎日、史を読むこと十葉、毎日、茶餘偶談一則を記す」ことを、自らに課したと記している。茶餘偶談とは読書メモの如きものらしいが、全集などには収められていない。ついで、道光二四年三月一〇日付の家信には、前年四月につくった求闕斎課程を載せている。求闕斎とは曾国藩の書斎の名で、「盈を避けて闕に甘んずる[22]」の意をこめて名付けられた。課程の全容は、つぎのとおりである。

「日課として、熟読すべき書を十葉ずつ読む、看むべき書を十葉ずつ看む、字一百を習う、数息すること百八、過隙影を記す（日記をつける）、茶餘偶談一則を記す。

月課として、三の日には回信を写く、八の日には詩と古文一編を作る。

熟読すべき書物は、易経・詩経・史記・明史・屈子（屈原）・荘子・杜詩・韓文である。

看むべき書物については具載せず。」

読むとはいわゆる音読、看むとは目読するのをいう。数息は鼻息を数えて心を統一する禅家の静修法、過隙影は道光十九年から書きはじめた日記の書名である。

以上の二件は、すでに進士となって官途についた曾国藩が、自らに与えた学習課程であるが、「年譜」によると、咸豊元年（一八五一）に、程端礼の「日程」にならって、さらに緜緜穆穆之室日記をつくったとある。緜緜穆穆之室とは、学友の劉伝瑩がつけてくれた彼の室名である。「日程」が彼にも強く影響していたことが知られるであろう。

「是に至り、公乃ち程氏読書日程の意に仿い、日記を為る、緜緜穆穆之室日記と曰う、……毎日、自ら課するに八事を以てす、曰く読書、曰く静坐、曰く属文、曰く作字、曰く辦公、曰く課子、曰く対客、曰く復信、事に触れて見有れば、則ち別に其の眉を識す」

「日記」にいう課子とは、子弟の教育のことである。彼は三人の息子をもった。そのうち、道光十七年一〇月に生まれた長男は、わずか十五ケ月で天然痘でなくなったが、次男の紀沢（道光十九年十一月生）と三男の紀鴻

（一八年二月生）とは、無事に成人した。この二人の子に対する教育に全力を傾注することを、彼は自らに課したのである。

この課題に対する曾国藩の実践は、曾文正公家訓のなかに記録されている。すなわち、「日記」をつくった翌年から、彼は太平天国、ついで捻軍と戦うことになるが、その陣営から細々とした指示を送りつづけたのである。咸豊六年（一八五六）から同治六年（一八六七）にかけての十二年間に、彼が家郷におくった書信一二〇編をまとめたのが曾文正公家訓であり、その大部分は子弟の教育に関わるものが占めている。彼の熱意がうかがえようが、そのなかに具体的に学問の仕方、読書の順序について言及したものが、数編含まれていて、彼の考えていた教育課程を知ることができる。

まず、咸豊八年七月二一日、江西省城外の舟中から、次男紀沢にあてた手紙のなかで、読書（学問）の仕方について、つぎのように述べている。

「読書の法は、看読写作の四者、毎日一を欠くべからず。看とは、爾（紀沢）、去年、史記、漢書、韓文、近思録を看、今年、周易折中を看るのが如きの類、是れなり。読とは、四書、詩、書、易経、左伝の諸経と、昭明の文選、李（白）、杜（甫）、韓（愈）、蘇（軾）の詩、韓、欧（陽脩）、曾（鞏）、王（安石）の文の如きは、高声朗誦するに非らずんば、則ち其の雄偉の概を得る能わず、密咏恬吟するに非らずんば、則ち其の深遠の韻を探る能わず。字を写うに至っては、真・行・篆・隷、爾は頗る之を好む、切に一日をも間断すべからず、既に好きを求むべく、又た快を求むべし、余、生平、字を作くこと遅鈍なるに因りて、吃虧少なからず、爾、力めて敏捷を求むべし、毎日能く楷書一万字を作かば則ち幾し。

諸々の文を作るに至っては、亦た宜しく二三十歳にあって規模を立定むべし、三十を過ぎたる後は則ち長進すること極めて難し、四書文を作り、試帖詩を作り、律賦を作り、古今体詩を作り、古文を作り、駢体文を作る、数者一一講求せざるべからず、一一試みに之を為れ、少年は醜を怕るべからず、須らく狂者進取の趣あるべし、此時試み為らざれば、則ち此れを後れては肯て為られざるべし」

この時、曾紀沢は二十歳であり、「年譜」によると、六歳で家塾に入ったというから、課程は担当進んでいたはずである。だから、この指示は、課程の最終段階にある者へのものと解すべきであろう。看・読・写・作を、一日も廃すべからずと教え、読むべき書物、手本とすべき詩文についても、「日程」以来の内容に幾つか加え、写つまり書法に言及しているのは注目すべきであるが、大きく変るところはない。また、看と読との関係について、「書を看るは子夏の〝日に亡き所を知る〟と相近く、書を読むは〝能くする所を忘るるなき〟と相近く、二者は偏廃すべからざるなり」とも述べている。なお、文中にいうところの四書文とは、四書を題材としてつくる科挙応試のための八股文を指し、試帖詩もまた同じ目的のための詩体をいう。

ついで、咸豊八年八月二〇日付、紀沢あての手紙には、自ら「学問各塗皆な略ぼその涯涘に渉るも、独り天文算学は毫も知るところなく、恒星五緯といえども亦た識認らざる」のを恥じ、天文と算学を学ぶことを要求している。この点で、陸世儀の考えに近付いたとすることができよう。附言すれば、三男の紀鴻は、後に著名な数学者[24]となった。

「爾、若し克家の子たらば、当にこの三恥を雪がんことを思うべし、推歩算学は縦え通暁し難しとするも、恒星五緯は観認すること尚お易し、家中、天文というの書には、十七史中各天文志及び五礼通考[25]中輯むるところの観象[26]授時一種有り、毎夜、恒星二三座を認明すれば、数月を過ぎずして畢く識るべし」

また、咸豊九年四月二一日付の紀沢あての手紙には、自ら好む書物をあげ、その学習を強く求めている。曾国藩が読書の中心においたのが、これらの書籍であった。

「余、四書五経の外、最も史記・漢書・荘子・韓文の四種を好む、これを好むこと十余年なるも、惜しむらくは熟読精考する能わず、又た通鑑・文選、及び姚惜抱が選ぶところの古文辞類纂、余が選ぶところの十九家詩鈔の四種を好む、共て十余種に過ぎず……沢児もしよく吾が志を成さんと欲すれば、四書五経及び余が好むところの八種をもって、一一熟読して深思し、略ぼ剳記を作り、その得るところを志して疑うところを著かにすれば、則ち余れ歓欣快慰して夜甘寝するを得ん、此の外別に求むるところ無し」(27)

姚惜抱、諱は鼐、字は姫伝、惜抱軒と号し、その輯する古文辞類纂四八巻は、古文の典型を示したものとして、桐城派の間で尊重された書物である。十八家詩鈔二八巻は、咸豊元年、曾国藩自ら編した書物で、曹植（子建）以下の十八家の詩を選んでいる。

ついで、同治二年三月四日の手紙には、文選のなかの文七編と、経世の文として馬貴與の文献通考序二四首、天文の文として丹元子の歩天歌、地理の文として顧祖禹の州域形勢序（読史方輿紀要）を、紀鴻とともに「手鈔熟読して互に相背誦すべし」と教えている。ここに地理の書が加わっているのに注目すべきであろう。

最後に、同治五年正月十八日付の手紙は、紀鴻にあてているが、十九歳になったばかりの三男への指示は、つぎのとおりであった。前掲の諸指示と基本的には変わっていない。

「余、爾に責むるところの功課は、すべて多事無し、毎日、字を習うこと一百、通鑑を閲すること五葉、熟書を誦すること一千字（或いは経書、或いは古文古詩、或いは八股試帖、従前書を読めるは即ち熟書と為す、總べてよく背誦するを以て止と為せ、總べて高声朗誦すべし）三と八の日には一文一詩を作れ、此の課は極めて簡にして、毎日、両個時辰を過ぎずして完畢すべし、而して看読写作の四者全し、餘は則ち爾自ら主張を為すに聴して可なり」

以上が、曾国藩が子弟に与えた教育課程の概要である。父親たる者、子供の教育に、これほどまで熱心でなければならないのか、と感心させられるが、一方、それは、清代の士大夫たちの読書あるいは学問の範囲を知るための好材料でもあるはずである。おそらく、曾家の特殊事例ではなく、当時の公約数的な教育課程と考えて、大きな間違いはないであろう。(28)

五

近世の士人あるいは士大夫とは、郷紳とよばれた人々を含めて、以上のような教育課程にもとづいて読書（学問）し、教養を身につけた人々であった。学習の基本的形態は、すでに明らかなとおり、程端礼の「日程」によって決定されたといえるが、彼らは四書五経の本文を諳誦し、歴史書に通じ、古文と古詩をつくる能力を、最低限度の教養としてもたねばならなかった。目標は科挙に合格するにあり、これと別種の教養はなかった。あるとすれば、それは水準の違いにすぎない。実に見事な価値観の統一であるが、その体現者が士人であった。しかも、このような教育をうけた経験は、少くとも清末までに学齢に達した人々が、体制・反体制の別なく、共有するところであった。以下はその具体例である。

洪秀全(29)（一八一四～六四）彼は七歳で学校にはいり、五・六年の間に、四書五経、古文、孝経を諳誦し、ついで史書と文学の書に及んだと語っている。

朱徳[30]（一八八六～一九七六）四川省の片田舎に生まれたが、幼時に、三字経・百家姓・千字文・幼学詩などで文字を学び、孝経や四書五経を読んだ。

胡適[31]（一八九一～一九六二）三歳にならぬうちから、父母に文字を教えられ、孝経、小学、四書五経（朱子の注による）、綱鑑易知録[32]、御批通鑑輯覧、資治通鑑を読んだほか、水滸伝、三国演義、紅楼夢、儒林外史、聊斎志異などの小説にも範囲を拡げたと記している。

毛沢東[33]（一八九三～一九七六）八歳から十三歳まで村の小学校に通い、孔子家語と四書などを読んだと語っている。

顧頡剛[34]（一八九三～一九八一）まだ乳母に抱かれている頃から、祖父に文字を教えられ、四書五経はいうまでもなく、漢書や綱鑑易知録などを読んだ。とくに十六歳の時、「祖父が五経は全部読んでおかねばならぬ、これから私が自分で教えてやる」といったと述べている。

ところで、四書五経を中心とする古典的教養をもつのが士人であり、このことによって彼らが庶民と区別される状態が、ながく誤解をうけずに継続すると、士人の間に独自の心理が生まれてくるのも、当然の成り行きであったろう。毛沢東は自らの経験を、つぎのように語っている。

「ここで、わたし自身の感情の変化についての経験を話してみよう。わたしは学生出身であり、学校で学生気質が身についてしまったため、物を肩でかつぐことも、手にさげることもできない大勢の学生の前では、自分の荷物をかつぐような、ちょっとした力仕事をすることさえ、格好が悪いと感じていた。その頃、わたしは、世の中できれいな人間は知識人（原文は知識分子）だけで、労働者や農民は、何といってもそれよりきたない、と思っていた。わたしは、知識人の着物ならきれいだと考え、他人のものでも着られるのに、労働者や農民の着物はきたないと考えて、着る気になれなかった」

これは一九四二年五月二日、彼が延安で行った講演、いわゆる「文芸講話」の一節である。そこにいう知識分子は士人の後身であり、士人が庶民つまり労働者や農民をどのように眺めていたか、両者の関係がいかなるものであったか、如実に物語っているというべきであろう。

王朝体制はすでに崩壊し、科挙も廃止されて四十年をへていたにもかかわらず、学問と教養の有無によって人間を区別する意識が、なお根強く残っていたことは明らかである。古い歴史をもつ士庶の区別は、それを支えた体制や制度がなくなっても、容易に消滅しなかったのである。とすれば、それらが存続していた時代における両者の区別は、思い半ばをすぎるものがあろう。中国を理解するために、この事実は重要な視点として、見逃されてはならない。

補注

（1）この他に賤民がいるが、今はとりあげない。
（2）読書人という用語の出現は遅く、続資治通鑑長編巻七・太祖乾徳四年（九六六）五月乙亥の条に「宰相須用読書人」とあるのが、文献上の初出である。
（3）呉晗・論士大夫（文集巻三）。
（4）余英時・士与中国文化・自序（文集巻四）。
（5）岡崎文夫・南朝に於ける士庶区別に就ての小研究（南北朝に於ける社会経済制度、弘文堂・一九三五）宮崎市定・九品官人法の研究（全集巻六・二〇九頁）。
(6) 宮崎市定・科挙（または科挙史）・社会階級と科挙（全集巻一五）。
(7) 吉川幸次郎・士人の心理と生活（全集巻二）。
(8) 宮崎市定・前掲書、荒木敏一・宋代科挙制度研究。（東洋史研究会・一九六九）。
(9) 宋史巻四三二、宋元学案巻一。
(10) 宋代における家庭教育がどのように行われたか、あるいは、かくあるべしと考えられていたかを記す文献として、司馬光の涑水家儀をあげることができる。それによると、男の子が六歳になると、まず字を書くことを教え、七歳で孝経と論語を、八歳で尚書を、九歳で春秋および諸史を誦む。ついで十歳になると家を出て外傅につき、詩経、礼記をはじめ、孟子、荀子、楊子などの群書を読むとしている。
(11) 元史巻八一・選挙志・科目、元典章巻三一・礼部四・科挙程式条目、このなかで、大学・論語・孟子・中庸、詩経・易経には朱子の注繹を用いることが規定されている。
(12) 「日程」の程端礼自序に「蓋一本輔漢卿所粹朱子読書法修之、而先儒之論有裨於此者、間取一二焉」とある。
(13) 「日程」巻三によると、朱子読書法は、循序漸進、熟読精思、虚心涵泳、切已体察、著緊用力、居敬持志、の六条からなるという。
(14) 未詳。
(15) 陳宝良・明代儒学生員与地方社会（中国社会科学出版社・二〇〇八頁）。
(16) 牧野修二・元代の儒学教育——教育課程を中心にして——（東洋史研究三七—四）参照。
(17) 元明時代には、いわゆる日用百科全書の類、つまり、日常生活の万般について、他人に聞かなくとも、それを開けば解決できるように編集された書物が数多く刊行されている。その一つに無名氏撰の居家必用事類があり、甲集・為学の条には、朱文公童蒙須知、真西山教子斎記、朱文公白鹿洞書院教条、程董二先生学則、程端礼読書分年日程法などが紹介され、「日程」と同様の教育課程が広く行われていたことをうかがわせている。ちなみに、巻頭に附した明人田汝成の叙（嘉靖三九年五月）によると、居家必用事類は元人の作と思われるが、明朝内府の刻板があるとのことである。この他、和刻本もあり、わが国においても読者をもっていたことがわかる。

（18）凌錫祺・尊道先生年譜（陸子遺書巻首）、陳瑚・尊道先生陸君行状（同）、全祖望・陸桴亭先生伝（清儒学案巻三）。

（19）歌訣とは、ものごとの要諦あるいは公式を歌謡にまとめ、おぼえやすく、わかりやすくしたものをいう。

（20）清史稿巻四〇五、清史列伝巻四五、続碑伝集巻五など、多数の伝記が書かれている。また、近人の著作として、近藤秀樹・曾国藩（人物往来社・一九六六）がある。

（21）曾文正公家訓巻上・咸豊八年一二月三〇日付の家信。

（22）曾文正公文集巻一・求闕斎記。

（23）武内義雄・曾文正公家訓（全集巻六）は、その全訳である。参照させていただいている。

（24）清史稿巻五〇七・曾紀鴻伝、「字栗誠、大学士国藩少子、恩賞挙人、早卒、紀鴻少年好学、与兄紀澤並精算術、尤神明於西人代数術、鋭思勇進、創立新法、同輩多心折焉、」

（25）五礼通考、二六〇巻、清秦蕙田撰。

（26）観象授時、二〇巻　清秦蕙田撰。

（27）薛福成・庸盦筆記巻三・曾文正公勧人読七部書を参照。

（28）「日程」の教育課程が清代にも広く行われていた実例の一つとして、呉毓珍の秀才約語（道光七年序刊）がある。同書には「当に読むべきものは則ち朱子の読書法に依り、程氏分年日程を取りて準と為し、其の節目に遵って循序漸進せよ」とある。秀才とは生員のことで、彼らの守るべき条項を列挙したのが、この書物である。

（29）T. Hamberg: *The Visions of Hung-Siu-Tshuen and Origin of the Kwang-Si Insurrection*（青木富太郎訳）。

（30）A. Smedley：*The Great Road*（阿部知二訳）。

（31）胡適・四十自述（吉川幸次郎訳）。

（32）綱鑑易知録、九二巻、清呉乗権編。

（33）E. Snow：*Red Star over China*（宇佐見誠二郎訳）。

（34）顧頡剛・古史弁自序（平岡武夫訳）。

第二節　士人の史的教養――『資治通鑑』の流布について

一

宋代以後、つまり近世とよばれる新しい時代の担い手であった士人（士大夫・読書人）の学問と教養が、科挙制度の影響をうけ、（一）経書題に対応して古典（経書）に通暁すること、（二）韻文題にそなえて詩文を立派につくること、（三）散文題（策論）のために充分な歴史的知識をもつこと、これら三条件を具備する方向に規制されるにいたった事実は、前節に論じたとおりである。また、こうした事態をうけて、子弟の教育もこの三条件を整えるのを目標とし、そのための教育課程が幾つかつくられ、熱心に実践された経緯についても、明らかにするところがあった。

この教育課程のうち、最も広く行われた程端礼（一二七一～一三四五）の『程氏家塾読書分年日程』によると、第三の条件である歴史的知識の獲得については、二〇歳前後、経書（爾雅を除く十三経）の本文および注釈の学習を終った頃からはじめるよう指示されている。さらに、テキストとしては『資治通鑑』を用いること、参考書として『通鑑綱目』、『史記』、『漢書』、『唐書』、『范氏唐鑑』などを使うようにと記されている。経書の勉強にくらべると、その重要度は少し低いかと思われるが、歴史を学ぶこともまた、士人にとって必須の要件であり、『通鑑』が大きな役割を演じたことが知られよう。近世における士人の史的教養は、もっぱら『通鑑』をつうじて形成されたといっても過言ではない。(1)

『資治通鑑』はいうまでもなく、北宋の司馬光の著作である。はじめ英宗の命をうけて編纂に着手したが、完成は神宗の末年、元豊七年（一〇八四）のことになる。その時、神宗にたてまつられた上表によると、「上は戦国に起り、下は五代に終るまで、凡そ一三六二年、二九四巻」という大作である。前後一九年の歳月をかけ、政府から与えられた資金と設備とスタッフを使って業務は遂行され、その書名が神宗から賜ったものであるのも、よく知られている。

書名からうかがえるとおり、本来、歴代の史実を明らかにし、治乱興亡の因果を教え、皇帝の政治の参考に資するために著わされた書物であったが、完成当初から世評が高く、これさえ読めば正史は不要とさえいわれ、名著として尊重されつづけた。しかも、前述のとおり、歴史の学習のための基本的テキストとされたのも手伝って、知識人必読の書となり、ここに記載された史実を知悉し記憶することが、士人の責務であり資格であると認識され、この状態は今日まで継続している。その経緯を明らかにするのが本節の課題であるが、はじめに、近年の実例を二つ紹介しておきたい。(2)

一九四九年、人民共和国成立の直前、北京へ移動する毛沢東が自ら携えた数冊の本のなかに、『史記』と『通鑑』があったことが報告されている。マルクスやレーニンの本は一冊もなかったという。また、一九七三年はじめ、南昌に追放されていた鄧小平が『通鑑』を読んでいたことも、知人の証言で明らかである。彼らにとって、

『通鑑』は教養の書である以上に、直面する難問にたちむかうため、あるいは政治技術の参考書として、ドイツやロシアの革命理論よりも、はるかに有益であったのであろう。

二

実在の経験を尊び、それのみが信ずべき真実であるとする中国の人々にとっての歴史は、西欧における歴史と大きく相違するものであった。はやくから歴史意識と歴史叙述は顕著な発達をとげ、この国の文明の際立った特徴の一つをなしていたとみてよかろう。最初の史書と認められている『書経』と『春秋』は、五経すなわち儒教の経典の一つとして、古代以来、知識人の必読の書であり、『史記』にいたっては、歴史のあるべき形姿を確立したばかりか、史書の枠をのりこえて、人間の類型乃至典型を描く「人間探求の書」へと飛躍していた(3)。後漢以降、『史記』は五経とともに広く読まれるようになり、ついで班固の『漢書』、何種かの『後漢書』をはじめとして、多くの史書が間断なく、官撰、私撰のかたちで著作され、二十四史の蓄積をもつことになる。史学の立場は古くから確立していたのである。

したがって、歴史を学ぶための書物が不足するよう状態ではなかったが、一部の専門家、たとえば『史通』の著者劉知幾（六六一〜七二一）たちは別として（史通巻一〇・自叙）、一般の知識人＝士人がこれらをどのくらい読みえたか、読む便宜をもちえたかについては、疑問が多いとされる。吉川幸次郎によると(4)、その理由はつぎの二点に求められるという。

まず、当時の書物はすべて写本であり、その流布は非常に限定され、価格も極めて高かったことがあげられる。

唐代の士人が書籍を貴重な財産とみなしていたことは、宇都宮清吉の指摘するところである。(5) また、これらの写本は悉く巻子本（巻物）であり、所蔵するのに巨大な空間が必要であったこと、閲覧に際しても広い場所が要求されたことなども数えられる。こうした事情を反映するかのように、王鳴盛の『十七史商榷』巻九九「唐以前は惟だ三史三国のみ」の条は、つぎのように述べている

「唐より以前、人間に通行するものは、惟だ（司）馬と班と范の、史記と前後漢書の三史のみ。其の次は則ち三国志であり、晉書及び南北朝の各史の若きは、未だ流布せざりしなり」

唐初までに著わされた歴史書は相当の量に達し、そのことは世上の史学への関心のたかまりを示すであろうが、なお人々が史書を手に入れ、あるいは所蔵し閲覧することはかなり困難であったのが、実状であったといえよう。再び吉川によれば、(6) 六朝および隋唐の士人たちの歴史に対する知識は、宋代あたりと比較すると、随分と貧弱であったとされる。このことについては、唐代の科挙がもっぱら詩賦による進士の課程を重んじ、広汎な歴史の知識を軽視したのも関わりがあるという。『新唐書』巻四四・選挙志には、科挙の科目に一史と三史があったと記すが、この科目は振るわなかったらしく、穆宗の長慶三年（八二三）、諫議大夫殷侑の上奏を引いて、つぎのように述べる。

「三史の書為るや、善を勧め悪を懲すること、六経に亜ぐに、比来は史学都べて廃し、身は班列に処るに、而も朝廷の旧章を能く知る莫き者有るに至る」

このように、唐人の史的知識は浅薄であったが、唐が滅び五代をへて宋代にはいると、状況は少しずつ変化しはじめる。まず、外的条件として、印刷術が発達し、書物の流布を促進したことがあげられる　南宋の人である

程倶の『麟台故事』巻二・校讎の条によると、太宗の淳化五年（九九四）に『史記』、『漢書』、『後漢書』が杭州で出版されたのを皮切りに、歴史書の刊行があい継いだとある。真宗の咸平三年（一〇〇〇）に『三国志』、『晋書』、『旧唐書』が、仁宗の天聖二年（一〇二四）には『北史』、『南史』、『隋書』が、といった具合であった。

かくして、正史の版本が市場にも姿をあらわし、書物の購入は以前にくらべて、やや容易になったかと思われる。慶暦二年（一〇四二）の進士である蘇頌が、相国寺の市で、撲買（賭け売買）によって『漢書』を入手しようとした逸話（丞相魏公譚訓・巻八）が、その間の事情を伝えているだろう。

とはいうものの、北宋の時代にはなお限界があった。何故ならば、史書の多くは政府の出版物であり、闊字大本の豪華本であり、部数も少なかったため、おそらくかなり高価であって、一般の士人には高根の花であったと考えられるからである。人々が自国の歴史を知ろうとしても、なお幾つかの制約がともなったのは疑いない。『通鑑』の編纂スタッフの一人として、三国から南北朝の部分を担当した劉恕が、自著『資治通鑑外記』の序文のなかに、つぎのように語っているのが、一つの証言となるであろう。

「本朝（宋）は古えを去ること益々遠く、書もまた益々煩雑たり。学者の属文に牽くには、専ら西漢書を尚び、博覧者のみ乃ち史記と東漢書に及ぶ。而して近代の士は頗る唐書を知るも、三国より隋に至り、下って五代に逮ぶまでは、懵然として識ること莫し」

また、司馬光でさえ、劉恕への書簡（温国文正司馬公集巻六二・劉原道に与うる書）のなかで、若い頃には劉宋から隋にいたる正史を読みえなかったと述懐し、「今、国家は正史を校定し摹印すと雖も、天下の人家、共に能く幾本か有ちえん」と述べている。史書の流布が充分でなく、北宋の、少くとも前半期における士人の史的知識にも限度があったことを知りうるのである。

こうした状況のなかで、『資治通鑑』は完成した。それ自体、新たな中国通史の出現であり、『史記』以来の画期的な出来事といわなければならない。そして、ここにはじめて、人々は自国の歴史の全体像を、断代史としてでなく、古今を綜括する通史のかたちで、一書によってふりかえる手段と便宜を獲得したのである。

李燾の『続資治通鑑長編』は、元豊七年（一〇八四）一一月戊辰の条に、『通鑑』完成の記事を載せている。その最初の読者であった神宗の所感は「前代未だ嘗て此書有らず、荀悦の漢紀に過ぎること遠し」であった。古今に冠絶する史書であり、編年史の復興としても、後漢の荀悦の『漢紀』（前漢紀）を凌ぐとの評価であったが、神宗は翌年三月に亡くなった。あとを継いだ哲宗は、ただちに出版のための原稿の整理を命じ、あくる元祐元年（一〇八六）九月に司馬光も病没するが、十月には杭州において鏤版することが決定されている。その完成は元祐七年（一〇九二）のことで、『長編』元祐七年七月己酉の条には、「諸路安撫鈐轄司并びに両京と南京に詔し、各々資治通鑑一部を賜う」とある。『通鑑』流布の第一歩であった。

この、いわば初版本は伝存しない。刊行開始から半世紀をへた建炎三年（一一二九）、金軍が杭州に侵入した時、『通鑑』の版本を車に載せて持ち去ったと、『金史』巻八〇・赤盞暉伝にみえるが、これが初版の版木であったのは間違いなかろう。その後、出版はくり返えされ、数多くの刊本が知られているが、現存するものとしては、南宋の紹興二年（一一三二）の刊本が最古のテキストと認められている。

ただ附言しておくと、神宗の評価は高く、完成の二年後に刊行がはじまったとはいっても、『通鑑』はただちに広く愛読されたわけではなかった。その理由としては、第一に、その厖大な分量が人々を圧倒したことをあげねばならない。『通鑑』の最も信頼できる注釈を書いた胡三省が「音注資治通鑑序」に、司馬光の言葉を引用して、「公自ずから言う、通鑑を修めて成るや、惟だ王勝之のみ借りて一読す。他人は読んで未だ一紙を尽さざるに、已に欠伸して睡らんことを思う」と記し、さらに「是れ正文二九四巻、未だ能く徧観する者有らず」と書き添えているほどである。

ついで、同時代を生きた程頤ら道学系の学者たちが、司馬光と親しい交友関係をもちながら、『通鑑』に対しては好意的でなかったことが関係しよう。彼らは、その記載法が道学の規範＝義利の弁別に合致しないのに不満をもち、批判は辛辣を極めた。思想家であるよりも歴史家であった司馬光は、大義名分論よりも、自分の見識にしたがって、事実を事実として後世に伝える立場を堅持したのであり、道学者との意見の対立は、やむをえない次第であった。

さらに、司馬光の政敵であった王安石の一派＝新法党が北宋末期に政権を握り、旧法党への弾圧を強化したことが加わるであろう。司馬光は、新法党の領袖蔡京の指令で建立された「元祐党籍碑」の筆頭に名を刻まれ、このため『通鑑』も厄を免れることができなかった。『長編』紹聖四年四月乙未の条に、蔡京の弟の蔡卞の党である薛昂と林自の両人が『通鑑』の版本を毀さんことを議したとあるのが、その象徴的な証拠であろう。幸い、この議は陳瓘の抵抗によって実施にはいたらなかったが、『通鑑』不遇の時代は、まだしばらくつづくのである。

三

こうした事態は十二世紀、南宋の成立とともに、ようやく、決定的に変化する。民間における営利出版業の発展が書籍の流布を促し、この趨勢をうけて、『通鑑』も広く一般の読書となるにいたった。しかし、それに決定的な役割を演じたのは、道学の大宗たる朱子（一一三〇～一二〇〇）であった。彼は『通鑑』に対して多少批判的であったが(7)、この書の価値を認め、それをもとにしながら、『春秋』の意をうけて、大義名分を史実によって著そうと、『資治通鑑綱目』をつくった。『通鑑』の再編成を試み、ダイジェスト版を編纂したわけである。『資治通鑑綱目』五九巻。道徳主義的歴史学の典型ともいうべきこの書は朱子の著作とされるが、彼は大体の凡例を示しただけで、門人の趙師淵がその遺言をうけてつくったといわれている。しかしながら、『綱目』は、史学の教養と知識を士人の必須の資格と定めた朱子が、その教科書として著わしたと理解され、基本的文献の一つとして学派の内部では重視されていた。ところが、彼の在世中は偽学の扱いをうけてきた朱子の学問が、没後四〇年をへて、ようやく正統の学問と認められ、学界に勢力を拡げるにしたがって、『綱目』もまた、多くの読者をもつようになった。

『綱目』の流布は一時、『通鑑』を凌いだとさえいわれている。結論的にいえば、元代から明代にかけては、科挙における経義が朱子の注釈を基準としたことと関係して、士人たちはより多く『綱目』を読んだといってよい。だが、この書は儒教道徳の基準を実証するのに急で、史実に誤りがあるという欠点をもつため、やがて、原書である『通鑑』をこそ読むべきであるとの風潮が生まれ、清代になるとほぼ定着するにいたった。張煦侯（一八九五～一九六八）は、その著『通鑑学』のなかで、「綱目を尊んで経と為す者は、村学究の見たる耳」[8]と喝破している。

『通鑑』の出現と流布は、士人の史的教養の形成に寄与しただけではない。この書は、編纂スタッフによる副産物、たとえば劉恕の『通鑑外記』、范祖禹の『唐鑑』などとともに、学界に大きな影響と刺戟を与え、史学関係の著作が続出する契機ともなった。『通鑑』関連のみに限っても、前述の『長編』、『綱目』のほか、袁枢の『資治通鑑紀事本末』四二巻などをあげることができる。

また、『通鑑』の注釈についても、司馬光の子の康の釈文（今は伝わらない）のほか、完成から一〇〇年もたたないうちに、史炤の『通鑑釈文』三〇巻（一一六〇年刊）があらわれ、二〇〇年後には胡三省（一二三〇～一三〇二）の『音注資治通鑑』（一二八五年完成）が書かれるというふうであった。胡三省が『音注』を世に送るに当って、それのみの単行とせず、『通鑑』の本文に、注文と司馬光の『通鑑考異』の文を分散挿入するかたちをとったのが、読者に便宜を提供する結果となり、その流布と利用を一層促進するのに役立ったと思われる。『考異』三〇巻は、記載した史実の信憑性に対する厳密な吟味の経過を説明した付属書である。

以上によって知られるとおり、『通鑑』が士人の必読書となり、広く世間に流布するのは、十二世紀、南宋成立以後のことであった。宮廷にも多くの愛読者がいたことが知られている。高宗（在位一一二七〜一一六二）であり（張端義・貴耳集）、孝宗（在位一一六三〜一一八九）と皇太子（のちの光宗）である（盛如梓・庶斎老学叢巻四）。さらに、当時、『通鑑』を読み、その史学を継承した人々のなかに、まず胡安国（一〇七四〜一一三〇）がいる。『通鑑』の完成は彼一一歳の頃であるが、紹聖四年（一〇九七）に進士となって官界に入り、かたわら『春秋胡伝』、『資治通鑑挙要補遺』一〇〇巻を著わした（宋史巻四三五）。また、洪邁（一一二三〜一二〇二）は紹興一五年（一一四五）の博学宏詞科に合格、知紹興府から端明殿学士にのぼったが、宋史巻三七三に載せる伝には、つぎのようにみえる。

「（洪）邁は典故を考閲し、経史を漁獵して、鬼神事物の変を極め、資治通鑑を手書すること凡そ三たび、容斎五筆、夷堅志が有り、世に行われる」

手書とは手づから書くことであるが、既述のとおり、刊本がすでに出まわっていたにもかかわらず、生涯に三度も手書したのである。彼の官界での地位からみて、『通鑑』が買えなかったとは考え難く、おそらく、手抄熟読を示す修辞であろう。袁枢（一一三一〜一二〇五）も同類の人であった。彼は隆興元年（一一六三）の進士で、常に『通鑑』を愛読したが、膨大浩博なのに苦しんだ経験から、その記載を事項ごとに分類再編して『資治通鑑紀事本末』四二巻をつくり、旧来の編年、紀伝二体に紀事本末体を加え、後世の史法に多大の影響を及ぼした。『宋史』巻三八九の彼の伝には、さらにつぎの挿話が紹介されている。孝宗と袁枢の対話であり、『通鑑』がどのように読まれたかをうかがわせる。

「（袁枢）即ち史書に因りて以て言いて曰く。臣竊かに聞くに、陛下嘗て通鑑を読まれ、屢々訓詞有り、諸葛亮の両漢の興衰せし所以を見て、小人は去らざる可からずの戒有り、と。大なる哉王言、万世に垂法す。遂に往事を歴陳し、漢武より下って唐文宗に至るまで、姦佞に偏聴して禍乱を致せるを。且つ曰く、固より詐偽して誠実に似、憸佞にして忠鯁に似たる者有り。苟くも陛下日日に与に事を帷幄の中に図り、天下の士を進退せらる。臣恐るらくは必ず朝廷の累と為るを。上（孝宗）顧りみて謂て曰く、朕此曹と事を帷幄の中に図るに至らず。（袁）枢謝して曰く、陛下の言の此に及ぶは、天下の福なり」

洪邁や袁枢の同時代人である朱子に、張仲隆という知人があった。彼は朱子講学の地である崇安県（福建）の光化精舎の門前に一室を設け、「余物は置かず、独り資治通鑑数十帙を取りて其中に列べ、焚香して之に対し、日に数巻を尽くした」という。この書斎は「通鑑室」と名付けられ、朱子は一文をそのために草しているが（朱文公文集巻七七・通鑑室記）、これもまた、『通鑑』愛読の実態を伝える一例であろう。

同様の記載はなお幾つか存在する。葉適（一一五〇～一二二三）の『水心先生文集』巻二五におさめる「朝請大夫提挙江州太平興国宮陳公墓誌銘」によると、陳謙は『通鑑』の録本を入手し、数日にしてこれを読破したとある。また、高名な儒学者であり、教育関係の著述もある眞徳秀（一一七八～一二三五）の「勧学文」（西山先生眞文忠公文集巻四〇）にも、張栻（一一三三～一一八〇）と朱子の書をはじめとして、「温公の通鑑と文公の綱目とを参考として並観すべし」と教えている。はじめに紹介した程端礼の『日程』は、巻頭の綱領に「西山眞先生教子斎規」をあげているところからみて、眞徳秀の影響をうけているのは間違いない。

彼らのあとにつづいて、陳宓、趙汝談、王応麟（一二二三〜一二九六）らがいる。陳宓には『読通鑑綱目』があり（宋史巻四〇八）、趙汝談にも『通鑑注』の著作がある（宋史巻四一三）。王応麟は胡三省と同時代を生きたが、職務のかたわら典籍を広く読み、南宋滅亡後は隠棲して経史を講じ、後代の史学に影響を与えた幾つもの著述をのこしている。そのうち、『通鑑』に関わるものとして、『通鑑地理攷』一〇〇巻、『通鑑地理通釈』一六巻、『通鑑答問』四巻がある。また、寧宗の皇太子であった景獻太子が、戴渓に命じて『通鑑』などの講義をさせていたことが、『宋史』巻四三四の戴渓伝にみえる。

以上の諸例は、南宋の時代に『通鑑』が広く読まれ、且つ学ばれ、いわゆる『通鑑』学者が輩出したことを明らかにするが、その噂は近隣諸国にも伝わっていた。『長編』元符二年二月丁酉の条によると、高麗の使節から『通鑑』を買い求めたいとの申し出があったとある。もっとも、礼部はこれを認めなかったが[9]、元符二年は一〇九九年で、『通鑑』完成の一五年後、初版本刊行の七年後にあたり、その評判がはやくから高麗にも知られていたことをうかがわせる。『明史』巻三二〇・朝鮮伝には、洪武二年（一三六九）、太祖が高麗国王に諭旨とともに『通鑑』を賜わったと記すが、それよりもはやく、『通鑑』は朝鮮半島にとどけられていたに相違ない。ちなみに、その日本への伝来の時期は不明であるが、わが国における『通鑑』の刊行は、嘉永二年（一八四九）の津藩・有造館のそれにはじまる。

『通鑑』はまた、北方遊牧民族の間でも愛読された証拠がある。もっとも、契丹族の建てた遼朝の正史である『遼史』には、関連記事を見出せないが、女真族の金朝の『金史』、モンゴル族の元朝の『元史』に、それを見つけるのは困難ではない。『金史』についていえば、『通鑑』の版木を持ち去った前掲の事例のほかに、なお二例を提示できる。まず、金朝第五代の皇帝である世宗（在位一一二三〜一一八九）は、誠実な人がらで政治に熱意をも

ち、小堯舜とよばれた人であるが、『金史』巻七・世宗本紀によると、大定二〇年（一一八〇）一〇月壬寅の条に、

「上（世宗）、宰臣に謂いて曰く、近ごろ資治通鑑を覧たるに、累代の廃興を編次して、甚だ鑒戒有り。司馬光の用心此の如し、古えの良史も以て加うる無きなり」

とある。多分、世宗は原文のままで読んだであろう。ついで、『金史』巻五六・百官志には、正大三年（一二二六）に益政院を内庭に設置し、学問該博にして議論宏遠なる者数人をこの官に任命し、毎日、二人ずつ当直して顧問に備えるとともに、『尚書』・『通鑑』・『貞観政要』を講じさせたとみえる。益政院は一二三二年に廃止されたが、わずか七年の短期間とはいえ、金廷では『通鑑』の講義が行われていたのである。

四

北方異民族の政権のなかで、とくに中国文明への関心がうすかったとされる元朝のもとでも、『通鑑』は広く読まれた。誰よりも先きに、歴代の皇帝たちがこの書に興味をもったのである。その最初の事例として、『元史』巻一六〇・王思廉伝をあげると、至元一四年（一二七七）、翰林院待制となった彼が、世祖に対して『通鑑』を進講したとある。

ついで、『元史』巻一二・世祖本紀によると、至元一九年（一二八二）四月己酉の条に、蒙古畏吾児文字で写された『通鑑』が刊行されたと記している。世祖自身は漢文が読めなかったから(10)、ウイグル文字を借用した蒙古語の翻訳本がつくられたわけで(11)、その刊行は、至元一三年（一二七六）に南宋を滅して中国を統一してから、わず

か六年後のことである。これ以後、『通鑑』は世祖をはじめとするモンゴル人の間にも、多くの読者をもつようになったはずである。

世祖のあとをうけた第二代皇帝の成宗は、その孫にあたるが、儒臣焦養直に命じて『通鑑』の講義をさせたことがあり（元史巻一六四・焦養直伝）、蘇天爵の『滋渓文稿』巻二一・「資善大夫太医院使韓（麟）公行状」にも、余暇を利用して、成宗が韓麟を召し『通鑑』や『大学衍義』を読ませたことがみえる。成宗の父親眞金は世祖の皇太子で、はやくに病没しているが、漢文が読めたと認められている。しかし、成宗への進講が原文でなされたかどうか、定かではない。

第四代の仁宗（在位一三一一〜一三二〇）は、中国文化に理解をもち、儒教尊重の風潮をたかめ、しばらく停止していた科挙を再開したことで、漢人の間で評判のよい皇帝であるが、『元史』巻二五・仁宗本紀、延祐元年（一三一四）四月己酉の条には、「資治通鑑は前代の興亡治乱を載するを以て、集賢学士忽都魯都児迷失および李孟に命じ、その切要なる者を択び、訳写して進めしむ」とある。仁宗の漢学の素養がどの程度であったかは不明であるが、蒙古語による抄訳本の出現によって、モンゴル人の読者は一層増加したに違いない。仁宗の治世においては、別に『貞観政要』や『大学衍義』が蒙古語に翻訳され、宮廷で講じられたことが知られている。

第六代の泰定帝は眞金の嫡孫で、一三二三年から二八年にかけての五年の治世は、蒙古の地に本拠をおく守旧派の遊牧貴族が政権を掌握した時代であったが、にもかかわらず、元廷としてははじめての経筵が開かれ、御前講義が行われたりしている。『元史』巻二九・泰定帝本紀の泰定元年（一三二四）二月甲戌の条には、次の記載がある。

「江浙行省左丞趙簡、経筵を開き師傅を択び、太子及び諸王大臣の子孫に令して学を受けしめんことを請う。遂に平章政事張珪、翰林学士承旨忽都魯都児迷失、学士呉澄、集賢直学士鄧文原に命じ、帝範・資治通鑑・大学衍義・貞観政要などの書を以て進講せしむ。復た右丞相也失鉄木児に勅して之を領せしむ」

また、同書巻三〇・同本紀の泰定四年（一三二七）六月辛未の条には、翰林学士阿魯威、直学士燕赤らに命じ、『通鑑』を訳して進呈させたことがみえる。宮廷においては、もっぱら、蒙古語に翻訳された『通鑑』を用いて進講がつづけられていたことが知られよう。しかし、モンゴル人のなかにも、原文で『通鑑』を読む人物がいなかったわけではない。前述の眞金がその人である。

眞金（一二四三～一二八五）は世祖の皇太子であり、第二代の皇帝となるはずの人であったが、幼い頃からすんで儒学を学んだ。彼が漢文を読めたことは、すでに趙翼が認めているが（二十二史箚記巻三〇・元の諸帝は多く漢文を学ばず）、その伝である『元史』巻一一五・裕宗伝によると、経書はいうまでもなく、読書の範囲は『通鑑』や『貞観政要』から、遼・金の帝王たちの行事要略、『武経』などにも及んでいたという。彼にはさらに書法の嗜みもあったらしく、これらを考えると、士大夫としての一応の資格をそなえていたのは間違いない。だが、彼はあくまで例外的存在であった。

というのは、眞金の長子甘麻剌（顯宗）は、成宗の兄でもあるが、漢文は読めなかった。『元史』巻一一五の顯宗伝に、彼が也滅堅に命じて、蒙古語をもって『通鑑』を講じさせたと記すのが、その証拠となるであろう。『通鑑』を読むことは読んだが、翻訳でというのが、モンゴルの皇族たちの実状であったと思われる。したがって、おそらく、成宗についても、事情は同じであったはずである。

『通鑑』をモンゴル人にも読ませようという意図は、もっとはやくから存在したと思われる。『元史』巻八一・選挙志・学校の条によると、元朝は至元六年（一二六九）、国号を「元」と改める前年、諸路に蒙古字学を設け、各校三〇名程度の学生を集め、『通鑑節要』を訳写して頒布し、これを学習させたという。『節要』は六〇巻、司馬光自撰の附属書である。[12] 世祖が『通鑑』の蒙古語訳本をつくらせたのは、前述のとおり至元一九年であるから、一三年も以前のことになる。

ついで、同条の至元八年には、京師に蒙古国子学を創建し、『節要』の訳本を教科書として学生を教え、学習の効果をみはからって試験を行い、成績優秀なる者を選んで官職を与えることにしたと記載する。『節要』を読むことが官吏たる者の必須の要件とされたわけであり、これをうけて、やがて『通鑑』そのものの翻訳が企てられるにいたったというわけであろう。

このように、元朝は『通鑑』あるいは『節要』の翻訳本の作成刊行に熱心であっただけでなく、原本の出版にも手を染めており、王磐（一二〇二～一二九三）の「興文署新刊資治通鑑序」（資治通鑑・首巻）に、その事実が紹介されている。興文署とは、文牘簿書のことを主管する官庁で、ここが新しく刊行した『通鑑』に附した翰林学士たる人の序文である。

「朝廷は庠序の荒蕪を憫み、人材の衰少を歎き、乃ち京師に於いて興文署を剏立し、……良工を召集して、諸経子史の版本を剞刻し、天下に頒布せらる。資治通鑑を以て起端の首と為すは、時事の緩急を知り、適用の先務を審る者なり。

噫、遐郷小邑にも、長材秀民有りて学を嚮慕すと雖も、而も書の読む可き無く、黙して以て空しく老いる者多きを憫む。是書一たび出で、其の天下の福沢利益と為るや、勝げて道う可き哉。……今、是書一布して十年に及ばざるに、而も国家人材の盛んなること、拭目して之を観る可き矣」

王磐の生没年代から考えて、この文章が世祖の至元年間に書かれたのは明らかであり、元朝が創業当初から、

『通鑑』を有益な書と認め、その出版に自ら関わったことが知られよう。かくて『通鑑』を入手し閲覧する便宜は、元代にはいって一層拡大したと思われる。こうした時流を背景に、漢人たちの間では、前代以上に、読書の人数が増加したのは当然であったろう。その実例を幾つかあげてみよう。

史天澤（一二〇二～一二七五）は河北の豪族の出身で、太宗オゴタイ汗の時代から幕下に仕え、漢地の四大諸侯の一人として、漢人最初の宰相となった功臣であるが、四〇歳の頃から読書をはじめ、「尤も資治通鑑に熟し、立論多く人の意表に出ず」と、『元史』巻一五五の伝にある。もともと武人であった彼も、中年すぎての読書によって『通鑑』の愛読者となり、その記事を熟知することをつうじて、人々を驚ろかせたのであろう。また、彼と同じ時代を生きた賈居貞も『通鑑』を愛読してやまず、戦陣にあっても手ばなさなかったとある（元史巻一五三）。元好問（一一九〇～一二五七）によると、当時、『通鑑』の学が河朔の地でも流行し、「武臣宿将の講説記誦して日課と為す者有り」（元遺山先生文集巻三六・陸氏通鑑詳節の序）というから、こういう風潮と関わる記述と考えられよう。

金履祥（一二三二～一三〇三）は南宋滅亡後、元朝には仕えず学問に専念したが、『通鑑』が彼の主要な読書の一つであったことが、その伝（元史巻一八九）にみえる。ただ、彼はそれが周の威烈王の二三年（前四〇三）からはじまるのに不満で、その前史を書こうと考え、司馬光の協力者であった劉恕の『通鑑外記』を批判しながら、『通鑑前編』二〇巻を著わした。また、彼の同時代人に胡三省があり、異民族支配の逆境のなかで『通鑑』と取り組み、『音注資治通鑑』と題する最高の注釈書を著わしており、南宋から元初にかけて、『通鑑』は一般に読まれるにとどまらず、学者の研究対象となり、史学の発展に大きく貢献したことがうかがえよう。

以上はすべて、元初の事例であるが、歳月を重ねるにしたがって、『通鑑』の読者層はより一段と拡大した。いわゆる色目人のなかにも、讀者を見出すようになるが、その代表者として巙々（一二九四～一三四五）がいる。

ウイグル人である彼は、色目人の大臣として最高の知識人とみなされ、文宗・寧宗・順帝の三代に仕えて翰林学士承旨となる一方、趙子昂とならぶ書家としても知られているが、『通鑑』の読者であった。『元史』巻一四三・巎々伝には、つぎのように記されている。

「一日、司馬光の資治通鑑を進読し、因りて言う。国家当に斯時に及び、遼・金・宋の三史を修すべし、歳久しければ恐らくは闕逸を致さん、と。後、局を置いて纂修するは、実に巎々に由りて其端を発す」

書法の大家であった彼は、いうまでもなく漢文が読めたから、『通鑑』も原文のまま読んだのは疑いない。そして、その進言にもとづいて、遼・金・宋の三史が編纂されることになった。『通鑑』をつうじて培われた、彼の歴史に対する教養と関心は、後世に大きな遺産をのこす結果を招来したのである。ちなみに、『遼史』一六〇巻は順帝の至正三年（一三四三）に開局して同五年に完成、『金史』一三五巻は至正三年に開局して翌四年に完成、『宋史』四九六巻は至正三年に開局して同五年に完成といった具合に、ともに至正三年から五年にかけて、異例ともいえる短時日のうちにできあがった。元朝の滅亡はそれから二三年後のことである。

五

「（通鑑は）元末に於いて臨海で刊せられ、洪武の初め、其の版を取りて南京國学に蔵す。其の後来に重んぜらるること、固より偶には非らざる矣」

これは『四庫全書總目提要』巻四七に載せる『資治通鑑』の項の末文であるが、元末に浙江の臨海県で出版され、明初にその版木は南京の国子監に蔵せられたことを伝えている。前述の、明の太祖が高麗に賜わった『通鑑』というのは、これによった刊本であった可能性もある。そして、前代にひきつづき、明代においても『通鑑』は多くの読者をもった。そのことを胡居仁（一四三四〜一四八四）がつくり、影響力のあった教育課程である「麗澤堂学約并序」に司馬光の書、つまり『通鑑』を読めといっているのでも明らかであるが、さらなる実例の幾つかを『明史』のなかから提示しておこう。

余継登は萬暦五年（一五七七）の進士であるが、日講官であった時、久しく開かれなかった講筵を復活し、同官の馮琦とともに『通鑑』を進講して、時政の缺失を説いたと、『明史』巻二一六の伝にはみえる。また、同巻に伝をもつ蔡毅中は天啓（一六二一〜一六二七）初年、権勢を恣ままにする宦官魏忠賢弾劾の上奏文のなかに、

「臣惟うに、三代以後、漢・隋・唐・宋の諸君の、其の権璫の害を受け、権璫に処するの法は、載せて通鑑に在り、……臣みな多言を必せず」

と述べている。さらに巻二五一の何如寵伝には、崇禎四年（一六三一）、会試の副総裁官を罷めて退休するにあたり、彼が毅宗に対して「時に通鑑を観み、古今の理乱忠佞を察せられんことを請うた」とある。いずれも、『通鑑』が帝王の治政に資するために読まれ、且つその目的にしたがって用いられたことを明らかにしている。[13]

明代にはまた、『通鑑』の系譜を引く数多くの著作があらわれている。そのうち、王宗沐（一五二三〜一五九一）の撰する『宋元資治通鑑』六四巻、薛應旂の同名の書一五七巻が有名であるが、『明史』によると、なお幾つかあったらしい。たとえば、太祖の第一七子の寧獻王権は敕を奉じて『通鑑博論』二巻を編輯し（巻一一七）、李東陽（一四四七〜一五一六）や張元禎らが参加して『通鑑纂要』（巻数不明）が編纂された（巻一八一・一八四）などが、

その一例である。ただし、この二書が現存するかどうかは、詳らかではない。

加えて、『綱目』のあとをうけ、洪武三年（一三七〇）の進士である孫蕡が『通鑑前編綱目』を（巻二八五）、成化六年（一四七〇）には、商輅らが『宋元通鑑綱目』二七巻を（巻一五二・一六八・一七六）、萬暦（一五七三～一六一九）初年には、南軒が『通鑑綱目前編』二五巻を続編したこと（巻二六四）も伝えられている。『綱目』も依然として、有益な書と認められていた証拠となろう。

『通鑑』あるいは『綱目』の史法を継承しようとする学風は、清代においても変わらなかった。その代表的史書としては、徐乾学（一六三一～一六九四）の『資治通鑑後編』一八四巻、畢沅（一七三〇～一七九七）の『続資治通鑑』二二〇巻、陳鶴（一七五七～一八一一）の『明紀』六〇巻、夏燮の『明通鑑』一〇〇巻のほか、高宗乾隆帝（在位一七三六～一七九五）勅撰の『御批歴代通鑑輯覧』一一六巻・附二巻などが挙げられよう。

ところで、明末清初の時代を生きた顧炎武（一六一三～一六八二）に「鈔書自序」（亭林文集巻二）と題する文章がある。若い頃から史書に親しみ、いわゆる清朝考証学の開祖とされる碩学が、自家の学問と蔵書を語った一文であるが、そのなかに、正徳の末年（一六世紀の十年代）の状況として、世間に流布していたのは、四書、五経、性理諸書のほか、『通鑑』くらいであったとの記述がある。明代中期において、『通鑑』が最も広く読まれた史書であったことが知られよう。そして、顧炎武自身も一一歳になると、祖父からその講読を授けられたが、その時の祖父の言葉は、つぎのとおりであった。

「世人多く綱目を習うも、余の取らざる所なり。凡そ書を作る者、其の前人の書を以て改竄し、而して自作と為すより病なるは莫し。……朱子の通鑑を改むるも、必ず通鑑に如かざるなり」

『綱目』よりも原本である『通鑑』を読めとの教えであり、彼の養母王氏も女性の身でありながら、『史記』や

『通鑑』を読んでいたことが、その伝である先妣王碩人行状（亭林餘集）に記されている。また、顧炎武とともに清初の三大学者とされる王夫之（一六一九～一六九二）や黄宗羲（一六一〇～一六九五）も愛読者であった。王夫之は若い頃から『通鑑』を読み、それにもとづいて歴代の史事を評論し、『読通鑑論』三〇巻を著わしたのは周知の事実であり、黄宗羲にも宋の蔡卞が『通鑑』の版木を毀そうとしたのを批判した文章がある（黄梨洲文集・補歴代史表序）。

さらに、彼らと同じ時代を生きた陳確（一六〇四～一六七七）には、「必ず能く四書・五経・性理・通鑑・左（伝）・国（語）・子・史及び秦漢以来の文を徧読して後、これを真儒と謂う」（陳確集巻一五・金剛会問）の言があり、県学の学生で終わった父親の陳穎伯も熱心な読者で、「吾れ性理と通鑑に於いて、今に至るまで能く成誦して、一字を失わず」（別集巻一一・先世遺事紀略）であったとある。『通鑑』重視の学風は、明末清初の段階で、すでにほぼ定着していたものと認められよう。

以後、「実事求是」を標榜する考証学が学界の主流となるのに対応して、『通鑑』の評価はますますたかまった。王鳴盛（一七二〇～一七九七）は、同時代人である趙翼や銭大昕とならぶ考証史学の大家であるが、この書を評して、「此れ天地の間に必ず無かるべからざる書にして、また、学者の必ず読まざるべからざる書なり」（十七史商榷巻一〇〇・資治通鑑は上み左伝に続く）と発言するにいたった。『通鑑』重視の学風は、いわゆる「乾・嘉」の時代に完全に定着したと考えられる。

これをうけて、教育の分野においても、『通鑑』はより一層広く採用されるようになった。元代につくられた『程氏家塾読書分年日程』や明代の「麗澤堂学約并序」がすでに先鞭をつけているが、あらためてその価値が認識されたということである。その一例として、龔自珍（一七九二～一八四一）の「杭大宗逸事状」（龔自珍全集第二輯）をあげると、杭州の人である杭大宗は、乾隆三一年（一七六六）から五年間、揚州にあった安定書院の主講をつとめたが、その間に教育課程を改訂し、従来教えていた杜佑の『通典』、馬端臨の『文献通考』、鄭樵の『通志』に、司馬光の『通鑑』を加えて「四通」としたとある。

また、清末の政治に大きな足跡をのこした曾国藩（一八一一～一八七二）は、子弟の教育に熱心であったのでも知られているが、彼が家郷におくった書信一二〇編をまとめた『曾文正公家訓』のなかに、「通鑑を読め」との指示がみえる。すなわち、咸豊九年（一八五九）四月二一日付の手紙には、父親が好むのは四書五経のほか、『史記』、『漢書』、『荘子』、『韓文』、『通鑑』、『文選』、『古文辞類纂』、『十八家詩鈔』の八書であり、これらを一一熟読して深思し、略ぼ箚記を作れ」といい、同治五年（一八六六）正月一八日付の手紙にも「毎日、字を習うこと一百、通鑑を閲すること五葉」であれと教えたことは、前節に紹介しておいた。

さらに、清末の有力な政治家であった張之洞（一八三七～一九〇九）に『輶軒語』一巻がある。この書は本来、彼の幕下にいた繆荃孫（一八四四～一九一九）が、四川学政であった張之洞に代って、四川の士人たちを告誡するために著わしたものであるが、「宜しく通鑑を読むべし」の条に、このように記している。

「史学は須らく漸次に之を為すべし。また、須らく窮年累月すべし。若し歴朝の大勢を通知せんと欲せば、資治通鑑及び続通鑑（畢沅撰）に如くは莫し。通鑑は猶お能く貫串せざれば、宜しく兼ねて通鑑紀事本末・宋元明紀事本末を読むべし」

この記載によって、今世紀にはいってもなお、『通鑑』が士人たちの読書とされ、必読の史書でありつづけたであろうことは充分に類推できよう。そうした状況のなかで育った人物の一人として、駐米大使や北京大学校長をつとめた胡適（一八九二～一九六二）がいる。彼は自伝『四十自述』のなかで、三歳にならぬうちから文字を習い、四書五経などとともに、『通鑑』を読んだと語っている。また、陳垣（一八九七～一九七一）は、北京師範大学の校長でもあった歴史学者であるが、日本軍占領下の北京で、一人門をとざして『通鑑』を読み、それに附された胡三省の注釈が単なる史実の考証ではなく、元朝支配の現実に対する厳しい批判の意図をもつことを発見し、胡注に対する注釈というかたちで『通鑑胡注表微』を著わしたことも知られている。(14) そして、彼らと同世代に属する毛沢東や、少し若い年代の鄧小平らも、同じ経験をもつことは、はじめに紹介したとおりである。

補注

（1）旧唐書と新唐書とがあるが、学風の変化を考えると、多分、新唐書二二五巻（宋祁・欧陽修等撰）であろう。
（2）H. E. Salisbury : *The New Emperors, China in the era of Mao and Deng*（天児慧監訳）。
（3）田中謙二・中国文明選『資治通鑑』解説。
（4）吉川幸次郎・宋人の歴史意識——「資治通鑑」の意義——（全集第一三巻）なお、本節は、その前半部分について、多くをこれに負っている。
（5）宇都宮清吉・唐代貴人についての一考察（中国古代中世史研究・創文社・一九七七）。
（6）吉川・前掲論文。
（7）内藤虎次郎・支那史学史（全集第一一巻）、朱子の通鑑評は、朱子語類巻一三四にみえる。
（8）張煦侯・通鑑学（安徽人民出版社・一九八一）。
（9）礼部の処置は、いわゆる書禁にもとづいてとられたのであろう、北宋は経書を除くすべての文書の国外搬出を禁止していたが、南宋になると、禁令はかなり緩和され、歴史書なども日本に渡来したという。宮崎市定・書禁と禁書（全集第一九巻）。
（10）吉川幸次郎・元の諸帝の文学（全集第一五巻）。
（11）世祖が帝師パスパ（八思巴）に命じてつくらせた、いわゆるパスパ文字（蒙古国字・蒙古新字）はすでに公布されていたが（一二六九）、なおウイグル文字が使われていたらしい。

（12）金毓黻・中国史学史（商務印書館・一九五七）。
（13）酌中志二四巻は劉若愚（宦官）の著書であるが、萬暦・天啓年間における宮廷内部の実状を記載することで知られている。その巻一六・内府衙門職掌には、蘇杭織造太監であった孫隆が「多く善書を学び、曽って通鑑を刻す」とある。また、巻一八・内板経書紀略には、宦官の学ぶべき書として通鑑節要があげられ、宮中に蔵する版木のなかに通鑑綱目・続通鑑綱目などがあったと記録するが、通鑑のそれは見当らない。前述のとおり、通鑑節要は元朝時代に広く読まれた書物である。
（14）陳垣・通鑑胡注表微・小引、増淵竜夫・歴史のいわゆる内面的理解について——陳垣の場合と津田左右吉の場合——（歴史家の同時代的考察について・岩波書店・一九八三）。

附論　はじめて『通鑑』を読んだ日本人

前節は、副題の示すとおり、『資治通鑑』二九四巻が近世士人の必読の書であり、そこに記載された史実を知悉し記憶することが、知識人の責務であり資格であると認識されるにいたった経緯を明らかにするために執筆された。したがって、記述はほとんど中国の事情に限定され、わが国については「その日本への伝来の時期は不明であるが、わが国における『通鑑』の刊行は、嘉永二年（一八四九）の津藩・有造館本にはじまる」ことに言及するにとどまった。

この短文はその欠を補い、はじめて『通鑑』を読んだ日本人は誰であったか、これに関する管見を披露するのを目的とする。一九九五年三月の退休以後、わが国人の書いた漢文を読む機会が多くなっているが、そうした読書の成果として示せるのは、その人は第九五代花園天皇か玄慧あたりで、時期は一三二〇年前後ではなかったか、ということになる。その論拠は以下のとおりである。まず『花園天皇宸記』下巻に二つの記載がみえる。

（一）（元應三年五月一八日）、今日資治通鑑見了、自去々年見之、去年中絶不見、今年又見之、此書歴代治亂與君臣善悪、大概無遺、尤樞要之書也、

（二）（元亨二年六月二日）、此間見資治通鑑唐紀、太宗之徳、誠有足歎、末代之英主、唯在此帝歟、

花園天皇は文保二年（一三一八）二月二六日に後醍醐天皇に譲位されたが、前文によって、その翌年＝元応元年からはじめ、一年間の中断をはさんで、三年五月に読了されたことが知られる。また、後文は前文の一年後の記事であるが、『通鑑』が上皇の愛読書であったことを伝えていよう。

右二文につづくのが一條兼良（一四〇二～八一）の『尺素往来』である。一條兼良は室町後期の廷臣で、関白太政大臣となったが、博学多才の人として知られ、二〇余編の著述をのこしている。

「近代獨清軒玄慧法印、宋朝濂洛之義爲正、開講席於朝廷以來、程朱二公之新釋、可爲肝心候也、次紀傳者、史記并兩漢書三国史晉書唐書及十七史等、南式菅江之數家、被傳其説乎、是又當世付玄慧之議、資治通鑑、宋朝通鑑等、人々傳受之、特北畠入道准后、被得蘊奥云云」

玄慧（?～一三五〇）には『大日本史』巻二一七に伝記がある。それによると、世系は明らかではないが、北小路に居し、独清軒または健叟と号した天台宗の学僧で、権大僧都に任じ、書史に通じ詞藻もあって、世の称するところであった。そして「常に宋人司馬光の資治通鑑を読み、程顥程頤朱熹の学を尊信し、後醍醐帝は召して

侍読とす。是より先き、経筵は漢唐諸儒の注疏を専用せしに、是に至り、玄慧はじめて程朱の説を唱え、世人往々これを学ぶ者多し」であった。

玄慧は日本儒学史に一時期を劃した人物であるが、世系を詳らかにしないだけでなく、その学問の淵源も明瞭ではないと、武内義雄博士は指摘されている（全集四巻・九九頁）。しかし、花園上皇と同じ時期に『通鑑』を読み、朝廷でも講じたはずであるから、読者の数は一層増加したに違いない。なお、『尺素往来』に記す南式菅江之数家とは、藤原南家、藤原式家、菅原家、大江家を指し、いずれも大学寮や図書寮の世襲職をつとめた書香の家である。藤原不比等の四子のうち、長子武智麻呂を祖とするのが南家、三子宇合のあとが式家で、二子房前の家系（北家）が大臣摂関を輩出したのに対し、両家の子孫には大学頭や文章博士となる人が多く、南家の学、式家の学と称せられた。北畠入道准后が『神皇正統記』六巻の著者北畠親房であること、いうまでもない。

以上にみるとおり、一三二〇年前後の頃、わが国で『通鑑』が読まれていたことは間違いない。とくに玄慧の学問が、経学としては程朱四書の学問であり、史学としては『通鑑』の学問であったのを考えると、宋学の輸入とともに『通鑑』は将来されたと断定してよかろう。先きに明らかにしたとおり、『通鑑』が中華士人の必読書となったのは、朱子がこの書の価値を認めてからであるが、彼の死後一〇〇年あまりの間に、『通鑑』は確実に海を渡っており、日本に愛読者をもつにいたったのである。もし、最初の読者が花園上皇や玄慧でなかったとしても、彼らに代る人物は、あまり時代を遡ることなく発見されるであろう。いずれにもせよ、その影響は、彼らとほぼ同時代人である北畠親房にただちにあらわれており、衝撃の大きさが理解できるというものである。

第三章　郷紳像の諸相

第一節　理念と現実

一

近世の士人あるいは士大夫は、前章で明らかにした教育と学習の課程をつうじて育成された。郷紳と称せられた人々も、士人・士大夫に属するから、当然、そうした経歴をもったのである。この課程を卒え制度的認定をへてはじめて、士大夫として、与えられた使命を全うするために必要な知的洗練、つまり儒教古典の読解と、その教えを実践しうる能力、人格形成にかかわる文学の能力、これらを具備すると認められた彼らに、まず求められたのは、その理念にもとずいて「天下の儀表」たることであった。庶民たちの亀鑑であること、これが彼らの本来あるべき姿、期待される人間像であった。明末の思想界に存在が注目され、明末清初に盛んに出版された、いわゆる善書の作者の一人として知られる顔茂猷(1)（生没年不明）の迪吉録・官鑑家居門に、

「郷紳は國の望なり。家居して善を為し、以て郡県を感ず可く、以て州里を風す可く、以て後進を培う可し。其の功を為すや、士人に比して百倍す」

と記すのが、郷紳のあるべき姿を簡潔に伝えているであろう。郷村の教化あるいは秩序維持に努めることこそ、「國の望」としての郷紳の基本的責務であった。この文言は郷紳と士人を区別すべしとする、前述の学説の根拠の一つとされるが、それはともかく、文中にみえる、郷紳は任官資格をもつ挙人と進士のグループ、士人は生員と監生の学生グループと理解しておくのが適当であろう。身分や地位の差にもとづく、両者の、在地における存在感、影響力を考慮しての区別であったはずである。そして、前掲帰荘の一文は士大夫の語を用いていたが、これと同じ内容の教戒が、呂坤の實政録巻一・科甲出身の條にも、士君子の語を用いて、述べられている。

「昔人云う、士君子は朝に在りては政を美しくし、郷に居りては俗を美しくす。また云う、出でては名宦と爲り、入りては郷賢と爲る。彼の衣冠名器は、豈に悪を爲すの資ならん哉」

官僚として朝廷にいても、任を離れて在郷しても、士君子たる者、その責務を全うすべきであり、与えられた身分・地位や特権を利用して、悪事を働くべきではないと、あるべき姿が語られている。「在郷の縉紳」としてまず心得るべきは、風俗の醇化でなければならぬというわけであるが、同様の見解は、況鐘の記述にも、これを見出すことができる。

況鐘(2)（一三八三～一四四二）は、科挙によらず「吏を以て起家」しながら、十三年のながきにわたって蘇州知府をつとめ、難治の地とされたこの地域に数々の善政をしき、人々の尊敬の的となった人物である。彼の治績は税役負担の軽減、適正化をはじめ、多岐にわたっているが、いわゆる風俗の健全化にも意を用いており、その文集である況太守集には、これに関する布告文が幾つかおさめられている。

まず、儒教的教養の持ち主である郷耆・縉紳たる者は「共に相い匡正し、以て風教を培うべし」（巻一二・各儒学榜示・宣徳五年十月）と、着任そうそう、府下の各学校に告示している。対象となったのは学校の学生つまり生員であり、彼らは郷耆であり縉紳であって、風教の培養に任ずる者と認識されていたのである。すでに明らかにしたとおり、明初というべき宣徳年間においては、郷紳の語はまだ一般的には使用されていなかった。

ついで「訪得たるに、城市の富民の奢侈は甚だしく、縉紳大族もまた然る有り」と現状を憂い、「縉紳郷宦にあっては、とくに身を以て則を作り、官を助けて人々を教化せよ」（巻十二・戒奢侈榜示・宣徳五年）と訴えている。さらに紳士約束子弟示（巻十二・宣徳七年三月）には「子弟を教訓するは、最も先務たり、紳士の家に在りては尤も要緊たり」と記している。奢侈の風が拡がりつつあった城市において、遊蕩にふけり数々の不法行為に身をまかせ、国憲を犯すのは俊秀の子弟であり、そのまた大半は紳士の家から出ている事実を指摘し、縉紳たちが率先して、まず自家から風教の匡正に務めるよう要請したのである。

以上三編の告示において、紳士・郷耆・縉紳・郷宦などとよばれた人たちは、のちに郷紳とされたのと、ほぼ同じ階層に属すと認めて差し支えあるまいが、宣徳七年三月の告示はつづけて、「士は民の秀なり」、「紳士等家が斉う能わざれば、何を以てか国を治めんや」と述べている。国家の現在と未来について、呼称はさまざまであっても、等しく士人あるいは士大夫とよばれる人々のあり方は、重大な関わりをもつ、と況鐘が考えていたのは明らかである。民に率先して身を正し、官を助けて風俗の醇化につとめ、子弟を教えて斉家の実をあげることこそが、彼らの担うべき第一の責務と理解されていたのである。

これらと同様の見解は、他にも幾つか提示できる。たとえば、嘉靖から萬曆年間にかけて、松江、江寧、蘇州の各地に住み、歳貢生（監生）にとどまったとはいえ、俊才の名を恣ままにした何良俊(3)の四友斎叢説巻一六・史一二には「余嘗て謂う。凡そ郡県に一善政及び一切の禁令有れば、士夫は皆、当に率先遵行し、以て百姓の望と為るべし」との記載がある。士大夫たる者、地方行政に積極的に協力して、庶民の瞻仰の的となるべしとの意である。また、清初を生きた石成金の家寶全集三集・功券集の郷紳不費銭功徳(4)によると、郷紳に求められる言動は、つぎの如くでなければならなかった。

「義挙を倡率し、已れを正し俗を化す」

「人情を昧心するを説かず。公家の事を包攬せず、人の田園を侵佔せず。人の産業を強買せず、低色銀を攙搭せず、借端して人を害せず、人の風水を謀奪せず、人の価値を措勒せず、僕従の言を軽聴せず、雇工佃戸を措苦せず、羊豕を畜えて禾苗を践食せず、僕従の生事するを許さず、強いて貨物を賒取せず」

「地方に利益有る事は、極力、公祖父母に向って開陳し、民間の真正の大なる冤抑有れば、嫌疑を避けず、極力、公行表白す」

便宜的に全文を三項にわけて紹介したが、第一項は義挙を倡導し、修身して風俗の教化に努めることを提言している。これが基本的な規範であるが、つづいて第二項には、為すべからざること、つまり禁止事項が列記されている。ここに掲げられた諸事項は、もしそれが行われたならば、必ず近隣との間に紛争を生じ、郷村の秩序と安寧を乱す原因となるはずであり、厳に慎しまねばならなかった。また、佃戸はともかく、文中に僕従（家僕）や雇工の語がみえるのは、郷紳を取り巻く新しい人間関係として、彼らが生きた社会環境の変化の一面として、注目しておく必要があろう。そして、第三項は公益に利ありと認めれば公祖父母、すなわち知府や知県に陳述し、無実の罪におちいる者のないよう、意見を公然と具申すること、いい換えれば、地方の行政にも関心を失わないことを求めているのである。

家寶全書は先掲の迪吉録と同じく、善書の類に属し、勧善の書であるが、郷紳と士人を区別する点についても、両書は共通する特徴をもっている。その士人のあるべき姿について、家寶全書三集・功券集の士人不費銭功徳には、つぎのような記述がある。彼らは修学中の身分とみなされていたから、その守るべき規範は、郷紳のそれとは自ずから異なっている。

「聖賢の書籍を尊重し、盡心して生徒を起発する。衙門に出入せず、詞状を書写せず。関係有る事は軽言せず、歌謡淫詞を編造せず、党護親昵を味心せず、聖賢の言語を将て笑談を作らず、人の混名綽号を起せず」

修学の身とはいえ、文字を理解する者として、聖賢の書を尊び学問に励まねばならないが、その実用には慎重であるべしとの教えである。文字をほとんど読めない庶民に対する、士人としての言動についての注意であり、役所に出入りしたり、裁判に関与するのを禁ずるのに加えて、文字や知識を乱用して、庶民を教唆煽動する危険を回避するのを目的とする条項と理解できよう。

以上にみるとおり、郷紳であれ士人であれ、庶民の上に立つ者すべてにまず期待されたのは、いわゆる風教の維持であった。この点については、先きに紹介した、陳龍正の学言に「上士は身を貞して移風易俗す」というのと、認識をほぼ同じくするであろう。さらに、彼らには本来の責務である学業への専念が求められた。先秦以来継承されてきた経世済民の使命、その遂行に必要とされた学識と教養の涵養を目的とする課業であるが、それについても、幾つかの訓戒の言が発せられている。何のための学問かについて、顧炎武は「君子の学を為すや、以て道を明らかにし、以て世を救うなり」（亭林文集巻四・与人書二五）、「君子の学を為すや、已れを利する而已に非らず、明道淑心の心有り、撥乱反正の事有り」（亭林餘集・与潘次耕札）などと教え、読書のあり方についても、何良俊は「士は朝には肄業し、昼には服習し、夜には計過し、憾無ければ即ち安んず。此れ古人の読書法なり」（四友斎叢説巻三〇・求志）と述べている。

万一、この課業が疎かにされるならば、儒教的教養の持ち主であり、その道徳的能力、人格的優越性にもとずき、庶民の上に立ち、政治と文明を担うことが期待されている士大夫、読書人としての資格を個人的に失うばかりか、事態は直接、道義と政治の崩壊に結びつく恐れがあったのである。明末を生きた陳継儒（一五五八～一六三九）の眉公見聞録巻一に、李維楨（一五四七～一六二六）の父である李裕[5]をめぐる挿話を引用して「公の家居するや、子孫の謁見する者には、必ず買田・放債・読書せずを以て三戒と為す。嗚呼、今や亡びたる已夫」と記すのは、国家存亡の危機に際会し、あらためて士大夫のあるべき姿を意識しての感慨と解せられよう。買田や放債せずはともかく、読書こそ本務でなければならなかった。

また、陳継儒と同じ時代を生きた曹家駒の説夢巻二にも、士大夫居郷宜有風骨と題する一文があり、「士大夫の居郷するや、近人を和易すること、最も美事と為す。然うして故交の貧賤に施すを以て、乃ち盛徳と見む。宜しく假借すべからざるの処に至っては、また宜しく風骨を存すべし。若し意有りて模稜すれば、恐らく体統は此に従りて陵夷せん」として、士大夫の居郷する者、つまり郷紳に対し、近隣の人々と和諧し、貧賤な人々に施しをするとともに、高い品格をもって体統の維持に努めることを求めている。体統維持の具体的内容について、右文がつづいて言及しているのは、書吏や皀隷など役所の下役に毅然たる態度で臨むことであるが、「夫れ貴賤相い維るは、是れ治世の大防なり」とする意識から発せられた提言であった。彼ら賤役、つまり士人に属さない者たちの跳染を一つの特徴とする、明末の社会に顕著な、秩序の紊乱を目の当りにして、あらためて郷紳のあり方に触れた一文である。

二

士大夫乃至郷紳のあるべき姿として、少くとも理念的には、上述のような要請がなされたけれども、現実は必ずしも、そのようではなかった。彼らの存在は幾つもの社会的問題を発生させ、そのあり方が数々の弊害を周囲にもたらしたのも事実であった。具体的な事例として、いわゆる郷紳の人数増加をめぐっていえば、それによって生じる地方行政への直接的影響を、何良俊はつぎのように指摘している。

「松江は是れ天下の大府、華亭もまた是れ劇県なり。……華亭の郷官、今已に前に十倍す。府県諸公には日に送迎の労有り、則ち公事に於いて少妨無くんばあらざる耶」（四友斎叢説巻三四・正俗一）

ここにいう郷官とは、在郷の官僚経験者を指すが、彼らの存在は地方官に余計な負担を強いていた。知県や知府にとって、郷官との関係を良好に保つことは、本来、心すべき職責であったが、郷官の増加によって、彼らへの配慮により多くの時間を割かねばならず、ために職務の遂行に支障をきたす事態もおこりかねなかったのである。地方の行政は、郷官の指導する世論に左右されることが多かったからである。

また、進士・挙人・監生は暫く措くとして、生員の増加一つを取りあげてみても、問題は極めて深刻であった。先きに紹介したとおり、顧炎武の推計によれば、生員の数は宣德七年（一四三二）の三万余から、二〇〇年後の明末の頃には五〇万へと増えていたというが、郷紳の最下層におかれるとはいえ、免役などの特権をもつ生員の急増は、庶民の生活を以前にも増して圧迫する結果を招来せずにはおかなかった。その実状について、顧炎武は

生員論（亭林文集巻一）の中編に、

「天下の民を病ましむる者、三あり。曰く郷宦、曰く生員、曰く吏胥。是の三者は法として皆、其戸を復するを得て、雑泛の差無し。是に於いて、雑泛の差は乃ち尽く小民に帰す」

と記している。生員は免役の特権を与えられ、これこそが士庶の区別の象徴であるが、彼らが免じられた徭役は悉く庶民に転嫁され、額外の負担として、人々を苦しめたのである。これにつづいて、顧炎武はさらに、一県の田地の所有額を基準として、各種の徭役は割り当てられていたから、生員の数が増え、彼らの所有する田地の面積が増えると、庶民はその分まで、余計に背負わねばならず、これを回避するために、詭寄(6)（詭名寄産）を行うことになる、などと解説している。まさに「故に民を病ましめるの尤なる者は生員なり」であった。

これら生員を含めて、特権の所有者として庶民とは区別された郷紳の存在と増加は、当然、世人の注目するところであり、彼らの生き方あるいは行動は、世情の変化にも大きく関わったはずである。であるならば、彼らの常在的具体像はどのようであったのか、これについて、趙翼の二十二史箚記巻三四・明郷宦虐民之害の条には、

「前明一代の風気は、特に地方有司の私脈横正して、民は命に堪えざるのみならず、縉紳の居郷する者もまた、多く倚勢恃強し、細民を視て弱肉と為し、上下相い護りて、民の控訴する所無きなり」

とある。縉紳の居郷する者つまり郷紳は、地方の州県官と結託し、自らのもつ身分や権威を背に、地域の住民を虐待する存在であったと認めているのであるが、このような郷紳の増加は、庶民の生活に重大な影響を及ぼさずにはいなかったであろう。そこに描かれた郷紳の姿からは、士大夫としてもつべき経世済民の志は、すでに失われていたとせざるをえまい。彼らにとって、庶民はもはや収奪の対象でしかなかった、と断定しても差し支えな

い。明末の郷紳像については、さらに、顧公燮の消夏閑記摘抄巻上・明季紳衿之横の条にも言及されている。

「明季の縉紳は威権赫奕、凡そ中式する者は、報録の人、多く短棍を持して、門より庁堂に打入し、窗戸は盡く毀つ。之を改換門庭と謂う。工匠は随行して立刻に修整す。永く主顧と為らんとして通譜する者、招壻する者、投拜門生たる者有り。其の急需に乗じて千金の贈を惜まず、以て長城と為さんとす」

「尤も師生の年誼を重んじ、平昔稍や睚眦する有れば、ただちに撫按に嘱して妨拏す。甚だしきに至っては、門下の人、有司の対簿に遇い、将に刑せられんとするや、豪奴は主人に上稟して呼喚し、立即に扶出するも、有司は如何ともすべき無し。其の他の細事は、理曲者と雖も、また一帖を以て之を弭む可し」

前半の叙述は、あたかも呉敬梓の『儒林外史』に描くところの、(7)老いたる貧乏生員范進の郷試合格直後の大騒動を思いださせるが、科挙に合格することが、いかに重大な影響を、本人はもちろん、周囲の人々にまでもたらしたかを知らしめるであろう。これを機に、彼を取りまく人間関係は一変し、思惑を秘めて人々はまわりに群がり、富が集中したばかりか、身分と特権をもって行政や司法にまで容喙し、私意を遂げることが可能となり、使用人である家奴まで刑事問題に介入して、地方官憲の権限を制約する有様であった。しかも、同書・明季縉紳田園之盛によれば、彼らは富豪・大地主であり、多数の家奴をかかえて、庶民の生活を不安に陥れる一方、その庇護を求めて人々が結集するという、複雑な側面をもつ存在であったと説明されている。

「前明の縉紳は素より清名を負う者と雖も、其の華屋園亭、佳城南畝は名勝を攬え、阡陌を連ねざる無し。其の故を推原するに、皆な門生故吏の代って経営を為すに係り、尽くは己が資を出せしものに非らず。豪奴悍僕に至りては、倚勢横行して、里党は安居する能わず。而して市井の小民は、計維して門下に投身し、此輩と水乳交融するを得て、且く憑りて城狐社鼠と為る。是に由りて一邑一郷の地、童僕に挂名する者、什に二・三有り」

在郷の縉紳たちは豪華な家屋や園亭はいうまでもなく、立地条件のよいところを占有して、田は阡陌を連ねる大土地所有者であり、輩下の人材を使役し、他人の資産まで預かって運用利殖するばかりか、多くの家僕をかかえ、地域に権勢を恣ままにする有力者であった。彼らの動産あるいは不動産に対する飽くなき欲望については、蘇州の人である黄省曾[8]（一四九〇～一五四〇）の呉風録に「今に至り、呉中の縉紳士夫は、多く貨殖を以て急と為す……其の術は斉民を倍剋す」とみえるのによって、概略を知ることができるであろう。彼の生存期間から考えて、そうした風潮は正徳から嘉靖初年にかけて、すでに注目されていたと思われる。

また、これと同類の記述は、松江生まれの何良俊の著書にも見出すことができる。四友斎叢説巻一〇・史六には、「今、士宦の家は、皆な積財巨萬なるに、猶お営求して已まず」と記し、同書巻三四・正俗一にも「憲（宗）孝（宗）両朝以前には、士大夫尚お未だ積聚せず。……正徳の間に至り、諸公は競いて営産謀利し、……皆な積みて十余萬に至り、自ら以て子孫数百年の業と為す」とある。殖産営利の風は、正徳の頃から急速に加速するにいたったのであろう。

ところで、郷紳の家に多数の奴僕（家奴・家僕）が隷属していた事実は、前掲の諸記述によって明らかであるが、何故そういう事態が出現したかについて、四友斎叢説巻一三・史九には、つぎのように解説されている。かつて百姓は農畝に安んじて他志をもたなかったが、ここ四・五十年来、賦税は日に増し、繇役は日に重く、生活は苦しくなるばかりで、ために遷業のやむなきにいたったと原因を挙げ、

「昔日、郷官の家人もまた甚だ多からず。今、農を去って郷官の家人と為る者、已に前に十倍す、…大抵、十分の百姓を以て之を言えば、已に六七分は農を去れり」

と、実状を伝えているが、農業をすてて郷官の家人つまり奴僕となる者が続出していたのである。彼らは生活環境の悪化にともない、自己保身のため奴僕となったのであり、これを投靠と称したと、顧炎武の日知録巻一七・奴僕の条には、その数が一家で千人以上になるのとあわせて指摘している。

「今日、江南の士大夫は多く此の風有り。一たび仕籍に登れば、此の輩、門下に競い来る。之を投靠と謂う。多き者はまた千人に至る」

「人奴の多きは、呉中甚だしと為す。（……今、呉中仕宦の家、一二千人に至る者有り）……其の専ら暴横を恣いままなること、また呉中甚だしと為す」

人数の多さとともに目立つのは、奴僕たちの振舞いであった。彼らが主人の権勢を笠に、横暴の限りをつくしたとする記述は、前掲のものを含めて、幾つも挙げられようが、閲世編巻四・宦蹟に、「時に松江の縉紳大僚は最も衆し。子弟僮僕は假勢横行し、小民を兼併し、百姓を侵漁す。其の鋒に攖れる者は、中人の産も、立破せざる無し」とあるのも、その一つに数えられよう。黄卬の撰する錫金識小録巻六・劉職方元珍の条に、萬暦年間、僕隷の取り締りが厳格であった郷紳として、劉元珍と何棟如を紹介し、同書巻一〇・奴横の条に「当時（嘉靖中）の縉紳……豪奴を以て損誉する者、十の五六」と記すのもまた、奴僕の倚勢恣横の風潮とその蔓延を裏付けるものである。

このように、家奴あるいは奴僕と称せられる者たちは、郷紳など地方の有力者に投靠隷属する存在であったが、だからといって、必ずしも主家の言い成りであったわけではない。彼らは時として主人に反抗し、とくに豪奴とよばれる者は屢々主意に逆らい、彼らの集団的反抗は奴変として、抗租とならぶ歴史的な社会現象と理解される(9)

ことがある。一部ではあったであろうが、主人の言動を支配する者まであらわれたらしく、日知録・奴僕の条には、つぎの記述がみえる。

「其の用事の人は、則ち主人の起居食息より以て出処語黙に至るまで、一として其の節制を受けざる無く、毀名喪節に甘んじて顧ざる者有り。奴者は之が主たり、主者は之が奴たり。嗟乎、此れ六逆の繇りて来る所なり」(10)

用事の人とは、家業の日常的管理を担当した奴僕、いわゆる紀綱の僕をいうと解せられるが、主人は完全に彼らの制御のもとにあったことをうかがわせるであろう。そして、顧炎武自身も被害者であったことは、後に詳述するが、家奴や奴僕をいかに統率するか、これは郷紳の家にとって、その存続にも関わる重大案件の一つであった。(11)

三

理念はあくまでも理念であり、現実とは必ずしも合致しない。一部の例外を除いて、郷紳がいかなる存在であったか、その実像は前文をつうじて明らかである。彼らは身分とそれに随伴する特権、権威と声望をもって、社会的に数々の病弊を生み、庶民を魚肉する者も少くなかった事実は、否定しえないであろう。その意味において、彼らは「天下の民を病ましめる者」であったが、こうした事態の出現については、幾つかの原因が考えられるはずである。

いうまでもなく、その根源的な原因は、彼らに身分的特権を与えた制度上の問題、殖財奢侈を重視する社会風潮の進行、あるいは本人の資質や自覚の有無に求められるべきであろうが、その勢いを助長したものとして、周囲の人々の打算的対応を挙げる必要がある。先きに引用した消夏閑記摘抄に載せる、明季紳衿之横や明季縉紳田園之盛にみるとおり、特権をもつ形勢戸である縉紳との縁故を求め、庇護のもとに利益を得んとの下心をもって、多くの人が様々な手段を用いて接触して来るが、それは投靠の奴僕だけではなかったのであり、これら言利の徒に唆されて道を誤る場面もなくはなかったのである。このことを率直に語っているのが何良俊である。

「蓋し吾が松（江）の士大夫、一たび進士に中るの後、則ち平日同堂の友は、謝去するに速かならざるを恐る。里中に談文論道の士有りと雖も、唯だ其の面を見るを厭うのみならず、また且つ其の名を聞くを悪う。而して日逐に門下に奔走する者は、皆な言利の徒なり。或いは某所に荘田一所有り、歳ごとに利若干を取る可し。或いは某人は銀幾百両を借り、歳ごとに息若干を生ず可し。或いは某人は某事の為めに一覆庇を求め、此れ法を礙する無き者なり、而して坐して銀若干を収む、と。則ち欣々として面を喜見し、而して之に待するに唯だ不謹を恐る。蓋し父兄の交与する所、而して子弟の習聞する所の者は、皆な此の輩なり」（四友斎叢説巻三四・正俗一）

進士に合格した途端、有識有道の旧友はたちまち辞去し、代って寄りつく者は言利の徒ばかりとなり、巧みに操縦されて術中にはまり、彼らの風尚に染って利に走ることになる。右文はこれにつづけて、この状況が止まなければ、「吾れ、子弟に顔閔の資有りと雖も、其の善に従わんと欲するや難きを恐る」と、危惧の念を追記する(12)とともに、「利は智を昏くする」(13)のであり、「此の病すでに膏肓に在り、庸医の了する所に非らず」というのが、松江府の実状であるとも述べている。言利の徒にとって、科挙の合格者は利用価値のたかい、それでいて手玉に取り易い、恰好の人物であったわけであるが、彼らが利益追求の対象としたのが、田地、金融、紛争の仲介などであったのとあわせて、注目しておきたい。

ところで、士大夫や郷紳に経世の志を失わせる契機となったとされる、殖産営利、貨殖蓄財の風潮が、明代中期、正徳から嘉靖年代以降、次第に顕著となることは、すでに明らかにしたとおりである。蘇州や松江に限らず、広く全国的に拡がっていたといえようが、先進的経済地帯とされる江南地方にあっては、殊にそうした動きは急速であった。したがって、士大夫あるいは郷紳とよばれる人々も、旧来の地主的経営に加えて、新しい業務への参加に積極的であった。因みに、耿橘の平洋策（天下郡国利病書第四冊・蘇上）には、

「呉中風俗は、農事の獲利は倍にして労は最たり。愚懦の民は之を為す。工之獲利は二にして労は多し。雕巧之民は之を為す。商賈の獲利は三にして労は軽し。心計の民は之を為す。販塩の利は五にして労無し。豪猾の徒は之を為す」

とあり、手工業や商業は農業にくらべて、労少くして収益の多いことを伝えているが、士大夫の家でも、それらの業務に従事する事例が多かった。于慎行の穀山筆塵巻四・相鑒に「呉人は織作を以て業と為す。即ち士大夫の家も多く紡績を以て利を求む。其の俗は勤嗇にして好殖なれば、故を以て富庶なり」とあり、また、新安商人の故郷である安徽省徽州府の習俗として、帰有光（一五〇六～一五七一）の白庵程翁八十寿序（震川先生集巻一三）には「士大夫の家と雖も、皆な畜賈を以て四方に游す」とみえる。李夢陽（一四七二～一五二九）の明故王文顕墓志銘（空同集巻四四）に「夫れ商と士は術を異にすれども心は同じ」などと記すとおり、明代中期以降において、世人の意識としては、商人となることは決して卑しい行為ではなく、官界での栄達にも匹敵すると認められていたのである。(14)

士大夫・郷紳たちの利殖活動は、手工業や商業にとどまらなかった。商品経済が不断に発展する時代と社会に生き、財富の魅力がますます増大するのを眺めて暮らした彼らが、より広い分野に進出を試みるようとするのは、

むしろ当然の成り行きであった。日知録巻一七・貴廉の条に、「萬暦より以後、天下の水利、碾磑、場渡、市集は、不属の豪紳無し。相い沿いて以て常事と為すなり」というのは、灌漑の施設、水車、渡し場、市場などが、すべて豪紳の手中に握られていた実状を、明らかにするものである。生産や流通の拠点を、彼らは掌握していたのであり、そこから手にする利益は莫大な額にのぼったであろう。

以上にみるとおり、郷紳と概括される人々のなかには、建前として堅持すべき責務を忘れ、その身分、地位、権勢を頼みに、ひたすら私利の追求に余念のない者がいた。そうした生き方を選択したのは恐らく、自らの身分や地位を守り一家の永続を願ってのことであったと思われるが、彼らは決して安定した存在ではなかった。階層としての郷紳は清末から民国時代にかけて、数百年間にわたって存続したけれども、個々の家系についてみれば、家運の盛衰は激しく、極めて流動性がたかかったと認めねばならないが、この実態もまた、何良俊の明示するところである。前引の文章と重複する部分もあるが、四友斎叢説巻三四・正俗一には、つぎのように記されている。

「正徳の間に至り、諸公は競いて営産謀利し、一時、宋大参愷、蘇御史恩、蒋主事凱、陶員外驥、呉主事哲の如きは、皆な積みて十余萬に至る。自ら以て子孫数百年の業と為すなり。然れども五・六年ならざるの間にして、田宅は皆な已に易主し、子孫は貧匱となり、自存する能わざるに至る」

十余万と数えられる巨富を積みあげてみても、数年のうちに雲散してしまい、永く子孫を潤すことはなかった。文中の宋愷以下、四名の人物については、官職を記すのみで、経歴などは不明であるが、大参(15)（参政）に任じた宋愷は彼の外舅（妻の父）であったらしく、つぎの記述がつづいている。

「宋大参は即ち余の外舅の家なれば、之を目撃するを得し者なり。此れ四十年間の事なる耳。子孫の縦え善敗するも、また安くんぞ能く是の如きの速やかならん。蓋し天怒りて神の之を奪うが若く然り」

宋氏を含めた四家の衰退についての感慨として、さらに「然うして一時に此の数家有り。或いは地方の気運なり耶、或いは諸公の遺謀の善ならざる耶、皆な暁るべからざるなり」と記述はつづくが、原因の詮索はともかく、郷紳一家の存続が容易でなかったのは、間違いない事実であった。これと同じ内容の記述は、曹家駒の説夢巻一・君子之澤にもみえる。すなわち、「君子の澤は五世にして斬す」と孟子離婁篇の語句を引用した上、徐階の家は五世、陸樹声は四世、顧中立も四世をもって完全に没落したことを紹介した後、

「況んや一朝にして崛起するも、正に雨中の流蛍の如し。旋かに明なるも旋かに滅す。何ぞ侈するに足らん哉。或ひと曰く、松江は潮水の地なり。故に興るに易く敗するに易し。其の然れるか、豈に其の然れる乎」

と結んでいる。顧中立の伝記は定かではないが、徐階と陸樹声はいずれも明史に伝をもち[16]、三氏はともに華亭県の名門・大官の家系であった。しかし、一世を三十年として、五世でも一五〇年くらいしか栄華を維持できなかったらしいが、恐らくそれは例外的な永さであったのではなかろうか。先きに引用した宋愷らの例のとおり、数年乃至数十年の命脈を保つのが精々であったというのが、実状であったはずである。

何炳棣の要約[17]によれば、郷紳たち身分や地位の高い家族の没落、長期的下降現象の要因は、(一)子弟に対する適正な教育の不履行、(二)科挙制度の競争的性格、(三)恩蔭の限界、(四)豪奢な生活と趣味の過度な追求[18]、(五)均分相続による財富の漸次的な減少などにあるというが、最大の要因として挙げるべきは、当然、(二)でなければならない。何故ならば、彼らの身分や地位や特権は、科挙や学校制度にもとづき、個人の能力と資格に対して与えられたものであり、世襲は許されないからである。いかに大官の家系であっても、子孫が科挙や学校

における競争に敗れたならば、その身分や地位や特権を失なって没落せざるをえない。先きに紹介した王士性の言葉どおり、「縉紳は科第に奕葉するに非らざれば、富貴は長守し難し」（広志繹巻四）であった。

いずれにせよ、郷紳の家が権勢を誇りえたのは、たかだか数十年のことであり、永続するものは稀れであった。この事態は、帰有光の文に「呉中は田土沃饒たり。然れども賦税重くして俗は淫侈なり。故に百年の富室は有ること罕なり。大官と雖も、家は一・二世にして輒ち敗す」（震川先生集巻二五・勅封文林郎分宜県知事前同州判官許君行状）とあるによっても裏付けられよう。そして、没落後の惨状は、范濂の雲間據目抄巻二・紀風俗に、つぎのように記す如くであった。

「予、郡中甲科の名宦を観るに、幾ぼ二十人、其の姓名を記すに忍びざるなり。一たび死するの後、子弟の淪落する者、辱めを受くる者、飄流する者、身を鬻ぐ者、役に累せられる者、悪くんぞ道うに勝う可けんや」

右のとおり、引用紹介した事例は、もっぱら江南地方、とくに蘇州や松江を対象とするもので、地域的な片寄りは否定できないが、それは江南地方に特有の事態ではなかったはずである。南北朝から隋唐時代にかけての士族あるいは貴族と違って、郷紳は自らの身分を永続させうる制度的手段をもたないから、家運の短期的盛衰は避けられない。したがって、事態は全国的であり、個々の郷紳についていえば、彼らは決して安定した存在ではなかったのである。もし、永続を期待するならば、子孫たちが学問に精励し、勤倹につとめてくれるよう、願うほかなかった。時代はやや遡るが、元末明初の人である葉子奇に、つぎの提言と訓戒がある。

「祖宗の富貴は、詩書の中より来る。子孫は富貴を享すれば則ち詩書を賤む。家業は勤倹の中より来る。子孫は家業を得れば則ち勤倹を忘る。此れ多く衰門する所以なり。之を戒めん哉」（草木子巻四下）

葉子奇の思いは恐らく、時代を越えて、世人の共有するところであったはずで、こうした認識にもとづいて、明代には家訓の類が幾つもつくられている。それらはすべて士大夫・郷紳たちの手になるが、家名家門の存続を目的に、蓄積した処世経験にもとづいて作成されたといえようが、家族や宗族の日常生活を律する規範であるとともに、社会秩序の安定と維持を求める、彼らの志向を反映するものと理解できる。

補注

（1）本書第五章第一節　祁彪佳と顔茂猷、を参照されたい。
（2）明史巻一六一・況鐘伝。
（3）明史巻二八七・文徴明伝の附伝として、何良俊伝がある。なお、弟の何良傅は進士となり、南京礼部郎中に任じたことも記されている。
（4）家寶全集の序に、譚夢元らの撰する天基石先生伝をおさめるが、生卒年についての記載はない。ただ天基石先生小像に、康熙二九年、時に年三十一歳とあるから、生年は順治一七年となるはずである。また、雍正七年十月二四日の日付をもつ唐紹祖の贈文には、翁七十大寿とあるから、七十過ぎまで生存していたと思われる。
（5）明史巻二八八・李維楨伝に、父（李）裕は福建布政使に任じたとある。湖北京山県の人。
（6）清水泰次・明代の税役と詭寄（東洋学報一七巻三・四号）。
（7）呉敬梓・儒林外史・第三回　周学道校士抜真才、胡屠戸行兇鬧捷報。
（8）明史巻二八七・文徴明伝に、附伝として、黄省曾の略伝が載せられている。
（9）葉紹袁・啓禎記聞録巻二に「（崇禎六年）松江郷宦范文若、送官重治一家奴、奴乗間帰、手刃范宦、母子倶死」などとある。細野浩二・明末清初における地主奴僕関係（東洋学報五〇巻三号）、小山正明・明代の大土地所有と奴僕（東洋文化研究所紀要六二）。

(10) 左伝・隠公三年の条に「且夫賤妨貴、少陵長、遠間親、新間旧、小加大、淫破義、所謂六逆也」とある。
(11) 佐伯有一・明末董氏の変（東洋史研究一六巻一号）家人などともよばれ、家族血縁的擬制のもとに抱えこまれていた。
(12) 顔回と閔損（子騫）。
(13) 史記巻七六・平原君伝の賛文。
(14) 余英時・中国近世宗教倫理与商人精神（文集巻三・二九一頁以下）その実例は、藤井宏・新安商人の研究（東洋学報三六巻一〜四号）、寺田隆信・山西商人の研究（東洋史研究会・二八三頁以下）に紹介されている。
(15) 大参は各布政司におかれた参政をいう。明史巻七五・職官志四には、承宣布政使司に左右の参政（従三品）があったとする。
(16) 明史巻二一三・徐階伝、同巻二一六・陸樹声伝。なお、徐階一族の行状は、岑大利・中国歴代郷紳史話（瀋陽出版社・一五五頁以下）などに略述されているが、息子の代までは権勢を恣いままにしたことがわかっている。また、陸樹声については、次節にその家訓を取りあげている。
(17) Ping-ti Ho（何炳棣）：*The Ladder of Success in Imperial China*（寺田隆信・千種眞一訳・科挙と近世中国社会――立身出世の階梯――平凡社・一六八頁以下）。
(18) 何炳棣は、郷紳たちの高雅な趣味の代表例として、愛書家（蔵書癖）と美術蒐集家を挙げているが、この他にも、園林癖、梨園癖などとともに、賭博癖などがあった。（日知録巻一六・賭博）。癖とは度外れた趣味、気狂いじみた嗜好、熱狂的なのめり込みをいう。

第二節　郷紳一族の家訓

一

士人・士大夫の範疇に属する郷紳は、王朝国家の官僚あるいは官僚候補者と期待され、修己治人、経世済民の志に生きねばならなかった一方、彼らの拠ってたつ思想的基盤である儒教の精神にのつとり、血縁集団である家族や宗族を秩序あらしめ、その安寧永続をはかることにも無関心ではおられなかった。その意味からするならば、彼らは国家と家族・宗族という二重構造のなかに生きたといえようが、明代中期以降の激しい社会的・経済的変動を目前にしては、その存続を殊に重要な課題と意識せざるをえなかったであろう。そうした現実生活をつうじて、家名家門の維持存続のための指針として、あるいは蓄積された処世経験の書として、幾つもの家訓がのこされている。

家訓は別に家範、家規、家言、規範などともいわれ、古くから知られているが、人生訓、処世訓を含みつつ、家礼、学問、子弟教育、交際、家産運営など、その記すところは多岐にわたり、違反者には制裁を課すと規定するものも少くはない。族人の結束を重視したからであろう。そして、明代の家訓[1]、とくに中期以降のそれがもつ多様な記述は、前述のように、身分や地位を保証する制度をもたないまま、激しく変動する時代と社会に対応しながら、彼らがどのように生きたか、生きるべしと考えたか、いい換えれば、これら家訓の作成者である郷紳たちが、一家一門の安泰を求めて願望した生き方を、具体的にうかがわせるはずである。それらをつうじて、理想的と認められた郷紳の実像と、彼ら固有の組織である宗族のあり方を読みとることも、可能であろう。

このような意図をもって、以下、明人四氏の家訓を紹介し、その語るところを検討してみたい。ただ、結論を先き取りして要約しておくならば、四つの家訓はそれぞれ記載形式と内容に若干の相違をともないながら、作成者が冀求したのは、先きに葉子奇の示した読書と勤倹に加えて、修身、礼譲、族内の安寧と結束、近隣との調和、それらにもとづく社会秩序の維持であったといえるであろうか。また、それらがすべて、子弟の教育と学業に言及しているのは、彼ら郷紳の身分と地位が、学校や科挙の制度によって保証されていたことと、無関係ではないはずである。

（一）霍渭厓家訓

霍韜（一四八七・成化二三〜一五四〇・嘉靖一九）の筆になる家訓である。霍韜、字は渭先、号は渭厓、広州府南海県の人で、明史巻一九七に伝がおさめられている。正徳九年の会試第一（会元）で進士となったが、世宗の即位直後におこった、いわゆる「大礼の議」において、帝の意をすばやく察知し、邪説とされながらも大勢に逆い、私かに大礼議を草して世宗の見解を支持した。彼は博学高才と稱せられ、その建白するところは国家の大計に関わることが多かったが、器量は狭隘で、ことごとに人と衝突したから、帝も内心では煩わしく思っていたともいう。しかし、官職は礼部尚書にのぼり、五四歳で在官のまま卒すると太子太保を贈られ、文敏と諡を賜わった。子に與瑕があり、進士となって知県などをつとめている。なお、孫毓修の跋文によると、家訓は正徳二年に書かれたとあるから、進士合格の七年以前、おそらく在郷時代の作であろう。

まず、巻頭におかれた家訓提綱であるが、その全文はつぎのとおりである。

「凡そ居家するに、卑幼は須らく尊に統すべし。故に宗子一人、家長一人を立つ。

凡そ居家するに、事は必ず統有りて乃ち紊れず。故に田綱領一人、司貨一人を立つ。

凡そ居家する者は庶人の職なれば、故に歳費制度は庶人を以て準と為す。

凡そ家長を立つるには惟だ材賢なるを視て、年歯に拘らず。若し宗子賢なれば即ち宗子を立てて家長と為し、宗子賢ならざれば別に家長を立て、宗子は只だ祭祀を主さどる。

凡そ宗子が家長と為らざれば、只だ祭祀の時のみ、宗子はこれを主さどる。餘は則ち家長の命を聴き、給穀、考最（成績評価）は衆と同じくす。

凡そ紀過旌善簿を司さどるには、必ず老成公正なる者を慎選する。

凡そ紀過簿には、家長と雖も、過有れば皆な書す。

凡そ禮生（祭祠における賛礼者）を選ぶには、必ず老成公当なる者を輪選する。

凡そ田綱領なる者、司貨なる者には、老成公当なる者を年輪する。」

宗子は嫡長子、家長は家の主人、あるいは戸主・族長をいうが、彼らの統率のもとに一家一族の日常生活を取り仕切ろうというのが、その趣旨である。宗子以外の者に担当できないのが、祖先の祭祀であるとするのに注目しておきたい。(2) ついで、田綱領と司貨をおいて、田産関係、貨殖関係の業務を処理すると規定している。また、居家する者はすべて庶人の職分であるから、歳費制度は庶人のそれに準ずること、紀過簿や旌善簿をつくり、族人の功過を記録するなどとしている。以上、家族と宗族を組織的に維持するための、基本的機構と規律が提示されたと理解できるであろう。

家訓提綱につづく家訓の本文は一四条にわかれるが、各条の冒頭に記された序文をまずとりあげ、個々の項目については、適宜必要に応じて言及するにとどめたい。

「田圃第一。人家の養生は農圃重きを為す。末俗尚浮にして力田せず、治圃せざれば、坐して衰期を与にせん。田圃第一を述ぶ」

族人の生活における農耕業務の重要性を述べた一条であり、一四項目にわかれるが、つぎの項目が含まれていて、どのように農耕と関わったか、関わるべきかを明らかにしている。基本産業である農業から遊離して、族勢の衰退を招くことのないよう、とくに第一条として注意を喚起したのであろう。

「凡そ子姪は一人を年輪して田事を綱領し、一人を輪して司貨とす。綱領者と司貨者は力耕せず。綱領者・司貨者に非らざれば、人ごとに耕田三十畝とす（子姪の未娶者一人、童子一人、大僕一人は牛一具と相す）」

田綱領・司貨には「老成公当なる者を年輪する」と提綱にいうのを受けた項目であるが、彼らは耕作につとめる任務を免じられていた。そして、それ以外の者は耕田三十畝が義務であると規定する。

「凡そ子姪は人ごとに耕田三十畝、夏冬の兩季に耕穫する所を効報し、以て考功す。綱領者は歳に其功を会し、其入の数を第し、家長に咨禀して賞罰を行う」

「凡そ子姪は年二十五にして受田し、五十にして出田す」

「凡そ耕田三十畝、歳収は畝ごとに十石を入るるを上功と為し、七石を中功と為し、五石を下功と為す（災あれば此限りに在らず。郷俗では五升を以て斗と為す）」

「凡そ綱領田事者は歳春の初、即ち田工を分ち肥磽を量り、号召して力耕せ使む、夏穫秋穫は人ごとに其入を稽し、之を一室に儲え、完入を俟って乃ち家長に咨し、其勤惰を稽す」

これら四項目は、二十五歳から五十歳までの族人は、田綱領の指揮監督のもとで耕作に従事し、その成績は家長に報告されていたことを伝えている。それらに加えてもう一つ、特記しておかねばならぬ項目がある。

「凡そ耕田三十畝、如し力は耕に任えず、或いは志の大に在りて耕を屑しとせざれば、自ら人を雇いて代耕するを聴し、功最に考す」

体力が耕作に任えざる者はともかく、「志の大に在りて耕を屑しとせざる」者とは、考試をめざして勉学に励む者を指すはずであり、彼らには人を雇って代耕させることが認められたばかりか、功最つまり最上級の評価が与えられたのである。彼らは当人はもとより、一族の名誉のためにも学業に精励しているのであるから、それに対する奨励あるいは優遇の処置であったといえよう。生員や挙人、ついで進士を出すことは直接、族勢の繁栄につながるのであり、家族や宗族の永続がこれによって保証されるかぎり、それは何よりも必要な処置であった。

「倉廂第二。田有れば則ち粟有り、粟入れば則ち儲有り。之を公に聚め、以て歳入を稽え、之を用に散じ、以て歳費を稽う。統紀無かるべからず。倉廂第二を叙す」

第二条は十四項目から成るが、耕田の収穫をいかに処理するか、族人への支給額などを指示する目的をもつ。

「凡そ綱領田事たる者（田綱領）は、歳ごとに耕穫を験し、之を一倉に儲え、以て家衆の口食の給す（力耕するに非らざれば、食するを得ず）」

「凡そ男女大口、十歳以上には月ごとに穀八斗を支し、十歳以下、一歳以上には月ごとに六斗」

「凡そ耕田三十畝なれば、大力一人に月穀一石二斗を給し、小力一人には月穀八斗。生員挙人には小力一人を給し、月ごとに穀八斗とす」

これにつづいて、生員と挙人のほか、家長には三石二斗、田綱領と司貨にはそれぞれ一石六斗を職務手当として給する規定がある。また、退官帰郷した者には、官品に応じて加給するとの規定項目もある。大力・小力は、耕作者の年齢（十歳であろうか）による区分と解せられるが、力とは僕役をいう。

「凡そ仕宦するも養病致仕すれば、五品以上の官には僕四人を給し、六品以下は二人とし、人ごとに月穀八斗とする。贓黜され及び行検不謹なれば給せず」

いずれも、生員以上の身分をもつ者および族内の職務担当者に対する優遇規定であり、給穀についても、一般の族人とは区別されていたことが知られるであろう。そして、歳末には会計検査と担当責任者の賞罰が行われたようで、つぎの二つの項目が、その実施経過を明らかにしている。

「凡そ倉儲は、歳終に綱領田事者は一歳の入若干、歳出若干、羨餘若干、預備若干を会計して家長に咨稟し、元旦に衆を集めて会計を申明し、乃ち下年の綱領田事者に付して収掌する」

「凡そ歳終には、家長は綱領田事者の勤惰功程を考し、其会計を考し、其出納を考し、其分派工作の当否を考し、以て能否を験し賞罰を行う」

第三条は貨殖第三と題し、つぎの序文をもってはじまる。貨殖つまり殖財に関わる一条であり、農業とともに、商工業も族的生活を支える重要な経済活動であったことを伝えている。

「貨殖第三。居家の生理には、食貨を急と為す。百口を聚め以て聯居するに、資を人に仰ぐ。豈に可なるや。冠婚喪祭、義礼の供需は貨財に非らざれば給せず。貨殖第三を敍す」

内容は十六項目にわかれるが、まず、こうした業務は司貨とよばれる者が管掌することを第一項に記した後、第二項として、つぎの記述がみえる。

「凡そ石湾の窯冶、仏山の炭鉄、常州の木植の、以て便民同利す可き者は、司貨者が之を掌る。年ごとに一人は窯冶を司さどり、一人は炭鉄を司どり、一人は木植を司どり、歳入利市は司貨者に報じ、司貨者は歳終に家長に咨稟し、以て功最を知る。（窯冶を司どる者は猶お治田を兼ね、只だ窯冶を司どるのみと謂うに非らず。蓋し本は以て末を兼ぬ可く、末を事として本を廃す可からざるが故なり。司木・司鉄もまた然り）」

石湾の窯冶とは、南海県の南境に位置する石湾汎の、古くから広窯の名で知られた陶磁器業[3]をいい、仏山の炭鉄は県内の仏山鎮で盛んであった鉄器製造業を指す。(4)ただ、常州の木植については詳細不明であるが、後で触れるように、同県人である龐尚鵬の父親が材木商であったことなどから考えると、材木業もまた当地の有力産業であったはずである。そして、これらの業務に霍氏一族は広く関わり、そこから利益を手にしていたのであった。もつとも、こうした活動に従事する者も、治田つまり農業には心を致すべきで、本を捨てて末に走ることのないようにと、注意は怠っていないけれども、在地で展開される各種の経済活動に、霍氏が無関心でなかったのは間違いない。その証拠として、第三項以下の七項において、祖廟で行われる、関係者の業務表彰の儀式次第や収益高にもとづく賞罰を定めているのを、挙げることができるであろう。また、その際においても、生員以上の身分の者は特別の扱いを受ける規定であった。

「凡そ年五十にして功最を考するを免ず。未だ娶らざれば考最せず。生員の四十以下は考最せず。挙人と品官は貨最を考せず」(5)

「凡そ家長は考最せず、毎歳、多最一人は賞分の財を取る。家長を準と為し、生員の賞分は下最に視え、挙人は中最に視え、官は上最に視う」

下最は年間の営業をつうじて田一畝・銀五両の収益を得た者、中最は田二畝・銀十五両なる者、上最は田五畝・銀三十両なる者とされている。ただし、中最と下最は無罰無賞であり、報賞を与えられるのは上最のみであったとある。これとは別に、貨財を求める営業活動について留意すべき事柄として、つぎの二項のあることを附記しておきたい。

「凡そ貨賄を営むに、人を損して己を利する無かれ、放債には人の田宅を準折（抵当とする）する無かれ、人の子女を準折する無かれ、利上に展利する無かれ」

「凡そ貨賄を営むに、恃勢侵弱し、自ら法辜を冒す無かれ」

こうした禁止項目が、どの程度の実効性をもっていたのか、確証は見出せないが、陶磁器、鉄器、木材など地元の特産物市場に参入し、一定の利益をえて、序文にいうとおり、冠婚喪祭などの出費にあてていたのが、実状であった。必ずしも経済的先進地帯とはいえない広州地方にあっても、すでに明代中期において、農業のみにとどまらず、商工業に従事することが、家族や宗族を維持するための、欠くべからざる業務となっていたことが知られようが、それには節度が必要であった。

「賦役第四。食土の毛は天の徳を荷う。効報を思わざれば、禽獣と奚ぞ擇ばん。世の頑民は竊利自肥して、正賦を供せず。恒に辜殃（罪禍）有り。是に宜しく懲すべし・賦役第四を叙す」

賦役の未納・滞納がないよう、常に留意すべきことを指示した条で、五項目からなっている。すなわち、納付については、綱領田事者と司貨者が担当し、歳終に家長に咨稟すると定め、収益はまず賦役（税糧・民壮・水夫・均平傜役）のために儲えておくよう命じた後に、

「凡そ倉儲せる賦税の入は、他欠に假供するを得ず。救荒済饑と雖も、假すを得ず（正賦を重くするなり）」

と、第四項に記すのは、いかに賦役の納付を重視したかをうかがわせるであろう。さらに、担当者に玩抗怠慢の行為があった時には、家長は祠堂に告げて教戒し、最終的には官憲に送って懲罰すると、第五項には規定してい

る。行政には財政的な裏付けが必要であることを知悉する故に、第四条は自戒の意味をこめて、書き加えられたかと思われる。

「衣布第五。衣は以て周身す。寒煖の用は朴雅是れ宜しきも、勤労を先にせざれば、布帛は何ぞ獲ん。衣布第五を叙す」

第五条は八項にわけて族人の服飾について述べているが、女子には年齢に応じて吉貝（木棉）と麻を給し、家人の衣服をつくらせるとある。男耕女織の実践であろう。贅沢華美な服装については抑制的であったけれども、官職にある者はここでも他者とは区別される存在であった。第五項によれば、四十歳以上の男子のみに許された紗羅叚綾の着用が、在官者については年齢に関係なく許されたとある。

「酒醋第六。喪祭の用、賓親の交には、酒醋の用は欠く可からず。惟だ之が式を立て、濫無からしむ。酒醋第六を叙す」

「膳食第七。飲食の節は有家の常なり。惟だ小人は口腹の慾を恣いままにし、以て其家を破り、其身を亡し、其妻子を敗り、大いに風化を傷つく。宜しく之が式を立て、越ゆる勿からしむべし。膳食第七を叙す」

「冠婚第八。冠婚の礼は人道の大端なり。末俗尚浮にして侈を以て相い高しとし、遂に家を破るに至る。宜しく之が式を立て、越ゆる勿からしむ。冠婚第八を叙す」

序文にかく記すとおり、第八条は冠婚の儀式に言及し、二十三項よりなる。男子は二十歳で冠礼を行うこと、ただし、四書を熟誦せず、家訓に通じない者は、二十歳になっても成人と認めないこと、冠礼は春秋の祭日に行い、祠堂に報告すること、結婚については家長に稟すること、その費用として銀十五兩などを給することを定めている。女子の結婚についても、金銀、衣服を給するほか、

「生員挙人に嫁すれば紗衣服一を加え、品官に嫁すれば綾羅紗段各一（を加う）」

「凡そ庶民の女にして品官に嫁すれば、品官の服を服するを聴し、品官の女にして庶民に嫁すれば、庶人の服を服するを聴す」

として、相手の身分や地位によって処遇が異なることを記している。庶民にではなく、生員や挙人に嫁する女子は、それだけで特別の扱いをうけたのである。その反面、品官の女に生まれたとしても、庶人に嫁すれば庶民として遇せられるとするのも、見逃されてはならない記述である。おそらく、士庶の分という観念からでたものであろう。

「喪祭第九。喪祭の禮は人道の終なれば、過不及は非なり。宜しく之が式を立て、越ゆる勿からしむ。喪祭第九を叙す」

喪祭については、過分であったり、欠けるところがあってはならず、礼式にのっとり遺漏なく行なわれるべきであることを述べる一条である。十一項よりなるが、そこには、当然の前提として、身分による区別があった。まず第一項において、

「凡そ喪には、庶人は銀十両、生員は十二両、挙人は十五両、官七品以下は二十両、五品以下は二十五両、三品以下は三十両を給す。三品以上は国典有れば給せず（棺具・衣食・葬費はここに在り）」

とあり、第三項にも、忌祭（年忌の祭）における供物に差があったことを記している。また、子が官に居れば、父は子の位に応じて祭られ、家長は八品官に、宗子は挙人に視えて祭られるとしている。婦人については、葬費は夫の三分の一、祭費は夫に視えて支給される定めであった。

「器用第十。器は以て利用するは有家の常なり。上下の殺は禮の生ずる所なり。昔、舜の漆器を為るや、諫者二十人、紂は象箸を為り、卒に以て覆敗す。帝王の器用の猶お敢えて侈ならざるは、古の道なり。況や庶民に於いておや。恒に保家を欲すれば、朴雅こそ是れ宜し。器用第十を叙す」

第十条は十六項にわかれ、祭祀および日常生活に用いる器具に言及するが、奢侈にわたらず、朴雅をむねとして暮すよう教えている。たとえば、第九項に、

「凡そ家恒食、及び会膳食には、石湾の瓦器を用い、饒州の磁器を用いるを許さず」

というのがそれに当るであろう。日常および宴会での食事には地元石湾の瓦器を用いるべきであり、江西饒州府産の磁器、つまり有名な窯業地として海外にまで知られ、御器廠が設けられていた景徳鎮産の高級品の使用を禁じているのである。第十三項には、寝具に紬段綾綺織繍を用いてはならぬとし、十四・十五項には、子姪が馬に乗り、独りで舟を使うことを許さずとある。また、雨傘の使用についても、品官ではない挙人には大雨傘を擎するを許さず、生員には一尺五寸の雨傘を擎することを認めるとともに、庶民は僕人を使って執傘してはならない

こと、ただし、庶民でも四十歳以上になると、僕人に執傘させてもよいなどと、十六・十七項に細かく規定している。身分不相応なことは見苦しいと感じたからであろう。

「子姪第十一。家の興るや、子姪の多賢に由る。家の敗るるや、子姪の不肖多きに由る。子姪の賢と不肖は勤、惰、奢、倹より大なるは莫く、其教は則ち父兄に由る。世の不肖なる父兄は、禽犢を以て子姪を視、多く姑息を事として、子姪の不肖多く、以て其家を敗るを致す。戒めざる可からず。子姪第十一を叙す」

子姪の教育に触れた一条で、二十項にわかれるが、一家一族の興廃は、子姪の賢・不肖によって決まるとの認識にもとづいている。まず第一項は、彼らの学業について、このように記している。

「凡そ子姪は、七歳以上は社学に入れ、十歳以上は讀暇なれば則ち耘し、十五以上にして挙業を習えば耕する勿かれ。二十五以上となり挙業成らざれば帰耕す。挙業已に成り、及び府県学に入れば免耕す。四十五以上で猶お附学すれば、兼ねて家業功最を考す」

当時の一般的な習慣(6)にしたがって、子姪は七歳になると社学(7)に入れ、初歩的教育つまり文字の修得を課し、最終的には挙業の達成、少くともその第一段階として生員となることを目指させたのであり、その志に生きる者には、農耕に従事することを免除した。これをうけて、その妨げになるような行為、一例をあげれば、飲酒、外泊、奢侈などを禁ずる、多くの項目を列記した後、

「凡そ子姪は先ず父師を須って、誨うるに孝友睦婣任恤の六行(8)を以てし、乃ち六藝(9)・六徳(10)に及ぶ。如し六行に缺有らば皆、過を簿に紀し、曰く某は不孝、某は不友、某は不睦、某は不婣、不任、不恤なりとして、其罪罰を量

る」

「凡そ兄弟子姪にして、倚勢凌人の者有れば、過を簿に紀す。営利妨人する者は過を簿に紀して、其罪罰を量る」とする。子姪に対しては、学業の成就を第一に心がけるとともに、道徳的にも完成された人間になることが求められた。そして、これら優秀な子弟が多くなればなるほど、南海県の霍氏は繁栄し且つ永続できると信じていたのであり、これはまた、当時一般の社会的通念でもあった。

「蒙規第十二。家の興こるや、子弟の多賢に由る。子弟の賢なるは蒙養に由る。蒙養以て正しければ、豈に保家、また以て作聖を曰わんや。蒙規三編第十二を叙す」

蒙規三編とは、児童教育の規範を記した三編からなる文章である。まず第一編は「童蒙は養心を以て本と為す。心正しければ則ち聡明なり」として、養心の要目十六を列記している。すべてを紹介する必要はなかろうが、「言は必ず慎（悪声を出す勿れ、穢語を出す勿れ、怪異を言う勿れ、戯する勿れ、欺く勿れ）」、「動は必ず畏（挙足、動手、開目、出語は倶に畏慎を要す）」などというほか、「寝は必ず恪（伏睡する勿れ、裸体する勿れ、晏起する勿れ、昼臥する勿れ）」と、教導は日常生活の細部に及んでおり、すべてを統会するのが心であるとする。

第二編は孝親、弟長、尊師、敬友をあげ、「孝親は仁の始なり、弟長は礼の恒なり、尊師は義の〇なり、敬友は智の文なり、仁義礼智は心の畜なり。童子之を習うは、心を正す所以なり」と結んで、正心のあり方を論じている。

第三編は誦読、字畫、咏歌、習礼の科目をたて、詳細な教育実践の内容を説明しているが、いうところは「誦読は知を致す所以なり。字畫、咏歌、習礼は藝に遊ぶ所以なり。致知とは心を開明する者、遊藝は心を在養する者なり」と要約できるであろう。致知は大学の、遊藝は論語の語であるが、ともに学習に励み道理に通ずる意であり、それらもまた、養心（孟子の語）、正心（大学の語）の一途であるというわけである。

「彙訓上第十三。守家には惟だ勤と倹あるのみ。由りて庶人と為り、士と為り、大夫卿佐と為る。道は則ち同じからざるも、諸が勤倹に本づくは一なり。循礼安分は道義の門なり。彙訓第十三を叙す」

家族と宗族を存続させるための要諦が勤倹にあることを、十項にわたって力説する条である。まず、勤労勤勉について、つぎのように記している。

「凡そ子姪は多く農作を忌む。知らずや、農業に幼事すれば則ち粟入の艱難を知りて侈心を生ぜず。農業に幼事すれば則ち敦実を習恒して邪心を生ぜず。農業に幼事すれば則ち力めて勤苦に渉り、能く善心を興起し以て罪戻を免るるを。故に子姪は農作に力めざる可からず」

幼少期より農作業に従事すること、勤労の教育的効果を語る第一項であるが、つづく第二項は他人の収穫に坐食することの不可なるを指摘する。地主として田租収入をあてにした生活をしてはならないと、教えているのである。

「凡そ富家は、久しくすれば則ち衰傾す。功無くして人の食を食するに由る。夫れ功無くして人の食を食するは、是れを厲民自養と謂う。凡そ厲民自養すれば則ち天殃有り。故に久しく富佚を享すれば則ち衰傾を致し、甚だしければ則ち奴僕と為り、牛馬と為る。是の故に子姪は農作に力めざる可からず。（今の富家は田を人に佃し、而して租入を坐食す。久しくすれば則ち田業消乏し、求めて人奴為らんとするも、得可からず。其の厲民自養するの由に由るなり)」

厲民自養、いたずらに他人の労力に頼って安楽に暮らそうとする生活は、決して永くは続かないのであり、それを避けるためにも、自ら農耕に励む必要があるというわけである。そのためには、社学にあって勉学中の者についても、力農と読書を両立させ、「袖手坐食して以て窮困を致す勿れ」と、第三項には注意されている。また、質素倹約についても、数項にわたって触れているが、第七項はこのように記している。

「凡そ人の家居すること、久しくすれば則ち衰頽す。習尚日に侈に、費用日に滋きに由る。人は其私を競い、口腹を縦恣し、踰礼日に甚だしく、罪を天地に得、罪殃を積致す。小にしては則ち敗身し、大にしては則ち滅族す。畏れざる可からず。凡そ我が兄弟子姪は、服食器用すでに定式有れば、只だ量議して樽節するを許すも、毫髪を増添し以て侈風を長じ、我が家族を敗するを許さず」

前掲の各条に明示された定式にしたがい、質素倹約を旨として日々を過せと命じているのである。その場合、身分による差異はやむをえないであろうが、奢侈にわたることは、厳しく禁じるとする姿勢が貫らぬかれたのは、いうまでもなかろう。

「彙訓下第十四。告廟文、雍睦序、祠堂詩、彙めて訓と為す。子姪は社学に入れば熟誦深省し、敦睦して以て保家を永くす可し。彙訓下第十四を叙す」

家廟に告げる文、家門の和睦すべきを説いた文、祠堂に捧げる詩を集め、これを社学において学習させ、保家に役立たせることを指示する条である。附録として、祠堂事例(11)、社学事例、四峯書院事例が掲載されている。四峯書院は四峯書楼ともいい、祠堂の関連施設であったらしい。

以上が霍渭厓家訓の概要である。記すところは、つづく三つの家訓に比べて詳細であるが、とくに宗族組織に関する記述が多いのが特徴的である。福建とならんで、広東は宗族組織の発達が著しい地方とされる[12]が、その反映であるかも知れない。ただ、その点を別にすれば、記述内容に他と格別異るところがあるわけではない。一家一族の繁栄と永続を求めて考えつく方策に、基本的な相違がなかったことは、以下の論述が明らかにするはずである。

二

（一）陸氏家訓

華亭県陸氏の家訓で、執筆者は陸樹声（一五〇九・正徳四〜一六〇五・萬暦三三）である。陸樹声、字は子吉、号は平泉、江蘇省松江府華亭県の人であり、明史巻二一六に伝をのせる。生家は代々農を業としたが、彼は業余に読書に励み、苦学の末、嘉靖二十年に会試第一（会元）で進士に合格、翰林院に職をえたのをふり出しに諸官を歴任した後、最終的には礼部尚書にのぼり詰めた。しかし、いずれも永くはつとめず、また赴任せずに郷居することも多かったため、「通籍六十余年なれど、官に居ること一紀（十二年）に及ばず」（明史の伝）として、内外に風節をたかしとする評判がたかかった。于慎行の穀山筆麈巻五・臣品には「人臣の望は三有り、徳望有り、才望有り、清望有り、……大宗伯、華亭の陸文定公の若きは、所謂清望なり」と、徳望の葛守礼、才望の楊博らと並稱されたと記している。

礼部尚書に任じられたのは萬暦二年、六十六歳であったが、ほどなく宦官との間に確執が生じたのを機に自らの意志で職を退き、諸官の見送りをすべて辞退して帰郷した。その後、同郷の徐階、同年の高拱、さらに張居正の推挙があったにもかかわらず、家居すること三十二年、清虚括退、晩節を汚すことなく、九十七歳の天寿を全うした。死後、太子太保を贈られ、文定と諡を賜わっている。附言しておくと、のちに画家あるいは書家として名を挙げ、「芸苑百世の師」と稱えられた松江出身の董其昌は、萬暦五年頃、招かれて陸氏家塾の教師をつとめたことがあり、その頃から画をえがきはじめたと伝えられている。(13)

陸樹声には弟の陸樹徳、字は與成（一五二二・嘉靖元年誕生）があり、嘉靖末年に進士となって官途についたが、山東巡撫を最後に退官帰郷したと、明史巻二二七の伝に記載されている。樹声にはまた、子に陸彦章があって、明史の附伝によると、萬暦十七年の進士であるが、館選に附くなかれとの父親の命を守り、行人司行人の卑官のまま父の扶養につとめ、その死後に起官して南京刑部侍郎などに任じたとある。

以上によって知られるとおり、陸樹声は官にありながら郷居の期間が永かった。とくに礼部尚書を辞して帰郷してからは、全く官職に就くことなく、三十年以上も華亭の地を離れなかった。弟の樹徳や子の彦章についても事情はほぼ同じであって、少くとも二代にわたって三人の進士を出し、且つ郷居することの多かった陸氏は、文字どおりの郷紳の家であったといえるであろう。閲世編巻五・門祚一に「雲間の望族は首ず陸氏を推す」とあるとおり、松江地方第一の名門名家であった。そして、陸樹声には陸文定公集二六巻・附一巻があり、その第二十三巻に陸氏家訓（全二十条）はおさめられているが、なかに「余は年八十有一、仕版する者五十年に近し」の語がみえるから、最晩年の作と認められる。

ところで、家訓の内容は大まかに二つに分けられるが、前半には曾祖父以来四代にわたる家系と生活状況が略述されている。記すところによれば、陸氏は郡中四姓の一つであり、漢晋以来、代々望族を稱せられ、仁義礼智の四派に分かれているが、華亭の陸氏は仁派に属し、陸宣公（陸贄・七五四～八〇五）の後裔と伝えている。しかし、譜牒はかつて存在逓伝していたが、今は失なわれており、陸樹声自ら再編しようと試みたけれども、その望みは達せられなかったという。

つづいて、確実にたどりうる系譜としては、曾大父松山公からであり、この頃に府城内の徳豊里を去って郷居するにいたったとある。松山公には二子があって、その一人である長大父梅荘翁は林氏を娶って三子をもうけたが、三男先資政が陸樹声の父親である。彼の諱や字は記されていないが、先資政というよび方は、嘉靖二十四年、樹声が翰林院編集を授けられた時、父に封贈された資政大夫の官稱にもとづいている。先資政は幼時、母の実家である林氏に養われたが、成人すると沈氏と結婚して三子を生んだ。長男（名は不明）は正徳元年、次男の樹声は正徳四年、三男の樹徳は嘉靖元年に生まれている。

陸家の家計は非常に苦しかったから、長男は農耕に従事せざるをえなかったばかりか、樹声らもはじめは学問に志したが、ほどなく学業を放棄して帰農させられる有様であった。しかし三年が経過し、樹声が二十歳になった頃、父親はこれを憐み、再び学業に精進することを許した。とはいうものの、田舎者で身なりも貧しかったため、学友たちの蔑みの的であったが、苦学力行して、二年後には生員となり、また十年後に挙人、翌年に進士に合格して立身出世の階梯をのぼりきった。その間、母の沈氏は嘉靖十三年に、父親は任官後の嘉靖三十一年に亡くなったが、いずれも臨終の席に居合わすことができず、生涯の遺恨とすると語っているが、これが郷居を永くさせた一因であったかも知れない。

修学期間の苦悩について、陸樹声はさらに、つぎのように告白している。すなわち、「余は自ら李氏に贅し、書生の貧簿を以て受困抑居す」と、婦家である李氏に寄食していたことを明らかにしているが、これは屈辱的な生活であった。「大丈夫、自立せずして、奈何ぞ婦家に株守するや」との思いは強かったけれども、自家は貧乏で財産もなく、父親を心配させるわけにもいかないので、隠忍自重、アルバイト的な家庭教師に甘んじて自給せざるをえなかったという。彼が華亭県の地に居宅を構えることができたのは、嘉靖二十年に進士となり、翰林院にはいってから一年後であった。任官後一年をへずして帰郷を願い出て許された結果である。そして、家政は父親の取り仕切るところであったが、貧苦に耐えてきた父は、息子たちの栄達を見ても旧来の生活態度をあらためず、家族にも昔日の苦難を忘れることのないよう、厳しく戒めつづけた。

かくして、もともと貧しい農家として生きてきた陸氏であるが、樹声兄弟が仕籍にはいると、あとをついで学業に専念する者が幾人もあらわれ、衣冠の族と遇されるにいたった。となると、詩書を学ぶことによってもたらされた恩沢は永く受け継がれる必要があり、そのためには子弟を教え導かねばならなくなる。家訓の後半はそのことに費されているが、そこでまず力説されるのは個人的な徳義である。

「今より子弟は務めて孝友篤倹に惇く、常に貧賤を忘るる毋く、奢華を慕いて驕慢を長ずる毋く、礼譲を失して燕昵を私する毋く、検飭を忘れて掊克を事とし、以て怨尤を取ること毋れ」

孝友篤倹などはともかく、「検飭を忘れて掊克を事とし、以て怨尤を取ること毋れ」とは、地主として佃戸に対する姿勢をいった警句と解せられよう。[14] 一方、陸樹声自身については、「蓋し節倹は惜福する所、括静は遺安する所以」であり、「斯の二者は余の之を佩すること終身」であったとする。節倹と括静（安静）こそ、終生守るべき美風というわけである。ついで、自分たち兄弟の、官私の生活について、

「然れば皆、家風を恪守し、官に在りては則ち廉慎自守し、郷に居りては則ち安静寡営す。故に嚢は羨資に乏しく、

家に厚蓄は鮮し。餘潤の以て親党の頼る所に推及する無く、彼此相い成りて、僅かに寡過するを得たり」と述べ在官郷居の別なく、無欲居寡であったがために資産を築くことができず、その故に親族を援助できずにいる現状を反省しつつ、あい協助しながら陸氏の永続をはからねばならないと、つぎのように指示している。

「今、毎歳計百畝の入を約し、擔石より以て升斗に至るまで、内外の親族に於いて、軽量を擬量し、以て不給に補助する。其の族人子弟の能く此意を推広する者有れば、各々巳志を行う。但し子孫に賢愚有り、家業に興替有り、歳事に豊歉有れば、取りて必ず求備し、将来をして継ぎ難くせしむるを得ず」

以上をいわば前書として、あとに個別具体的な教条がつづいている。ただ、祖墓については壙戸を立てて守望すること、後嗣のなくなった母親沈氏の実家の墓は、わが家の子孫が祭掃するよう命じたほかは、人倫や徳義あるいは生活の規範に関するものが多く、家計あるいは家産の運営について触れるところは甚だ少ない。この点では、前掲の霍渭厓家訓とはやや趣きを異にするといえようが、なかで目につくのは、宗族の和睦結束と保全永続を願っての叙述である。

「一、吾祖由り同出する者は之れ伯叔為り、吾父由り同出する者は之れ兄弟為り。之を推せば則ち吾祖父由りして上は先世に遡り、我世由りして下は子孫に逮ぶまで、其自出する所は則ち皆一人の分なり。之を水木に譬うれば一本同源なり。故に凡そ同宗子姓は一体に本づき、宜しく休戚相関し、敦睦無間すべき所の者なり。自ら夫れ形骸を隔てて爾我を分ち、門戸を析して彼此を為さば、中間に成立して各異し、嫌隙生じ易し。甚だしければ則ち互いに忌嫉を為し、相い戕し、相い賊い、是に籓籬を撤し、禍患之に乗ぜん。故に曰く、宗族睦めば則ち本根自ら固く、兄弟和すれば則ち外侮生ぜず、と。毎に入室の戈を操る者を見れば禍は内より生じ、関墻之釁を啓く者を見れば家は以て傾敗す。近俗の如き者は鑑みる可きなり」

「一、子弟の祖父を承藉し盈成の業を享くる者は、祖父起家の辛勤、開創の艱難を思わず、徒らに夫の宦達豊隆、用度優裕なるを見て、視て故常と為す。其当身に至りては、憑藉する所無く、驕溢に習いて奢靡侈汰し、節抑に務めずして、門祚の衰うるを致す。如し子弟為る者を使て盈成に当りて、常に開創の艱を懐い、豊餘に処りて寒倹の素を忘るる無からしむれば、則ち先業は墜ちず、而して家は常保す可し。故に曰く、保家を善くする者は、有餘の時に常に不足の想いを作し、養身を善くする者は、無病の時に常に有病の想いを作す、と。」

これに対して、貨殖もしくは商業的な問題については触れるところ少く、僮僕と田産をめぐる二条があるのみである。まず僮僕（奴僕・家僕）についていえば、すでに明らかにしたとおり、明代中期から末期にかけて、とくに経済的先進地帯であった江南の地の、いわゆる郷紳の家はいずれも多数の奴僕をかかえ、彼らが主人の威光を傘に横暴を働いたことは、広く知られた社会的事象であったから、その扱いは、主家にとって重大な関心事でなければならなかった。

「一、僮僕は撲直謹愿にして心に詐欺無き者を上材と為す。能く営幹する者これに次ぐ。其他の巧黠便佞、言語儇捷なる者は中なること未だ保す可からず。與夫浮寄して親属無く、転鬻して二主に事え、曾て公門の役過を経たる者は、並びに宜しく蓄大すべからず、凡そ臧獲して家長と為る者は、当にこれを御するに正を以てし、これを撫するに恩を以てし、平居すれば則ち其飢寒を恤し、其疾苦を軫し、使令すれば則ち其労逸を均しくて其勤惰を程すべし。此の如くすれば則ち感恩して勧を知り、盡心せざる無からん」

僮僕たちは主家の威を借りて社会に害毒を流すばかりか、主家に仇をなす者もあり、こうした事態を避けるためには、僮僕の人物、経歴を知悉する必要があった。それのみにとどまらず、僮僕の使役には細心の注意を払わねばならないのが現実でもあった。ついで、田産の購入取得に関しての留意点が、このように記されている。

「一、産業を置買するには、界至は分明なるを要し、価直は平允なるを要す。人の急に乗じて故さらに濡遲し以て其価を抑勒す可からず。また人の産を利として図謀に務め以て其售を強勉す可からず。蓋し交易は平なるを貴び、処心宜しく厚かるべし。交易平なれば則ち日後に異言無く、心厚かれば則ち子孫長守すべし。当に興替常無しと思うべし。今日棄産の人は即ち前時置産の人或いは其子孫なり」

田産の購入するに際しては、境界を明らかにし、価格は妥当でなければならず、いたずらに有利にことを運ぼうと述策を弄してはいけない。売買が公平ならば、後日に紛争がおきることはなく、永くその田産を保有しつづけられるというわけである。さらに「興替常無し」とする処世観をもって、売り主の立場への配慮を示唆しているのは、執筆者の温情を示すと受けとめられよう。田産の売買行為と関連して、商業活動をどのように理解していたか、それについての明確な記述は見当らないが、その一端は、妻妾を娶ることについての、つぎの記述から推測できるであろう。

「一、娶妾には必ず其父母の良善朴実、女子の性行端勤なるを擇ぶ。其市井の商販、客土浮寄する者は、姿色絶倫と雖も、細微は保し難し。廼ち娼優下賤の女は、総じて色藝有るも、良人の家に在りては、宜しく蓄うるべからず、惟だに子弟の処し難きのみならず。尤も家門を玷汚するを恐るればなり」

商人や客民の娘を迎えるべきではないと、彼女らを退けているところからすると、商人たちの評価は低かったと認めざるをえまい。商品経済の発達著しい地に住みながら、商業にはほとんど興味はなく、家門の維持について頼るべきは、祖先以来の農業でなければならないとするのが、陸氏の基本理念であったといえるであろう。

余論を附記すると、陸樹声は適園と名付けた庭園を華亭県にもっていた。低地に池を掘り、その畔に亭を建て、楼をつくり、賓客をもてなす茶寮を設けるという、代表的な建築様式であったことが知られている。(16) 寡欲節倹を旨として生き、それを子弟にも教えた彼ではあるが、士大夫官僚の一員として、修己治人、経世済民の表看板を裏返しにしておいて、純粋に私的生活を楽しむ行動に、それほどの後ろめたさは感じていなかったらしいのを、この事実は推察させるであろう。当時、庭園への士人たちの関心は一きわ高まっていたのである。

それにもう一つ、貧しい農家の子であった彼が、進士となって任官し、退官するまでの六十年の間に、世に知られた名園の所有者となりえたこと、そのくらいの富の蓄積が可能であったことにも、留意しなければならない。生涯をつうじて無欲居寡をつらぬき、清望の名を恣ままにした彼においてさえ、かくの如くであった。他は推して知るべきであろう。官僚あるいは郷紳の生活の裏面を垣間見るための、根拠の一つを提示すると認められよう。

（三）　家誡要言

海塩県呉氏の伝える家訓であり、呉麟徵（一五九三・萬曆二一〜一六四四・崇禎一七）が作者である。呉麟徵、字は聖生、号は磊斎、浙江省嘉興府海塩県の人、天啓二年の進士で、明史巻二六六に伝をもっている。(17) 地方官を歴任した後、崇禎五年に吏科給事中に抜擢され、直言をもって知られる。崇禎十七年つまり明朝滅亡の年のはじめ、太常少卿に進んだが、三月、北京の落城を見とどけると、自邸で解帯自経して亡国に殉じた。のちに兵部右侍郎を贈られ、忠節と諡を賜わっている。ここに紹介する家誡要言は、彼がのこしたほとんど唯一の著述で、七十四條から成る。各條いずれも短文で、言簡意賅、警句式の勧誡を特徴とするが、世子の呉蕃昌が父の語を節輯して、かくの如くなったという。(18) 要言と称する所以であろう。

呉麟徴の生きた時代は明朝の最末期、内外に混乱がつづく激動の時代であった。その故に彼が最も願ったのは何よりも一族の存続であることを、まず指摘しておかねばならない。要言の一條に「家業は事小、門戸は事大なり」とあるのが、彼の本旨を端的にいいあらわしていると思われる。また、同類の他書と違って、記述に緊迫感をともなっているのは、時代と社会状況を反映するからでもあろう。彼の言によれば、乱世に生きるのは、平和の時代に日を過すのとは違うのであり、そこに求められるのは、以下の心構えであった。

「乱世に処するは太平の時とは異なる。只だ一味に節倹し、収斂するには謙して以て人に下し、和して以て衆に処す」

まず、ひたすら節倹につとめ、収斂するに際しても謙譲和同でなければならない。でなければ、いたずらに紛擾をまきおこし、自らを破滅の境地に追い込むであろうと懸念しているのである。収斂とはおそらく、佃租の徴収をさすのであろうが、それをめぐって世人との間に問題を生ずるのは、地主として厳に慎しまねばならなかった。これにつづいて、以下の各條が列記されている。

「家用足らざれば、只だ是れ倹に従い、心緒を撹乱す可からず」

「四方に兵戈は雲擾し、乱離は正に甚だし。修身節用して、罪を郷人に得る無かれ」

「治家には節倹を舎きて、別に経営すべき無し」

修身・節倹に励むとともに、郷人との間に紛争をおこしてはならぬと説くが、さらに進んで左のように記している。山東や河南の惨状を見るにつけて、これが江南の地にも波及してくるのを危懼するが故に、より切実な思いをこめての一條である。

「近来の運は百六に当り、到る処に事多し。行きて東斉を過ぎしに、往々数百里、人烟を絶つ。縉紳衣冠の第も、僅かに空舎を存するのみ。河南は尤も惨にして、一省は十に八九を亡う。江南は号して楽土と為すも、近ごろまた稍や端倪を見る。憂患更らに測る可からず。凡そ事は収斂を循省し、節倹して惜福惜財し、多く善事を行い、苟も利益を図ること勿れ。県門に出入する勿れ。門客家奴の使する所と為る勿れ。飽食安居晏寝して、自ら得意を鳴する勿れ」

百六とは百六会、陽九の厄、百六年ごとに訪れる厄運をいうが、今やその時期に突入したとみる。その徴証は山東と河南にはっきりとあらわれているが、楽土とされる江南にもその萌しは認められる。こうした危機の渦中をどのように生きるべきか、その方策を重ねて述べた一條であるが、節倹善行などを説くのとは別に、県門に出入せず、門客家奴の使嗾をうけるなと追加指示しているのに、注目すべきであろう。いずれも、郷紳たちの行動として、世評が厳しく批判するところであったのは、すでに明らかにしたとおりである。それとの関連において、つぎの一條は、衣冠の族つまり郷紳としての、反省の気持をあらわすと理解できよう。

「四方衣冠の禍は、惨として言う可からず。是れ一時の気数なりと雖も、また是れ世家の奢淫不道に習い、以て之を召く有り。積善の家の若きは、また自ら獲全せる者有り。早夜に其故を思わざる可からず」

時代の荒波にもまれて、衣冠の族が災禍をこうむっているのは、自らの反社会的・反道徳的な言動が一因であるとの認識にもとずく訓戒である。つぎの一條も、これと無関係ではないはずである。つまり、銭糧を早期に完納することによって、官憲や近隣との揉め事を極力防止しようとの意であろう。

「早やかに銭糧を完して、門戸を護持す」

ところで、家門の維持を第一と考える立場からすると、これまた士大夫・衣冠の家たるに必須の條件であった学問、読書は、どのようでなければならなかったのか。当然のことであるが、その必要性・重要性は否定されていない。以下の各條がそれを証明している。

「読書多ければ則ち気清く、気清ければ則ち神正なり。神正なれば則ち吉祥出で、天より之を祐く。読書少なければ則ち身は暇に、身暇なれば則ち邪は間い、邪間えば則ち過悪作り、憂患之に及ぶ」

「多く読書すれば今古を達観し、以て憂いを免がる可し」

「時宜に合わず、事に遇いて觸念す。此れまた一病なり。多く読書すれば則ち能く之を消さん」

読書はおおいに奨励されねばならず、その功能は注視に価すると説く一方、族内にいる秀才（生員）たちには、とくにつぎのような訓諭の言を記している。

「秀才本等は只だ宜しく闇修積学すべし。学業成るの後、四海は比肩す。如し名場に馳逐して声気を延攬すれば、愛憎同じからず、必ず異議を生ぜん」

「秀才は社に入らず、官となれば党に入らず、便ち一半の身分有り」

秀才の本務は勉学にあり、いたずらに名声を求めるべきでないと説くとともに、明末の政界に圧倒的な存在感を示す党社、その代表として東林党と復社があるが、それらに参加することのないよう、注意を促しているのである。明末の激しい政治斗争のなかを生きた、呉麟徵自身の経験がいわしめたかと思われるが、それとは別に、

「士人は経世を貴ぶ。経史は最も宜しく熟すべし。工夫逐段して作去すれば、成有るに庶幾し」

と記して、経世の業、その遂行に不可欠な経史の学に習熟するよう求めることも、決して忘れてはいない。いかなる情況にあっても、士人の責務は放棄されてはならないのである。

とはいえ、史上稀れな激動の時代に、士大夫の家門を維持継承するのは、至難の業であった。すでに指摘したように、修身節倹などの徳目がそのために要請され、周囲の関係者との和合平穏が期待されているが、あらためて乱世に処すべき一家のあり方は、このようでなければならなかった。

「世変は日に多し。只だ宜しく門を杜して読書し、学んで好人と作り、勤倹作家して保身するを上と為す」

「世変彌いよ殷なり。止だ読書明理、耕織治家、修身独善の策有るのみ。即ち仕進の二字は敢えて汝曹の為めに之を願わず。況や好名結交、嗜利して禍を召くにおいてをや」

読書、修養、勤倹の教えにしたがい、耕織治家つまり男耕女織の伝統的な生活様式を堅持して、世変に対応せよと説くのを除き、右の二條についてとくに注目されるのは、子弟にむかって、敢えて官僚として出世することを願わないとする姿勢であろう。これは士大夫・郷紳の家として、かなり異例の訓戒というべきであり、乱世に生きる智慧の結晶でもあろうか。このような、仕進についての消極的な考え方は、当然、つぎのような記述を導

くのである。

「児曹は敢えて其の進歩を望まず。若し祖宗の元気を養うを得、郷党中に一人品を立つれば、即ち村学究に終身するも、我はまた憾無し。浮華解実はただ傷風敗俗するのみならず、また殺身亡家の本なり。文字は其の第二義なり」

祖先から伝わる勢威をうけ継ぎ、郷里に品格を認められるならば、たとえ一村の学究にとどまっても、これを遺憾とはしない。奢侈贅沢を排することこそが第一義であり、学問は二の次であってよい、という。要するに、節倹勤労を旨として、家門を維持し存続させることが最優先されるべきであり、そのためには、士大夫の家に不可欠な営為であった、学問への精進や立身出世の方途も、一時、軽視あるいは放棄されてもやむをえない、というわけであった。まして、商業に手を出すなど、もっての他と考えていたらしく、利殖の方策についての言及は全くみられない。要言のもつもう一つの特徴である。

三

(四) 龐氏家訓

南海県龐氏のもつ家訓であり、龐尚鵬の執筆である。龐尚鵬、字は少南、広州府南海県の人であるが、生没年はともに不明とされている。ただ、明史巻二二七に載せる伝によれば、嘉靖三二年（一五五三）の進士で、地方・中央の諸官を歴任して、民政や軍餉問題に顕著な功績をおさめたが、やがて宰相張居正との間に確執を生じたため、官を辞して帰郷し、四年をへて病没した、という。萬暦十年前後のことと推定できる。彼の業績としては徭役の改革、とくに浙江・福建・広東の各地において、一條鞭法を施行したことが挙げられ、恩恵に浴した当該地方の住民は、祠を建てて彼を祭ったと伝えられる。また、浙江按察使であった時、郷官（郷紳）の子弟や僮僕の横暴を取り締って、人々を安堵させたことでも知られている。

右のような官歴をもつ龐尚鵬は、前掲霍渭厓家訓の作者である霍韜と同郷の、ほぼ一世代を距てた後輩といえようが、進士となってほぼ二十年をへた隆慶五年に書きあげたのが、龐氏家訓一巻である(19)。その内容は、務本業、考歳用、遵礼度、禁奢靡、厳約束、崇厚徳、慎典守、端好尚、訓蒙歌、女誡など、十條にわかれているが、序文には、

「古より称す。成立の難きは弁天の如く、覆墜の易きは燎毛の如し、と。我が祖宗、既に身ずから其の難に任ずれば、後世の為めに計咨す。爾ら子孫、其の易きに蹈し、先人の羞と為ること毋れ」

と記して、父祖創業の労苦を思い、一家宗族の永続を願っての家訓であることを明示している。南海県の龐氏は歴世の名家などではなく、むしろ貧しく平凡な庶民の家とみた方がよいかと思われるが、その間に先人が経験した数々の苦難について、端好尚の一項には、つぎのように語られている。略述された家史ともいえる内容をもつため、全文を紹介しておきたい。

「一、祖宗の遺家するに難多し。鄰人の其の誣詞を曲售し、復た落井下石、陰嗾して之を中する者有るに因り、乃ち竟に負訟して家に卒す。嗟嗟、吾祖は恨を九原に飲む。之を一念する毎に、肝腸は摧裂す。今や首禍及び助虐

の人は曾て再伝せず、皆己に滅門せり。予の言の此に及ぶは、豈に修怨を欲する哉。後人に示して、家釁の従りて起る所を知り、哀思して忘れる能わざらしむる耳」

具体的な事情は明らかではないが、祖父の時代に一家は近隣との訴訟事件にまきこまれ、身に覚えのない祖父は痛恨の思いを抱いて世を去るという悲劇に見舞われた。特権をもたない者が訴訟に対処するためには、多様多額の負担が必要であったから、龐氏の経済状況は一気に悪化したのは間違いなかろうが、この苦境を継いだのが父親であった。

「先考は少くして孤となり、数歳の時に家人と与に負販す。壮なるに及んで木商と為り、寒暑風雨と雖も労を避けず。会たま海賊発す。有司は戦船を造らんと、坐名督責したれば、幾んど破家せんとす。予の黌宮に入るの比い、喜んで顔色を動かせども、垂橐蕭然たり。尋いで矢力経営して、家は漸く饒にして世を去る。百憂感心、万事労形、何ぞ曾て一日安意の奉を享せん哉」

父親（諱は不明）の生涯は、このように回顧されているが、彼は商人であった。前述のとおり、南海県の附近には「常州の木植」とよばれる木材の産地があったが、父親はその辺りを根拠に活動する材木商人であった。しかし、彼の奮斗努力にもかかわらず、戦船建造の役割を担わされて、一時は破産寸前に追いこまれる有様であった。その頃たまたま、息子が生員となったけれども、経営は急には回復せず、以後、永年にわたる勤勉労苦をへて、家業はようやく富裕となった。息子が生員となったことによって、直接的な恩恵をうけたか否か、それに関する言及はないが、家業の隆盛がこのことと全く無関係であったとは認め難いであろう。つづいて、父親が貧しい商人であった頃の、少年期の苦しかった生活を回想して、龐尚鵬はこのように記している。

「予、少き時、耒を秉りて躬ら耕し、労役を辞せず。昼は章句を習い、暮には帰りて灌園す。冬夏には僅かに一粗布衣、敝に非らざれば且つ垢なれど、更為せざる也。惟だ舅氏は間歳に新衣を以て之に佐給す。就試して落第を嘗める毎に、有司の屛跡・禅林に経宿して一挙火す。艱苦万状、誠に具陳し難し」

商人として留守がちであった父親に代って、彼は自ら農作業に従事するかたわら、学問に励む暮しであった。しかも、衣服は常に粗末で着替えもできず、舅父（母の兄弟）から時々新しい品がとどけられ、これでようやく身なりが整う始末であった。試験には屢々失敗したが、受験の際にもまともな宿屋には泊れず、役所の片隅や寺院を借りて糊口を凌ぐ惨めさであった。こうした逆境を克服して龐尚鵬は進士となったが、彼の成功によって、龐氏を取りまく環境は一変する。そして、ここまでが、いわば家史の前半部にあたるが、家訓執筆の頃、隆慶五年、彼が進士となって二十年をへた時期になると、つぎのような苦言を子弟に呈さなければならないような状況が出現していた。

「今、爾ら子弟は皆、蠹書を塵しくし、鼠粟を餘す。何に従りて之を得るや。飽食安居して、独り先世創業の難を念わず。良工の心、独り苦しむ耶」(20)

彼の少年時代とは大きく異なり、今や龐氏の子弟は読書しても成果なく、いたずらに余分な粟を積みあげ浪費するのみで、飽食安居して、先世創業の艱難を偲ぶでもなく呑気に暮しているが、この状況を目にすると、今後の一族経営の苦難が思いやられる、というのである。進士出身の官僚を一人もつと、一族の生活がどのように変化するか、その実態を如実に伝える記述というべきであろうが、こうした現実を前にして、彼が打ち出した対策はつぎのようであった。

「予、罷帰してより後、盡く財産を将って諸弟に与え、之を均しくして未だ嘗て少しも低昂有らず。蓋し先考の心を祇承し、後の子弟の其中に盡力して、皆足して向善の助と為し、先世の遺澤を忘れること無から使む也」

官途の餘に一時帰郷した彼は、父祖伝来の全財産を子弟に均分して、善事に向う業の助けとし、先世の遺した恩沢を忘れないように計らった。各自が与えられた財産をもとに、慎しく生きることを求めた処置であったはずである。そして、結びの言葉は、

「嘗て聞く、祖宗の基業は勤倹の中より来る。子孫は其成を享けるも、則ち勤倹有るを知らざる矣。祖宗の福澤は詩書の中より来る。子孫は其蔭を承くるも則ち詩書有るを知らざる矣。名族世家は後先済美すと雖ども、子孫は予の言を誦し、其れ諸を紳に書せよ」

であり、家門の隆盛もしくは安泰は、勤倹と詩書つまり学問によってこそ期待できる。勤勉と節倹、加えて学業に精励し、科挙に合格して官僚となること、これ以外に家門の永続はありえないとの考え方が示されている。最後に「其れ諸を紳に書せよ」というのにみえる紳とは、礼服に用いる大帯をいい、「郷紳」の語がこれとの関わりによってつくられたのは、前述のとおりである。龐氏は紳をつけることのできる一族である、と自覚されていたのである。

ところで、龐氏家訓を構成する十條、そこに含まれる各項の記述は多岐にわたるが、そのなかから、直接、家業の運営にかかわると認められる條項を列挙すると、ほぼつぎの如くである。まず、本業であるべき学業について、務本業の條には、このような記述が並んでいる。

「一、学は気質を変化するを貴ぶ。豈に章句を獵し利禄に干すと為さん哉。如し軽浮なれば則ち之を矯するに厳重

を以てし、褊急なれば則ち之を矯するに寛弘を以てし、暴戻なれば則ち之を矯するに和厚を以てし、迂遲なれば則ち之を矯するに敏迅を以てす。其性の偏する所に随い之を正して正に帰せ使む。乃ち学問の功の大なるを見る。古人を以て鑒と為すに、読書より先なるは莫し」

右のとおり、学問読書の功用は、人間の気質を変化させる。いい換えれば人格の陶冶にあると指摘しておいて、さらに学業の課程を厳しく評価するよう、次項によって求めている。

「一、子弟は従師問業するに、本より課程有り。尤も旦暮の間に当りて、其の勤惰を察し、其の生熟を験して、激昂奮発して勧懲する所有るを知ら使む。乃ち責成の志に負かざるなり」

とはいえ、子弟のすべてが学業に携われる資質をもつわけではない。それらの者については農業に従事させ、自立した生活をさせねばならない。学業と農業は本業と意識されていたのである。

「一、子弟は儒書を以て世業と為し、力を畢して之に従う。力能くせざれば則ち必ず農事に親しみ、其身を労し其力を食せば、乃ち能く其家を立つ。否なれば則ち束手坐困し、独り凍餒を患わざらん乎。祖宗の勤苦を思い、稼穡の艱難を知り、必ず人下と為るに甘んぜず。前代の擧賢するや、孝弟力田を以て制科に列し、人々を使て其官を業とせしむ。皆、民隠を習知すれば、豈に民を賊い以て自ら封殖するに忍びん哉」

学業とともに、農事も軽視さるべき仕事ではなく、学問する能力のない者はこれに従事して生計をたてるべきであり、また、生産現場を離れず、農民たちの暮しをよく知る者こそ、官僚となっても民を虐げず、職責を全うできるとする考え方が、この項には示されている。本業の他の一つである農業経営のあり方については、以下のような項目が列記されている。

「一、田地の土名坵段は倶に親身踏勘して耕管するを要す。歳収の稲穀及び税糧・徭差は悉心磨算するを要す。若し畏労厭事し、他人に倚せて耳目と為し、以て菽麦辨ぜざるを致せば、人の愚する所と為らん。此の如くして傾覆せずとは、吾信ぜざる也」

農地の現状は自ら出向いて調査し耕作する。年間の収穫や税糧・徭差については、詳しく計算して、他人まかせにはしない。要するに、農業についてはすべて、自己の直接管理のもとに運営すべきであり、そうすれば、決して失敗することはない、というわけである。つづいて、世間一般の業務とされる農業と商業の優劣を含めて、このように指示されている。

「一、民家の常業は農商を出でず。男婦僕は幾人、某は稼穡に堪え、某は商賈に堪うるを通査す。毎年の工食衣服は、某は若干、某は若干と、各々其の勤能を考し、果否相い稱う。商賈の如きは厚利無く、妄意強為すれば必ず資本を盡虧するに至らん。力田の猶お上策と為すに如かず。若し曠遠にして盡耕する能わざれば、方めて招人承佃するを許す。審己量力して、常に決を老農に取る」

農商ともに家僕の適材を配置し、その成績に応じて処遇すべきであるが、商業は投機性が強くて安定を欠くのに対して、農業は安定性において上廻っている。したがって、農耕を重視すべきであり、自ら耕作できない田地は佃作に出してもよいが、決断すべき事柄は常に、経験豊富な人物の意見を尊重せよ、と教えているのである。そして、地主となったなら、小作人には心して対処すべし、との注意が追記されている。

「一、田租簿を置き、期に先んじて某佃人は某土名田若干を承耕し、早晩の租穀若干に該ると開寫す。如し已に納完し、或いは施欠若干なれば、各々項下に明書す。如し荒歉に遇えば、慎しんで刻意取盈すること勿れ」

田租簿なるものをつくり、佃戸の管理には万全を期するよう求めている。とともに、佃戸の扱いについても、刻薄であってはならない、と告げている。佃戸との間に余計な紛争が生ずることを恐れたのであろう。加えて、佃戸とともに留意すべきは、僮僕の存在であった。

「一、大小の僮僕は倶に一夕を先んじて、明日、某は某事を幹すと派定し、某日完すと該り、毎夕各々回報せしめ、以て勤惰を考す。若し縦容習懶なれば、惟だに我が家事を誤るのみならず、また彼の終身を誤らん」

明末の時期、地主の家では僮僕（家奴・奴僕）を抱えるのが通常であったから、彼らの使い方も重要な課題であった。前掲他氏の家訓にも共通して、この注意事項が記されているのを考えあわせると、事柄の切実さがうかがえるはずである。

つづいて、考歳用の條をみると、家計については細心且つ計画的でなければならないとの主張が貫かれているが、さしあたっては、つぎの各項が注目されよう。放漫な運営は破滅に直結すると、意識されていた。

「一、毎年、合家の大小の人口若干なるを計り、倉穀若干、預備賓客穀若干を総計し、毎月一次、数に照らして支出し、各々另に収貯し、務めて倉口を封固し擅開するを許さず、以て盗竊を防がしむ。其の支用せる穀数は、仍って要らず毎次に簿内に開寫し、下次支穀の日を候ち、前次に餘剰若干の有無を査し、明白に開載して査考す」

税役の納付についても、同様でなければならなかった。滞納や未納、それによって近隣に迷惑をかけるなど、許されることではなかった。浙江などの地で徭役の軽減に務めた実績をもつ者の発言として、この記述には重味が感じられる。

「一、毎年、夏秋の税糧若干、水夫民壮丁料若干、各々該銀若干を通計し、即ち本年二月内に照数完納す。或いは見銀を貯有し、或いは臨期に糶穀して、切に遷延して本甲の比徴を累する勿れ。編差に遇うが如きは、先ず用銀若干を計り、預算積貯し以て應用に備う。若し急迫を待ちて後に之を圖り、或いは人に稱貸すれば、則ち蕩覆するに日無からむ」

地主として収納した小作料についても、その取り扱いは計画的であるべきであった。とくに租穀の一部は災害にそなえて備蓄しておく必要があった。

「一、租穀上倉すれば、歳用及び差役に供するを除くの外、毎年、僅かに十分の二を存し、固封積貯して以て凶荒に備う。出陳易新するが如きは、また須らく随宜補處すべし」

家計の厳格な運用については、帳簿類の整備が行われねばならない。これについては、歳入簿と歳用簿をつくって対応するよう、以下の二項がこれに触れている。

「一、歳入簿一扇を置く。凡そ歳中に収受せる銭穀は、月日を挨順して、逐項明開す。兩月毎に総数を結一す。終年の経費は量入為出し、務めて盈餘を存し、妄用を許さず」

「一、歳出簿二扇を置く。一扇は公費簿と為し、凡そ百費は皆な書す。一扇は礼儀簿と為し、往來慶弔祭祀賓客の費を書し、毎月、総数を左方に結一して、塗改及び竄落を許さず」

家門を維持するための二大要件は、前述のとおり、詩書（学問）と勤倹とされたが、節倹については、禁奢靡の條がこれを扱っている。そこには五項目が列記されているけれども、来客の接待、友人との往来に関する部分は省略して、のこる三項に言及しておきたい。

「一、子孫は各々布衣疏食を要す。惟だ祭祀賓客の會にして、方めて飲酒食肉し、暫らく新衣を穿くを許す。倖いに饑寒を免るれば足れり。敢えて悪衣悪食を以て恥と為さん乎。他の、手持背負の労の、能く自ら擧げるが如きは、必ずしも人を倩いて使令之役に供せず。倖いに人の為に役すれば足れり。敢えて人を役せん乎。尺帛半銭も敢えて乱用せず。庶幾すべきは饑寒に至らざるを」

衣服飲食は質素を旨とし、他人を雇傭せず、自ら労働するのを厭わず、銭物を大切に使用する、饑えや寒さを忍べれば良しとする、そういう生活に徹せよと教示する。さらに、この訓戒は親戚間の贈答にまで及んでいる。

「一、親戚毎年の饋問は、多くとも二次を過ぎず。毎次の用銀は、多くとも一銭を過ぎず。彼此相い期して皆な、倹約を以て貴しと為す。此れを過ぐる者は拒んで受くる勿れ。其餘の慶弔は俗に循って擧行し、此の限りに在らず」

また、酒は贅沢品であるとともに、身を滅ぼすもととして、厳しく扱われている。

「一、造酒は先ず毎年合用若干なるを計り、用銀若干を計り、一二を量存して、盈餘は以て他費に備え、各々登簿査考する。若し飲酒するも沈酔を許さず。惟だに性を乱すのみならず、抑もまた生を傷つく。世に多く酒に死すこと、鑒みる可き也」

禁奢靡につづくのは、厳約束の條であるが、これには族人の日常生活について、細かく規制する十五項が並んでいる。それは門戸の開閉や食事の時間、食後の後始末にまで及んでいるが、そのなかから四項をとりあげ、どのように暮すよう要請されていたのか、その大略を明らかにしておきたい。

「一、子孫は各おの安分循理し、博奕、闘殴、健訟、及び看鴨、塩鐵を私販して自ら覆亡の禍を取るを許さず」

博奕は賭博、闘殴は喧嘩沙汰、健訟は訴訟好き、看鴨は不明、私販塩鉄は政府の専売品である塩鉄の闇売買をいうが、いずれも、一家破滅を招く原因と考えられた。健訟が含まれているのは、祖父が経験した苦しみと関わるはずである。

「一、田地財物は之を得るに義を以てせざれば、其の子孫は必ず享する能わず。古人の銭字を造るに、一金二戈とする。蓋し利少くして害多きを言う。旁に劫奪の禍有り。其の聚めるや、未だ必ずしも皆な善を以て之を得ず。故に其の散ずるや、奔潰四出し、また豈に能く善を以て殃を去らん。其の身及び其の子孫、多く蔵すれば厚く亡う、老子の名言、信なり。[21]人生の福禄は自ら定分有り。惟だ其理の當に為すべき所、力の能く為す所の者を擇び、其の我に在るを盡くし、命を天に俟つ。此の心知足すれば、疏食菜羹すと雖も、終身に餘楽有り。苟も分量を知らず、曲意求盈すれば、欺天罔人すと雖も、顛覆せざる者有るを顧せざる乎。若し能く勉給すること歳月、饑寒を以て子孫に遺さず。此の身の外は皆な長物為り。何ぞ自ら苦為せんや」

田地財物を必要以上に所有することなく、金銭の扱いには注意しつつ、分に安んじて心豊かに日を過ごせとの教えである。「此の身の外は皆な長物為り」とある長物とは、「無用の長物」(22)の長物をいう。

「一、人家起臥の早晩を観れば、其の興衰を知る。此れ先哲の格言なり。凡そ男女は必らず須らく未明に起き、一更の後に方めて宴息するを許す。苟安放逸し終に饑寒を受くるを得る無かれ」

早寝早起は、一家の興廃にかかわると認識されていたことを示しており、規律ある生活のすすめの一端である。その姿勢はさらに、郷居の要請にまで進展する。

「一、累世郷居すれば悉く定業有り。子孫は移家するを許さず。省城に住むこと三年の後は、農桑有るを知らず。十年の後には宗族有るを知らず。驕奢游惰となり、習俗は人を移し、能く自抜する者有ること鮮し。予、嘗て言う。郷居には十利有り、惟だ避寇のみ、方めて城中に暫寓するを許す、と」

概説的にいうならば、明末清初の時期、地主の多くが郷居から城居へと住居を移し、不在地主化する傾向にあったことは、はやくから指摘されているが(23)、これは地主の農業からの実質的な遊離を意味したから、反対論者も少なくなかった。龐尚鵬も同じ意見をもっていたらしく、それはさらに宗族の解体、奢侈の浸透にもつながるとして、子孫に郷居することを求めたのである。すでに明らかにしたとおり、彼は、農業は詩書とともに本業の一つであり、自家の直接管理のもとに行われるべきだと主張していたから、当然の要望であったといえよう。ただ、城居は避寇に役立つと述べているのには、注目しておくべきであろう。当時、広東地方における倭寇の被害は、それほど大きかったのである。

崇厚徳の條は、もっぱら、宗族、郷党、親友などとの交際にあたっての注意事項を記しているが、たとえば、宗族内の和合を説いて、このように教えている。内紛は族的結合を乱し、没落の要因ともなるから、絶対に許されないのである。

「一、骨肉は天親、同枝は連気なり。凡そ利害休戚は、死生に當りても相い維持す。財産に因りて致争し、便ち相い視ること仇敵の如く、死喪患難に遭うに及んで、面を反して相顧せず、路人より甚しきが若きは、祖宗は霊有れば、豈に此の良心滅絶し、馬牛にして襟裾するを見るに忍びんや。人禍天刑、其の應は響くが如し。願わくは子孫、此言を以て殷鑒とせんことを」

注意はさらに、放債や傭工人・僮僕の扱いにまで及んでいる。それらは悉く、対応を誤まれば、紛争の種ともなりえたからである。

「一、放債には切に、違例に深求し、或いは人の子女の田地を準折し、及び利中に展利す可からず」

「一、傭工人及び僮僕は、狡猾頑惰は斥退するを除くの外、其餘の用に堪うる者は、必ず須らく其飲食に時あり、其饑寒を察して、其労逸を均しくすべし。陶淵明曰く、此また人の子なり、善く之を過す[24]可し、と。人の死力を得んと欲すれば、先ず其歓心を結ぶ。其の忠勤にして托すべき者有れば、尤も宜しく特に周恤を加え、以て激勧を示すべし」

つづく慎典守の條については、つぎの二項が注目される。まず、蔵書の管理をめぐっての指示であり、詩書を本業とする読書人の家訓としては、当然もつべき項目とみるべきであろう。

「一、書籍は人家の命脈為り。須らく置簿登記し、期に依りて曬晾し、これを高閣に束ねて散失せしむる無く、以て先人の手澤を全うすべし」

龐氏がどのくらいの書物をもっていたか、それは明らかではないが、子弟が読むべき最低限度のものは家蔵していたはずであるから、その管理は日常の重要な仕事であったろう。そして、防犯の注意もまた、細心であるべきであった。

「一、海邦には盗多し。凡そ衣物は慢蔵を戒め、門庭は封守を慎しみ、先事籌画し、安に居りて危を思う。如し蹤跡疑う可き有らば、皆、當に早察して之を預待し、曲げて萬全の計を為すべし」

前述のとおり、郷居を主とすべしと説いていたけれども、城中にも家屋資産をもっていたらしく、その維持管理については、つぎの一項がある。

「一、城中の房屋池塘は、歳時に典守し、切に須らく人を得べし。仍お不虞を戒備して厳に防察を加うを要す」

最後におかれているのは端好尚の條であるが、そのうちの一項は、すでに家史との関係で引用ずみである。したがって、残りの四項から、家訓全文の締め括りともいうべき一項を紹介して、あらためて執筆者の意図を確認しておきたい。

「一、士農工商は各々一藝に居る。士は貴しと為し、農は之に次ぎ、工商はまた之に次ぐ。量力勉圖し、各々尚する所を審するに、皆、其人に存する耳。予の家訓は首ず士行を著わし、餘に食貨農商の語多きは、皆、人家日用の常に就きて開示塗轍し、各々持循する所有ら使むるなり。該載未盡の若きは、当に善言に就きて之を推廣すべし、と」

龐氏家訓は最後に訓蒙歌と女誡を載せるが、それらを含めて、龐氏一門の永続を願う訓戒の書であるのは、他の家訓と同じである。郷紳士大夫の家として、まず士行を正し、ついで生活を支える業務である農・商・工の各業にも言及するという内容もまた、他と異なるわけではない。明代中期以後の家訓のもつ特徴として、そのことは確認しておかねばならないが、同時にそれは、郷紳や宗族の、本来あるべき姿を伝える記述としての共通性をもつのである。

補注

（1）明初の家訓がもつ特徴については、檀上寛・『鄭氏規範』の世界（明朝専制支配の史的構造・汲古書店・一九九五）に論述がある。

（2）屈大均・広東新語巻一七・宮語・祖祠に「歳冬至、挙宗行禮、主鬯者必推宗子、或支子祭告、則其祝文必云、裔孫某謹因宗子某、敢昭告于某祖某考、不敢専也」とみえる。牧野巽・広東の合族祠と合族譜（近代中国研究・一九四八）を参照。

（3）屈大均・前掲書巻一五・鉄に「諸所鋳器、率以仏山為良、陶則以石湾」とあるから、石湾の陶磁器業は知名度がたかかったと思われるが、詳細は伝えられていない。

（4）屈大均・前掲書・鉄の條に「鉄莫良於広鉄、……諸爐之鉄冶既成、皆輸仏山之埠、仏山俗善鼓鋳、……諸所鋳器、率以仏山為良」とあり、仏山鎮の鋳造技術が最も優れ、この地が冶鉄の集散地であったことが知られる。また、笹本重己・広東の鉄鍋について――明清代における内外販路――（東洋史研究一二巻二号）によって、明代中期以後、鉄鍋を代表とする広東（仏山）の鉄器は国内外に広大な販路をもち、鋳鉄ギルドが独占的特権を享有していたことなどが明らかにされている。

（5）貨最とは、司貨者の司どる成績評価をいうのであろうか。田綱領の担当する功最とは区別されていたらしく、挙人と品官は貨最を免じられていたこととともに注視しておきたい。
（6）本書第二章第一節を参照。
（7）王圻・続文献通考巻六〇・学校考・社学、郷村において子弟を教育した民間の学校である。
（8）六行とは、六つの善行、孝・友・睦・婣・任・恤をいう（周礼・地官・大司徒）。
（9）士人の学ぶべき六つの技藝、礼・楽・射・御・書・数のこと（周礼・地官・大司徒）。
（10）人として守るべき六つの徳、知・仁・聖・義・忠・和（周礼・地官・大司徒）。
（11）屈大均・前掲書・祖祠には、広東地方では唐宋以来、宗族の結合が強固で、それぞれ幾つもの宗祠をもつことに言及した後、「其族長以朔望讀祖訓於祠、養老尊賢、賞善罰悪之典、一出於祠」と記している。事例は運営細則を意味する。
（12）王明主編・晩明社会変遷問題与研究（商務印書館・二〇〇五・二八三頁）。
（13）陳継儒・太子太保礼部尚書思白董公暨元配誥封一品夫人龔氏合葬行状（陳眉公先生全集巻三六）。
（14）奥崎裕司は、陳智錫・勧戒全書巻五の一文を引用して、陸平泉（樹声）は佃戸の苦労をよく考え、彼らを待遇すること甚だ手厚かったため、長寿をえたとする話が巷間に伝わっていたことを紹介している。（中国郷紳地主の研究・汲古書院・四六八頁）。
（15）文震亨・長物志巻一・室盧・茶寮。いわゆる茶室である。陸樹声に茶寮記と題する著述があるらしいが、未見。
（16）朱倩如・明人的居家生活（明史研究叢刊・六七頁）に、陸宗伯（樹声）に適園記があるというが、未見。長物志は明代における文人趣味に関する、洗練の極に達した批評の書とされるが、その主題は庭園にあるとされている（荒井健の解説―平凡社東洋文庫・長物志）。
（17）別に呉蕃昌の撰する呉忠節公年譜があることが知られているが、未見。別に彼の名は、東林党人榜に挙名されている。
（18）家訓要言・跋文。なお、呉蕃昌については、崇禎十七年の父の死をうけて後を嗣いだが、ほどなく母も喪くし、重なる悲しみのあまり衰弱して、三年の喪をまたずに、三十五歳で亡くなったとある。
（19）現在には伝えられていないが、他にも幾編かの著述をのこしていることが、伍崇曜の跋文には述べられている。
（20）杜甫の題李尊師松樹障子歌に「已知仙客意相親、更覚良工心独苦」の句がある。技巧に長じた良匠は、胸中に苦心の多いことをいう。

(21) 老子第四四章に「多蔵必厚亡」とある。

(22) 無用の物、贅沢品をいう。晋書巻八四・王恭伝に「恭曰、吾平生無長物、其簡率如此」などとあるが、文震亨の長物志もこれに由来して名付けられたと考えられる。

(23) 明末における商品生産の展開と貨幣経済の拡大をつうじて、地主の多くが農業経営から離れ、城市へと移住したことは、北村敬直・清代の時代的位置（思想二九二号・一九四八）。同・明末清初における地主について（歴史学研究一四〇号・一九四九）などによって明らかにされている。

(24) 陶潜（淵明）の伝記は、宋書巻九三、南史巻七五におさめられているが、南史には「以為彭沢令、不以家累自随、送一力給其子、書曰、汝旦夕之費、自給為難、今遣此力、助汝薪水之労、此亦人子也、可善遇之」とあり、ここにいう力とは僕役を意味する。士庶の区別がとくに喧伝された南北朝時代の発言として、その平等博愛主義は注目されてよかろう。

第三節　顧炎武の『生員論』

一

筆者の規定にしたがうならば、生員は「在郷の縉紳」、いわゆる郷紳の階層に属するが、身分的には進士、挙人、監生の下、つまり最下位に位置付けられる。とはいえ、士人あるいは士大夫として、庶民とは区別される存在であった。ちなみに、呉晗の論述[1]には「明清時代の知識分子は、考試に合格する以前にあっては、封建統治者からその人として看待されず、さまざまな虐待を加えられた。しかし、秀才（生員）、挙人、進士となってからは統治集団の一員として、庶民とは区別され、統治階級としての特権を享受した」とある。庶民から生員へと階梯を一段昇ると、世上の評価や処遇がどのように変化するか、それを具体的に伝えているのが、つぎの文章である。まず、呂坤の實政録巻一・弟子之職二には、

「吾少き時に郷居し、閭閻の父老、闤闠の小民が同席聚飲して、其の笑談を恣ままにするを見るに、一秀才の至るを見れば、則ち歛容息口し、惟だ秀才の容止のみ是れ観、惟だ秀才の言語のみ是れ聴く。即え狂態邪言有るも、また相い与に竊笑して、敢えて短長せず。秀才が揺擺して市に行けば、兩巷の人、注目して之を視ざる無し。曰く、此の某は斎長なり、と。人情の士を重んずること此の如し。豈に其の威力を畏れん哉。以為らく、彼は読書知礼の人、我輩は村粗鄙俗にして、其の笑う所と為る耳」

とある。呂坤（嘉靖一五～萬曆四六）は河南帰徳府寧陵県の人であるが、幼少の頃、故郷で親しく見聞した、庶民の生員に対する畏敬の態度を、このように記述している。生員は読書知礼の人であり、粗俗の人である庶民とは別の次元に生きる人と意識されていたのである。また、明末清初の時代を生きた、江南松江府上海県の人である葉夢珠の閲世編巻四・士風には、つぎの記載がみえ、学校にはいる、つまり生員になると、周囲の対応がどのように変わるか、明確に指摘されている。

「是を以て一たび黌序に遊べば、即ち地方官長の敬礼する所、郷党紳士の欽重する所と為り、即ち平民は且つ敢えて抗衡せず、廝役隷人は論ずる無き已」

生員は明代において、養士の機関としての学校の開設にともなって誕生した身分である。彼らは童試に合格して、府・州・県学の学生となった者で、俗に秀才ともよばれたが、その資格と身分によって、科挙あるいは貢挙（抜貢）に応じ、合格すれば官僚となることができた。ただし、身分は学生ではあったが、日々登校する必要はなく、春秋に催される孔子廟の祭典に出席し、時に形式的な試験に応ずるだけでよく、日常的には家庭にあって自学自習し、あるいは生員の肩書をもって社交場裡に出入して学界の趨勢をうかがい、高官に知己を求め、科挙の第一段階である郷試の受験準備に専念するのが、その本務と認識されていた。[2]一方、彼らには法律にもとづいた幾つかの特権が与えられていたけれども、学生であるが故に、訴訟にかかわったり、政治的発言や行動をおこすことは、厳に禁じられていた。

以上のとおり、生員は士の身分に属し、それにもとづく礼遇をうけ、司法的・経済的な特権――具体的には、軽々に逮捕監禁されないこと、徭役の免除などを与えられていたけれども、あくまで学生であって、学業に専心すべき存在であった。しかし、時代が遷り、社会状勢が大きく変貌するとともに、国家の期待どおりには挙措しなくなってくる。厳に禁じられているはずの政治活動に走り、物議を醸すことが多くなるのである。実録萬暦四二年九月戊寅の條によれば、近年とみに著しい士風の頽廃、法紀の陵夷をうけ、規範を無視する生員の取締り強化を求めた、礼部署都事右侍郎何宗彦らの上奏に対する上諭は、つぎの如くであった。

「近来、諸生（生員）は臥碑に遵わず、専一に結党横行し、官府を把持す。士習は日に壊われ、法紀は蕩然たり。甚だしく朝廷作養人才の意に非らず。便ち各提学及び有司官に行与し、以て厳に懲治を加え、姑息を事とする毋く、頽風を挽するに努めよ」

文中にみえる臥碑[3]とは、洪武十五年に太祖が定め各学校に頒った、生員の遵守すべき箇條を刻した碑文をいうが、生員が軽々しく官衙に出入したり、結党して国政の利害を論ずるのを禁ずるなどの條項が含まれていた。にもかかわらず、萬暦の末年ともなると、生員たちは公然とこれを無視するようになっていたのである。

また、生員は法令にもとづく幾つかの身分的特権を与えられており、それを利用して、庶民たちに危害を加えることもあった。その実状は、たとえば、消夏閑記摘抄巻上に載せる明季紳衿之横や明季縉紳田園之盛、あるいは二十二史箚記巻三四・明郷官虐民之害などに記すところであるが、紳衿や縉紳の一員として、生員もまた加害者であった。彼らの中には広大な田地を所有し、多数の佃戸や奴僕を従え、権力と財力を笠に、郷党に覇を唱えるにとどまらず、ついには無頼化して藍袍大王と号する者まであらわれる有様であった(4)。藍袍は生員の着する衣服であり、大王は大王神像を意味する。

さて、ほぼ右のような社会的存在であった明代の、とくに明末の生員をめぐる論述として、顧炎武の「生員論」(上・中・下)がある。自らも終生の生員であった彼が、身をもって体験した学校および生員制度の実状と問題点を取りあげ、その改善策に言及した文章であるが、生員の実像を伝える生々しい記述は、とくに注目されるべきであろう。

二

顧炎武(一六一三・萬暦四一～一六八二・康熙二一)、字は寧人、号は亭林、蘇州府崑山県の人であるが、学者仲間からは亭林先生とよばれ、清代に隆盛であった考証学の開祖と仰がれる一代の碩儒である。その家系については別節を用意するが、高祖父、曾祖父、祖父の三代にわたって進士を出した名門、歴とした郷紳の家の子であり、張穆の撰する顧亭林先生年譜などによれば、彼自身もまた七歳で塾にはいり、十四歳で生員となっている(5)。その後、当然のこととして、科挙の受験を目指して学業に精励したはずであるが、結果的には郷試に四度挑戦したものの、いずれも不合格、ついに挙人にはなれずじまいの生涯であった。

とはいえ、顧炎武は生員となった翌年(天啓六)、東隣りの太倉州の人で、当時はまだ同じ生員であった張溥(萬暦三〇～崇禎一四)が設立した、生員の全国的結社である復社に参加し、熱心な同人としての活動をつうじて、以後、次第に文名をたかめて行く。復社とは、十七世紀はじめ、各地に拡がりつつあった文社、つまり科挙の答案用の文体であり、複雑な形式と煩瑣な規則にしたがって書かれる八股文、その評選を目的として設けられた団体を、連合体として統合した組織であり、社名は「復とは絶学を興復するの義なり」（杜登春・社事始末）に由来するとされている。(6) 八股をつうじての古学の提唱、理想を託すべき、古代の正しい学問を復活することによって、有用＝実際の政治に役立つ方策を見出そうという意図を示したものと理解されている。

前述のとおり、生員はもともと学生であり、政治に関与することは、国初以来禁じられてはいたが、内外に課題が山積しているにもかかわらず、有効な対策を講じえない政治の非力と混迷を、あえて批判しようとする組織で、復社はあったといえよう。宦官や腐敗官僚による過酷な収奪に反対し、満洲族の侵攻や農民反乱の拡大という、国家的危機に対応しようとした、東林党の先駆的政治運動を継承するとして、復社が「小東林」と称せられたのも、所以なしとはしない。文学を討論し、文章能力を錬磨するための同志の結社であるとともに、より多く士大夫たる生員の責任のもと、復社は全国的な組織力を行使して、政治の現状の変革、打破をめざす組織であり、前掲上諭にいう「結党横行し、官府を把持す」るとして、「厳に懲治を加え」らるべき団体であった。

由緒正しい読書の家の子である顧炎武は、生まれながらにして、応挙入仕の途を歩むよう求められたはずであるが、前記のような目的をもつ復社に投じたことからうかがえるとおり、現実の政治には批判的、懐疑的であった。そして、彼がこうした考えをもつにいたったについては、時流に敏感であったというよりも、養祖父の顧紹芾、養母王氏からうけた家庭教育の影響が大であったかと思われる。家門を維持するためには、科挙に合格して官途につくことが必須の条件であったから、そのための教育は通常どおり、幼少の頃から厳格に行われた。年譜によれば、経書の学習は六歳の時、養母から大学を教えられたのにはじまっている。七歳入塾の前年であるが、ただ、以後に彼がうけた教育内容は、四書五経の暗誦と作文（八股文）技術の向上に専念する、世間一般のそれとは、かなり異なるところがあった。養母もそうであったが、歴史の効用を重視し、広い読書を愛した養祖父から、必ずしも科挙の受験には必要のない書物を読むよう指導されたのである。

年譜のほかに、顧炎武には三朝紀事闕文序（亭林餘集）と題する、幼少年期の読書経歴に触れた文章があるが、それによると、十歳の時、養祖父から古兵家の孫子と呉子、さらに左伝、国語、戦国策、史記などの歴史書を読めと命じられ、十一歳になると、自ら資治通鑑を授けられ、四年をへて読了したとある。科挙文字つまり八股文の訓練は十二歳からはじまったというから、兵書や史書の学習はそれは先立ったのであり、読書人のあり方からいえば、史書はともかく、兵書の学習は異例とせねばならないが、それら諸書にこそ、直面する諸問題解決の手がかりは見出しうる、また、そうすることが学問の要諦であるとする、顧紹芾自身の宿志にもとづく教育であったと思われる。

ついで十四歳、通鑑を読みおえ生員となった頃には、詩経、書経、春秋に興味を覚えたけれども、邸報を読むよう指示された。現下の政局とその動向を知れということであったろうが、教えにしたがって、萬暦四八年から崇禎元年まで九年間の邸報に、すべて目を通したという。そして崇禎元年、十六歳の時、中央興化の英主と噂された新帝（崇禎帝）の即位をうけ、国家的危機がやや遠のいたとして、人々が少しく安堵感を共有した時期、彼もまたそうした風潮に影響され、五経や宋人の性理書などを繙くことが多くなったらしいが、この様子を心配した養祖父から、つぎのような訓戒をうけた。

「士は当に実学を求むべし。凡そ天文、地理、兵農、水土及び一代の典章の故は、熟究せざるべからず」（三朝紀事闕文序）

実学すなわち実際に役立つ学問として、既修の兵学、史学、政治学のほか、天文、地理、農学、治水土木の技術をこそ学ぶべきであり、いたずらに性や理を論じ、道徳や修養をいいたてる宋学（道学）などは、二の次であってよろしい、というわけである。時局を直視し、国家の前途を憂慮するが故に、何よりも経世済民の実学を学べと教えているのであり、その限りにおいて、養祖父の教育方針は、兵書や史書を読めと命じた少年期以来、一貫して変わらなかったといえよう。

顧紹芾は一介の監生にすぎず、注目すべき著作をのこしたわけでもないが、時代を見据えた見識ある人物であった。彼のこのような訓育が養孫の学問と生き方に、決定的な作用を及ぼしたであろうことは、容易に想像できる。後年、顧炎武につぎのような記述があって、そのことを如実に証明している。

「君子の学を為すや、以て道を明らかにし、以て世を救うなり。徒らに詩文を以てするのみなるは、所謂る彫蟲篆刻にして、亦た何の益あらん哉」（与人書二五・亭林文集巻四）

それはともかく、政治と社会の現実に深刻な危機感を抱く顧炎武のみるところ、批判さるべき事象、変革さるべき弊風は、幾つも存在したであろうが、その一つとして、自らもその一員である生員の問題があった。この件について、まず目にあまるのは、生員の無闇な増加と、それにともなう、極端な学力の低下であった。日知録巻一九・経文字体の條には、このように記されている。

「生員冒濫の弊、今日に至って極まる。其の四書本経の全文を省記するを求むるも、百中に一も無く、更に六書に通暁して、字の正体に合する者を求むるも、千中に一も無し」(7)

生員の数は矢鱈に増えたけれども、四書五経の本文を暗誦できる者はほとんどなく、六書すなわち漢字を構成する六種の法に通ずる者はもっと少い、と語られているのである。彼の推計によると、宣徳の頃、生員の数は三万程度であったが、二〇〇年をへた明末には、五十万を数えたといい[8]、この増加と無関係ではないと思われるが、生員の学力低下は由々しき問題であった。何故ならば、士大夫、読書人として儒教的教養の持ち主であり、その道徳的能力、人格的優越性にもとづき、将来、庶民の上に立ち、官僚となって政治と文明を担うことが期待されている生員が、あらゆる価値の源泉であり、政治と道義の根本理念を伝え、人類の生活全般にわたる規範を記した経典である、四書五経を理解していないのであれば、事態は政治と道義の崩壊に直結するからである。

こうした認識にもとづいて、顧炎武は「生員論」を書いたと思われる。執筆時期は不明であるが、亭林文集巻一におさめる「生員論」三編は、記述内容から推測して、明末、崇禎年間、彼が復社の同人であった時期の体験と見聞にもとづく文章であるのは、ほぼ間違いなかろう。明末における生員の実像を明らかにするとともに、「生員論」と題しながら、三編はより広く深く、明末における政治のあり方、政治の腐敗と混迷のよって来る所以を追求し、憂うべき現実を打開する方策を模索しようとの意図をもつと読みとりえよう。後述するとおり、私見によれば、部分的には清朝治下での見解と認められる記述も含まれているが、彼が批判と変革の対象としたのは、あくまで明末亡国の歩みのなかでの生員のあり方であった。

附言しておくと、生員は郷紳層の最下層にあり、挙人や進士ら、官僚経験者あるいは任官資格の所有者にくらべると、学生にすぎない生員の、個々の存在感は希薄であった。彼らのもつ財力、行使しうる権限を比較しても、明らかに劣勢であった。しかし、人数からするならば、生員は郷紳層の圧倒的多数派、最大集団であって、彼らの存在は軽視されてはならない。その意味において、生員の実態は郷紳全体のかかえる問題点をも、確実に映しだしていると認められるであろう。であるならば、「生員論」は「郷紳論」の一部として読むことも許されるのではなかろうか。

三

「生員論」（上）はこのように書きはじめられる。すなわち、そもそも国家が生員を設けたのは、天下の才俊の子弟を集め、これを学校で教育して成徳達材の士に育て、先王の道を明らかにし、当世の務に通じさせ、出では公卿大夫と為り、天子とともに分猷共治させるためである。にもかかわらず、現実はそうではない。天下の生員の総数は五十万人を下らないが、彼らに教えているのは、僅かに科挙受験のための文にすぎない。しかも、よく文を成す者は数十人に一人、経に通じて古今を知り、天子の用を為すべき者は数千人に一人もない有様である。囂訟逋頑して有司を病ます者も数多い。だから、上にいる人はますますこれを厭い、彼らを待すること日々に軽く、規制は日ごとに苛酷とならざるをえないが、それでもなお生員になりたくて、人々が日夜奔走し、全力を竭して後に止むのは、いかなる理由によるのであろうか。――このように問題を提起しておいて、顧炎武はつぎのように説明している。

「一たびこれ（生員）と為るを得れば、則ち編氓の役を免かれ、里胥の侵を受けず、衣冠に歯せられ、以て官長に礼見するを得、笞捶の辱無し。故に今の生員と為るを願う者は、必ずしも其の功名を慕うに非らずして、身家を保する而已。十分の七を以て計れば、身家を保する生員は殆ど三十五万人有り。此れ設科の初意に悖り、国家の益に非らざるなり」

地方有司による処遇は日々に軽くなり、規制はますます強化されつつあるにもかかわらず、人々が競って生員になろうとするのは、もっぱら身家を保するため、具体的にいうならば、徭役を免除され、里胥の侵害をうけず、士大夫の列に加えられて官長の礼遇にあずかり、屈辱的な笞捶の刑を遁れうる、身分的特権を求めてのことである。生員はその身分のままで官僚にはなれないが、それに準ずる待遇を与えられるから、これをもって一家の保全をはかりたいだけだ、というわけである。彼らの脳裡には、生員が本来持つべき応挙入仕の志はもはや存在しない。しかも、そうした目的で生員となる者が五十万人のうち、三十五万人にものぼるというのであれば、有為の人材を育成して治世に役立てようとする制度は、ほとんど崩壊したとせねばならないであろう。であるにもかかわらず、さらに関節を通じて生員になろうとする者まで、あらわれる始末であった。

「人の情として孰か其の身家の為にせざる者有らんや。故に日夜これを求め、或いは関節を行い、触法抵罪して止まざるは、其の勢の然らしむるなり。今の生員は関節を以て得し者、十に七八なり。また武生、奉祀生の属有り。銭を以て之を鬻わざる無し」

人間の情として、身家保全のために生員となろうとする者への、一応の理解と同情を示しつつも、関節など、法を犯してまで、その身分を手にしようとする者が続出する実状が明らかにされているのである。[9]関節とは、賄賂を贈って依頼することをいうが、金銭を用いて身分を購った者が、五十万人のうちの四十万人にも達したうえ、武生や奉祀生らも同様であった、と附け加えている。関節を通じる不法行為は、生員を選抜する学校試（院試）において広く行われており、その実態は、葉紹袁の撰する啓禎記聞録巻二に載せる、つぎの記述からも、これをうかがうことが可能である。

「（崇禎十五年）宗院（学政使）は三月初四日、長（洲）・呉二邑の童生を考し、十一日已に学案を発進せらる。然うして列に在る者は、多く宦家富室にして、孤寒の得售する者は頗る少し。院試は請託盛行し、兼ねて賄を以て進むること、日は一日より甚だし」

長洲・呉の両県は蘇州府附郭の県であり、顧炎武の居住した崑山県と隣接するから、この一件は彼の耳にも当然はいっていたはずである。こうした不正・不法の行為が頻発して、公正であるべき学校試を汚染する腐敗現象が、各地に蔓延していたのである。請託や贈賄が半ば公然化し、それが不良生員の増加に拍車をかけたであろうことは、容易に推測できる。しかも、これらとの関連もあって、生員の学力は極度に低下している。であるならば、このまま事態を放置しておくわけにはいかない。そこで、顧炎武は現行の制度を廃止し、別に新らしい制度を設けるべきだとして、つぎのように提案する。

「必ず夫の五経兼通の者を選んで之（生員）に充て、また之に課するに二十一史と当世の務を以てし、後に之を升す。仍お分って秀才・明経の二科を為り、之を学に養う者は二十人の数を過ぐるを得ず、無ければ則ち之を闕く。之が師と為る者は、州県が礼を以て聘し、部選せしむる勿れ。此の如くすれば、国に実用の人有り、邑に通経の士有りて、其の人材は必ず今日よりも盛んとならん」

学校で教育をうける学生（生員）は秀才と明経の二科に分けられ、定員は二十名として剰員を認めず、水準に達する者が無ければ欠員のままとする。入学資格は五経兼通の者のみに与え、二十一史と経世の実学を学ばせる。教員は州県官が招聘し、部選つまり中央政府での考選は行わない。以上が提案の骨子であり、そこに彼本来の主張がこめられているといえよう。とくに歴史と経世の学の重視は、養祖父の教えそのものであり、国家的危機に対処する、為政者・官僚のもつべき能力の培養こそ、定員の厳守とならんで新制の根幹であった。そして、かくすることによってのみ、生員はあるべき姿を取りもどし、やがて有為の人材が輩出して、国勢の挽回も期待できる、と彼は考えたのであろう。

ところで、この新制度については、もう一つ、触れておかねばならないことがある。その実施にあたって、生員に与えられていた身分的特権のすべてを、顧炎武が否認しようとしなかった事実である。それについては、つぎの記述がつづいている。

「然れども則ち一郷のうちに、其の粗なれど能く自立する家は、必ず十有り。一県のうちには必ず百有り。皆な生員たるを得るも、以て其の家を芘するを得ずして、編氓と同じく、以て里胥の淩暴、官長の笞捶を受くるは、豈に王者の斯人を保息するの意ならんや」

何炳棣の示す統計[10]によれば、明一代をつうじて、進士・挙人・監生を出した家のうち、先行する三代の間に、ただ一人の生員も出さなかった家は四六・七パーセント、一人だけ生員を出した家は二・八パーセント、合計四九・五パーセントであったとして、卑賤あるいは微賤の境遇から身を起す者がかなりいたことが指摘されている。このように、貧しいながらも自立し、子弟に学問させる家があったなか、せっかく生員となったというのに、庶民と同じ扱いしか受けられないのでは、話の筋が通らない、と彼は考えるのである。そのため、秦漢賜爵の法つまり功労ある男子を対象とした二十等爵の前例[11]を引用した後、

「夫れ功名を立つると身家を保つとは二塗なり、倹乂を収むると平人を恤するとは二術なり。並行するも相い悖せず。之を一とするは則ち敝なり」

と述べ、功名を立てること（生員となること）と身家を保つこと、賢材を挙げることと平民を賑恤すること、それ

らはもともと別事ではあるけれども、両者が並行したとしても、背理するものではないと結論する。すなわち、生員となることと身家を保つこととが、一体として行われたとしても、それは非難さるべきではないというわけである。生員に与えられてきた身分的特権は、そのまま容認されるべきだとの主張に他ならない。別の表現を用いるならば、彼の意識のなかには、生員と庶民との区別（士庶の別）が、否定すべからざる不変の命題として、強固に生きつづけていたということであろう。

以上のように要約できる「生員論」（上）の論調からすると、顧炎武がまず関心をよせたのは、もっぱら生員のあり方、とくにその学力と定数、学習内容、教員人事を含む学校制度であり、生員そのものの存在を否認するものではなかった。それらは改革乃至改善の対象ではあったが、廃止されるべきものではなかった。生員はあくまでも士大夫であり、学問を通じて政治に参与し、民人を治める者として、天下国家の興亡に責任を負わねばならないとする理念は、全く放棄されていない。その意味において、議論は政策的ではあっても、原理的ではないというべきかも知れない。だからこそ、従来どおり、生員は庶民とは区別され、特権的待遇は継承されねばならなかった。「生員論」（下）の冒頭に、

「問うて曰く、天下の生員を廃すれば、則ち何を以て士を取らん。曰く、吾の謂う所の生員を廃するとは、生員を廃するに非らずして、今日の生員を廃するなり」

と述べているが、この言こそが彼の本心であった。現状のように、今古に通ずることなき五十万人、身家の保全、笞捶を免れることのみを目的とする三十五万人、こうした者のなかに立国治民の人材を求めるのは、木に縁って魚を求めるものであり、国運の回復と隆盛はとうてい望みえない。だから、まず生員のあり方を変えなければならないと、彼は提言するのである。

四

「生員論」（中）は、自ら見聞した明末の生員たちの日常活動の実態を取りあげている。具体的にいうならば、生員たちがその特権と勢力をたのんで、周囲の庶民を虐待し、また、官府と連繋あるいは対立しつつ、国政や社会にいかなる害毒を流したか、前掲顧公燮の唱える「紳衿之横」とも関わる生き方を、四つの論題にわけて記述する。その第一は「天下の生員を廃すれば官府の政は清し」と題するが、全文は以下のとおりである。

「今、天下の公門に出入し、以て官府の政を撓む者は生員なり。倚勢し以て郷里に武断する者は生員なり。胥吏と縁を為し、甚だしくは身自ら胥吏と為る者有るは生員なり。官府一たび其意を拂わば、則ち群起して鬨する者は生員なり。官府の陰事を把持し、之と市を為す者は生員なり。前者は譟し、後者は和す。前者は奔り、後者は随う。上の人の之を治めんと欲するも、治むべからざるなり。之を鋤せんと欲するも、鋤すべからざるなり。小しく加うる所有れば、則ち是れ殺士なり、坑儒なりと曰う。百年以来、此を以て大患と為す。一二の治体を識る能言の士もまた、皆な身は生員より出ずれば、敢えて其弊を顕言せず。故に昿然一挙して之を除く能わざるなり。故に天下の生員を廃すれば、官府の政は清しと曰う」

生員は学生であるが故に、政治に容喙関与することは、国初以来、厳しく禁じられていた。にもかかわらず、ここ百年来、つまり嘉靖・隆慶の頃から、禁令は屢々無視され、彼らの行動は世上の大患とみなされるようになってきたが、これをもとに戻すのは、現にみる生員のあり方を変えなければ、ほとんど不可能である、と説くのである。応挙入仕を目指すことなく、ただただ身家の保全のみを目的として生員となる者が大半を占めるにいたった以上、それは当然の成り行きであった。彼らは役所に出入して行政を捩じ曲げ、郷村に威を振うかたわら、徒党を組んで集団運動を繰りひろげ、要求を貫徹しようと騒動を引きおこしたのである。加えて、この状況を目の当りにしながら、有職能言の官僚も、自らが生員の出身であるがため、弊害を明らさまにいわない、とする記述には注目しておくべきであろう。

これとは別に、顧炎武は日知録巻一九におさめる生員額数の條において、「一たび諸生（生員）と為れば、即ち上官を把持し、百姓を侵噬し、聚党群を成し、投牒呼譟せんと思う。……崇禎の末に至るや、開門迎賊する者は生員、縛官投偽する者は生員、……嗚呼、養士して精ならず、其効は乃ち此に至る」と、生員の横暴と悪業を要約するとともに、養士の失敗がいかなる結末を導くか、鋭くこれに言及してもいる。その故にこそ、現行の生員の制度は廃止されなければならないのである。

第二の論題は「天下の生員を廃すれば百姓の困は蘇る」として、生員の存在が庶民の暮しをいかに圧迫しているか、その実状を明らかにしている。生員を含む郷紳たちが、与えられた身分や特権を背景に、郷村社会にいかなる問題を惹起していたか、これについては幾つかの事象が指摘されているけれども、ここに扱われているのは、主として、免役とこれが詭寄に結びつく弊害である。(12)

「天下の民を病ましむる者、三あり。曰く郷宦、曰く生員、曰く吏胥。是の三者は法として皆、其戸を復するを得て、雑泛の差無し。是に於いて、雑泛の差は乃ち盡く小民に帰す。今の大県にして生員千人以上を有するに至る者は比々たり。且つ如し一県の地十万頃有り、生員の地五万なれば、則ち民は五万を以て十万の差に当る。一県の地十万頃有り、生員の地九万なれば、則ち民は一万を以て十万の差に当る。民地愈いよ少ければ、則ち詭寄愈いよ多し。詭寄愈いよ多ければ、則ち民地愈いよ少く、生員愈いよ重し。富者は関節を行い以て生員と為るを求め、貧者は相い率いて逃れ且つ死す。故に生員の其の邑人に於けるや、秋毫の益無く、丘山の累有り。然も一切の考試科挙の費は、猶お皆な之を民に派取す。故に民を病ましめるの尤なる者は生員なり。故に天下の生員を廃すれば百姓の困は蘇ると曰う」

生員は免役の特権を与えられていた。これこそ士庶を区別する象徴であるが、生員が免じられた徭役は悉く庶民に転嫁され、額外の負担として、彼らを苦しめたのである。一県の田地の所有額を基準として、各種の徭役は割り当てられていたから、生員の数が増え、彼らの所有する田地の面積が増えると、庶民はその分まで、余計に背負わねばならなかった。僻遠の下県でも百人、大県では千人以上の生員がいた(13)というから、庶民の負担は莫大なものとなったはずで、それを逃れるために、詭寄（詭名寄産）が行われることになる。自分の田地を偽って他人、つまり免役の特権をもつ生員の名義に書き換え、役の負担を廻避しようとする行為である。詭寄が多くなればなるほど、庶民名義の田地は少くなり、徭役の負担は一層増加せざるをえないが、庶民の自衛策として、詭寄はやむをえない処置であった。この一事をもってしても、生員は庶民にとって、全く迷惑な存在であったといえようが、それに加えて、生員を選考する考試の費用まで、庶民は負担しなければならなかったのである。

なお、「天下の民を病ましむる者」として、文中に郷宦、生員、胥吏を挙げ、郷宦と生員を一応区別しているが、「生員論」と題する以上、それは当然のことであり、本来は郷紳として一括しても差し支えはないはずである。何故ならば、前題にいう如く、「治体を識る能言の士」、それには現役および在郷の官僚を含むであろうが、彼らはすべて生員を起点に立身しており、そのため生員の不法行動を批判できなかったのであるから、あえて両者を区別する必要はないと考えられる。身分の差こそあれ、郷宦と生員は士大夫として階層的に一体の存在であり、その限りにおいて、生員がもたらしたとされる、庶民の苛重な負担と困苦について、郷宦たちも無関係ではなかったはずである。

第三の論題は「天下の生員を廃すれば門戸の習は除かれる」で、門戸、いわゆる朋党の弊が取りあげられている。ただし、これは生員固有の問題であるにとどまらず、科挙制度、いいかえれば挙人や進士を含めた官僚組織そのものの抱える陋習とみなすべきものであろう。

「天下の患は、五方相識らざる人を聚め、之を教えて朋党を為さ使むるより大なるは莫し。生員の天下に在るや、近ければ或いは数百千里、遠ければ或いは万里、語言は同じからず、姓名は通ぜざるに、一たび科第に登ずれば、則ち所謂る主考官なる者有り、之を座師と謂い、所謂る同考官なる者有り、之を房師と謂い、同榜の士は之を同年と謂い、同年の子は之を年姪と謂い、座師と房師の子は之を世兄と謂い、座師と房師は我を謂いて之を門生と謂い、門生の取中する所の者は之を門孫と謂い、門孫は其師の師を謂いて之を太老師と謂う。朋比膠固にして、牢として解くべからず。書牘は道路に交わり、請託は官曹に偏し。其小なる者は以て蠹性害民するに足り、其大いなる者は立党傾軋するに至る。人主大阿の柄を取りて之を顚倒すること、皆此れに繇るなり。故に天下の生員を廃すれば門戸の習は除かれると曰う」

門戸あるいは朋党、つまり官僚たちが私的に投合すること、また、これに起因して引きおこされる党争、党禍は古くから存在し、それをめぐっては、さまざまな論議が繰りかえされてきた。とくに明末にあっては、周知の東林党があり、その流れを汲む復社などがあったから、論議は一層活発であったが、これは明らかに朋党あるいは社事を批判非難する文章である。かつて顧炎武は復社の人であり、その活動は正義にもとづくと認識していたはずであるが、ここでの立場はまったく逆であるといわざるをえまい。であるならば、ことの当否は別にして、この一文は復社時代には絶対に書かれない内容を含んでおり、筆者が「生員論」、少くともその中編の一部は、明朝存続の緊迫感が失われた時期以後に執筆されたと理解する根拠はここにある。附言すれば、彼は晩年、朋党や社事には冷淡で、明末の混乱と無秩序をもたらしたのは、党争であり、また、それと無関係ではない誤った学問であると考えていたように思われる[14]が、彼のこの変容は、康熙改元前後のことであったと推察される。それはまた、清朝の講社弾圧とも無関係ではなかろう。

第四の論題「天下の生員を廃すれば用世の材出ず」は、もっぱら生員の学習内容を対象としている。この点において、上編の記述と重複する部分を含んでいるが、全文は以下のとおりである。

「国家の生員を取り、之を考するに経義、論、策、表、判を以てする所以の者は、その六経の旨を明らかに、当世の務に通ずるを欲すればなり。今、書坊の刻する所の義を以て、之を時文と謂い、聖人の経典、先儒の注疏、前代の史を舎てて読まず、その所謂る時文を読むなり。時文の出ずるや、毎科一変す。五尺の童子の能く数十篇を誦し、小しく其文を変ずれば、即ち以て功名を取るべし。而して鈍なる者は白首に至るも遇するを得ず。老成の士は既に有用の歳月を以て、場屋の中に銷磨し、而して少年の捷得する者はまた、天下国家の事を易視し、人生の功名を為す所以の者と以為う者は、惟だ此のみ。故に天下の人材を敗壊し、士は成士せず、官は成官せず、兵は成兵せず、將は成將せざるに至る。夫の然る後、寇賊姦宄は得て之に乘じ、敵国外悔は得て之に勝つ。苟りに時文の功を以て、之を経史及び当世の務に用うれば、則ち必ず聰明俊傑にして治体に通達するの士有りて、其の間に起らん。故に天下の生員を廃すれば用世の材出でんと曰う」

生員たちが本来学習すべき経書、その注疏、史書を放棄し、ひたすら科挙応世のための文書にすぎない時文（八股文）の習練に浮き身をやつすばかりである故に、天下の人材は大成せず、現下の混乱を招いているのであり、一たびこの弊風を改めれば、用世の人材は輩出するであろう。経史の書を読み、当世の務を知ることこそ、生員の本務でなければならないが、かくすることによってのみ、数々の難局は克服できる、と顧炎武は主張する。生員が学ぶべきことを学ばない、その意味を含めた学力の低下こそ、諸悪の根源であるというが、彼の基本的認識であった。

五

以上にみるとおり、生員の現にある実態を直視し、そこに見出しうる数々の弊害に思いをいたし、その改善策を述べたのが、「生員論」（上・中）の要旨であった。それはまた、生員の本来あるべき姿を提示するのを目的とするが、生員そのものの存在を否定する文章ではない。そのことは、先に引用したところでもあるが、下篇の冒頭に、つぎのようにあるのによって一層明らかである。

「問うて曰く、天下の生員を廃すれば、則ち何を以て士を取らん。曰く、吾の謂う所の生員を廃するとは、生員を廃するに非らずして、今日の生員を廃するなり」

生員はあくまで取士の要材として存続させねばならないが、であるならば、上・中編に描くような、あるべき本来の姿に復帰した生員たちを、どのように登用するのか、それに言及するのが、「生員論」（下）である。冒頭の前文につづいて、このような記述がみえる。

「請うらくは辟挙の法を用い、而して生儒の制を並存し、天下の人、生員たると否とを問う無く、皆な挙ぐるを得て、これを朝廷に薦むれば、則ち我の収むる所は既に博し」

辟挙（推薦）と生儒（顧炎武の提唱する秀才・明経の二科）の制度を併用して、広く人材を天下に求めるべし、というのである。これにつづいて、学校および生員については、各府州県ともに、戸口の多寡と人材の高下を基準に決められた定員を厳守し、欠員がある場合にのみ補充を認め、歳貢（貢監）と挙人（郷試）の二法は廃止する。つまり監生と挙人をへて進士となる旧来の制度を改め、生員からただちに進士となる途を開き、優秀な生員にのみ礼部の試験に応ずるのを許すが、進士となっても、簿尉や親民の職（地方官）を授けるにとどめ、無闇に昇進させない。また、学校の教官には必ず在郷の賢者を招聘し、官籍に属せしめず、提学の官も罷め、その任務を各知府にゆだねる、などの細目が列記されている。

要するに、科挙制度を一部手直しして、学校制度の比重を重くせよということであろうが、学校については、さらに定員の厳守と教官の地方任用が提言されている。とくに、生員の補充については厳密に、薦挙入仕した者、進士に合格した者、成績不良で退学させられた者、死亡した者、衰病により学業を全うできない者、衣冠を与えられ退休を願う者が出た場合にのみ、当該地方の童生のなかから、通経能文の者を選んで、欠員の補充を認める、とある。そして、かくするならば、

「然れば則ち天下の生員と為る者少く、少なければ則ち人は之を重んじ、而して其人もまた自重を知り、之が師と為る者は教に煩わされず、而して向きに謂う所の聚徒合党し、以て国中に横行する者は、将に禁ぜずして自ら止まん」

という成果が将来されるであろう、と推論する。生員の品行を保つためにも、定員は厳守されねばならないのである。

さて、右のような議論をふまえて、顧炎武が結論として主張するのは、つぎのような見解であろう。すなわち、現行の学校および生員の制度を改め、新制を施行する。それは生員の定数を厳守して、学力優秀な者のみを入学させ、経書と史書をつうじて経世の学を教え、進士たるべき人材の育成に務めるものでなければならない。その一方、学校に頼るだけでなく、辟挙の法をもって、広く人材を集めるべきである、と。そうした彼の意図は、編末にみえるつぎの一文が、それを簡約するであろう。

「吾れ固く曰う。天下の人、その生員たると否とを問う無く、皆な挙を得て之を朝廷に薦むれば、則ち取士の方は諸生の一途に恃らざる而已也。夫れ取士して以て人主を佐け国家を理むるには、僅かに一塗に出で、未だ弊せざる者有らざるなり」

「生員論」上・中・下の三編が提案する改善策が、もし実施されたとして、どの程度の実効性をもちえたか、それは検証不能であるが、各編に記された生員の姿は、直接の見聞にもとづくものであり、そのまま実像と理解して差支えなかろう。顧炎武のみるところ、人数が増えるのみで、本来の責務である学業を怠り、いたずらに官府と対立抗争するばかりか、天下の民を病ましめているのが、生員という者であり、そうした人物に頼って天下を治めることはできない。だからこそ、現行の学校と生員の制度は改変されるべきだ、と考えたのである。

ところで、生員をめぐる問題は、以上にとどまるものではない。顧炎武が取りあげずにすませた問題も、幾つか残されている。以下、余論として、その一・二を考察しておきたい。まず、生員の将来と進路についてである。生員となった後、彼らには監生となるか、郷試に合格して挙人となるか、この二つの進路が開かれていたが、それらがともに極めて狭い門であった事実である。この件について、文徴明（成化六〜嘉靖三八）の三学上陸冢宰書（甫田集巻二五）は、以下のように証言している。

「吾蘇一郡八州県を以て言えば、大約千有五百人、三年を合すれば、貢する所二十に及ばず、郷試の挙ぐる所三十に及ばず。千五百人の衆を以て、三年の久しきを歴て、科貢の両途を合するも、抜する所の才は五十人、……故に食廩（廩膳生）すること三十年にして充貢するを得ず、増（増広生）・附（附学生）たること二十年にして升補を得ざる者有り。其の人、豈に皆な庸劣駑下、教養に堪えざる者ならんや」

この書信は、吏部尚書の任にあった同郷の陸完にあてたものであり、その在任期間は正徳一〇年から一五年までであったから[15]、正徳の末年、一五一〇年代の、蘇州府の実状を伝えているが、千五百人の生員のうち、三年の間に監生や挙人となりえた者は、双方あわせてわずかに五十人であったという。合格率三・三パーセント、一年平均にすると一・一パーセントとなるが、残された圧倒的多数者には他に仕進の路はなく、引きつづいて生員のままでいなければならなかった。したがって、在学の歳月が二・三十年に及ぶことすら、稀ではなかったばかりか、それでもなお升補できない者がいたのである。

正徳末年に千五百名を数えた蘇州府の生員数は、以後も増加をつづけたに相違ない。ほぼ百年後の状況について、かなり大雑把ではあるが、葉向高の蒼霞草巻五・三校録序には、「呉地は広袤数千里、郡県百余、弟子員（生員）は数万を以て計う」などとみえる。ここにいう呉地とは、蘇州を含む江蘇地方を指すが、「生員論」（中）には「今の大県には生員千人以上を有するに至る者は比比たり」とあり、蘇州に隣接する松江府の状況について、葉夢珠の閲世編巻二・学校一には、明末の上海県学の生員数は約六五〇余名、府属五県を合計すると三千有余にのぼるほか、院試（学校試）の受験者は毎回、二・三千人をくだらなかったと記述する。松江府五県が三千余名の生員を抱えていたのであれば、いずれも大県である蘇州府属の八州県では五千人に達したであろうと推定しても、おおきな誤りであるまい。

顧炎武のみるところでは、宣徳年間の三万人でも多すぎるといい、制限あるいは削減の試みが何度も実行されたにもかかわらず、いずれも効果なく、明末に至るまで、生員の数は増え続けた。ということは、生員の進路がますます狭くなり、事態は一層深刻化したことを意味する。大多数の生員にとって、前途はほぼ絶望的であり、身家を保全することにしか関心をもちえない者が、大半を占めるに至ったとしても、それは当然の成り行きであったろう。また、屢々取り沙汰されている、生員による数々の不法・不正の行動も、この閉塞状態が一因であるといえなくもあるまい。(16)

このように、ほとんど仕進の途を失った生員の生きる方策には、いかなるものがあったのか、つぎに考察されるべきは、生活の問題である。彼らのなかには、富裕な地主として安定した暮らしを保証されている者もいたであろうが、前述のとおり、卑賤・微賤の境遇から立身した者が多かったから、彼らがいかにして生計を支えたかの問題である。それについて指摘できるのは、次の四項目であろう。すなわち、館師となること、幕友となること、商人となること、訟師となること、である。

（一）　館師つまり社学や郷学などの民間学校あるいは家塾の教師となることは、一応の学業を終えた生員にとって、最も手近な就職の途であった。館師の経歴をもつ著名人は少くないが、徐光啓（嘉靖四一～崇禎六）や董其昌（嘉靖三四～崇禎九）らも、その一人に数えられる。徐光啓については、徐驥の筆になる文定公行実（徐光啓集・附録）があって、萬曆九年、二十歳で廩膳生員となり、廩米の支給をうけたけれども、なお「食貧なるを以て、故に里中の子弟に教授す」とある。一方、董其昌に関しては、嘉慶同里志巻一九・流寓に「未だ遇せざる時、嘗て里中の王氏の家塾に教授す」と記し、隆慶元年、十三歳で生員となってから、王氏家塾の教師として生活した時期があったことを伝えている。ついで萬暦初年にいたり、松江随一の名家と称せられた、華亭の陸氏の家塾に彼が招聘されたことも知られている。[17] 礼部尚書に任じて清望の誉高かった陸樹声（正徳四～萬暦三三）から、子弟の教育を依頼されたのである。

これに対して、生員の身分を脱することなきまま、館師として名を馳せた人物がいる。蘇惇元の張楊園先生年譜には、張履祥（萬暦三九～康熙一三）は十五歳で生員となった後、二十三歳の頃から近隣の地で館師を務め、明朝滅亡後は進仕の志をすて、終身、郷里で子弟の教育に専念したことが記されている。彼が郷試に応じたのは、崇禎十二年の一回のみであった。また、閲世編巻九・師長には、生員として館師を務めた三人の人物、金湯、潘煥璜、瞿儆臣の名を列記しているが、いずれも多数の受業生をもっていたとある。

では、館師の年間収入はいかほどであったのか、これについては、学校あるいは塾のあり方、受業生の数など、幾つかの要因によって差があったであろうが、概略的にいって、数十両から百両程度であったことが知られている。それを裏付けるのが、張履祥の處館説（楊園先生全集巻一八）であり、自らながく館師であった彼が、館職をめぐる問題点を、問答形式で論じた文章であるが、そこにつぎの記述がみえる。

「今の師と為る者は、子弟の之に従えば、必ず其の贄を取盈す。多き者は百余金、寡き者もまた数十金」

この金額が他と比較して、どのくらいのものであったか。陳宝良の説くところによれば、官立学校である県学の教員たちの俸禄は、大体、五十六両から七十四両の間にあったというから、[18] ほぼ同額と認めてよかろう。一応の生活水準は、この収入によって保ちえたであろう。

(二)　中央あるいは地方の衙門に幕友を招くことは、清代ほどではないにせよ、明代でもかなり広く行われていた。[19] 幕友を職とするためには、刑名・銭穀などの実務知識が必要であり、読書人である生員には一定期間の学習が求められたはずであるが、幕友となることもまた、生員の生きる方途であった。たとえば、現在では画家として高く評価されている徐渭（正徳一六～萬暦二一）は紹興府山陰県の人であり、郷試に八度失敗して終生の生員であったが、総督胡宗憲のもとに幕友を務めた時期があった。(20)

また、同じ山陰県の人である張岱（萬暦二五～康熙二六？）の瑯嬛文集巻四に載せる家伝には、幕友の経験をもつ二人の人物が紹介されている。まず、高祖の張天復、彼は正徳八年の生まれで、嘉靖二六年に進士となっているが、生員であった頃、浙江按察僉事として学政を兼任した徐階の幕中にはいり、その閲巻を助けたことがあった。ついで、三叔の張炳芳であるが、何士柳・金斗・許芳谷らの幕友となり、紹興府下の行政に貢献した。「三叔は諸生を以て、遂に大厦を創る」とあるのからすると、かなり多額の収入を手にしていたのであろう。

（三）「儒を棄てて賈に就く」ことは、明代中期以降ともなると、決して珍しい転身ではなかった。商人となることは、人々の意識として、卑しい行為とはみなされず、むしろ官界での栄達にも対比され、積極的な評価を与えられたともいえる。(21)近親に多くの商人をもった李夢陽（成化八～嘉靖八）の「明故王文顕墓志銘」（空同集巻四四）には、「夫れ商と士は術を異にすれども心は同じ」とある。伝主王現は科挙合格をめざして学業に励んだけれども失敗し、商人となって西域・四川から江南にかけて活躍した人物であるが、こうした事例は、新安商人や山西商人について、すでに幾つも紹介されている。(22)棄儒就賈は、進路を閉された生員の、生活を托すべき方策の一つであった。

（四）訟師は別に訟棍・訟鬼などともよばれ、破落戸、無頼漢の雰囲気をただよわせる存在であった。彼らの行動は教唆詞訟、包攬詞訟などと表現され、「生員論」（上）に「嚚訟逋頑し、以て有司を病ましむる者」というとおり、官憲から蛇蠍の如く嫌われる一面をもったが、好訟の風、健訟の風が云々される明代中期以後の社会においては、人々の生活に欠くことのできない職業であった。訟師を生み出した原因が、文書主義と受益者負担を

原則とする、明清時代の訴訟制度にあったことは、夫馬進の指摘をつうじて、すでに明らかである。(23)
また、太祖の定めた禁令によって、生員は自家の関係する大事以外、軽々しく訴訟に関わってはならないと命じられていたにもかかわらず、訟師となる者が続出したのは、右のような訴訟制度とともに、彼らの多くが栄達の道を絶たれ、生活苦に陥っていたからである。形式と規則にしばられた八股文を学ぶのを第一の課業とした生員にとって、状式にかなった呈詞（告詞と訴詞）を、訴訟の当事者に代わって作成するのは、それほど困難な仕事ではなかったはずである。だからこそ、入手しうる報酬を求めて、専業としないまでも、副業としてこれに携わる生員も多くなった。そして、彼らの活動が拡大すればするほど、問題視されているような、教唆や包攬の行為は人々の目にあまり、士大夫としてあるべき品位は失われざるをえなかったのである。ちなみに、江南地方では、民間の訴訟に知りあいの儒生（生員）を雇うことが多く、ついに「秀才を僱いて汝を打せん」の語が生まれるにいたったという。(24)

補注

（1）呉晗・明代的科挙情況和紳士特権（呉晗全集巻四）。
（2）宮崎市定・科挙史（全集巻一五・四一頁）。
（3）実録洪武十五年八月辛巳の條。萬暦会典巻七八・学校・学規。
（4）陳宝良・明代儒学生員与地方社会（中国社会科学出版社・三九九頁）。
（5）張穆・顧亭林先生年譜・天啓五年の條によれば、正規の入学ではなく、納穀寄学の例、いわゆる損納による入学であった。
　ちなみに明代における生員進学の平均年齢は二十二歳であったという（陳宝良・前掲書・二〇八頁）。
（6）小野和子・明季党社考――東林党と復社――（同朋舎・四一二頁以下）。

（7）象形・指事・会意・形声・転注・仮借をいう。漢学を構成する六種の法である。
（8）日知録巻一九・生員額数。亭林文集巻一・生員論（上）。
（9）趙翼・陔餘叢考巻二九・関節には、関節の語は唐代にはじまるとして、明代にいたるまで、多くの例をあげて説明している。資治通鑑巻二四一・唐紀・穆宗長慶元年三月発亥の條に「段文昌言於上曰、今歳礼部殊不公、所取進士、皆子弟無藝、以関節得之」とあり、これに対する胡三省の注は「唐人謂相属謂為関節、此語至今猶然」である。
（10）Ping-ti Ho：*The Ladder of Success in Imperial China*（寺田・千種訳・科挙と近世中国社会・平凡社・一一七頁以下）。
（11）鎌田重雄・西漢爵制（漢代史研究・川田書房・一九四九）。
（12）清水泰次・明代の税役と詭寄（東洋学報十七巻三・四号）。
（13）生員論（中）。日知録巻十九・生員額数。
（14）その根拠は、日知録巻二三・社、同巻二〇・三朝要典の各條に見出せる。日知録初刻本八巻は康熙九年、五八歳の時に刊行された。
（15）明史巻一一一・七卿年表一。
（16）日知録巻一九・生員額数。
（17）陳継儒・太子太保礼部尚書思白董公暨元配誥封一品夫人龔氏合葬行状（陳眉公先生全集巻三六）。
（18）陳宝良・前掲書（四二七頁）。
（19）中島楽章・明末清初の紹興の幕友（山根幸夫教授退休記念明代史論集）。紹興は幕友輩出の地として有名であった。
（20）明史巻二八八・徐渭伝。
（21）余英時・中国近世宗教倫理与商人精神（余英時文集第三巻・二九一頁以下）。
（22）藤井宏・新安商人の研究（東洋学報三六巻一～四号）、寺田隆信、・山西商人の研究（東洋史研究会・二八三頁以下）。
（23）夫馬進・明清時代の訟師と訴訟制度（梅原郁編・中国近世の法制と社会）。
（24）沈徳符・萬暦野獲編巻二二・督撫・海忠介撫江南。

第四節　蘇州の哭廟案

一

清朝が江南地方を征服する過程において、明朝の残存勢力や各地の民衆が頑強な抵抗をくりひろげ、清朝が残虐な殺戮をもってこれに応えたことは広く知られているが、弾圧と殺戮は戦斗行為のなかにのみあったわけではない。戦乱が終熄した後にも、支配の貫徹をめざす清朝は、機会をとらえて、その意志を強制することを忘れなかった。とくに、いわゆる郷紳に対する弾圧は執拗なものがあり、科場案[1]、奏銷案などとよばれる事件があい継いでひきおこされた。本節で取りあげる哭廟案も、その一つである。

ところで、この哭廟案については実録など公式の史書には全く記載がない。管見のかぎりでいえば、「乾隆蘇州府志」など二・三の地志が関連の項において、これを記すほか、「研堂見聞雑録」、「柳南随筆」巻三、「清稗類鈔」獄訟類などに簡単な言及があるにとどまるが、この事件について最も詳しいのは、無名氏撰「辛丑紀聞」不分巻である。この書物は、一読すれば直ちにわかるけれども、被処分者の側に同情的な立場で書かれてはいるものの、事件の経過を身近で実見した人物の著作であることは間違いなく、事件の全貌をうかがうのに、最も有用であると考えられる。そこで、事件についての前掲各書の記述は、細部において若干の相違も認められるが、まず、「辛丑紀聞」によって、事件の経過を追うことからはじめようと思う。

二

事件は順治十七年十二月一日、山西石楼県の人である任維初が蘇州府呉県の知県として着任したことからはじまる。彼は着任そうそう、知府余廉徴らと感情的な対立をおこすような人物であったが、彼はまた、税糧の徴収は国家の重大事であり、官吏の勤務評定にも影響するから、未納乃至滞納の税糧は厳重に追徴すると宣言し、翌二日から、その徴収を開始した。ごく少額の未納者にも厳しい刑罰をもって完納が要求され、ほとんどすべての県民が出頭を命じられたが、ついに一人の男が厳しい杖責によって死亡するにいたった。これによって全県民は震えあがった。

こうした厳しい税糧の徴収がすすめられるうちに年があらたまり、順治十八年一月の中旬になると、任知県に汚職の疑いありとの噂が町々にひろまった。知県が県総（県の胥吏頭）呉之行に命じ、常平倉の米三千余石を横流ししたというのである。これを伝え聞いて、人々の知県に対する憤懣は爆発し、これが直接の動機となって哭廟案は発生する。

二月一日、この日たまたま、一月七日に亡くなった世祖の哀詔が蘇州にとどけられた。当時の習慣として、哀詔が伝達されると、各省巡撫はただちに各官をひきいて哭臨すべき定めであったから、巡撫朱国治は府堂に幕をはり、三日間の哭臨にはいった。巡撫朱国治、按察使張鳳起、道員王紀をはじめ、知府以下の各官、縉紳多数が参列したが、哭臨あけの二月四日に事件がもちあがったのである(2)。

二月四日、生員丁子偉ら百余名は、府学の教授程翼倉のところから鍵をもらって孔子廟を開き、鐘や太鼓をうちならして哭泣した。この事件を「哭廟案」とよぶのは、この行為に由来するが、ついで、彼らは府堂におしかけ、巡撫以下の高官がそこにいるのを見とどけると、薛爾張が書いた掲帖を提出した。それは任知県の罷免を要求するものであったが、この頃になると、つき従う者は千人をこえ、口々に知県の追放を叫ぶところまでエスカレートしていた。事態を目撃した巡撫朱国治は大いに驚き、捕役を督率して指導者を逮捕し、群衆を解散させ、ようやくのことで騒動を鎮めるのに成功した。このときに逮捕されたのは、倪用賓、沈琅、顧偉業、張韓、来献琪、丁観生、朱時若、朱章培、周江、徐玠、葉琪ら十一人（うち生員は八人）であるが、知県と県総呉之行も、道員王紀のもとで訊問されることになった。

訊問の結果は、つぎのとおりであった。まず、呉之行の自供によると、訴えられている件は知県のされたことで、書弁にすぎない自分とは関係がない、また、扱ったのは四百石で、代金三百二十両も知県に手渡し済みである、とのことであった。そこで、任知県になぜ常平倉の米を売ったのかと尋ねると、小官は赴任以来わずか二ヶ月にすぎず、銀を入手する方法がなく、しかも巡撫の要求が誠に厳しかったので、やむをえず常平倉の米に手をつけた、という答えであった。一方、逮捕された十一人は、口をそろえて、知県の貪欲と酷薄を訴えてやまなかった。朱巡撫は訊問の場に配下の者を潜入させていたので、事が自分自身に波及してくることを知って驚いた。そこで、王道員のところへ使者をつかわし、口供書をとりよせて一読するとともに、その書きかえを画策した。また、日付を遡らせた書類を任知県に与え、「兵餉甚だ急なれば、多く糧米を徴し、もって不虞に備えよ」と記して、彼を弁護する材料とするなどの手をうった。にもかかわらず、訊問がはじまるのと同時に、府学教授の程翼倉は任知県の治績六件を弾劾し、文名のたかかった生員金聖歎も一文を草して、ひそかに朱巡撫を非難するなどのことがあい継いだ。

二月六日、朱巡撫は各官および郷紳を集めて、事件処理の方針を説明した。いうところによれば、知県の一件については軽い処分ですませたいと思ったが、生員たちが騒ぎをおこして先帝の御霊を驚かせ、そのうえ、程教授の弾劾もあったから、上聞せざるをえないであろう、と。各官および郷紳の同意をえて、巡撫は、大要、つぎのような上奏文をたてまつって、即位そうそうの聖祖の裁断を求めることになった。

「看し得たるに、兵餉の完し難きは、みな蘇屬の抗納に由る。而して呉県は尤も甚だしと為す。新令任維初は、旧官のみな未完をもって降革せられるを目撃し、遂に厳比を行い、もって考成を顧わんとして、稍や従前の旧習を破り、頓みに物情の怨謗を起こす。是れ考成の未だ及ばずして己に先ず其毒を試むものなり。劣生倪用賓、沈琅、顧偉業、張韓、来献琪、丁観生、朱時若、朱章培、周江、徐玠、葉琪らは学宮に厠身するに、行いは敗類に同じ。哀詔初臨の日、まさに臣子の哀通じて幾ど絶えんとするの時に当り、乃ち千百群を成し、肆行忌むなく、先帝の霊を震驚せしむ。罪は大にして悪は極まれり。其の逭るべからざる者の一なり。県令は徴なりと雖も乃ち命官に係る。敢えて声言扛打するは、目中に尚お朝廷有らん乎。其の逭るべからざる者の二なり。匿名の掲帖は律令に甚だ厳なり。身は青衿に係るに自蹈に甘んず。其の逭るべからざる者の三なり。尤も事とすべき者は、道府の自ら公審する有るに、乃ち兇党数千人を串して府学に群集し、鳴鐘撃鼓せることにして、其の意、何を為さんと欲せる哉。諸生の為に解す能わざるなり。贓欵に至りては倶に風影に屬す。ただ呉之行の売漕の一欵有るも、役の口供に出自し、並びに証見の人無し。贓私の真偽は耑ら再審を究むべし。これを総ずるに、呉県の銭糧は歴年逋欠し、沿いて旧例と成る。稍や厳比を加えれば、便ち毒螫を肆ままにす。若し大法を顕示せざれば、竊かに恐らくは諸邑救尤して、有司は気を喪い、催徴に心する無く、甘んじて参罰を受け、苟に身家を全うせんとするのみにして、断じて再行追比して此の悪鋒に攖し、性命をもって嘗試するを為すを敢えてせざるなり。臣、知県任維初をもって摘印拘留するを除くの外、此れが為めに密疏題参し、伏して皇上の大いに乾断を彰せられるを祈り、厳に法処を加えて施行せん」

二月十一日、上奏文が北京にとどけられ、右の一件は、これとほぼ時を同じくして江南におこった他の二つの事件[3]とともに、満洲侍郎葉尼および理事官英奪、春沙、海布勒らに、現地に赴き確議擬罪して上奏することが命じられた。勅命を奉じて、四名の欽差官は北京を出発し、はじめは蘇州に行く予定であったが、途中で行先を変更して、四月三日に江寧府（南京）に到着した。蘇州で審理が行われると、再び変事がおこるかも知れぬことを、朱巡撫が憂慮したからである。そして、任維初と拘禁中の十一人もまた、四月四日に蘇州をたって江寧府に護送された。

四月八日、江寧での最初の審理の場にひきだされたのは、倪用賓ら十一人と府学教授の程翼倉で、任維初は召喚されなかった。程教授は任知県を弾劾したのを怨んだ朱巡撫によって事件にまきこまれたのであるが、たまたま、総督郎廷佐が、翰林院庶吉士の時の先生であったところから、その尽力によって、この日の取り調べをうけずにすんだ。しかし、十一人に対しては厳しい拷問がまちうけていた。

四月十日、第二回の審理が行われた。程翼倉はここでも郎総督のはからいで、大した取り調べもうけずに帰ることを許されたが、のこる十一人には訊問がつづけられた。彼らは知県の常平倉米の横流しを訴えたけれども、葉尼ら欽差官は「我れ方に謀反を問わんとするに、爾ら乃ち糶糧をもって辞と為す耶」として拷問が加えられた。

四月十二日、事件の新たな関係者として、もとの吏部員外郎顧予咸、生員薛爾張、姚剛、王仲儒、唐堯治、馮郅、楊世俊、朱嘉遇、朱真の召喚が決定した。顧予咸は順治四年の進士で直隷寧晋県や浙江山陰県の知県をつとめて功績をあげ、吏部員外郎に陞進したが、十六年に病いのため郷里（長洲県）に帰っていた人物であるが、哭廟案の後、任知県には牧民の資格のないことを非難したため、これをうらんだ朱巡撫によって、事件の関係者と疑われたのである。また、朱嘉遇と朱真（府学生員）の親子は蘇州の富豪で、十一人が逮捕収監された時、彼らに酒食を差し入れたとの理由で召喚されることになった。薛爾張ら六名は騒動の直接の参加者であった。さらに、程翼倉もまた、彼らとともに、再度、訊問の場に出頭するよう命ぜられた。

江寧に到着した後、顧予咸は官僚身分の所有者としての待遇をうけられず、一般人と全く同じに扱われた。彼の容疑については、もっぱら、薛爾張に対して訊問が行われたが、薛爾張は強圧に屈せず、顧予咸があらかじめ事情を知っていたとは白状しなかった。顧予咸自身も、この点について堅く無実を主張して譲らなかった。ところが、程翼倉の場合は、そうはいかなかった。この時、彼がくりかえし尋ねられたのは、知県への弾劾文のなかに「号哭する者数千人」とあるのに関して、騒動への参加者の姓名を明らかにすることであったが、執拗な追求にたまりかねた彼は、ついに丁子偉と金聖歎の名を口にしてしまったのである。

四月二十六日、丁・金両名に対する逮捕召喚命令が発せられた。彼らが江寧に到着すると、総督郎廷佐は告示をだして、今回の事件について、以後、新たな逮捕者はださないことを明らかにしたので、どこまで拡がるか予測もつかなかった哭廟案も、ここに一段落し、終局を迎えることになった。郎総督のこの処理は「翼倉の為にすと雖も、造福実に窮り無し」として、世論の大いに歓迎するところであった。

丁子偉と金聖歎に対する訊問がおわると、審理はすべて終了した。四人の欽差官は巡撫朱国治と協議して、つぎのような報告を北京におくった。すなわち、倪用賓らの二月四日の行為については、首謀者が倪用賓で、張韓、来献琪、丁観生、朱時若、朱章培、周江、徐玠らが加担したと、彼ら自身が認めたこと、葉琪は参加を否認しているが、張韓らの証言があって参加は確実であること、薛爾張は掲帖を顧予咸にみせて内容を知らせ、薛自身も騒動に加わったと自白したこと、姚剛、丁子偉、金聖歎は騒動を計画するとともに、鳴鐘撃鼓の一件の指導者であったこと、王仲儒も自らは否定しているが、掲帖作製の相談にあずかっていること、唐堯治と馮郅も一味であることを認めていないが、倪用賓らの自供で、彼らの参加も間違いないこと、などを確認しえたので、哭臨すべき時期と場所柄をわきまえない不法行為であることを考慮して、倪用賓、沈琅、顧偉業、張韓、来献琪、丁観生、朱時若、朱章培、周江、姚剛、徐玠、葉琪、薛爾張、丁子偉、金聖歎、王仲儒、唐堯治、馮郅らは首従を区別せず、斬立決に処し、妻子奴僕および家産を没収する。顧予咸は容疑事実を全面的に否認しているが、あらかじめ掲帖の内容を知っており、倪用賓らを教唆したのは確実であるから、絞立決に処し、妻子奴僕と家産を没収する。楊世俊は杖四十、流三千里とする、朱真は杖三十に処し、生員の身分を剥奪する。(逮捕者二十二名のうち、朱嘉遇だけが処分をまぬがれたことになる)一方、倪用賓らが告発した呉之行の所業については、彼自身、一度は米四百石を売り、代金三百二十両を任知県に手渡したと自供したが、審理の過程で前言を取り消しており、任知県が代金を横領したとの訴えは事実に反している。したがって、呉之行には真実を述べなかった責任を問うて杖二十に処して革役する。任知県については婪贓などのことはなく、倪用賓らも、後にその事実はなかったと申し立てている。任知県には犯罪の容疑がないから、処分する必要はない。

以上の報告は朱巡撫が執筆したもので、四人の欽差官は署名したにすぎなかった。[4]

四月二十九日、任知県は蘇州に帰り、五月一日から知県の職務に復帰して、従来どおり、税糧の厳しい取りたてをはじめた。

欽差官らの報告が北京にとどけられると、右の処分案は、勅命により、議政王、貝勒、大臣、九卿、科道官の会議に付せられた。そこでは、報告のなかに、顧予咸は「岩ら地下に在り」とある一節が問題となり、それならば彼は無罪であり、無罪である以上、処刑の必要もないというわけで、顧予咸の処分は見送られることが決定した。

五月二十日、勅許をえた処分の最終的結論が伝えられるのをまたず、巡撫朱国治は蘇州に帰り、顧予咸および十八人の生員たちの家の籍没を府県各官に命じた。処分をまぬがれるはずであった顧予咸の家は徹底的な略奪をうけ、夫人や子供たちも獄につながれた。また、朱時若の家を間違えて、朱嘉遇の家が籍没の憂目にあうといった混乱もあった。朱嘉遇は蘇州の富豪で、逮捕者に酒食をおくったとして江寧に召喚されたが、朱巡撫らの処分案でも、唯一人、その必要を認められなかった人物であり、朱時若の家も籍没だけは免れることになっていたのが、後に明らかとなる。

六月二十日、事件の正式処分の決定が北京から江寧に伝達された。そこには、倪用賓、沈琅、顧偉業、王仲儒、薛爾張、姚剛、丁子偉、金聖歎ら八名は斬刑に処し、妻子と家産は籍没する、張韓、来献琪、丁観生、朱時若、朱章培、周江、徐玠、葉琪、唐堯治、馮郅ら十名は斬刑に処するが、籍没は免ずる、顧予咸は籍没と処刑ともに免ずる、とあった。逮捕された者のうち、顧予咸とともに処分を免れたのは、朱嘉遇、朱真、揚世俊の三名であった。二十三日、顧予咸は釈放されたが[5]、これを聞いた巡撫朱国治は「老奴、此の如き好手段を有する耶」といって、甚だ不満であった。

斬刑に処せられることが決定した十八名については、立秋の日以後に処刑せよとの特旨が添付されていたから、彼らは処分の決定後、二十数日間、獄中で生活することになった。七月十三日が立秋にあたっていた。だが、再び変事がおこり、あるいは大赦などがあって犯人が釈放され、罪が自己の身におよぶのを恐れた朱巡撫は、その日をまって、ただちに処刑することとし、総督郎廷佐の留守をよいことに、七月十三日、そうそうに処刑を実施した。十八人は、他の事件の受刑者百三名と一緒に、江寧府の三山街で処刑された。倪用賓、薛爾張、周江の三名には埋葬の費用がなかったので、顧予咸が金をだして棺を買い、土地を求めて埋葬したほか、他の者については、親族がその務めをはたしたが、彼らの遺体は郷里に帰ることができなかった。死後においてもなお、官憲の追求を恐れたからである。

七月十四日、朱巡撫は、すでに獄に収容していた倪用賓ら八家の妻子の械送を命じた。彼らは寧古塔（現在の黒竜江省寧安県の地）へ護送されることになっていたのである。この場合、罪は父母には及ばないはずであったにもかかわらず、何故か、王仲儒の両親だけが護送者のなかにあった。十八日、彼らは閶門を出て、はるかな寧古塔へとおくられていった。

いうところの哭廟案は、以上によって、一応、幕を閉じるわけであるが、なお、後日談がつけ加わる。まず、寧古塔への護送者が蘇州を出発した日に、呉県知県任維初は勅命により職を奪われ、その後任として張叙なる者が九月二十四日に着任した。ついで、巡撫朱国治も、翌康熙元年正月、その職務を解任された。その事情を実録康熙元年正月己亥の条は、次のように記している。

「吏部議、江寧巡撫朱国治、籍口已報丁艱、不候交代、委棄職掌、遽行離任、應降五級調用、得旨、巡撫職任、關係重大、朱国治遽委棄職掌離任、殊違法紀、著革職」

朱国治が丁憂を口実にそうそうに任地を去ったのは、事実をまげて哭廟案をでっちあげ、十八名もの人物を処刑した後ろめたさのためであり、また、清朝が彼を処罰したのは、これによって人々の怨嗟をそらせるのが目的であった――江南の世論は巡撫の解任をこのように解釈した。さらに、後任の巡撫韓世琦は、すでに免職されていた任維初を、別件によって、江寧府の三山街、つまり哭廟案の犯人が処刑されたのと同じ場所で斬刑に処した。

その日時は明らかでないが、韓世埼の巡撫在任期間は康熙八年八月まで(6)であり、おそらく、彼は任期の比較的はやい時期に、任維初を処刑したと思われる。

三

哭廟案の経過は、大略、以上のとおりである。「辛丑紀聞」の著者の立場を反映して、そこには事実を誇張した部分も含まれてはいるであろうが、要するに、この事件は、呉県知県任維初の厳しい徴税に不満をもった蘇州の民衆が、知県の不正行為をきっかけにして、その追放を要求しておこした実力行動であった。ところが、清朝の側では、亡くなった世祖に対する哭臨直後の時期におこったことを重視して、これを大逆事件ととらえ、十八名という大量の処刑をもって弾圧したのである。処刑された十八名の大部分は、後に明らかにするように、生員の身分をもつ人々であった。だから、この点を強調するならば、それは、清朝の意識的な郷紳弾圧事件であったということができるであろう。以下、この事件のもつ諸特徴の一・二を、やや詳しく考察してみよう。

まず事件の責任を問われて犠牲となった十八名の大部分が生員であったことについてであるが、「辛丑紀聞」は、彼らの出身地と身分をつぎのように記している。

倪用賓	呉江県	生員
沈琅	呉県	生員
顧偉業	崑山県	生員

王仲儒　呉県　生員
薛爾張　長洲県　生員
姚剛　（不明）
丁子偉　長洲県　生員
金聖歎　呉県　生員
來献琪　（不明）
丁観生　（丁子偉の従兄）
朱時若　（沈琅の妹婿）
朱章培　（不明）
張韓　呉県　生員
葉琪　松江府　生員
徐玠　呉県　生員
唐堯治　（不明）
周江　呉県　生員
馮郅　呉県　生員

つまり、十八名のうち、出身地と身分の明らかな者は十二名を数えるが、一名が松江府の生員であるのを除いて、十一名はいずれも蘇州府屬各県の生員であり、とくに呉県の生員は七名にのぼることが知られる。これに長洲県の生員二名を加えると、蘇州府附郭の両県の生員は九名になり、処刑者の半分を占めている。したがって、事件は蘇州の生員が主力となっておこしたと認めることができるであろう。

ところで、一度は事件に連坐したとして逮捕されながら釈放された顧予咸は、釈放後、「遭難自述文」(呉門補乗続編巻一〇雑記)を書いているが、そのなかに、つぎのように述べている。

「呉中故習、諸生事不得直、即作捲堂文、以儒冠裂之夫子廟庭、名曰哭廟」

これによると、蘇州の生員たちは、不正が行われると、捲堂文＝ストライキ宣言を書き、孔子廟で儒冠をひきさいて抗議する習慣をもっており、「哭廟」という行動も、決して、今回の事件のみに特有のものでなかったことがわかる。とするならば、ここにとりあげた哭廟案は、「呉中の故習」にしたがって、府県学の学生である生員たちが、集団で政府官僚の酷薄と不正に抗議した伝統的事件であり、彼らの行動はまた、明末以来の、たとえば「開読の変」(7)などの系譜につらなると考えることができるであろう。

だが、「革命」王朝たる清朝の対応は、明朝のそれにくらべると、はるかに苛酷であった。清朝は、旧明朝時代の生員の身分と特権を認めていたが(8)、彼らの政治活動に対しては、断固として取り締る方針をうちだしていた。実録順治八年三月己丑の条に、

「又條議学政六事、……一、生員不許聚衆結社、糾党生事、及濫刻選文牕稿、犯者、学政以失職論……従之」

とあるのは、集会結社の禁止、政治活動の禁止、言論出版の取り締りなど、生員に対する基本的政策が確立していたことを示している。そして、翌順治九年二月には、生員の守るべき条項八ヶ条を記した臥碑が全国の学校にたてられ(9)、その周知徹底がはかられている。

このように、新しく支配者となった清朝の立場からすれば、生員は厳重に警戒すべき対象であった。顧炎武も

また、その「生員論」（中）（顧亭林文集巻一）において、明末以来の生員のあり方をつぎのように紹介し、問題の所在を明らかにしてる。

顧炎武のみるところでは、生員は郷宦、吏胥とともに、民衆を苦しめる三つの病根の一つであり、彼らの活動は「今、天下の公門に出入し、以て官府の政を撓む者は生員なり。倚勢して以て郷里に武断する者は生員なり。胥吏と縁を為し、甚だしきは身自ら胥吏と為る者は生員なり。官府、一たび其意を払えば、則ち群起して鬨する者は生員なり。官府の陰事を把持し、而して之と市を為す者は生員なり」などと記憶され、「百年以来、此をもって大患と為す」といわれるような、政治的には扱い難い存在であった。だから、生員は、前代以来、時に厳しい取り締りの対象とされることがあった。

また、前節で明らかにしたとおり、明代中期以降、生員の数は増えつづけ、明末には五十万を数えていたから、経済的・文化的先進地帯である蘇州周辺では数万人に達していたと認められている。しかも、彼らの大半は身家を保つために、不正・不法の手段で身分を手に入れた者であり、個人的あるいは集団的な利益を目的に彼らが核となって行動すると、その圧力は巨大なものとして作用したが、これら生員が中心となっておこしたのが哭廟案であった。

ところで、哭廟案に関わり、あるいは犠牲となった人々については、その経歴など、ほとんど不明である。しかしながら、明末清初の文学評論家として有名な金聖歎については、廖燕の筆になる「金聖歎先生伝」（二十七松堂文集巻一四）があって、生涯の概略を知ることができる。この伝記は、彼が哭廟案の犠牲となった事実について、「未だ幾ばくならずして惨禍に罹る。刑に臨み歎じて曰く、頭を斫るは最もこれ苦痛なり。意わざりき、無意の中にこれを得んとは」と、簡単に触れるのみであるが、文学評論家であり講学者であった彼の日常を知るとともに、事件に加わった生員のもつ一面を具体的にうかがうための、ほとんど唯一の文献である。

金聖歎、本名は釆、字は若釆、呉県の生員である。人となりは倜儻高奇、一切を俯視して酒を愛した。文学評論家として、はやくから名をなしたが、講学者でもあり、その議論は前人未発の言が多く、自信がありすぎて、「時に講学をもって聞ゆる者有れば、先生輒ち起ちてこれを排す」といった具合であった。貫華堂と名付けた書斎に高座を設け、学生をあつめて学問を講じたが、講義の範囲は、経史子集はもちろん、箋疏、訓詁から、釈道など内外の諸典、稗官野史、九彝（九種の東夷）八蛮（南方八種の夷国）の書籍にまでおよんだ。明朝滅亡の後には官界への志を絶ち、名を人瑞、字を聖歎とあらため、従前にまして読書と著述に没頭し、離騒、荘子、史記、杜詩、西廂記、水滸伝に批評を加えたほか、数多くの評論の文章を執筆した。彼の著作は人々の愛するところとなり、書店は彼の原稿を求めて殺到し、「一時の学者は聖歎の書を愛読し、幾ど家ごとに一編を置く」（柳南随筆巻三）とか、「一時、紙貴し」（研堂見聞雑録）などとあるように、当時のベスト・セラーであった。こうして、彼は学者・評論家として出版ジャーナリズムの寵児であったが、彼はまた、遊侠の徒とも交際をもち、王斲山なる人物とはとくに深い関係をもっていた。

以上のような金聖歎の略伝からみると、彼は生員であるとともに、何よりも、文学評論家であり学者であって、そこに生活の基盤をおいていたことがわかる。しかも、そこから非常な名声とそれにともなう相当の経済的利益をえていたのである。宮崎市定によれば、明末以来、中国は情報社会であり、ジャーナリスト的人物の活躍しうる社会であったという[10]から、彼のえていた名声と利益は、こうした社会から生みだされたものであったろう。彼が哭廟案のなかで演じた役割は明らかではないが、ジャーナリズムの名士として、世論を代表し、もしくは代弁することからはじまって、ついに事件にまきこまれるところまで突き進んでしまったものと思われる。著名人士であり、遊侠の徒とも親交をもつ彼が加わる時、事件の規模が一層拡大したであろうことは疑いない。一方、これを弾圧する側からすれば、彼のような名士を事件にまきこみ処分することによって、より大きな効果を期待できたであろう。前掲顧予咸の一文からうかがえるように、同類の事件は幾つかあったはずであるが、この事件がとくに有名であるのは、金聖歎が関係していたのが、一つの理由であったかも知れない。

つぎに指摘しておかねばならないのは、哭廟案と奏銷案の関係であるが、両者は、時期を同じくするなど、明らかに、密接な関わりをもっていたといえる。奏銷案については、民国初年の学者である孟森が注目して以来、すでに何人もの研究者がとりあげ、事件の全貌とその歴史的意義を明らかにしているが、実録順治十八年六月庚辰の条によれば、その概略は以下のとおりである。[11]

「江寧巡撫朱国治疏言、蘇松常鎮四府并溧陽縣未完錢糧文武紳衿共一萬三千五百一十七名、應照例議處、衙役人等二百五十四名、應厳提究擬、得旨、紳衿抗糧、殊爲可惡、該部照定例、嚴加議處」

つまり、税糧の未納を口実にした、哭廟案の進行（順治十八年二月〜七月）を睨みつつ清朝は、蘇州をはじめとする江南各地の文武の紳衿一万三千五百十七名と衙役人二百五十四名を処罰したのが、ことの顚末であった。紳衿の内分けは「郷紳張玉治等二千一百七十一名、生員史順哲等一万一千三百四十六名」（閲世編巻六・賦税）であり、被処分者のうち、生員の占める割合は八四パーセントに達した。さらに処分の具体的内容は「見任官は二級を降して調用し、衿士は褫革（身分剝奪）せよ。衙役は贓に照して治罪すること差有れ」（国朝耆献類徴初編巻三三八・朱国治伝）であったが、その徹底ぶりは、たとえば、順治十六年＝己亥科の探花であった、崑山県の葉方靄などは、銀一厘（制銭に換算して一文）を滞納したとして処分され、世評にも「探花も一文銭に値いせず」といわれる厳しさであった。しかも、被処分者が身分の回復を認められるのは、十五年の歳月をへだてた康熙十四年のことであり、そのためには、進士で銀一千五百両、挙人で銀八百両、貢生と監生で銀二百両、生員で銀一百二十両の捐納が必要であった。[12][13][14]

以上が奏銷案の大要であるが、これを哭廟案の経過と対比するならば、この二つの事件は、時期を同じくし、地域的広狭はあっても、ともに蘇州を舞台としておこっており、また、弾圧の立役者として巡撫朱国治が登場すること、被処分者の大部分が生員であったこと、などの共通点をもつことが知られるであろう。だが、両者は、もっと本質的なところにおいて繋っていた。すなわち、二つの事件は、ともに、清朝の徴税強化を共通項としてもち、それを主要な要因としておこったのである。

清朝は建国当初から、財政の確立をめざして、税糧の徴収には非常な熱意を示していた。明末以来の、さまざまな附加税は廃止するが[15]、正規の税糧は厳しく徴収するというのが、その基本方針であった。実録順治元年十二月丁丑の条に、

「諭戸部……凡紳民有抗糧不納者、著該撫按察處、有司官徇情者、著撫按糾參」

とあるのは、こうした清朝の強攻姿勢を明らかにする最も初期の例証である。税糧を滞納する者、およびそれを容認する地方官は、巡撫や按察使に命じて処分し弾劾させるというのであるが、財賦の淵藪とされる江南地方において、税糧の未納あるいは滞納がおこるのは、つぎのような事態に起因すると認められていた。

「……又江南無錫等縣、歴來錢糧、欠至數十万、地方官未見有大破積弊、徴比完結者、皆由官吏作弊、上官不行嚴參、且郷紳擧貢之豪強者、包攬錢糧、隠混抗官、多占地畝、不納租税、反行挾制有司、有司官不能廉明自守者、更懼其權勢、不敢徴催」（實録順治十五年五月戊申の條）

つまり問題は、官僚の側と、郷紳ら地方有力者の側と、二つの面にあったが、これらを取り締るのが巡撫らの職務の第一であった。この大任をおびて、江寧巡撫朱国治は順治十七年正月に着任した[16]。そして、彼は赴任初年

度である順治十七年度分の奏銷（会計報告）を行う過程で、奏銷案をひきおこすのである。したがって、哭廟案のきっかけとなった、呉県知県任維初の徹底した税糧の追徴は、彼個人の考えからでたというよりは、前記朱巡撫の北京への報告文に「稍や従前の旧習を破る」といってはいるものの、基本的には巡撫の態度と方針に忠実に従おうとした結果であるといわなければならない。

こうした厳しい税糧の徴収は「終明の世、官は八分を以て考成と為し、民間の完して八分に至る者は便ち良戸と称し、完すること六七分なる者も亦甚だしく頑梗と為さず」（閲世編巻六・賦税）といった、緩やかな徴税に馴れた人々を驚ろかせるのに充分であり、激しい反発を招いたであろう。このことが発端となり、知県の不正摘発が直接の契機となって哭廟案はおこった。この事件が徴税問題と関係があり、断固たる処置をとらないと、地方官の士気にも影響すると、朱巡撫が最初の報告文に述べていたことは、すでに紹介したとおりであるが、この発言は、その人と時期から考えて、奏銷案の展開を念頭においてのものであったと考えられる。

これらの徴証によって、二つの事件が密接な関連性をもつことは充分に明らかである。奏銷案については、反対運動があった気配はないが、哭廟案が、奏銷案に対する反対運動としての側面をもつことは、かなりの確度をもって断言できるであろう。

さらに、前述のとおり、順治十八年五月一日、汚職の事実なしとして、任維初は呉県知県に復帰するが、この時、彼が語ったとして「辛丑紀聞」が記録するつぎの言葉は、彼の強引な徴税が奏銷案の一環であったことをうかがわせる。

「五月初一日復任、謂衙役曰、我今復任、諸事不理、惟催銭糧耳、甲后不完者、三日一比、負固者夾之、至於官庠大戸、撫台自有奏銷、雖負固亦不得不完」

これは、五月一日以降、一般民衆に対する徴税と刑罰は知県が担当し、官庠大戸―官僚およびその予備員たる生員の家のそれは、巡撫が奏銷のなかで報告することを述べたものであるが、であるならば、知県の行為が奏銷案と繋がりをもつことは自ら明らかであろう。そして、この方針にそって、巡撫朱国治は、前掲実録順治十八年六月庚辰（三日）の条にみえるような、文武紳衿一万三千五百十七名を、税糧の未納乃至滞納によって処分するよう上奏したのである。

このほか、哭廟案と奏銷案のつながりは、別の側面からも明らかにすることができる。哭廟案での処分をまぬがれた顧予咸は、再び奏銷案にまきこまれるが、彼の伝記――韓菼・吏部考功司員外郎顧先生予咸墓表（碑伝集巻五八）は、

「奉旨復官、尋入以奏銷案、竟落職、嗟夫、直道之難明如是」

と記している。この事実もまた、二つの事件が、関与を問題にされた人物の面からみても、関連のあることを示しているであろう。

四

さて、哭廟案の経過と、そこに認められる主要な特徴が、以上の如くであるとするならば、それは、清朝が財政の整理と確立をめざし、徴税の強化をはかる過程において、これに反撥した郷紳――その底辺を形成し、とくに多数を擁していた生員たちが主導しておこした事件であったといわなければならない。また、この事件は奏銷

案と深く関わっていた。したがって、奏銷案における被処分者の八四パーセントを生員が占めていたことによって知られるように、彼らが清朝の厳格な徴税方針に対する最大の障害であったが故に、哭廟案においても、彼らは騒動の主力となり、多数の犠牲者をだしたのである。

哭廟案と奏銷案が事件として繋がっている以上、哭廟案における血の弾圧が、奏銷案への影響を考慮したものであったことは、容易に想像できるが、清朝にはまた別の意図があったとする記述もある。すなわち、いかなる史料にもとづいているのか明らかではないが、徐珂の「清稗類鈔」獄訟類・康熙庚午哭廟大獄の項には、事件がおこると、清朝は、この好機をとらえて講学の社を取り潰そうとしたとして、つぎのように記している。

「蓋呉多講學之社、明亡而猶盛、各立門戸、人瑞（金聖歎）游其間、多調和之、名擧尤著……獄之初起、廷意欲羅織名士以絶清議、苦無辞、乃藉哭廟事除之、謂爲大不敬、駢戳之、……講學之社、自是絶矣」

社は、元来、文章を紐帯とする文学的結社であったが、明末以来の緊迫した政治情勢のもとで、急速に政治的結社へと転化したものであり、そこで行われる講学は屢々、政治批判へと発展したから、これを禁止するのが清朝の方針であった。(17) 金聖歎がどういう社に属していたかはわからないが、講学していたのは事実であるから、あるいは、清朝にそういう目的があったかも知れない。杜登春の「社事始末」にも、

「尋有辛丑（順治一八）奏銷之事、同社人一網幾盡、江左紳士凡一萬五千人、社中人不啻千餘、……文士之気、稍稍沮喪」

とあるから、二つの事件をつうじて、明末以来、はなばなしい政治活動を展開した社の勢力は衰え、反清朝的言論は影をうすくして行ったのは事実であったろう。

それはともかくとして、哭廟案の経過をみるならば、この事件をつうじて、清朝は、その意志を郷紳たちにおしつけるのに完全に成功したかにみえる。だが、事柄はそれほど単純ではなかった。何故ならば、蘇州の生員たちが直接の攻撃目標とした知県任維初は、十八名の犠牲者が処刑されて間もなく解任されたばかりか、後日、別件の責任を問われて処刑されているからである。しかも、知県の後立てとなり、弾圧の総元締めであった巡撫朱国治もまた、ささいな理由で翌年には職務を解かれている。これらの出来事は、一応、哭廟案とは直接の関係はないようにみえるが、事実は決してそうではなく、清朝がやむをえずにとった、いわば喧嘩両成敗的な処置であったと見做すべきものである。そうしなければ、反撥が直接、清朝にむけられることを危惧しなければならなかったであろう。

哭廟案において、清朝は確かに勝ったといえよう。しかし、それは一方的な勝利ではなく、政府側の責任者も処分をうけねばならない態のものであった。この事実は確認しておかねばならない。しかし、哭廟案をつうじて、清朝は明末以来、政治的批判勢力であった講社を消滅させ、文士の気を沮喪させるのに成功したのも間違いない。世論を代表するのは、生員を主力とする郷紳であり、彼らの力を削ぐことができれば、清朝の江南支配は次第に安定の方向に進んだはずである。哭廟案はその一つの契機となったであろう。

補注

（1）孟森・科場案（明清史論著集刊・下冊）。

（2）いわゆる哭廟案のおこった日については、各書によって、一日程度の差が認められる。たとえば、柳南随筆巻三の記述によると、事件は二日にわたったとある。すなわち、第一日に知県の不正が訴えられ、第二日に、諸生が文廟に哭したという。

（3）順治十六年八月、明朝復興を策する鄭成功が長江を遡って南京附近を攻撃占領したことに関連する、金壇叛逆および鎮江失機の二案である。
（4）研堂見聞雑録によると、金聖歎は哭廟文を書いたために逮捕されたとある。
（5）研堂見聞雑録によると、顧予咸が釈放されたのは、友人が彼のために多額の賄賂をばらまいたからだとある。
（6）厳懋功・清代徴献類編（上）清代巡撫年表。
（7）田中正俊・民変・抗租奴変（世界の歴史・一一　ゆらぐ中華帝国）。開読の変において、集団行動の先頭にたったのは生員であった。
（8）実録順治元年十月甲子の条、皇朝文献通考巻六九・学校考。
（9）実録順治九年二月庚戌の条、清朝文献通考巻六九・学校考。
（10）宮崎市定・張溥とその時代——明末における一郷紳の生涯——（全集第十三巻）。
（11）孟森・奏銷案（明清史論著集刊・下冊）、川勝守・初期清朝国家における江南統治政策の展開（史淵一一三輯）など。
（12）処分された紳衿を郷紳と生員に区別しているが、郷紳には進士・挙人・監生らが含まれていたのであろう。郷紳用語の具体的使用実例の一つである。
（13）三岡識略巻四・江南奏銷之禍、柳南続筆巻二・辛丑奏銷。
（14）閲世編巻六・賦税。
（15）実録順治元年七月壬寅の条、実録順治元年十月辛酉の条。
（16）実録順治十七年正月丙寅の条。
（17）実録順治十七年正月辛已の条、清朝文献通考巻六九・学校考。

〔附記〕金聖歎の所業については、肯定的な見方ばかりでなく、否定的な立場からする批判もあった。たとえば、同時代を生きた同郷の帰荘は、その悪業を列記した文章——誅邪鬼（帰荘集巻十）をのこしている。そこには、彼が案に坐して処刑されたことについて、「金聖歎もまたこれに与る、余は諸生を哀するも、未だ嘗て金の死を快とせずんばあらず、但だ之を殺すに、其の罪を以てせざるを恨む耳」とある。親友であった顧炎武も、これと同じ意見であったのではなかろうか。

第四章　郷紳の系譜と行状

第一節　陝西同州の馬氏

一

源を甘粛省渭源県鳥鼠山附近に発する渭水は、宝鶏県から陝西省の領域にはいり、東流して潼関にいたって黄河に合流する。宝鶏から潼関にいたる渭水流域は、河谷ようやくひらけ、中国文明の発祥の地として、古く周代以来、秦・漢・隋・唐諸王朝の時代をつうじて、西安附近は永く国都の地であった。西安は明初にかく改名されたが、いわゆる古都長安であり、明代には州六・県三十三を領する陝西省会の地であった。この西安から東北約一二〇キロメートルのところに同州はあり、明代をつうじて、西安府の属州であったが、自らもまた、朝邑・郃陽・韓城・澄城・白水の五県を統轄する、当地方の一中心地であった。(1) 明代において陝西省が生んだ唯一人の「宰相」(2) である馬自強（正徳八～萬暦六）は、この同州に誕生した。

ところで、同州の馬氏については、「関西馬氏世行録」(3)（全一四巻）と題する一種の家譜的碑伝集が、末孫の馬先登（生卒年不明、道光二七年の進士）によって編纂されており、明初から清代末期まで、四・五百年間の系譜を、族人の経歴とともにたどることができる。その系譜は別掲（二四三頁）の如くであるが、以下にみるとおり、世行録に墓誌銘や伝をもつ人々は、ほとんどすべて生員以上の身分をもち、官界・政界に活躍したばかりか、郷里の同州一円においても、在地の有力者あるいは指導者として、郷党に大きな影響力を行使した。この意味において、馬氏は典型的な郷紳の一族であったということができる。しかも、世行録は、馬氏の系譜や族人の経歴のみにとどまらず、在地における勢力関係、経済的基盤をも明らかにするところがあり、その点についても、有用な史料たるを失わない。

そこで、以下、この世行録を主たる史料としつつ、明清時代をつうずる馬氏一族の生き方を検討してみようと思う。それは、郷紳と、彼らの身辺によこたわる諸問題、たとえば、地域社会における政治・経済・文化などの分野において、彼らが担った役割を実態的に提示することであり、郷紳問題を究明するための、一つの事例研究となるであろう。

二

馬氏の遠い祖先のことはよくわからないが、馬自強自撰の父親馬珍の伝——詰贈通議大夫詹事府詹事兼翰林院侍読学士先考南野公暨妣李淑人継妣張氏行状（世行録巻二）には、つぎのように書かれている。他の史料についても、記すところは同じである。

「馬氏上世、故無譜、長老傳言、国初避兵來家於同州城南八里許馬坊頭、今所可知者、僅五世祖耳、五世爲和卿、和卿生克敬、世業農稱善富、克敬生馴太學生、馴生文、文生通太學生、知博野繁峙二縣、以廉幹聞、……有六子、先公最少、諱珍」

これによると、馬氏は、明初の頃、戦乱を避けて同州城南八里ばかりの馬坊頭に移り住んだが、名前の明らかなのは馬和卿なる人物が最も古いという。別の史料(4)には、同州に来るまで、馬氏は扶風の人であったとあるから、同じ陝西の鳳翔府扶風県から同州に移住して来たのであろう。そして、馬和卿の子を克敬というが、この頃、すでに「農を業とし善富を称せられた」というから、馬氏は一応富農と認められていたらしい。ついで、克敬の子馴にいたって、太学生(監生)となり、はじめて士大夫の身分を獲得した。その馴の子が文であり、文の子が通であるが、彼は太学生から出発して、博野(直隷)・繁峙(山西)両県の知県を歴任し、馬氏として最初の任官者となった。通には五(六)(5)人の男子があったが、末子が珍、つまり馬自強の父親である。

ところで、馬氏世行録のおさめる伝記のうち、一番古いのは、馬通のそれである。彼は馬自強の祖父であるが、この事実は、馬氏が祖先の事蹟を記録にのこしうるようになったのは、この時期からであったことを示している。それは、馬氏の社会的・経済的地位が定まったことと無関係ではないが、また、馬自強の功績により、祖先に官位が追贈されるにあたって、彼らの事蹟を調査する必要があったこととも関係するであろう。

馬通(6)(生卒年不明)字は致遠、その父文は八人の男子をもったが、彼は長子である。十二歳で州学の学生となり、ついで景泰初年には太学生にすすんだ。この間の事情について、孫継皐撰の誥贈光禄大夫太子太保礼部尚書兼文淵閣大学士繁峙令馬公神道碑銘(世行録巻一)には、つぎのようにみえる。

「十二補州諸生、有雋聲、景泰初、詔諸生、納馬佐邊費、得升太學、公遊太學、成化中、用太學生久次謁選、得保定之博野丞」

景泰初年といえば、正統十四年（一四四九）八月、いわゆる「土木の変」の直後にあたり、明朝の北防体制が一時壊滅状態におちいって、兵部尚書于謙らが再建に努力しつつあった時期であるが、この頃、馬通は、軍馬を納めて国防費を援助（捐納）し、その功によって太学生となり、成化年代にいたって、保定府（直隷）博野県の県丞に任ぜられた。すでに数代前から「善富を称せられ」ていた馬氏の財力が、彼を官界におしだす原動力となったのである。碑銘がつづいて記すところによると、在任九年の後、成績を認められた彼は知県に昇進する。そして、知県在任四年の後、前後して両親の死にあい、任を去ったが、服喪期間がおわると、あらためて山西繁峙県の知県に起用され、五十六歳で任地に死去した。

以上が馬通の生涯の概略であるが、彼は五人の子をもった。それぞれ士大夫の身分をもっていたらしく、「子男五、瑞・琉・璠皆有官、瑜稟生、珍宛平丞」と碑銘は記しているが、末子の珍以外の者とその子孫については、具体的なことは何もわからない。

馬珍（成化一五〜嘉靖四五）字は廷聘、別号を南野と称した。彼の官界への登場について、馬自強撰の前掲行状は、つぎのように書いている。

「大父早見背、公爲學官增廣弟子、文譽烝烝起、而大母憐少子、不欲以攻文苦之、奏例升太學、……後十餘年、而爲宛平縣丞」

州学の学生となった後、末子である彼を勉学で苦しめることを願わなかった母親の希望で、父親と同じく捐納によって太学生となった馬珍は、十数年をへて、直隷順天府宛平県の県丞に任官した。つづいて、嘉靖初年、無実の罪で告発されたが、あえて弁解せず、県丞の官を免ぜられたのを機に帰郷、以後、郷里にあって、母への孝養と子弟の訓育をつとめとして余生をおくったと、行状は記している。

馬珍の官僚生活は右のとおりであったが、彼の場合、それにもまして注目しなければならないのは、帰郷後の生活である。それによって、馬氏の家庭と経済状況を知ることができる。

「當是時、余家（馬氏）三世同居、上無私積、下無間言、家庭之間、雍雍如也、後以子孫滋繁、與諸姪折居、尤多所讓云、公用財不盈縮計、有則用盡乃已、以故雖嘗子錢無厚積、用數不足、而公怡然自樂、常手一編以自娯、見古人忠孝節義事、必嘆賞久之」

すなわち、この頃、馬氏は家産の分割をしたこと、記述はやや具体性を欠くが、馬氏は金貸しをしていたらしいことなどが知られる。馬珍の伝として世行録は他に三編をおさめているが、その一つ、張四維の誥贈通議大夫詹事府詹事礼部左侍郎兼翰林院侍読学士直隷順天府宛平県県丞南野馬公墓誌銘（世行録巻二）は、金融業を営む彼について、つぎのように述べている。

「家舊饒裕、公博學好施、用財不訾省有無、雖常子貸錢穀、卒無以自殖、人或不能償、即與折券、郷人習公長者、或併緡本隠没之、亦不與校也」

また、李廷機の筆になる墓表（世行録巻二）も、右と同じ内容を、つぎのように表現している。

「其先世子錢穀、公雖循爲之、而時時棄責燔券、多所縱舍、郷人習公長者、往往爲詐諼以逃責、公不疑、即知亦遂置下問」

以上によって、馬氏が代々金貸しを業としており、馬珍もこれを受けついだことは明らかである。ただ、彼の場合は、人柄の反映として、重い利息をとらず、返済不能の者、偽って返済しない者たちにも、寛大であったというにすぎない。そして、行状に「里中の人、長少となく、ただに公を望見すれば忻然起敬せざるなきのみならず、背後にも絶えて一怨言者なし」と記すような、郷党の尊敬をあつめつつ生涯をおえたという。退職官吏としての声望と恵みぶかい人物としての評判が、このような人々の態度につながったのであろう。

彼には四人の子があった。自勉・自強・自修・自道である。

三

馬自勉(9)（正徳四～萬暦二四）字は伯懋、号を懋菴という。幼時から学業に精励し、尚書や春秋を学んで州学の学生となったが、郷試にはついに合格しなかった。嘉靖四十二年になってようやく河南郟県の訓導に任じられたが、父の喪にあって一時退任の後、山西長垣県の訓導、河南信陽州の学正をへて、隆慶六年には国子監助教に就任した。ついで、母の死を弔らってから、萬暦六年、順天府通判にすすんだが、同年十月、文淵閣大学士として宰相の地位にあった弟自強の死去を機に退官、その柩にしたがって帰郷し、以後、一切の官職につかなかった。同州帰郷後の彼の生活を、王家屏の承徳郎直隷順天府通判懋菴馬公墓誌銘（世行録巻三）は、つぎのように書いている。

「與里中耆舊結社優游、以樂餘年、足跡罕入城市、州守及諸文學、郷射飲賓、爭以致公爲重」

もと順天府通判であり、故宰相の兄ということで、彼に対する郷里の人々の尊敬は当然であるが、彼はまた、当地の官界や士大夫仲間からあつく遇せられた。そして、八十八歳の長寿を全うした後、四人の男子（愼・忱・恬・協）をのこして亡くなった。なお、夫人楊氏は、州西五里河上の楊鳳の末娘であるが、彼女が十九歳で自勉に嫁いできた頃のこととして、馬自強の楊孺人墓誌銘（世行録巻三）には、つぎの記載がある。

「時馬氏三世同居、會食常数百指、中饋事人極畏之、孺人以新婦當之、無難色」

三世同居の大家族であった馬氏の日常生活の一端をうかがうことができるであろう。前述のとおり、自勉の父珍の離任帰郷後、馬氏は家産の分割を実施しているが、これは、それ以前の事情を述べたものと考えられる。この後、自勉以下の四兄弟は、それぞれ家計を別にして生活する。

ところで、彼にも父親と同じように、銭穀の貸出し業務の経験のあることが、前掲墓誌銘のなかに記述されている。

「公……毎遇麥秋、常糴麥百數十斛、俟發春糶之、如糶之直、其貧不能酬直者、量貸予之、龠合所牟息、人以爲有麥舟之義焉、丁亥（萬暦六）關中大侵、蓋藏之家、咸利穀貴、不肯出責、公特命叔子、盡發困廩以貸餓者、所全活甚衆」

語られているのは、彼が麥穀の囤積によって利益をえようとはしなかった義挙的行為であるが、それを額面どおりに受けとる必要はないであろう。彼が収穫期に麦を大量に買い入れたのは、別に端境期に人々を救済するだけが目的ではなく、投機的意途が介在したとしても不思議ではない。すでに明らかなとおり、馬氏が代々銭穀の貸付けをやっていた以上、そこに利殖の動機がなかったはずはない。

馬自強[10]（正徳八〜萬暦六）字は體乾、乾菴と号した。嘉靖十九年、陝西郷試に第一位で合格、同三十二年には進士となり、翰林院庶吉士に任ぜられた。以後、翰林院検討・同修撰・同侍読・司経局洗馬兼管国子監司業事・司経局洗馬兼翰林院講・国子監祭酒を歴任、その間、何度か郷試や会試の同考官をつとめ、永楽大典（副本）や世宗・穆宗実録、大明会典の編纂に参加し、皇太子（のちの神宗）の講官をもつとめた。ついで、詹事府少詹事兼翰林院侍読学士・礼部右侍郎兼翰林院侍読学士・吏部左侍郎兼翰林院侍読学士・礼部尚書兼翰林院学士など、中央政府の要職を占めたが、萬暦六年三月、「首輔」として国政の全権を掌握していた張居正が帰郷服葬するにあたり、その推薦によって太子太保兼文淵閣大学士にすすみ、張四維・申時行らとともに、内閣にあって機務に参畫したが、在任六ケ月あまりで、同年十月十三日、在職のまま死去した。ただちに詔敕が発せられ、少保を贈り、文荘と謚を賜わった。

以上は、世行録巻四におさめる六編の伝のなかから、主として、次男慥の筆になる誥授光禄大夫太子太保礼部尚書兼文淵閣大学士贈少保謚文荘先考乾菴公行実によって要約した馬自強の経歴である。これによって知られるとおり、馬自強は馬氏の生んだ最初の進士であり、しかも、生涯をつうじて常に中央政府の官職を歴任するというエリート・コースをあゆみ、ついに宰相の地位にのぼった、いわば官界の大御所的存在であった。彼がでたことによって、馬氏の名声は、同州においてはいうまでもなく、陝西全省にも鳴り響いたであろう。そして、彼の長男怡は挙人となり、次男慥もまた進士となって、父の名をはずかしめなかった。

馬自修[11]（正徳一一〜萬暦三七）字は叔允、号は允菴。三人の兄弟がいずれも官界にすすんだのに対し、彼一人ははやくその途をすて、終生仕官しなかった。彼の伝である、韓爌の散官允菴馬公墓誌銘（世行録巻五）には、

「公先未冠、已釋儒業、治農田、尋販粟鄜延商洛間、崎嶇跋渉、家計浸裕」

とある。馬氏が農業で産をなしたことは、すでに言及したところであり、天啓同州志巻二に「士も十の九は兼農す」とあるように、農業に従事することは、当地方では、士大夫の家でも普通のことであったが、商人となったのは、馬氏では彼が最初である。同じ陝西省内の鄜州・延安・商州（商洛）などから同州へ穀物を販運するのが、彼の業務であった。同州から鄜州・延安地方へは、洛水をさかのぼることによって、比較的容易に到達できたと考えられ、また、彼の兄嫁である自勉夫人楊氏の前掲墓誌銘（馬自強撰・世行録巻三）にも、

「壬辰（嘉靖一一）歳大侵、家人以衣易粟鄜延」

などとあるのによると、同州にとって、これらの地方は一種の食糧供給地の役割をになっていたかと思われる。商人たることに対する彼の考え方は、つぎの一文によって理解できる。

「有言昆従皆儒、而獨農且商者、軈然曰、如是則藝黍稷牽牛馬、奔走孝養、非耶、……其解言者亦曰、業儒光門戸、力田致奉養、何偏軽重之有」（韓爌撰・墓誌銘）

右文は、三人の兄弟が官界にすんだのに対し、彼だけが郷里にのこって農耕と商業に専念した理由を問われた時の返答であるが、そこには、農業や商業に従事することを後ろめたいとする考え方は全く認められない。官界に活躍する兄弟たちに代って郷里をまもり、両親につかえる者の自負すら感じられるであろう。事実、前述のとおり、父馬珍は嘉靖初年に退官帰郷の後、四十年近くを郷里にすごしているが、この父親につかえて孝養をつくしたのは、彼であった。こうした人物がいてはじめて、馬自強らの華々しい栄達も可能であったのである。彼には一子憬があり、「明經(12)より起り、山西曲沃県丞に官たり」と、父の墓誌銘に付記されている。

馬自道(13)（嘉靖二一～萬暦四四）字は體道、号は虚菴。他の兄弟と同じように、幼時から勉学に精励し、州学の学

生となったが、郷試には合格せず、一時郷里に帰った父につかえた後、太学にすすみ、やがて山西平定州の州判に任ぜられた。彼の官歴はこれだけで、それ以外の官職には自らの意志でつかなかった。退官帰郷後の彼の生活を、李元吉の徴仕郎平定州判官虚菴馬公墓誌銘（世行録巻五）は、つぎのように伝えている。まず、

「公帰、與郡中同志高年者結社、令節良辰、置酒高會」

と、郷中の友人知己たちとの親しい交遊を指摘した後、彼が郷人の間で重んぜられ、利害の調停者として活動し、成果をおさめていたことについて、

「公性嚴重、而明達好直言、諸郷人有競不得平者、質于公、公以數語折伏之、咸心服去」

と述べ、さらに、彼が地方の有力者として、学宮の修築に努力したことを、

「公即以心計起家、而獨尚義好施濟、郡修學宮、人無肯主其事者、以屬公、即捐貲倡義、取材于市、徵甎于陶、自大成殿及兩廡戟門、煥然一新、視昔規模倍勝焉」

と記している。これらをつうじて、自ら退職した元官僚であり、宰相にもなろうというエリート官僚の兄をもち、当地方の名望家族である馬氏の一員として、彼が郷里のために多方面にわたって尽力したことは明らかである。しかも、事蹟はこれのみにとどまらない。墓誌銘は、右につづけて、

「他如折張騰璧常討等之券、還其産、免其償、與夫施饑扶危・給櫬掩骼・捨藥救病者、蓋不可勝數云」

といっている。騰璧・常討の二語の意味はよくわからないが、折張＝折賬は帳消しにすることであるから、前半部は他人に貸しあたえた財貨を棒引きにし、抵当物件を返還し、その償還を免除したことをいうのであろう。後半部が飢饉の救済・放置された死骸の埋葬・病人の看護をいうについては、説明は不要である。つまり、この記事によって、彼が慈善や救済の事業にも熱意を示したことが知られる。また、彼の修業時代のこととして、墓誌銘は「田畜を用って其家を起す」と書き、夫人王氏の内助の功をたたえて、

「時公外習儒業、孺人内持家政、……督隷人力田畜牧、家日蒸蒸起、公之饒富、孺人有力焉」

と述ているのをみると、その家は農業と牧畜に従事し、なお生産者的な側面を失っていなかったと思われる。こうした財力を背景として、前述の、退官後の生活も可能であったのであろう。なお、彼には一子惺があり、太学生の身分をもったと、父の墓誌銘にはあるが、その他の経歴は不明である。

四

世行録がつづいて載せているのは、馬自勉と自強の子供たちの伝である。

馬愼(14)（嘉靖九～萬曆二八）　馬自勉の長子で、字は約甫。彼が成人に達した頃、恐らく嘉靖三十年代のことと思われるが、当時の馬氏の状況について、李維楨が書いた彼の伝＝贈奉直大夫散官約甫馬公墓誌銘（世行録巻六）は、つぎのように記している。

「馬氏故善富、迨繁峙（通）宛平（珍）兩公、以宦減産、順天公（自勉）方治經、生業不暇問、而會歳數惡、俯仰時不給則謂公、吾與爾倶家督、吾以學廢、是責在爾、何必讀書、然後爲學、于是公罷經生業治生」

曾祖父・祖父二代にわたって、捐納で官途についたため、かなり財産を減らしていたであろう馬氏の経済状態では、父と彼がともに学業を全うできる余裕はなかったから、父の命により、彼は志をすてて家産の建てなおしにあたることになった。家産の分割によって、経済状態は一層急迫してもいたのであろう。彼がこれについていかに努力したかを、墓誌銘は、夫人張氏の内助を例にひいて、

「（張）孺人拮据井臼機杼間、夜以繼日、公喜、吾得鴻妻、無内顧矣、三時督家衆力田、率畝一鍾、更脱孺人簪珥、斥旁畝、積粟益饒、家有宛財、一切倉卒取辦無乏矣、順天公與其仲子吉州博士忱・季子禹州守協、得搏心輯志、先後用文學起家、而順天公兄弟宦遊、公當戸事王父母盡歡、……」

とある。彼が自ら農業に精励し、一家の財産をふやすのに成功したばかりでなく、父自勉や弟たちが学問に精励し、官界にすすむのに力強い後楯となったことがうかがえる。たとえ、家産が豊かであったとしても、誰かが郷里にあって家をまもり、老人を養うことがなかったならば、身内の者が官界で活躍するのが困難であったのは、前掲馬自修の言葉のとおりであったろう。そして、祖父珍が家産を分割した時に、彼は弟たちとともに、それにあずかっている。当時、陝西地方の習慣として、家産を分割するにあたって、孫たちも分与にあずかったことが知られよう。

「秦人俗、父子折箸、亦及家孫、公當有受于宛平公（珍）、與諸弟鈞之」（李維楨撰・墓誌銘）

さらに、多数の官僚をだして郷紳の一員である馬氏の当主としての彼の生活の一端を、墓誌銘はまた、つぎのように書いている。

「州大夫繕學舍、首捐貲鳩工、関西饑、發廩以賑、己從洛渭、運粟三艘、盡散之、所全活無算」

州学の修理や飢饉の救済には、率先して活躍するなど、地方の指導者としての責務を、彼は熱心にはたしたのである。彼には五子、橋・朴・格・檢・材があり、その経歴はのちに紹介するが、次男の朴は挙人となり、雲南布政司副使にまですすんだ。

馬忱(15)（嘉靖一一〜萬暦二七）自勉の次男で、字は信甫である。叔父自強より学問の手ほどきをうけ、若くして博士弟子に補せられたが、郷試にはついに合格せず、官界の実力者である叔父をもったにもかかわらず、獵官運動にも加わらず、山西絳州の訓導で満足した。そして、河南杞県の訓導、山西吉州の学正になった程度の経歴で、官僚としては不遇であった。四子をもうけたが、梧は貢生、櫝は礼部儒士、櫓は無位無官、椿は把総となった。

馬恬(16)（嘉靖一五〜萬暦一八）自勉の三男で、字は静甫。長兄愼とともに同州の家業をまもり、父や兄弟たちが官途につくのをたすけたが、彼の業務について、南軒撰の處士馬静甫墓誌銘（世行録巻六）は、つぎのような文章で、これを伝えている。

「然素善爲生計、好施予、里中不給者、稍稍就貸、静甫不厚責償、人以此徳之、亡何穀頓起、郡内及諸鄰封慕其義稱貸者、日填門、久之積穀數千石、里中賴以舉火者、不啻數十家、比歳關中大饑、穀價騰湧、蓋蔵之家、多乘時射利、静甫獨出責如常、族黨里人、頼以存活者衆、間或負且貸焉、亦皆憐而與之、未嘗有厭心」

馬氏が金銭や穀物の貸しだしを業としていた例は、すでに幾つか提示したが、彼の場合もその一例である。いうところは、穀物を貸しだすにあたって、利息をたかくとらず、暴利をむさぼらなかった彼の営業態度を賞讃するところに力点があるが、要するに、彼は穀物を大量にくわえ、これを近隣の人々に貸しだすのを業務としていたのは間違いない。彼は手びろく、一種の高利貸し、米穀の投機を営んでいたのである。彼は、宰相の甥であったにもかかわらず、終生官界へ足をふみいれることなく、庶民の分をまもって質素な生涯をおえたと、墓誌銘の末尾には付け加えられている。そして、彼には子供はなく、長兄愼の第四子檢があとをついだ。檢は州学の学生から、のちに蘇州府通判となった。

馬協[17]（嘉靖三〇～天啓四）自勉の四男で、字は恭甫、寅所はその号である。十一歳で州学に入学、萬暦七年、二十九歳で郷試に合格（挙人）、直隷廣宗県の知県、河南新鄭県の知県、河南禹州の知州、南直隷鳳陽府丞、刑部郎中をへて、萬暦四十一年には湖南辰州府の知府に就任したと、南企仲撰の彼の伝＝中順大夫湖広辰州府知府寅所馬公墓誌銘（世行録巻七）にはある。なお、彼には二子があるが、長男桂、次男楷は、ともに生員の身分をもった。

馬怡[18]（嘉靖二〇～萬暦三五）馬自強の長男で、字は順甫、号は裕軒または效乾と称した。郷試に合格したのは隆慶元年、二十六歳であるが、官職についたのは萬暦十四年、四十六歳の時であった。このように、二十年間も空白の時期があるのは、会試に合格できなかったことにもよるが、郷試合格の翌年、父の命により郷里に帰っていたからである。萬暦六年十月、父が没して後、服喪をおえると北京にで、前述のとおり、萬暦十四年、はじめて翰林院孔目に就任した。ついで、吏部司務をへて、萬暦二十二年には兵部車駕司員外郎となったが、同年十二月六日、いわゆる「朝鮮の役」の和平協議に北京へやって来た小西飛騨守[19]（内藤如安）と対面、その「悖天嗜殺、侵蹂属夷の罪」を詰問し、「輿論之れを壮とした」と、南師仲の書いた墓表（世行録巻八）などにはみえる。そして、兵部車駕司郎中から、萬暦二十六年、山東布政司参議兼按察司僉事にうつり、臨清州に赴任したが、この時もまた、宦官馬堂の誅求に端を発する「臨清の民変」[20]がおこり、その鎮定に活躍している。彼の官僚としての地位は、これが最高で、その後間もなく退官し、同州に帰って「以節倹範家、而施予又不吝」（前掲墓表）というような生活を数年間おくり、六十七年の生涯をおえた。彼には実子がなく、弟慥の子檀が後嗣となったが、檀もまた州学の増広生になっている。

馬慥[21]（嘉靖二五～萬暦四八）自強の次男、字は顧甫、肖乾と号した。萬暦元年の挙人、翌年、父親につづいて、馬氏では二人目の進士となった。そして戸部雲南司主事に任じられたのを手はじめに、兵部の諸官、礼部祠祭司郎中をへて、南京尚寶寺卿にすすんだが、病気を理由に退官した。退官帰郷の後にも、屢々官界への復帰を求められたが固辞し、ついに同州から外へは出なかった。彼の最初の夫人張氏は、父自強と同年の進士であり、またともに宰相をつとめた張四維の娘であるが、こうした事実を考えると、彼の官界での毛並みは第一級のものであり、当時、馬氏は、名実ともに、全盛期にあったと思われる。張氏との間に二男、梗と楠があったが、いずれもはやく亡くなり、張氏もまた、萬暦六年、三十歳の若さで病没している。ついで迎えた夫人鄭氏との間に一男、梃があり、生員となったほか、側室との間に檀・椋・榻の三男があり、檀が兄怡のあとをついだことは、先に触れたとおりである。

五

つづいて世行録がおさめるのは、馬自勉の長子愼の子供たちの伝である。

馬橋[22]（嘉靖三三～天啓元）字は昇若または伯済、号を済宇といい、馬愼の長子である。隆慶六年、州学の学生となり、萬暦元・四年と二度郷試を受験したが失敗、同七年、三度目にしてようやく合格した。その後、七度も会試に挑戦したが、いずれも不合格となり、ついに進士にはなれなかった。しかし、その学識は深く、とくに経学には精通し、学者仲間から「済宇先生」と尊敬されていたという。彼が官界に足をふみいれるのは、萬暦三十八年、直隷曲陽県司訓に任ぜられてからであるが、時に五十七歳であった。そして、同三十四年、四川屛山県の知県に昇任したが、これが最後の任官となった。

このように、彼には永い不遇の時代があったが、この間、彼が学業にはげむと同時に、父や兄弟たちの面倒をみ、家務を怠らなかったことが、王宏祖の筆になる、彼の墓表（世行録巻一〇）にみえるが、その一節はつぎの如くである。

「先生朝夕承順、且學且綜家、凡田盧婚嫁問遺之事、皆當戸獨任」

二子をもうけたが、長子は幼少にして死亡、次子嗣煐があとをついだ。彼も州学の学生となり、読書人の家系を守ったことが、前掲墓表のおわりの部分に附記されている。

馬朴(23)（嘉靖三六～崇禎六）　馬慎の次子で、字は敦若、淄宇と号した。幼時より学問を好み、大叔父自強を屢々感心させるほどの天才ぶりであったという。萬暦元年、十七歳で州学の学生となり、同四年には郷試に合格したが、すぐには任官せず、代々住みなれた馬坊の旧居から城内にうつり、進修書院をひらいて講学した。そして、約二十年後の、萬暦二十六年に直隷景州の知州に任ぜられてはじめて官界にはいり、直隷の易州知州、刑部員外郎、同郎中をへて、湖北襄陽府知府をつとめ、雲南布政司副使にすすんだ。前掲天啓同州志の編者は、この馬朴である。彼にも兄と同じく二子があり、長子嗣煜は州学の学生となり、その経歴はのちに明らかにするが、次子嗣熒ははやく亡くなった。

別掲「馬氏世系表」にみるとおり、馬朴のすぐあとに弟の格がいるが、この馬格の伝は世行録には見当らない。末弟馬材の伝である、王宏祖の奉直大夫雲南師宗州知州季幹馬公墓誌銘（世行録巻一一）によると、格は州学の廩膳生となったが、はやくに世を去ったという。

馬検[24]（隆慶三～崇禎九）馬慎の第四子であるが、子のなかった叔父馬恬のあとをついだ。字を賢若、号を用宇といった。ただし、名前は、崇禎帝の諱「由検」を避けて、晩年に楨とあらためている。州学の廩膳生となってから、郷試を七回受験したが合格せず、天啓四年、捐納によって貢生となり、同六年に蘇州府通判となって官界入りをはたした。当時、蘇州は中国最大の商工業都市であり、任官希望者が多かったから、科挙合格者でない者が当地の官職に任ぜられるのは異例のことであったらしい。王宏祖の承徳郎直隷蘇州府通判用宇馬公墓誌銘（世行録巻一一）によると、

「以公承承徳公（馬恬）之業、而益廣大之稱、素封宦帰、而家計漸落、可以知公生平人情」

とある。前述のとおり、養父馬恬は高利貸しを営んで、巨万の富を築いたと考えられるが、この財産も、養子の一代でかなり減少したようである。おそらく、捐納に巨額の金銭を要したことが、その一因であったろう。前掲墓誌銘によると、蘇州府通判としての彼の職掌は、織造と鹽法であったというから、この美缺をうるためには、他の官職よりは、一層多額の金銭が求められたのは当然である。子供四人をもったが、嗣炫と嗣熿はともに太学生、嗣熠と嗣煾は州学の学生と、いずれも生監の身分をもっている。

馬材[25]（隆慶六～崇禎一二）馬慎の第五子で、字は季幹または達若、号を因宇といった。名前は、はじめ榛であったが、のちに材とあらためた。萬暦十九年、二十歳で博士弟子（生員）となり、文名は大いにたかかったが、郷試には合格せず、失意のうちに任官の望みをすて、文学に生きがいを求めていたところ、晩年にいたって、思

いがけなく四川石泉県に赴任を命じられた。異例の任用であったという。しかも、石泉県での功績を認められ、間もなく、雲南師宗州の知州にすすんでいる。二子をもうけたが、嗣燿は州学の学生となって、父のあとをつぎ、嗣爀は若年で亡くなった。

六

自勉・愼とつたえられた馬氏の系譜のうち、世行録によって知られるのは、愼の次子朴の子孫たちのみである。彼らの系譜は、世系表にみるとおり、清朝末期までたどることができる。

馬嗣煜(26)（萬曆一七〜崇禎一六）　字は元昭または空明、号を二岑といい、馬朴の長子である。萬曆三十一年、十五歳で州学の学生となり、七度も郷試をうけたが、いずれも不合格となった。しかし、向学の志は衰えず、経史の学をきわめ、万巻の書を蔵して、受業生は数百人にものぼったという。その間、崇禎八年、附近に流賊が発生すると、彼は自ら火器をつくり、麦五十石、銀五十両をだして州城の防衛をたすけ、また、同十三年、同州周辺が飢饉におそわれると、粟二百餘石・銀二百餘両を提供して、一族および近隣の貧困者を救済したりもしている。郷紳の一人として、現体制を擁護するのに相応の努力をはらったというべきであろう。

そして、崇禎十五年、歳貢生として北京に赴き、山東済南府の通判を授けられ、赴任の後には、済南府武定州の知州の職務を代行した。時あたかも、明朝末期の動乱期にあたり、流賊や清朝軍の侵攻がくりかえされていたから、これに対する防衛が、彼の主要な任務となった。翌十六年二月、武定州の任は解かれたが、離任の直前、清軍の攻撃(27)をうけて捕えられ、火中に投じられて死亡した。遺体は、清軍撤退の後、同年八月、郷里に帰り、太僕寺少卿が贈られた。彼には二子、秫土・稚土があり、父の殉節にむくいるため、一子を廕せられることになっていたが、翌年三月、明朝が滅亡したため実現しなかった。

以上は盧某の書いた誥贈中議大夫太僕寺少卿山東済南府通判元昭馬公行状（世行録巻一一）によってたどった馬嗣煜の略歴であるが、そこには、彼が地主であったことをうかがわせる記事が二つ含まれている。まず、その在野時代のこととして、

「竹峪谷地租數十石、寄雷動和家内、丙子（崇禎九）春寇犯華邑、動和乘隙自焚其厩、詐爲寇燬刼粟以欺公、公曰、人心皇皇、此何時也、即以文簿付之、同祿不究」

とあるのによると、彼が鄰邑華州に土地を所有し、小作料を同地の雷動和の家にあずけていたことが明らかである。また、行状の最後の部分には、撰者盧某が自分自身がうけた恩恵について、

「余與公生不同時、居不同井、……渡河僑居楊村、藉公田數十畝、以耕以讀、十餘稔用」

と記している。つまり、盧某は、彼から田土を借りて暮しをたてていたのである。

なお、馬氏には、彼のほか、もう一人、明朝に殉じた人物＝馬嗣烋がいることが、馬先登の公呈明殉難贈太僕寺少卿済南府通判馬嗣煜戸部員外郎薊州糧儲馬嗣烋崇祀忠義祠状（世行録巻一一）によって知られるが、この人物が系譜上どこにおかれるべきか不明である。

馬秫土(28)（崇禎三〜康熙四八）字は相九、奚疑子と号した。馬嗣煜の長子であるが、十四歳の時、父が武定州で戦没したため、弟の稚土（字は舍九）とともに、貧苦のうちに少年時代をすごした。そして、苦学のすえ、博士弟子に補せられ、康熙三十二年にようやく歳貢生にえらばれて北京にでたが、実官につくことなく、同学との交

遊のうちに生涯をおわった。馬先登が書いた彼の伝＝歳貢生曾祖相九公行状（世行録巻一二）に、

「與弟含九公（稚土）折居、初分城内西街産、較盛乃譲弟、而取南街業」

とあるのは、弟と家産を分割したこと、馬氏が城内にも財産をもっていたこと、それも二ケ所にわたっていたことをうかがわせる記事であり、また、

「僕少公（嗣煜）笥中有貸、屡貸券數十紙、悉付丙丁、業既日落、猶于郷里困乏者、勉爲周恤、待奴僕寛宏、不以細事苛求」

というのは、その経済状態をつたえる一節である。後者のいうところによると、当時、一家の暮しむきは良好でなかったが、にもかかわらず、困窮者の救恤につとめたこと、彼の家には奴僕がいたことなどが明らかとなろう。貧しくなったといっても、農民たちとは、次元の違う話である。文中に「屡貸券數十紙、悉付丙丁」とあるのは、多分、他人に銭穀を貸した証文を火中に投じた、つまり、それを棒引きにしたことをいうはずであり、とするならば、馬氏がひきつづいて金貸しをしていたということになろう。

彼には子がなかったので、弟稚土の第三子鎔をもって後嗣とした。

馬鎔(29)（順治一八～康熙四四）幼名を銖といったが、のちに鎔と改名。字は君典、馬稚土の第三子であるが、伯父稶土のあとをついだ。若くして州学の学生（増広生）となったが、郷試にはついに合格せず、四十五歳という比較的短命で、しかも養父に先きんじて亡くなったため、官界にすすむ経歴はもたなかった。彼の孫にあたる馬魯の貤贈修職郎増廣生先祖君典公行状（世行録巻一二）によると、

「公之時、當僕少公（嗣煜）殉難後、且累代清宦、家無長物、雖有田數頃、以承糧與人者過半、業日蕭條、餬口維艱」

とあり、当時、一家は田数頃を所有していたというが、生活は依然として楽ではなかったらしい。「以承糧與人者」というのは、やや抽象的で理解に困難であるが、税糧を承攬するのを条件に、他人に田土の用益をまかせること、つまり、質入れすることであろう。彼が死去した時、養父秫土は健在であったが、三年後に養父が亡くなると、彼の一子士宜があとをついだ。

馬士宜(30)（康熙一五～乾隆一五）字は時公、東園と号した。馬鎔の子である。七歳で学業の途にはいり、祖父から易経、父から詩経を教えられ、康熙三十二年、十八歳で州学の学生となったが、増広生たるにとどまった。その理由として、馬魯の例贈修職郎増廣生先考東園公行状（世行録巻一二）が記すのは、

「累試不第、爲増廣四十余年、歳屡荒歉、先業日落、不能專業詩書、以遂青雲之志、抑其時運之未可強哉」

という一事であるが、父の死後、一家の生計を支える責任が彼の肩にかかってきたことも、その一因であったらしい。行状は、このことについて、さらにつぎのようにいう。

「乙酉（康熙四四）父捐館、家務一身肩之、市先妣笥中遺物、得六七十金、贖所質之田、督家人楊忠・馬好善等治農、數年稍有蓄積」

康熙四十四年に父鎔がなくなった時、士宜は三十歳であったが、母の遺品を処分してえた金＝六・七十両で、質入れしていた田を買いもどし、家人を督令して耕作せしめ、数年間の努力の結果、やや蓄積をもつようになっ

た。この一文から類推すると、前掲馬鎔の行状に「以承糧與人者」とあったのは、質入れしたことを指すのに間違いなく、父の代に質入れした田土を、彼は取り戻したのである。そして、この田を耕すのに、家人を督したとあるが、家人とは家奴と理解してよく、困窮の淵にあったとはいえ、なお地主であった馬氏の経営が、こうした労働力に支えられていたことをうかがわせる。

こうして、彼の一代にやや家勢を挽回した馬氏は、以下のように受けつがれていった。すなわち、士宜には子がなく、堂弟（父のいとこの子）士寧の子魯を後嗣とした。魯は乾隆二十五年に挙人となり、陝西静寧州の学正をふりだしに官界への一歩を踏みだした。魯のあとは一子歩雲がつぎ、彼は生員となったが、そのあとは一子聯魁がついだ。ただし、彼らの伝記は世行録におさめられていない。

七

以上は、馬自勉一家の系譜であるが、世行録によって、馬自修一家の系譜をたどることもできる。世行録の編者馬先登は、その末孫である。

すなわち、馬騰蛟が書いた奉祀生先考昌斎府君行状、李元春の奉祀生昌斎馬公墓誌銘（世行録巻一三）などによると、馬自修のあと、彼の家系は、つぎのように継承された。自修の子憬は山西平陽府曲沃県の県丞となり、そのあとは馬榕がついだが、彼は直隷真定府の通判をつとめ、その子馬紹烜もまた陝西宝鶏県の訓導となった。ついで、家系は建士・纘武・光湧と受けつがれたが、この間は、系譜が明らかなだけで、彼ら三名がいかなる身分をもったかは不明である。おそらく、この期間、家勢は一種の逼塞状態にあったのであろう。光湧には維俊・

良驥という名の二子があったが、良驥は生員の身分をもった。良驥は四子をもち、そのうち、兆行は生後十日で死亡したが、兆祥は齎奏廳の官を買い、兆玉もまた捐納によって国子監生の資格をえた。そして、長子兆運は伯父維俊の後嗣となった。

馬兆運[31]（乾隆二八～道光五）字は昌斎、号は耆翁。幼時より詩文にすぐれた才能を示したというが、当時家計は苦しく、先生をえらんで勉学をつづける余裕はなかった。父良驥は生員であったが不遇であり、近くの澄城県霊皐鎮に私塾を開いて、いつもは不在がちであったため、彼は長子の努めとして、家務を取り仕切らねばならず、ために勉学に専念することができなかった。しかし、向学の志はいささかも衰えず、孫の馬先登が書いた奉祀生先考昌斎府君行状（世行録巻一三）に、

「蓋府君（兆運）以毿毿白髪、携其孫以應童子試者、已歴數載、人方將譏、祖孫必且同案、傳爲郷曲佳話」

とあるように、孫とともに童試（学校試）を受験するほどの徹底ぶりであった。ただ、彼自身はついに童試にも合格せず、晩年は族子たちに希望をつないだという。そして、行状には、

「居家事無巨細、必預爲規畫、……夜分恒三四起、天甫明、求衣督傭工力作」

と表現し、同じ事実を李元春の奉祀生昌斎馬公墓誌銘（世行録巻一三）に、

「公治家事、無鉅細、必預爲規畫、夜分恒三四起、農事興、往田間、必身率先、終身拮据」

と記すように、彼はもっぱら農業に従事し、家計を維持したが、努力の甲斐あって、後年にはやや余裕を生ずる

にいたっていたらしい。なお、右の墓誌銘によると、一家は、遠祖自修の曾々孫にあたる建士の時、康熙三十三年に、馬氏の本拠ともいうべき、同州城南の馬坊里から、州北十余里の東小坡底へ住居をうつしたとある。

馬兆祥(32)（乾隆三五〜道光一二）字は麻齋、良驥の次子、兆運の弟で、従伯祖應璽のあとをついだというが、この人物が系譜上に占める位置は明らかでない。前述のとおり、当時、東小坡底の馬氏の経済状態は苦しく、学業をおさめることができなかったため、彼は商人として身をたてた。孫繼謨の書いた彼の伝＝贇奏廳庥齋馬公曁元配孫安人合葬墓誌銘（世行録巻一三）には、つぎのようにみえる。

「公乃奔走負販、風餐霜宿、二十年無暇日、迨公叔弟輝堂（兆玉）季弟敏齋（兆行）兩公、相繼踵其業、公遂不復出外、而主進於府城」

商人としての彼は、はじめ、いわゆる客商として各地にでむいていたが、弟たちが業務をつぐようになると、自分で行商することはやめ、府城にあって指揮をとった、というのが、右文の大意である。咸豊同州府志巻二一風俗志に、

「窮民苦衣食之不給、富者皆棄本逐末、各以服賈起家、蜀卓宛孔之流、甲於通省、朝邑富人、尤甲一郡焉」

とあるのによって知られるとおり、同州府は、その頃、商人輩出の地であったが、彼と弟たちは、その一員であったわけである。そして、晩年、捐納によって贇奏廳の官を授けられ、一応の官僚身分を取得している。彼晩年の生活を、右の墓誌銘は、このように書いている。

「爲人衣布、素食粗糲、惟刻意理家、凡室廬田産器什几榻與夫冠婚喪祭之需、大半多由公出、稍有贏、則推及鄰里、

嘉慶壬申（一七）歳侵、指困以済、生平不妄耗一錢、供讀書則不少吝、所知有稱貸者、慷慨應之、不計其能償與否」

よく斉家の実をあげ、近隣の人々にも恩恵をあたえ、災害があれば救済につとめ、学問を奨励するなど、一族および郷党の中心的存在であったことがうかがえよう。また、彼が金銭を他人に貸し与えていたことも、注意しておいてよいであろう。彼には何人かの子女があったらしいが、いずれも成人せず、兄兆運の次子有徳があとをついだ。

馬兆玉[33]（乾隆四〇～道光二七）字は国寶、号は輝堂、良驤の第三子、兆運・兆祥の弟である。兄たちと同じく、学問の途にすすむことができず、彼もはやくから商人となった。この間の事情を、馬先登の誥贈奉政大夫太学生叔祖輝堂公墓表（世行録巻一三）は、つぎのように述べている。

「家世貧、食指繁衆、徳菴公（良驤）藉舌耕贍養、饔飧不給、公於是粗習句讀、即去而就賈、與姊丈朗若崔君、市易木棉於直隷保定一帯、……公則獨自販鬻以帰、利獲倍蓰、當是時、麻齋公（兆祥）亦販粟於三原之美原鎮、敏齋公（末弟兆行）則又馳驅甘涼、皆能師廢著權子母、獨昌齋公踵父業、仍設帳授徒、然得内無甘旨之缺者、頼有公等賈故也」

つまり、彼は木棉を扱う商人として直隷方面を舞台に活躍し、兄兆祥は穀物商、弟兆行も遠く甘州・涼州方面に進出する商人であり、彼らの努力によって、一家の経済状況が大きく好転したことがわかる。さらに墓表が記すところによると、彼は商人として成功した後、一時的に業務をやめるが、間もなく再度業界に復帰し、

「乃復居貨於涇陽及邑之羌白鎮、俾子弟分任之、涇羌爲四方商賈輻輳之區、公伉爽練達、質劑輒中窾要、遠道綴至

者、咸曬就公、得一言平章、即交易各得其所、以故名噪其闤闠、西涼北直諸巨商、無不知吾秦有輝堂公者」といわれるような、地元はいうまでもなく、華北から西方地域にいたる商業界に、指導力と影響力をもつ有名人となった。墓表の冒頭に、馬先登は、自分が読書して名を成せたのは、「固繇父生而師教之、而叔祖輝堂公之卵育翼長功居多」と記して、深い感謝の意をあらわしている。彼が後年、進士に合格できたのは、この大叔父のおかげであったと、彼は考えていたのである。

馬騰蛟(34)（乾隆四九〜咸豊三）字は天階、号は小坡、馬兆運の長子で、世行録の編者馬先登の父である。幼時から経史の学をおさめ、嘉慶十五年には県学の学生となったが、それ以上にすすむことはできず、「授徒舌耕爲業」（覃臻撰・誥贈朝議大夫天階馬公曁配左恭人墓誌銘・世行録巻一三）という、一介の田舎教師の生活に甘んじた。しかし、学問への情熱はうすれず、弟有徳と長子先登を、当時、同州府一帯で名声のあった李時斎先生のもとに遊学させている。その甲斐あって、先登は、道光二十七年、進士に合格(35)、馬氏としては、自強・慥の親子につづいて、約二百八十年ぶり、三人目の進士となった。

ただ、彼の時代にも、はじめ、家計は必ずしも豊かではなかったようである。この点について、馬先登の筆になる誥贈朝議大夫先考庠生天階府君曁先妣左恭人行状（世行録巻一三）には、つぎのようにみえる。

「當不孝（先登）之未第也、家爨再折、食指且日衆、府君三世皆藉館穀養家、以是窮窘較甚、……而修脯寥寥、不敷瞻養、家亦無長物可質肆庫」

そして、馬先登が進士となる前後の頃、一家の経済状態は、ようやく上向いていた。行状の文はさらにつぎのようにつづく。

「後家稍阜、遇有乞貸、不取子息、甚則無力償亦聴之、丁未（道光二七）歳侵、分所有以賙比隣、頼擧火者悉加額、稱誦府君則曰、此吾母意也、其善體親心、與他隱德善行、率類如此」

道光二十七年は、前述のとおり、先登が進士となった年であるが、当時、他人に銭穀を貸しだすくらいの余裕を生じていたわけである。

彼には夫人左氏との間に五子があった。先登・毅登・捷登・鋭登・續登であるが、先登は進士、毅登は武庠生、鋭登は生員となった。彼らの伝は世行録におさめられていないが、毅登については、「不孝弟毅登、服賈涇州、」と、母親の伝＝馬先登撰の先妣左孺人壙誌（世行録巻一三）にあり、彼は叔父たちと同じく商人であったことが知られる。商人として一応の成功をおさめ、捐納によって武庠生の身分をえたのであろう。

八

陝西同州の馬氏は、大略以上のような系譜をもって、明清時代を生きつづけてきた。ただ、その間、系譜の明らかなのは馬自勉・自修の家系のみであり、馬自強・自道については、それが不可能であるのは遺憾である、しかし、明末の時期に「呉中は田土沃饒たり、然れども賦税重く俗は淫侈なり、故に百年の富室有ること罕なり、大官たりと雖も、家は一・二世にして輒ち敗す」（震川先生文集巻二五・敕封文林郎分宜県知県前同州判官許君行状）などと語られているような、先進経済地帯である江南地方の状況にくらべると、それは異例といってもよいほど永い時間である。一般的にも、いわゆる郷紳の家が数代つづくのは極めて稀れであったことは、すでに明らかにしたとおりである。

永続の理由は別として、右に紹介したとおり、馬氏の系譜はながくつづいただけでなく、主要な家系を受けついだ人物は、ほとんどすべて、生員・監生・挙人・進士であり、多くは官僚として政治の世界に活躍している。その間、時代の流れに対応し、何度かの家産分割を行って、各家の家計を独立させ、また、移住の例もないわけではない。しかし、こうして、家系と生活を別にしながら、それでも、馬先登の時に世行録を編纂するくらいの、族的結合を維持してきたのは事実である。(36)

しかも、世行録に伝をもち、生涯の概略をうかがえる人たちは、官界に一生をおえた者は別として、退官して郷居した者、官界へ足をふみいれなかった者など、いずれも、農業を主たる生業としつつ、地主であり、金貸しであり、商人であり、時として私塾の教師であったが、(37)また、彼らは、郷里における政治・経済・文化など諸分野の指導者でもあった。四・五百年というながい歴史のなかで、何度か家勢の興亡や経済的な危機があり、王朝交替をふくむ政治的激動をも経験しつつ、それらをのりこえて、馬氏の系譜は伝えられたが、その間、馬氏の生活と郷党に対する立場は、ある程度の変動を含みつつも、ほとんど不変であったと認めてよい。また、そうした家勢の危機を克服するについて、生員以上の身分をもった者に与えられていた特権(38)が、有利に作用したであろうことは疑いない。

以上のように、同州の馬氏は数百年にわたって、郷紳でありつづけた。それが可能であったについては、地域事情を考慮すべきであるかも知れないが、この間、一族の系譜を絶やさなかった人たちの行動から、郷紳の実像は自ら浮びあがってくるであろう。江南にくらべると後進地域と認められる、陝西を舞台とするとはいえ、馬氏の事例は、郷紳の在り様をうかがわせる、一つの例証となるであろう。

補注

(1) 雍正十三年、同州は府に昇格している（咸豊同州府志巻六沿革表）。

(2) 周知のとおり、明代に宰相という官職はなく、「内閣大學士」とよばれるものの通称であった。

(3) 馬氏世行録は、正式には、世行録七巻・後録三巻・続録一巻・又続録二巻・又続録之餘一巻から成りたっているが、本稿では世行録で統一した。したがって、巻数は通巻のものである。

(4) 南企仲撰・中順大夫湖廣辰州府知府寅所馬公墓誌銘（世行録巻七）など。

(5) 五人とするものと、六人とするものの二種の見解が「世行録」に示されているが、名前の明らかなのは五人である。

(6) 孫繼皐撰・誥贈光禄大夫太子太保禮部尚書兼文淵閣大學士繁峙令馬公神道碑銘、王學謨撰・伝（世行録巻一）。

(7) 王圻・續文獻通考巻五〇選擧考に「景皇帝景泰元年以邊圉事殷、令天下生員納粟上馬者、許入監、……我朝納粟入監事例、濫觴於此」とあるのからすると、この慣行が景泰元年からはじまることは明らかである。

(8) 馬自強撰・誥贈通議大夫詹事府詹事翰林院侍讀學士先考南野公暨妣李淑人繼妣張氏行状、張四維撰・誥贈通議大夫詹事府詹事禮部左侍郎兼翰林院侍讀學士直隷順天府宛平縣縣丞南野馬公墓誌銘、李廷機撰・墓表、魏學曾撰・伝（世行録巻二）。

(9) 王家屏撰・承徳郎直隷順天府通判懋菴馬公墓誌銘、何東序撰・墓表、何洛文撰・伝、馬自強撰・楊孺人墓誌銘（世行録巻三）。

(10) 馬慥撰・誥授光禄大夫太子太保禮部尚書兼文淵閣大学士贈少保謚文荘先考乾菴公行実、魏学曾撰・誥授光禄大夫太子太保禮部尚書兼文淵閣大学士贈少保謚文荘馬公行状、張四維撰・墓誌銘、申時行撰・墓表、王錫爵撰・神道碑銘、同・伝（世行録巻四）、この他、馬自強の伝は、明史巻二一九、国朝獻徴録巻一七、本朝分省人物攷巻一〇四などにある。

(11) 韓爌撰・散官允菴馬公墓誌銘（世行録巻五）。

(12) 宮崎市定・科挙史（全集第一五巻）によると、明代に明經科はなかったようであるから、この記述にはやや疑問がのこる。ただ、世行録巻一一にみえる馬嗣煜の伝——盧某撰・誥贈中議大夫太僕寺少卿山東済南府通判元昭馬公行状、李楷撰・馬二岑伝などには、歳貢生に選抜されることを「明經をもって云々」と書いているから、こうした用例があったのかも知れない。記して後考をまちたい。

(13) 李元吉撰・徴仕郎平定州判官虚菴馬公墓誌銘（世行録巻五）。
(14) 李維楨撰・贈奉直大夫散官約甫馬公墓誌銘（世行録巻六）。
(15) 楊繼禮撰・修職郎吉川學正誠軒馬公墓誌銘（世行録巻六）。
(16) 南軒撰・處士馬靜甫墓誌銘（世行録巻七）。
(17) 南企仲撰・中順大夫湖廣辰州府知府寅所馬公墓誌銘（世行録巻七）。
(18) 馬慥撰・誥授朝列大夫山東布政使司右參議兼按察司僉事整飭臨清等處兵備使伯兄效乾先生行狀、王學謨撰・誥授朝列大夫山東布政使司右參議兼按察司僉事整飭臨清等處兵備使效乾馬公墓誌銘、韓爌撰・墓碑銘、南師仲撰・墓表、盛以宏撰・伝（世行録巻八）。
(19) 石原道博・文禄慶長の役（塙書房・一九六三）。
(20) 「臨清の民變」については、横山英・中国における商工業勞働者の發展と役割（歴史學研究一六〇）に論及されているが、注（18）に列擧した馬怡の五つの傳記は、「臨清の民變」に關する有力な史料となるであろう。
(21) 盛以宏撰・誥授通議大夫南京尚寶寺卿顧甫馬公墓誌銘、孫瑋撰・墓碑銘、南師仲撰・墓表（世行録巻九）。
(22) 史記事撰・文林郎四川屏山縣知縣済宇馬公墓誌銘、王宏祖撰・墓表（世行録巻一〇）。
(23) 韓爌撰・誥授中憲大夫雲南按察使司副使洱海道敦若馬公墓誌銘（世行録巻一一）。
(24) 王宏祖撰・承徳郎直隷蘇州府通判用宇馬公墓誌銘（世行録巻一一）。
(25) 王宏祖撰・奉直大夫雲南師宗州知州季幹馬公墓誌銘（世行録巻一一）。
(26) 盧某撰・誥贈中議大夫太僕寺少卿山東済南府通判元昭馬公行狀、李楷撰・馬二岑伝（世行録巻一一）。
(27) 明實録崇禎一六年二月・三月丁酉の條によれば、この時期、武定州は清軍の攻撃をうけたとある。
(28) 馬魯撰・歳貢生曾祖相九公行状、馬先登撰・馬相九別伝（世行録巻一二）。
(29) 馬魯撰・貤贈修職郎增廣生先祖君典公行状、馬應龍撰・例贈孺人李太孺人墓誌銘（世行録巻一二）。
(30) 馬魯撰・例贈修職郎增廣生先考東園公行状、張廷榴撰・例贈修職郎增廣生東園馬公墓誌銘（世行録巻一二）。
(31) 馬騰蛟撰・奉祀生先考昌齋府君行状、李元春撰・奉祀生昌齋馬公墓誌銘、李元春撰・例封孺人馬母武太孺人合葬墓誌銘（世行録巻一三）。

(32) 孫繼謨撰・齎奏廳庥齋馬公暨元配孫安人合葬墓誌銘（世行録巻一三）。
(33) 馬先登撰・誥贈奉政大夫太學生叔祖輝堂公墓表（世行録巻一三）。
(34) 馬先登撰・誥贈朝議大夫先考庠生天階府君暨先妣左恭人行状、賈瑧撰・誥贈朝議大夫天階馬公暨配左恭人墓誌銘、馬先登撰・先妣左孺人壙誌（世行録巻一三）。
(35) 馬先登の經歴は、いまのところ、道光二十七年の進士であること、同治七年九月付、世行録の序文に「賜進士出身誥授朝議大夫權知河南懷慶府事」と肩書きを記していること以外には、わかっていない。なお、「明清歴科進士題名碑録」によると、馬先登と同年の進士に、沈葆楨や李鴻章の名がみえる。
(36) 家産分割がどのように行われたか、本章第六節が、その具体像を明らかにするであろう。分割はかなり厳格な均分形態をとり、孫にまで及ぶものであったらしい。
(37) この點については、Chung-li Chang（張仲礼）: *The Income of the Chinese Gentry*（University of Washington Press. 1962）の結論と一致する。いわゆる郷紳の職業・収入源が多岐にわたっていたのは、周知の事実である。
(38) 宮崎市定・科擧史（全集第一五巻・九二頁以下）。

馬氏世系表

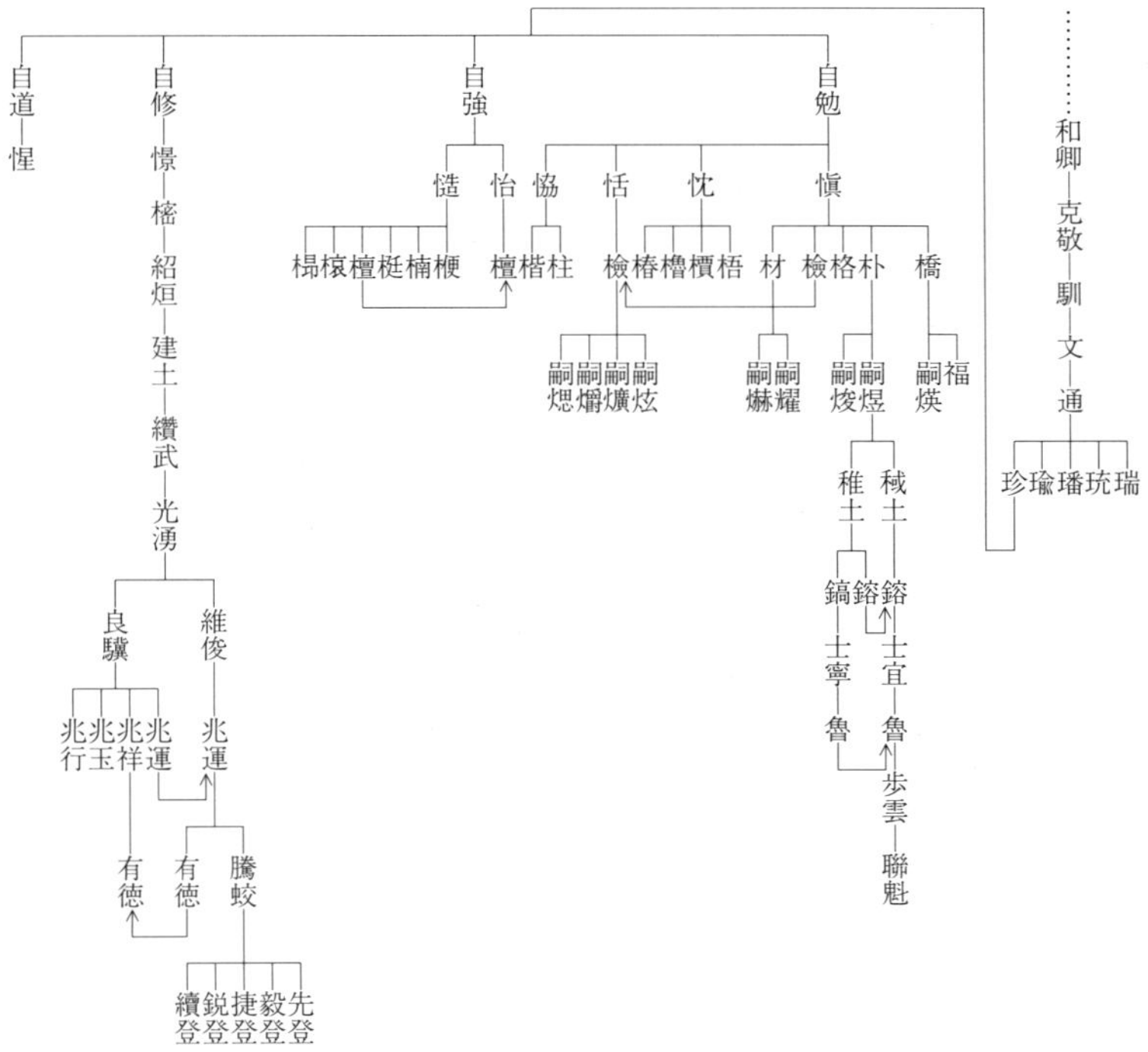
和卿
克敬
馴
文
通
珍
瑜
璠
琉
瑞
自道
惺
自修
憬
榕
紹烜
建土
纘武
光湧
良驥
維俊
兆行
兆玉
兆祥
兆運
兆運
有徳
有徳
騰蛟
續登
鋭登
捷登
毅登
先登
自強
慥
怡
榻
椋
檀
梃
楠
梗
檀
自勉
愶
恬
忱
慎
楷
柱
檢
椿
櫓
櫝
梧
材
檢
格
朴
橋
嗣煜
嗣熚
嗣爌
嗣炫
嗣爀
嗣耀
嗣烇
嗣煜
嗣烘
福
稚土
秇土
鎬
鎔
鎔
士寧
士宜
魯
魯
歩雲
聯魁

第二節　泉州府同安県の林氏

一

林希元、字は懋貞（または茂貞）、号は次崖、福建省泉州府同安県翔風里の人である。生卒年はともに不明であるが、正徳十一年（一五一六）の挙人、翌年の進士であるから、十六世紀の前半期に活躍した人物である。明史巻二八二に簡単な伝記がある。

「林希元、字は懋貞、（陳）琛と同年の進士にして、雲南僉事を歴官す。考察不謹に坐し、罷めて帰る。著わすところの存疑等書は、琛の著わすところの易経通典・四書淺説と、並びに擧業の宗とするところと為る」

官僚としては、それほど大成しなかったようであるが、ひとかどの学者であり、『四書存疑』、『易経存疑』などの著書は、かなり広く読まれたことが知られよう。彼にはまた、蔡獻臣の筆になる林次崖先生伝（林次崖先生文集）があり、その生涯、とくに官歴をより詳しく知ることができる。

すなわち、比較的遅い年齢で学問に志したようであるが、正徳十二年に進士となったのち、南京大理寺評事（正七品）をふりだしに官界にはいり、寺正、泗州判官を歴任した。その後、一時、官を辞して郷里に帰ったが、方献夫や霍韜らの推薦で官界に復帰して、寺副、広東塩屯僉事、提学使をつとめ、嘉靖九年には南京大理寺寺丞となった。任満ちたのち、遼東問題で要路と意見を異にして、欽州知州にうつされ、また、安南問題で朝議と対立して、嘉靖二十年に広東按察司僉事(1)（正五品）を罷免された。彼が欽州の任を去ると、人々は生祠を建てて祭ったという。進士に合格して以後、二十五年の官界生活をおえ罷官帰郷ののちは、ふたたび官途につくことなく、学問三昧の生活をおくり、時には、地方の政治――寇盗や饑荒などについて当局と接渉したりしながら、八十五歳で亡くなった(2)。

彼の学問研究は、泗州判官を辞して帰郷した頃から本格化したようで、程朱の学を尊重した。王陽明とほぼ同じ時代を生きたにもかかわらず、「嘉（靖）隆（慶）より而後、程朱を篤信して異説に遷らざる者また幾人もなし」（明史巻一七〇・儒林伝の序）といわれた風潮に反し、朱子学者として終始した。故郷の泉州府同安県が朱子初任の地であったことと、それは関係をもつであろう。著作には『四書存疑』、『易經存疑』、『太極圖解』、『讀史疑断』、『考古異聞』、『古文類抄』などがあり、いずれも広く読まれた。だが、晩年には大学古本の考証につとめ、経伝を改正し『大學經傳定本』を朝廷にたてまつったところ(3)、それを理由に、官籍を剥奪される羽目におちいった。この間の事情は、実録嘉靖二十九年十二月辛未の条に明らかである。

「閑住広東按察司僉事林希元、大學經傳定本を改編し、及び四書易經存疑を著わし、奏して刊布せられんことを乞う。詔して其書を焚き、希元を巡按御史に下して問尋し、其冠帯を褫き民と為す。希元は福建同安の人、著わすところの書は、間ま朱傳と合わずと雖ども、自ら一家の言を成し、取るべき者多し」

林希元の生涯は、およそ、以上の如くであった。一流の学者ではなかったが、世間に知られた数編の著書をもち、何よりも、進士出身の歴として官僚経験者であった。そして、嘉靖二十年に退官してからの彼は、いわゆる郷紳であった。郷紳の理解については、幾つかの意見があるとしても、彼がもっとも厳密な意味での郷紳＝「在郷の官僚経験者」であることは間違いない。嘉靖二十九年、彼は官籍を失い、庶民におとされたが、彼の伝記は、崇禎閩書や嘉慶同安県志などにも収載されている。地方志の人物伝には、郷土の名誉のための誇大な記述が多いが、彼が郷土の偉人としての扱いを、後世からうけていたことが知られるであろう。

二

この林希元に「家訓」と題する一文がある。全文十二条、一四九〇字の、比較的短い文章であるが、子供たちへの訓戒を記したもので、林次崖先生文集巻十二におさめられている。先述のとおり、当時、多くの家訓が書かれ、その幾つかは現今につたえられているが、これはその一つである。いわゆる郷紳たちがいかなる行動規範をもち、どのような家庭を理想と考えていたか、あるいは彼らの処世術をうかがうのに役立つ史料と認められるので、読みくだし文で紹介してみよう。（番号は便宜的に附した）

（一）人家の子を生むや、資質あること、湛甘泉・厳介溪の子の如きを得難し。資質なければ一向に絶望なり。汝ら兄弟、資質あれども力学を肯えんぜず。吾の恨む所以なり。汝ら兄弟、終日汲汲として做家するも、得るところ幾何なりや。且つ説うまでもなく、中擧して能く前列に考居し、一擔廩に補せらるれば、但に家声を振うべきのみならず、従来また進身の路ありて、衣冠の士夫たるを失わず。猶お守財の虜と為り、没首して聞く無きより愈らずや。これを戒めよ。これを勉めよ。

(二)　吾子細に思量するに、二子は既に教うべし。高孫もまた長ず。吾もし官を辞して帰家すれば、子孫を教え、また館を開いて以って来学を教えん。猶お東西奔走して、白首するも成る無きに愈るべし。只だ家業立たず、帰家するも養贍すべき無きが為め、所以に果さざるのみ。二子宜しく此意を体し、各自力学すべし。仍お礼を加えて厳師を敦請し、諸孫を教訓して、成立すること有らしむれば、吾懐抱を解慰するに庶し。明年、一盉(4)は宜しくこれを厚款すべし。諸孫は溺愛して晏起遅出し、或いは邵家(5)に帯往して、其学業を妨げ、其大事を失するを得ず。

(三)　二子方今の要緊は、只だ多読多作に在り。一松は尤も多作を以って先と為す。毎早に読書し、食飯後に義一篇を就作し、然る後に看書すべし。一・二月の後に做到すれば、まさに自ら功効有り、筆下れば自ら純熟すべし。また須らく論・表・判・策は相い間え、而して大要を作るべし。三分を以って率と為し、二分は頭場、一分は二場・三場とすれば、自然に本末兼挙せん。一松は漢文すでに幾篇を読み得たれば、今且らく三蘇文集を将って、其の善なる者を択んで熟読すべし。一梧は漢文を読むべし。但し全史は未熟なれば、根本の門戸、未だ立たず。古文を読むも益無し。須らく通鑑綱目および性理諸書を将って、日夜熟読し、以って根本の門戸を立つべし。教学も須らくまた此法に依るべし。一松の今科場の中策一・二道は、また能く成言す。只だ是れ簡短寂寥にして豊贍ならず、周匝ならず。皆、寡読寡見にして、材料無きの故なり。今宜しく以って戒と為すべし。

(四)　聞くならく、潮州の士夫説う、盛若樹は兄若林の進士に中せるより以後、発憤読書して、月を経るも帰家せず。読み得て形容清痩、僅かに人形を存するのみ。夫の祖は都堂と為り、父は知県と為り、家業は甚大なり。而うして只だ兄弟二人尚お発憤して、中を要むること此の如し。二人の家業は其の十分の一に及ぶ能わず。乃ち若し作家せんと欲すれば、発憤読書し、以って中挙せずして何ぞや。これに勉めよ、これに勉めよ。

（五）祖宗に尊事するは、有家の第一義なり。家礼に曰く[6]、君子の将に宮室を営まんとすれば、祠堂を先と為す、と。吾、家計立たざるに因り、故に祠堂未だ建たず。祖祠堂もまた倒塌して蓋う能わず。甚だ以って歉と為す。姑く東庁に就きて、先人に香火を供奉す。汝輩、全く意と為さずして、紗燈もて別処に改懸し、夜来るも点燈せず、朔望にも拝奠せず、事有るも啓告せざるは、是れ何の理ぞや。伝に曰く[7]、死に事うること生に事うる如く、亡に事うるに存に事うる如きは、孝の至りなり、と。想うに、我れ百歳の後、子の我れに事うることまた此の如からん。汝らの子孫も汝に効い、汝に事うるにまた、我れに事うる如くせん。礼儀の門と為るを得んや。これを戒めよ、これを戒めよ。

（六）人家の男女は最も別有るを要す。男子は外に居り、女子は内に居れば、乃ち混雑せず。吾、先年、規矩を立定し、女婢は出門入市せず、男僕の十五以上なるものは内庁に入るを得ざらしむ。今、俱に守られず。吾、前に家に到るに、事、冗なれば、男子の使喚もて入らざるを得ず。此れ有事の際なれば、常論を以ってし難し。今後、宜しく吾が家法を守るべし。

（七）吾、入官してより以来、衙に在り家に在るに、一鶏だに妄殺せず。客有り事有りて方めて殺す。若し出巡の在途に鶏を殺せば、此れ有司の供給なること、論ぜざるなり。蓋し天物は暴殄すべからず。蘇東坡曰く、食は甚だ美なり、死は甚だ苦なり、と。吾、毎にこれを念う。故に鶏を妄殺せず。吾、見るに、一松は新婦の満月より以後、一梧と与に、尋常にして客無く事無きに、また鶏を殺して食らう。此れ吾の喜ばざるところなり。人に恒言有り、不尽を留めて以って子孫に遺す、福有るも尽享べからず、と。予、始め貧賤にして衣食充たず。故に今、此の福を享得す。汝ら子孫もまた、其餘を享するを得たり。今、汝輩、後人のものをば一度にすべて享しおわれば、子孫、何の望みあらん。古に云う、造物は多取を忌む、と。吾、平生、不合にも大名を虚享す。故に官爵もまた躋蹬たり。居家の一理は、汝輩、宜しく深念すべし。我れの言を以って迂と為すこと勿れ。

（八）佃戸は我が為めに耕田し、命を我れに倚せ、我れもまた命を彼に倚す。これを待するに宜しく恩有るべし。吾、見るに、汝輩、銭につきて太だ急にして、恐らくは、佃戸を待すること刻薄に過ぎん。凡そ荒年に遇えば、租税は要らず寛減に従うべし。或いはこれを免じ、或いはこれを緩にすべし。大なる過失無ければ、輒ち起田召佃するを得ず。但だ小民は無知なれば、分を守り做人せしむるを要す。吾が声勢に倚りて郷里を欺害するを許さず。汝輩もまた、曲庇して伊の官府の方便と為るを得ず。但だに理に於いて違実有るのみならず、則ち他の為めに纏累せられて、読書するを得ず。如実に受虧して、林元用の如からん。これが為めに妨げらるること無かれ。

（九）凡そ人の子を送り、来りて契義するは、此れ最も事を害す。他ら皆、利の我れに有るの故に来りて契義するなり。利無くして彼来るは何の故ぞ。吾が声勢を恃み、因りて郷里を欺害するが如し。或いは人の為めに官府を包攬し、我れに託して方便と為さんとす。此の類甚だ多し。皆、累するところと為る。また、或いは熟するを恃み、輒ち後庁・厨房に入り、男女混雑して、恐らく他事を生出せん。今後、切に戒めざるべからず。

（十）結交は類に非らざれば不可なり、委用は人に非らざれば不可なり。(8)伝に曰く、善人と居るは芝蘭の室に入るが如し、久しくして其香を聞かざれば、則ちこれと倶に化すなり、悪人と居るは鮑魚の肆に入るが如し、久しくして其臭を聞かざれば、則ちこれと倶に化すなり、と。今、悪人と結交すれば、或いは我れを誘いて非を為し、或いは我が財物を誑かし、或いは吾が声勢に倚りて、私かに以って人を害せん。豈、我が累と為らずや。委用に其の人を得ざれば、陳栄理の看田するが如し。人の買嘱を受け、多く田価を増し、以って一梧を欺かん。豈、我が害と為らずや。今後、宜しく以って戒と為すべし。

（十一）門戸は最も宜しく謹慎すべし。大門・二門・後門は、毎月輪流して、一僕が看守し、朝夕に啓閉す。如し失誤有れば、重責して恕さざれば、則ち其の法行われん。

（十二）古に云う、鞭朴は家に弛むべからず、刑罰は国に用いざるべからず、と。国の刑罰を用いざるべからざるを以って、則ち家の鞭朴を用いざるべからざること、見るべし。吾が家の子孫・僮僕、豈、過失無きこと能わんや。而して二子未だ一人も戒責する者有るを見ず。来安は賭博し、汝昭は人を詐き、来定は命に逆らうも、当時は事忙にして、戒責するに及ばず、今以って恨と為す。二子宜しく吾が言を思うべし。

三

家訓の全文は以上のとおりであるが、その正確な執筆時期はわからない。ただ、第二条に「吾もし官を辞して帰家すれば、子孫を教え、また館を開いて以って来学を教えん。……只だ家業立たず、帰家するも養瞻すべき無きが為め、所以に果さざるのみ」とあるところからすると、彼の在官中、つまり嘉靖二十年以前に書かれたものであることは、まず間違いなかろう。

ところで、全文十二条は、その内容によって、二つに区分することができる。すなわち、前半の四条と後半の八条である。前者は、科挙のもつ意義を力説し、合格をめざして勉学に励むよう、子弟を訓戒した部分であり、後者は、広い意味での家政の安定的運営の心得に触れた部分である。それぞれ、官僚・士大夫あるいは郷紳の家庭のあるべき姿を記述した文章として、興味をひかれるが、以下においては、もっぱら、前半の部分を考察の対象とすることにしたい。そこに彼らのもつ基本的価値体系が要約されていると考えるからである。

前半の四条は、要するに、公的に認められた古典的教養を身につけ、科挙制度をつうじて官僚となり、身分的特権を与えられ、地位の向上が可能であったばかりでなく、それがもっとも確実な致富の道でもあった、当代の社会構造から必然的にでてくる訓戒である。第一条においては、科挙に合格するか否かが一家一身の運命を左右することを述べ、第二条では、勉学に励むべきことを教えている。第三条においては、子供たちの学業の進度と段階を考え、学習の具体的な課題に触れ、第四条では、発憤讀書の実例を紹介しつつ二子の中挙を期待している。そして、これらの四条は、林希元の、というよりは、当時の、官僚・士大夫たちの、共通の心情を吐露したものと理解することができるはずである。

その点にかかわる例証として、前章に紹介したところでもあるが、同時代の家訓を一つ紹介しておこう。林希元の官界復帰時の推薦者の一人であった霍韜（一四八七〜一五四〇）の、霍韜庢家訓・子姪第十一には、つぎのようにいっている。

「家の興るは、子姪の賢多きに由る。家の敗るるは、子姪の不肖多きに由る。子姪の賢と不肖は、勤惰奢検より大なるは莫く、其の教うるは則ち父兄に由る。世の不肖の父兄は、禽犢を以って子姪を視、多く姑息を事とし、子侄に不肖多く、以って其の家を敗るを致す。戒めざるべからず」

一家の興亡は、子侄の賢と不肖、社会の実状にそくしていい換れば、科挙に合格するか否かにかかっており、そのために子孫の教育を重視しなければならないと述べているのである。間接的ないい方ではあるが、林希元と全く同じ心情からでた言葉であると思われる。家訓の第四条に「若し作家せんと欲すれば、発憤読書し、以って中挙せずして何ぞや」というのが、彼らの本心であった。

家訓によって知られるとおり、林希元には、一松と一梧という名の、二人の男の子があった。おそらく、一松が長男、一梧が次男であったと思われるが、二子の教育問題は父親の最大の関心事であった。とくに第三条において、二子に対して、勉学の具体的課題と内容を指示しているところに、父親の熱意と期待が感じられる。すなわち、両人に対して、まず多読と多作とをすすめている。多読とは、多くの書物を音読することであり、多作とは、文章を多くつくることを意味する。そして、学習段階の違う両人への、細かな配慮を加えた助言が行われている。一松には多作を求めるとともに、当面、三蘇文集を熟読すべしと教え、一梧には漢文を読み、なかでも、通鑑綱目と性理諸書を読んで、基礎的な学力をつけるようにと指示しているのである。

一松と一梧は、その頃、府学あるいは県学の学生（生員）の選抜試験をめざして勉学中であったと思われる。つまり、童生であったと認められる。第二・七条にみるとおり、両人はかなりの年齢にたっしており、一松は夫人との間に子供をもうけていたようであるが、なお生員たるべく勉強に励んでいた。彼らの学習段階は、父親の言によって知られるが、それは多分、当時の一般的な教学計画にもとづいていたはずである。

明代、科挙をめざす勉学がどのようなカリキュラムによって行われていたか、それについては、既述のとおり、元・明・清代をつうじて、教学計画の基本をなしたとされる、程端禮（一二七一～一三四五）の程氏家塾読書分年日程によって、その概略を知ることができる。[9]この著作は、元朝が科挙を再開した延祐二年（一三一五）の序文をもち、国子監をつうじて全国の学校に配布され、教育指導の典範となったばかりでなく、明清時代にも、科挙をめざす学徒の指導要領としての役割をはたした書物である。[10]著者程端禮は朱子学者であり、[11]朱子の読書法にもとづいて書かれたこの本は、元代以後の科挙が、その経義の基準として、朱子あるいは朱子系統の学者の注釈を採用したこともあって、後世に大きな影響をおよぼすことになった。しかも、林希元自身が朱子学者であったから、林家の二子の勉学が、この書物に記すところに忠実に行われたのであろうことは、ほぼ間違いない。

程氏家塾読書分年日程の示す教学計画は、第二章に紹介したところであるが、大略、つぎの如くである。

八歳入学前の時期には、性理学訓を学ばせて文字を教える。（これをもって、蒙求・千字文に代える）また、朱子の童子須知を壁に張りつけ、食事のあとに、一段ずつ暗誦させる。

八歳入学後には、まず、小学の本文を、ついで大学、論語、孟子、中庸の本文、孝経刊誤を読む。その後、易経、書経、詩経、儀礼、礼記、周礼、春秋ならびに三伝の本文へとすすむ。

こうして、八歳から六・七年の時間をかけて、右の諸書を読みおえ、十五歳＝志学の年齢にたっすると、四書の注釈を読む段階になる。すなわち、大学章句・或問、論語集注、孟子集注、中庸章句・或問を読んだ後、論語或問の集注に合する部分、孟子或問の集注に合する部分を鈔読する。ついで、周易、尚書、詩経、礼記、春秋の本文を鈔読するとともに、選定された注釈を節鈔する。

三・四年をかけて、四書と本経の学習をおえると、つづいて歴史書にとりかかる。まず、通鑑を看む。史書は音読ではなく、目読すればよい。通鑑を看むに際しては、通鑑綱目、史記、漢書、唐書、范祖禹の唐鑑を参照する。これを終えると、韓文を、ついで楚辞を読む。この間、すでに学んだ諸書の復習を怠らず、あわせて制度の勉強も行うことにする。

通鑑・韓文・楚辞の学習は、二・三年の後、二十歳あるいは二十一・二歳で終える。そのあとは、さらに二・三年をかけて、作文を学ぶことになる。

以上のような順序をへて、読書作文の全課程は、二十二・三歳、おそくとも二十四・五歳をもって終了する。入学の時期を失った者でも、三十歳前後には、この課程をすますことができる。これで準備は完了したわけで、いよいよ学校試、ついで科挙の受験ということになる。

程氏家塾読書分年日程は、ほぼ、右のような教学計画を提示している。その内容は非常に詳細であり、実際的には、そのままのかたちで実行されたわけではなかろう。また、明清時代の科挙制度が学校制度を包含したこともあって、多少の改編が試みられたとも考えられる。しかし、基本的には、このような順序で教学が行われたとみて差し支えない。

家訓第三条にみえる、一松と一梧の学習段階は、読書分年日程の示すカリキュラムによると、一松は最終段階に、一梧は初級段階にあったと認められる。それにしても、八歳以前――おそらく五歳頃からはじまり、二十二・三歳、おそければ二十四・五歳までつづく勉学生活は、過酷であったといわざるをえない。それを承知で、父親は子弟に勉学を要求するのである。しかも、それは決して、林希元だけに認められる固有の事態ではなく、官僚・士大夫の家に生まれた者の、当然あゆむべき路として、疑問の対象ではなかった。讀書中挙することが一身のためばかりでなく、家門の維持発展を保証する方途である以上、勉学は忽にはできないのである。ただ、父親の期待にこたえて、一松と一梧が首尾よく目的を達したかどうか、定かではない。

四

右のように、子弟の勉学に腐心し、その成功を熱望した林希元であるが、嘉靖二十年に退官帰郷してからの彼には、そうした父親像とは全くかけ離れた側面があった。朱紈の甓餘雑集巻二・閲視海防事によって知られる彼の行動である。

「また、考察閑住僉事林希元は、負才放誕、見に風生を事とす。上官の行部するに遇う毎に、則ち平素撰するところの前官を詆毀する伝記などの文一・二冊を将って寄覧す。自ら独特の清論と謂うも、実は則ち挟制を明示す。守土の官は畏れてこれを悪むも、如何ともする無し。此を以って威を樹て、門に林府の二字を掲げ、或いは民詞を擅受し、私かに拷訊を行い、或いは告示を擅出し、有司を侵奪して、違式の大船を専造し、仮すに渡船を以って名と為し、専ら賊贓并びに違禁の貨物を運ぶ」

この文章は嘉靖二十六年十二月二六日の日付をもつが、帰郷後の林希元がいかなる社会的存在であったかを、如実に伝えるといえるであろう。地方官憲にさまざまな威圧を加え、官府に擬して門に林府の額を掲げ、勝手に民の訴状を受けつけて拷訊を行い、恣ままに告示を出すなど、有司の権限を奪ったばかりか、国禁の海外密貿易にも深く関わっていたというのである。

ところで、明朝は、太祖以来の方針として、民間商人の海外貿易を厳禁し、招撫に応じて朝貢してくる諸国に対して、所謂朝貢貿易の形式で貿易を許すにとどまった(12)。だから、宋元時代以来、貿易に依存してきた浙江・福建地方の住民は生計の路を失い、海外貿易港として発展した港湾――その最大の據点であった泉州・漳州などは、繁栄の基盤を奪われ、密貿易として、伝統は細々と継承されるにすぎなかった。ところが、社会的・経済的な要請にもとづく密貿易はやむことなく、逆に成化・弘治年間から正徳・嘉靖年間にかけて、ますます活潑化し、おりから、ポルトガル人の来航をうけて、一層公然且つ大規模に展開されつつあった。にもかかわらず、明朝の海禁政策は変更されなかったため、矛盾は多くの騒擾事件となって表面化し、倭寇の侵攻を激化させた(13)。この事態に直面して、明朝は、あらためて、全面的な海禁を断行することになり、その重責を荷って登場するのが朱紈である。

実録嘉靖二十六年七月丁巳の条にあるとおり、朱紈はこの日付で巡撫浙江兼管福建福興建寧漳泉等處に任じられた。重責をおびて現地に着任した朱紈は、密貿易の実情を調査するが、彼のえた知見によると、密貿易を支配し運営しているのは地方の有力者、ことに郷紳層であるという現実であった。

「此等の郷官は乃ち一方の蠹、多賢の玷、進思尽忠者の憂うる所、退思補過者の恥とする所なり。蓋し罷官閑住するや、名検を惜しまず、招亡納叛し、広く爪牙を布き、郷曲に武断し、官府を把持す。下海通番の人は其貲本を借り、其人船を藉し、動もすれば某府と称して、出入忌む無し。船貨回還すれば、先ず原借の本利相対するを除き、其余の贓物は平分す。蓋し一年に止らず、また一家に止らざるなり。惟だ林希元、甚だしとなす耳」

下海通番の人、つまり密貿易の実務を担当する商人は、郷官＝郷紳から資金の提供を受け、彼らの勢威をかりて官憲に対応したこと、利益があがると、まず郷官の原資が二倍にして差引かれたのち、残りの部分を均分したこと、しかも、これらの慣行は昨今のものではなく、また広く行われていたことが知られる。そして、こうした郷官のなかで、最も目立つ存在が、他ならぬ林希元であった。彼は密貿易の資金提供者であったばかりか、各地の港に多数の船舶を所有して、業務に直接関与してもいたのである。

「今、査報に拠るに、見在する者は、月港八都地方の二隻、九都の一隻、高浦呉灌村の一隻、劉家店の一隻、地方の勢を畏れて報ぜざる者、また幾何なるやを知らず」

朱紈は、さらに林希元の数々の不法行為を詳しく記述している。まず、朱紈の着任前に、つぎのような事件があった。彼は海賊とよばれる者とも繋がりをもっていた。

「（嘉靖二十六年）五月初九日、林希元は已に問発せる蔡陽輝らに令し、未獲の海賊姚新老らの贓仗を運回するの一船上に、糞査を将って遮蓋す。指揮顧喬岳の兵を統いて拏獲解送するを被る。僉事韓柱、審証明白に、引例招呈し、巡按衙門は九谿衛に定発して充軍す。」

配下の蔡陽輝らが武器の輸送途上で逮捕され、充軍の処罰をうけると、この判定を不服として、林希元はさっそく、道台に掣肘を加えるべく、行動をおこした。

「林希元は、其平素の刁潑なるを恃み、該道に移書して挟制するも、只だ原船并びに糞査を給与し領回するを得るのみ。其余の贓伏は皆、官庫に入る。此れに因って、原拏の官兵を痛恨す」

道台に手紙をおくって圧力をかけたが、船と、武器をかくすのに使った糞査（糞渣＝人糞肥料）を返還されたにとどまり、肝腎の武器は没収されてしまった。不満をつのらせた彼は、つづいて新たな一手を打った。

「本年（嘉靖二十六年）八月初六日、已に問結せる林守仁・蔡英魁等に令して駕船進港し、故さらに倉皇の状を作さしめ、兵快の陳潤等有りて向前盤問せし比おい、伊れ哄邀上船せるに因り、験するも贓物無し。時に当りて行兇拒殴し、各々傷つくること軽重不等。脱走せるを除くの外、兵快の黄偉・蔡忠・陳守ら三名を将って細縛し去訖れり。指揮顧喬岳が聞知し、濠門巡検司の官兵と同に、追いて地名謝蒼なるに至り、奪回して呈報し、僉事韓柱准行するや、仍お林希元の挟辯を被る。量問して、蔡英魁・林守仁等、各々杖罪もて発落し、各々巻照あり。其余は杖挙すべからず」

配下の林守仁らに命じて、ことさらに不審な行為を行わせ、臨検に赴いた兵快を殴打致傷せしめたうえ、三名を捕えて連れさらせた。この事件は、指揮顧喬岳が捕えられた兵快三名をとりかえし、下手人の林守仁らを逮捕処罰して結着したが、その間にもまた、林希元の介入があり、主犯の二名に杖罪を科しえたにすぎなかった。共犯者の処罰にまではいたらなかったのである。そして、朱紈が着任すると、林希元は、さっそく、使いの者を朱紈のところに送った。

「臣、入境の初、林希元は素より一面の識無し。即ち已に問結せる家人林和を遣わし、一紙の無名の草書を持し、称して賊人の口詞と為し、報帖して臣に向って投送せり。蓋し郷邦に示すに豪俠を以ってし、且つ臣を試するに重軽を以ってせる耳」

新任の巡撫に自らの勢威を誇示し、その力量をためそうとしたのであるが、ついで、二つの事件をひきおこした。第一の事件は、つぎのように報告されている。

「同安被劫の変を聞くに及び、本より海道と関わり無きも、臣、敢えて坐視せず。倉卒に調兵せるうち、該劉伍店の郷兵五十名は、推官陳信等の統領を聴す。該県、姓名を開報して官に在り。林希元は則ち此れ我家防守の人なりと称し、調発するを容さず。陳信、示すに国法をもってせり。是れに因り、郷兵高徳悌等の投到せる者四十六人、其の顔汝勝・守育・守宗・世清ら、竟に占拠するを被る」

推官陳信が指揮すべき五十名の郷兵のうち、四名を林希元は私占としてしまったのである。当局の管下にある郷兵すら、家人同様に扱っていたことが知られるであろう。かくするうちに、第二の事件がもちあがった。

「林希元は又、機に乗じて、一城の居民を捜検せんことを建議す。分守右参政呉鵬、従わず。則ち、該道并びに該府同知胡文宗等に騰書して妄称すらく、赤嶺の賊、旗幟は山に満つ。生（林希元）は劉南郭と倶に逃れたり。南郭とは閑住僉事劉汝楠の別号なり、と。該道またこれが為めに動ぜず。已にして赤嶺を伝探せるに、原より賊情無し。則ちまた切歯深恨し、動もすれば具奏せんと称す」

赤嶺に賊徒集合のデマをふりまき、道台がこれに動かされないのを知ると、恨みをつのらせ、朝廷に上奏するぞと脅迫まがいの行動にでる有様であった。

このように、朱紈の記すところによれば、退官帰郷後の林希元は、郷紳の立場を背景に数々の悪事を働くのを常としていた。しかも、彼は地方官憲を無視し、あるいはこれに圧力をかけ、海上の密貿易を支配する、泉州地方の郷紳の第一人者、大立物であった。したがって、密貿易を根絶し、海禁政策を強行しようとすれば、当然、彼と対決しなければならなかったが、朱紈は断乎として、反抗勢力である郷紳を取締ることを決断した。

「夫れ所謂郷官なる者は、一郷の望なり。乃ち今、肆志狼籍すること此の如し。目中にまた豈に官府の有るを知らん耶。蓋し漳泉地方は、本と盗賊の淵藪にして、郷官の渡船はまた、盗賊の羽翼なり。臣、反覆思惟したるに、郷官の渡船を禁ぜざれば、則ち海道清なるべからず。故に怨謗を恤まず、行令禁革し、以て弊源を清めんとす」

郷紳の渡船が密貿易と関わりをもち、海疆の治安をそこなう原因であるとの認識のもとに、まず、郷紳の渡船を禁止しようと、朱紈は決意した。激しい抵抗を予想したうえでの決断であったはずである。郷紳の渡船を禁ずるとともに、朱紈は、もう一つの対策として、保甲法を実施したが、(14)たちまち反応があらわれた。

「該臣詳し得たるに、保甲既に行われ、姦豪失恃す。此れ必ず有勢有力の家にして、素より下海通番の利を獲たれば、機に乗じて禍を倡え、愚民を煽動し、憲法を阻撓せんことを希図す。亦、告示を給し、遍く曉諭を行いたれば、姦計の行わざるを自知し、却えって又倡説すらく、漳州の海浜、駕船逃竄し、或いは風濤を冒して死するは、皆、保甲の故なり、と。道路に伝播し、以って巡按衙門の風聞深信し、所司に案行するを致す。査果して行し難ければ、或いは各該衙門を激変するを致し、孰れか其咎を辞せんや等語あり」

保甲法によって海上密貿易の利益を失った有力者たちは、民衆を煽動して、法令の施行を阻止しようと試みた。そして、これが効果をあらわさないのを知ると、デマをふりまき、関係の各衙門を動かし、あるいはこれに威圧を加えたことが知られよう。

こうした朱紈の処置に、林希元個人がどのように対応したかは明らかではない。朱紈の記しているのは、前述のような不法行為だけである。しかし、海上の密貿易と深く関わっていた彼のことであるから、当然、反対運動の先頭にたっていたはずである。林希元が泉州・漳州における反朱紈勢力の中心人物として行動したのは、間違いない。蔡獻臣の伝記にいうような、学問三昧の、おだやかな晩年ではなかったはずである。

以後、林希元の名はあらわれてこないが、朱紈の海禁政策の経過を略述しておくと、つぎのとおりである。(15)こうした抵抗にもかかわらず、朱紈は、これに屈することなく所信を貫いた。漳州・泉州における一連の処置をおえると、彼は休む間もなく、浙江の密貿易拠点である双嶼港を制圧し、密貿易業者に大打撃を与えた。ところが、密貿易の利益を失った勢力、ことに、それと深い関係をもった郷紳たちは、地方および中央の官僚を動かし、朱紈罷免の策動を開始した。この企てにも林希元は当然加わっていたはずである。その結果、彼は北京へ召還され、尋問に附されることになったが、事態の推移にかんがみ、すでに前途の不利を悟った朱紈は、嘉靖二十八年十二月十六日、自らの生命を絶った。つまり、郷紳たちは、地方と中央の官僚に働きかけ、政府の方針に忠実であった朱紈をも、死に追いやったわけである。彼らの力がどのようなものであったか、はっきりと理解できるであろう。

五

さて、林希元について知りうる事実は、ほぼ以上のとおりである。彼は進士であったけれども、官界では、それほどの高位にのぼったわけではない。だが、家訓にみられるように、子弟にむかっては、科挙に合格することこそが、一家一身の存続と繁栄のための最大の捷径であるとして、勉学に励むことを熱望する父親であった。二人の子供が期待にこたえたかどうか、不明ではあるが、人生目標として、彼が何を求めていたかは、おのずから明らかであろう。加えて、彼は「守財の虜と為る」（家訓第一条）のを軽蔑し、穏やかな家事の運営を求め、学者としての一面を併せもつ父親であった。

ところが、家訓や伝記などには全く記載されていないが、退官帰郷後の彼には、郷紳としての活動があった。「郷曲に武断し、官府を把持す」るに加え、海上の密貿易とも深い関わりをもち、北京朝廷の方針にもとづく朱紈の海禁政策にすら抵抗し、ついに彼を自殺に追いこむほどの実力をもつ郷紳の一員で、林希元はあった。自己の利益を守るために、彼は朝廷の政策と対決することを辞さなかったのである。

また、家訓によると、林家は必ずしも富裕ではなかったというが、「林希元は怙勢恃強し、専ら番国に通じ、豺虎の家奴を以って重桅の巨航に駕し……此の似く横行して、遂に巨富を成す」（甓餘雑集巻二・閲視海防事）という記載もある。どちらが正しいのか、それを確認する史料はないが、多分、家訓のいうところは、ある程度、割引いて受けとめるべきであろう。

このように、林希元という人物については、二つの側面が指摘できる。すなわち、何よりもまず一家の長として、子弟に科挙をめざして勉学し、官界に地位をえて一家の安定した存続を期待する立場と、郷紳として、密貿易に依存せざるをえない地域の利益を守るためであったかも知れないが、私利を求めて、政府の施策を無視、あるいはこれに反対抵抗する行動者としての立場である。ともに、同一人物のもった二つの側面であり、矛盾は感じられるものの、両者は決して相対立するものではなかったはずである。少なくとも、郷紳の一般的な姿勢として、林希元本人は、全く疑問を感じていなかったであろう。とするならば、彼自身、二つの立場の間にある距りを、理念的にどのように整合させていたのであろうか、――結論を求めるのは容易でないが、郷紳がもっていた現実の具体像の一例として、今はただ事実だけを紹介するにとどめておきたい。郷紳の問題を扱うに際して、避けては通り難い事柄と考えるからである。

補注

（1）明史本伝には「雲南僉事を歴官す」とあるが、蔡獻臣の林次崖先生伝には、このことを記載していない。

（2）林次崖先生文集におさめる文章の示す最終記年は、嘉靖四十一年である（巻一〇・邑侯瓶台譚公保障記）。

(3)　林次崖先生文集巻四・改正経伝以垂世訓疏。
(4)　顔一盂である。文集巻一六・祭友人顔一盂を参照。
(5)　意味不明。
(6)　朱子家礼・通礼「君子将営宮室、先立祠堂於正寝之東。」
(7)　礼記・中庸に「事死如事生、事亡如事存、孝之至也」とある。
(8)　孔子家語巻四・六本第一五。
(9)　北京師範大学編・中国古代教育史（人民教育出版社・一九七九）四一五頁以下。
(10)　明末清初の時代を生きた陸世儀（一六一一―一六七二）の教学計画（思辨録輯要）も、基本的に、程端禮のものと一致することは、第二章第一節に触れている。
(11)　元史巻一九〇・儒学二。宋元学案八七。
(12)　張維華・明代海外貿易簡論（学習生活出版社・一九五五）。
(13)　張維華・前掲書。片山誠二郎・明代海上密貿易と沿海地方郷紳層（歴史学研究・一六四号）。
(14)　甓餘雑集巻二・閲視海防事。
(15)　明史巻二〇五・朱紈伝。片山誠二郎・前掲論文。

〔附記〕一九八二年七月二二日、泉州から厦門に赴く途中、同安県を通ったことがある。車中から眺めた同安県は、はるかに海をのぞむ穏やかな農村であり、田植と稲刈が同時に行われ、茘枝がたわわに実っていた。

第三節　回族の郷紳——陳江丁氏ほか

一

中国には現在、五十幾つかの少数民族がいるといわれるが、回族はその一つである。彼らは比較的人口が多く、(1)他の少数民族が特定の地域に集中して住むのに対し、中国本土の各地に広く分散して、漢族とまじりあって生活している。北京・天津・太原・西安・開封・南京・泉州・昆明などの都市には回族の居住区があり、天津市の南方に回族自治県が設けられているのを、筆者は実見している。

回族という名称は「回回」に由来する。すなわち、田坂興道によれば、回回という文字は唐代の回紇・回鶻に発し、遼代末期にはじめて文献にあらわれるが、最初は全く宗教的意味をもたなかった。ところが、時代の経過にともなって、その指す地域——葱嶺の西方および東方の地域にイスラム教徒が多かった関係から、文字の起源とは全く無関係に、イスラム教徒をいう用語となった。そして、彼らの奉ずる宗教を回回教あるいは回教と称するにいたり、ついで、回教を信仰する人々を回族とよぶようになったという。[2] したがって、回族とはイスラム教徒のことであり、厳密な意味での民族的呼称ではない。現在、中国本土に居住する回族は、漢語を話し、漢風の姓名をもち、漢族との間に身体的相違をほとんどもたない。

ところで、回教の中国への伝来は唐代に遡るが、唐代の回教は外来寄寓の回教徒、つまり西方から来住した人々を別にしては存在しなかった。宋代でも事情はほぼ同様であったが、この時期、漢族の間にも多少の改宗者がではじめた模様である。元代になると、モンゴルの西征を契機として、回教徒の勢力は飛躍的な発展をとげ、甘粛・陝西・雲南から福建・浙江、さらに大都を中心とする直隷地方へと拡がっていった。これをうけて、明代とくに中期以降は、中国的回教あるいは中国的回教徒社会が形成されはじめた時期にあたり、中国回教史上、最も重要な時期となる。当時、回教は伝来すでに年久しく、幾多の中国的要素を吸収しており、また、元朝滅亡後、西アジアとの接触もほとんどなくなっていたから、本来のイスラム教とは非常に異なった、極めて中国的色彩の濃い宗教へと変貌し、土着化して、中国社会のなかに不動の、独自の社会を形成するにいたったのである。以上の点について、内外の研究者の見解は大体において一致している。[3]

本節は、右のような意義をもつ明代の、しかも、宋元時代以来、海外貿易の最大の拠点であり、多数の色目人——その大部分はイスラム教徒であった——が居留していた泉州の、回族とその生活を考察の対象とするが、主たる資料は、泉州市泉州歴史研究会の編する『泉州回族譜牒資料選編』(一九八〇年八月刊)からえている。筆者ははじめ、この書物を南開大学の図書館で見附けたが、のちに傅衣凌先生にお願いし、一本を頂戴して持ち帰えった。まず、このことを記して、感謝の意を表わしておきたい。

『資料選編』は縦二六センチ・横一五センチの油印本で前言・目録・本文を含めて一〇五葉、「泉州文献叢刊第三種」として刊行されたが、体裁からみて、市販はされなかったと思われる。題名から知られるとおり、泉州地方で蒐集された回族の族譜から、回族研究に直接関係をもつと認められる資料を選択整理した書物であるが、取りあげられているのは「陳江丁氏族譜」、「栄山李氏族譜」、「清源金氏族譜」、「燕支蘇氏族譜」の四種である。ただし、本文九九葉のうち、七五葉は「陳江丁氏族譜」の記事が占めている。資料集としての制約があり、各族譜の編纂年代や経過を解説していないなど、不備な点も目につかないわけではないが、従来ほとんど研究されたことのない回族の族譜を扱っており、珍らしい資料集といえるであろう。(4)

二

前述のとおり、資料選編が主として陳江丁氏族譜の記事を収めているので、丁氏を中心に考察をすすめることにしたい。以下にみるように、丁氏は泉州回族の代表的存在であった。

泉州市の南約一〇キロの海岸に、厦門への公路に沿って、陳江または陳埭とよばれる一郷がある。現地で聞いた伝誦によると、この地はもと海であったが、五代の頃、節度使の陳洪進が海埭を築いて干拓事業を行ってから、人々が住みつくようになり、陳江あるいは陳埭とよばれるようになったという。陳埭は全長一〇キロにわたり、当時築かれたもののなかで最長の海埭であった。閩書巻八・方域志・泉州府の條に、(5)

「陳埭は陳洪進の築くところ、吟嘯浦東南流および羅裳東北諸澗を受け、西南に至り、分かれて衆港と為り、二斗門より以って海に入る。郷を陳埭という。郷上の哈之亭は、百鮮の聚るところ、溝東の人丁、溝西の人林、皆衣冠の族なり。居人は井無ければ溝水を以って食を為す」(6)

とあり、地元のいい伝えと符合している。さらに右文は、その書かれた萬暦年間に、この地の住民のうち、丁氏と林氏が士大夫の家として知られていたことを明らかにしている。この丁氏こそが、以下において取り扱おうとする、陳江の丁氏である。現在、埭内は肥沃な農地となっているが、泉州海外交通史博物館調査組の報告(7)によると、その現状がつぎのように紹介されている。

「陳埭郷は一三の自然村からなり、人口は九千餘人、萬丁と称しているとおり、すべて丁姓である。二千餘人が海外に移住しているのを除き、のこった者の大部分は漁業に従事し、毎年各地に販運される海産物は数十萬坦にたっする。郷の中央には丁氏の祠堂(8)があり、建物は大きく、その様式は非常に風変りである。まんなかに白花崗岩で平台が築かれ、その上に祠堂の正堂が建っている。平台下の周囲はすべて回廊で囲まれ、廊下は全部つながっていて、「回」字形をなしている。平台上の正堂は廊下より約八〇センチたかく、中・左・右の三門によって、周囲の回廊につながっている。回廊部分にも前後左右の小門があり、出入口となっている。祠堂は正面が二一メートル、奥ゆきが三六メートルあり、正門には澤山の彫刻がほどこされ、金箔がはられて、頗る華麗壮観である。祠堂左端の廊下に二つの柱礎がのこっているが、その様式は泉州の清浄寺に存するものと同じであるが、やや小さい」

報告は右につづけて、陳埭に最初に定住したのは陳氏であったと認められるが、陳氏の子孫は少くなり、その祠堂ものこってはいるけれども、久しい以前から祭祀を行う人がなくなっていると記している。要するに、現在、陳埭の住民の大多数は丁氏だというわけである。先住の陳氏、明代には丁氏と対抗していた林氏の勢力はすでに衰え、丁氏が彼らを圧倒して今日にいたっていることが知られよう。また、泉州の回族としては、金・丁・夏・馬・葛の五姓が有名であると、資料選編の前言にはいうが、なかでも、陳埭丁氏は現に、当地最大の巨族として知られているのである。

さて、丁氏族譜[9]によれば、丁氏は南宋末乃至元初の頃、蘇州から泉州に移って来たという。その世系図をつくると、つぎのようになる。

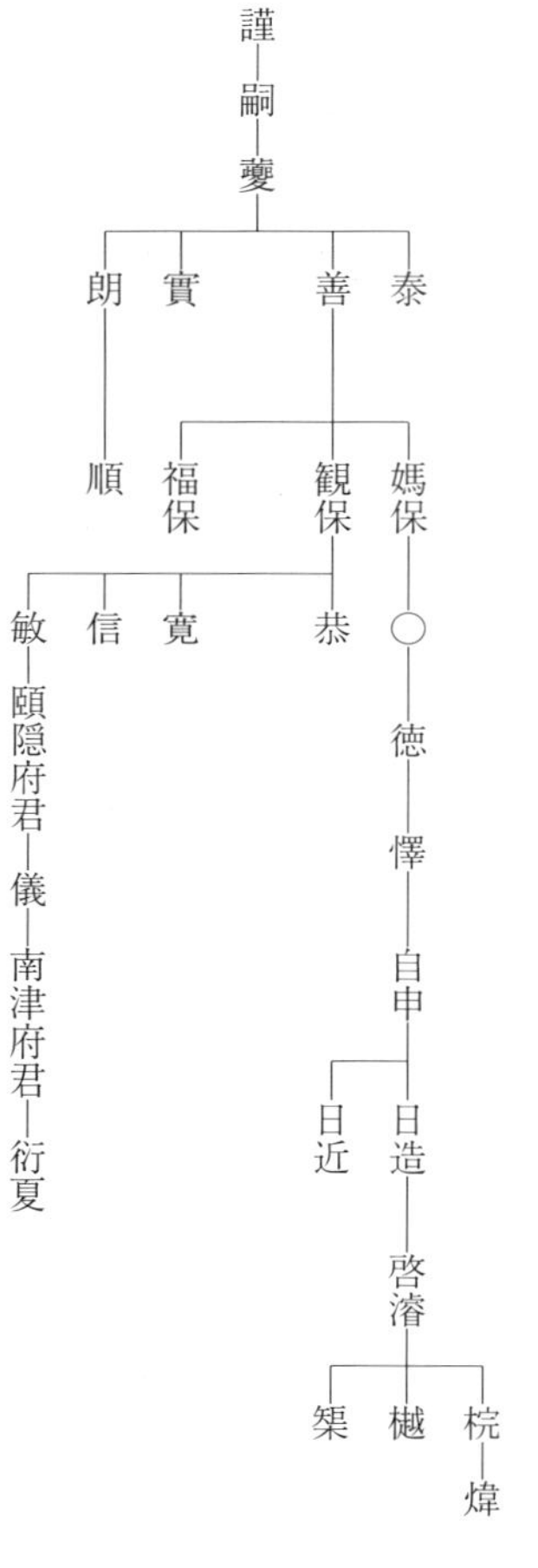

丁氏の始祖は、節斉公、諱謹、字愼思（南宋淳祐一一年八月一五日～元大徳二年七月二五日）である。彼の時代に、丁氏は蘇州から泉州に移った。すなわち、はじめ丁氏は代々洛陽に住んでいたが、丁維清なる者が蘇州太守となって蘇州に移り、ついで丁謹が蘇州から泉州にかけて、商人として活動するようになり、やがて泉州に住居を構えるにいたったと記るされている。丁謹は陳氏を娶り、一子をもうけた。丁嗣である。

二世祖述庵公、諱嗣、字衍宗（南宋咸淳九年九月一三日～元大徳九年四月一四日）は、陳氏を娶り、丁夔を生んだ。

三世祖碩徳公、諱夔、字大皋（元大徳二年二月一日～明洪武一二年六月一日）は、蘇氏を娶り、四子をもうけた。長子諱泰は若くして病没した。三子諱實、字彦忠、号樸齋（元至正七年正月二日～明洪武一九年六月三日）は蘇氏を娶ったが、子がなかった。四子諱朗[10]、字彦明は妾腹の出で、陳氏を娶り、一子諱順、字世和をもうけた。以上のように、長子は夭折し、三子にも子がなかったから、丁氏の正統の家系は、結果的に次子によって継承されることになった。

四世祖仁庵府君、諱善、字彦仁（元至正三年一一月七日〜明永楽一八年正月二日）、彼の時代に、丁氏は泉州城内から南方約一〇キロの陳江へ移住する。つまり、彼は陳江丁氏の初代というわけであるが、族牒には、その功績をたたえて、つぎのように書いてある。

「業を城南の陳江に植て、因りてここに遷居す。業は日に以って拓け、族は日に以って大なり。子孫、今に至るまで広く其澤を被り、緜々として替る無し。是れ誠に光前啓後の列祖なり。堂に遺像有り、士夫宿儒、其賛を題す」

丁善の夫人荘氏、諱細娘、字閨秀、謚淑懿は泉州永春県の右族の出であり、宋の永春開国男少師公荘夏（宋史巻三五九）の六世の孫にあたる。父は閏、兄兼才は洪武三〇年の進士で、湖広左参議をつとめた。兼才の子、つまり彼女の甥にあたる敏も正統一〇年の進士で、吏科給事中、雷州知府を歴任し、家は荘府と称せられた。前節林希元の林府と同じく、官府に擬して権勢を誇示する一族であったが、回教徒は異教徒との通婚を原則的に禁じられているから、とするならば、荘氏も回族であったかも知れない。丁善に嫁したのち、陳江へ移ったが、彼女の伝である二荘孺人伝によると、その間の事情はつぎのようであった。

「公（丁善）に語りて曰く、丈夫は当に一方に自営し、地力の出すところを括し、以って貲産を長じ貢税に充つべし。即え進んで古人の籩餉を輸助するに效う能わず、退きてまた素封と為る能わざるも、安んぞ能く市廛に向い賈豎と混わり、規々として徴息を逐わん耶。遂に舅氏に従い陳江に徙卜し、開基拓野し、築坡して以って海田を捍ぐ。而して瘠化して肥と為り、履畝して以って蕩産を徴し、什に其八を受け、家用益ます饒なり」

相当の賢夫人であったらしく、彼女の提言によって、丁氏は商業をやめ、陳江に移ることになった事情がうかがえよう。そして、三子を生んだ。長子は諱嬀保、字世隆、次子は諱観保、字世孚、号誠齋、三子は諱福保、字世章であり、父の遺産を三分して、それぞれ一家をたてた。

長子嬀保の家系は、その子（諱不明）をへて(13)、孫の丁徳、その子丁懌へとつづいた。丁徳、字崇新、号少逸、若くして生員となったが、家郷を離れることなく、八七年の生涯を終えた。丁懌、号後吾、幼児から学問に励んだが、家政を綜理し、郷党の指導者として、九〇歳の長寿を全うした。その子に丁自申がある。

丁自申(14)、字朋獄、号槐公、嘉靖二八年の挙人、同二九年の進士で、南京工部主事から郎中、ついで順慶、梧州の知府をつとめたが、晩年は郷里に帰り、読書と著述の生活をおくり、三陵集(15)を著わしている。その功により、父懌は南京工部主事に封ぜられた。数人いたらしい子のうち、日近と日造の名が知られている。

丁日近(16)、字光元、号午亭、自申の第三子であるが、監生から出身し、萬暦一七年に進士となり、鄷城知県、南京戸部江西司主事をつとめた。その兄か弟に日造、号肖槐があり、生員でおわったらしいが、子の啓濬は進士となった。

丁啓濬(17)、字亨文、号哲初、のち廖初と号した。萬暦一六年の挙人、同二〇年の進士、寶慶府の知府、ついで杭州府の推官から、戸部主事、吏部文選司主事、考功員外郎、文選司郎中、南京太僕寺少卿をつとめ、崇禎年間には太僕寺卿から刑部右侍郎に昇進したが、温體仁と対立し、その入相を機に帰郷した。卒するに及んで刑部尚書を贈られ、祭祀を賜わるとともに、父日造は長沙府推官に封ぜられた。彼はまた、丁起濬の名で列朝詩集（銭謙益撰）に作品を収録される詩人であった。啓濬の第五子丁梡、字幼薦、号顒初は一七歳で生員となったが、二三歳で病死した。その他の二子も父の功により、丁樾は都察院照磨を、丁槼は監生を与えられた。さらに、丁梡の子丁煒、字思晦、号碩泉も生員であったことがわかっている。

このように、媽保の家系は、丁徳がはじめて生員となり、その孫丁自申が進士となって以来、三代にわたって進士をだした。族譜に引く東崖雑記によると、明一代をつうじて、三代の進士を生んだのは、泉州府下では傅・趙・丁の三姓のみであったというが、その丁姓とは、媽保の家系を指しているのである。

これに対して、次子観保の家系は、その第四子丁敏（毅齋公）から、子の頤隠府君（諱不明）をへて丁儀に伝えられた。

丁儀[18]、字文範、陳江の汾溪に居を構えたところから汾溪先生とよばれる。門生史于光の書いた汾溪公行状によれば、弘治一四年の挙人、同一八年の進士で、四川按司僉事などをつとめ、四九歳で官に没したとある。彼の兄弟に仲芳と文叔とよばれる人物がいたらしく、のちに触れるとおり、仲芳は墓地紛争に丁氏の代表格で登場するが、彼らの経歴は不明である。丁儀の子に南津府君（諱不明）があり、その子が丁衍夏である。

丁衍夏については、閩書巻七方域志・泉州府晉江県・清源山の條に、「皇朝萬暦の間、邑人丁衍夏なる者、北山下に隠れ、常に考古を以って業と為す」とある。また、乾隆晉江県志巻一三・人物志・隠逸の條にも、「丁衍夏は萬暦間の人、始め城の西隅に居り、已にして北に遷る。其の居るところを名づけて泰清隠君雲廬と曰う。晩に益ます落寞するも、縦心浩然、預め誄もしくは銘を為り、時に歌いて以って自適す。其言は横放超軼たり。蓋し達人の観あり、方外の士なり」とあって、地方的には名を知られた文人であったことがわかる。

このほか、丁氏族譜には、系図のどこにおかるべきか不明の人物が二〇人ばかりいる。また、閩書巻八一〜八七・英舊志、萬暦泉州府志巻二〇〜二二・人物志にも丁姓を名のる人物が数人記載されている。いま、乾隆晉江県志巻九〜一四・人物志から、生員以上の身分を取得した者を挙げておくと、丁啓汴、丁棟（丁自申の曾孫、順治五年の抜貢生）、康熙五二年の進士丁蓮、康熙五九年の挙人丁飀、雍正元年の歳貢生丁奇崑らがある。明代中期から清代初期にかけて、回族の丁氏が代々衣冠の族であったこと、いい換れば郷紳の家であったこと、つまり中国的教養を完全に身につけた一族であったことがうかがえるであろう。
なお、三子福保の家系について、族譜は何も記していない。

三

陳江丁氏の家系は大略、以上のとおりであるが、そこには丁氏が回族である証拠は一つも見出せない。資料選編の前言によると、泉州回族の族譜は、政治的あるいは社会的な理由――色目人に対する蔑視と圧迫のため、一族の起源を直書することなく、中原の望族の後裔であると記すことがあるという。であるならば、泉州移住以前の丁氏の系譜は疑わしく、始祖丁謹は西アジアから渡来した色目人であった可能性もでてくる。また、泉州海外交通史博物館調査組の現地報告によると、解放以前、丁氏の人々は先祖が〝蕃人〟であることを否定し、漢族であると主張しつづけてきたとある(19)。この点に注目しつつ族譜を読むと、その遠祖については三説が紹介されている。

第一説は丁衍夏の纂述世謨にみえ、太公望呂尚の第四子呂伋にはじまるとする。史記巻三二・齊太公世家に「蓋し太公卒して百有餘年、子の丁公呂伋立つ」とある人物である。ただし、この説については、すでに数千年をへ、典故も失われているため、それを確かめる方法はないと、丁衍夏自身が書き添えているから、そのまま信ずるわけにはいかないであろう。

第二説は譜牒にみえ、丁顗にさかのぼるという。その孫である丁度の伝（宋史巻二九二）によると、丁顗は五代の末、開封祥符県の人で、契丹に捕えられたが逃げ帰った経験をもつ。その子丁逢吉は医学をもって真宗につかえた。さらに、その子丁度（字公雅）は大中祥符年間に服勤詞学科に挙げられ、諸官を歴任したのち、尚書右丞をもって没したが、死後、吏部尚書を贈られ、文簡と謚を賜わった。邇英聖覧一〇巻などの著作があるほか、曾公亮とともに武経總要四〇巻の編集を主宰した。度の子の丁諷も集賢校理をつとめた。

第三説は感紀舊聞（作者は多分、丁衍夏であろう）にみえ、丁敏（毅齋公）の手書した文書に「賽典赤回回瞻思丁に由る云々」とあると記す。賽典赤瞻思丁 Sayyid Ejell Shams al-Din（一二一一〜一二七九）は元史巻一二五に伝をもつが、ウイグル人で、一名を烏馬児ともいい、ボハラの出身らしい。元の太祖・太宗・憲宗・世祖の四代につかえたが、元初に中国へ来住したイスラム教徒のなかで最も有名であり、中国回教徒の間では永く尊敬の対象とされた人物である。彼を始祖とすることについて、感紀舊聞の作者は、つぎのように考えている。

「夫れ瞻思丁の寬仁を以って、而して子孫の貴盛を膺う。豈に衆多ならざる有らんや。我朝に入り散處するに及び、夷姓を去り、而して其名の末字を以って氏と為すこと、未だ知る可からず。元前の中華に丁有りと雖も、未だ必ずしも祖回の教を祖とせず。吾家既に回回を教宗し、而して列祖世々寬仁を載す。謂うところの其祖に似たる者、非なる耶。当に毅齋公紀載の日、瞻思丁の蘿槃の撫を去ること、僅かに百餘年、未だ據無きを必せざるなり」

丁氏が回教徒であるのを明言したうえで、若干の留保を含みつつ、丁敏の記述を容認したいとする姿勢を、そこに読みとるのは困難ではあるまい。賽典赤瞻思丁を祖とするというのは、回族に普遍的にみられる始祖伝説であるが、以上の三説のうち、史実はともかくとして、第三説が最も実情には近いであろう。[20]

右文はつづけて、第二説について、「養静公に至り撒氏戍卒の誣に慄慄とし、曾社師に過聴して、丁度を援き、而してこれを祖とす。以って其裔の回回に出でざるを明らかにするなり」と記し、丁度を遠祖とする説が、丁氏が回回の子孫でないことを証明するために作為されたものであるとしている。養静公は諱彪、丁儀の叔父にあたると思われるが[21]、「撒氏戍卒の誣」とは、つぎのような事件であった。雪戍説に記載がある。

「成化十有一年に逮り、家に丁陞争財の訟有り[22]。里猾曾細養、求賄して得ず。我姓は撒、南隅の河南彰徳衛の戍を脱せんとして姓丁に易うと誣す。維の時、所司の版籍は壊たれ、吾故蔵の占籍帖も符する莫し。争論すること二十有八年にして決せず（古本には一十八年に作る[23]）……而して家は窘と為る。逸齋・頤隠（丁儀の父）二公皆な弱年、相い與に謀りて曰く、彰徳は中州の善地なり、戍すること何ぞ悪まん。但、我を使て撒氏の戍に代らしむ。後人、丁氏を舎てざれば、而して其祖を忘れん哉。是れ宜しくこれを争いて巳む可からざるべし」

こうしてはじまった訴訟事件が「撒氏戍卒の誣」である。結局、丁氏は勝利をおさめ、河南の戍地に移らなくてすんだのであるが、この時、丁彫は、回族でない根拠として、始祖が丁度であると主張したのだと、前掲の感紀舊聞は記している。公然と回族を名のって生活することは、決して有利な条件ではなかった事実がうかがえるであろう。

丁姓の由来および始祖が誰であったかは別にして、丁氏は南宋末乃至元初の頃から泉州に住み、三代を過したのち陳江に居を構えるにいたった。その時期について、丁衍夏の宗聚説には、「元の至正に城南より遷る」とあるから、元末＝至正年間のことであったと考えられる。宋代以来、泉州の城南は泉南とよばれ、晉江に臨んだ地区には外人居留地＝蕃坊が設けられていた[24]。丁氏もこの附近に住んでいた模様であるが、元末に南方一〇キロの陳江へ移り住んだのである。おそらく、戦乱を避けてのことであったろう。

元末の泉州は戦乱の巷と化していた[25]。乾隆晉江県志巻一五・雑志・紀兵の條によると、至正三・一〇・一二・一四の各年に反乱がおこったと記録され、さらに同一七年からは義兵賽甫丁・阿迷里丁ら亦思巴奚兵[26]の反乱がおこり、泉州の住民は大損害をこうむったとある。兵乱は二六年までつづき、二二年以降、反乱軍の指導権は那兀

納が握っていた。那兀納について、晉江県志は、

「西域の那兀納なる者、諸蕃の互市を総ぶるを以って泉に至る。元末に兵亂するや、遂に泉州を攻めてこれに據る」

と記すが、西域人で「諸蕃の互市を総ぶ」といえば、宋末元初に活躍した蒲壽庚の経歴と似通っていよう。清源金氏族譜におさめる元武略将軍一菴公傳賛には、那兀納が蒲氏の女婿であった事実を紹介している。那兀納らの乱は四年あまりつづいて鎮圧されるが、そこで活躍した武官の一人に千戸金吉がある、清源金氏の始祖であり、族譜序には、つぎのようにみえる。文中に「蒲那之乱」とあるのは、蒲氏と那兀納の指揮する兵乱を指す。

「金氏の先、一菴公なる者、名は吉、上都人、勝国の期、武略将軍に擢んでられ、千戸に上り、符節を賜い、泉南に鎮す。蒲那之亂に、泉将さに殲せんとす。公、陳駭の説に感じて開門納兵し、那を誅して反正す。泉人、公の功を種孚して與に多しと為すなり」[27]

金氏は匈奴休屠王の太子金日磾（漢書巻六八）の後裔と称するが、回族であつたことは、金吉の傳賛に「公命を以て東郭荔林の原に營塟す。土石簡素に、悉く夷風に依る」とあるによって知られる。また、彼の長子金阿里の傳賛にも、つぎの記載がある。

「公、平日、軽財楽死、慈仁廣愛、敦く回教を尚ぶ。回人、泉中に舊と清浄寺有り。[28]圯廃すること歳久し。公、木石を以って一新す。鉅費算うる靡く、楼宇壯敞にして、今に至るまで観を侈くす。回人これを徳とし、相い率いて石に勒して公を壽すと云う」

那兀納の乱がおさまった至正二六年の八月には、元朝を支持する陳友定が泉州を占領した。福建行省平章政事に任じられた彼は、やがて福建全土を制圧するが、同じ二六年、一時元朝に降っていた賽甫丁が再び反旗をひるがえして泉州に拠る事件などもあり、兵火は容易におさまらなかった。泉州に平静がもどるのは、二年ののち、洪武元年、湯和の率いる明軍が陳友定を討伐して以後のことになる。十数年間におよぶ戦乱をつうじて、泉州の社会と経済は大きく破壊された。

元朝時代、支配者と密接な関係にあった色目人あるいは回教徒の横暴は目にあまるものがあったらしい。たとえば、前掲の一菴公傳賛には、蒲壽庚とその子孫の行状を、つぎのように記している。

「蒲壽庚、武臣を以って叛す。……元に表降し、賜爵鎮国して、州政を統べ俾めらる。父子繼世、寵を恃んで専制す。峻法厳刑、以って征科を遂げ、人々薫炎に苦しむ。甫めて九十年、……蒲賊死すや、其婿那吭吶（那兀納）自立し、據土擅賦して、大いに惨夷を肆にす」

また、栄山李氏族譜に載せる垂戒論（宣徳元年・李廣齊撰）にも、つぎのようにある。

「元氏の失馭するや、色目人の閩に來據する者、惟だ我泉州最も熾なりと為す。部落蔓延、大いに凌暴を肆にし、以って我生霊を塗炭す」

このように、権勢をふるっていた色目人あるいは回教徒にとって、元朝の滅亡は、彼らの存立基盤を失わせる大事件であったに相違ない。彼らの生活は、これを機に一変したはずである。戦乱を避けて陳江へ移り住んだ回族丁氏は、この激変の時期をどのように生きたのであろうか。前述のとおり、陳江丁氏の基礎を固めたのは丁善であるが、六世孫にあたる丁自申の書いた仁庵府君傳から、その間の事情がうかがえる。

「元の至正末、父大皋公に随い、城南門外二十里許に徙居す。是れ陳江為り。今、族姓江上に櫛居するは公（丁善）の貽すところなり」

「公の人と為りは、倜儻志大、才略を以って里中に雄たり。陳江故郷の巨姓、著代年遠、公、後至して自り、一二門第相い埒しき者を擇んで與に賓禮を為す。而して諸族も俛首承伏せざる無し」

遷居そうその丁氏は、すでに一郷の有力者の列にはいっていたようである。しかも、海濱の生産手段である海蕩の大部分を所有する豪族でもあったことが、つぎの記載によって知られる。

「江を環り負海して居る。而して海潮の往来する處、其地鹵瀉にして、宜しく海錯諸鮮を生ずべし。居民、産を受け以って業と為す。これを海蕩と謂う。没海瀰漫、一望数千頃、大約、産は十を以って計り、公は七八を有す。其の二三は則ち公、与に賓禮を為してこれを得たり。而して他はこれに與らず」

明朝が成立し、戸籍が更定されるにおよんで、丁善は自らすすんで竈籍を選んだ。藤井宏によれば(29)、明代の竈戸は国初以来、塩場附近の民戸より僉充される良民を主体としたというが、丁氏は自発的に政府の要請に従ったことになる。

「國初、版籍を更定するに、編戸の多く籍民を占むるを患う。官為めに格を出し、稍や軍鹽二籍を右にして、民をして軍と為るを病まず、趨鹽を楽しませんと欲す。公、縣に抵り自ら言う。三子有り、願わくは各々一籍を占めんと。遂に三子の名を以って首實し、而して鼎立して受鹽す」

萬暦泉州府志巻七・版籍志・鹽課の條によると、晉江県には潯渼場と洒州場とが置かれているが、丁氏は、そのどちらかに属する竈戸であった。とすると、前掲の、丁善が所有したという海蕩には、塩の生産場が含まれていた可能性もでてこよう。

陳江遷居当初の丁氏の暮しぶりは、以上によって大略をうかがえるけれども、それは決して平穏無事なものではなかった。社会変動の大波をうけ、丁善自身が南京の獄舎につながれるという不運を経験してもいる。白蓮教をめぐる事件にまきこまれたのである。

「時に海内甫めて定まる。尚お蒙古色目の舊を襲い、里社、好んで白蓮會を為り、衆志を搖惑す。官、厲禁すと雖もなお戢せず。有司、公（丁善）の行誼を廉し、郷を糾せしむ。公、岸溝諸党の觸禁を發し、官を以ってこれを治せんと白請す。新令方に嚴しくして、犯網する者衆く、獄を致すも歳久しく決せず。奏して刑部に下し、公と諸黨を逮えて京に至る。公の長子を連及して倶に係獄す」

白蓮會を告発したものの、思いもかけず獄舎につながれることになった丁善と長子媽保は、逆に誣告にあたるとして死刑に処せられようとする。だが偶然の出来事から彼らの無実が明らかとなり、釈放されて泉州へ帰ることができた。事件の全貌は以上のとおりであるが、父と長兄の無罪を証明するのに活躍したのが次子観保である。その伝誠齋公傳には、

「父仁庵公、郷里と搆執し、（他本には郷里の張・林・陳・李の四姓と相い訐告すと作る）曾って扭禁を南京刑部の牢中に受けたり」

とあり、陳江に先住の、おそらく漢族と思われる張・林・陳・李姓との確執から生じた事件であったことがわかる。事件のおこったのは洪武年間のことであったはずであるが、元朝が滅んで明朝が成立した当初、かつて色目

人として漢族より上位にあった回教徒が、色目人排斥の風潮のなかで、漢族社会に定着して行くためには、かなり複雑な経過をたどらざるをえなかったであろう。この事件は、その一端をうかがわせるが、より深刻な事例は栄山李氏族譜に見出すことができる。李氏の家系はつぎのように整理できる。

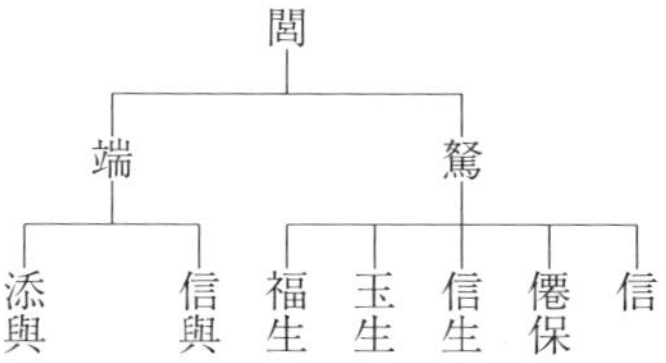

遠い祖先の事蹟は不明であるが、睦齋公諱閭、字君龢（元致和元〜明洪武一七）にはじまる家系である。族譜に載せる李氏世系図によれば、彼は海外貿易業者であったらしい。

「十九世睦齋、諱は閭、字は君龢、……前人積蓄の貲を承籍し、常に家客を俵して、海外諸国に航泛す」

彼はまた回教徒であったようで、睦齋公壙誌には、「睦齋公の夷教を率用するや、本づくところ有るに似たり。或いは元俗に沿うか、皆詳らかにす可からず」とある。ところが、彼の次子である李端（元至元一〇〜明永楽二二）の伝である二十世直齋公壙誌には、驚くべき記載がある。

諱は端、字は景順、号は直齋公、是れ睦齋公の次子なり。人と為り聰敏敦厚、……家法は厳粛倹約なり。市廛に居ると雖も、然れども養心すること静素、自ら其兄の異習を革む能わず、乃ち退きて城南に自居し、諄々と子を教え、典籍を稽訂す。而して詩書の幹、煥然として慕う可し」

其兄とは睦齋公閭の長子駑をさすが、「自ら其兄の異習を革む能わず、乃ち退きて城南に自居す」とあるのは、兄の奉ずる異習（回教）を、彼自身は棄てたことを意味すると解せられる。そして、長子駑の五子のうちの二子は林姓を、他の三子と次子端の子孫は李姓を称するにいたる。すなわち、睦齋公壙誌にいう。

「駑は五子を生む。長は諱信、次は諱僊保、三は諱信生、四は諱玉生、五は諱福生、端は二子を生む。長は諱信與、次は諱添與、信與嗣がざるに因り、惟だ添與は永楽二十年壬寅、始めて南安県三十都に籍す。姓は李、廣齊と改名す。時に信生これに従う。宣徳天順年間に迨び、玉生は福生の二子と偕に、南安県三十都に入り、亦改めて李に従う。独り信は僊保と與に泉城に居住し、支属仍お林を姓とす。而して二姓の子孫、祖公を并すと云う」

同一人物について、その孫の代にいたり二姓にわかれるというのは、漢族の習俗としては有りえないことである。おそらく、明朝の成立にともない、漢姓を称する必要が生じたため、このような事態になったと思われる。ただし、外来イスラム教徒の改姓は、当時、一般的且つ普遍的な現象であったが[30]、この時、李氏を称した一派は回教を棄てたのである。李添與あらため李廣済の垂戒論には、異教を奉ずる伯父＝駑に対する非難の言葉がみえるが、一家は衣冠縉紳の子孫であったという。

「今、伯父は衣冠縉紳の裔と為るに、色目の俗に迷い、而して悟る能わず、其祖を祖とせず、而して人の祖を祖とす。其行を行わず、而して夷狄の行を行い、其子孫を俾て胥に夷と為さしむ」

始祖閭が泉州に住んで海外貿易に従事し、且つ回教徒であったところから考えて、栄山李氏がイスラム商人の家系であったのはほぼ間違いない。それが漢姓を称するにあたり、一部は林姓を名のって回教徒としてのこり、他の者は李姓となって棄教したのである。特権的立場を失い、圧倒的多数者である漢族のなかで生活しなければならなくなった時、父祖伝来の信仰を守りつづけるのは、非常な困難をともなったであろう。そこで二姓にわかれ、かろうじて信仰と習俗を維持しようとしたのではあるまいか。あるいは、一族のなかに、信仰の継続をめぐる対立があり、その結果として二姓にわかれたのかも知れない。いずれにせよ、彼らの苦悩と動揺がどの程度のものであったか、よくわかるであろう。

かくして、林氏は泉州城内新車二橋に、李氏は南安県三十都にわかれて住むことになったが、萬暦二八年に李志輝が書いた「詳世系譜」によると、隆慶五年にいたり、両氏の子孫百余人が集り、始祖睦齋公の墳墓を修理して祭祀を行い、ついで祭田を設けて祭祀を継続し、萬暦二八年にいたったとある。信仰を異にする両氏が、祖先を共有するとして、祭祀を協同で行うというのは、奇妙な風景ではあるが、始祖を同じくする宗族意識は、信仰の相違をこえ、依然として存在しつづけていたわけである。なお、詳世系譜は、萬暦二八年四月にはじまる、刑恆の祖墳損壊をめぐる訴訟に対し、両氏が団結して対処することを求めて、つぎのように記して終っている。

「此自り以後、吾家に刑家と姻親を為す者有らば、独り此義を以って自斷す可からざる乎。既盟の後、設し族内の一二の子侄にして敢えて違議不遵する者有れば、則ち會衆して家に到り切責し、外族に革出し、以って将来を儆す。自ら相い矛盾すること勿れ。至囑す、至囑す」

四

本来、イスラム教にあっては、偶像崇拝を禁じ、家廟や宗祠の類は絶対に許されず、血縁的結合の象徴たる族譜・家譜なども、あってはならないものである。しかし、すでに明らかなとおり、泉州の回族には、それらをもつものがあった。また、死者は三日以内に共同墓地に埋葬すべきであり、先祖代々の墳墓の地などもありえないが[31]、栄山李氏のように、信仰を異にするにいたった林氏と共有の祖墳をもち、祭祀をつづけるものがいた。燕支蘇氏族譜には世祀誌があって、回族である蘇氏が祖先を祭った儀式を詳細に伝えてもいる。陳江丁氏の場合も例外ではなかったが、丁氏については、さらに墓地をめぐる紛争がおこり、訴訟事件にまで発展した。事件の全貌は、本支世表に記録されている。

丁氏の始祖丁謹、二代丁嗣、三代丁夔の墓は、夫人のそれとともに、泉州府城の東の城外、三九都東塘頭霊堂山につくられた。しかし、四代丁善の時、陳江へ移住したため、墓のそばに小屋を建て、王顯祥なる者に墓守を頼むことになった。のちに王氏の子孫が絶えると、近くに住む徐糞が墓守をつぎたいと申し出て来たので、これを認めたところ、その子の徐福・徐黠は墓地を壊し、彼らの所有地とあわせて作物を植えるの挙にでた。当時、丁氏は前述の「撤氏戍卒の誣」にあって窮迫していたため、二〇年ばかりの間、決着をつけられなかった。徐福はこれをよいことに、墳墓のそばに墻を築いて、墓地の大部分を自己の土地としてしまった。これに対し、丁氏の側では、丁儀が進士となり、官界に地位をえたのを機に告訴にふみきった。正徳七年八月のことである。

徐福はこの時六十歳、泉州府衛中千戸所百戸陳諒の部下の正軍で、東門外三九都の驛路舗に、丁氏の墓地と鄰りあわせて住んでいた。成化二〇年、丁仲芳の伯父朝制は徐福の父冀に祖墳の看守を依頼し、墳旁の土地に果樹を植え、工資とするのを認めた。ところが、丁氏の住居は陳江にあり、見まわりに来る回数が少いのを知ると、土地と果樹を自分のものとし、弘治一一年には住居を丁氏祖墳の旁に移して周囲に墻を設けるにいたった。丁仲芳がその行為を非難すると、徐福はこれに反撃し、二〇年ばかりの間、紛争はつづいたが、仲芳の兄丁儀は、仲芳に命じて按察司に、ついで分巡福寧道臺段某のもとに徐福を訴えさせた。すると、徐福は、仲芳が勢力を頼み、軍戸の財産を強奪しようとしていると逆訴してきた。同年一〇月、仲芳はさらに都察院に訴え、ついに道臺を動かして実地検証が行われるところにこぎつけた。

道臺の命をうけた泉州知府は、徐経歴を派遣し、仲芳と福をともなって現地にいたり、里長蘇道、鄰佑王明らをよびだして測量させた。その結果、丁氏の墓地が徐福に侵奪されていたことが明らかになった。また、近くの住民陳添が路端から一つの石碑を掘り出し、丁氏の墳碑であることが確認され、決定的な証拠となるなどして、丁氏は勝訴した。この間、五年の歳月が経過していた。

かくて事件は落着し、墓地の全域は丁氏のもとに返還された。しかし、徐福は長年、この土地を耕し、荔枝を栽培していたので、その費用を償う意味で、丁氏が銀一五両を徐福に与えることを求められた。また、徐福が丁氏の墓地内に建てた家屋についても、移転の補償として銀二〇両を支出せよとも判決された。つまり、無条件の勝訴ではなかったのである。なお、萬暦一〇年の丈量によると、当該土地の面積は、墳地を除いて、六畝五分四厘四毛四糸であり、三九都在字号の三五九二・三・四号に登記されたという。

丁氏には、右の東塘頭の墓地のほかに、鹿園の墓地があった。そこには四代丁善らの墓がある。家蔵の故券によれば、その土地は潘氏から買いうけたものであった。すなわち、洪武二七年五月に潘冀掃から、永楽七年一二月に潘冀沙から、永楽一三年六月に潘潤生から、永楽二二年八月には冀掃の母の葉眞娘から、景泰五年には潘嗣祖からといったふうに、潘氏の土地・家屋・樹木などを順次購入して、墓地として整備して来たのである。

ところが、成化一七年九月に潘叽仔が土地を取りもどそうと訴訟をおこした。しかし、丁氏には合同＝売買契約書があって、叽仔の訴えは不発に終わった。ついで嘉靖二年にいたり、潘氏の姻戚と称する呂希春なる者が潘叽仔の状稿をえて、再び墓地をめぐる紛争をひきおこした。――以上は一辦呂希春奸妄説帖に記すところであるが、この争いは、たまたま倭寇の侵攻が激しくなり、決着をつけるにはいたらなかったらしい。したがって、その後の経過は不明であるが、萬暦一〇年の丈量によれば、鹿園墓地の面積は三畝二分五厘、三七都鳴字号の一一〇三号に登記されていたようである。

丁氏の墓地については、なお後日談がある。乾隆二六年一二月、一六世孫にあたる丁淑儀の重脩東塘三世合壅祖墳記略には、つぎのように記している。すなわち、徐福の一件ののち、墓地はあらためて整備され、丁儀の墓もここに営まれたが、崇禎年間には丁啓濬の手で再び整備が行われ、黄氏に看守させるなどの処置がとられた。ついで康熙二六年、丁岳は自ら資金を支出し、丁儀の墳墓を修復するとともに、三祖のそれをつくりなおし、環境を保全した。ところが、歳月が経過して乾隆二〇年頃になると、族人の心は離れればなれとなり、祭掃の道具は失われ、墓地や小屋もまたまた墳丁によって盗売されるにいたった。族人の間にも争いがはじまった。そこで、乾隆二五年の冬から丁淑儀が中心となって一族をまとめ、翌年八月に鹿園の墓地を、翌九月には東塘の墓地を修築し、墳丁黄氏らを選んで墓守を依頼することになったとある。

以上にみるとおり、墓地を管理して祖墳を守り、祭祀をつづけるためには、数々の障害を克服しなければならなかった。もっとも、それは必ずしも回族固有の事態ではなかったであろうが、信仰と教律の維持についてもまた、時代の推移とともに、次第に困難とならざるをえない状況が存在したことを指摘しておかねばならない。

前掲李廣斉の垂戒論（宣徳元）に、「其間に真の色目人なる者有り、偽の色目人なる者あり、妻に従い色目人と為る者有り、母に従い色目人と為る者有り。其の異俗に習い、以って我が族類を棼亂し、我が彝倫を斁咈す」と記す一節がある。明初の泉州地方には、一口に色目人といっても、出自を異にする数種の人々がいたことが知られるが、彼らはいずれも、漢族からみると、異俗の持ち主であった。李廣斉は色目人の習俗を、つぎのように整理している。


「色目者の治喪するや、笙歌鼓舞し、これを賓するに柒を以ってし、これに贈るに華を以ってす。衰無く服無し。桐棺は掩わず、而してこれを中野に瘞す。主を為らず、祀を為さざるなり。

色目は則ち纏頭被褐、而して跣足するなり。

色目者の齋は、晝は則ち食せず、夜は則ちこれを食す。

市るものは則ち食せず、自ら屠りしものは乃ちこれを食す。豢は則ち食せず、芻は則ちこれを食す。

色目者は其身を刲せざれば成人と為らざるなり。其書は蚯の如く蚓の如し。其言は梟の如く鴃の如し。中夏は辨じて曉ること能わざるなり」


元朝滅亡後なお日は浅く、色目人がイスラム教固有の習俗を保持していたことがわかる。葬式には棺を用いず、火葬をしないこと、位牌の類をつくらないこと、白布を用いた纏頭、かぶりもの、断食月、作法に従って屠殺した獣肉しか食べないこと[32]、割礼、アラビア文字の使用など、イスラムの習俗は守られていた。

また、丁衍夏の筆になる祖教説によってみても、始祖節齋公丁謹以来、丁氏が回教の教律と習俗に従って生活して来たことは明らかである。すなわち、死者は重衣せずに埋葬し、木棺は使用しない。死者は三日をすぎないうちに葬り、墳墓の土は薄く長く高くもりあげる。喪服には木棉を用い、祭祀にも位牌などを設けず、供物をならべたりもしない。日が西に傾く頃、皆で西に向って礼拝する。イスラム暦第九月はラマダーン（断食月）で、日出から日没まで食事をしない。祭神には香花を供えるのみで、酒菓を設けたり、楮帛を焚いたりはしない。清経を誦するが、伝えられた夷音をまねるだけで、意味はわからず、また、わかろうともしない。吉凶の際にはいずれも清経を読む。動物は必ず自分で殺したもののみを食し、肉食するが豚は食べない。つねに沐浴し、そうしなければ敢えて神明に交することはない。衣服は木棉を尊重し、絹織物は身につけず、おおよそ明潔を尚ぶのである、と。

清経（コーラン）は唱えるだけで、意味がわからなくなっていたとはいうものの、回教徒の習俗を保ちつづけて来たのは間違いない。丁衍夏のいうところでは、少くとも、彼の幼年時代まではそのようであったが、以後、次第に様子が変って来たらしい。彼は萬曆年間を生きたのであるから、変化は明代中期の頃にはじまったと考えられる。

丁衍夏は嘆きをこめて記している。――死者を埋葬する時には、遺体に衣を重ね、木棺を用い、葬儀も日数をへてから行うようになった。喪服には麻と木棉が半々となり、祭祀には位牌を設け、棺は深い穴のなかにおさめられるようになった。さらに、祭祀にあたっては供物をならべ、犠牲にも肥った動物を用い、天を拝することも少く、断食月の行事もなくなった。動物を殺すのも、自分で作法にのっとって殺す必要はなくなった。衣服には絹織物が使われ、交神するのに沐浴もせず、祖先を祭るのに酒菓を設け、楮帛を焚く者もあらわれた。喪服に麻を用い木棉を用いない者、死後十数年たってから葬式を行う者、吉凶の際に道士や僧侶をよぶ者、豚肉を食べる者まであらわれるにいたった、と。

他事はともかく、「吉凶に黄冠浮屠を用いる者有り、食するに豚を以ってする者有り」とあるのは、棄教あるいは背教とほとんど同じといってよかろう。強靱な宗教的紐帯をもち、背教者に厳しい宗教共同体といわれる回族の社会から、このような人間が出てくるというのは、ほとんど信じられない事柄である。豚肉を食する点についていえば、燕支蘇氏族譜におさめる世祀誌・祭品舊式の條に、諱日・春祭・秋祭の供物として「猪肉」があげられ、祭品新式の條にも、元旦の祭祀のあと、参列者に享せられる碗に「猪肉二片、猪肝二片」をいれると記している。清稗類鈔・飲食類・回教徒之飲食の條にいうとおり、内地に住む回教徒の飲食品のうち、漢族と異なるのは、ただ一つ、豚肉とその油を使用しないことにあるが、世祀誌の記載が回族であるのをカムフラージュするためのものでないならば、それすら完全には守られぬ状況が、一部ではあろうが、すでに明末以降に生れつつあったことの、もう一つの証拠となるであろう。

五

イスラムは宗教であると同時に政治であるといわれる。単なる個人の精神生活に限定される信仰ではなく、それは生活の全体的規範であり、社会秩序である。だから、イスラム的生活規範と社会秩序を教律にしたがって厳格に維持するためには、政治力の介在が不可欠だということになる。ところが、イスラム主権国家の領域外に住む教徒は、それぞれの国家の主権の下に、その国の法律制度、風俗習慣のなかで生活を営まねばならない。当然、そこには様々の妥協が生ずるはずである。陳江丁氏のような衣冠の族があらわれたこと、族譜をもち、私有の墓地と祖墳を維持し、祭祀をつづける者がいたのは、そうした妥協の結果と理解することができる。

また、田坂興道によれば、「回教徒は明一代をつうじて、政治上甚だしい圧迫を加えられた事実はない。しかし元初以来醞釀されていた社会一般の回教徒への反感は抜き難いものとなり、中葉以後ますます回漢対立の溝を深くするに至った(33)」とあるような環境のなかで、泉州の回教徒がどのように暮して来たか。そこには、棄教あるいは背教と認めて差支えない行為が存在し、彼らが漢族のなかで暮した歳月の重みを実感させると同時に、彼らを取りまく環境がいかに過酷であったか、を知ることができる。「三箇回回是回回、両箇回回是回回、一箇回回不是回回」という諺が何時頃生れたか不明であるが、回族の宗教的紐帯が弱体化しつつあったのは事実であったろう。

ところで、中国が多民族国家であることは、誰でも知っているが、少数民族とその歴史については、従来、あまり関心が寄せられなかった。回族については、他の少数民族と比べると、やや事情は異るけれども、充分であるとはいえない(34)。その理由は、中国の歴史書がはやくから定型化して、回族に関する記事などは記述の対象とされなかったこと、一方、回族のなかにも文名を馳せた者が少くなかったにもかかわらず(35)、彼らもまた、同族の事蹟を記述するのに、甚だ不熱心であったこと、などに求められるであろう。

こうした現状において、資料選編は誠に貴重な書物というべきである。在外研究の収穫の一つとして本書を入手して、回族にも郷紳とよばれるべき一族がいたことを知り、その実態を明らかにしようと、本節は起稿されたが、筆者のイスラムに関する知識は皆無に等しく、回族についての研究の蓄積を、自らもつわけでもない。したがって、中国的回教徒社会成立史の一側面に言及しえたかとは思うが、反面、記述は屢々断片的であり、特殊現象とみるべきものを強調しすぎて、大きな誤りを犯しているかも知れない。専家の教示をえたいと思う。

補注

（1）　趙樸初氏によれば、中国の回教徒は一千萬人を数えるという（「大公報」一九七九年九月一〇日）。

（2）　田坂興道・中国における回教の伝来とその弘通（東洋文庫・一九六四・上巻七六一頁以下）。

(3) 陳垣・回回教入中国史略（東方雑誌二五巻一号）、金吉堂・中国回教史研究（一九三五）、傅統先・中国回教史（一九四〇）、桑原隲蔵・創建清真寺碑（桑原隲蔵全集第二巻・岩波書店・一九六八）、田坂・前掲書。
(4) 回族の族譜を扱った論文は、中田吉信・中国ムスリムと宗族組織——族譜を中心として見たる——（東洋学報三八巻一号）が、ほとんど唯一のものと思われる。ただし、中田氏の紹介した、わが国所蔵の二種の族譜——米氏宗譜、毘陵沙氏重輯族譜は、その記載内容において、資料選編所収のものとかなり違っているようである。
(5) 宋史巻四八三・陳洪進伝、萬暦泉州府志巻一〇・官守志・陳洪進伝。
(6) 哈之亭は哈只亭である可能性がある。之と只は同音（zhi）であり、哈只はアラビア語の haji の音訳で、聖地メッカに巡禮した人の称号である。
(7) 陳埭丁姓研究（海交史研究一九七八・創刊号）。
(8) 重建丁氏宗祠碑記（萬暦二八年・萬鳳翔撰）。
(9) 陸深撰・陳江丁氏世家敍には、「丁氏之有譜、則始於穀齋府君、継之以養静先生、而大備於文範倅松之日也」とある。
(10) 丁衍夏の・抜譜説によると、丁朗は元の致和元年の生れで、丁善・丁實の兄にあたるが、庶出である故に、第四子におかれたらしい。
(11) 明清進士題名碑録索引に「洪武三〇年春、荘謙才、福建晉江」とある。
(12) 同右書に「正統一〇年、荘敏、福建晉江人」とある。
(13) 仁庵府君傳を書いた丁自申は、自らを仁庵府君丁善の六世孫と述べているところから、ここに一代を加える必要が生じる。
(14) 閩書巻八六・英舊志・丁自申傳、萬暦泉州府志巻二〇・人物志・丁自申傳。
(15) 三陵集・丁自申撰。荘爲璣・泉州地方志論集（泉州歴史研究会・一九八二）には、泉州市志編纂の資料の一つに挙げられているが、未見。
(16) 萬暦泉州府志巻一五・人物志・丁日近。
(17) 萬暦泉州府志巻一五・人物志・丁啓濬。
(18) 萬暦泉州府志巻一五・人物志・丁儀。
(19) 注（7）論文。

(20) たとえば、鄭和の家系がそれにあたる。李士厚・鄭和家譜考釋（昆明・一九三六）を参照。
(21) 正徳一〇年に丁儀が書いた譜敍に「功叔養静公諱齡、生平行義」とある。
(22) おそらく、丁陞は人名であろうが、「争財之訟」の詳細は不明。
(23) 後述の、徐福との墓地をめぐる訴訟事件との関係から考えて、二十有八年とするのが妥当であろう。
(24) 桑原隲蔵・蒲壽庚の事蹟（全集第五巻・六四頁）田坂興道・前掲書上巻・四一四頁。
(25) 前嶋信次・元末の泉州と回教徒（史学二七巻一号）。
(26) 前嶋前掲論文によると、亦思巴奚とは「ペルシャ語で軍隊を意味するイスパーハ Ispāh、または兵士、騎士などを意味するSipāhiと関係ある言葉」だという。また「彼等の戦法は騎兵を主とし、刀牌即ち剣と楯と弓箭とであったとあるから、そのさまは丁度、十三・四世紀ころのペルシャのミニャチュールに描かれた騎士の如きものであったと想像される」ともある。
(27) 萬暦泉州府志巻一〇・官守志、陳駭傳。
(28) 泉州の清浄寺は、中国に現存する最古のイスラム寺院の一つといわれ、筆者が中国で訪れた、唯一のアラベスク様式の清浄寺である。金阿里がこの寺を修理したことは、閩書巻七・方域志・泉州府の條に引く、元の呉塩の清浄寺記にもみえる。
(29) 藤井宏・明代塩場の研究（北海道大学文学部紀要一・三）。
(30) 田坂興道・明代における外来系イスラム教徒の改姓について（史学雑誌六五巻四号）。
(31) 片倉もとこ・アラビア・ノート――アラブの原像を求めて――（ＮＨＫブックス・一九七九）には、イスラム教徒の死と葬儀についての報告がある（一一〇頁以下）。
(32) 片倉もとこ・前掲書四七頁に「宗教的掟として、彼らの生活の中で生きているのは、〝慈悲深く、慈愛あまねきアッラーの御名において〟を唱え、頸動脈を切って屠殺した動物でないと食べてはいけない、という事である」と記している。こうした作法による動物の屠殺が行われているのを、筆者は天津の清眞寺で見たことがある。
(33) 田坂興道・前掲書下巻九〇九頁。
(34) わが国における回教研究については、羽田明・わが国におけるイスラム研究――中国篇――（西南アジア研究第三号）、片岡一忠・日本における中国イスラーム研究小史（大阪教育大学紀要第二部門・二九巻一号）を参照。
(35) 陳垣・元西域人華化考（北京大学国学季刊一巻四号）。

〔附記〕

陳江丁氏にみるとおり、回族のなかからも官僚となる者があった。彼らが官界生活をつうじて、信仰と教律をどのように維持していたか、興味ある問題ではあるが、資料選編には、それに関する記載はない。それをうかがう資料として、たとえば、儒林外史には二つの敍述がある。その一つ、第四回、広東高要県の湯知県を張師陸と范進がたずね、御馳走になるくだりを紹介しておこう。湯知県は回族である。

「大変ご無礼いたしました。私ども回教徒の酒席には召しあがっていただくようなものがありません。ただ、こんなつまらぬ料理ですが、腹のたしにでもして下さい。私どもの方では牛や羊の肉ばかり用いますが、あなた方の宗教では、これは召しあがりますまい。それで席に出すのをひかえました」

湯知県は豚肉を食べない教律を守っていたようであるが、公的な宴席ではどうであったのか。この点に関連して、清稗類鈔・宗教類・回教徒不食諸肉の條には、つぎのようにある。

「……凡以回籍服官者、洊擢至三品、即須出教、以例得蒙賞喫肉不能辞也」

こうした慣行が何時頃から生れたのか、それはわからない。三品官となると棄教させられたらしい。

第四節　松江府華亭県の董氏

一

董其昌（一五五五・嘉靖三四～一六三六・崇禎九）、字は玄宰、号は思白、江蘇松江府の人である。終生無二の親友であった陳継儒の筆になる太子太保礼部尚書思白董公暨元配誥封一品夫人龔氏合葬行状（陳眉公先生全集巻三六）によれば、董氏はもと開封の住人であったが、宋室の南渡にしたがって松江府上海県に移り住んだとある。始祖董官一から五伝して華にいたり、悌（字世雍、号吾渓）、漢儒（字子策、白斎翁）とつづいて、董其昌の代となる。父親の漢儒については「里中の児師と爲る。通鑑数葉を熟誦し、晩には枕上より口授す」と記すから、村塾の教師であったらしいが、生員の身分をもっていたかどうか、それは定かではない。いずれにせよ、取りたてていうほどの権門勢家ではなかったのは間違いない。

若き日の董其昌について、南呉旧話録巻一八・董思白の条には、瘠田二十畝を所有するのみで、生活は非常に苦しく、重役に耐えかねて逃亡をはかり、後年、華亭県に占籍したが、彼は上海出身であることを決して認めようとはしなかったとある。脱役逃亡を不名誉と感じたからであろう。この件について、陳繼儒から「後来、董逃行を読むに、惟だ境を越えて乃ち免がる」[1]とからかわれてもいる。また、生員時代には、近隣の王氏や陸氏に招かれ、家塾の教師をつとめたことが知られている。[2]生活の安定しない生員たちが、館師つまり私塾や社学の教師となって糊口するのは、明清時代をつうじての常態であった。

このように、恵まれた家庭環境にあったわけではないが、十三歳で生員となってから、刻苦精励の二十年余をへて、董其昌は萬暦十六年に挙人、翌十七年、三十五歳をもって二甲第一名、つまり第四位の成績で進士に合格して、翰林院庶吉士を授けられた。以後、中央、地方の諸官を歴任したが、必ずしも政務に熱心であったわけではなく、問題とされる行為がなかったとはいえない。また「家食すること二十余年」（行状）とあるように、華亭に居る期間はながかったが、最終的には、崇禎七年、南京礼部尚書掌詹事府事をもって致仕するまで、ほぼ大過なき官僚生活をすごしたといえよう。そして、帰郷家居すること三年の後、崇禎九年十一月、八十二歳で病没する。死後には太子太傅を贈られ、文敏の諡を賜わっており、著作としては、容台集十七巻をのこしている。附記するならば、決して裕福とはいえなかった華亭の董氏も、彼一代の間に、同郷の人であり嘉靖・隆慶の間に内閣大学士をつとめた徐階（弘治七～萬暦二）の家と抗衡すると認められるほど、[3]社会的地位と声勢を劇的にたかめ、所有する田地は万頃に達していたという。

以上のような官歴のほか、董其昌には書家として、あるいは画家として、「芸林百世の師」と称えられる業績がある。とくに有名な南北宗論を唱え、旧来の文人画を集約するとともに、革新的な文人画を編み出して、明末以降の画壇に決定的な影響を及ぼしたとする評価は、美術史家の間ではすでに定着している。[4]もっとも、名声がたかまり、その書画を求める者が門前に市をなすと、平然と代作贋作を発意容認し、より多くの収入を得ることに執著した彼の生き方について、批判が存在するのは当然であるが、第一人者としての地位はいささかも揺るがない。明史巻二八八・文苑伝に載せる伝記には「事これを米芾・趙孟頫に擬すと云う。同時に善書を以て名とする者に、臨邑の刑侗、順天の米萬鐘、晉江の張瑞圖あり。時人は刑・張・米・董と謂い、また南董北米と曰えども、然れども三人は其昌に遠く逮ばさること甚だし」と評している。

ところで、萬曆四十四年三月、董其昌六十二歳の時、彼と華亭近隣の士民との間に一大騒動がまきおこり、焼打ちにあって、数百間の大邸宅は長年かけて蒐集された稀代の珍宝書画ともども、灰燼に帰するという大事件へと発展した。彼の悪辣をきわめた利殖と収奪の活動が、人々の反発憤激を買った結果であり、当時、世上を震撼させた出来事であったにもかかわらず、彼の伝記の類には全く触れるところがない。その理由については別に考えねばならないであろうが、(5) 今はこれに言及しないまま、わずかに遺された記録にもとづき、郷紳と民衆とを主役とした紛争として、明末には各地で頻発した騒動、いわゆる民変の一つとして、その概略を明らかにするとともに、郷紳の、その巨公ともいうべき人物の実像に迫りたいと考える。

この事件の解明について利用できるのは、以下の文献である。まず、公的記録としては実録萬曆四十四年六月己未の条が、ほとんど唯一のものとして挙げられよう。ついで、野史筆記に属するつぎの二書がある。松江の人であり、事件を目撃した曹家駒の黒白伝（説夢巻二）と、画人として有名であった文徴明の曾孫文震孟の子である、蘇州府長洲県の人文秉の松江民変（定陵略注巻七）とである。また、佚名氏の撰する民抄董宦事実（筆記小説大観十集）があるが、この書は巻首とともに、執筆と刊行の年月を失っており、その限りでは不完全な書とすべきであろうが、有用な文書を幾つも収載している。

二

実録萬暦四十四年六月己未の条に載せる、巡撫応天都察院右副都御史王應麟の上奏は、董其昌の一件とあわせて、時期を同じくして蘇州府崑山県におこった、周玄暐の事件にも触れている。郷紳を主役とする紛争の一例であって、この件をまず紹介しておきたい。「封疆の是任や、民俗士風は宜しく申飭すべき所なるに、乃ち意らざりき、一時に周玄暐・董其昌の二事有り」と書きはじめ、前者について、つぎのようにことの顛末を述べている。

「玄暐の衆怒を犯すや、涇林續紀を以てし、之が為に、其の倚勢を招き、士民を凌轢す。故に士民群起して合訴する者五百余人。臣は学塩二臣と与に会疏上聞し、及び明旨もて逮問す。臣、怨毒既に深く、潰敗決裂するを恐れ、仍ち厳諭して、機に乗じて洩憤し、擅りに蹂躙を爲すこと毋らしむ。故に就逮の日にも、曾て一人も敢えて其の室に軽譁する無し。此れ江南士庶の共に覩る所なり」

周玄暐の著作である涇林續紀（記）をめぐって、著者と崑山の士民との間に紛争が生じ、士民五百余人が合訴したのをうけ、勅裁を仰いで周を逮捕尋問することとなったが、その際にも心配された諠譁騒動はおこらなかった。そして、実録は「後に玄暐は竟に獄に卒す」として、事件はそのまま何事もなく結着した、とする。しかし、この事件については別に文秉の崑山民変（定陵略注巻七）があり、史料の抜書の体裁をとるが、それをつうじて知られるところは、実録の記載と大きく喰い違っている。文秉の生存期間は明らかではないが、父親文震孟のそれ（萬暦二～崇禎九）から考えると、事件のおこった萬暦四十四年には成人に達していたと認められ、同じ蘇州府の人でもあり、記述は実地の見聞にもとづき、信憑性がたかいと思われる。それによって事件の展開を要約すると、ほぼつぎのとおりである。

豪宦周玄暐（進士）と対立していた「百万土豪」の張惟恵（監生・父の張徳程は挙人）が、未刊であった周の著述＝涇林續紀の原板を改竄捏造し、そこに「朝廷を誹謗し、宮禁を汚衊する」記事があると訴え、賄賂をうけていた知県の陳祖苞がこれをとりあげたのに端を発し、錦衣衛が動き、勅旨をもって周は逮捕された。しかし、調査の結果、原本には該当する箇所は見当らず、彼は無実であることが明らかになったが、七十歳をすぎていた周は獄死してしまった。また、周の逮捕を聞きつけた民衆は、張の煽動で周家を焼き払い、後日、罪なき周の遺体が帰宅すると、その冤罪に同情した民衆は逆に張家に殺到して、これを焚刧してやまなかった、と。つまり実録の記すような、平穏のうちに事件は解決したのでは、決してなかったのである。

おそらく、事件の全貌は文秉の記す如くであったはずであり、現に我々が手にする涇林續紀には、問題にされるような記載はもちろんない。巻末に載せる孫敏修なる人物の跋文には、「記す所は明代の遺聞逸事であり、但に多識の助と為すべきのみならず、並びに人の勧戒に資するに足る」とある。さらに跋文によれば、周玄暐は字を叔懋または緘吾といい、萬暦十四年の進士で、雲南道御史などに任じたという。また、涇林續紀は祖父周復俊[6]の涇林雑記を継承した著作であり、清末にいたる三百年間、伝本は稀れであったともいう。なお、文秉のつづく記述によれば、在官在郷の期間をつうじて、周玄暐に対する世評は必ずしも芳しくはなかったらしく、郷紳としての張惟恵についても、事情は同じであったようである。

それはともかく、いわゆる崑山民変が文秉の伝えるとおりであったならば、それは郷紳仲間の対立に起因して発生し、これに民衆が加わって暴動化、二度も焼打ち事件をおこす大騒動であった。ところが、董其昌に関わる事案はより深刻に、民俗士風に影響するとの観点から、王應麟の上奏は右文につづいて、つぎのように述べている。二つの事件はほぼ同じ性格の騒動と理解すべきであるにもかかわらず、これを扱う巡撫の姿勢は、当初から違っていたといわねばなるまい。

「(董)其昌は詞林に起家し、素より時望を負う。三月の間、忽ち生員范啓宋とともに並びに蘇州に至り、相互に告許し、方めて批発を行う。而して其昌の華亭の居業は、此時に於いて化して煨燼と爲る。海上の民は動じ易く、静なり難し。難は士子に発し、乱は奸民に成る。固より(周)玄暐と同日に語る可からず」

周玄暐の事件とは性質が異なるとして、董其昌のそれには、激怒した士民たちが彼の居宅を焼打ちし、これを灰燼に帰せしめるなどの行為があったことが強調されている。それに先立って、董其昌と范啓宋(生員)との間に、互いに陰私をあばく告発合戦のような係争があったとはいえ、放火の暴挙は許し難く、周玄暐の件とは同日には論じられない、というわけであった。この上奏をうけて、神宗は「董其昌の事は首従を厳査して議處せよ」と命じている。

以上にみるとおり、実録萬暦四十四年六月己未の条に載せる巡撫応天王應麟の上奏は、必ずしも正確であるとはいえない。とくに周玄暐の一件は故意ではないかと思えるほど、事実認識を誤まっているとせねばなるまいが、本節の主題である董其昌の事件についても、実録の記載のみにもとづいて、その全貌を明らかにするのは適当ではない。「董其昌の事は首従を厳査して議處せよ」との勅命は、彼の盛名と大望に配慮したからかと推察されるが、事件の経過と結末は、それほど単純ではなかった。しかも、事件には前史ともいうべき、長年月にわたる董氏一家の暴虐が遠因として存在するのである。

前述のとおり、董其昌の家は名門勢家ではなく、所有する田地財産も決して多くはなかったが、彼が進士となった萬暦十七年以降、画家あるいは書家としての名声がたかまり、官位が昇進するにつれて、急速に資産を増やしたらしく、事件のおこった萬暦四十四年頃には、「膏腴万頃」[7]と表現される広大な田地を所有し、数百間の大邸宅を構える長者となっていた。この事実は、いわゆる「郷紳の横」として注目される事態の実例であり、二十数年間にわたって、その勢力をたのんで庶民を凌虐し、際限なく金銭欲をふくらませ、蓄財に励んだ結果であったといえよう。平常、家務を取り仕切ったのは、息子の祖和（字孟履）、祖常（字仲権）、祖源（字季苑）と家人（世僕）の陳明らであったが、彼らの横暴は目にあまり、悪辣な行為は人々の激しい非難の的でありつづけた。前掲の民抄董宦事実におさめる十五十六民抄董宦事実と題する文書には、つぎのように記されている。

「平日、祖和、祖常、祖源ら父子兄弟は更替説事し、家人の陳明、劉漢卿、陸春、董文らは、民房を封釘し、男婦を捉鎖すること、日として之れ無きは無し。怨を軍民に斂めること、已に一日に非らず、食肉寝皮を欲するもの、また一人に非らず、剥裩毒淫の一事に至っては、上は天怒を干し、悪は加う可き無きに極まる」

文中にみえる「民房を封釘し、男婦を捉鎖する」とは、高利貸の業務にともなう厳しい取立てをいうと解せられるが、数々の指弾さるべき悪業をつうじて、董氏に対する世間の反発はたかまるばかりであった。そして、騒動発生の直前、十日、十一日、十二日の頃には、華亭の街衢では、女子供たちまで「若要柴米強、先殺董其昌」（楽な生活を望むなら、先ず董其昌を殺せ）と歌い、「獸宦董其昌、梟孽董祖常」と大書した掲紙が張り出されたばかりか、徽州や山西などから来ている客商は冤掲をかかげ、娼妓や遊船業者まで報紙で情報を伝えあう始末で、まことに「怨声は載道し、窮天罄地する」一触即発の情況となっていたという。また、同じく「松江府辯冤生員翁元升張復本……」の表題をもつ文書は、この騒動を民抄（庶民の掠奪）と認める現地当局の判断に、董其昌が不服を申し立て、もともと士人が煽動したのであるから、士抄とすべきだと訴えたのに対し、松江府当局が、嫌疑をかけられた生員たちに代って潔白を訴えた上申書であるが、そこにはより詳しく、彼の凄まじい所行が列挙さ

れている。まず、

「吾が松（江）の豪宦董其昌、海内但だ其の虚名の赫奕たるを聞き、其の心術の奸邪を知らず。奄豎と交結して、己に屡しば朝紳より擯せられ、広く苞苴（賄賂）を納め、復た楚士より逐わるるを見る。殷鑒遠からざるに、前人を改轍するを思わず、欲壑滋ます深く、惟だ後嗣に積金するを図る。丹青の薄技もて輒ち利津を壟断せんと思い、點畫の微や長ずれば、当路に雄視するに足ると謂う。折柬を故として日に数十張を用い、公事に関説するに非ざる無く、賓を館に迎え月に八九次を進め、要ず皆な民膏を漁獵す。座主の尊を恃み、而して干瀆休まず、旁観の清議を顧りみる罔く、門生の厚に因り、而して属託已む無く、坐して当局の大権を侵す」

と記して、董其昌の虚名は天下に知られているけれども、その心だての横しまなことは知られていないと指摘した後、不正不法の行為が列挙されている。文中に「復た楚士に逐わる」とあるのは、萬暦三十二年、五十歳で湖広提学副使に任じた時、郷試に不正ありとして、受験生から批判され、職責を放棄して逃げ帰ったことをいうが、(8)明史の伝には「請囑に徇わず、勢家の怨む所と爲る。生儒数百人を嗾して鼓譟し、其の公署を毀す」と、原因が勢家の側にあったとして、事実を歪曲しているのに附言しておかねばならない。真相は董其昌が請嘱をうけていたのが露見して、受験生たちが騒ぎをおこしたのである。これら数々の悪業によって世間の顰蹙を買ったにもかかわらず、一向に反省することなく欲望をふくらませ、子孫に金銭をのこすことばかりを考え、地位と権勢にもとづく、さまざまな手段をもって人民の膏血を搾りとり、政治の大権まで侵害していたというのである。反論を目的とする文書の性質上、誇張の表現もあるかと思われるが、それにしても、度を越した行動といわねばなるまいが、文書はさらにつづけて、個々の具体例をまじえて、その悪辣さを明らかにしている。

「胡憲副（宗憲）の孫女を妾と爲さんと謀り、其の姉に因りて其の妹を奸し、長生橋の第宅を拡げて居る。朝に契を逼り、暮には遷を逼る。童女を淫して采陰し、宇宙の大忌を干す。唱院を造り以て利を覓め、青浦の風声を壊す。膏腴万頃なるも、輸税は三分に過ぎず、遊船百艘は投靠するもの其の大半に居る。叛主の奴を納め、而して世業は其の籍没に遭い、三倉の額を尅減して、軍士は幾ど脱巾するに至る。富民邱福の銀千両を許す、而して一人命なり、此の償は倏まち彼の償と爲る。生員蒋士翹の銀百兩を許す、而して一田産なり、加価して原価に浮ぐ」(9)

董其昌の好色漁色は生涯あらたまらなかったらしいが、とっかけひっかけ、大勢の姫妾を長生橋の邸宅に囲い、芝居小屋を設けて金もうけに励み、万頃の土地を所有しながら、税金は三分の一しか納めず、遊船を百艘も持っていたが、その大半は投靠によるものであった。また、叛主の家奴を抱えこみ、彼らの旧主の財籍を没収するとともに、軍倉の額数まで減じて兵士を脱走させるにいたった、などの行為が糾弾されているのである。周知のとおり、明末の江南地方においては、郷紳層を含む勢豪地主の家には蓄奴の風が拡まり(10)、旧主を逃がれ、あるいは主家を裏切って他家に身を寄せる者が多く、それに起因する紛争が絶えなかったが、華亭の董氏もその当事者であった。萬暦四十四年の騒動も、董氏と同里の陸氏の間に発生した叛主の家奴をめぐる諍いが、一つの発端となったと、文秉の松江民変（定陵略注巻七）には指摘されている。

「董其昌……仲子祖権は倚勢横行し、民は命に堪えず。同里の陸生（陸兆芳）なる者、先世より富僕有り。陸の誅求厭く無く、僕は乃ち祖権に投充して紀綱と作り、護身符と爲す。陸生復た至り、需索すること旧の如し。祖権は很僕を統べて之を攢殴す。次日、陸生の兄は諸生を率いて其の室に登り、其の罪を討す。惶恐して過を謝して乃ち已む」

この出来事は後日、一連の騒動が士抄であると董其昌が主張する根拠となるが、陸氏の叛奴（叛主の家奴）が董氏に投じたのがことの発端であった、と文秉は認めたのである。家奴の扱いが勢家や郷紳の家政にとって、重要な課題であったことがうかがえようが、それはともかく、同文書はさらに、息子たちの所行をも附記して、彼の罪状に加えている。

「兼ねて悪孽董祖常、一丁を識らざるに儒巾を濫竊し、万悪書し難きに徳行を謀充し、父勢に倚籍して官常を玩藐し、刺賊陳明らを用いて瓜牙と爲し、幫棍施心旭・夏尚文らに託して耳目と爲して消息を打聴し、包攬居問し、或いは褻服にて後堂に入り、或いは更餘にして書帖を進め、或いは供招己に出ずるに覆審し、或いは罪名己に定まれるに潜移す。また且つ打行を招集して肆行詐害し、温飽の家は則ち掗債して其の田房を盤摺し、膏粱の子は則ち糾賭して其の嚢槖を席捲す。囹圄の怨気は沖霄し、闤闠の怨声は載道するを以てす」

ここにとりあげられているのは、三子のうち、最も悪辣であったとされる次男祖常の振舞いである。まるで文字を識らないのに、士大夫の服装を身につけ、父親の権勢を背景に官職をもて遊び、輩下の悪党どもを使って、さまざまな悪事を繰り返えした。包攬や仲介の仕事からはじまり、作法や慣行を無視したばかりか、はては裁判にまで容啄する有様であった。さらに打行(11)（打降）を招集して思いのままに活動し、資産家の人々から田地、屋敷、金品を捲きあげたため、怨嗟の声は牢獄から市廛まで、天地の間に満ちあふれた、などと糾弾されているのである。

同文書はさらにつづけて、府下の生員二人を凌虐した実例を紹介した後、前年九月、同郷の生員陸兆芳の美貌の使女緑英を拉致せんとして、家奴二百余人を遣わし、夜分にその家に押し入らせて物議を醸したこと、これを材料として、黒白伝なる小説が書かれたこと、などを記載している。陸兆芳は前掲定陵略注の記事にみえる陸生その人であって、叛奴をめぐる争いで、謝罪しなければならなくなった董其昌が、その意趣返しとして、緑英を強奪したのではないかと解釈できるかも知れない。

三

以上にみるとおり、董其昌の一家は、遅くとも彼が進士となって以来、二十数年にわたって、松江府華亭県の一帯に声威を振るった。「郷曲に武断す」といわれる事態を最高のかたちで実演して、士庶を含めた郷人を凌虐し、その憤激を買いつづけ、それが誘因となって、萬暦四十四年三月の事件は発生したのである。ついで、その詳細を明らかにしなければならないが、曹家駒の黒白伝（説夢巻二）をまず取りあげ、記すところを要約すると、ほぼつぎのようになろう。

文章書画をもって一時に冠絶した董其昌の息子たちは、父親の権勢を笠に横暴の限りをつくして、久しく人々の怨嗟の対象であった。加えて、知県の鄭著存（諱元昭）が父親の門生であったこともあり、知県と結託して利殖と蓄財に狂奔していた。たまたま、同郷に生員の陸紹（兆）芳なる者があり、長身で色が黒かったので陸黒とよばれていた。彼は少し吃りで議論好き、負けず嫌いでもあったが、その家僕に緑英という美人の娘がいた。彼女の評判を耳にした董其昌は、すでに六十歳をこえていたにもかかわらず、娘を手に入れようと思い立ち、次男の祖常に命じて、一夜、陸家に押入って緑英を強奪させた。これに激怒した陸紹芳は町中にビラを撒いて、董其昌の悪業を世間に訴えようとした。しかし、相手は名を天下に知られた大物であり、何縄武（挙人）、呉玄水[12]らの縉紳が仲介にはいったため、陸もしぶしぶ和解を受け入れ、一件は落着するかに思われた。

ところが、ある好事家がいて、この件を題材に小説黒白伝を書きあげ、瞽者に歌わせたのが大当りして、たちまち近在の話題となった。第一回の外題は「白公子は陸家荘を夜打ちし、黒秀才は大きい龍門里を鬧す」といったが、その諷刺と洒落は聞く者を抱腹絶倒させた。白公子は思白と号した董其昌を、黒秀才とは陸黒の綽名をもつ陸紹芳を指すこと、いうまでもない。龍門里は董の邸宅が龍門寺のそばにあったのに由来する。長い間、董氏の専横に耐えていた人々は喝采をもってこれを迎え、いささか溜飲を下げる一方、これを機に董其昌への嘲笑と愚弄の世論が一気にたかまったのは、当然の成り行きであった。

これを知った董其昌は怒り心頭に発し、草の根わけても作者を探し出し、怨みを晴そうと試みたが、手掛りは全く掴めなかった。そこで、苛立ちのあまり、秘かに遠縁の范生（生員范昶）を疑うようになった。彼の父は延言といい、萬暦七年の挙人で、萬州刺史に任じていたが、すでに世を去っており、夫人はなお健在であった。董其昌は厳しく范生を追求したが、彼はあくまで無実といいはり、城隍廟の神前で身の潔白を誓った。しかし、数日後、范生が急病で亡くなったことから、事態は急転回するにいたった。

范生の母董氏は、董其昌が息子を死に追いやったのだと叫び、女の家奴をひきつれて董家の門前に押しかけ、悪罵を浴せつづけた。堪り兼ねた次男の祖常は門を閉じ、女性たちを捕えて衣服を剥ぎ取り、さんざんに辱しめた。後にこの件が裁判沙汰となった時、訴状に「剥褌搗陰」の四字が記されていたという。

この噂話が伝わると、華亭の町中は大騒ぎとなった。また、范生の子の范啓宋（生員）は仲間を集めて法廷に訴えたが、当時、県には担当の裁判官がおらず、范氏の側に非のないことはわかっていたけれども、董家の権勢に圧倒されて動きがとれず、役人は形勢を傍観するばかりであった。こうして日が過ぎると、不満を抱く抗議の群衆は増える一方であり、集まった者は解散せず、騒ぎは拡大するばかりで、ついに董氏の邸宅に放火するにいたった。護珠と名付けて侍姫たちと登った白龍潭の一閣も焼け落ち、役所や寺院に掲げられた、董其昌の匾額は尽く毀砕されてしまった。

これを違法とした董其昌が官府に訴え出たところ、学使者（欽差提学御史）王以寧は、生員たちの行動に激怒し、司理（推官）呉之甲に命じて厳重に調査させたが、呉推官は守正して屈せず、先きに范啓宋が上告した時、それに最も協力した峡水なる者（諱伯紳）[13]を首倡者として除籍したにとどまり、他はすべて不問に付した。この公正な判決文は紛失してしまったが、なかには「悪を縦いままにして奸を長ずるは、地方を司る者、固より敢えて出さず、人を殺して人に媚びるは、人心有る者、また何ぞ爲すを肯んぜんや[14]」の四句が認められていたという。そして、御史の意向に反した処理をした呉之甲は病いと称して職を去り、府学の教授胡公冑も学生を連坐させるのを拒否して離任したほか、府内の有識者の多くも董其昌に理ありとはしなかった。さらに、萬暦三十二年の進士である張鼐（字世調）は郷老たちと連署した書簡を府学にとどけたが、そのなかに「士類に甘心して、一家全勝の局を爲すは宜しからず[15]」の語がみえ、公平な処置を要求した。こうした世論の動向をみて、御史王以寧は意気沮喪して間もなく任をすて退去した。

事件はこうして幕が引かれたが、三年後の萬暦四十七年の春、歳試の合格発表にあたって、董祖常の名が呼ばれると、曹家駒は彼の責任を厳しく指弾して、「剥褌搗陰」の語などを問題にしようとした。しかし、この一件はすでに結着しているとして、大板二十（杖刑）に処せられるにとどまったが、これを聞いて、人々は快哉を叫んだ。そして、曾家駒の見解によれば、この大騒動の全責任は董其昌が負うべきであり、惜しまれるのは、二人の有為な青年官僚――呉之甲と胡公冑を失ったことであった、と。

黒白伝は右のように、事件の経過を伝えている。その記述によれば、騒動は長年にわたる董氏一家の専横に対する、人々の積り積った憤懣を基因とし、直接的には、同じ郷紳の仲間である陸氏や范氏との確執から生じたといえる。前掲の実録に「三月の間、忽ち生員范啓宋とともに、並びに蘇州に至り、互相に告許し、方めて批発を行う」とあるのは、小説黒白伝の作者をめぐる軋轢を指すことが、これによって知られよう。後に明らかにするとおり、事件の山場ともいうべき焼打ちは、萬暦四十四年三月十六日におこっているが、文采の松江民変（定陵略注巻七）には、前述の、陸氏との不和を記したのにつづいて、つぎのように事件の概要が語られている。

また范某なる者があって、董其昌とは姻戚の関係にあったが、陸氏との美女をめぐる抗争に興味を抱き、これを題材として詞曲をつくり、節付けして瞽者に授け、町中で歌わせた。其昌はそれを聞いて怒り、瞽者を執えて作者を尋ねると、范某であるとの返答であった。そこで范某に真偽をただしたところ、彼はあくまで無実といい張り、城隍廟の神前で誓言したが、間もなく彼は亡くなってしまった。その死について、范某の妻は納得せず、僕婦を率いて其昌を非難罵倒した。すると、次男の祖常は悪僕に命じて、彼女らを門内に封じこめ、裸にして辱しめた。その髪をむしり去り、下半身まで手にかけて、両股から血がしたたること雨の如くであった。

この話を伝え聞いて、人々の怒りは頂点に達し、一万人もの群衆が董家の門前に集まり、家を取りまいて大騒ぎとなった。これに反撥して、董家の家人らは屋根に登り、瓦を投げつけたから、この挑発行動が火に油をそぐかたちとなり、暴動はさらに一段と激化した。興奮した者たちは屋根にかけ登って対決し、瓦を投げ返して応酬したが、たまたま董側の投げた瓦にあたって負傷者がでると、報復として火を放ったため、董家の宏壮な屋敷は尽く灰燼に帰した。その時、其昌は在宅していたが、命からがら墻をのりこえ隣家に逃避して無事であった。とはいえ、邸宅はいうまでもなく、二十年以上の歳月をかけ、悪辣な収奪によってえたはずの、莫大な金銭を投じて蒐集された書画骨董の品々も悉く失われ、一物をものこさない有様であった、と。

このように、文秉の記すところは、曹家駒のそれとは必ずしも一致しない。たとえば、黒白伝の作者を探す部分、それが小説であったのか詞曲であったのか、范生（范昶）の死に抗議して押しかけたのが、彼の母であるか、妻であるのか、など細部については喰い違いが認められる。しかし、事件の展開については、ほとんど相違はなく、事件の全貌は、これらの記述をつうじて、ほぼ明らかにされたとみて差し支えなかろう。要するに、ことは董其昌の貪欲な利殖と蓄財、その被害者であった、士大夫層を含む郷人との対立から生じたのである。士抄であるか民抄であるかの論議は別にして、明末の時期に江南地方で頻発した、いわゆる民変の一つであったのは間違いないが、あらためて注目しなければならないのは、事件後の処理とその結論である。

前述のとおり、実録にみえる上諭には「董其昌の事は首従を厳査して議処せよ」とあった。この旨をうけて、厳重に調査せよと命じた上司がいたにもかかわらず、現地の担当官はそれに反した処分で応じ、首倡者一人を学籍剥奪するにとどめ、他はすべて不問に付してしまったのである。これは曹家駒の伝えるところであり、二人の担当官の略歴も紹介されている。呉之甲、字は元秉、号は茲勉、萬曆三十八年の進士、江西臨川の人、他は胡公冑、萬曆四十一年の進士、湖州の人で、ともに進士となって間のない正義派の官僚であった。また、民衆のみにとどまらず、士大夫・郷紳たちの間でも、董其昌への批判は厳しく、対応の姿勢も冷淡であったことも、明らかにされている。こうした世論を背景として、上諭に反した軽微な処罰も可能であったのであろう。

さらに、事件終息の後においても、董其昌一家の評判は引きつづいて良くなかった。曹家駒には別に董思白詒謀不善なる文章（説夢巻二）があって、不評の因となる事実を列記している。すなわち、董其昌は書画の才を推重されて出世したが、官僚としては全く無能であったと前置したうえで、その権勢を笠に着た子孫たちの不行跡の数々を明らかにする。三人の息子はいうまでもなく、孫の代にまで悪業はつづいたのである。

孫の董庭（字は對之）は、烏程県の人で悪名高い宰相温體仁の引きで内閣に出入し、その機智をもって廠衛

（秘密警察）と交遊を深め、人の陰事をあばくのに暗躍した。祖父の書画の代作者であった呉易（字素侯）が中書に官をえたのを憎み、帰郷中に清軍の侵攻があったのを口実に、敵を恐れて逃亡したと宦官に弾劾させ、その官職を剥奪して世の顰蹙を買うことがあった。また、明朝滅亡の翌年には、はやばやと弁髪帰順して立身を求め、秘かに松江に帰って内応をはかったが、事が露見して捕えられ、民衆の手で惨殺された。もう一人の孫の董剛は尤も狂妄といわれるが、明朝復興をめざした謝文堯の事件に関与して斬られている。そして、こうした記述の結びの言葉は、つぎの如くである。

「それ文敏（董其昌）は素より家教無し。晩年は方士を招致して、専ら房術を講ず。故に子孫は多く検まず、生前は梵刧の禍を醸し、歿後には屠戮の凶に遭う。名を享くること太だ過ぐれば、妟譴を招くこと無きを得ん乎」

董其昌の子孫たちが、どのような人生を歩んだかは、ほとんど不明である。陳繼儒の行状には、子の祖和と孫の庭が、それぞれ容台集を刻刊したことを記すのみである。また、閲世編巻五・門祚一には「文敏（董其昌）の先ず卒するや、……門第漸く衰え、……宗伯（董其昌）の後には尚お達人有らず」とあるから、董氏の家勢が次第に衰退したのは疑いない。その後に関しては、康熙四十四年、康熙帝が南巡して松江に至った時、董其昌の子孫を探させたところ、董建中なる者があらわれ、家伝の蟠桃図を献上して荊門府州判に登用されたことが知られるにとどまる。[16] 康熙帝が董其昌の書画に心酔絶賛したのは周知の事柄であるが、帝の愛顧が彼の作品の評価に大きく影響したであろうことは、否定するわけにはゆくまい。それはまた、人間としての実像から遊離して、彼が次第に聖像化される契機でもあった。

事件の全貌をより詳細に伝えているのは、民抄董宦事実におさめる「十五十六民抄董宦事実」である。執筆者は不明であるが、騒動の経過報告ともみなすべき文書であり、先きに紹介した、三月十・十一・十二日の状況への言及につづいて、つぎのように事態の展開が述べられている。

四

この時、黄知府と呉推官は公務出張中であり、十三日に帰任したが、ことの深刻さに気付かず、適切に対処しなかったため、民怨はますます激しくなった。そして十五日、文廟における行香の儀式に列席する途中、黄と呉の両官は多数の民衆が街道をうずめ、罵声の沸くが如くなるを見て、ようやく事柄の重大さを知り、生員たちの要請をうけて、董家の家奴陳明を拘束し、二十五枚の杖刑に処して事態を終息させようとはかった。しかし、民衆はそれだけでは承知せず、府学から董家の門前に移動し、悪罵をやめようとしなかった。これに対して、董其昌の堂兄董乾庵らは冤掲を分送しようとしたが、民衆に妨害されて果せず、これを知って忿声はさらに一段と激しくなった。

このままでは治まらないと見てとった董家の奴僕たちは、暴力団である打行を雇って自衛しようとはかったが、報怨に熱り立つ者たちは門前に殺到して、科挙合格者の身分を示す旗竿を撤去してしまった[17]。董家の側はこれに対抗すべく、屋上に登って汚物を投げつけたが、民衆の側も屋根にかけあがって瓦礫を投げ返すなどしたため、混乱はますます激しくなり、董家の門は完全に破壊されてしまった。ついで、怒った民衆は「陳明の横は甚だし。

先ず其の居を破れば可なり」といいだし、大挙して対河の陳明の居宅を襲撃打毀しにかかった。午後になって、暴徒の一部は解散したが、未から申の刻になると、再び集結して放火を計画するにいたった。しかし、当夜はたまたま雷雨が激しく、火災の効果が少ないとみて中止された。

翌十六日になると、民衆はまたぞくぞくと集まったが、上海・青浦・金山各県の参加者も加わり、その数は前日をはるかに凌ぎ、酉の刻となって、彼らは董家に火を放った。はじめは風が弱かったけれども、やがて西北の強風にあおられて火勢は一気に強まり、数百間の大邸宅はまたたく間に焼失してしまった。とはいえ、隣家への延焼を防ぐため、各家に標識を設けて目印とするとともに、火が其の家に及んだならば、ただちに協同で消火につとめるなど、統制のとれた民衆の行動であった。したがって、罹災したのは董家のみであったが、もう一家、陳明の居も打毀された後に放火され、その妻の遺骸をおさめた豪華な棺まで火中に投じられた。こうした事態の進行を見て、当地の海防官は兵を出して救援しようとしたが、呉四尊なる人物は「必ずしも出救せざれ。百姓数万なれば、恐らくは他変有らん」として、人を差わしこれを稟止した。「老成の見聞を云うと雖も、亦た董宦の范(啓宋)を虐するに満ならざるを云う耳」というのが、この稟言の真意であった。(18)

十六日の夜、火は一晩中燃えつづけ、翌朝には董祖源の家にも拡がった。彼は父親より裕福と認められていたが、妻が徐階の玄孫、中時行の甥女で、多額の持参金をもって来たからだとされ、その居宅は歳月とともに一層広大となっていた。近隣の民家をつぎつぎと強制的に取り壊して増築したからであるが、落成わずか半年の、二百余間と称された大邸宅も、またたく間に焼け落ち、わずかに基壇を遺すのみとなった。これに反して、兄の董祖和の家は近くにあったけれども、彼は性格が温和であり、弟たちのような極端な非道の行為がなかったため、災難を免かれることができた。(19)

十七日になると、過激な行動はおさまり、一応事態は鎮静化に向ったが、反董其昌の動きはなお止まなかった。

それを示すものとして、帯巾して青白色の絹衣を着た五十歳ばかりの男が、手に扇をもって日光を遮ぎっていたところ、その扇が董其昌の書いたものであったため、これを見付けた者が扇を破り捨てる騒ぎがあげられる。これに老人が抵抗すると、周囲にいた四・五十人がなぐりかかり、相手は巾服を引き裂れたまま立ち去らざるをえなかった。董其昌と聞いただけで、人々の怒りは再燃する雰囲気であった。また、董邸には倒壊を免れた白壁がのこされていたが、それに董への淫涜の言を書きつける人も絶えなかった。その一詩はつぎのように歌う。

福有胎兮禍有機　　福には胎有り、禍には機有り
誰人識得此中機　　誰人か此の中機を識り得ん
酒酣呉地花顔謝　　呉地に酒酣するも、花顔は謝（凋落）し
夢断鴛鴦草色迷　　夢は鴛鴦に断じて、草色は迷（清ならず）す
敵国富来猶未足　　国に（匹）敵するの富来るも、猶お足らず
全家破後不知非　　全家破るるの後も、非を知らず
東風惟有門前柳　　東風は惟だ有り、門前の柳
依旧雙雙燕子飛　　旧に依りて双々の燕子飛ぶ

憎悪の対象は、董其昌の書いた匾額にまで及んだ。十五日の早朝には、府学の明倫堂に掲げられていた會魁の牌匾(20)が壊された。また、坐化庵正殿(21)に掲げられていた「大雄寶殿」の額が董の筆になるのを見付けると、人々はこれを刀でけずり取り、「董其昌を碎殺した」と叫びあった。そして十九日には、焼失した白龍潭書園の「抱珠閣」の匾額が河に投じられ、「董其昌が水底に直沈する」と、手を打って囃し立てる者もいた、などと。

十五十六民抄董宦事実の伝える事件の全貌は、およそ以上の如くである。また、同じく民抄董宦事実に載せる

他の文書、たとえば府中各院道公文、府学申覆理刑庁公文などにも、同じ内容の記述がみえる。前掲の黒白伝、あるいは松江民変のいうところとあわせ、事件の経過については、大筋、かくのとおりであったと理解して差し支えなかろう。そして、これらの文献に共通するのは、董其昌への同情の意がほとんど示されていないことである。十五十六民抄董宦事実に、董氏の邸宅が焼失したについて、

「噫、董宦は平日、居室を美とし、丸そ珍奇貨玩金玉珠寶は、かの麗人尤物とともに室中に充牣す。今、倶に一時に他人の手に竄取せられ、而して若妻、若媳、若子女も流離奔竄し、竊負有りと聞きて逃る。前に此を以て施し、今、此を以て報ず。天道は好還す、何ぞ乃ち爾る乎を爽とせざらん哉」

とあるのによって、それは充分に証明されるであろう。同情というよりは、むしろ痛快と受けとめるのが世態であったと思われる。かくして、十七日には、騒動は表面的には鎮静化し、地方官の側でも治安の回復に動きはじめていた。三月十七日に知県呉之甲が坐化庵に掲示した県示はつぎのとおりであった。

「署華亭県事理刑推官呉（之甲）、禁約の事の爲めにす。照し得たるに、豪僕陳明は范婦を虐辱し、已に本府の責監正罪を蒙る。董宦（董其昌）は素より招怨多く、爾等の一夕焚抄を致すを被る。其の罪は兩つながら償うに足れり。聞くに、爾ら百姓は尚お未だ解散せず、喧閧雑遝す、と。意として更に何を爲さんと欲するか。縱え本宦の豪奴に与えしに、尚お未盡の辜有るも、本府は現に院道に申すれば、另に詳處する有らん。爾輩は止だ宜しく静聴すべし、また旦暮に蜂集して得了する所に非らず、示到れば即ち各々生理に帰せよ。若し再び擁擠すれば、府県の捕官は兵快を帯領して一々鎖拏し、即ち乱民を以て論ぜん。後悔を貽すこと毋れ、特に示す」

こうした事態の推移に、董其昌は納得がいかなかった。十七日董求呉玄水書は、かつて家僕の娘をめぐって対

立した陸紹芳との間に立って調停の労をとってくれた呉玄水に、事態の打開を要請した書状であるが、そこにはこのように記されている。すなわち、「四宅は焚如し、家資は掃くが如く、弟（董其昌）は業に恨を抱く。中文と諸告示を見るに及び、語々は弟を侵し、弟を以て三県の悪人と爲す。洗宅抄家の外、別に鍛錬有り、弟は死有るも瞑せず」と憤懣をぶちまけ、さらに「今、許・陸・徐・杜諸公の書を求め、未だ正法を求めず、先ず正名を求め、其の釁孽を学校に帰し、而して寛く民に求むれば、弟庶は解くる有らん」と。(22) 彼はあくまで、事件は民抄ではなく、士抄であったと主張し、生員の処罰を求めたのである。

しかし、董其昌のいい分を支持する者はほとんどなかった。府申各院道公文に「先ず陳明の房屋を焼き、後に董宧の兩宅を焼く。其の（董）宧の房に係るに非らざれば、一椽も動かさず。各学の生員は並びに一人も彼に在ること無し」と記し、府学申覆理刑廳公文には「本月十六日、三県軍民の烏合するもの万餘、共に執仇を稱え、忽ち本日酉刻において、董宧の第宅并びに家人の房屋を焼燬す。其の時、並びに生員一人も彼に在ること無し」とある。これが現場を管轄する松江府、生員の所属する府学の見解であった。

また、進士張鼐の筆になる前掲の合郡郷士大夫公書は「董思白焚宅の一事は、変は実に異常なり。然れども皆な三四輩利搶の徒の機に乗じて局訌するにして、学校とは毫も相い渉せざる也」といい、挙人五一名の連名による合郡考廉公掲にも、「董宧焚宅の一事は、実に遠近に駭聞す。然れども禍は利搶の棍徒の、報怨の民有るを聞き、機に乗じて蜂起するに因る。学校とは絶えて干渉する無し」とみえる。郷紳が主力となって形成される世論、いわゆる郷論も、生員の参加はなかったとする認識、あるいは主張で一致していたことが知られるであろう。

とはいえ、ことは放火をともなう重大案件であり、「首従を厳査して議處せよ」との上諭がある以上、そのまま放置できない事情もあって、首謀者あるいは犯人の探索はつづけられた。その担当者の一人であった呉之甲が書いた署府理刑呉初審申文には、嫌疑不充分の数人は別にして、王皮、曹辰、一條龍こと胡龍、地扁蛇こと朱観、そして金留らの名があげている。王皮は兇徒、曹辰は悪少、胡龍と朱観は打行の班頭と説明されているが、金留についての言及はない。審問の結果、王皮と曹辰はともに董氏およびその家僕に怨みをもち、王皮は陳明の房屋に、曹辰は董氏の邸宅に魁首となって放火したこと、胡龍と朱観はその素性からみて凶行はありうること、などが衆人の証言で明らかになったという。金留については自白にもとづく結論であった。

これらの、いわば庶民の犯行者とは別に、士抄の根拠とされる生員については、「放火の夕と雖も、委に一人の至る者無し。而して肇端の咎、將た誰か執らん乎。」と、参加者はいなかったと断定されている。ことの発端は、陸兆芳や范啓宋らの生員との確執にあったとしても、放火を含む事件そのものに、生員たちは関ってはいないというのが呉之甲の判断であった。

これに対して、「今、刑官の審に據り、己に其の詳を得たり。乃ち此の一変たるや、豈に無頼の数人を悖々して、遽かに塞責す可けん邪」と述べ、生員を含めて、煽動者にまで範囲を拡げての調査を求める文書もある。兵道駮批がそれであるが、そこに前出の金留についての記述が含まれている。

「況んや、金留は当衆誇許して、自ら葛成と謂う」

前述のとおり、金留は自ら名乗り出て犯行を認めた人物であるが、その彼が葛成の再来だと豪語したというのである。葛成（葛賢）とは、十五年前の萬暦二十九年六月に、西隣りの蘇州府城内でおこった、税監孫隆による染織業者への増税策動に反撥した焼打事件の際、首謀者としていさぎよく自首した男である。これに同情した巡撫曹時聘は、とくに葛成の名を葛賢と改め、ことの次第を朝廷に奏聞して、この挙は全く義憤にもとづく行動であり、凶器を持たず、孫隆の走狗となった無頼の徒の家に火を放ったとはいえ、類焼を防ぎ、一物も盗まず、関係者以外には一切迷惑をかけなかったことを強調して弁護した。さらに、監生の張獻翼らが士民を率いて、罪の減免を申請するなどのこともあった。その故かどうか、彼は裁判にかけられ、死刑を求められたけれども、執行が延期されているうちに、恩赦にあって四十一年には出獄を許され、生命をながらえたという後日談[23]がついている。出獄の際には、多くの人々が出迎え礼物をとどけたが、彼は受け取らなかったとも伝えられている。

金留はおそらく、当時なお存命であったと思われる、蘇州の葛成を意識して行動したと思われるが、事件の経過をみても、松江の騒動は蘇州のそれを真似た形跡が指摘できる。一方は郷紳の巨公とその家僕を、他方は税監とその手先となった棍徒を、憤怒の対象とする相違はあっても、ともに許し難い不正不法、非理非道への反撥に起因し、騒動における参加者の行動も酷似している。そこに注目するならば、明末の江南地方に醸成された社会的雰囲気を、あるいは蘇・松二府の地域的な結びつきを想像できるであろうが、金留の行動もまた、その具体例の一つであったに相違ない。

五

以上にみるとおり、生員の参加はなかった、いい換えれば士抄ではなく民抄であったとする意見は多かったけれども、生員の関与があったとする報告もなくはなかった。「風俗紀綱に関わる所、甚だ大なり」とされる大騒動であったから、事後処理にあたる官憲の側でも方針と見解がわかれ、その結果、報告に差違が生じたのはむしろ当然であったろう。大別すれば、現地の府県官および府県学の教官と、これらを統轄する立場にあった地方官との対立といえようが、その問に生員郁伯紳らの名が浮びあがってくる。まず学院奏疏と題する文書である。

この奏疏は欽差提学御史王以寧の上奏文であるが、関係方面に再調査を求めたところ、蘇松兵糧道から「後報に郁伯紳等五生の首と爲りて扛幫する有り」との報告があったと記す。また「兩学（松江府学・華亭県学）教官を提して面査し、而して後報に姚瑞徴等五生の冤掲を協投する有り」と報じられたとある。「臣、即ち具疏奏聞し、亟やかに主名を査せんと欲するに、奈ともする無し、有司は旁撓を掣して転展支吾するを」という状況を克服しての成果と述べているから、生員を対象とする捜査は、かなりの抵抗を排除する努力を必要としたことをうかがわせるであろう。

ついで本府覆審申文は、寄せられた情報をもとに、「青衿の被議せらるる者凡そ十有二」と認め、郁伯紳以下十二名の生員の名を列記した後、各人の事件前後の言動を調査して「此を以て召罪するに、伯紳の甚だしきに如く無く、また伯紳の確なるに如く無し」と断じ、他の十一名については、関与の形跡はなく、あるいはその根拠は薄弱であると結論している。本府とは松江府を指すこと、いうまでもなかろう。これに対する批駁の文として、批申と題する文書があとにつづくが、そこでは「郁伯紳の罪魁爲ること明らかなり」とした上で、なお残る十一人の関与を疑い、蘇州・常州・鎮江三府の会審が求められている。松江府の審判だけでは不充分とし、近隣三府の会審を必要と認めたのであろう。

かくして行われた三府会審の結論を記したのが蘇常鎮三府会審断詞である。その要旨は、首謀者郁伯紳のほか、翁元升・張復本・姚瑞徴・沈国光の五名を杖革、李澹ら五名を杖降とするほか、放火搶奪の諸犯については死亡者を除き、金留と曹辰を首悪と認め、斬刑に処するのを適当とするというものであった。一方の董祖常については、「屋は焚搶を被りたれば、姑く深求を免ずる」とある。杖革とは、杖刑に処した生員の身分を剥奪することをいうのであろう。これに対して「松江府辯冤生員翁元升・張復本・姚瑞徴・沈国光・張揚誉・馮大辰・陸石麟・姚麟祚・丁宣・馬或・李澹・陸兆芳[24]」は、会審断詞の示す処分の不当を訴えた松江府の申立書であるが、そこには、首謀と目された郁伯紳と同じ扱いをうけた者たちの不服と、「（董）祖常は猶お儼然として学校中の人為り」として、処分の不公平に対する不満の意が述べられている。

こうした議論をへて、いかなる最終的な判断がくだされたか、それにしたがって、処罰がどのように行われたか、このことは全く不明とせざるをえない。民抄董宦事実の収載する文書に、それに関わるものは含まれていない。したがって、それらについて言及しているのは、前掲の黒白伝のみである。そこに「峡水（名は伯紳、即ち都開の尊公）」とあるのが、郁伯紳を指すと理解して誤りはなかろう。そして、処罰については「呉（之甲）公は守正して撓せず、惟だ峡水を以て首倡と為して落籍し、餘は則ち問う所無し」と述べて、郁伯紳ただ一人が責めを問われたと伝えている。であるならば、さまざまな議論が展開されたにもかかわらず、生員たちの激しい抵抗の前に、董其昌の願いはかなわず、郁伯紳だけが処分されて、事件は幕引きとなったかと考えられる。生員を主力とする郷紳たちを敵にまわして、巨紳董其昌は完敗したということであろうか。

附言するならば、放火搶奪の主犯とされた、庶民である金留と曹辰への処置について、黒白伝は一切触れていない。したがって、三府会審断詞にあっては、両人を斬刑に処すべしとしているが、実際、そのとおりに処刑されたのか、この間の事情もまた明らかではない。ただ、推測の域を出ないけれども、これほどの大騒動であった以上、生員一名が杖革されただけで済むはずはなく、おそらく斬刑は執行されたとみるのが、妥当な解釈というべきではなかろうか。金留は葛成の再来と自称したというが、結末は同じではなかったと思われる。

萬暦四十四年三月、松江府華亭県で発生した董其昌一家をめぐる騒動について、現に利用できる史料によって、その経緯を明らかにするならば、ほぼ以上のとおりとなる。なお不明の部分をのこしてはいるが、事件は董氏のあくなき利殖と蓄財の犠牲となり、不満を募らせた士民がおこした、反董の運動であった。そして、起因となった事象をつうじて、郷紳、その大立物であった董其昌の実像をうかがうことができよう。それに反撥する人々の憤怒の程度からも、董氏一族の酷薄性は充分に証明できるであろう。

さらに、騒動の規模とは別に、事件の処理に関わって、指摘しておかねばならないことがある。すなわち、勅旨をうけた欽差提学御史や巡撫の指示にもかかわらず、松江の現地官と教官は、その意向に沿った処分をせず、事件の大きさとは不釣合ともいえる、極めて軽微な処分で済ませた事実である。そこに現地官らの正義感を見出すのは容易であるが、彼らを支えたのが、広範な郷紳たちの世論であったのを、見落してはならないであろう。董其昌は確かに郷紳中の大物であったが、所行の次第によっては、仲間であるべき周囲の郷紳たちの支持はうけられず、勅旨の意があったにもかかわらず、我意を通すことはできなかったのである。郷紳の集団的言動は、宮崎市定のいう「遙執朝柄」[25]、遠方にいながら北京の中央政府の方針を動かしえたのであり、華亭の郷紳たちが示した姿勢は、そのことを如実に示すというべきであろう。

補注

（1）南呉旧話録巻一八・諸譃。この文書の典拠と解釈については、福本雅一・まず董其昌を殺せ（明末清初・同朋舎・一九八四）を参照されたい。

（2）嘉慶同里志巻一九・流寓、陳繼儒・思白董公暨元配夫人龔氏行状。

（3）葉夢珠・閲世編巻五・門祚一。曹家駒の君子之澤（説夢巻一）には、徐階の家は以後五代にわたって富貴を誇る一族であったことを伝えている。

（4）曾布川寛・董其昌の文人画（荒井健編・中華文人の生活・平凡社・一九九四）。

（5）このことについて、宮崎市定・玩物喪志（全集巻一七）には、つぎのような見解が提示されている。すなわち、画業には古人の作品を研究する必要があり、画蹟を蒐集するのは当然の芸術活動の一環で、そのためには過度の利殖行為も許されるとする董其昌の処世方針を、士大夫たちの間では、そのまま容認しようとする空気が濃厚であったからではなかったか、と。

（6）典拠は不明であるが、中国人名大辞典（商務印書館）には、「周復俊、崑山人、字子籲、嘉靖進士、官至南京大僕寺卿、有東呉名賢記、涇林集、全蜀藝文志、玉峯詩纂」とある。

（7）佚名氏の撰する民抄董宦事実におさめる「松江府辯冤生員翁元升張復本……」にこの文言はみえる。「万頃」とは具体的な数字ではなく、無限の広がりをもつ田地の意と理解すべきであろう。

（8）計六奇・明季北略巻一一・董其昌致仕。福本雅一・前掲論文を参照。

（9）蘇常鎮三府会審断詞（民抄董宦事実）によると、邱福は事件の現場で逮捕されたが、董の家奴陳明から斬刑に処せられると嚇かされ、田房を売り払って二百両を集め、其昌にとどけて宥してもらったのが、その真相であったらしい。千両と二百両の相違はあるが、「断詞」の記述はより具体的で、事柄の理解に役立つはずである。

（10）顧炎武・日知録巻一七・奴僕。

（11）顧公燮・消夏閑記摘鈔巻上・打降。挙勇の者を首領とする、無頼不良の一団をいう。

（12）十七日董求呉玄水書（民抄董宦事実）にみえる呉玄水と同一人物であろう。この書簡において、董は呉に事件の処理について尽力を求め、彼を兄翁とよんでいる。経歴は不明であるが、親しい友人であったはずである。

（13）学院奏疏（民抄董宦事実）にはじめてその名があらわれる。生員の郁伯紳を指すのであろう。彼は事件の首謀者として、杖革の処罰をうけている。

（14）この文言はともに民抄董宦事実に載せる、署府理刑呉初審申文と呉理刑回書にみえる。いずれも推官呉之申の筆になる文書である。

（15）張鼐・合郡郷士大夫公書（民抄董宦事実）からの引用であろう。

（16）劉聲木・萇楚斎随筆巻九。福本雅一・前掲論文を参照。

（17）王世貞・觚不觚録に「諸生中郷薦与挙子中会試者、郡県必送捷報以紅綾爲旗、金書立竿以揚之」とある。また、沈徳符・萬暦野獲編巻一六・旗竿にもこれに関する記載がある。

（18）この人物が誰なのか、詳細は不明であるが、推官の呉之甲とする可能性も捨てきれない。

（19）明史巻二一八・申時行伝。字は汝默、謚は文定。蘇州府長洲県の人で、嘉靖四十一年の状元進士、萬暦十二年から八年間、中極殿大学士として首輔の地位にあった。

(20) 会試に第六番から第一八番までの成績で合格した者をいうが、松江出身者の氏名を董其昌が書いていたのであろう。

(21) 嘉慶松江府志巻七五・名蹟志・寺観には、坐化庵は尼寺で、華亭県学の西南にあったと記す。

(22) 董其昌が後楯となってくれると期待した四人の有力者であろうが、具体的な氏名は知りえない。

(23) 実録萬暦二十九年六月壬申、同年七月丁未の条。朱国禎・湧幢小品巻九・王葛仗義。宮崎市定・明清時代の蘇州と軽工業の発達（全集第一三巻）。横山英・中国における商工業労働者の発展と役割――明末における蘇州を中心として――（歴史学研究第一六〇号）。

(24) この文書には、事件の三十二年後、順治五年正月十七日付の附記がついており、「此本得於奉賢陳礼園家、董文敏居卿、頗不理於人口、蓋亦是時呉下郷紳習気、即徐文貞（階）不免云」とある。これをおさめる民抄董宦事実が、かなりの年月をかけて、関係文書の蒐集につとめていたことが知られるであろう。

(25) 宮崎市定・張溥の時代――明末における一郷紳の生涯――（全集第十三巻）。

第五節　蘇州府崑山県の顧氏

一

顧炎武（字寧人、号亭林）は萬暦四十一年（一六一三）五月二十八日、蘇州府崑山県千墩浦に生まれる。父は顧同應、母は何氏であるが、崑山顧氏の家系は顧炎武自述の顧氏譜系考に詳しい。その伝えるところによれば、顧氏はもともと呉郡の出であるけれども、五代の頃、一時的に滁州に移住することがあったという。しかし、宋室の南渡にしたがって、始祖となる顧慶が滁州から海門県の姚劉沙（崇明県）に徙り、その次子伯善の時に崑山県の二十四保（太倉州六都）花蒲保とよぶ地へ居を転じ、ついで千墩の人となった。顧慶から十六世を数えて顧炎武の世代となるが、十世までの世系はつぎのとおりであった。

慶─伯善─子安─栄二─観─真一─寛（字叔裕）─良（字以能）─暹（字彦昇・号遯菴）─珩（字徳潤・号耕雲）

この間、五世の顧観が元朝に仕えて市舶司正となったほか、官歴をもつ人物はなかったようであるが、十一世にいたって、二人の官僚を出すことになる。顧欽は工科給事中に、顧鑑（字仲明・号黙菴）は刑科給事中に任じたとある。つづいて、十二世において、はじめて二人の進士を誕生させる。顧湊と顧済であるが、両人の経歴について、譜系考はこのように記述している。

まず、顧湊については、字は梁卿、号は小涇、正徳庚午（五年）の挙人、辛巳（十六年）の進士で、南京工科給事中、広東按察司僉事を歴任した、と。ついで顧済は、字は舟卿、号は思軒、正徳丙子（十一年）の挙人、丁丑（十二年）の進士で、行人司行人、刑科給事中をへて中憲大夫を贈られており、江西饒州府知府に任じたこともあった。これとは別に、明史巻二〇八には顧済の伝記がおさめられ、いわゆる大礼の議において、世宗の意に反する意見を述べて容れられず、侍養を理由に官を辞して帰郷したことが紹介されている。さらに附伝として、その子章志（字子行・号観海）について「嘉靖三十二年の進士、南京兵部侍郎を累官して、進奉馬快の船額を奏減す。南都の人、之を祀る」と記すが、顧章志は十三世として、顧炎武の曾祖父にあたる。彼が南京兵部右侍郎をもって沒すると、都察院右都御史を贈られ、神宗から崑山県に墓地を賜わった、と譜系考にはみえる。顧欽・顧鑑以降の系譜を、顧亭林先生年譜（張穆編）を参照しつつたどると、以下のとおりとなる（◎印は進士、○印は挙人、△印は監生あるいは生員であったこと、……線は後嗣となったことを示す）。

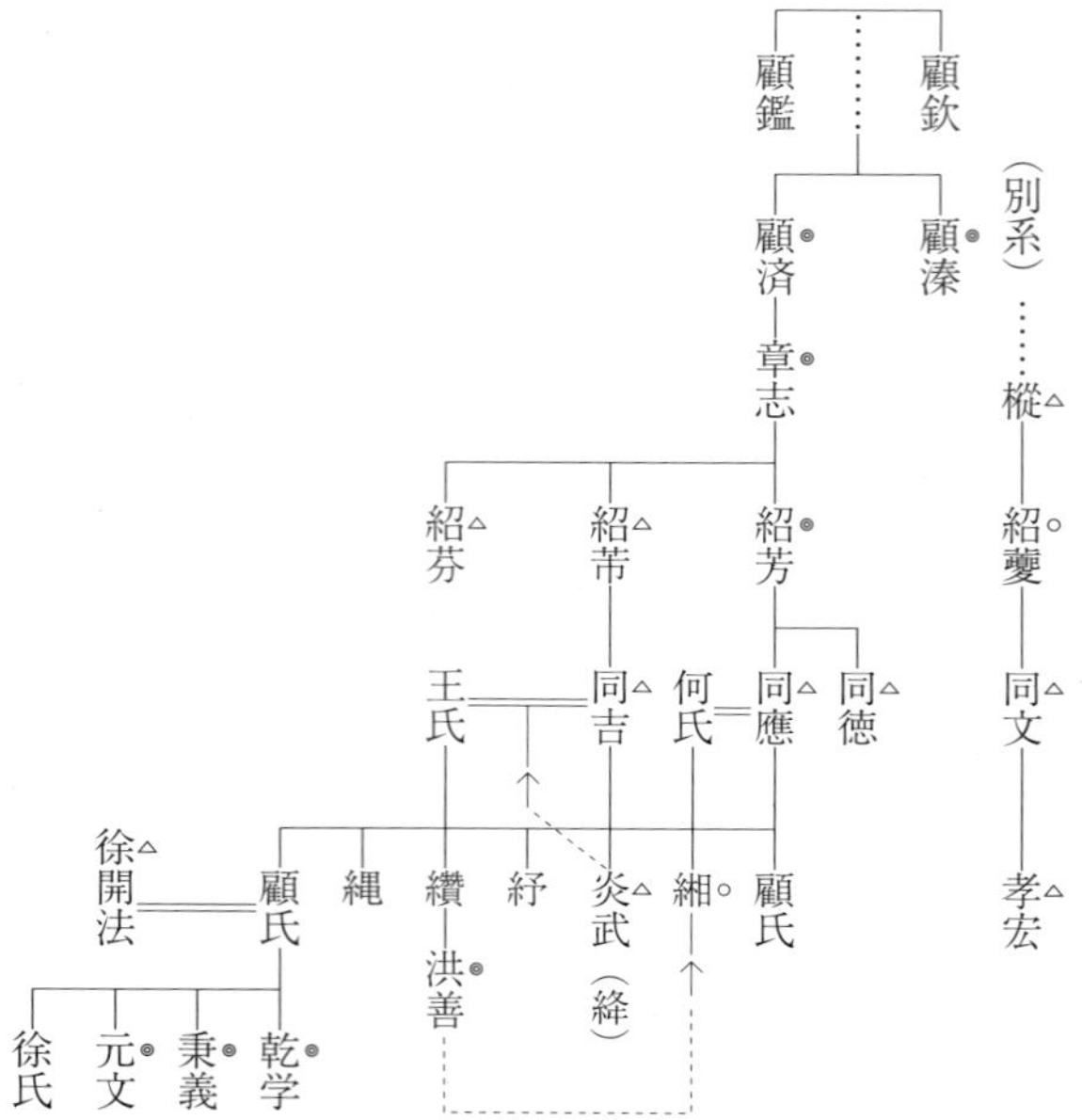

顧章志の三子のうち、紹芳（字実甫、号学海）は萬暦丙子（四年）の挙人、丁丑（五年）に進士となって、翰林院簡計経筵日講官、左春坊左賛善兼翰林院編集、管理制誥をつとめ、左春坊左庶子を贈られている。この時点において、崑山の顧氏は三代つづけて、合計四人の進士を出したわけで、押しも押されもせぬ名門、歴とした郷紳の家であったこと、いうまでもない。なお紹芳らの属する十四世には別系の紹夔（字和甫、号二懐）があり、萬暦戊子（十六年）の挙人として、四川成都府郫県の知県に任じている。

以上によって知られるとおり、十二・十三・十四世代が活躍していた頃、つまり正徳から萬暦にかけての十六世紀をつうじて、崑山の顧氏は、近在にあって誰一人知らない者のない権門勢家であった。進士や挙人はいうまでもなく、監生や生員の身分を得た者も十名近くにのぼっている。科挙に合格して官僚となることが、正当且つ最も確実な致富の方法であるとする社会通念にしたがうならば、それなりの田地を所有する地主であり、多数の佃戸や奴僕をかかえる富豪であったはずである。後にみるとおり、顧炎武は遺田八百畝を継承しており、中クラスの地主であったことが知られている。

ただ、紹芳・紹夔以降には進士や挙人となる者はなく、しがって有力な官僚を顧氏はもたなかったから、家勢はやや衰えたかと思われる。また、均分相続に起因する財産争いが繰り返され、佃戸や奴僕の反抗に苦しむことがあったかも知れない。しかし、それでもなお経済的余裕を失ったわけではなく、昔日の余光を背景として、士大夫・読書人の家でありつづけていた。顧炎武自身が語るところ[1]によれば、正徳末年の頃、家蔵の書籍は六・七千巻に達し、時代とともにその数は増減したけれども、なお五・六千巻の蔵書をもっていたというから、読書と学問の灯を絶やさない、伝統的な書香の家であって、読書に志す家門の誇りは、なお失われることはなかったはずである。

こうした家史をもつ崑山顧氏の、その十六世に属する顧炎武の前半生を以下に取りあげ、明末における郷紳一家の生活実態をうかがう一証としたい。「天崩地裂」などと表現される激動の時代を、抗清復明の志をもって生き抜いたのにともなう苦悩はいうまでもないとして、これとは別に、家運衰微のなか、一家一身を守るために苦斗する彼の姿を、垣間見ることができるからである。

二

前述のとおり、顧紹芳の子である同應を父として、顧炎武は生まれた。同應は国子監生の身分をもち、夫人何氏との間に五子をもうけたが、炎武は次子であり、長子の緗はのちに挙人となっている。生まれたばかりの次男は絳と名付けられたが、間もなく紹芳の弟である紹芾の養孫とされる。というのは、紹芾の一子同吉は同郷の王氏と結婚するはずであったが、挙式の直前に病死し、自らの固い意志で未婚のまま嫁となった王氏の手もとで、紹芾の後嗣として育てられることになったからである。附言しておくならば、絳の初名を炎武と改めたのは、明朝滅亡の翌年、清朝世祖の順治二年、三十三歳の時であった。

養母王氏は、顧章志と同郷同年の進士で太僕寺卿などを歴任した王宇の孫娘で、明史巻三〇三・列女伝に立伝され、貞孝女として知られているが[2]、女性ながら立派な学問と教養の持ち主であった。また、養祖父となった顧紹芾も監生の身分にとどまったが、時代を見据えた一角の見識をもつ人物で、最晩年にいたるまで、国家の運命に強い関心を抱きつづけた。この二人からうけた家庭教育をつうじて、顧炎武は学問と生き方に決定的な影響をうけることになる。

とはいうものの、士大夫・読書人の家に生まれた以上、当然の成り行きとして炎武に期待されたのは、生員から挙人へ、さらに登って進士となり、高位の官僚に就任して家門を維持繁栄させることであったから、そのための教育に手抜かりはなかった。世間一般の慣習どおり、七歳で塾にはいったが、十四歳ではやくも生員となって、科挙応試の資格を取得している。明代における生員合格の平均年齢は二十二歳であったとされるから[3]、かなり早熟であったといえようが、それは正規の試験に合格してのことではなかった。彼の優れた資質を認めた養祖父が、はやめに受験資格を取らせようと、「納穀寄学之例」をつうじて、特別に入学を許可されるよう計った結果であった。俗にいう捐納による進学であった。

これ以降、顧炎武は崇禎三年、十八歳ではじめて受験してから、四度、郷試あるいはその予備試験に挑戦しているが、悉く失敗し、ついに挙人とはなれなかった。五度目については、その前年（崇禎十四）二月に養祖父がなくなっていたため、服喪中の身として辞退している。郷試に四度落第するなど、別に珍しいことではなく、落胆する必要もなかったはずであるが、明朝が滅亡すると、彼は自らの意志にもとずいて、仕進の前途を放棄する。「汝、異国の臣子と為る無かれ」(4)と告げ、絶食して亡国に殉じた養母王氏の遺訓に忠実であろうとしたからでもある。

四度の応試によって明らかなとおり、生員となった顧炎武の目標は、まず挙人となることであり、そのための準備はもちろん怠らなかったけれども、この時期の彼については、別に復社に加入し、熱心な同人としての活動をつうじて、声望をたかめたという経歴が注目される。復社とは、蘇州府太倉州の人である張溥が設立した、科挙受験のための八股文の評選を目的とする文社の連合組織であるが、文章能力の向上を目指す一方、古学を復興して政治を変革し、社会不安を解消しようと意図する団体でもあった。そして、復社に加盟した行為からうかがえるとおり、顧炎武は混迷する現実の政治には批判的、懐疑的であったといえようが、それについては、養祖父および養母からうけた家庭教育が大きく影響したと指摘できる。経書はいうまでもなく、史書、兵書から、天文、地理、農学、治水土木の技術など、科挙とは直接関係のない経世済民の実学を学べ、「小子之れを勉めよ、惟だ読書する而已」(5)というのが、両人の教育方針であった。

それはともかく、生員になると同時に参加した復社の活動をつうじて、文章を論じ、学問や政治を語るのに情熱を傾けた顧炎武は、世上にその存在を知られるようになるが、崇禎十四年、二十九歳の年から翌年にかけて、彼の周辺には不幸な出来事があいついでおこる。人生の転機となったともいえる事件であった。まず、同年五月に復社の盟主張溥の死があり、以後、求心力を失った復社の組織的活動は次第に低調とならざるをえなくなった。さらに、それに先立って養祖父の死が加わっている。

崇禎十四年二月、顧紹芾は七九歳で世を去った。しかも、不運は重なり、十月、遺体を司馬賜堂（顧章志が神宗から賜わった墓地）に埋葬し、祖奠の祭儀をとり行おうとした際、家内から出火、里人の協力でようやく鎮火するという事件がおきた。年譜の案語は「家難復た作り、室廬失火して被焚す」と記すが、火災のほかに、族内にも葛藤が生じていたのである。つづいて翌年、長兄の緗が四十歳にもならずに亡くなった。顧緗は崇禎六年に郷試に合格しており、官歴は明らかではないが、顧氏にとっては久々の挙人として、将来を期待される人物であり、彼の死は大黒柱の倒壊を意味したはずである。

この二年間にあいついだ不幸をつうじて、顧氏の家運は大きく揺らいだに相違ない。その間の事情は、終世の友であった帰荘（萬暦四一～康熙十二）の送顧寧人北遊序（帰荘集巻三）によって、より具体的に知ることができる。順治十四年、四十五歳の顧炎武が、郷里を棄て、華北の地へ旅立つのを見送る文章である。

「寧人は故と世家なり。崇禎の末、祖父蠡源先生（紹芾）暨び兄の孝廉（緗）が捐館して、一時に喪荒し、賦徭蝟集すれば、遺田八百畝を以て、葉公子（黄方恒）に典す。券価は僅かに田の半ばに当るも、仍お靳にして与えず、二載を閲して、寧人の請求すること無慮百次。乃ち少しく之を畀うるも、十の六に至る。而して国変に逢う」

養祖父と長兄を亡くしたうえ、凶作に追打ちをかけられ、さらに賦税徭役の繁多錯雑するのに対処するため、遺田八百畝を抵当にして、近隣に住む葉方恒から借金したところ、時価の半分くらいにしか評価されなかった。

しかも、葉方恒はすぐには金銭を支払おうとせず、二年も催促をつづけたあげく、ようやく六割程度の対価を手にするにとどまった、という。本来得られるべき価格の三割程度しか手にできなかったことになる。

この一文は、崇禎十四年から明朝滅亡の十七年にかけての四年間に、崑山顧氏の経済状況が急速に悪化したことを、如実に伝えるであろう。推測をまじえていえば、養祖父と長兄のための喪儀費用、これによって生じた相続問題、監生や挙人の身分をもつ二人の死は、その特権の喪失につながり、荒災や税役負担の加重などもあって、やむを得ず遺田を抵当に借金せざるをえなかったのであろう。しかも、相手方の葉氏の対応が不誠実であったのにも影響され、顧氏は莫大な損失をこうむった。もちろん、加害者とされた葉氏の側にも言い分はあったろうが、それについては全く不明である。ただ、顧氏と葉氏の社会的地位、あるいは身分関係をみるならば、当時、葉氏の方がかなり優位にあったのは、間違いなさそうである。

葉方恒、字は嵋初、蘇州府崑山県の人、つまり顧炎武と同郷である。典質問題が生じたであろう崇禎十五年の挙人であるが、はやくから清朝に降って順治十五年には進士となり、山東済寧道僉事などを歴任している。[6] また、父親の葉重華も崇禎元年の進士で、太常少卿に任じているほか、弟の葉方藹も順治十六年の進士（探花）であった。[7] したがって、問題発生の時点における両氏の力関係は、葉氏がかなり上位にあったのは疑いなく、同じ郷紳仲間の紛争であるとはいえ、勢力的に優位にあった葉氏が、窮状にあえぐ顧氏の弱みにつけこみ、あるいは債務を口実に、その土地を併合しようと企んだというのが、事の真相であったかも知れない。帰荘は前文につづき、その後の経過をつぎのように記している。

「公子（葉方恒）は素より其父と伯父の勢に倚り、里中を凌奪す。其産の寧人に逼隣すれば、顧氏の勢の衰えたるを見て、本より蓄意して之を呑せんとす。而して寧人は母の亡してより後、絶跡して山中に居して出でず。同人不平にして、代りて之が為めに請するも、公子の意は善しとせず」

明朝滅亡の翌年、養母が死亡したこともあって、顧炎武が表面に出られなくなったため、友人たちが代って交渉を継続しようとしたけれども、葉方恒はこれに応待しようとしなかった、というのである。この間、訴訟が提起された形跡は全くないが、顧・葉両氏の係争は完全に結着することなく、なお燻りつづけていたと理解できよう。帰荘は言及していないが、炎武が反清復明の活動に関わっていたのも、葉氏の態度をより高圧的にする一因となったであろう。

ところで、顧炎武が入質した遺田八百畝とは、地主としてどの程度にランク付けされる面積であったのであろうか。それを知るための参考史料としては、まず、実録洪武三十年四月癸巳の条が引用できる。その記載によれば、天下の富民の籍名を上奏するに当って、雲南・両広・四川を除き、浙江等九布政司および直隷応天十八府州については、「田の七頃を贏す者」を規準としたという。すなわち、明初の基準では七百畝以上の田地を所有する者を富民と認めたのであり、この判定にしたがうならば、顧炎武の家は富民、いい換えれば、公認規模の地主であったということになろう(8)。

ついで、明史巻二五一・銭士升伝があげられる。銭士升（?〜順治八）、字は抑之、浙江嘉興府嘉善県の人、萬暦四十四年の状元進士であるが、武生李璡なる者が江南の富戸に「首実籍没之法」を強行せんと上請したのに対する反論として、つぎのように述べたとある。

「江南に就いて之を論ずれば、富家は畝を数えて対すれば、百もて計る者は十に六七、千もて計る者は十に三四、萬もて計る者は千百中に一二耳。江南此の如し。何ぞ況や他省においておや」

要するに、財賦の淵叢として最も富裕と称せられた明末江南の地において、富家と認められる者の所有する田地は、百畝の単位で数えられるのがほとんどであった。とするならば、八百畝であれば、中くらい、あるいは中の上クラスの地主であったといえるであろう。崑山顧氏の地主としての存在感は、かなりのものであった。ちなみに、崑山県を含む蘇州府一帯における農家の可耕面積は、十畝から最大三十畝くらいであったとされるから、八百畝を小作に出したとすれば、佃戸は四十戸ほどとなろう。なお、前文につづいて、銭士升はこのようにも述べている。(9)

「且つ郡邑に富家有るは、固より貧民衣食の源なり。地方に水旱あれば、有司は令して銭粟を出さしめ、均糶して済饑し、一たび寇警に遇えば、令して城堡守禦を助けしむ。富家は未だ嘗て国に益無くんばあらざるなり」

富家は国家にとって不可欠の存在なりとして、その存続の必要性を説き、「首実籍没之法」に異議を唱えたのである。王朝政府や官僚たちが富家を、別のいい方をすれば、郷紳を含む地方の地主、有力者たちをどのように見ていたがうかがえるであろう。とはいうものの、すでに明らかな崑山顧氏の事例にみるとおり、八百畝をもつ中級以上の地主であっても、富家として安泰でありつづけるのは、決して容易ではなかったのである。激変する時代や社会の影響はいうまでもなく、地主仲間の対立抗争、勢力争いも深刻で、それらを潜り抜けて生きることは、極めて困難であった。そして、顧氏と葉氏の対立は、田地問題をかかえたまま陰湿化し、明朝の滅亡をへて、後日あらためて再燃する。

三

崇禎十七年（一六四四）、顧炎武三十二歳の年の三月十九日、毅宗崇禎帝の死をもって、明朝は二七七年の歴史に幕を降ろした。悲報はほどなく江南にもとどき、五月一日、毅宗の従兄にあたる福王が副都の南京に擁立され、亡命政府が誕生した。この月、顧炎武は養母王氏に侍して常熟県の唐市に遷り、十月に千墩へ帰ったけれども、乱民の却奪にあい、十二月には再び常熟の語濂涇へ避難した。この間に崑山知県楊永言の推挙をうけ、福王政府の兵部司務に任じられている。

翌年、福王の年号でいえば弘光元年、清朝のそれでは順治二年の春、顧炎武は南京に赴くが、朝天宮に寓し、曾祖父兵部侍郎公（顧章志）の祠堂を拝しただけで語濂涇に戻ってくる。兵部侍郎公の祠は、前掲明史の附伝に「進奉馬快の船額を奏減す。南都の人、之を祀る」と記すのに関連する建物であろう。恐らく兵部司務に就任するための出京であったはずであるが、明朝復興の期待とは裏腹に、腐敗と混迷のつづく政情は、彼の永居を許さなかったのである。時局に対処する方策もないまま、内紛をかかえた南京の政府は清軍の攻撃にたえられず、五月十五日には南京を占領され、福王は捕えられて、政権は一年あまりでもろくも崩壊してしまった。

清軍の進攻はやむことなく、各地に分散決起した義軍の抵抗もつぎつぎ撃破され、七月になると、崑山も落城して虐殺と掠奪が行われた。顧氏にあっても、炎武の二人の弟、纘と縄が犠牲となったほか、生母の何氏が右腕を斬られるなど数名の負傷者が出た。ついで九日後の七月十四日には常熟も陥落するが、この地にいた養母王氏は、変を聞くとただちに絶食すること十有五日、三十日にいたって六十歳の生涯を自ら絶った。亭林餘集におさめる先妣王碩人行状は彼女の伝記であるが、その遺言はつぎの如くであった。

「我れ婦人なりと雖も、身は国恩を受く、国と倶に亡ぶるは義なり。汝は異国の臣子と為る無かれ、世々の国恩に負く無かれ、先祖の遺訓を忘れる無かれ、則ち吾は以て地下に瞑す可し」

年譜によれば、九月に嘉定に赴き、抗清の戦斗で命を失った親友呉其沆(10)の家を訪れたとある。この年の五月から八月にかけて、嘉定県においては、史上に有名な清軍の大虐殺事件(11)があり、およそ二万人余が犠牲となっているが、その一人である呉其沆への弔問であった。事件からほぼ一ケ月後のことで、かなりの危険がともなう行動であったはずである。そして、十二月十九日になって、ようやく養母の柩を崑山に運び、養祖父の眼る司馬賜堂に仮埋葬することができた。その時につくられたのが、十二月十九日奉先妣藁葬と題する五言詩であるが、そこにつぎの句を見出すことができる。

土人毎夜行　　土人毎に夜行し
冬深月初黒　　冬深くして月初めて黒し
扶柩已南來　　柩を扶けて已に南に来たり
幸至先人域　　幸いに先人の域に至る

異族の支配下におかれた土地の人は、夜でないと出歩けない。しかも、冬の最中の十二月、月のかけはじめた十九日の夜という全く条件の悪い時期にあえて、養母の柩は常熟から東南方向の崑山へと運ばれねばならなかった。古来、柩を夜に運ぶのは、異常のこととされているが、すべてやむをえない処置であった。さらに、仮葬から正式の埋葬まで、二年に近い歳月が必要であった。その理由を、先妣王碩人行状のなかで、つぎのように語っている。

「忽焉として二載、日月時に有り。念うに二年以来、諸父昆弟の死する者、姻戚朋友の死する者、我より長にして死する者、我より少くして死する者、勝げて数う可からず。不孝にして死せば、是れ終に葬る日無きなり。矧んや又独子なり。此れ不孝の踟躕すること二年にして、遂に苟且以て葬らんと欲する所以なり」

あくる順治三年、三十四歳となった顧炎武は、抗清の志を同じくする友人がつぎつぎと倒れ、わが身にも危険がせまっていたけれども、服喪の身として墓守りの生活をつづけざるをえなかった。前年には福建省福州府に成立していた唐王政府と連絡がとれ、兵部職方司主事を遥授されていたが、母柩未葬の故をもって赴任できなかった。かくするうち、この年の暮れには唐王も清軍に捕えられ、その政府は消滅してしまった。復明の大業を担う勢力としては、舟山列島に拠る魯王と、同年十月、常熟出身の瞿式耜らに擁立され、広東省肇慶府で即位した桂王の政権が残される状況となった。

順治四年、江南における復明の軍事的抵抗は、この年にはほぼ終熄したとみられるが、六月、最後の事件として、松江における呉勝兆の反乱がおこっている。全祖望の亭林先生神道表（鮚埼亭集巻一二）に「次年（四年六月）、幾ぼ呉勝兆の禍に豫かり、更に海上に赴かんと欲するも、道梗がれて前まず」とあるから、顧炎武自身も、この乱に多少関わりをもったらしい。「海上に赴かんと欲す」とは、鄭成功と協力しつつ温州・台州あたりを占領していた魯王のもとへ、行こうとしたことをいうのであろう。失敗したこの謀反に連坐して、復社の名士であった楊廷枢、交流のあった陳子龍、同郷の顧咸正らが処刑された(12)。そして、十月二十日、養母の柩を正式に埋葬し、子として果たさねばならない責務から解放され、海上に赴こうとしたのかと推察される。

順治五年、三十六歳、身辺の整理を終えた顧炎武は、この年から崑山や常熟の家を離れて旅に出る。これ以後、故郷に安住できる日は、二度と戻っては来なかったが、いわばお尋ね者であった彼としては、身の危険を避けるとともに、なお回天の大業を達成するため、同志たちと連絡をとろうとしたのであろう。秋には五湖に至り、冬には京口に抵る、と年譜は記している。五湖とは太湖を中心とする五つの湖水をさすと思われ、京口は江蘇の丹徒県である。年譜はまた、この年、語濂涇の居宅が略奪にあったと記す。犯人が誰であったかは不明であるが、主人が旅立とうとしている、あるいはその留守につけいった犯行であったかも知れない。王朝の交替、満族支配によって生じた社会不安、それに起因する治安の悪化とも無関係ではなかったであろう。

順治六年、三十七歳の一年は旅暮しがつづいていた。この年の作として、瞿公子元錫将往桂林不得達而帰贈之以詩と題する七言律詩（亭林詩集巻二）があるが、瞿元錫は常熟の人、桂王を擁して桂林に立て籠り、その陥落とともに国難に殉じた瞿式耜の子である。福王・唐王、あるいは魯王、さらに桂王と、顧炎武がなおも明朝の亡命政府に関心をもちつづけていたことが知られよう。

順治七年、三十八歳、この年も放浪の間に過ぎ去り、居宅に安住することはできなかった。年譜はこの一年の行動を要約して、つぎのように記している。

「時に怨家の、之を傾陥せんと欲する者有り。乃ち衣冠を変じ、偽わりて商賈と作り、金壇に遊んで顧龍山に登り、再び鎮江に至って北固楼に登り、已にして復た嘉興に往く」

怨家が誰を指すのか、どのように画策したのか、それは明示されていないが、敵意をもつ者が彼を陥れようとしたため、衣服を変えて商人に身を窶し、引きつづき各地を転々としなければならなかったのである。怨家が葉方恒であった可能性も充分に考えられるが、この年の作である流転と題する五言排律（亭林詩集巻二）には、このように詠われている。

稍々去鬢毛　　稍やく鬢毛を去り、
改容作商賈　　容を改めて商賈と作る
郤念五年来　　郤って念う五年来
守此良辛苦　　此を守って良に辛苦せるを
畏途窮水陸　　畏途は水陸に窮まり
仇讐在門戸　　仇讐は門戸に在り
故郷不可宿　　故郷は宿るべからず
飄然去其宇　　飄然として其宇を去る
往々歴関梁　　往々にして関梁を歴し
又不避城府　　又た城府を避けず
丈夫志四方　　丈夫は四方に志さば
一節亦奚取　　一節亦た奚ぞ取らん
毋為小人資　　小人の資と為り
委肉投餓虎　　肉を委て餓虎に投ずる毋れ
浩然思中原　　浩然として中原を思い
誓言向江滸　　誓言して江滸に向う
功名会有時　　功名会たま時有り
杖策追光武　　杖策もて光武を追う

この詩は別に翦髪と題されている。[13] 順治二年閏六月に発令され、一時は満族支配への抵抗の気運をたかめた薙髪令を拒みとおした五年間ではあったが、ついにやむをえず弁髪を受けいれざるをえなくなった心情を吐露するとともに、この恥辱に耐えて、なお初志を放棄しない強固な決意を述べたものと解釈されよう。逃亡の旅はなおもつづけねばならないが、もはや長髪のままでは、それすら不可能な状況となっていた。「仇讐は門戸に在り」の句は、一族のなかにも彼を仇とねらう者がいたことをうかがわせる。前掲の年譜・崇禎十四年の条に「家難復た作り」とあるのに端を発する事態であったかも知れない。そして、故郷にとどまることすらできず、弁髪したうえ商人に変装し、あらためて各地をさ迷う日々を過さねばならなかったのである。

順治八年、三十九歳となった顧災武の身辺は、一向に落ちつくことはなかった。あい変らず旅から旅への一年であったが、南京ではじめて孝陵に謁し、曾祖父顧章志の祠を拝した後、八月には淮安に足をのばし、この地の文人たちと交遊を深めた、と年譜は記載している。

順治九年、四十歳、蘇州を通った時、虎邱で路澤溥に遇っている。後年おおいに世話になる人物であるが、それから唐市をへて千墩に久しぶりに帰ってくると、一つの事件が持ちあがっていた。世僕の陸恩が離反して、こともあろうに、葉方恒のもとに投じたのである。いうまでもなく、葉方恒は遺田の典質紛争の相手方であるが、旅に出てながく留守をつづける主人の隙を突いて、あるいは、家勢の衰えが目立つ主家を見限って、世僕がいわば仇家に寝返えったということであろう。

顧炎武が自ら認めて「人奴の多きは、呉中甚だしと為す（……今、呉中仕宦の家、一二千人に至る者有り）、其の専恣暴横もまた、惟だ呉中甚だしと為す」（日知録巻一七・奴僕）と記すとおり、明末の江南地方には蓄奴の風が拡がり、奴僕の取締りは家政の重要事項の一つであった。[14] しかし、明朝末期から清朝の支配へとつづく社会的動乱のなかで、奴僕の主家への反抗は日常化しつつあり、[15] 陸恩の一件もまた、そうした時流のもとで発生したこと、いうまでもなかろう。いわゆる奴変であって、その実態は、たとえば、陸隴其の施孟達墓誌銘（三魚堂文集巻一一）に、崇明県の事例として、

「鼎革の際に当り、邑に奴変有り。僕隷を群して結党横行し、索券を以て名と為し、焚掠すること虚日無し」

とあるのによっても知られようが、世僕の離反に際会して、顧炎武はさらなる苦境にたたされることになったはずである。しかも、この一件はこれだけでは終らず、三年後の順治十二年には新たな展開をとげ、彼を処刑寸前にまで追い込む事態を招来する。

であるにもかかわらず、彼は学問的自伝ともいうべき鈔書自序（亭林文集巻二）において、「年は四十に至り、斐然として作す所有らんと欲す」と、四十歳となったこの年、順治九年を回想しているのを、附記しておく必要がある。何故ならば、この言葉は、抱きつづけてきた復明の希望が、もはや学問のなかでしか実現の方途を見出しえなくなった、と告白しているように思われるからである。

順治十年、四十一歳、学問に専念しようと決意したであろう顧炎武ではあったが、この年も放浪生活はつづいた。春に金陵に行き、洞庭から江寧に赴き、蘇州をめぐる日々であった。年末から翌年はじめにかけて、福建方面にいた明の遺臣張名振が、舟師を率いて長江に入り、丹陽から金山（鎮江）を掠める事変がおこっている。はなばなしい戦果をあげることなく、やがて軍は引き揚げて行くが、顧炎武がこの軍事活動に期待を寄せ、そして結果に失望したのは間違[16]いなかろう。

順治十一年、四十二歳、春にまた南京に行き、東北郊外の神烈山の麓に居を構え、ここを基点に沿江一帯を遊歴している。儀真、太平、采石磯、蕪湖、燕子磯などである。この年、同邑崑山の徐開法に嫁した五妹が生んだ三子のうち、長男の徐乾学が貢生として国子監にはいり、三男元文が挙人に合格している。次男秉義を含めて、

これら三子はいずれも進士となって清朝に仕え、高官を歴任しているが、満族王朝の安定に対応しつつ「大明の人」にこだわりつづけた伯父とは別の途を、甥たちは歩みはじめていたのである。[17]

順治十二年、四十三歳となった顧炎武は、正月に孝陵に謁した後、春になって久しぶりに崑山に帰郷した。その目的が何であったかは定かでないが、五月十三日、裏切り者である陸恩を殺害して逮捕され、ついで松江の獄に繋がれることになる。その顛末はあらためて明らかにするが、この一件についても、敵意を抱きつづける葉方恒が関わっていた。

四

顧炎武による世僕陸恩の殺害事件について、年譜は「(順治十二年)五月十三日、叛奴陸恩を擒え、其罪を数えて諸を水に沈む。叛党は復た葉氏に投じ、之を官に訟し、松江に移獄さる」と記すが、別に幾編かの文章があって、詳細を知ることができる。それらの伝えるところは、必ずしもすべて一致しているわけではないが、それぞれの内容を検証して、経緯をできるだけ正確に把握することからはじめたいと思う。まず、彼自身の筆になる五言排律・贈路光祿太平(亭林詩集巻二)の序文である。

路太平、字は安卿、本籍は河北省曲周県であるが、当時は洞庭東山の地に僑居していた。福建の唐王政府の吏部尚書兼文淵閣大学士であった路振飛[18](萬暦一八~順治六)の三男で、父とともに唐王に仕えて光禄寺少卿を授けられた。もとの名は澤濃といったが、唐王から太平の名を賜わり、以後はこれを用いていた。この詩は順治十二年、つまり世僕殺害事件のおこった年に、救出に尽力してくれた路太平への感謝の意を表わすためにつくられたが、序文は後年追記されたもので、事件の概略を記している。

「是より先、僕の陸恩有り。余が家に服事すること三世なり。門祚日に微なるを見、叛いて里豪に投ず。余之を持すること急なり。乃ち余の閫中に通ずる事を告げんと欲す。余聞き亟やかに之を擒え、其の罪を数めて諸を水に沈む。其の壻復た豪に投じ、之を官に訟え、二千金を以て府の推官に賂し、余を殺さんことを求む。余既に訊を待ち、法当に囚繫せらるべし。乃ち獄曹に之かずして、諸を豪奴の家に執う。同人不平、爲に代って之を愬う。兵備使者、獄を松江府に移し、奴を殺すを以て論ず。豪の計は行なわれずして、遂に刺客を遣わして、余を伺わしむ。而うして余乃ち浩然として山東の行有り」

前述のとおり、三代にわたって仕えていた陸恩が、主家に叛いて里豪（葉方恒）に投じたのは、三年前の順治九年のことであった。顧・葉両氏の間には、それ以前、十年にもわたって、田地の典質をめぐる紛争がつづいていたから、陸恩の行動は両氏の対立を一段と複雑且つ深刻にしたはずである。このため、顧炎武がその不義を厳しく責めたところ、陸恩は彼が福建の復明勢力と連絡をとろうとしたことを告発しようとした。それを聞いた炎武はただちに陸恩を捕え、その罪を糾弾したうえ、水に沈めて殺害した。すると、陸恩の婿がまた葉氏に投じ、事件を役所に訴え、大枚二千金を府の推官に賄賂としてとどけ、炎武を殺してもらおうと画策した。訊問中の身である彼は、当然、未決監に入れられるはずであったが、そうはせずに、葉方恒の奴僕の家に監禁させようとはかったのである。となると、彼は闇から闇に葬り去られてしまう恐れが生ずる。これを心配した友人たち（帰荘や路太平ら）が、彼に代って上告してくれたので、兵備使者が葉方恒の手の及ばない松江府の獄に移し、家奴を殺した罪をもって量刑してくれた。ために、葉方恒らの計略は水泡に帰したけれど、彼らはなおも諦めず、刺客を放って炎武を殺そうとしたので、ついに故郷をすてて北遊の旅に出立することになった。

顧炎武自身が語る事件の全貌は以上のとおりであるが、親友帰荘の送顧寧人北遊序（帰荘集巻三）の語るところは、より詳細である。やや長くはなるが、関連箇所の全文を紹介しておきたい。

「適たま寧人の僕の陸恩、罪を主に得、公子は之を鉤致し、寧人の不軌を誣せしめ、將に大獄を興し、以て顧氏を除かんとす。事泄れて、寧人は親友を率いて其の僕を掩い、執えて之を箠うちて死せしむ。其の同謀者は懼れて公子に告ぐ。公子は身を挺して出で、寧人と訟し、寧人を執えて諸を奴家に囚し、脅やかして自裁せしめんとす。同人走りて憲副を叩いて行提し、始めて寧人を出す。比て刑官は獄を以て上り、寧人は無罪の奴を殺し（たとして）、城旦に擬せらる。憲副は公子と年家なり。然れども心に是の獄の冤なるを知り、また郡の官吏の上下大小も、公子の人に非ざる者無きを知り、乃ち獄を雲間の守に移し、寧人を坐して有罪の奴を殺すとし、杖に擬するのみ。公子は忿怒して、刺客を遣わして寧人を戕わしむ。寧人は金陵に走り、刺客は之を太平門外に及び、之を撃ち、首を傷つけ驢より墜とす。會たま救いあって免るるを得たり。而れども叛奴の党は公子の指を受け、数十人を糾め、間に乗じて寧人の家を劫かし、其の累世の伝を尽して以て去る。寧人は公子と訟うも、力勝えざるを度り、則ち浩然として遠行有り」

帰荘の記す事件の内容は、顧炎武のいうところと少し異なる。すなわち、事の発端となる陸恩の告発は、葉方恒が顧氏の財産を奪うために、ありもしない不軌の罪をでっちあげたことにあると潤色され、殺害の方法も違っている。しかし、顧炎武が残明勢力と通じていたのは事実であり、殺害方法はともかく、陸恩を殺したのもまた事実である。彼のここ十数年來の活動が反逆罪、つまり死刑に該当するのは明白であり、通報されると生命が危くなるから、反逆の証人になろうとする陸恩を亡き者として、口封じをはかったのである。彼自身も陸恩が「余の閫中に通ずる事を告げんと欲した」と認めている。関係者に累が及ぶことへの配慮もあったかも知れないが、とにかく彼がわが身を守るために、殺人の罪を犯したのは間違いない。

このことについて、顧炎武が罪悪感をもったかどうか、もったとして、どの程度のものであったか、それは明らかではない。自己の生命を守るため、やむをえず決断したといえようが、相手が主家に背いた世僕であったことが、多少、気持を和らげさせたのではあるまいか。主僕の意識が働いたはずである。

それはともかく、殺人のあと、事態はどのように展開したのか。帰荘の記すところは、つぎの如くであった。殺された陸恩の同謀者（婿であろう）は、事の次第を公子（葉方恒）に告げ、公子は役所に訴え、顧炎武を家奴の家に監禁して自殺させようとはかった。ところが、炎武の友人たちが逆に提訴したため、彼は監禁を解かれ、ほどなく刑官は彼が罪無き家奴を殺害したとの罪名をもって、城旦つまり重労働四年の刑に服させようとした。これに対して、憲副(19)は公子と同年の科挙合格者であったけれども、これが冤罪であるのを知っており、また、蘇州の役人たちがみな、公子の息のかかった連中ばかりであったから、彼を隣りの松江に移送し、有罪の家奴を殺したとして、杖罪にあてる判決を申し渡した。陸恩の側にも非があったと認め、刑罰を軽くしたのである。おそらく、その刑も執行されなかったと思われる。

いわば全面的勝訴をかちとり、翌年の春、顧炎武は釈放されて崑山に帰ってくるが、大金を投じながら意をとげられなかった公子はこれに激怒して、刺客をさしむけ彼を殺そうとはかった。このため、彼は南京へと逃れたが、太平門外において襲撃されて負傷した。たまたま助けてくれる人がいて、逃げおおせたが、公子は執念を燃やしつづけ、徒党を組んで顧炎武の家を劫奪し、伝世の家産を持ち去ってしまった。かくなっては、とうてい対抗できないと悟った彼は、ついに故郷を捨てて華北方面に旅立つ決心をする。附言しておくと、出発は事件の翌々年、順治十四年の春であり、その後、数回、江南に舞いもどって、南京、蘇州、杭州の地を踏んではいるが、崑山に帰ることはなかった。

以上が顧炎武と帰荘の記す陸恩殺害事件の顚末である。両人のいうところはすべて一致しているわけではないが、事件の経過はこれらをつうじて、大略明らかにされたと認めて差し支えあるまい。そして、処罰の軽減と身柄の釈放に奔走した友人として、路太平や帰荘らがあったが、彼らの働きに関して、帰荘が葉方恒におくった書簡（与葉嵋初・帰荘集巻五）があり、交渉の一端を知ることができる。世論を背景とする帰荘の意見をうけいれ、葉方恒は一旦和解に応じ、帰荘自ら「此事、誤りは顧に在り、葉は能く終訟せず、仁人君子と謂う可し」と激賞したにもかかわらず、日ならずして彼は態度を一変させたのに対し、あらためて説得を試みたのが右の書簡であり、そこにつぎのような言辞がみえる。

「寧人は尋常無聞の人に非らず、また事として死法無し。而して之に迫りて死を致せば、兄（葉方恒）に於いて便なるか不便なる乎。寧人には親子弟無し。料るに死後には与に申冤する者無からん。即え有るも、兄には自ら当に之に待する有らん。固より寧人を殺すも萬々患い無きを知らんも、独り清議を畏れざる乎。寧人は腹笥の富、文筆の妙あるは、弟（帰荘）一人の私言に非らず、即ち灌老諸公も皆、撃節稱賞し、四方の士の其詩古文を見る者も往々咨嗟愛慕す。兄能く寧人の身を殺すも、能く其の生平の著述を并せて之を滅ばさん乎。天下後世の其の詩古文を讀む者、此の如き文人を殺す者は葉嵋初なりと以爲わん。此の名、美なるか不美なる乎。……想うに兄の意は、寧人は即ち牢獄に死し、桎梏に死すれば、嵋初が之を殺すと謂うを得ずと以爲わんも、吾れ誰をか欺かん。当世士大夫は口を有すれば、また畏る可き也」

葉方恒の翻意をうながすべく帰荘が提示したのは、顧炎武を殺すことが、葉自身にいかなる不利益、不名誉をもたらすか、この点をよく考えて欲しいとする見解であった。江南地方の名士であり、その学問と詩文の名声はすでに士人仲間に知れわたっている顧炎武を、死ぬ必要もないのに殺すならば、必ず士人たちの批判と反発を招くであろうと、半ば脅迫的な言葉を用いての説得であった。清議、つまり萬暦以来の激しい党争の主役であった東林派、その系譜につらなる復社の構成員たちの、政治・社会問題に関する集約された意見、それまでもちだしての説得であった。しかし、明朝滅亡後の十数年の歳月は、かつて圧倒的であった清議の威力を、著しく失わせていたらしく、結果的には期待は裏切られ、葉方恒は態度をあらめず、抗争はやまなかったのである。

また、帰荘自身は言及していないけれども、この時、彼が政界・学界・文壇の大御所的存在であった、常熟県の人銭謙益（萬暦一〇～康熙三）に援助を求めたこと、これに顧炎武が猛烈に抵抗したことなどが、後人の文章によって知られている。この件については、後にあらためて取りあげることとし、今はその事実を紹介するにとどめておきたい。

銭謙益はともかく、帰荘や路太平のほかにも、何人かの協力者があって、顧炎武は危機を脱することができた。すでに紹介した贈路光祿太平のほか、亭林詩集巻二におさめる、酬王生仍（七言律詩）、酬陳生芳績（七言律詩）、贈路舎人（七言律詩）、贈銭行人邦寅（五言排律）は、ともに救出に尽力してくれた人々への、感謝の気持をこめた作品で、いずれも事件発生の順治十二年の作である。そのうち、贈路舎人の路舎人とは、路太平（澤濃）の兄で、唐王政府の中書舎人に任じた路澤溥であり、彼こそ、旧知の間柄であった兵備使者に書簡を送って、炎武を松江に移送してくれた人であった。この詩の第三・四句に、このように詠われている。

　　窮交義重千金許　　窮交に義を重んず千金の許し
　　疾吏情深一上書　　吏を疾んで情は深し一たびの上書

互いに困窮するもの同士の交友は、信義にもとづいて、千金の価値ある承諾を重んじ、苛酷な役人を憎み情をこめて上書して下さった、との意である。後に引用する全祖望の亭林先生神道表（鮚埼亭集巻一二）に、路澤溥が救命に尽力したことが記されているのは、多分、この詩句にもとづくのであろう。

五

顧炎武や帰荘のような、いわば事件に直接関わった者の証言の他に、第三者的立場にあった人たちの記述も別に存在している。それらのなかからまず、陸隴其（崇禎三～康熙三一）の三魚堂日記・康熙十七年八月二十七日の条を引用することとする。事件後二十三年をへての対談記事で、この年、炎武は六十六歳であった。

「廿七、陸翼王（陸元輔）と談言す。顧寧人は徐公肅（徐元文）の母舅に係り、而して中書顧洪善は其の嫡姪なり。鼎革の初、嘗て書を海上に通じ、一僧を使て其の書を金剛経に糊した後、之を挟みて以て往かしむ。其の僕之を知り、数十金を以て僧に与え、買いて之を蔵す。後に其の僕は転じて、今の済寧道葉方恒に靠る。葉は頗る重く之に托す。寧人は此の僕に冀う所有り。僕曰く、金剛経の背上は何物なるや、我は蔵して発せず。乃ち吾を詐らんと欲する乎と。寧人は大いに懼れて止む。遂に徐封翁（徐開法）と謀り、夜、力士数人を使わして其の家に入り、之を殺さしめ、盡く其の所有を取り、葉の托する所の者も并せてまた焉を盡くす。葉は官に訟え、寧人は下獄して幾ど死せんとす。銭牧斎（銭謙益）らに頼みて之を救う。葉は固より徐封翁の妹夫、公肅兄弟の姑夫なり。公肅兄弟もまた罪を葉に請い、乃ち免るるを得たり。寧人遂に復た崑山に住まず、家を棄てて顧りみず、燕斉秦晋の間に歴遊し、其の博聞の士と相い往還す」

陸隴其は朱子正学を以て清初第一の醇儒、康熙の名臣を称えられているが[20]、学問の途径は顧炎武とおおいに趣きを異にしており、その故か、炎武を直しとしない立場にあったことを、この文面はうかがわせるように思われる。とはいえ、そこには顧・帰両人が触れていない、新しい事実が幾つか紹介されている。その一つとして、関係者の名前がより多く記されていることがある。

徐公粛すなわち徐元文（崇禎七～康熙三〇）は、同郷の徐開法に嫁いだ顧炎武の妹の子で、順治十六年の殿試に状元で進士及第をはたしている。康熙九年に探花で合格した乾学、康熙十二年に同じく探花で合格した秉義の両兄とともに、徐氏三兄弟として高官要職を歴任したが、康熙十七年当時、翰林院学士兼礼部侍部の職にあった[21]。顧洪善は顧炎武の四弟で崑山屠城の犠牲となった纘の子で、前述のとおり、はやくに病没した長兄緗の後嗣となったが、字は達夫、号は柏亭、康熙十一年の挙人、同十五年の進士で、中書の官についていた。徐封翁こと徐開法、字は茲念、号は坦斎といい、顧炎武の妹婿、いわゆる徐氏三兄弟の父で、終生の貢生であったが、彼を陸恩殺害の同謀者とするのは、この文章のみである。ちなみに、崑山の徐氏もまた、数代前から進士や挙人として官途についた者をもち、顧氏とはほぼ同クラスの家柄であったと認められる[22]。銭牧斎については、あらためて説明する必要はなかろう。

ついで、海上の復明勢力と連絡をとるのに、顧炎武が書信を金剛経に糊して挟みかくし、僧侶を使ってとどけさせようとしたこと、それを知った陸恩がこれを買いとり、脅迫の材料としたことなどを記す箇所がある。このような細事にわたる言及は、この記事のみにみえるところであり、歳月の経過もあって、尾鰭をつけた伝聞の類ではないかとも考えられるが、確証はない。また、陸恩を亡き者にした後、顧炎武らが彼の財産を、葉方恒が托したものをも含めて、すべて取り込んだように記すのも、事実かどうか不明であるが、顧・帰両人はこれについて全く触れていない。そして、顧炎武の救出に銭謙益が乗り出したという話は、当時、かなり広く流布していたとみえ、全祖望も取りあげているが、この件については、別に検討することとしたい。

陸隴其の記すところのうち、最も注目すべきは、事件の関係者である顧・徐・葉の三氏が、徐氏を介して互いに姻戚関係にあったことであろう。すなわち、葉方恒は徐開法の妹婿、徐開法の子である乾学ら三兄弟にとっては叔母の夫にあたるというが、徐開法の妻で三兄弟の母は顧炎武の妹であった。であるならば、遺田の典質にはじまる一連の騒動は、単なる郷紳間の争いにとどまらず、ともに崑山県に住む姻戚同士の、より複雑な様相を帯びた事件であったとみるべきではなかろうか。ただ、「公肅兄弟もまた罪を葉に請い、乃ち免るるを得たり」というのには、いささかの疑念無きをえない。すでに明らかなとおり、顧炎武の救出に任じたのは、路澤溥・太平兄弟と帰荘らであって、徐氏三兄弟が謝罪したから、炎武は釈放されたのではない。事件発生の順治十二年、徐乾学は二五歳の貢生、秉義は二三歳の生員、元文は二一歳の挙人であり、日記の康熙十七年前後に彼らがいた官職とは、大きな身分的な隔りがあったのである。それとも、彼らが許しを乞うたのは、父親である徐開法の行動であったのであろうか。

このように、陸隴其の日記は、他の文献にはみえない事実を幾つか伝えてはいるが、顧炎武に対して必ずしも好意的でなかった姿勢を反映してか、そのなかには風説あるいは伝聞と認めるのが妥当と思われる部分もある。事件から二十年以上の歳月をへて、事件そのものがすでに風化し、清朝支配の安定にともなって、もはや忌憚すべき対象ではなくなっていたからかも知れないが、さらに後年に執筆された一編として、全祖望（康熙四四～乾隆二〇）の亭林先生神道表（鮚埼亭集巻一二）がある。そこには事件が丁酉（順治十四年）におきたとする誤りもあるが、顧・帰両人の記すところとほぼ同じ経過を述べた後、つぎのような文章がつづいている。

「獄は日に急なり。有爲先生（帰荘）は救を某公なる者に求む、某公は先生（顧炎武）が自ら門下を稱したる後、之を許さんと欲す。其人（帰荘）は先生の必ず不可とするを知れば、某公の援を失うを懼れ、乃ち私かに一刺を自書して以て之に与う。先生之を聞き、急ぎ刺を索めて還さんとするも得ず。掲を通衢に列し、以て自ら白らかにす。某公また笑いて曰く、寧人の卞なる也と。曲周の路舎人澤溥なる者は、故相文貞公振飛の子なり。洞庭の東山に僑居し、兵備使者を識る。乃ち爲めに之に愬え、始めて訊を松江に移すを得、而して事は解けたり。是に於いて先生は浩然として去志有り」

この文章は年譜順治十二年の条にも引用されているが、その案語によれば、某公なる者は銭謙益を謂うとあり、銭謙益が顧炎武の救出に関係したことを、陸隴其の日記にくらべてより詳細に説明する記載である。帰荘自身は銭謙益に援助を求めたとは、一言もいっていないけれども、彼を文学の師と仰いでいた帰荘が、(23)その存在感、影響力に頼ろうとしたのは事実であったと思われる。ただ、それを公言しなかったのは、顧炎武が銭謙益の変節を許さないのを知っており、はやばやと清朝に降って晩節を汚した人物の力を借るのを潔しとしない、親友の心情を深く理解していたからであろう。それを承知のうえで、帰荘としては、藁にも縋る思いの行動であったろうが、おそらく、あまり効果はなかったと思われる。釈放後のことであろうが、記述されているような顧炎武の所行から推測すれば、そのように考えるのが妥当であろう。

そして、先きに触れるところであるが、路澤溥の尽力によって、炎武は松江に移訊され、一命を取りとめて出獄できたことを、唯一明らかにするのが、この神道表である。文中に路澤溥が兵備使者（憲副）と知己であったとあるが、であるとするならば、路澤溥と兵備者、葉方恒は互いに知りあいであったことになろう。この間の人間関係は複雑であったといわざるを得ない。

顧炎武による世僕陸恩殺害事件に関わる史料文献は、およそ以上のとおりである。それぞれ伝えるところに多少の喰い違いは認められるけれども、事件の全貌はほぼ明らかになったと思われる。すなわち、かねて田地の典質問題で対立していた葉方恒に投じた世僕陸恩が、旧主通敵の証拠を握り、これを材料として脅迫に及んだため、顧炎武はやむなく彼を殺害した。すると陸恩の関係者がまた葉方恒に助力を求め、炎武は逮捕され、危うく命を奪われるところであったが、路氏兄弟や帰荘らの奔走によって危機を脱し、釈放の日を迎えることができた。しかし、目的を遂げられなかった葉方恒の追及はやまず、ついに故郷を棄てて北方への旅に出ざるを得なくなったのである、と。

順治十四年の春、四十五歳の顧炎武は帰荘らの見送りをうけ、故郷をあとに華北方面へ旅立つが、康熙二十一年四月九日、山西省曲沃県で七十歳の生涯を終えるまで、崑山に戻ることはなかった。その間、河北、山東、江蘇、また山東、ついで山西の各地を転々とする移動生活をつづけ、逆案に巻きこまれたりしたが(24)、明朝復興の願いが最終的に失われた後も、亡国遺民の立場を放棄することなく、養母の遺命を守って生き抜いた。そして、傅山、李因篤、閻若璩ら名士と交遊を深め、大学者としての地位と名声を手にしたにもかかわらず、博学宏儒への推薦を固辞しつづけ、出処進退を誤ることはなかった。これがその後半生の概略である。

ところで、葉方恒との関係は、その後、どのように展開したのか。詳しいことは定かではないが、どうやら和解の方向に進んだように思われる。というのは、別の文集である蔣山傭残稿には、葉方恒にあてた短い書簡文二通がおさめられており、これによって、両人は互いに憎みあうのを、少くとも表面的には和らげたらしい様子が垣間見えるからである。巻二所載の与葉嵋初と答葉嵋初とがそれである。まず前者であるが、つぎのような言葉が記るされている。

「夏初には歴下に至る可し。憚暑すれば山游するに便ならず。更に異日を以てすれば可なる耳。粛しんで此に附謝して宣べず」

文面からすると、山遊びに誘われていたらしいが、酷暑の頃でもあるから、後日あらためて同行させてもらいたいとの返信である。歴下とは、山東省済南府治である歴城県の西、歴山と称する絶景の山麓の地である。差し出された時期は不明であるが、済南への旅行に先き立って認められた書簡であろう。ついで後者については、その冒頭に、

「纔かに暑中に入るも、未だ外出に便ならず。年兄（葉方恒）の此に至るに一晤するを得ず。眞に交臂これを失う」

とあって、再会の機会を逃したことを残念がっている。つづいて「山右の諸公、弟の爲めに堂を西河に築かんとすれば、秋杪には其の事に往莅す。故を以て亟やかに歴下に来る」とあるから、済南滞在中の書簡であるのは間違いなかろう。ただ、これについても執筆の年代は明らかではないが、年譜康熙十二年の条に「四月、徳州に至り、州志を訂す。……八月、済南に游び、通志局に寓す」とあるのと関連するとすれば、康熙十二年の作ということになろう。この年、顧炎武は山東省当局に招かれ、山東通志の編纂に関わっているが、「纔かに署中に入るも、未だ外出に便ならず」と記すのは、「八月、済南に游び、通志局に寓す」とあるのと、対応するように思われる。さらに、文中に「貴地に旧家有りて賣書する者有りや否や。如し千百巻の書にして、名山の蔵を佐く可き者有れば、則ち当に貲を攜え以て来るべし」と、書籍の蒐集購買を依頼しているのも、仕事の内容と目的を考えるならば、康熙十二年説をとるための、傍証となるはずである。そして、この頃、葉方恒は山東を任地とする官職にいたと認められる。(25)

これら二通の書面からみるかぎり、両人の間に書信の往復があったのは確かであるが、直接面晤することが

あったとは思われない。しかし、儀礼的ではあったにしても、かつて公私にわたる仇敵であり、刺客までさしむけた人物と交わりをもつようになっていたのは事実である。とはいえ、その間の経緯と詳細は不明であり、奴僕殺害の件はともかく、遺田問題がどのように解決されたのか、それを知るための手掛りは全くない。したがって、両人和解の理由は推測の域を出ないけれども、つぎのように理解するのが妥当ではなかろうか。

すなわち、康熙時代も十年代にはいり、清朝の支配が安定し、隆盛に赴きつつある現実を前にして、崑山同郷の顧・徐・葉の三氏は、ともに進士を出した郷紳の家として、協力しあう方がより望ましいと認識するにいたったのではなかろうか。先きに触れたとおり、顧炎武の甥で、長兄の後嗣となった顧洪善は康熙十五年の進士であり、同じく徐元文は順治十六年の状元進士、徐乾学は康熙九年の探花進士、徐秉義は康熙十二年の探花進士、葉氏にあっても、葉方恒自身が順治十五年の進士、弟の方藹は徐元文と同年の探花、つまり順治十六年の一甲及第の間柄であった。そして、顧炎武もまた、時代の推移を考慮しつつ、協力関係を止むをえないと認め、これに異議を唱えなかったのかも知れない。附言するならば、康熙十七年、明史纂修のため、博学宏儒科が開かれた時、顧炎武を推薦しようとしたのは、他ならぬ葉方藹であった(26)。

なお、葉・徐両氏をめぐる話柄に触れておくと、前章第四節に言及したとおり、葉氏は順治十八年、いわゆる奏銷案に連坐し、わずか銀一厘を滞納したとの理由で、順治十六年の探花進士である葉方靄が一時身分を剥奪されている。同じく進士であった兄の方恒も同じ処罰を受けたはずである。また、徐氏も奏銷案に巻きこまれ、徐乾学・秉義・元文の三兄弟も身分を失ったが、間もなく解除されて官界に復帰、昇進を重ねた。そして、康熙二十九年にいたり、文華殿大学士兼戸部尚書であった徐元文、刑部尚書に任じていた乾学は、子弟家人の恣意を許し、権勢を笠に収賄を重ね、本拠の崑山県を中心に、広く江南各地に民害を及ぼしたとして告発をうけた。幸い康熙帝の特旨をもって免訴され、以後も帝の恩寵をうけつづけたが、地域士民の批判と糾弾はやまず、乾学らの死とともに、家勢は次第に衰退したことが知られている。

補注

(1) 鈔書自序（亭林文集巻二）。
(2) 年譜崇禎七年の条には、巡按御史であった祁彪佳が、貞孝の門と表したことが記されている。
(3) 陳宝良・明代儒学生員与地方社会（中国社会科学出版社・二〇〇八頁）。
(4) 先妣王碩人行状（亭林餘集）。
(5) 鈔書自序（亭林文集巻二）。
(6) 年譜崇禎九年の案語。別に、陸隴其の三魚堂日記・康熙二十年五月二十七日の条に、山東全河備考なる書の著者として、崑山葉方恒の名を記し、「其書は頗る簡明なり」と評している。ある程度の知名人で彼はあったのであろう。
(7) 年譜崇禎九年の案語。葉方藹については、清史稿巻二六六、国朝耆献類徴巻五一などに伝記がおさめられている。特別のこととして、順治十五・十六の両年に科挙が実施され、葉氏にあっては十五年に方恒が、十六年には方藹が、あいついで進士となった。
(8) 先妣王碩人行状（亭林餘集）によれば、別に王氏が嫁入に際して持参した田（奩田）五十畝があったが、王氏はその収益をすべて三族に散じ、私蓄しなかったという。
(9) 寺田隆信・明代蘇州平野の農家経済について（東洋史研究一六の一）。
(10) 呉同初行状（亭林文集巻五）には「生名其沆、字同初、嘉定県学生員、世本儒家、生尤夙恵、下筆数千言、試輒第一」とある。
(11) 嘉定屠城紀略・作者不詳、全一巻。
(12) 亭林詩集巻一におさめる、哭楊主事延枢、哭陳太僕子龍、哭顧推官は、彼らを追悼する五言排律である。
(13) 潘耒の手鈔原本には「翦髪」と題する。最終句にみえる光武とは、後漢の光武帝であり、漢朝再建の功業を回想し、明朝再興の願いを仮託したと解せられる。
(14) 郷紳たちの家訓には、奴僕の扱いに留意することに言及したものがある。たとえば、華亭県の陸樹声がのこした陸氏家訓(陸文定公文集巻二三)がそれである。前章第二節を参照されたい。
(15) 謝国楨・明季奴変考(明清之際党社運動考)、佐伯有一・明末董氏の変(東洋史研究一六の一)、細野浩二・明末清初江南における地主奴僕関係(東洋学報五〇の三)。
(16) 金山(亭林詩集巻二)は、この時の気持を詠じた作品である。
(17) 川勝守・徐乾学三兄弟とその時代——江南郷紳の地域支配の一具体像——(東洋史研究四〇の三)。
(18) 明史巻二七六・路振飛伝。
(19) 帰荘の文に記す憲副は、顧炎武の序中にみえる兵備使者を指すであろう。憲つまり按察使の属官である。憲副の氏名は不明であるが、葉方恒と同年というから、事件発生の順治十二年にはともに挙人であったと思われる。ちなみに、葉方恒の進士合格は順治十五年のことである。
(20) 碑伝集巻一六・陸隴其伝。陸稼書先生文集附伝。
(21) 川勝守・前掲論文・徐氏三兄弟の官歴や数々の悪行の詳細が明らかにされている。
(22) 年譜崇禎三年の条。徐開法の祖父徐応聘は萬暦十一年の進士で、翰林院検討などの官に任じたとある。
(23) 壽銭牧斎先生三十六韻(崇禎十四年の作・帰荘集巻一)、上銭牧斎先生書(帰荘集巻五)、祭銭牧斎先生文(帰荘集巻八)など。なお、銭謙益が復社と繋がりをもつ東林党の有力な一員であったことは、吉川幸次郎・銭謙益と東林——政客としての銭謙益——(全集第十六巻)が明らかにするところである。
(24) 年譜康熙七年の条に「莱州黄培の詩獄に牽連せらると聞き、即ちに星馳して赴鞫す。三月、済南府獄に下さる。……十月、獄解けて釋を得たり」とある。顧炎武の生涯において、これが最後の事件であった。
(25) 前掲の年譜順治九年の条の案語に、「葉方恒……官は山東済寧道僉事に至る」というから、康熙十二年頃、彼が山東にいた可能性は充分にあったと思われる。
(26) 年譜康熙十七年の条の案語に、「葉訒庵侍郎、亭林を挙げんと欲す。亭林固辞して書を致す者三たび、遂に薦剡に列せず」とある。亭林文集巻二に載せる与葉訒庵書は、その一つであろう。

第六節　山西絳州韓氏の家産分割文書

一

文海出版社から刊行された明人文書叢刊のなかに、二老清風と題する一書がある。二老とは、ともに山西絳州の人である陶琰（正統一四～嘉靖一一）と韓重（正統七～正徳五）をさすが、同世代に属し、故郷を同じくするばかりでなく、官界での地位、功績もほぼ等しかった両人の、書、伝略、題跋などをあわせ、韓重の六世の姪孫である韓霖が、崇禎九年（一六三六）に刊行した書物である。ここにとりあげようとするのは、同書におさめられた韓大司空分家券であるが、それは、韓重の死後、その子と孫たちの間で家産を分割した際、後日の証拠とするためにつくられた文書である。

韓重[1]、字は淳夫、号を拙斎と称し、山西絳州の人である。祖父は延齢、父は英といい、正統三年の挙人で安徽泗州の同知に任じたというから、韓氏は少くとも二代つづいた士大夫の家庭であった。韓重は正統七年の生れ、幼少より秀才の誉たかく、二十八歳の時（成化七）、山西郷試に第六位で合格、成化十四年には進士となって官界にはいった。以後、礼科給事中、礼科都給事中、陝西布政司参政、同布政使、応天府尹、都察院左副都御史、湖広巡撫、南京兵部侍郎、兵部左侍郎、南京工部尚書を歴任した。この間、中央および地方行政に数々の功績をあげたといわれるが、当時、権勢を恣ままにしていた宦官の劉瑾と対立、都察院左副都御史在任中、遼東方面の軍務を監察した時、銭糧をめぐって不正があったとして処罰され(2)（正徳三年十一月）、無実を主張したが容れられず、これを機に退官(3)（正徳四年五月）、郷里にひきあげる途中、正徳五年七月九日、揚州の公館において死去した。享年六十九歳であった。なお、つぎにみる如く、分家券は彼の死を正徳四年のこととしているが、これは誤りで、韓大司空伝略（二老清風）や実録正徳五年七月癸亥（九日）の条に記すとおり、正徳五年七月九日が彼の命日である。そして、その翌年十二月（一五一一）彼の家産は、四人の子と一人の孫とによって分割される。

まず、分家券の全文を紹介することにしよう。

二

韓大司空分家券

六世の姪孫霖録す。

主文文字を立つるの人、絳州孝義坊の韓阿孫氏(4)暨び李氏、夫有りて存するの日、南京工部尚書に任ぜしも、并びに嫡夫人呉氏と倶に、正徳四年の間に於いて病故せり(5)。呉氏は長子韓良を嫡生し、孫氏は二子韓杲、韓昂を生み、李氏は三子韓景、韓旻、韓泉を生む。韓景、韓旻は娶りて妻室有るも子無くして病故すれば、開せざるを除くの外、見に子四人有りて同居す。家口浩大なるに因り、以て同居し難きが為め、四子を召到し、同に親族人等の会議を請う。先君官に居ること数年、立心清白なること、人の共に知る所なり。四子も家に居り、農に努め書を読み[6]、倶に私房の積聚無し。今、年難に遇う。若し分居せざれば、実に度日し難きこと、四子允に詞無きに似たり。有る所の四子韓昂、六子韓杲は、倶に年幼にして未だ経管する能わず、韓杲は又未だ妻室を娶らざれば、衆人計議して、楊景春に典到せし酒館一所の原典銀一百六十両を将って、撥付して韓昂、韓杲二人に与え、均分して資本と作し、以て養贍を為さしむ。又夥計党直の本銀五十両、并びに已に故りし子韓景、韓旻二人の縁房、衣服、首飾を将って、撥付して韓杲に与え、妻室を完娶せしむ。又嫡孫韓炳有れば、撥付して水磨半座、蘇陽[7]の地一十五畝、白雲庄[8]の地三畝を与う。孝陵[9]の地一十畝及び先塋週囲の地土は、四人に属官せしめ、毎年収むる所の花利は以て先祀に供せしむ。各人の縁房、衣服、首飾は開せざるを除くの外、今、本家の応有の房院、地土、舗面、衣服、器皿を将って、倶に四分半と作し、之を四人に分つ。衆と同に対面均分して、並びに遺留不尽の物無し。分書を写立したるの後、若し不肖の子有り、反詞争競して官に到るも、理を説くを得ず、甘んじて大逆の罪に当る。後に憑る無きを恐れるが故に、分書文字の一様なる五張を立て、給付して各人に与えて収執せしめ、永く照用と為す。

今、各人分つ所の房院、地土、衣服、器皿の数目を将って後に開列す。

一、長子韓良に分つ。祖院[10]足東[11]の前後を通ずる半所、門面足北の一間、蘇陽の地一十畝、白雲庄の地一十畝、萬泉県の地五十畝、銀器共に一十五両、金首飾共に二両五銭、衣服一十二件、卓子五張、椅子四把、食羅[12]二付、春盛[13]二架、木楪[14]一十卓、木椀二十箇、白鉄の湯鼓[15]一十二箇、木箱四箇、

逓年該に徴すべき糧草は、各人の地数に照依して弁納す。

一、次子韓杲に分つ。杜家の空院一所、衙坡の空院一所、門面足北の第二の一間、蘇陽の地一十畝、白雲庄の

地五畝、銀器共に一十五両、金首飾共に二両五銭、衣服一十二件、卓子五張、椅子四把、食羅二付、春盛二架、楪子十卓、木椀二十箇、白鉄の湯鼓十二箇、木箱四箇、

一、第四子韓昂に分つ。祖院足西の半所内の一半、門面足南の第二の一間、蘇陽の地一十畝、白雲庄の地五畝、銀器共に一十五両、金首飾共に二両五銭、衣服十二件、卓子五張、椅子四把、食羅二付、春盛二架、木楪子十卓、木椀二十箇、白鉄の湯鼓十二箇、木箱四箇、

一、第六子韓杲に分つ。祖院足西の半所内の一半、門面足南の一間、蘇陽の地一十畝、白雲庄の地五畝、銀器共に一十五両、金首飾二両五銭、衣服十二件、卓子五張、椅子四把、食羅二付、春盛二架、木楪子十卓、木椀二十箇、白鉄の湯鼓十二箇、木箱四箇、

一、嫡孫韓炳に半分す。水磨半座、蘇陽の地十五畝、白雲庄の地三畝、銀器共に七両五銭、金首飾共に一両二銭五分、衣服六件、卓二張、椅子二把、食羅一付、春盛一架、木楪子五卓、木椀十箇、白鉄の湯鼓六箇、

南大楼房足西の二間半は、韓昂に一間二分半、韓杲に一間二分半。西廈房の五間は、昂に二間半、杲に二間半。西神房の一間は、昂に半間。杲に半間。後院南廈房足西の二間半は、昂に一間二分半、杲に一間二分半。後院西廈房の二間は、昂に一間、杲に一間。北庁房の五間は、韓良に足東の二間、昂と杲に足西の二間、〔のこる〕(16)西過路の一間は、良に半間、昂と杲に半間。衙坡正平坊(17)の空院一所は四人に属官す。白雲庄の房院并びに果樹の地基は四人に属官す。

正徳六年十二月十八日

主分文字を立つるの人孫氏

李氏

長子　韓良

次子　韓杲
四子　韓昂
六子　韓㬎
嫡孫　韓炳
管見人許臣
　　　孫鉞
　　　衛衎

正徳十年五月十一日、韓杲は段有才に園地足東の地五畝を分到するも、磚石土木相連り、出入澆滙すれば、旧に依り、井一眼を二人公用して業と為し、此帖もて照と為す。

孝陵の崔禄の地四畝を除くの外、六畝の樹木は四人均分す。

孝陵の樹は韓炳に十株を分与す。

白雲庄の樹木は、倶に韓良に与えて収用せしむ。

家人の来童は韓杲に撥与して使用せしむ。

三

周知のとおり、旧中国における家産の分割は、制定法上でも、慣習上でも、原則として、均分的な意味での細胞分裂であり、均分主義は、家産分割乃至財産相続の形式として、古くから、たとえば、漢代の所謂「紫荊憔悴」の故事によって知られる頃から、すでに確立していたといってよい。もっとも、家産の分割と相続とは異なる法範疇であるが、「家産分割は、家族団体における生産消費機構に主要な基礎があり、均分主義を支えるものは、兄弟の間の（又は諸子の間の）生存に対する対等の要求であり、同族的な横の関係、同族思想がその支えを強化していたものである[18]」と説明されることがある。

それはともかく、家産分割の問題自体は、これまで、折にふれて論じられて来たところであり[19]、家産分割文書といわれるものも、宋・元・明・清時代をつうじて、すでに幾つか紹介されているが[20]、右の「分家券」もまた、それらと同じ性質の文書である。したがって、右文書は、従来の例にならって、家産分割の具体的事情をつたえる一つの史料として、利用さるべきであろう。

韓氏の家産分割は、つぎのようにして行われた。すなわち、韓重には、三人の夫人との間に六人の男の子があったが、すでに死亡した二人を除き、嫡孫を加えて、四人の子と一人の孫との間で家産を分割する。

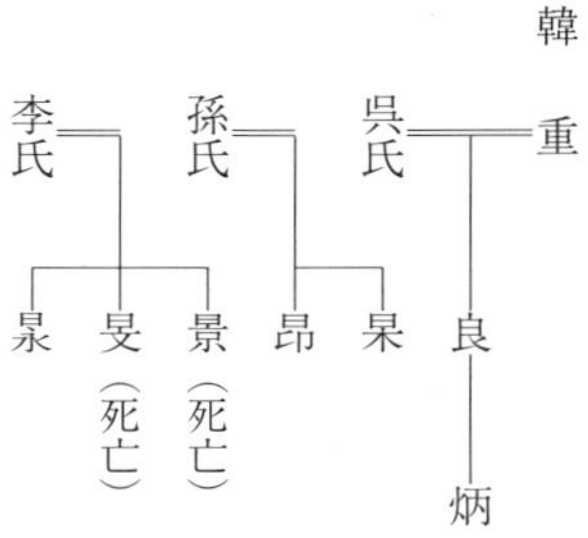

まず、年少である第四子昂と第六子𣅀には、恐らく成人する日までのであろう、養贍の費用が与えられ、さらに、未婚である𣅀に娶妻のための費用が考慮される。この場合、すでに死亡している景と旻には未亡人がいたにもかかわらず、男の子がないためか、分割にあずかる権利は認められず、それどころか、両人のもっていた縁房、衣服、首飾をとりあげて、𣅀の結婚費用にあてることが決められているが、このことは、家産分割の原則の一つと認められている「婦は夫業を承く(21)」原則にてらしてみる時、かなり異例の処置であるといわねばならない。

ついで、嫡孫炳にも、一定の割合で財産を与えることが決められている。このように、家産の分割に際して、嫡孫にも権利を認める習慣は、隣省である陝西同州の馬氏の場合にもみられるところで、萬暦初年の宰相である馬自強の兄、馬自勉の長男馬慎（嘉靖九～萬曆二八）の墓誌銘(22)のなかに、

「秦人俗、父子折箸、亦及冢孫」

とあるのによってみると、当時、山西・陝西地方では、一般的な習慣であったものと思われる。そして、祖先の

	建物	土地	水磨	銀器	金首飾	衣服	卓子	椅子	食羅	春盛	木楪子	木椀	湯鼓	木箱	樹	家人
韓良	祖院半所 門面一間 北庁房二間 西過路半間	十畝（蘇陽） 十畝（白雲庄） 五十畝（萬泉県）		十五両	二・五両	十二件	五張	四把	二付	二架	十卓	二十箇	十二箇	四箇	不明本（孝陵、白雲庄）	
韓杲	杜家空院一所 衙坡空院一所 門面一間	十畝（蘇陽） 五畝（白雲庄）		十五両	二・五両	十二件	五張	四把	二付	二架	十卓	二十箇	十二箇	四箇	不明本（孝陵）	一人
韓昂	祖院半所の一半 門面一間 南大楼房一・二五間 西廈房二間半 西神房半間 後院南廈房一・二五間 後院西廈房一間 北庁房一間 西過路〇・二五間	十畝（蘇陽） 五畝（白雲庄）		十五両	二・五両	十二件	五張	四把	二付	二架	十卓	二十箇	十二箇	四箇	不明本（孝陵）	
韓泉	祖院半所の一半 門面一間 南大楼房一・二五間 西廈房二間半 西神房半間 後院南廈房一・二五間 後院西廈房一間 北庁房一間 西過路〇・二五間	十畝（蘇陽） 五畝（白雲庄）		十五両	二・五両	十二件	五張	四把	二付	二架	十卓	二十箇	十二箇	四箇	不明本（孝陵）	
韓炳		十五畝（蘇陽） 三畝（白雲庄）	半所	七・五両	一・二五両	六件	二張	二把	一付	一架	五卓	十箇	六箇		十株（孝陵）	

祭祀の費用をまかなうための財産をのこし、これを四子の共同管理とすることにした後、残りの全財産を五人の子と孫とに分割する。

以上が分家券の伝える韓氏の家産分割の実態である。ただし、この他に、使途不明ではあるが、四子の共同管理にまかせる若干の財産があり、各人固有の私有物もあるが、それらを除いて、文書によると、前後二度にわたって行われた分割の結果、最終的に、各人に与えられた財産の額を表示すると、前頁の表のようになる。

これによってみると、建物については、その用途、面積、構造、評価などの点で正確な比較が難しく、土地についても、単純に面積によってのみ比較しえない側面があるけれども、この家産分割は、一応、均分主義の原則にもとづいて行われたと認めてよいのではなかろうか。とくに、銀器、金首飾、衣服、卓子、椅子、食羅、春盛、木楪子、木椀、湯鼓については、子は一、孫は〇・五の割合で、見事に均分されているといわなければならない。この文書もまた、特異な処置を含みつつも、旧中国における家産分割が均分主義を原則とするものであることを実証している。

四

ところで、右文書は、家産分割の例証として有用であるにとどまらない。それは、南京工部尚書という顕職についた人物の家産目録として、この高官の家産の内容と数量をうかがうための史料としての利用価値をもつ。つまり、山西という、いわば僻地の例ではあるが、分割の対象となった財産のもとの所有者が官僚であり、しかも、経歴が明らかであるという点で、すでに知られている同類の文書とは、少し違った意味をもつと考えられる。

韓重の経歴は、すでに紹介したとおりであるが、彼にはつぎのような側面があった。すなわち、分家券には、「先君官に居ること数年、立心清白なること、人の共に知る所なり」といい、その伝記、たとえば、顔燁の筆になる資善大夫南京工部尚書韓公重墓志銘（国朝献徴録巻五二）にも、「権要、請托するを得ず」と述べて、彼が、いわゆる清官であったことを強調する記述がある一方、別の評価もあって、その死亡を記した、実録正徳五年七月癸亥の条には、彼の人となりをつぎのように伝えている。

「〔韓〕重為人、外若和易謙厚、而内実陰険狼戾、在科時、大臣有所不悦者、輒嗾重劫去之、及為尚書、縦其子、與攬頭、輸納顔料、以営厚利、甚為士論所鄙」

清廉一方の人物であったとはかぎらず、当時の官僚の多くがそうであったように、彼もまた、その地位を利用して利益を追求することがなかったわけではないらしい。それはともかく、もとの南京工部尚書韓重が、子孫にのこし、彼らの間で分割された財産の内容とその数量は、以下のごとくであった。

まず、建物（文書によると、房院、舗面）である。これについて、文書には、祖院、門面、杜家空院、衙坡空院、南大楼房、西廈房、西神房、後院南廈房、後院西廈房、北庁房、衙坡正平坊空院、白雲庄房院などと記す建物がみえる。しかし建物の具体的構造、使途は明らかでないし、間数を計算するにも、記載方法が統一されていないので、正確な数字は知りえないが、それらを総計すると、間数の明らかなもの二十二間、不明のもの六ケ所程度となる。それに、以上とは少し性質の違うものとして、韓炳に与えられた水磨半座があるが、これは他人との共同所有物であったのであろうか。

つぎに土地であるが、州内の蘇陽里に計五十五畝、同じく白雲庄に計二十三畝、韓良に一括して与えられた萬泉県の土地五十畝と、均分の対象からはずされた孝陵里の地十畝、祖先の墓地周辺の若干の土地、果樹地墓などがそれで、合計は百三十八畝以上ということになるであろう。その所有地が州内にかぎらず、萬泉県（山西平陽府蒲州萬泉県）にも存在していたことは、土地所有形態の問題として注目してよい。なお、これらの土地のうちに樹木をもつものがあったらしく、それも分割の対象であった。

それに、装身具、衣服・器皿の類として、銀器六十七両五銭、金首飾十一両二銭五分、衣服五十四件、卓子二十二張、椅子十八把、食羅九付、春盛九架、木楪子四十五卓、木椀九十箇、白鉄の湯鼓五十四箇、木箱十六箇がある。

以上は分割の対象となった財産であるが、この他、幼少の昂と杲に、養贍および結婚の費用として与えられた、典到した酒館の原典銀百六十両と、夥計の党直に使用させている資本金五十両、計二百十両の銀貨のほか、家人一名も家産のうちに数えられている。

このように、韓重の財産は、建物、土地、装身具、衣服、器皿、家人および若干の銀両からなっていることが知られるが、それは、当時としては、極く普通の品目であったといえよう。また、その数量についても、とくに莫大であったとも考えられない(23)。しかし、筆者が注目したいのは、つぎの諸点である。

すなわち、官僚として生涯の大部分をすごしたはずの韓重が、建物、土地など、当時の主たる財産形態であったと考えられるもののほかに、酒館（いざかや）を持ち、これを賃貸して原典銀をとり、五十両という比較的少額であるが、夥計（てだい）に運営させていた資本金を持っていたことである。しかも、建物として「舗面」の語が文書に使われているが、これは、清俗紀聞巻二・居家の条によると、「みせ」と解されており(24)、彼の所有していた家屋の一部は、そうした用途をもつものであったかも知れないし、また、水磨（水車利用の石臼）も、自家産穀物の調整加工に使用されるにとどまらず、営利事業の一つであったことは疑いない(25)。とするならば、それらの所有者であった韓重が、地主であるとともに、商業を含めて、かなり多角的な営利活動に関心をもっていたことは確かであろう。もっとも、その場合、彼自らが業務に直接従事することはなかったであろうが、屢々指摘されるように、官僚士大夫層の利殖活動の実態をつたえる具体的例証で、それはあるはずである。

さらに、これと関連して、彼の故郷絳州が、いわゆる山西商人の出身地の一つであることも指摘しておかねばならない。山西商人の出身地は、ライバルである新安商人と違って、全省的なひろがりをもつが、絳州の属する平陽府について、

「平陽府……勤干耕織、服労商賈（崇禎山西通志巻六風俗）」

という記事があり、時代はくだるが、乾隆直隷絳州志巻二風俗の条にも、

「穆氏志云、城市之民、無寸田、多貿易、盈難而虚速、郷民務耕織、懸崖畸径、苟可種無間晆、抱布貿易、殆無虚時、土狭而瘠使然也、」

とあるように、この地は、明清時代において、商人を輩出したところである。そして、こうした風潮と、韓重の財産に商業を中心とした営利活動につながる部分が含まれていることとは、結びつけて考えるべきであろうし、彼が夥計に資金を与えて活動させていたことなども、山西商人の経営形態の一つとみるべきであろう。(26)

補注

（1）　韓大司空伝略（二老清風）、顔燁・資善大夫南京工部尚書韓公重墓志銘（国朝献徴録巻五二）。この他、韓重の伝は、国朝列卿記、明名人伝、本朝分省人物攷などにある。

(2) 実録正徳三年十一月辛丑の条。この時、彼は米千石を宣府と大同の倉庫へ輸納すべきことを、罰として命じられている。
(3) 実録正徳四年五月庚子の条。
(4) 乾隆直隷絳州志巻三・坊郷の条。城内五坊のうちに孝義坊の名がみえる。
(5) この記事が誤りであることは前述した。
(6) 四人の子の経歴は明らかではないが、実録弘治十七年閏四月乙酉の条によると、韓重（当時、湖広巡撫に在任）の奏請により、次子韓杲が国子監生となったことが知られる。
(7) 前掲絳州志巻三・坊郷の条。安静郷九里二十七荘のうちに、蘇陽里の名がみえる。
(8) 前掲絳州志巻二・古蹟の条。白雲庄、韓司空重養逸処、有歌咏。
(9) 前掲絳州志巻三・坊郷の条。寧国郷九里二十一荘のうちに、孝陵里の名がある。
(10) 詳しいことはわからないが、韓霖の二老清風序に、「大司空則別治第、券所稱祖院者是也」といっている建物であろう。
(11) 文書のなかには足東のほか、足西・足南・足北の語がみえる。東・西・南・北が方向をさすことは明らかであるが、足の字の意義はわからない。教示を乞いたい。
(12) 食籮とも書き、「めしいれ」のこと。
(13) 清俗紀聞巻二・居家（平凡社・東洋文庫①六八頁）に実物の絵がのっているが、訳注者の解説によると、「黄色に彩色してあり、底は白の四角の盆。立春の日に春餅という餅や生菜を盛って送りあう春盤という風が唐宋代にあった」とある。
(14) 和漢三才図会巻三一・庖厨具に、「按、楪子浅盤而有高台」とあり、「ちようし」のこと。
(15) ゆつぎ、湯桶。和漢三才図会巻三一・庖厨具・偏提に、「湯桶、形似偏提而略深、以可盛臛汁及飯後之湯」とある。
(16) 北庁房の五間のうち、良に二間、昂と杲に二間を与えると、のこるのは一間であるが、文脈上、これが西過路の一間になるものと解される。
(17) 前掲絳州志巻三・坊郷の条。城内五坊のうちに正平坊の名がみえる。
(18) 仁井田陞・中国法制史研究　奴隷農奴法・家族村落法（東京大学出版会・一九六二）、四二九頁。
(19) たとえば、北村敬直・寧都の魏氏——清初地主の一例——（大阪市立大学経済学年報七・八集）は、江西寧都県の地主を題材として、明末清初の地主の族的変遷を論じたものであるが、そこにも家産分割に言及した部分がある。

(20)　仁井田陞・唐宋法律文書の研究・六〇三頁以下。同、前掲中国法制史研究・五〇六頁以下。
(21)　仁井田陞・中国法制史（岩波書店・一九五二）二三一頁。
(22)　李維楨撰・贈奉直大夫散官約甫馬公墓誌銘（関西馬氏世行後録巻六）。
(23)　正確な比較の対象とはならないが、李因篤の先府君李公孝貞先生行実（受祺堂文集巻四）によると、陝西西安府富平県の商人李効忠は、一代で、財産を、土地二百畝から八・九百畝に増加させたという。
(24)　清俗紀聞巻二・居家の条、「舗面の製作は街道通りを店付にして、内住居続きに建てたるもあり、また店は別楹に建てたるもあり、等しからず」。
(25)　水磨が営利事業の一つであることは、西嶋定生・碾磑の彼方（中国経済史研究）にも指摘されているが、明代華北の例としては、さしあたり、つぎの史料をあげることができる。
実録正統六年八月壬午の条、……〔鎮守都督僉事黄〕真與韃靼貿易、私役軍士、造旅店水磨碾、斂細民利……。
(26)　寺田隆信・山西商人の研究（東洋史研究会・一九七二）二六五頁以下。

第五章　祁彪佳研究

第一節　祁彪佳と顔茂猷

一

崇禎四年（一六三一）七月二十八日、父親の服喪をおえた祁彪佳は、故郷の紹興から北京に戻ってきた。新しい官途につくためである。八月三日、彼は崇禎帝に謁見した。翌々五日に友人の顔茂猷が来訪した。この日に面会した十二人のうち、自宅まで足を運んだのはただ彼一人であった。そして十月、福建道監察御史に任じられ、十二月二十三日には顔茂猷の著書である『迪吉録』の序文を書きあげた。

以上の事柄は、祁彪佳の日記――『祁忠敏公日記』に記されている。『日記』は崇禎四年七月二十九日、つまり出京の翌日から、弘光元年（清・順治二）閏六月四日まで、崇禎六・七年部分に若干の残欠があるのを除き、ほぼ完全に彼の言動を伝えているが、そのなかに、顔茂猷の名は五十回以上もでてくる。しかも、その大部分は崇禎四・五の両年に集中している。両者の交友関係が、この時期に最も密接であったことが知られるであろう。

崇禎四年は明朝の成立から数えて二百六十四年目にあたる。国運はすでに衰え、十三年後に訪れる亡国の予兆は誰の目にも明らかであった。政治の綱紀は乱れ、財政も破綻して再建の方策が見出せなかっただけではない。陝西・山西地方には飢えた農民が蜂起し、東北方面からは、間もなく「大清」の国号を称するようになる満洲族の侵寇がつづいていた。北京は物情騒然としていたはずである。この国家的危機の時期に、祁彪佳と顔茂猷は、どのような交友関係をもったのであろうか。何を求めて親交を結んだのであろうか。『日記』を主たる資料としつつ、その実態を明らかにしてみようと思う。

二

祁彪佳、字は虎子または弘吉、号は世培、浙江紹興府山陰県の人である(1)。萬暦三十年（一六〇二）十一月二十二日に生まれ、天啓二年（一六二二）、二十一歳で進士となった。この科の状元は文震孟であり、倪元璐・盧象昇・黄道周らが一緒に及第している。翌年、福建興化府の推官に任じられ、服喪の後、福建道御史、巡按蘇松、河南道事を歴任した。明朝滅亡後は南京に自立した福王政府に招かれ、大理寺丞、蘇松巡撫をつとめたが、在職六ヵ月で病気を理由に辞職して故郷に帰り、あくる弘光元年（一六四五）清朝の勢力が紹興地方に及んでくると、閏六月六日早朝、別墅の池に身を沈ませて国難に殉じた。享年四十四歳、のちに魯王から忠毅、唐王から忠敏と諡を贈られている。

紹興の祁氏は晋の大夫祁奚の子孫と伝えられ、宋室の南遷とともに浙江に移り、明代にはいって山陰県の梅墅に居を構え、十代をへて祁彪佳にいたった名家である。数代前から挙人や進士となる者があい継いでいるが、父親の祁承㸁（字爾光、号夷度）は萬暦三十二年の進士で、兵部員外郎から江西右参政にすすんだほか、「澹生堂」と称する当代有数の蔵書家としても知られている。[2] 彪佳自身も前述の官歴をもつ一方、聚書につとめたため、「澹生堂」は一層の充実をみたといわれる。彼はまた『遠山堂曲品』、『遠山堂劇品』を今にのこす戯曲作家、もしくは評論家として有名であり、兄の麟佳と駿佳、従兄の豸佳も戯曲作家であった。さらに、夫人商氏は名を景蘭といい、吏部尚書商周祚の女であるが、詩才があって『錦囊集』をもち、息子の理孫、班孫や娘たちとともに幾つかの作品をのこしている。

このように、紹興府山陰県の祁氏は、いわゆる書香の家であるが、彪佳の死後、祁氏一族は反清の抵抗運動に参加し、あるいは家産を挙げてこれを支援するなど、積極的に活動した。このため、彪佳の二子、理孫（次子）と班孫（三子）は捕えられた。班孫は寧古塔に流されたが脱走に成功し、僧に身をやつして生きながらえた。理孫は彪佳のあとが絶えるのを心配した人々の努力で釈放されたが、間もなく病死した。そして、この間に「澹生堂」の蔵書も散逸してしまった。全祖望はこれを惜しんで、「嗚呼、公子兄弟死して自り、澹生堂の書は星散したり。豈ただに梅墅一門の衰たるのみならず、抑もまた江東文献の大厄運なり」[3]と述べている。ただし、蔵書は失われたが、彪佳の著述は子孫の手にのこされ、その多くは現に北京図書館の所蔵に帰している。[4]

ところで、祁彪佳と顔茂猷とは、崇禎四年八月五日が初対面であったのではない。両者は遅くとも天啓四年（一六二四）には知りあっていた。『日記』がはじめて顔茂猷の名を記すより、ほぼ十年くらい前のことである。

即ち、前述のとおり、天啓二年に祁彪佳は進士となった。翌年の冬、福建興化府の推官に任じられ、翌四年正月に北京を発って任地にむかった。途中、紹興に立ち寄ったりしたので、着任は二月中旬であった。そして、同年八月、福建郷試が行われ、彼は分校官としてこれに関わったが、この時の合格者のなかに顔茂猷がいた。「祁忠敏公年譜」の天啓四年の条には、つぎのように記されている。

「秋八月、入闈分校して士を得たり。漳州の顔茂猷・郭符申の輩の如き、みな一時の名宿たり」

推官（司法官）になったばかりの祁彪佳は、正考官や同考官ではもちろんなく、その下で業務の一部を分担したにすぎない。だが、当時の慣習によれば、合格者に対しては、試験官の立場にあったとされる。こうした関係をつうじて、両者は互いに知りあった。

顔茂猷、字は壮其あるいは光衷、宗璧居士と号し、『迪吉録』などの著者として名をのこしている。また、善書の普及、道徳の向上に大きな役割をはたし、明末の思想界に存在が注目される人物でもある。伝記の所伝が知られていないので、詳細な経歴は不明であるが、福建漳州府平和県の人である。若年の頃から故郷で雲起社をおこし、士人を集めて儒学・詩文・儒仏道の三教兼修・道徳実践・経済の結社を結んで活躍していたらしい。(5)『迪吉録』の顧錫疇の序に「其書の閩漳に梓行されし者、すでに千巻を下らず」とあるから、地方的には一応名の知られた学者であったのであろう。天啓四年に福建郷試に合格して挙人となった後、北京に赴き、この地の学友とともに研鑽を重ねた。その一人として祁彪佳がいたのであり、両者の交友は崇禎四・五年において最も親密であったのは、すでに言及したとおりである。林釬の序に「壮其、徵召を以って太学に入るに及び……」とあるところからすると、この時期、彼は国子監に籍をおいていたかと思われる。とすると、挙人監生であったことになる。「年譜」の崇禎四年の条には、

「四年辛未、……先生、日に李公子木、顔公壮其と同に性命の宗旨を論じ、潜心研究して、学ますます邃し」

とある。李公子木、諱は模、子木は字で、蘇州府太倉州の人、(6)天啓五年に進士となり、広東省東莞県の知県や御史をつとめたが、宦官を弾劾して左遷された。明朝滅亡後は福王政府に仕えて河南道御史となったが、馬士英や

阮大鋮の専断を批判して辞職、郷里に隠棲した人物である。この李模をまじえた三人が、学業を深めあった光景がうかがえるであろう。性命の学は儒・仏・道三教を支える基盤と意識されていた。(7) そして、崇禎七年に顔茂猷は進士を特賜された。この間の事情について、『国榷』巻九三・崇禎七年二月壬午の条は、まず、つぎのように記している。

「温體仁奏す、顔茂猷は五経墨義に乙榜第一に寘く、命じて廷試を准るさん。是において会試録は別に茂猷を正榜の前に書す」

五経の墨義に第一位の成績をおさめたので、彼は特別に殿試受験を認められたのである。他の科目(8)——四書題・詩題・策論の成績は合格の水準に達していなかったかも知れない。談遷は右文に「……今、顔生の廷對を許して並びに例を変ず。而して右文惜才、以って窮経の学を鼓す。後来駸々として其人有り」と注しているから、以後、同類の人物がでたとはいうものの、彼の会試合格は異例の処置であったことがわかる。(9) ついで、同書・崇禎七年三月辛丑の条によると、

「貢士李青ら三百人を建極殿に策す、……劉理順、楊昌祚、呉國華らに進士及第、出身を賜いて差有り。乙榜の顔茂猷もまた高第す」

とあり、彼はめでたく進士となったのがわかる。しかも、第二甲第二名という上位の合格であった。つまり、彼は五経に精通していたのを評価され、特別の扱いで進士出身を賜わったわけである。崇禎七年当時、祁彪佳は蘇松巡按として任地にあり、両者の日常的な接触は途絶えていた。『日記』には、崇禎六年四月六日、蘇州へ出発する祁彪佳を、顔茂猷が広安門（別名彰儀門）まで見送ったのを記した後、崇禎八年四月九日、十年九月二十五

日、十四年九月二十五日の各条に、顔の名がみえるのみである。進士となってからの彼の経歴あるいは行状はほとんど不明である。礼部主事になったとする記録[10]もあるが、規格にはまった官僚生活は、その性格にあわなかったかも知れない。

三

崇禎四年八月五日から六年四月六日にかけて、祁彪佳と顔茂猷は北京において交友を深めていた。時には行楽をともにすることもあったが、より多くの時間が学業のために割かれていたことを『日記』は伝えている。一方は同進士出身の、福建道監察御史（正七品）という現職の官僚であり、片方は当時、挙人の身分をもつものの、無位無官の学徒にすぎなかったが、両者は学問をつうずる友人として親しく交際していた。というよりも、祁彪佳が顔茂猷に兄事したといった方が適当であるが、その具体的情況を紹介してみよう。

「九月三日……　顔壮其至る。これと動静合一の理を言う。人事の逐々たるが如きも、固より動なる者なり。苟《まこと》に静意を存すれば、便ち与に倶に動かざる者在る有り」

動静の語は『易』に出典をもつ。「動静、其時を失わざれば、その道光明なり」（易・艮）、「動静、常有りて、剛柔断《さだ》まる」（易・繋辞上）とあり、動静合一とは、動と静は分けようとしても分けられないことをいう。朱子学を奉ずる者も、陽明学に組する者も、近世の儒者にとっては、極めて普通のテーマとして論じられた。

「十月二日……　午間、柴式穀・戩穀兄弟および顔壮其を邀えて一飯す。客はみな名士なり。座中惟だ援古訂今し、寒暄の一語に及ばず」

柴式穀ら兄弟については不明。顔茂猷をまじえての談論は、おそらく、国歩ようやく艱難の度を加えつつあった現状を憂うところから発するものであったろう。

「十月三日……倪鴻寶、顔壮其また継いで至る。壮其、その草するところの辺籌を出して示す」

倪鴻寶（一五九三〜一六四四）、浙江紹興府上虞県の人、諱は元璐、字は玉汝、鴻宝は号で、天啓二年の進士である。[11]つまり、祁彪佳にとっては同郷同年の友人であった。反閹党の立場にたって東林党擁護の論陣をはり、内外の諸官を歴任した後、崇禎帝の信任をえて戸部尚書となったが、崇禎十七年三月、李自成が北京を陥れた時、自ら首をくくって明朝と運命をともにした。亡国に殉じた点で、祁彪佳と同じ生き方をした人物である。この日、倪・顔・祁の三人は、顔茂猷のつくった辺防計画を討議したのである。憂国の志を抱く者にとって、国防問題は最大の関心事であった。

「十一月十六日　……予、顔壮其と玄修を講ず。一點は其中の道に在り。晩に坐し、予復た日用の応酬を詢ぬるに、了として把柄無し。奈何せん。壮其、「人の與に善を為す」[12]の四字を以って主と作す。正に昔儒の謂うところの、逐事を必せず、遺事を必せざるなり」

玄修の意味はよくわからないが、道教の修養のことを指すかと思われる。逐事とは他者に引きずられて主体を失うこと、遺事とは他者への関心を失って自己の世界にとじこもること、いずれも、儒者としてあってはならい姿勢である。

「閏十一月九日　……頃之、壮其来る。留めて信宿の談を為す。……復た剪燭して、壮其と談ず。三鼓にして始めて就榻す」

深夜におよぶ談論の主題が何であったか明らかではないが、以下にみるとおり、閏十一月から十二月にかけて、両者の接触は以前にまして一層頻繁となる。

「閏十一月十六日　……顔壮其来る。乃ち摘蔬して飯と為す。これと与に足民の術を言う。顔の談ずるところ、皆、経済なり。但、治人を得るを以って難しと為す耳」

前述のとおり、顔茂猷は故郷の漳州で経済の結社をつくっていたが、経世済民は儒者としての当然の志でなければならなかった。飢えた農民が各地に蜂起しつつあるのを眼前にして、足民の術を論ずるのは当りまえのことであった。この一条は、祁彪佳と顔茂猷の士大夫意識に、経世思想が中核として存在していたことをうかがわせるであろう。

「閏十一月二十二日　風日稍や和やかなり。顔壮其、『九辺図説』および其の著わすところの『太平葑議』を以って来示す。これと共に飯す。……蔣安然、玄修を以って壮其に従学す。予、玄修緒論を聆き得たるに因り別去す」

『九辺図説』は隆慶三年（一五六九）十二月二日の序文をもつ兵部の編書で、遼東・薊州・宣府・大同・山西・延綏・寧夏・固原・甘州の、いわゆる九辺鎮に関わる諸問題を扱った書物である。『太平葑議』は顔茂猷の著書の一つとして、書名のみは知られているが、現存するかどうか明らかではない[13]。この日の話題に辺防問題が取りあげられたのは間違いあるまい。また、顔の説く玄修について、祁彪佳はすでに一応の理解をもっていたことが知られよう。

「十二月一日　顔壮其来る。これと与に賈乾年兄に晤う。道乾、顔に叩うに六龍の義および艮背の説を以ってす。道乾また言う。所謂心なる者は乃ち思えば則ちこれを得る者、是なり。然らざれば心も亦た一官なる耳。安くんぞ天君と称するを得ん。談じて日昃に至り、始めて帰る」

賈道乾について、その伝記は見当らないが、年兄とよんでいるところから、天啓二年科の進士であったかと思われる。顔とともに賈道乾を訪れ、論議は朝から夕方に及んだのである。六龍とは易の六爻（潜・見・惕・躍・飛・亢）を指し、六龍の義を叩うというのは、そのどれを基本的・理想的なあり方と解するかをめぐって討論が行われたことを示している。この問題は、士大夫として社会に働きかける姿勢をどこにおくかにかかわり、深刻なテーマであった[14]。これに対し、艮背の説とは、艮背法あるいは艮背心法とよばれたものである。それは金丹道（金丹を服用して不老長生をえんとする道教の一派）の所説からでた一種の健康増進法で、知識人からは迷信的邪法とみなされることもあったが、当時、かなり広く行われたと認められている。顔茂猷が金丹説に関心をもっていたことは、右の記事のほかにも証拠がある[15]。

「十二月五日　……是日、予、功過格八条を手書す」

「十二月十一日　顔壮其至る。これと商して功過一格を再定す。困りて与に賈道乾を訪ね、性命合一の理および践形克己の説を講ず。坐下に得る有るに似たり」

ここにいう功過格は、『迪吉録』におさめられたものを指すと思われる。後述するように、それは天啓二年頃には一応できあがっていたとされるが、顔・祁両人は十二月十一日に最終的な成稿をえたのであろう。これをうけて、後日、祁彪佳はその序文を書くことになる。この日の、賈・顔・祁三者の話題は三つあった。性命は『易』の乾に「乾道変化して、各々性命を正し、太和を保合す」とあるのをうけ、性命合一とは、性と命が分離できないことをいうが、それはまた諸学の基礎と認められていた。また、践形克己の説のうち、践形は『孟子』尽心上に「形と色は天性なり、惟だ聖人にして然る後に形を践むべし」とあり、人として顔かたちに恥じない実践をすること、克己は『論語』顔淵第十二に「己に克ちて礼に復るを仁と為す」とあり、自分の私欲を克服して、人間生活の法則である礼に復帰すること、それが仁である、との意味である。いずれも、儒教の教典にもとづく議論であった。

「十二月十二日……顔壮其来る。偕に鷲峰寺に至る。六館に適く、陶紫閬が方丈に話す、即ち陶不退先生の難弟なり。予、就きてこれに晤う。少頃、賈道乾また至る。顔壮其、尹箎師に詢ぬるに大事因縁を以ってす。師の講訖るや、壮其、地下を指して曰く、譬如えば、此磚に仏性有りや否や。師曰く、有り。磚毀るるの時、仏性有りや否や。師曰く、無し。顔言う、然らば則ち四大在れば仏性有り、四大散ずれば便ち仏性無き乎。師曰く、然り」

鷲峰寺は『宛署雑記』巻十九に「正徳四年に建つ、金城坊に在り」、『帝京景物略』巻四に「城隍廟の南にあり」とあるように、阜成門を東にはいり、宣武門から北上する大街との交叉点を南にくだった場所にあった。祁彪佳は度々、この寺に参詣しており、『日記』崇禎五年十一月二十二日の条には、顔らとともに鷲峰寺に参じ、雀を買って放生[16]したことも記されている。陶紫閬と陶不退先生については調べがつかない。この日、尹箎師と顔茂猷との間にたたかわされたのが、いわゆる仏性論であり、仏教用語としての四大とは四大種、つまり万有を構

成している四の要素——地・水・火・風をいう。(17)

「十二月十三日　……午後、顔壮其至り、守心十二法を講ず。これに先んじて以って守乾守坤し、これに終くれて以って守雌守黒すれば、玄門に入手すと雖も、儒釈の大道すでに具わる」

守心十二法とは何か、よくわからないが、静座や胎息などを含む精神安定法もしくは健康法であったかと考えられる。何故ならば、前述のとおり、顔茂猷は艮背の説に詳しく、金丹道にも関心をもっていたからで、十二法が彼の発明であった可能性もある。守乾は乾（天）を守ること、守坤は坤（地）を守ること、ともに『易』にかかわる語である。一方、守雌および守黒は『老子』第二十八章に「其の雄を知りて、其の雌を守れば、天下の谿と為る、」「其の白を知りて、其の黒を守れば、天下の式と為る」とあるのに由来する。人間が男性的な剛強さを充分わきまえた上で女性的な柔軟さを持ちつづけたならば、水の集まり注ぐ谷間のように、世界中の人間が帰服してくるほど偉大な人格となる。明白・明断な世界の正体を見とどけた上で暗黒・混濁の世界に身をおき、そこに安らぎを見出すことのできるほどの人間であるならば、世界中の人間が、彼に人生の準拠を求め、師表と仰ぐようになる(18)——このような意味である。そして、こうした修練をつむならば、道教からはじめたとしても、儒教と仏教の大道も具わったことになる。これが顔茂猷の考え方であった。

「十二月十四日　方に李子木を約し、来りて顔壮其と一晤せしめんと欲せしも、風大いに作り、乃ちこれを止む。爐を擁して壮其の十二法を説くを聴く」

十一日から四日つづけて顔茂猷はやって来たことになるが、この日の話題も前日にひきつづいて、守心十二法であった。

「十二月十七日　……午間、顔壮其至る。陳聖鑒兄出でて他所に就宿す。壮其、その榻に即きて宿す。晩、壮其に叩う、顔の曾て我の与に王陳異同の学を明らかにせしこと、及び壮其の少くして呂祖に遇いしこと、を」

前日から少し頭痛がして寝こんでいたが、この日も顔はやって来て、病床のそばで宿泊した。王陳異同の学については不明。呂祖は呂純陽（字洞賓）のこと、五代宋初に実在した人物で、道教の一派である全真教団の宗祖の一人である。姿をかえて、後代においても、天下を周遊したというが、顔は本当に呂祖に遇ったというのであろうか。(19)

「十二月十八日　竟日、牀褥に臥す。壮其、予の為めに道を談ず。これを聴き、娓々として倦を忘る。……午後、壮其別去す。予、竟夜、寝まず」

顔の説話は、病床に臥す祁彪佳にとって、心の支え、精神安定の良剤であった。ここで説かれた「道」は、前後の経過からみて、おそらく道教色の濃いものであったと思われる。

「十二月十九日　予、起くと雖も、猶お冠する能わず。午後、壮其復た至る。晩に、聖鑒と共に不思善不思悪の旨を談ず。予意うに、無善無悪の体有れば、在即にこれを思う。正に是れ為善去悪の工夫為り。然らざれば、恐らくは空談ならん。体段未だ事に触れて茫然たるを免れず。吾れ自ら不出位の思い有れば、〔為すところは〕弁難に在り。二鼓に至り始めて寝む」

顔茂猷も同席しての討論は深夜におよんだ。無善無悪説は、心の本性は善悪の区別を超越しているとする説で、知行合一、心即理、致良知とともに、陽明思想の一核心をなす。(20)その解釈をめぐって、萬暦時代の思想界に論争がまきおこったことがある。祁彪佳の理解によれば、無善無悪は心の本体であり、為善去悪はその工夫であるということになるのであろうか。

「十二月二十日　顔壮其、早別す。予、始めて起き、巾幘を理う。飯後に「迪吉録序」数行を草す」

「十二月二十三日　……是日、「迪吉録序」を作る」

四

年があらたまって崇禎五年を迎えても、祁・顔両人の親交はますます密接であった。はやくも正月四日に、顔茂猷が来訪する。

「正月四日　……（顔壮其・李子木）と同に姚心無を訪う。壮其叩うに内道を以ってす。心無の談、益ます暢す」

道士姚心無は城内の呂祖祠のかたわらに住み、前日に祁彪佳は彼を訪れ、「煉気を以って大丹の原と為す」説を聞いているが、この日ふたたび、顔茂猷とともに尋ねて行ったのである。姚と顔とは談論風発したらしい。両者の論争は翌五日もつづけられた。すでに明らかなとおり、顔茂猷は道教についても充分な学識をそなえていたから、姚心無との対応に不安はなかったはずである。

「正月五日　李子木来る。顔壮其と与に……午に子木の寓に酌し、姚心無と顔壮其の学びて得手せし處を聴く」

それはともかく、『日記』にみえるとおり、祁彪佳は崇禎四年十二月二十日に書きはじめ、二十三日にいたって「廸吉録序」を完成した。この序文は『廸吉録』に載せられているほか、『祁彪佳集』巻二にもおさめられているが、三七六字からなる文章である。

「余、嘗て易を読み、「幾とは動の微、吉凶の先ず見わるるなり」に至り、而して天命より以来、止だ一善有るのみにして、更に悪対無きを知る。故に止だ一吉有るのみにして、更に凶悔吝対無し。所謂善の長なる者は、蓋し善に落れざる者なり。善有り悪有りて自り、王文成は「意の動」に帰す。而して善を為し悪を去るの工夫は、便ち当に急起して失する勿るべし。即ち此の日常の間に、自安自便、苟且依違するの念もて、若し大過有ること無しと以為いて知らざれば、便ち足は直ちに迷路に入り、永く覚路無し。嗟乎、人生は善に非らざれば即ち利なり。更に別径の参半を容れ、以って行う可き無し。一挙足にして便ち宜しく危惕すべきなり。惟だ直下に了当すること能わざれば、孔門の克己を言うが如し。是に於いて須らく時々に剗除し、時々に猛省すべし。暗を炬に破り、正を鑑に借らざるを得ず。覚世者は重ねて憂有り。これを心に見わして乃ち更に事に徴し、これを吉凶に徴して乃ち更に禍福を言い、これを現前に動かして乃ち更に因果を説く。或いは其の喜心を撥し而して趨ら使め、或いは其の懼心を怵し而して避け使む。衆悪を去り以って一善を集め、自爾に凶悔吝を并せ而して一吉に化せ使むるを要す。これを究むれば、善は無善に還り、吉は終吉に帰せん。凡そ方便の門を開く所以は、我が願力を満すにあらざるは無し。此れ顔壮其の廸吉一書を作りし所以なり。然うして狂心悪気の夫を撥転し、屠刀を放下し、立地に證果すれば、力を為すこと易きに似たり。惟だ是れ自安自便・依違苟且するの士は、此に鉗錘を痛下せんと欲するも、力を為すこと較難し。故に念々の方便、念々の願力、仍お満たず。夫子〔孔子〕は「老からは安んぜられ、少からは懐かれ」たるが、惟だ常には不安と不懐を見る耳。此れ正に顔壮其の廸吉一書に愧じ無き所以なり。友人祁彪佳書す」

『迪吉録』九巻。顔茂猷の幾つかある著作のうち、その代表作とされる。林釬の序（崇禎四年）に「壬戌の歳（天啓二）藁帙を持して余に示す」とあるところからすると、天啓二年、故郷の漳州にいた頃、すでにある程度、原稿はできあがっていたらしい。祁彪佳らの序文が書かれる十年前である。『四庫全書総目提要』巻一三二・子部雑家類存目に、

「明の顔茂猷の撰。茂猷、字は壮其、又の字は仰子、平湖の人[21]、崇禎甲戌（七）特に進士を賜う。是編は官鑑・公鑑の二門に分ち、皆、諸書因果の事を雑録す」

とあるから、概要は、これによって明らかであるが、もう少し詳しく紹介しておくと、該書は首巻のほか、一・心・普・度・兆・正・太・平の八巻からなる。前の四巻が官鑑であるのに対し、後の四巻が公鑑であり、度巻の巻末に当官功過格が、平巻の末尾には功過格が附されている。当官功過格は功格五十条、過格三十八条よりなるが、功過格は孝順・和睦・慈教・寛下・勧化・救済・交財・奢倹・性行・敬聖・存心の十一格からなっている。この他、平巻の終りには、とくに女鑑の一格をたて、婦人を対象とする功過を記載している。そして、これらは明末の功過格として現存する最古のものの一つであり、その代表例ともみなされている[22]。

功過格とは、人間の経験する禍福は本人の行為の善悪に応じて天帝の与えるものであるとする、道教の所説にもとづき、日常の具体的な行為を善（功）と悪（過）とに分類するとともに、その大小・深浅に応じて、プラス・マイナスの数値をつけて点数化し、日常生活における道徳的反省の指標たらしめんとする勧善の書[23]、いわゆる善書の一種である。その信奉者は、毎夜、一日の行為をふりかえり、功過の数値を計量記帳して反省の資とし

たものである。

こうした因果応報論、あるいは業報思想的な考え方は古くから存在したと思われるが、南宋以降、社会に浸透し、中国人の倫理的・宗教的な思想と実践に大きな影響を与え、さまざまな功過格がつくられた。はじめ、これらの功過格は、道士を対象とする修行規範であったが、やがてその宗教的規範としての性格は薄れ、明代、とくに明末において頂点にたっする儒仏道三教一致、三教一貫の思想運動乃至道徳運動のなかから、新しい多種多様の功過格が生みだされ、広く流行するにいたった。これらはすでに教団的色彩を払拭し、民衆一般はいうまでもなく、官僚やその候補者らをも含む、広範な社会各層の人々を対象とする、日常的な社会道徳の指導書であった。しかも、それらは個人的な幸福の追求を教えるにとどまらず、世道人心の一新のための指標を示したと理解されている。『迪吉録』はまさにその代表例であった。顔・祁両人とほぼ同時代を生きた陳龍正（字惕竜・号幾亭・一五八五～一六四五）が、この書を評して「真に救世の宝書なり」(24)と称えているのが、その性格と役割を的確に表現しているように思われる。

五

以上にみるとおり、崇禎四年八月から、翌五年にかけて、祁彪佳は顔茂猷と親密な学問的接触をもち、『迪吉録』の成立にも関わりをもった。それは序文を書いたにとどまらず、その最終稿についても意見を述べる機会をもったと認められる。彼の序文が崇禎四年十二月二十三日にできあがったのであるから、『迪吉録』の公刊は、崇禎五年以後のことであったのは間違いない。

ところで、祁彪佳も、顔茂猷も、儒者・士大夫であった。彼らはともに、科挙をめざして経書を学び、進士に合格したのであるから、その学問的立場が儒学にあったことは否定できない。儒者としての自己規定が、その思想と実践を制約したはずである。しかし、経世出世の道を儒仏道の三教にわたって究めることは、王陽明以来、明末という時代の大きな風潮であり、彼らもまた、そのなかに息づいていた。『日記』に記された彼らの交流が、儒学はもちろん、仏教と道教の領域にも及んでいることが、その事実を証明するであろう。

とはいえ、そうした志向が必ず同一方向を示すとは限らない。人間や社会に対する見方の相違によって、さまざまな異議の生じうる余地をのこしていたのは事実であり、そのために数々の論争がおこったのも、よく知られている。が、この点について、祁・顔両人が同じ立場にあったことは、彼らの交友関係から明らかである。祁彪佳は自己の思想を語る著述あるいは文章をほとんどのこしていないが、顔茂猷との関係は、その思想をうかがうのに役立つであろう。彼は終生の師として劉宗周（字蕺山・号念台・一五七八～一六四五）をもつが、顔茂猷からうけた影響も無視できないものがある。

荒木見悟によれば、「顔茂猷は救世の悲願に燃えた思想家であった[25]」という。明朝の滅亡を目前にして、彼は民生の安定と性命の平安をもたらす道を、必死になって探り求めていたのである。その一つの解決策が『迪吉録』であり、功過格の活用による性命の体得こそが、時代を救いうると考えていたのであろう。そして、志を同じくする故に、祁彪佳はその成立に関わり、序文を書いたのである。この立場は、別に序文を寄せた顧錫疇や林釬も同様であったに違いない。

祁彪佳と顔茂猷の交友と学問的営為は、以上のような目的をもち、その志の実現をめざしたと考えられる。その意味において、祁彪佳の「迪吉録序」は、両者の接点であるばかりでなく、国家的危機に対処すべく、苦悩をともにした、両者の共斗の記念碑でもあったというべきであろうか。

補注

（1）祁彪佳の伝記には、日記におさめられた祁忠敏公年譜、行実、遺事のほか、明史巻二七五の本伝がある。
（2）澹生堂蔵書約がある——呉晗・江浙蔵書家史略・四三—四四頁。
（3）祁六公子墓碣銘（鮚埼亭集巻一三）。
（4）濱島敦俊・北京図書館蔵『按呉親審檄稿』簡紹（北海道大学文学部紀要・三〇の一）。
（5）酒井忠夫・顔茂猷の思想について（鎌田博士還暦記念歴史学論集）。
（6）小腆紀伝巻一四・李模伝。
（7）荒木見悟・顔茂猷小論（陽明学の開展と仏教）。
（8）宮崎市定・科挙史（全集第一五巻）一一七頁以下を参照。
（9）こうした特例的処置は、当初から批判の対象であったらしい。たとえば、顧炎武・日知録巻一九、経義論策を参照。
（10）福建通志巻三七、明進士の条。王世徳・崇禎遺録（明史資料叢刊・五）。
（11）明史巻二六五、倪元璐伝。
（12）功過格の一条である。酒井忠夫・中国善書の研究・三四六頁を参照。
（13）酒井、前掲論文。
（14）荒木・明末宗教思想研究・三〇三頁以下を参照。
（15）酒井・前掲書、二六四頁と二六九頁。
（16）夫馬進・善会、善堂の出発（明清時代の政治と社会・京都大学人文科学研究所・一九八三）、荒木・戒殺放生思想の発展（陽明学の開展と仏教・研文出版・一九八四）。功徳を積むために魚鳥を放つ行事は、当時も広く行われており、以後、日記の随所に、それに参加したことが記載されている。
（17）諸橋・大漢和辞典巻三、三〇頁。
（18）福永光司・老子（朝日古典選）一六七頁以下を参照。
（19）島田虔次先生の教示、郎瑛・七修類藁巻四五・鄭老遇仙には、呂洞賓に遇った人物の話が語られている。

（20）荒木・仏教と儒教・四二三頁、無善無悪説（日原利国編・中国思想辞典）。
（21）これは四庫全書総目提要の間違いで、顔茂猷は漳州府平和県の人である。
（22）酒井・前掲書・三七八頁以下を参照。
（23）秋月観暎・中国近世道教の形成（一九七頁）、功過格（中国思想辞典）。
（24）幾亭全書・巻四一・示撥脩両児（甲戌）。甲戌の年は崇禎七年（一六三四）である。
（25）荒木・前掲・顔茂猷小論。

第二節　紹興祁氏の「澹生堂」

一

呉晗『江浙蔵書家史略』(1)（中華書局、一九八一）は、江蘇の蔵書家四九〇人、浙江の蔵書家三九九人を列挙している。江蘇・浙江の両省は、いわゆる人文の淵藪であり、全国的にみて、最も多くの蔵書家が集まっていた。紹興府山陰縣の祁氏もその一家であるが、『史略』の、これに関する記述は、大略つぎのとおりである。

「祁承㸁、字は爾光、號は夷度、自ら曠翁と號す。山陰の人、明の萬暦甲戌の進士、江西右參政を歴官す。曠園を梅里に治め、澹生堂有り、其の蔵書の庫なり。曠亭有り、則ち遊息の所なり。東書堂有り、其の読書の所なり。夷度は汲古に精なれど、其の鈔するところの書は、世人多く未だ見ず。校勘精核にして、紙墨潔浄たり。

祁彪佳、字は幼文、承㸁の子、明の天啓壬戌の進士にして右僉都御史を累官す。謚は忠敏。また聚書を喜ぶ。

……其の聚むるところは則ち其の父の精なるに若かず。忠敏の殉難し、江南に塵起すること幾二十年、曠園の盛も、これ自り衰歇す。今且つ陵夷して殆ど尽き、書巻の一も存する者無く、并びに池樹も皆灌莽と為る」

祁氏の澹生堂は、右にみるとおり、承㸁と彪佳の父子二代にわたって蒐集維持されたが、彪佳が明朝の滅亡に殉じて以後、清初の動乱のなかで、その蔵書は散逸した。しかし、明末の浙江地方において、会稽鈕氏の世学楼、寧波范氏の天一閣とならんで広く世間に名を知られ(2)、承㸁が「若し両浙を以って論ずれば、恐らくは定ず我を逾ゆる者無からん」（家書二四）と自負するくらい、澹生堂は巨大な存在であった。以下、この澹生堂の歴史を回顧するとともに、蔵書家の実像を考察しておきたいと思う。山陰の祁氏は、いわゆる郷紳の家でもあった。

二

紹興府山陰縣の祁氏は、晋の大夫祁奚(3)のあとと称し、はじめ汴に住んだが、宋室の南遷にしたがって浙江に移り、明代にはいって山陰縣の梅墅に居を構えたという。始祖は茂興公、号は温泉であるが、九代にして祁承㸁にいたった。杜春生の集する「祁忠敏公遺事」に附載された「世系附」によって、山陰縣定居以後の系図をつくると、左の如くである。

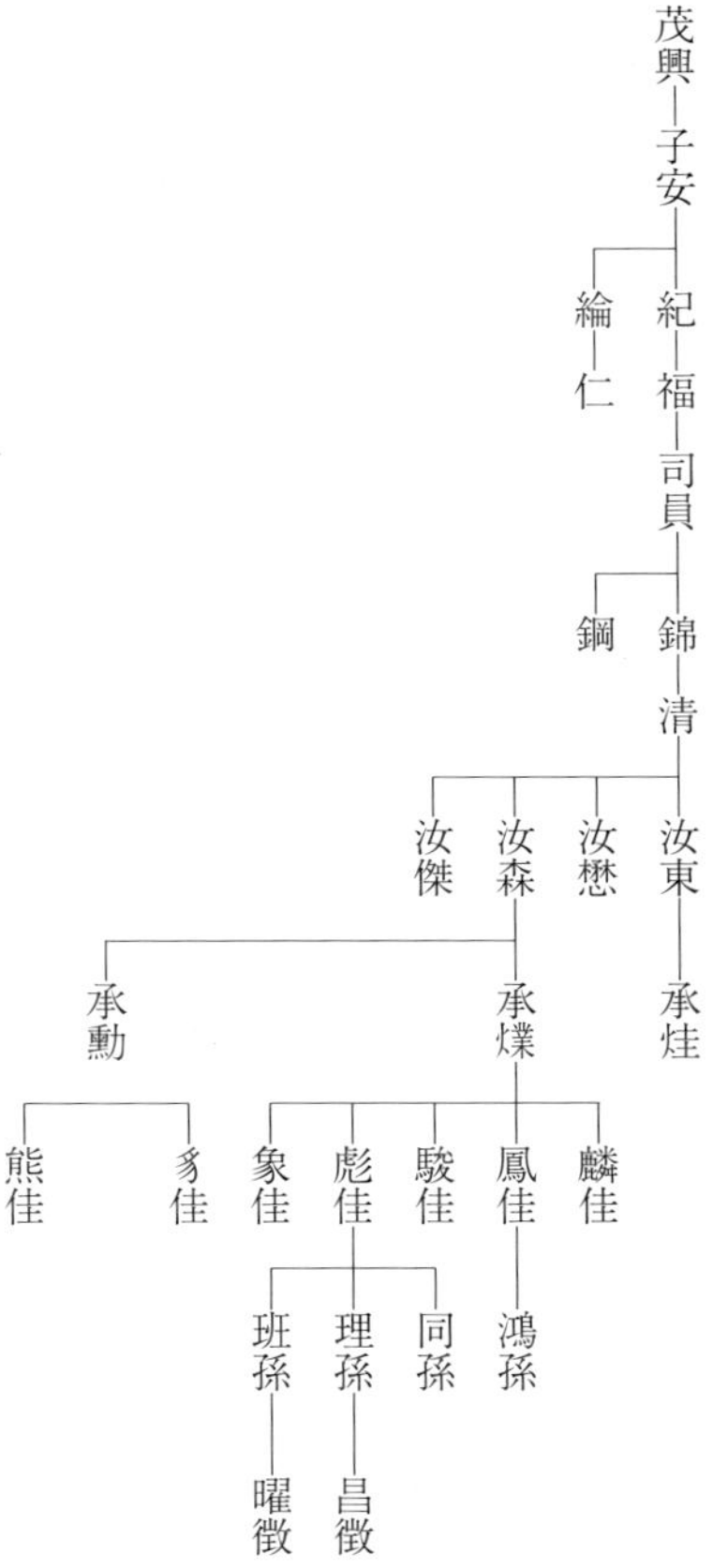

このうち、経歴の明らかなのは四世にあたる福からとなる。すなわち、祁福、字は天錫、号は直菴、天順二年の歳貢生で四川重慶府学の教授をつとめた。彼の従弟の仁は、字を天元、復斎と号し、成化一九年の挙人、翌年の進士で礼部主事にのぼった。五世の司員、字は宗規、号は梅川であるが、成化一三年に挙人、翌年には進士となって南直隷の池州府知府に任じた。六世の錦、字は尚絅、闇斎と号して県学の学生となり、弟の綱も嘉靖二四年の歳貢生である。七世の清は、字を子楊、号を蒙泉といったが、嘉靖一九年の挙人、同二六年の進士で、官は陝西右布政使にいたった。

八世の汝森は承爍の父であるが、秋宇の号をもち、南京国子監の監生であった。長兄の汝東は字を震卿、号を春埜といい、隆慶元年の挙人で両淮都轉運使をつとめ、次兄の汝懋は湖広襄陽県の主簿、弟の汝傑も県学の生員となった。汝東の子の承烓は汝傑のあとをついだが、越観と号し、萬暦一九年の挙人である。ついで、九世の承熯、字は爾光、号は夷度となるが、弟の承勲、字は爾雅も生員から陝西右布政司都事に任じた。承熯には五子があり、彼らが十世にあたる。長子の麟佳は字を元孺と称して府学の生員、次子鳳佳、字徳公は増広生、三子駿佳、字季超は崇禎元年の貢生、四子が彪佳であり、五子象佳、字翁艾は監生であった。また、承勲の長子豸佳は字を止祥、天啓七年の挙人で吏部司務となり、次子熊佳、字文載は崇禎九年の挙人、同一三年の進士で福建南平県の知県をつとめた。

以上にみるとおり、祁氏は、少なくとも天順初年＝一四五〇年代からの、士大夫・読書人の家系であり、郷紳の家であったと認められるが、蔵書の家となるのは承熯の時代であった。そして、父の志をついで一層の充実をはかったのが四子彪佳であり、父子二代の努力によって、澹生堂は当代有数の蔵書家としての地位を確立した。承熯の経歴は、前掲呉晗の紹介によって概略は明らかであるが、朱彝尊の『静志居詩話』巻一六にも、簡単な伝記がみえる。

「祁承熯、字は爾光、紹興山陰の人、萬暦甲辰の進士、寧陽知縣を授けられ、長洲に調せられ、南京刑部主事に遷り、兵部に転じて員外・郎中を歴、出でて吉安府に知たり。京察あり、沂州同知に謫せられ、稍あって宿州知州に遷り、入りて兵部員外と爲り、河南按察僉事・副使、江西右參政を歴たり。澹生堂集有り」

これを祁彪佳の「祁忠敏公年譜」によって補うと、生年は嘉靖四二年、萬暦二八年の順天府挙人、同三二年に進士となった。四二歳であった。翌年、山東寧陽縣の知縣に任じられ、家族をともなって赴任した。三五年には蘇州長洲縣にうつり、三八年に南京兵部主事、四三年に江西吉安府知府へとすすんだが、四五年の春に官を辞して郷里に帰った。四七年に山東の沂州同知として復帰し、翌々天啓元年には宿州知州に転じ、二年に兵部員外郎となった。亡くなったのは崇禎元年十一月一日、山陰県の自宅においてである。享年六六歳であった。――朱彝尊の記すところとは若干の異同がある。とくに、河南按察検事・副使、江西右参政をつとめたことについて、「年譜」は全く触れていないが、前掲「遺事」にも「甲辰の進士、江西右参政・分守寧太道たり」とあるから、最終官歴はそのようであったとすべきであろう。

さて、祁承㸁の蒐書が何時頃はじまったのか、いかなる経過をたどって澹生堂は成立したのか、この問題については、彼の著わした「澹生堂蔵書約」(4)に拠らねばならない。すなわち、その序にあたる部分の述べるのによると、祁承㸁は幼い頃からの書籍好きで、五・六架におさまる程度の家蔵の書のなかで成長したが、結婚の前後から本格的な蒐書をはじめ、夫人の嫁入道具まで書籍代に変える有様であった。その後、書籍への沈酣はますますつのり、古今四部の書を手録するとともに、挙業に関係するものをあつめて一書を編集するほどになった。とくに史書を好み、当時、好評を博していた鄧元錫の『函史』を手にいれた時の喜びは異常で、読書に熱中するあまり、健康を損うほどであった。杭州にでかける機会があると、必ず書肆を訪れ書籍を買入れた。かくして十数年、祖先から引きついだものを含め、蔵書は一万巻をこえるにいたった。

ところが、萬暦二五年冬のある日、使用人の失火によって、すべての蔵書を失った。しかし、気力を失うことなく、国子監に入学して北京に住むようになると、再び蒐書に着手し、同二九年の会試に失敗して帰郷した時には、書庫を設けて蔵書を収容するほどになった。ついで、三二年に進士となり三三年から官界での生活がはじまったが、三八年に南京での勤務に転じてから、急速に成果があがり、四一年、たまたま郷里で暮すことになったのを機に、一夏をかけて蔵書を整理したところ、火災で失われた舊蔵書の二・三倍の量にたっしていた。

以上が、祁承㸁自らが記す蒐書の経過である。「蔵書約」にみえる最終の紀年が癸丑＝萬暦四一年であるところからすると、それは同年以後、比較的近い時期の著作であるのは間違いなく、右の記述と考えあわせると、萬暦末年には、澹生堂の形態はほぼ整っていたと認めて差支えあるまい。萬暦二五年に舊蔵を失った後、十五年余の歳月をかけ、主たる蒐書の地を北京と南京として、澹生堂の基礎は築かれたとみるべきであろう。「蔵書約」のなかで、彼が子供たちに与えた訓戒は、つぎの如くである。

「今、爾輩と約す。吾身に及んでは則ち月ごとに之を益し、爾輩の身に及んでは則ち歳ごとに之を益せ。子孫の能く讀む者は則ち一人を以って之に盡居し、讀む能わざる者は則ち衆人を以って之を遁守せよ。入架せる者は復び出さず、蠹噛せる者は必ず速補せよ。子孫の取讀する者は堂に就きて檢閲し、閲竟れば即ち入架し、私室に入るを得ず。親友の借覽する者には、副本有れば則ち以って應ずるも、副本無ければ則ち以って辭せよ。正本は密園外に出すを得ず。書目は益すところの多寡を視て大較し、近きは五年、遠きは十年を以って一たび編次せよ。分析すること勿れ、覆瓿すること勿れ、商賈の手に帰すこと勿れ、此の如き而已」

蒐書ならびに蔵書の維持管理について、最大の努力と細心の注意をはらうことが求められ、散逸を何よりも恐れた心情がうかがえるであろう。それは彼だけのものでなく、すべての蔵書家に共通する態度であったはずである。澹生堂の蔵書印には「山陰祁氏之章」、「子孫永珍」、「曠翁手識」などのほか、「澹生堂中儲經籍、主人手校無朝夕、讀之欣然忘飲食、典衣市書恒不給、後人但念阿翁癖、子孫益之守弗失」と記した蔵書銘印があったと伝えられている。(5)

三

澹生堂の蒐書および維持管理について、祁承㸁がいかに心を砕いたか、このことに関しては、他の証拠をあげることもできる。『中華文史論叢』（一九八四年、第四集）に紹介された、彼の書簡である。全部で三二通、これに跋文を書いた黄裳の考証によれば、天啓元年から四年にかけての期間に書かれたものだという。

まず、「家書一七」は、天啓二年、宿州知州在任中のものと推定される。宛名は紹興にいた三子駿佳であるが、そのなかに、つぎの記述がある。

「其の澹生堂書厨中の書は、兩年會って日晒せざれば、汝ほぼ一看すべし。或いは甚だしく浥濕せざれば、則ち他を開くを必せず。如し蒸濕甚えざれば、則ち須らく用心晒曝すべし。然うして一冊一巻をも失うべからず」

家郷を遠く離れた任地にあっても、蔵書のことは常に気にかかっていたのであり、その虫干しについての指示が与えられた。つづいて、書厨（書物をおさめる箱）の作製に対する指示が記されている。承爜の不在中にも、その整理はつづけられていたのであろう。

「書厨は大樓上の様式に照し、一體に六个を做り、止だ一面を用いて開門し、後面は做定不動なるべし。三月の間に買木して做るべし。木の乾燥するを須いるを好しとす。其の闊大高低は倶に樓上の厨に照し、但だ一本の書を放くに止め、稍々三分の一を淺くすべき耳(6)」

ついで、「家書二四」は、とくに「蔵書事宜もて二郎・四郎に示して奉行せしむ」として、次子鳳佳と三子駿佳におくった書信で、内容は最も詳細である。書かれた時期は、特定できないが、文中に「此番の中州に在りて録するところの書……」の一節があるところからみて、河南に在任した当時、恐らく天啓四年頃のものかと思われる。「我一生の功名富貴は人の如くなることを能わず。而して獨り蔵書の一事にあっては、頗る七八代の簪纓たるを忝しめず」という書出しではじまり、「若し兩浙を以って論ずれば、恐らくは定ず我を逾ゆる者無からん。

此を以って文献世家と称せらるるも、愧じざるに似たり。只だ蔵書の第一は好き子孫に在り、第二は好き屋宇に在り」の文がつづいている。文面から察して、澹生堂新営のための準備を指示した専信であるのは間違いない。指示は細部にわたり、極めて詳細であるが、大要は以下のとおりである。

「必ず須らく另に一樓を構え、迥然として住房、書室と相接聯せず、自ら一境を爲して方めて好しとす。但だ地の僻且つ遠なるは則ち照管また難ければ、只だ密園の内外に其地を裁度すべし。汝輩、從長に一處を酌定し來るべし」

密園は祁氏の別墅であるが、その近隣に書庫の建築予定地を探がすよう求めている。住居や書室と距離をおくよう指示したのは、火災を恐れたからであろう。つづいて、書庫そのものに言及して、つぎのように述べる。

「我意うに、若し起樓五間なれば便ち太だ費なるを覺ゆ。而して三間なればまた容蓄する能わず。今、兩層を分作せんと欲す。下一層は基地を離るること二尺許、閣柵地板を用うれば、濕蒸或いは上る能わず、只だ三間にして便ち六間の用有らん。前面は只だ透地風窗を用い、日色の晒を受くるに便ならしむ。惟だ後には餠軒一帯を用い、別室檢書の處と爲すべし。然うしてまた永く此に歇宿するを許さず、燈燭の入るを恐るればなり。樓上には七架を用い、また後に退居を一とす」

書庫は間口三間の二階建て、採光と防濕と通風にはとくに意が用いられるはずであった。また、その背後には餠軒と退居が一つずつ設けられることになっていた。餠軒は書籍検索の場所であり、退居は附属の建物で、そこには承㸌の肖像が置かれる計画であった。

「退居の中には即ち我一像を肖し、毎月朔日、子孫は我像に瞻禮して、即ち蔵書の封鎖何如を周視すべし。而して此樓の制は、既に其の堅固なるを欲し、また其の透風を欲すれば、須らく我れ匠人と與に、巧心を以って之を成すべし。但だ汝輩は此の一處を定め、築基を分付すれば可なり」

祁承㸁が理想とした書庫のあり方が、どのようなものであったかがうかがえるであろう。そして、工事は自らの手で行うつもりであったが、予定どおりに事が運んだとすると、天啓末の六・七年頃、退官帰郷したと思われる祁承㸁の指揮監督のもとに、澹生堂の新営工事はすすめられたはずである。天啓七年に着工したとして、翌崇禎元年十一月一日、彼が死去するまでに完成したかどうか、定かではない。

「家書二四」はまた、「我れ近年抄録するところの書の若きは、約一百三・四十種、共に兩大巻箱たり。此れ至寶なれば、自家隨身し之を携えて回らん」と、最近の成果を述べている。蒐書はなおもつづけられていたのである。そして、

「我が仕途宦況に、汝輩に遺すもの少しと雖も、而も積書すでに二千餘金の外あること、汝輩知らざる耳。只だ十餘年來抄録するところの書、約二千餘本、毎本只だ約く工食・紙張二・三錢を用うれば、また便ち五・六百金なり。また況や大半は坊間の書に非ざれば、即え銀有るもまた買うべきの處無し。故に汝輩、但に父の心を體して珍重謹守すべきのみならず、即ち物力を以って計るも、我が二十年の心力を竭し、二十年の餘資を捐するに非らざれば、致すこと易からざるなり」

とも記している。およそ二十年の歳月と二千五・六百両の費用が蒐書に使われたこと、その大部分が抄本であったらしいこと、しかも、大半が稀覯の書であったこと、などが知りえよう。だから、「今、各書の安頓、未だ其

所を得ず、眞に人をして夢寝にも忘懐する能わざらしむ」ということになる。前述の「好き屋宇」を求める願望は、こうした心理ともかかわるであろう。

天啓元年から四年にかけて、もっぱら、澹生堂の維持管理にあたっていたのは、二子の鳳佳、三子の駿佳であった。前掲の家書が彼らに宛てたものであるのが、このことを推測させる。澹生堂について言及した家書としては、右のほかに二七・二八・三一の三種があるが、これらには、長子麟佳の名もみえる。当時、彼らは紹興において勉学中であり、澹生堂を含む家務の処理は、父の指示をうけて、彼らの手で行われていたことがわかる。「家書二七・二八」は、防濕のため蔵書の一部を側樓に移すことを命じ、「家書三一」には「明年起造の事は、今年、皆用って預辦すべし」と記し、新営工事のための準備を年内に終えること、費用の一部は本年の田租から支出することを指示している。

四

五人あった子供のうち、父親が最も期待していたのは第四子彪佳であった。祁彪佳[7]、字は虎子または弘吉、号は世培であるが、萬暦三〇年に生まれ、四六年に挙人、天啓二年と進士となり、翌年、福建興化府の推官に任じられて以来、官界にあった。だから、澹生堂の維持管理については、三人の兄たちほどの関係はもてなかったが、それでも、彼の日記である「祁忠敏公日記」をみると、父親の遺志をついで、澹生堂の充実と整理に努力した形跡は明らかである。すなわち、父の服喪を終えた後、祁彪佳は崇禎四年七月二八日から六年四月六日まで、北京にあり、福建道監察御史に任じているが、この間、書籍との関わりについて、つぎの記事がある。

「四年九月一九日、李緝敬の書に答う。……并びに先子輯するところの牧津を刻するを托と爲す」

「先子輯するところの牧津」とは、祁承㸁の文集である『牧津澹生堂集』(8)を指すが、当時、蘇州にいたらしい友人李緝敬に委託することによって、この書が刊刻されるにいたった経緯が知られる。

「同一一月一〇日　歩いて前門に至り、歴朝捷録および傳奇二種を買う」

明末、北京の書店は前門（正陽門）内―大明門の西、礼部門の外、拱宸門の西の地區に多く集まり、最も繁昌していた。(9)現在、毛主席紀念堂が建つあたりである。

「同一一月一五日　廟市に至り、王覺斯と書肆に逢う。會典および李念漘・鄒匪石諸公の疏十數種を買う」

西城城隍廟街の城隍廟では、毎月三回の市がたち、これを廟市とよんだ。崇禎八年刊行の『帝京景物略』巻四・城隍廟市の条に「城隍廟市は月の朔望、念五日、東は弼教坊より西は廟の墀廡に逮び、列肆三里、圖籍はこれを古今と曰ひ、……」とあり、古今の典籍が取引きされていた。王覺斯、諱は鐸、祁彪佳とは同年の進士であるが、画家および書家として名をなした。のち清朝に仕え、礼部尚書に任じている。

「同一二月一〇日　萬曆大政類編を整す」

「同一二月三〇日　沈芳揚年伯、恵するに陽明集を以ってす。……蔣安然、予の爲めに性理全書を買いて帰る」

「五年正月八日〔李〕子木(10)、燈市を觀んと欲す。乃ち長安門より並轡して行く。至れば則ち市物尚お集らず、惟だ洪武正韻・雍熙楽府の二書を買いて帰寓す」

燈市は古い歴史をもつ正月の行事であるが、明代の北京では、正月八日から一七日までがその期間であった。そして、東華門外の、今もなお燈市口とよばれる地區に盛大な市がたち、書画骨董から日用品まで、ありとあらゆる商品がならべられた(11)。


「同正月一二日　〔李〕子木と與に聯騎して燈市を過ぐ。……陸宣公奏議を市う」

「同三月二一日　是日、王雲莱抄するところの實録を得たり」

「同四月一四日　〔陸〕叔度、恵するに人物考・吾學編を以ってす」

「同六月八日　予、座中に於いて古書を観るを得たり。南唐史一帙を市う」

「同一一月五日　周庭吹に向い、刻するところの書を索む。其の明詩選・五代史鈔を得たり」


ついで、崇禎六年三月、巡按蘇松に転出した祁彪佳は、四月六日に北京をたって任地に赴き、翌年にかけて在任したが、退職帰郷の後、一度、北京へ戻ってから、八年六月に再び帰郷している。この度の帰郷はかなり長期にわたり、結局、一五年九月に河南道事として復官するまで、七年以上の歳月を郷里で送ることになった。この間、彼は澹生堂の側で暮らしたわけであるが、「日記」に関連記事が散見する。


「崇禎八年六月一三日　張卿子を邀え、書賈と價値を定む」――恐らく、本を買ったのであろう。

「同七月一日　獨り鄭九華と與に大樓に書籍を整理す」

「同七月二日　帰りて復た整書す。焦猗園の經籍志を得て、これに彷わんと欲す。諸書を分って四部と作し、且つ條して諸目を爲る」


焦猗園は集澹園（焦竑）の誤りである。焦竑(12)（嘉靖二〇～萬暦四八）、字は弱侯、号は澹園、萬暦一七年の状元で、国史の編纂を命じられたが、経籍志のみを撰した。これが『国史經籍志』で、未完の稿本ではあるが、目録学の分野では、鄭樵以来、最も注目すべき著述とされ、その見識はたかい評価をうけている。(13) 澹生堂の蔵書も、これにならって整理分類されようとしたことがわかる。

「同七月五日　予、向きに書籍を有し、これを先子の楼上に蔵す。取りて以って四部に編入す。是において史と集の類頗る多し」

「同七月六日　整書す。是日すでに稍次第有り。蓋し蔵するところ、すでに十餘簏なり」

「同七月九日　舊書の蠹魚の爲めに侵蝕せらるる者有り。重ねて装釘を爲す」

「同九月六日　是より先き、鹺台林愼日、予が家蔵の書目に詢及す。予、録してこれを與う」

「同九月八日　彌日書籍を装潢す。前に分つところの四部を以って、條して諸目を爲る。大約、先子の蔵するところの書に彷う。而して予の書は其の半ばに及ばず。故に條目を帰併し、以って簡約に就く」

「同九月十四日　登樓して整するところの書を閲す」――帰郷直後の七月からはじめた整書が、ようやく一段落したのであろう。

「同一一月四日　竟日、戸を出でず、向日蓄うところの詞曲を整し、彙めて帙を成る」(14)

「九年六月一一日　溽暑を避け、聊か遠山堂雑彙の諸書を整す」――遠山堂は祁彪佳の別號である。

「同八月一八日　書室に坐し、新収の書目を簡す。凡そ書三十餘種を得たり」

「同一二月二九日　向來刻するところの書板を簡す。牧津西事案の類の如きは、これを架上に庋す」(15)

「一〇年九月一日　蔣安然と與に街肆に出歩し、端硯・圖書を看る」

「一一年一〇月六日　先人の書籍を新構の書樓に移す」――新しい書庫が完成したのであろう。

「一二年正月二六日　錢牧齋の書を得、借書せんと。父命に遵うを以って辭と爲し、即ちにこれを復す」

銭牧斎つまり銭謙益は、官僚として何度目かの挫折を経験し、前年秋頃に郷里の蘇州府常熟縣に帰っていた。彼は蔵書家としても知られ、『絳雲樓書目』(16)をのこしているが、彼から澹生堂の書籍を借覧したいとの申出があった。しかし、さきに紹介した「藏書約」の訓戒があるから、たとえ相手が銭謙益であっても、これに応ずるわけにはいかない。申出は鄭重に断られたけれども、後日、写本が銭謙益のもとに送られている。

「同五月九日　書を作り錢謙益に致す。抄書十種を以って其の索むるところに應ず」

「一三年閏正月一八日　仍ち整書す。小説家を分って四種と爲す。曰く説彙、曰く説叢、曰く雜筆、曰く演義。記傳を分って三種と爲す。曰く裒輯、曰く別録、曰く雜傳」

このような分類法は、祁彪佳が彷おうとした『国史經籍志』はもちろん、『絳雲樓書目』、『千頃堂書目』、『四庫全書總目提要』、『天一閣現存書目』などにもみえない。恐らく彼の独創になるかと思われる。『澹生堂書目』が現存し、「分類頗る精なり」(17)と評されているのは、これと関係があるかも知れない。つづいて「日記」は、二つの記事を載せる。

「同閏正月二四日　四部彙を整す」(18)

「同閏正月二五日　四部彙を整して訖る」

一八日からはじまったとして、八日間の作業をつうじて、蔵書の一応の整理と分類は終了した。「藏書約」によれば、書目は五年乃至十年ごとにつくれとある。前回は崇禎八年七月頃に行われているから、この年（十三年）

は作製の年次にあたっていたのであろう。父親の遺訓は忠実に守られていた。ただし、その後、同年三月四日に母親が死去したり、ついで災害にともなう救済活動など、身辺多忙となったためか、澹生堂に関わる記事はみられなくなる。

五

父子二代にわたって蒐書につとめ、細心の注意をはらって維持管理された澹生堂ではあるが、明朝滅亡後、清軍の壓力が紹興地方にせまり、弘光元年（清・順治二）閏六月六日、祁彪佳が別墅の池に入水自殺をとげると、状況は一変した。彼の遺志をつぎ、祁氏一族が反清の抵抗運動に積極的に参加したからである。

祁彪佳には三子があった。長子同孫は伯父麟佳のあとをついだが夭逝した。そして、次子理孫と三子班孫が父親の死を見送ったが、彼らは伯父鳳佳の子、つまり彼らにとっては従兄にあたる鴻孫が義師をあげると、家産をあげて支援することを決意した。かくて、紹興の祁氏は明清交替の動乱に、自らの意志でまきこまれていったのである。彼らの行動は、班孫の伝である、全祖望の「祁六公子墓碣銘」[19]（鮚埼亭集巻一三）に詳しい。

すなわち、反清運動に従事した兄弟は、康熙元年に密告者があって逮捕された。彪佳のあとが絶えるのを心配した人々の努力で、理孫は釈放されたが、班孫は同志とともに寧古塔に流罪となった。しかし、理孫は弟の身を案じつつ間もなく死去した。一方、班孫は康熙六年に脱走に成功し、僧となって追求をのがれたが、康熙一三年一一月一一日、常州の馬鞍山寺で亡くなった。死後、ようやく身元が判明し、郷里に帰葬された。そして、彼らの死は澹生堂の消滅でもあった。全祖望は、つぎのように記して筆を擱いている。

「嗚呼、公子兄弟の死に自り、澹生堂の書は星散したり。豈に特に梅墅一門の衰たるのみならず、抑も亦た江東文献の大厄運なり」

祁承㸁が、好き児孫と好き屋宇をえて、後世に伝えたいと願った澹生堂ではあるが、彪佳の死を契機に、蔵書は急速に散逸した。蔵書家の最大の敵は戦乱と火災であった。黄宗羲は祁鳳佳をつうじて、澹生堂の蔵書を借覧したことがあるが、目撃した散逸の経過を、「天一閣蔵書記」（南雷文案巻二）のなかに、このように記している。

「俄頃にして即ち亂を得たり。後に遷して化鹿寺に至るも、往々、市肆に散見す。丙午、余は書賈と與に入山し、翻閲すること三晝夜。余、十捆を載せて去く。經學は百種に近く、稗官は百十册なれど、宋元の文集は已に存する者無し」

化鹿寺には祁氏の墓所があり、蔵書は一時ここに移された後、次第に散逸したのであろう。丙午は康熙五年である。黄宗義の証言によれば、その後も散逸はつづいたようであるが、貴書珍籍はこの頃、ほぼ完全に失われたと認められる。萬暦末年に成立したとして、澹生堂は五十数年の歴史を、この時点で終えたとして差し支えあるまい。その間、前述の銭謙益・黄宗羲らのほか、失彝尊もまたその蔵書を閲覧したと自ら書きのこしている。[20]恐らく、全祖望にも機会はあったであろう。同年代を生きた多くの文人学者が、その恩恵に浴したのである。

澹生堂の後日談にふれておくと、呉晗の前掲書には、仁和県の趙昱（原名殿昂、字功千、号谷林、康熙二八〜乾隆一二）の小山堂について「小山堂の蔵書數萬巻有り。山陰祁澹生堂の儲うところ、大半はこれに帰す」とある。この事実は、洪煥椿の研究[21]によっても裏付けることができる。しかし、黄宗羲のいうのとは別の、いかなる経緯で小山堂の所有に帰したのか、小山堂のその後がどうなったのか、これらについては全く不明である。

ところで、知識人・教養人であった士大夫や郷紳には、洗練された趣味の持ち主が多くいたことが知られている。美術品の蒐集や書籍の愛蔵などであり、それは彼らの豊かな財力と裕福優雅な生活を証明するはずである。本節で取りあげた紹興山陰の祁氏の、父子二代にわたる蔵書家としての実像は、まさしくその好例であるが、祁彪佳にはさらに、園林癖や梨園癖などがあり、士大夫・郷紳の日常あるいは多彩な趣味生活を理解するためにも、彼の人生はなお追跡されなければならない。

補注

（1）この書の原稿ははじめ一九三二年から翌三三年にかけて発表されたが、楊立誠・金歩瀛の中国蔵書家攷略（浙江省立図書館四庫略発行處・一九二九）が参照されているのは、間違いない。
（2）内藤湖南・支那目録学（全集第一二巻）四二六頁。祁彪佳集（中華書局・一九六〇）前言。
（3）史記巻三九・晋世家。
（4）澹生堂蔵書約（知不足斎叢書所収）は、読書訓、聚書訓、蔵書訓略（購書訓・鑒書訓）に分かれ、曹溶の流通古書約を附載する。
（5）呉晗・江浙蔵書家史略・四三頁。
（6）この箇所はやや理解しにくいが、同じことを述べたと認められる、家書二四の「惟止安一本書、即深只二尺可矣」とある部分が参照できる。
（7）明史巻二七五・祁彪佳伝。王思任・祁忠敏公年譜。
（8）傅増湘・跋淡（澹）生堂全集（琉璃廠小志所収）には「明祁承㸁撰、二一巻、崇禎刻本」とある。民国二十年頃の古書市場で、かなり高い値段がついていたらしい。

(9) 張涵鋭・琉璃廠沿革考（琉璃廠小志所収）。
(10) 李子木、諱は模、子木は字で、蘇州太倉州の人。当時、祁彪佳の学友であった。小腆紀伝巻一四・李模伝。
(11) 劉侗・于奕正撰　帝京景物略巻二・燈市。
(12) 明史巻二八八・焦竑伝。
(13) 内藤湖南・支那史学史（全集第一一巻）二八八頁以下。
(14) 祁彪佳は戯曲作家あるいは評論家としても名を知られ、遠山堂曲品、遠山堂劇品などの著作をもつ。中国戯曲曲芸詞典（上海辞書出版社・一九八一）参照。日記崇禎一三年二月一一日にも「午後、曲目・劇品を整す」の記事がある。
(15) 祁承㸁の著書の一つである。詳細については、黄裳・祁承㸁家書跋（中華文史論叢・一九八四・四）を参照されたい。
(16) 内藤湖南・支那目録学（全集第十二巻）四二六頁。呉晗・前掲書　二二〇頁。絳雲楼については、牧斎有学集巻四六「書舊蔵宋彫兩漢書後」のなかに言及がある。
(17) 王国垣・目録学研究（商務印書館・一九五五）、現存の澹生堂書目の分類はもっと細分化されている。たとえば、小説家は説彙、説叢、佳話、雑筆、間適、清玩、記異、戯劇、記伝類は別録、垂範、高賢、彙伝、別伝、忠義、事蹟、行役、風土といったぐあいである。
(18) 四部彙とは、経・史・子・集部にわたる諸書を彙めた、つまり叢書という、現在公認の漢籍分類たる四部プラス一（叢書）という五分法の、祁氏は創始者であった。荒井健・明末紹興の庭——祁彪佳と寓園について（中華文人の生活・平凡社・一九九四）を参照。
(19) 劉献廷・廣陽雑記巻一にも祁班孫についての記載があるが、記年に若干のくい違いが認められる。
(20) 朱彝尊・祁承㸁伝（静志居詩話巻一六）。
(21) 洪煥椿・浙江文献叢考（浙江人民出版社・一九八三）九一頁。

第三節　在京官僚としての祁彪佳

明朝最後の皇帝である毅宗の崇禎五年正月一日は、現行の暦でいうと一六三二年二月二十日であるが、この日、北京の街はうっすらと雪化粧して新年を迎えた。もともと大雪の降る土地柄ではないが、紫禁城の黄色い屋根も、この日ばかりは白く見えたはずである。別の記録(1)によると「大いに風霾す」とあるから、黄沙をともなう蒙古風が吹き荒れて、天地晦冥の一日でもあったと思われる。雪と沙と風のなか、新春を祝う爆竹の音が響きわたっていたであろう。当時、爆竹は紙砲とよばれていた。

この朝、祁彪佳は起床すると、まず天地四方と祖先の霊に礼拝した。やがて友人たちが年始に来たので、彼らと一緒に正陽門（前門）の関帝廟(2)に参詣した。いつもは馬か輿にのるのであるが、この日は徒歩であった。彼の住居は内城の東南隅（明時坊）にあったと思われるので、約一・五キロの距離を歩いたことになろう。帰宅してから、除夕と元旦の二詩をつくり、古帖を臨書するなどして暇をつぶした。夕方に李子木が迎えに来たので彼の家を訪れ、おおいに酒を飲み、聯句をつくって楽しんだが、なかなかうまくいかず、かなりの時間をかけてやっとできあがり、ようやく辞去することができた。——明王朝は十二年後に滅亡する運命にあり、遼東の戦雲は急を告げ、西北方面には飢えた人民の蜂起が続発していたけれども、祁彪佳個人にとっては、まずはおだやかな元日であった。

祁彪佳、字は虎子または弘吉、号は世培、浙江紹興府山陰県の人である。紹興の祁氏は数代前から「貴冑の家」つまり地方の名門として知られていた。萬暦三十年（一六〇二）十一月二十二日に生まれ、天啓二年（一六二二）に進士となり、福建興化府の推官をつとめ、父親（祁承㸁）の死による三年の服喪の後、崇禎四年十月に福建道監察御史に任じられ、北京に住んでいた。十三道監察御史は正七品官であり、科挙合格の高等官僚としては、下の上あるいは中の下といったところであった。彼の北京滞在は崇禎四年七月二十八日から、崇禎六年四月六日、蘇松巡按として任地の蘇州へ出発する日までつづくが、その間、日々の出来事を『日記』(3)に書きのこしている。

本節は、この日記を主たる史料としながら、三十一歳の、中堅官僚の、一六三二年の北京における生活を叙述するのを課題とする。しかし、それは個人に対する関心にのみ発するものではない。庶幾するところはより広く、官僚階級の生活の一端を明らかにするのをつうじて、政治と文明の担当者であった士大夫たちのあり方を論じ、可能であるならば、中国文明の特徴の説明にも及びたいというにある。その背景として、彼らが文明の中心と意識していた北京の社会が存在することはいうまでもない。

春

正月二日　一転して大雪となり、またたく間に数寸も積る勢いであった。昨夜の聯句を詮考し、数人の来客が帰った後、李子木がまたやって来たので、昨日につづいて彼の家に赴き、雪見と酒落込んだが、その席でも聯句が行われ、もしできなければ罰杯をうける約束ではじまった。

〔注解〕聯句とは、複数の人物が交互に詩句をつくり、合わせて一編の作品とするもので、一種の遊戯文学である。[4] そのはじまりは漢代とも、さらに遡って『詩経』に発するなどともいわれるが、詩人が雅遊の余興として行うことは、南朝＝斉・梁の時代に盛んとなり、唐・宋をへて清代まで継続した。雪見の座興として、罰杯の規則が設けられたのであろう。この日の詩題は「晤雪飛觴」であった。李子木、諱は模、[5] 江蘇蘇州府太倉州の人、天啓五年の進士であるが、この時期、祁彪佳と最も親しかった友人であった。

正月三日　蔣聖鑒とつれだって道士姚心無を呂祖祠にたずね、「道」について談じた。彼によれば「煉気こそ大丹の原である」という。帰宅してから来客があったが、聖鑒と静かに読書した。かねて読みかけていた『古文尚書』をひらいてみたけれども、読了するにはいたらなかった。

〔注解〕祁彪佳は科挙をめざして経書を学び、めでたく進士に合格したのであるから、その学問的立場はいうまでもなく儒学にあった。したがって、儒者としての自己規定が、彼の思想と実践を制約したのはいうまでもない。しかし、前述（本章第一節）のとおり、経世出世の道を儒仏道の三教にわたって究めることは、王陽明以来、当代の大きな風潮であったから、彼の関心と行為が仏教や道教の領域に及んだのは当然であったといえよう。姚心無は有名な道士であり、以前から、彼はその教説を熱心に聞いていたのである。呂祖祠は道教の一派である全真教団の宗祖の一人である呂純陽（字洞賓）を祀った祠であり、現在も建国門の南に建つ観象台の西南（泡子河東巷）附近にあった。

正月四日　蔣聖鑒とともに家を出て雪見をしようとしたところ、偶然、姚心無に出あったので、李子木を迎えにやり、泌園に行って心無の説話を聞いた。宅に帰ると顔壮其が待っており、昼食の後、再び姚心無を訪れ、壮其と心無との間に問答があった。晩に李子木をよんで聯句の会を開いたが、「紫気訪真人」を詩題とした。この夜は大風が吹き一段と寒さが増した。

〔注解〕顔壮其、諱は茂猷、宗壁居士と号し、福建漳州府平和県の人である。『迪吉録』の著者として、また、善書の普及、道徳の向上に大きな役割をはたし、明末の思想界に存在が注目される人物である。祁彪佳は彼と興化府の推官時代に知りあい、崇禎四・五年の頃、北京において最も親密な学問的接触をもった。この間の事情はすでに明らかにしているが、(6)『祁忠敏公年譜』の崇禎四年の条には「先生、日に李公子木、顔公壮其と同に性命の宗旨を論じ、潜心研究して、学ますます邃し」とある。沁園は楊氏の庭園で、呂公祠のすぐ南、泡子河の西岸にあった。ちなみに、泡子河沿いには庭園が多く、祁彪佳の居宅もこの近辺、つまり内城の東南隅（明時坊）にあったと考えられる。

正月五日　李子木が来たので、顔壮其と一緒に昨夜の聯句の訂定をしていると、金岱輿があらわれて、遼東方面の戦況が収拾すべからざる状態におちいっていることを知らせてくれた。昼に李子木の家で酒を飲み、姚心無と顔壮其の問答を聞いた。晩にも子木のところで酒を飲んだ。

正月八日　李子木とともに外出し、昼食は呉倹育のところで御馳走になった。子木が燈市をみたいというので、長安門から馬にのって出かけた。(7)ところが初日のこととて市物がまだ集っておらず、『洪武正韻』と『雍熙楽府』を買っただけで、夕方に帰宅した。顔壮其が来ていたので、子木と自分が地方官であった時の状況を彼に聞いてもらった。

〔注解〕燈市は人々が一年中で最も楽しみにしている行事である。その歴史は古く、唐代に遡るといわれているが、明代の北京では、正月の八日から十七日までの十日間行われた。家々街々には美しい燈籠が飾られ、東華門の東の地区には盛大な市がたった。崇禎八年（一六三五）刊行の『帝京景物略』巻二・燈市の条によると、全国各地から商人が集まり、海外からの珍品、古代から伝えられた骨董から、日用品にいたるまで、ありとあらゆる商品がならべられ、露店は延長二里におよんだとある。また、商店ではとくに趣向をこらした燈籠をつるし、夜にはこれに灯をともし、花火を打ちあげたから、昼間のような明るさとなり、大勢の人々がくりだして、身動きのとれないほどの賑わいであったともいう。東華門は皇城の東門にあたり、燈市の開かれたあたりは、現在も燈市口の地名をのこしている。清代になると、燈市は外城の琉璃廠に移ったが、その賑わいは少しも変らず、民国時代まで継続した。燈市は北京の正月をしめくくる行事で、これが終ると、人々は仕事に復帰したのである。

正月十日　顔壮其、李子木とつれだって観象台にのぼり、測候の器機をみて帰った。夜、子木の家に行き、少し酒を飲んでから帰宅し、『太極図説』を読んだ。この日、西朝房で火災があった。

正月十二日　気分が快くない。蔣聖鑒と滏園、尤園、傅園、天仙菴に遊んだ。午後、李子木と馬で燈市に行き、『陸宣公奏議』を買って帰り、夜は子木と『雍煕楽府』を閲覧した。

正月十四日　読書しようとしているところへ、倪鴻寶が来た。禹海若と李子木と三人で轡をならべて燈市に出かけた。子木の家まで帰り、二鼓（午後十〜零時）まで酒を飲み聯句を楽しんで帰宅した。倦怠を感じたのですぐに就寝する。

〔注解〕倪鴻寶[8]、浙江紹興府上虞県の人、諱は元璐、字は玉汝、鴻寶は号で、天啓二年の進士である。ということは、祁彪佳にとっては同郷同年の友人であり、親しい交際がつづいていた。鴻寶は毅宗の信任をえて戸部尚書に昇進するが、崇禎十七年三月、李自成が北京を陥れた時、自ら首をくって明朝と運命をともにした。祁彪佳も翌年閏六月、国難に殉じているから、両人は同じ生き方をしたことになる。

正月十五日　数人の来客があった。夕方、李子木と李闇如を招き、酒を飲んで歓を尽くしてから花火見物にくりだした。その席上で詩をつくらされたが、うまくいかなかった。

〔注解〕この日は、いわゆる上元節にあたり、当日の花火見物はとくに「元宵烟花」と称せられる。貴顕の人々は酒楼を借りきって酒宴をもよおすのが慣例であったから、祁彪佳らもこれにならったのである。燈市口一帯には雑戯や管絃などの見世物がならび、多数の観客を集めて遅くまで賑ぎやかであった。

正月十六日　夜、李子木とつれだって橋上を散歩し、歌をうたって帰宅した。笛や太鼓の音がやかましく聞こえてきたが、独り襟を正して『周子通書』を読んだ。

〔注解〕『日記』の本文に「晩に子木と与に橋上を歩む」とあるのは、正月十六日の夜に行われた走百病(9)という行事のことである。北京においてはすでに十六世紀のはじめ＝弘治年間には行われていたが、やがて全国的に拡がり、明朝末期には完全に定着していたと認められている。萬暦二十一年（一五九三）刊の『宛署雑記』巻一七・走橋摸釘袪百病の項には、「正月十六日の夜、婦女は群遊して災咎を免れんと祈る。先頭の一人が香をもって人をはらいのける、これが走百病である。橋のあるところでは、三々五々相い率いてわたるが、度厄の意をこめたものである。或いは終歳、百病無しという。また、暗がりのなかで手を挙げて城門の釘をまさぐり、探りあてると吉兆であるともいう。是の夜は禁夜の令が弛められ、正陽門、崇文門、宣武門はいずれも閉門せず、（内城と外城の間を）人々の往来に任かせ、廠衛校尉は明け方まで巡守する」とある。

正月十九日　刑部が覆疏を催促しているというので、李子木と刑部に赴いた。子木が用件をすませている間に、書肆に坐して類書を閲覧していた。帰りに李闇如のところで昼食をとり、子木と一緒に易者の馬雲程に運勢を占ってもらってから帰宅した。

〔注解〕祁彪佳の初出勤の日である。いわゆる開印(10)の日であったのであろう。開印すなわち御用始めは、欽天監が奏請して全国一斉に行われるが、正月十九・二十・二十一日のうちから吉日吉時を択び、前年十二月末の封印すなわち御用納め以来停止していた公務が再開されるのである。封印から開印にいたるほぼ一ヵ月間は、訴訟刑訊を含めて、すべての官庁の業務は完全に休止される。一方、民間における遊戯は禁止されないから、人々にとっては、誠に天国のような楽園の日々となるわけである。なお、刑部は、現在の西長安街北、民族文化宮のあたりにあった。

正月二十三日　午後、顔壮其と別れ、蔣安然と徳勝湖に至り、苗稷初（苗君穎）と米有石（米萬鍾）の庭園を観た。とくに米園（漫園）は絶勝で、江南の風を伝えていた。往復三十里、日が西に傾く頃、柳枝をかざして帰宅した。

〔注解〕祁彪佳には園林癖とでもいうべき性癖があった。癖とは度外れた趣味であり、気違いじみた趣味嗜好をいうが、それは父親ゆずりというよりも、祁氏一族のものであったらしい。故郷の紹興には、父の密園のほか、一族で六ヶ所もの庭園をもっていたことが知られている。彼自身もまた、崇禎八年から寓園をつくりはじめ、その死に至る十年間、営々として工事をつづけている(11)。したがって、この日の名園探訪は、やがておおいに参考となったに相違ない。あるいは、将来の築園のための予備的調査であったかも知れない。

正月二十五日　邸報を閲覧して、叛兵が黄県（山東登州府）を陥れたことを知った。

〔注解〕邸報とは、現在の政府官報の類であって、『六部成語注解』邸抄の条には、「内閣より抄出された上諭なり」、あるいは「邸報・邸抄、二者は同じく即ち京報なり」とある。『国榷』崇禎五年正月辛亥の条に「孔有徳、黄県を陥す」とあるのが、この記述に対応するが、登莱巡撫孫元化の部下であった孔有徳が反乱をおこし、山東の諸邑を略奪してまわった事件を指している。孔有徳は間もなく清朝に降り、漢軍正紅旗人として明朝討滅に功績をあげることになる。

正月二十六日　午後、蔣安然と陳彤垣の家を訪ねた。たまたま姚次白と馬元常が来ていた。元常は酒豪で、しきりに巨杯をあおるものだから、自分も次白もつられて酩酊し、馬から落ちそうになりながら帰宅した。

〔注解〕この頃、祁彪佳は連日のように、時には夜遅くまで酒を飲んでおり、二十七・二十八・二十九・三十日と、飲酒の記事がならんでいる。官僚としての勤務が比較的ひまであったのが、その理由であったかとも思われる。そのせいかどうか、体の不調を訴えた記事も散見する。

二月二日　〔前日「琴書を束ねて寓を北に遷さんとす」と記すのをうけて〕転居を実行する。まず召使を先きにやり、ついで友人たちと馬で出発したが、途中で小雨に見舞われて衣服が濡れてしまった。湜園まで来て、山水の美しさにあらためて目を見張る思いであった。

〔注解〕湜園は先日訪れた苗君穎の庭園で、日忠坊の積水潭の東岸にあった。新居の所在は不明であるが、湜園の近く、日忠坊内にあったのは間違いなかろう。とすると、城内の東南部から北西部へと居を移したわけで、いずれも附近に名園をもつ地区である点が共通しており、園林癖をもつ人にふさわしい環境であったといえる。

二月四日　薄暮になって風がやんだので、金剛寺へ散歩した。ここは蘊璞師の説法の地である。萬曆四十七年、まだ科挙に合格しなかった頃、父とともに北京にいたが、たまたまこの寺を訪れて、父が蘊師と問難されたことがあり、今もその声が耳にのこっている。思えば十四年前のことである。

〔注解〕金剛寺は日忠坊の興徳寺の東にあった。『帝京景物略』巻一には「金剛寺は、すなわち般若菴である。……桐城の諸紳が蘊璞を迎えてここに住まわせた。……蘊璞はここに居ること八年、金剛筏喩、心経鉢柄等書を著わす」と記載する。蘊璞は名の知れた高僧であったのであろう。祁彪佳の父親祁承㸁[12]、字は爾光、号は夷度、萬曆三十二年（一六〇四）に進士となり、在官二十数年の後、江西右参政に進んだが、その官歴よりも明代有数の蔵書家として知られている。

二月七日　呉倹育から手紙がとどき、西山への遊行にさそわれた。張少華が兗州へ赴任すると別れに来たので、一緒に米氏の漫園に遊び、帰ってから送別の盃を交わした。

二月八日　李子木、姚次白、陳彤垣らが来たので、彼らとともに米園に遊び、呼盧飛觴したあげく、月が昇る頃になって帰宅した。

〔注解〕呼盧とは、さいころ遊戯であり、飛觴とは盃のやりとりをいう。この時に行われた遊戯が何を指すか、おそらく摴蒲ではなく、双六であると思われるが、これについては後述する。いずれにせよ、賭博類似の行為であったのは否定できまい。

二月九日　董玄宰の草書を閲し、これにならおうと数行書いたところへ、人が来たので中止した。午後、蔣安然と水関まで散歩した。

〔注解〕董玄宰、諱は其昌[13]、字は思白といい、江蘇松江府華亭県の人。萬暦十七年（一五八九）の進士で、当時、南京礼部尚書の要職にあった官界の有力者であるが、そのことよりも、書と画について、当代をリードする文人として知られていた。その書跡が人々の手本とされていたのが、この記述によって明らかである。水関は徳勝門の西にあり、西山方面からの流水が城内にはいる地点で、この水をまず蓄えたのが積水潭であった。

二月十日　呉倹育がやって来て、遼東方面での敗戦の状況を知った。蔣安然と呉倹育が囲棋をはじめたが、碁石が足らなかったので、瓜実をこれに代えていた。対局が終ってから米園に遊び、ついで水関をへて浄業寺まで足をのばした。

二月十一日　家奴が来て、妻がすでに近郊に到着したと知らせたので、班役を出迎えに走らせた。久しぶりに対面し、長途の辛苦と旅邸の寂莫を互いに慰めあい、老母の無事を聞いて安心した。

〔注解〕祁彪佳の夫人商景蘭は、同郷の吏部尚書商周祚の女で、詩才もあって『錦嚢集[14]』をもつ才媛であるが、この日、紹興から北京への旅程を終えたのであった。翌日、友人たちが無事到着の祝いに集まっている。なお、商周祚の吏部尚書在任は崇禎十一年五月から十一月までの期間であった。

二月十三日　鄭季公とつれだって察院胡同と油坊胡同へ出向き、住居の下見をした。午後、友人たちが漫園に集まったので、自分もこれに加わった。

〔注解〕察院胡同は内城の西南部（阜財坊）に、油坊胡同は皇城の東方（明照坊）にあるが、この時はどちらにも決めず、転宅のことはなかったように思われる。十日しかたっていないのに、またまた転居を考えていたわけであるが、その理由は不明。よほど居心地が悪かったのであろうか。

二月十七日　書翰を送って、倪鴻寶、鄭大白、王覺斯の書三編を求め、これを岳父商周祚におくることにした。晩に微雨があった。

〔注解〕倪鴻寶については前述したが、彼はまた、書家であるとともに、画家としても名を知られていた。鄭大白については不明である。王覺斯(15)、諱は鐸、河南孟津県の人で、天啓二年に進士となった。つまり祁彪佳や倪鴻宝とは同年であった。彼は後年の失節のため弐臣に列せられるが、書家、画家、詩人として知られるようになった。崇禎五年当時、その筆名がどの程度天下に知られていたかは不明であるが、知友の間では、能書の評判がたかかったのであろう。

二月十九日　趙昒仲とともに西方に新居を求めに出かけたが、決めないままに帰宅した。呉倹育から二十三日に西郊への遊山に誘われた。

二月二十二日　転居に決し、妻と漫園を観賞してから馬で新居に赴いた。新居とはいうものの、昨年の冬、三ヵ月ばかり住んだところであり、旧居に舞いもどっただけである。午後、篋中の書籍を少し整理し、これを架上におさめた。

二月二十三日　早朝から呉倹育が来て、西遊をうながした。彼を先きにやり、朝食をとったが、体調がやや不調であったので、肩輿で出発する仕儀となった。まず高梁橋に至り、ついで白石荘、鄭戚畹園に遊び、少し疲れたので観音庵にもどって休息し、曲芸や奇術をみたが、すこぶる太平の風情にあふれているのを感じた。

〔注解〕わずか二十日間の住まいから明時坊の旧宅に移った翌日は清明節にあたり、人々はハイキング（踏青）に出かける習慣があった。高梁橋は内城の西北の門である西直門を出て半里のところにあり、西山から流れ来たり、水関をへて城内にはいる川の上にかかっていて、附近一帯は北京の人々の行楽の地であった。とくに清明節の行楽地として有名で、『帝京景物略』巻二・春場の項には「是日、柳を簪[16]して高梁橋に遊ぶ。踏青という」とある。高梁橋から少し西へ行ったところに白石荘があり、萬姓の駙馬（皇帝の女婿）の荘園で、柳の名所として春先きから初夏にかけて、人出がとくに多かった。鄭戚畹園へはこれから北上するが、方広十余里と称せられる大庭園で、牡丹や芍薬の花で知られていた。観音庵は城内の西北隅、日中坊の営房の北にあった。

二月二十九日　天気がよく、蔣安然とともに陳自嚳をたずね、ついで李子木を訪問した。柳の緑が一段と濃くなり、子木とは一ヵ月ぶりの対面であった。子木と別れ、房家園に遊ぼうと思ったが、遊人雑踏するのをみてあきらめた。そこで海岱門を出て薬王廟に行き、ついで金魚地に足を運んだ。ここは都中の名勝で、遊覧の人の多いところである。

〔注解〕房家園は泡子河の畔にあり、海岱門は崇文門の別称で、ここをすぎると外城である。薬王廟と金魚地はともに天壇の北にある。薬王廟は唐代の名医孫思邈（薬上真人）を祀り、金魚池は水と柳で知られた行楽の地で、金魚の養殖でその名がついた。

三月二日　友人たちが相談し、自分を迎えて吏部尚書に謁しようとしたが、参加しなかった。晩に再び迎えがあったが、これを辞退した。少し酒を飲んで就寝した。

〔注解〕何の目的で吏部尚書に会おうとしたのか、不明である。当時の吏部尚書は閔洪学で、同年八月一日まで在任した。

三月十一日　家郷から来信があり、故郷の人々が加派催科に苦しみ、加えて盗賊が横行していることを知った。来客が帰ってから、夏國山と李戚畹園に花を見に行った。ここには海棠が沢山植えられて、その香りは人を酔わせるものがあり、都城の奇観である。

〔注解〕李戚畹園は李皇親新園ともいい、金魚池の北隣りにあった。武清侯李誠銘の庭園で、水勝をもって知られていた。

三月十二日　数人の来客が帰った後、昼寝をしようとしていた。すると王東里がやって来て、劉念台の学問と王陽明との異同を質問した。

〔注解〕劉念台[17]、諱は宗周、字は蕺山、念台は号である。萬暦六年（一五七八）に浙江紹興府山陰県に生まれているから、祁彪佳にとっては同郷の先人である。萬暦二十九年の進士で、官籍にあること四十五年というが、立朝わずかに四年、故郷の蕺山で学を講じた期間の方が圧倒的に永かった。朱子学と陽明学の思想的遺産を継承しながら、独自の哲学的立場を確立し、多くの俊秀を育てたが、明朝の滅亡が明らかになると、絶食して亡国に殉じた。祁彪佳にとっては終生の師であり、それを知るが故に、王東里は彼のところを尋ねたのであろう。王陽明については贅言する必要はない。

三月十五日　朝から来客が多くて、応接に疲れた。午後、許巌長と陳墨林が来たので、つれだって廟市に行った。そこで漢匜一具、蘇米帖二本、象板一副、断紋盤一面を買い求めた。

〔注解〕城隍廟（都城隍廟）は内城の西、金城坊の南端にあり、毎月、一日、十五日、二十五日の三回、ここで盛大な廟市がたった[18]。門前から三里も店がならび、人出が多かったが、ひやかし客が六、買いもの客が三、廟に参詣する者は一、などと称せられた。漢匜とは漢代の盥器、蘇米帖とは蘇軾と米芾の法帖、象板とは楽器の類、断紋盤とは断紋のある盤をいうのであろう。

三月十八日　王覚斯に手紙をとどけて揮翰を促した。この日、氷雹が降ったが、立夏の前日のことであり、びっくりした。

三月二十二日　終日、来客なし。夜半から大雨となった。王覚斯から、その筆になる聴松軒の扁字がとどけられた。

三月二十四日　劉亮倩師が来り、劉念台先生と三兄（祁駿佳）の書信をうけとった。先生から「欺を戒め慊を求め、乃ち君父に対す可き耳」との励ましをうけて恥いるばかりである。午後、顔壮其が来て、新刻の『身世譜』と『雲渓会語』をおくられた。

三月二十六日　章有思が新茶をとどけてくれた。

三月二十八日　張継盛が来て、新茶の贈物をうけとった。そこで姚次白にもと贈ったところ、手書四幅と扇二柄が返礼としてとどけられた。

〔注解〕「茶は南方の嘉木なり」といわれ、本来、長江流域以南の産物である茶、しかも新茶がこの時期に北京で入手できたというのは、注目すべき事柄ではなかろうか。陰暦三月二十六・二十八日は、陽暦では五月十五・十七日にあたるから、輸送距離や王朝末期の治安状態を考慮すれば、そのはやさは相当のものであったとせねばなるまい。それだけに貴重品であったであろう。唐宋時代の主流であった末茶はすでに廃れ、明代は煎茶の時代になっていた。

三月二十九日　数名の友人とつれだって西郊に遊んだ。馬をつらねて高梁橋に至り、ついで広通寺にはいった。先月来た時とくらべると、木々の緑が一段と濃くなっていた。さらに白石荘に足をのばして三々五々帰宅した。

夏

四月一日　姚次白らが来て鷲峯寺の放生会[19]に誘われた。同行したいと思ったが、官僚たちがおおぜい集ってくると予想されたので、取りやめることにした。

〔注解〕放生会というのは、放生つまり殺生禁止、生きものの命を救うことを実践するための会合である。中国における放生の歴史は古く、文献的には梁の武帝の時代に遡りうるとされるが、宋代にいたってとくに盛んであった。しかし、元代から明代中期にかけては衰えたようで、再び盛んになったのは明朝末期のことであった。この再興に決定的な役割を演じたのが、明代四高僧の一人に数えられる雲棲袾宏（蓮生大師・一五三五～一六一五）で、彼の著わした「戒殺放生文」は、人々の精神生活に多大の影響を及ぼしたといわれる。当時、人々は放生社と命名した結社をつくり、個人はもちろん、国家の運命を救済するための放生会を屢々開催した。官僚が多数参加したのは経世済民を使命とする者として、当然の行為であったはずである。放生の対象となったのは、南方では魚が、北方では鳥が多かったと認められている。鷲峯寺は城隍廟の南、金城坊の西南隅にあった。

四月二日　馮留仙が戊午同年会を李武清公園で開くというので、羊羽源や汪石臣と馬で出かけたが、多数の参会者があった。囲棋をやり、盃を交し、歓を尽くして、日の暮れるのを忘れるほどであった。

〔注解〕戊午同年会とは、萬暦四十六年浙江郷試の合格者の、いわば同期会である。科挙をつうじて地位をえた官僚たちは、郷試や殿試ごとに合格者が結束し、同年あるいは同寅と称して、官界で互いに助けあうのが常態であった。また、その試験官を恩師と認め、これと親分子分の関係を結んで、一つのグループをつくった。これが朋党である。馮留仙[20]、諱は元飆、字は爾賡、浙江寧波府慈谿県の人、崇禎元年に進士となって右僉都御史にまで昇進した。弟に馮鄴仙があり、祁彪佳とは（同年の進士として）親交があって、その名は『日記』に頻出する。

四月七日　外出から帰ると、姜端公が来たので、一緒に王陽明先生の書を読んだ。

四月八日　自分がはじめて班行（入班行礼）につらなるというので、友人たちが多数来訪した。その後、医者（銭君穎）をよんで妻を診察してもらった。

四月九日　早朝に起床、謝恩のために参内。終ってから宦官韓某の家で食事をとり、朝房で大学士と刑部尚書に謁した。夜になって風雨が強くなった。

四月十日　早朝、公所に集まり、周挹斎（周延儒）、呉青門（呉宗達）両大学士に会い、ついで刑部尚書（胡應台）にもあった。さらに都察院の長官（左右都御史・在任者は陳于廷）を私邸にたずね、夕方、閔洪学（吏部尚書）にも会うことができた。夜になって銭君穎が来て、妻のために飲剤数服を調合してくれた。

四月十六日　陛下が皇極門に出御された。自分ははじめ外班に侍し、ついで内班に進侍して、温潤な御容を拝することができた。帰宅してから黄王屋の招きに応じ、酒を飲みながら韋南康劇を観た。この日、大風が吹いた。

〔注解〕明朝の、より厳密にいえば後半期の明廷においては、皇帝は毎月、三と六と九の日に皇極門に出御し、文武官の行礼をうける慣行であった。もちろん厳格に期日が守られたわけではないが、『萬暦会典』巻四四・常朝御門儀によると、儀式はつぎのように行われた。

「早朝、文武官は左右掖門外に集合、鐘を合図に開門されると門をくぐり、金水橋をわたって皇極門の内庭（丹墀）に、東西にわかれて立つ。[21] 皇帝が皇極門の宝座に着くと鞭が鳴り、鴻臚寺官が入班を導き、文武官は入班して一拝三叩頭の礼を行い、分班侍立する。鴻臚寺官は謝恩と見辞の人員の名を読みあげ、午門外に伝賛して行礼させる。ついで鴻臚寺官は〝奏事〟と唱え、各衙門の奏すべき案件が順次上奏され、終ると鴻臚寺官は〝奏事畢る〟と跪奏する。そこで鞭が鳴り、皇帝は座をたち、その後、百官は順を追って退出する。」

祁彪佳は四月八日に、この儀式に参列するのを許され、この日、はじめは外班つまり午門外にあり、ついで内班すなわち皇極門の前庭に入って、毅宗の姿を目のあたりにしたのである。四月九日から十日にかけて、大学士をはじめとする数人の高官を歴訪したのは、多分、侍班できることになったのに対する返礼のためであったろう。

四月十九日　前日来の雨がやんだので、王覚期をたずね、亡父のために神道碑を書くことを依頼した。帰途、何人かの知己を訪れるつもりであったが、道路が泥濘るんでいたので、そうそうに帰宅した。

四月二十三日　外班に侍した。出発が遅れたので大急ぎとなり、ようやく間にあった。韓宦官の家で休息、ついで朝房に赴き、鎮撫司にも顔をだし、韓家をへて帰宅した。

四月二十四日　上奏文の原稿を書きあげた。その内容は「賞罰を以て馭世の大権と爲す」である。原稿をもって顔壮其や李子木らをたずね、彼らの意見を求めた。

四月二十五日　掾班に侍し、冊封の大典を観ることができた。上奏文の原稿をさらに数人にみせ、帰宅の後、書役をよんで清書させた。

〔注解〕二十四日以来の行動は、上奏文というものが、いかなる手順をへてできあがるのか、その経過を明らかにする。なお、この上疏の全文は『祁彪佳集』の巻一に『賞罰激勧疏』と題しておさめられている。

四月二十六日　周掲斎相公に謁した[22]。帰途、李子木にあったので、再度、上奏文をみてもらった。午後、友人たちを招いて宴席を設け、珍珠衫劇を上演観賞した。

四月二十七日　入朝し会極門（協和門）より上奏文を奉呈した。午後、順城門（宣武門）から外城に出て沈芳揚らを訪れ、帰ってから党干姜の宴席にでた。

五月一日　宋又希に会い、先日奉呈した上奏文が聖意にかなわず改票されたことを知った。来客が帰ってから斎宿の各公署を点検してまわった。まず順城門を出て、ことが終ってから内城に帰り、光禄寺、行人司をへて太僕寺に至った。西から北へと雨のなかを駆けめぐったので疲労を覚え、小輿にのって帰宅した。

〔注解〕斎宿とはもの忌みして一夜を過すことをいう。この日から数日間、大雨が降りつづいた。『燕京歳事記』・悪月の条に「京師の諺に曰く、善きは正月、悪しきは五月」とあるとおり、黄河の流域には桃雨というものがあり、五月にはいると北京は雨期にはいり、街路は泥濘と化す日が多くなる。『五雑組』巻二には、北京の生活環境の悪いことが記されている[23]。

五月七日　西班に侍した。早朝に起床したので、朝房で仮眠をとり、あらためて入朝した。

五月十一日　知人の旅立ちを見送ってから周嘉定の招きをうけ、その別荘に赴いて雙紅劇を観た。別荘は平子門（阜成門）外にあり、花木繁茂している。かつて魏忠賢の憩息の場所であったが、陛下が彼におくられたものである。席半ばにして風雹にあった。

〔注解〕周嘉定、本名は周奎[24]、江蘇蘇州府の人、毅宗の周皇后の実父で、崇禎三年に嘉定伯に封じられたが、明朝滅亡の時に醜態をさらした人物である。また、祁彪佳には前述の園林癖のほかに、蔵書癖と梨園癖とがあった。蔵書癖については前節で扱っているが[25]、近年、その梨園癖[26]も注目されつつある。戯曲作家あるいは評論家として名を知られるほか、観劇にも精をだしていて、『日記』に記録された曲目は、崇禎五年分だけで五十種にものぼっている。彼の長兄麟佳、三兄駿佳、従兄豸佳にも戯曲の作があり、その梨園癖は彼らの影響をうけたのであろう。この日に観た「雙紅劇」は撰人未詳ながら、萬曆時代の作品として著名である。当時は宴席での観劇であって、今日の劇場という通念に合致する建物は存在しなかった。したがって、貴顕の人々の邸宅乃至別荘には、必ず舞台の設備があったばかりか、「家楽」と称する自らの劇団をもち、他人にも楽しみをわかとうとする者も少くはなかった。周嘉定もその種の人物であったかも知れないが、当時の北京は崑曲の全盛期であった。

五月十三日　自宅を出ることなく、関聖を遥拝した。夜、僮僕たちが不謹慎であったので、怒りにまかせて鞭打った。

〔注解〕明末の北京では、五月十一日から三日間、広渠門外十里河の関帝廟で縁日があった。三国時代の武将関羽に対する信仰は、この頃、一段とたかまったと認められ、『帝京景物略』巻二・春場によると、十三日には関帝廟に鉄製の刀と紙製の馬（高さ二丈）が献じられ、賑やかな一日であったとある。関羽を道教の財神とする民間信仰にもとづく行事であった。

五月十五日　妻は自ら外出し、新居を物色して帰宅した。

五月十八日　西長安門から西華門に至り、また西長安門に出て、皇城守衛の官軍の欠勤者を懲戒した。しかし法は弛み人は玩で、ほとんど手をつけられない有様であった。

五月十九日　王尊五とともに承天門に行き、衛官の疎玩なる者を詰責した。ついで公署に休憩した後、博岸工所に赴き、一切の物料を会収した。昼食をすませて王尊五は辞去したが、自分はなお青白灰料を収めて帰宅した。

五月二十日　玉河橋から東安門をとおって工所に入り、磚土を会収した。

〔注解〕福建道監察御史を含む十三道監察御史の職責は、『明史』巻七三・職官志によれば「内外百司の官邪を察糾し、或いは露章面劾し、或いは封章奏劾するを主る。内に在りては両京の刷巻、京営の巡視、郷試・会試・武挙の監臨、光禄の巡視、倉場の巡視、内庫・皇城・五城の巡視、登聞鼓への輪値であり、外に在っては巡按、清軍、提督学校、巡塩、茶馬、巡漕、巡関、儹運、印馬、屯田」とあり、非常に広範囲にわたっていた。したがって、この三日間の行動はすべて、この職責を全うするためのものと理解できよう。とくに皇城守衛の官兵の軍紀の退廃は目にあまるものがあったようで、以後、関連の記述が頻出する。

五月二十四日　一家は鉄匠胡同に転居した。自分は先きに朝中に赴き、物料を験収してから宦官の家で食事をとり、西安門から新居に帰った。

〔注解〕祁彪佳にとって、年があらたまってから三度目の転居であり、おそらく、五月十五日に夫人が決めてきた住まいであったろうが、彼には転居癖があったかも知れない。鉄匠胡同は内城の西南隅、阜財坊にあり、刑部や都察院のすぐ近くであった。

五月二十六日　午前は来客が多く、午後になって入朝した。長安西門から公署に行き、ついで東安門に至った。ここで内監（宦官）から守衛の兵士たちの勤務が怠玩であると訴えられた。帰途、外城に知友を訪問し、順城門から内城に入って帰宅した。

五月二十八日　早朝に入朝し西班に侍した。兵士たちを点検したところ、欠勤者が多数あった。その後、宦官のところで休息し、ついで皇城の内外を巡視した。
五月二十九日　終日暇であったので、皇城示約六款を書き、頒布することとした。
六月二日　前日来、瀧のような大雨が降りつづき、隣家の牆壁が倒壊した。来客なし。
六月四日　入朝した。西長安門からはいって皇極門の前をとおり、西華門に出で、西上北門で少憩した。その後、再び西華門を通って東華門に抜け、東安門で衛士の勤務状況を点検し、西長安門から帰宅した。
六月七日　周挹斎相公に会い、東省勦撫のことを談じた。来客多く、公署についたのは正午すぎであった。公事を処理して帰宅したが、夜にはまた大雨となった。
六月八日　陳中湛が入署したので自分も随班した。友人たちと会い、古書を観、『南唐史』一帙を買って帰宅した。姜顓愚と翌日に煮茗（煎茶）の会をもつことを約束した。
六月十一日　入朝、王尊五らと紫禁城の工費について相談したが、意見が一致せず、そのまま帰宅した。
六月十三日　早朝に公署に入り祈晴した。おわってから入朝し、工費の件をあらためて相談した。先きに辞去して西華門から東華門に行こうとしたが、陛下が文華殿で斎宿されていて通れなかった。そこで午門に行き、孟宦官の家で昼食をとり、蕭寧斎（同郷人）の送別会に出席した。その後、李玉完らとともに熊魚山をたずね、西洋人がつくった恒升なる器機を見学した。汲水の具というが、その性能のすごさには驚かされた。

〔注解〕当時の北京には、何人かのイエズス会士が居住していた。マテオ・リッチ（利瑪竇）はすでに病没し、阜成門外の墓地に葬られていたが、アダム・シャール（湯若望）やフェルビースト（南懐仁）らがおり、布教のかたわら、ヨーロッパ最新の学問や知識を紹介していた。そのなかでも、大砲・暦・地図の作製という、実用と密着した技術の分野が注目されているが、汲水の具＝水揚げポンプなども含まれていたのであろう。毅宗の斎宿は多分、皇太后の死去によるものであろう。

六月十四日　公署に入って祈晴した。おわって皇城にはいり、西長安門から午門に赴き工事を視察した。ついで東安門に行き、再び西長安門を出て帰宅した。

六月十五日　入署祈晴した。宦官から魚をおくられたので、陸叔度をよんで晩餐に供した。

六月十七日　承恩寺、真如寺に参じてから訪客したが、不在者が多かった。この後、公署に入って公事を処理した。守衛の官兵たちの欠勤者が少なかったので、処分を寛大にしたところ、皆感泣していた。午後、胡芝山と京営および東省の問題を話しあった。

六月十八日　石駙馬街（阜財坊）に足をはこび、鈕蕁春の旧居を観て、ここに転居しようかと考えた。午後、西長安門から入り、東安門に至って兵士の点呼を行った。欠勤者を拘束して翌日処分することとした。

六月十九日　入朝侍班する。鄒匡毓と紅盔将軍（宿衛の兵士）を点検する。おわってから、王尊五と前日拘束した守衛の官兵を懲戒した。この日はじめて、温體仁（大学士）と閔洪学（吏部尚書）が弾劾されたのを聞いた。

〔注解〕『国権』崇禎五年六月甲申の条によると、「兵部職方員外郎華允誠、三大可惜と四大可憂とを上言し、温體仁、閔洪学を刺す、上、面奏を詰る……允誠の俸半年を奪う」とある。官界にとっては大事件であったらしく、翌二十日にも、知友の間で話題になったと『日記』にはみえる。

六月二十一日　肩輿にのって田康侯の宴席にでかけた。その家園は見事なつくりであった。紫叙劇を観て、夜になって散じた。

六月二十三日　陛下が皇極門に出御された。自分は鄒匡毓と守衛の兵士を点検して仕事をおえたが、その後に登聞鼓を撃つ者があったのを知った。

〔注解〕登聞鼓とは、臣民が上を諫め、あるいは意見を述べようとする時、これを打って知らせるため、朝廷に懸けられた鼓をいう。前述のとおり、それを主管していたのが各道監察御史であった。

六月二十四日　趙昒仲らと虎城に赴き、豹と虎を観た。いずれも文采がはっきりしていて、虎変、豹変などといわれるのは、理由のあることだと思った。乾明門で工事を視察してから、東安門をへて帰宅した。

〔注解〕虎城あるいは豹房とよばれる施設があり、虎や豹が飼育されていた。所在は皇墻内の北西部、太液池（現在の北海）の西である。附言しておくと、象房というものもあって、儀式用の象が飼われていた。乾明門は皇城の北西外にあったが、今は廃せられている。

六月二十七日　西市に出て、死刑囚二名を処刑する。帰ってから張濬之の席に赴き、琵琶記を観る。翌日の出仕がはやいので、一足先きに帰宅した。

〔注解〕西市（菜市口）はのちの菜市口で、宣武門を出て南下したところにあり、処刑場として知られている。処刑に立ちあうのも、監察御史の職務であったらしい。琵琶記は元末の人である高明の作、南戯復興第一の傑作と評され、人気を博していた。

六月二十八日　奏祭のため、陛下が出御された。それに列席して儀仗を詳しく拝観した。一旦帰宅した後、将軍教場に出向き、都尉の萬胆明と大漠の演習を査閲した。

〔注解〕将軍教場は宣武門外、宣北坊附近にあった練兵場で、ここで実施された軍事訓練を査閲したのである。大漠はおそらく、沙漠での行動を想定した訓練であったかと思われる。これも「京営の巡視」の一環であったのであろう。

六月二十九日　皇城に入り、工事の費用を検討した。紫禁城にのぼり、東華門から下りて帰宅。

六月三十日　西長安門から入って午門に至り、東華門をへて東安門、東長安門を出て帰宅した。午後、守衛の官兵を点検した。

秋

七月二日　東班に入侍する。百官が拝領の品をもって退出してから、自分も公署に入り、官兵の点呼をおえた。

七月三日　草場の失火を知った。責任を天災に託つけたので、陛下が御不快であった由である。朱佩南の宴席で彩箋半記と一文銭劇を観賞した。

〔注解〕草場は太僕寺の所管にかかり、軍馬を養うための用地として、北京城内にも数ヶ所設けられていた。今、いずれに火災があったのか、確定するのは困難である。

七月四日　午後に出仕し、投河（身投げ）の人犯を審理したが、決するにはいたらなかった。

七月五日　雨。体調はすぐれなかったが、公署に出て昨日の一件を再審した。自分の判断するところでは、犯人は逃亡兵で、そのうえ精神異常者であるらしいので、この事実を報告書に書きこんでおいてもらった。帰宅後、苗大兄の招きで彼の屋敷を訪れ、西楼記を観た。しかし、終演前に雨が降りそうになったので、そのまま帰宅した。

七月七日　午前は外出せず、午後、胡芝山にあって、昨日、陛下が宣大地方での款虜のことで激怒されたと聞いた。夜、大雨あり。

〔注解〕『国権』崇禎五年七月壬寅の条に、巡撫宣府右僉都御史沈棨が上報することなく、虜酋の公易を許可した件で逮捕されたと記すのが、宣大款虜の具体的内容である。満洲族だけでなく、蒙古族に対しても警戒をゆるめていなかったのである。

七月十一日　西安門よりはいり、梳妝台から冰窖をめぐって北安門内倉に行った。李淮波がいて官兵に直米（給料）を支給したが、夕方になっても終了しなかった。その間、自分は幾つかの疏稿を書きあげた。

七月十二日　公署に入り、官兵たちの訴状を読んだ。はじめ、彼らは自分の意向をよしとしていたが、昨日直米を受けていうところは、怒りをあらわにするものであった。午後に帰宅したが、潘葵初がやって来て、朝鮮の使臣が貨物違制をもって、陛下から詰問されたことを知った。

〔注解〕一三九二年（明・洪武二十五）、高麗にかわって成立した李氏朝鮮（李朝）は、「反元親明」をとなえた創業者の李成桂（太祖）以来の方針として明王朝を宗主国と仰ぎ、誥命や金印をうけ、臣下の礼をもって仕えてきた。そのため、冬至使、正朝使、聖節使、千秋使が毎年派遣されることになっていた。この他に、臨時の使節もあったが、いずれも会同館に宿泊し、四十日間の北京滞在を認められ、一定の交易と文物の取得を許されていた。[27] このたびの「貨物違制」の一件は、以下のような経緯で発生した。

すなわち、『国権』崇禎五年七月壬寅の条に、「礼部に命じ、朝鮮使臣の市物を験せしむ。兵部主事鄭観光は会同館に赴き、凡そ三百八十余件を市り、禁城の図もこれに預る。礼部尚書黄汝良は、提督会同館員外郎潘陳忠の其の厚貲を利すると参す。遂に獄に下し、鎮海衛に戍す」とあるのが、それである。許可の範囲をこえて、中国側が多くの物資を売りこみ、紫禁城図などが含まれていたのが露見したわけである。ちなみに、『仁祖大王実録』十年（崇禎五）壬申六月乙酉の条に、「冬至兼聖節千秋使李善行、京師に如く」とあるのが、問題の朝鮮使臣に関する朝鮮側の記録にあたるであろう。

七月十七日　再び董思白にあい、亡父のために小伝を書くことを依頼した。公署に入り、告訴人とあったが、そのいうことが少しわかったように思う。

〔注解〕董思白つまり董其昌については、すでに言及した如くであるが、当代随一の文人に伝記を書いてもらいたいとするのは、誰しもの願いであった。もちろん、多額の潤筆料が必要であったが、祁彪佳の孝心のあらわれと理解すべきであろう。

七月十八日　王尊五とともに、承天門において官兵を懲戒した。それから西華門よりはいって西上門にあがり、雨のなか、南台と紫観閣を観た後、西安門から出て肩輿で帰宅した。

〔注解〕承天門は現在の天安門であるが、ここに守衛の官兵を集め、勤務状態の悪い者を処罰したのであろう。すでに屢々記されていたとおり、皇城警護の官軍の軍紀は弛緩しており、ついに聖旨にもとづく処置がとられるにいたったことになる。『明史』巻八九・兵志によれば、明朝の兵制はいわゆる衛所制度を基幹とするが、皇城警護のための侍衛上直軍が設けられ、三日交替で輪班宿衛することになっていた。しかし、衛所制の崩壊とともに、この制度も正常に維持され難くなり、「萬暦の間に至り、衛士は多く占役、買閒せられ、其の弊はまた三大営と等し。離直者は月糈を奪うの例を定めると雖も、然れども革める能わず」という有様であった。

七月十九日　朱佩南を浄業寺の東の居宅にたずね、小戯を観た。弄瓦などの技であるが、いずれも神技の如くであり、おおいに楽しませてもらった。

〔注解〕浄業寺は内城北部の日忠坊にあり、徳勝門の南にあたる。附近には庭園が多く、朱佩南の邸宅もその一つであったであろう。小戯はいわゆる雑技であり、弄瓦とはその一種であると思われるが、確かなことは不明である。

七月二十二日　地震があったらしいが、自分は全く気がつかなかった。

七月二十三日　王子闖入のことがあり、ただちに鼓庁において詢問し、具本題奏した。

〔注解〕この事件の具体的内容についてはわからない。鼓庁は登聞鼓庁であろうが、即刻具題されるほどの事件であったにもかかわらず、その後の経過については、『日記』はもちろん、『国権』などにも、何も記載されていない。

七月二十七日　五鼓（午前四～六時）に姜顗愚と並轡入朝した。彼は雲南按察使就任の謝恩のため、自分は東班に侍するためである。

七月二十九日　陛下が皇極門に出御された。その後、朱佩南らと西苑（太液池のまわり）に遊んだ。帰宅したら友人がつぎつぎと来訪し、馮鄴仙と汪石臣が囲碁をはじめ、なかなか終らなかった。

八月一日　外出して知友を訪れてから開元寺に行って昼食。衣服をあらためて至聖孔子に謁した。

〔注解〕開元寺は内城の東北部、崇教坊の南端にあったが、ここは文廟（孔子廟・崇教坊の国子監東にあって現存する）に近い。開元寺で更衣してから文廟に赴き、先師の像に謁したということであろう。

八月二日　公署に入らず、友人たちを訪問して帰宅、午後、皇城にはいり、鄒匡毓と当直の軍兵を点検した。

八月三日　雨。早朝から城北の薬王廟に出かけ、紫禁城の工事費を審議し、終って帰宅。少憩の後、朱爾公の招待に応じて教子劇を観たが、俳優は甚だうまかった。三鼓（午前〇～二時）にやっと帰宅した。

〔注解〕薬王廟は城内に数ヶ所、城北には三ヶ所ほどあったから、特定することは難しい。教子劇は別に尋親記ともいわれ、人気がたかく盛んに上演された戯曲であった。

八月六日　倪鴻寶の病気を見舞う。ついで皇城に入り、宦官韓某の家で食事の後、走解の戯を観た。小憩して小南城に遊び、飛虹橋などを拝見した。

〔注解〕当時、倪鴻寶は病んでいた。『国榷』崇禎五年九月戊戌の条に「右中允兼編修倪元璐、引疾もて去る」とあるから、間もなく、一時辞任のやむなきにいたった。走解は馬上で行う雑技であるが、武技としても訓練されることがあった。小南城とは皇城の東南部をいうようで、玉芝宮などが建っていた。

八月八日　陛下が月壇を祀られるため、侍班のこと無し。王尊五のところで、皇城内で盗米事件のあったことを知った。

〔注解〕『宛署雑記』巻一四・経費の項に「夕月壇秋分祭」とあるのが、これにあたる。『周礼』春宮・典瑞の鄭玄の注に「天子は春分に当って日を朝し、秋分には月を夕す」というのを継承した行事で、城外西郊の月壇での月を拝する儀礼であった。

八月十二日　于忠粛公祠で友人たちと会食した。自分だけ先きに座をたって公署に入り、ついで帰宅した。

〔注解〕于忠粛公祠は内城の東南部、明時坊表背胡同にあり、土木の変（一四四九年）後の混乱を収拾した功臣于謙を祀った祠である。朝野の尊崇を集め、春秋には朝廷による祭祀が行われていた。なお、その建物は現存している。(28)

八月十五日　入朝侍班する。帰宅の後、同郷公会に出席して教子伝奇を観る。和気藹々のうちに、来会者は碁を打ったり、投壷に興じたり、双六で遊んだりして時をすごした。自分は呉倹育らと詩をつくり、一首をえた。夜、月影を踏んで帰宅。

〔注解〕いわゆる中秋節であり、この日、北京在住の紹興出身者が親睦の会合を催したのである。投壷は『礼記』にもみえる古礼の一つで、宴席において、一定の距離をへだてた壷に矢を投げいれて楽しむ遊戯として広く行われていた。現物はわが正倉院にあるが、壷の高さは三十一センチ、矢の長さは八センチと記録されている。双六は盤双六のことであるが、西方伝来の遊戯であって、南北朝時代に拡がり、唐代が全盛期とされている。しかし、明清時代においても愛好者がたえなかったことが、この記述によって明らかになるはずである。附言しておくと、囲碁も投壷も双六も、いずれも賭博の具として用いられることが多かった(29)。

八月十六日　皇三子が誕生された。

〔注解〕『国榷』崇禎五年八月庚辰の条、および『崇禎長編』の同条には「皇第三子慈炯生まる。中宮の出なり」とある。翌日、祁彪佳は慶賀のために入朝している。

八月二十九日　銀庫公署に出赴する。

九月一日　早朝から前門を出て銀庫に行く。行程約一六・七里。銀両十余万を収放したが、収入は福建と両淮が多く、支出は大同と永鎮が多かった。午後、帰路についたが、道すがら倪鴻寶を見舞った。

〔注解〕明朝は銭物を収納するため、北京をはじめ全国各地に倉庫を設けていたが、正統七年（一四四二）、北京に太倉庫を置き、税収のうち、銀で代納された部分を専ら蓄えることにしていた。だから、太倉銀庫などとよばれることもあったが、前述のとおり「内庫の巡視」も各道監察御史の職務であったから、こうした記載がでてくるわけである。前門から一六・七里というから、太倉庫は外城の正門である永定門をすぎ、城外南方の地にあったと思われるが、そこまで出向いて、銀両の収受と発給に立ちあうことになった。福建と両淮から納められたのは塩課であり、大同と永鎮に給せられたのは軍事費であったのは間違いない。

九月二日　西市に赴き、処刑に立ちあう。袁淡標とともに出かけ、火神廟で待つうち、午後になって囚人がようやく到着した。処刑場において斬決戮屍すること七人。検死を終えて帰る。

九月六日　辞朝帰宅の後、馮鄴仙らとともに徳勝門を出、清河、廻龍観をへて昌平州に至り、その公館に宿泊した。

九月七日　州城を出て十八里、紅門から九龍池をへて、定陵、長陵、裕陵、慶陵に謁した。祭祀をすべて終了し、公館に帰って就寝したのは三鼓であった。

〔注解〕明陵の参拝を目的とする旅行であった。紅門はいわゆる明十三陵の正門として今も建っているが、現在の呼称は大紅門である。定陵は神宗の、長陵は成祖の、裕陵は英宗の、慶陵は光宗の陵寝で、天寿山の南麓に点在している。

九月八日　昌平を出て西山への物見遊山の行程をとる。沙河をとおって臥仏寺に遊び、二本の沙羅の大木を観る。ついで碧雲寺に至ったが、ここは宦官魏忠賢が重修するところで、庭園、仏閣ともに見事なものであった。その一菴に宿り、同行の友人たちと痛飲する。

〔注解〕西山は北京西郊の行楽の地で、名刹が数多いとともに、風光明媚なことで知られている。臥仏寺、碧雲寺のほか、香山寺や洪光寺などがあり、水盡頭、盧師山、石景山などの名勝が有名である。なお、『日記』のなかに、祁彪佳は「魏の馬鬣（墳墓）、其の嶺に在り、山靈辱しむる所と爲らざる乎」と記して、天啓年間の国政を専断した魏忠賢を非難している。

九月九日　朝食後、もう一度、碧雲寺を拝観してから香山寺、洪光寺へと足をのばし、玉泉、周戚畹園、涅槃石をとおって海甸に出た。ここには李戚畹の庭園があり、建物は荒廃していたが、大きな池があって、蓮の花が満開であった。平子門（阜成門）をはいって夕刻に帰宅する。この日、陛下が皇極門に出御され、花糕宴を賜った。

自分は謁陵のため列席できなかったが、宴後、花糕を頂戴した。

〔注解〕六日から九日にかけての旅行、とくに八日と九日の行楽は、俗にいう「重陽登高」の清遊であった。九月九日＝重陽の節令に花糕を食する慣習は古くからある。糕とは小麦粉などをこねて蒸成した団子をいい、明代の北京地方では、その上に木の実を載せた花糕が用いられ重陽糕とも称せられた(30)。本来、収穫を感謝することからはじまったと認められている。

九月十一日　肩輿にて太倉銀庫に行く。業務を終えて日没に帰宅する。

九月十二日　早朝、西班に侍して帰宅。午後は門を閉して来客を謝絶し、家郷への書信を書き、一同の平安を報告する。

九月十三日　公署に入る。処理すべき文書が山積しており、一日がかりで批閲して発送する。

九月十五日　昨夜二鼓（午後十〜十二時）から中府に赴いて月食を救護する。卯の刻より食しはじめ、辰の刻によ うやく復円した。帰宅後、非常に疲れたので、昼すぎまで就寝する。夜、寒気が厳しくなった。

〔注解〕十五日の未明、北京では月食が観測された。救護とは日月食の際、祈りをささげ楽を奏し、これを救う礼を行うことをいう。大清会典事例巻七七・欽天監の條に「日月食には期に前んじて疏もて以聞し、期に及べば、観象台に登り以て測験す」とあるが、注文には「……食前半月にはまた具題し、旨を礼部に下して各衙門に知照派員する。期に至れば、日食は咸な礼部に集まり、月食は咸な太常寺に集まりて救護す」と記す。明代でも、ほぼ同じように行礼されていたと思われる。中府とは太常寺をいうのであろうか。

九月十六日　肩輿にのって銀庫に入る。兌収の業務を終え、玉河橋をとおって帰る。

九月二十日　供用庫外廠に行き、宦官らと香蠟諸料を収納する。商人からの収買をやめ、政府自ら収買するよう改めた最初の仕事でもあり、慎重にことを運ぶよう注意した。

〔注解〕供用庫は内庫の一つで、洪武二十八年（一三九五）の創設。『明史』巻七九・食貨志・倉庫の項によると、秔稲熟米および上供物を貯えたとある。上供物とは一種の税課で、貢献の名目で輸納される地方の特産物であるが、それには黄蠟、白蠟、沈香などが含まれている。庫の所在は内城の西北部、鳴王坊である。

九月二十六日　微雨。肩輿にて銀庫に入り、銭粮の受領に立ちあう。晩に帰宅してから、荘陽初の宴席に顔をだし、ついで孫湛然の宴席にもまわった。ここで散劇を観たが、席上、縉紳身分の者が西市で処刑されたと聞いて悚然とした。

九月二十八日　大風。はやめに家を出て、温元老の夫人を弔問した。その後、公署に入って疏稿を草していたところへ、班役が来て召對を報じたので、急ぎ入朝侍班する。三法司が聖諭に接したのを知らされる。

〔注解〕縉紳が処刑されるのは、稀有の出来事であったのであろう。また、三法司とは刑部、都察院、大理寺を指し、司法監察の機関で、刑部と所在をともにしていた。各道監察御史は都察院の配下にあった。

冬

十月一日　陛下が皇極殿に出御され、頒暦の儀典が行われた。自分も参列したが、式典終了の後、宦官の家で衣服をあらため、太廟に入り、ついで騎馬にて帰宅した。

〔注解〕『尚書』洪範・五紀に「五曰暦数」とあるのによって知られるとおり、中国の暦法は政治理念と強く結びつき、暦計算を正確に行って毎年の暦を編纂することは、国家の大典であり、政府の最も重要な責務の一つとされてきた。したがって、明朝においても、欽天監（国立天文台）がその任にあたり、礼部が頒暦の儀式を主管することになっていた。『萬暦会典』巻一〇三・礼部・暦日の項には「毎歳二月朔、欽天監は明年の暦式を奏進し、預じめ各布政司に行して刊布せしめ、例として九月朔を以て進呈頒賜す。嘉靖十九年、改めて十月朔を用う」とある。嘉靖十九年（一五四〇）に十月一日と改められたが、国初以来、この日には皇帝が皇極殿に出御し、自ら明年の暦を百官に下賜するとともに、天下に頒布する定めであった。この習慣は清代にもひきつがれ、『燕京歳事記』に「憲書を賣る。十月頒暦以後、大小の書肆は憲書を出售する。衢巷の間にまた負箱唱賣する者有り」と記されていたりする。太廟は明室の祖廟で、承天門内、端門の東に現存しており、明代の建築物として知られている。労働人民文化宮である。

十月六日　大いに風沙あり。肩輿に易えて太倉銀庫に入り、終って帰宅する。

十月八日　妻の誕生日である。親戚の女性が沢山集まってお祝いをしてくれた。自分は書役を呼んで本を書写させ、夕方にようやく終了した。

〔注解〕生日つまり誕生日を祝う習慣は、中国においては古くからあった。また、紹興の祁氏は当代有数の蔵書家で「澹生堂」と称せられた。その蒐書は父親の代にはじまり、彼の晩年には「若し両浙を以って論ずれば、恐らくは定ず我を逾ゆる者無からん」と自負するくらいの規模に達していたが、至宝とするのは厳密な校定をへた貴重古書の抄本であったとされる。父の遺志をついで、祁彪佳もまた蒐書につとめているが、刊本となっていない稀覯の書を抄本で蒐めることに努めていたのであろう。ただし、彼の関心は父親とはやや異なり、梨園癖とも関わって、戯曲あるいは脚本の蒐集に主力が注がれ、このため醇儒つまり正統派の士大夫からは、俗の俗、有害無益の書物と酷評されることがあった。(31)

十月十三日　陛下が皇極門に出御された。退朝の後、妻とともに馮鄴仙の旧寓を下見して、転居のことを考えた。帰途、王銘韞の宴席に赴き、連環記を観賞した。

十月十四日　早朝に入朝謝恩してから太倉庫に入り、米折の軍需を庫例を破って発給した。

十月十八日　公署に入ったが仕事は少なかった。終日曇天で、初雪が降った。

十月十九日　陛下が皇極門に出御された。自分も東班に侍したが、馮鄴仙が寒さのために目眩がして仆れた。自分がこれを面糾したところ、陛下からお言葉が伝えられ、彼はゆるされて退出した。一旦帰ってから再び外出して倪鴻寶にあい、太倉庫に入って帰宅した後、書翰をもって馮鄴仙を慰問した。

十月二十二日　入朝侍班する。たまたま大選が行われ、謝恩の各官の列席が非常に多かった。帰宅して倪鴻寶にあい、昼食の後、太倉銀庫に赴いて関税を査覈した。諸役を督令してようやく仕事が軌道にのった。

〔注解〕中央・地方の官僚ポストに欠員が生じると、吏部はあらかじめ冊籍に登録された候補者のなかから先後選補する。これを銓選と称するが、『萬暦会典』巻五・吏部四・選官の項に「始めて銓選の法を定む。毎歳、大選有り、急選有り……」とある。明制をほぼそのまま経承した清朝の銓選制度では、大選は双月（偶数月）に、急選は単月（奇数月）にと、毎月、二十日頃に行われ、二十五日に発令されることになっていた。(32)

十月二十三日　陛下が皇極門に出御された。帰宅後、陸園において友人たちと会合をもち、詩作に興じたりしたが、夜禁が厳しいので、食事もそうそうにして散会した。

〔注解〕陸園の所在は不明。夜禁は夜間の外出禁止令をいうが、治安状況の悪化に対応して、一層厳重に実施されたのであろう。

十月二十六日　銀庫に入ったが、体調やや不快であった。

十月二十八日　入朝侍班する。この日は官職を受襲した武官の謝恩人が頗る多かった。午後、馮鄴仙の家に出かけ、友人たちと酒宴をはり、拝月記を観賞した。

十月二十九日　陛下が皇極門に出御され、自分は西班に侍した。公署に入ったが疲労感が強く、少し睡眠をとった。仕事は比較的簡単で、はやめに終了したので、二・三の友人を訪問して帰宅した。

十一月一日　亡父の諱日であり、対像哭泣した。ついで太倉銀庫に入り、夕方に帰宅した。

〔注解〕父親の祁承㸁は崇禎元年十一月一日に紹興府山陰県の自宅で死去した。当時、祁彪佳は福建興化府の推官に在任しており、訃報をうけとったのは十一月二十二日であった。

十一月二日　関係者がそれぞれ会推の名簿をもって来訪した。彼らに果餌をふるまったが、いずれも自郷の人材の忠厚なるを述べて帰っていった。彼らが去ってから、阮旭青とともに馮鄴仙をたずね、名簿に記された人物の評価について話しあった。

〔注解〕会推というのは、官僚たちが自己の知己を朝廷に推薦することをいうが、『萬暦会典』巻五・吏部・推陞の項によると、廷推と会推とがあったとされる。対象となる官僚ポスト、あるいは推薦する官僚の地位の高下による相違であるらしい。会推は多分、会同推補の略かと思われるが、互いに同郷者の場合が多かったのである。会推名簿を扱うのも、各道監察御史の職責であったのであろうか。

十一月三日　早朝に霊済宮に赴いて習儀した。道院で小憩の後、入侍して帰宅。銭君穎を招いて妻を診脈してもらった。ついで稽山会館に至り、会堂の件を議した。帰宅後さらに北の火神廟へ行き、さきごろ外庫が鞘銀を失去した一件を議し、疏稿を書きあげた。帰宅は二鼓（午後十時すぎ）となった。

〔注解〕霊済宮は皇城の西、安富坊の南端にある。『春明夢餘録』巻六六に「玉闕・金闕の二眞人を祀る。……凡そ大礼に遇えば、朝臣先ず朝天宮に習儀す。宮燬けたれば乃ち此に習儀す」とあり、百官習儀の場所であった。おそらく、近々にせまった冬至の祭儀を習ったと考えられる。稽山会館は内城の西部にあり、嘉靖・隆慶年間以降、北京に建てられるようになった会館の一つで、唐大士像を祀ることで知られていた[33]。また、北の火神廟とは内城西北部の日中坊にある火徳真君廟である。

十一月五日　周庭吹にその刻するところの書を求め、『明詩選』と『五代史鈔』とを入手した。

十一月七日　陛下が皇極殿に出御された。午後、李玄對とともに、銀庫において会同して諸務を総理し、巡風の諸役を研審したが、実情をえられず、月ののぼる頃に帰宅。

十一月十一日　冬至節である。陛下が皇極殿に出御されたが、自分はそれに先立って中極殿に入り、行礼がおわってから殿班に出侍した。式典終了後、陛下は便服に着換え、各王府の貢馬を出看されたが、これは久しく跡絶えていた行事であった。その後、東闕門から退出し、朝鮮国の使節にであった。

〔注解〕冬至を太陽復活の日として、その祭を行うことは、世界に広く見られるが、中国においても、冬至祭天の儀式は古くから行われていた。明朝においても、冬至は元旦とともに、最も重要な日と認められ、盛大な儀式が行われていた。その詳細は『萬暦会典』巻四三・礼部・朝賀・正旦冬至百官朝賀儀の項に記されているが、『帝京景物略』巻二・春場にも「十一月冬至の日、百官は冬畢るを賀し、吉服すること三日、紅箋を具えて互いに拝す。朱衣は衢に交わり、一に元旦の如し」とある。ただこれにつづけて「民間は爾らず」とあり、民間では廃れていたことを伝えている。『五雑組』巻二にも「今代、長至の節は、惟だ朝廷のみ之を重んじ、萬国百官、表を奉じて賀を稱す。而して民間は殊に爾らざるなり」といい、朝廷や官界をのぞいて、民間ではほとんど行われなくなっていたらしい。朝鮮の使節とは、前述の冬至使を指すが、退出の途中、参内する使節一行とすれちがったのであろう。彼らの行礼については、『萬暦会典』巻五八・礼部・蕃国礼・聖節正旦冬至蕃国望闕慶祝儀の項に記載がある。

十一月十四日　大風、公署に入り、夕刻に仕事を終えてから陸園に赴き、同郷人が集って林栩菴を送別するのに顔をだした。席上、牡丹亭記を観賞した。

〔注解〕牡丹亭記は俗称で、正式には牡丹亭還魂記といい、当時、最も人口に膾炙した戯曲であるとともに、文学史にも名をとどめる傑作である。(34) 萬暦二十六年頃の作品と認められるが、作者の湯顕祖は萬暦十一年（一五八三）の進士であり、正統派の士大夫に属する。この事実は、従来ほとんど無視されてきた通俗文学の領域に、士大夫たちが作品を書くようになった実例であり、あるいは、通俗文学の支持者である庶民と士大夫が、同一の文化を共有しうるにいたった証拠でもあるとして、近年、注目されつつあることを附記しておきたい。明末はそういう風潮の生じた時代であり、祁彪佳のいわば梨園癖も、その延長線上に理解すべきものと考える。

十一月十六日　陛下が皇極門に出御された。入朝を終えての帰途、袁環中を訪問し、董玄宰の真蹟を観ることができた。彼から高麗箋二幅を贈られた。午後、張三峩の宴席に出て、牡丹亭記を観た。

〔注解〕董玄宰つまり董其昌は、前述の如く、当代随一の書家であり画家であったが、その作品には偽ものが多く、本人ですら見分けがつかなかったと伝えられている(35)。偽もの流布の責任の一端は、彼自ら負うべきであるが、真蹟を観るというのは、『日記』に特筆すべきことであったのであろう。

十一月二十日　入朝して奏疏をたてまつった。訖って午門にいで、北安門から内供用廠に行き、香蠟を収納した。

十一月二十一日　太倉庫において放発のことをすませた後、倉中公署において巡風の諸役を再審したところ、哀号が庭に盈ちる有様であった。自分は一人一人分別釈放したので、摘発されたのは四・五人にとどまった。

十一月二十二日　自分の誕生日である。また、先父の訃報をうけた日で、悲しみにたえない。来客をすべて断り、顔壮其らとともに鷲峯寺に参詣し、俸銭を出して雀を買い放生した。壮其もまた雀を買って誕生を祝ってくれた。劉念台先生に書翰を書いた。

〔注解〕四月一日、鷲峯寺の放生会に誘われたが、取りやめたことがあった。この日は、亡父の冥福を祈って放生し、友人が彼の誕生を祝って放生してくれたのである。

十一月二十四日　誕生祝いの来客多数。午後、外城に友人を訪れ、内城に入って兵部尚書（張鳳翼が在任）らをたずねたが、会うことができなかった。

十一月二十六日　前門を出て銀庫に入った。肩輿を禁ずるとの勅旨がでていると聞いたので、馬に乗ることとした。この日に収めたのは、勅旨を奉じて監放解官された張一琳の銀が多かった。

〔注解〕張一琳の件については、詳細は不明である。

十一月二十七日　順城門（宣武門）を出て林栩菴の旅立ちを見送る。ついで吏部の朝房に入り、銀庫において、張一琳が解送した貉金を支出する。

十一月二十九日　事例庫に入り一万二千余両を会収した。終って帰宅したのは二鼓（午後十時〜十二時）であった。

十二月一日　四鼓（午前二〜四時）、妻が産気づいた。自分は侍班にあたっていたので、交替者を探したが人をえず、やむなく侍班した。帰宅してはじめて、一子の誕生を知った。医者銭君穎の帰るのを見送った。

〔注解〕この日に生まれたのが三男班孫である。侍班中に生まれたので班孫と名付けられた。祁彪佳は三子をもうけたが、長子同孫は夭逝し、次子理孫と三子班孫が父親の死を見とどけた。彼らは、父が別墅の池に入水して明朝に殉じると、遺志をついで反清の義師に参加して逮捕された。理孫は釈放されるが、班孫は同志とともに寧古塔に流罪となった。しかし、班孫は監視の目をくぐって脱走に成功し、僧侶となって追求をのがれたが、康熙十三年（一六七四）十一月十一日、常州の馬鞍山寺で亡くなった。享年四十三歳。死後、ようやく身元が判明し、郷里に帰葬された。

十二月三日　外出せず。『字彙』をひろげて新生児の名前を考えた。朝孫、育孫を選び、乳名（幼名）を朋壽とすることとした。『詩経』に「三壽作朋」の語のあるのによったものである。夜、家郷に手紙を書き、母にその選択を一任するとともに、家廟に告げることを依頼した。

〔注解〕『字彙』十二集。明の梅膺祚の撰する字書である。この日、祁彪佳が命名したのは朝孫と育孫であったらしいが、結局、班孫となったのは、すでに言及したとおりである。

十二月九日　「民生十四大苦疏」の草稿を書く。夕方、呉検育が来たので、疏稿をみせて意見を求めた。

〔注解〕十二月四日以来、暇の多い数日がつづいたが、この間の主たる仕事は、前年八月から十一月にかけての邸報を読むことと、疏稿を書くことであったらしい。この期間にできあがったのが「陳民間十四大苦疏」で、『祁彪佳集』巻一に収載されているが、それには「崇禎六年正月」と注記されている。

十二月十日　午後、書役に命じて疏稿を謄写させた。夕方、馮鄴仙が来たのでそれをみせ、夜に封緘した。

〔注解〕この日までに屡々登場した馮鄴仙は、同年の進士で、最も親しく交際していた人物の一人である。馮鄴仙(36)、諱は元飇、字は爾弢、浙江寧波府慈谿県の人で、兄の元飈とともに「二馮」と称せられ、直言をもって鳴る人物であった。崇禎五年の頃、彼は戸科給事中の職にあったが、大学士周延儒らを弾劾してやまず、あまりの激しさの故に一時職を辞さざるをえなかったくらいである。復活するとともに、毅宗の信任をあつくし、最終的には兵部尚書に昇進するが、明朝滅亡の直後、病のために死去した。

十二月十六日　朝起きて習儀する。同郷の諸君子が集り、新生の三子を祝って盃をあげてくれた。

十二月十九日　午後、稽山会館において同郷公会を開催する。

十二月二十日　大風。午後から陳石泓の宴席に列したが、だされた料理は立派なもので、充分に賞味堪能して帰宅した。

十二月二十一日　午後は大風が吹いた。李生拱の宴席に赴いて痛飲した。梅花が屋を遶って咲いていたので、数枝を折って肩輿で帰宅した。

十二月二十三日　大風。五鼓より霊済宮に行き習儀した。

十二月二十四日　大風とともに寒気が厳しい。十方院に行き、同門の諸兄と会同して張老師に謁した。午後、四川会館に赴き、呉検育と客を待ったが、張君平一人が来ただけであった。そこで顔茂斉らを呼びにやり、少し酒を飲みながら雑戯を観た。

〔注解〕十方院は十方禅院あるいは弥勒庵ともいい、内城の西端、朝天宮西坊にあり、祁彪佳は時々参詣して張老師の説法を聞いていたようである。四川会館の所在は不明。

十二月二十五日　入朝して聖寿を祝賀する。本来、二十四日であるのを二十五日に変更されたのは、二十四日が太后の諱日であるからで、礼部の奏請をうけての処置であった。祝典を終って朝鮮使臣の朝賀を観た。

十二月二十六日　亡父の旧吏李大禎が来訪し、之任を告げて辞去した。

十二月二十七日　夜明け方に入朝して春餅宴に参列する。宴が終り謝恩の後、馮鄴仙らと乗馬して十方院にまわった。先き頃、賜宴はほとんど中止されているが、陛下は三たび復活挙行され、自分はこれに預ることができたが、異数のことである。十方院では、同門とともに張華東老師に謁して帰宅する。

〔注解〕春餅宴について、詳細は明らかではないが、『日記』に「向日、賜宴は多く報罷せらる」とあるのから考えると、しばらく休止されていた行事であった。『帝京景物略』巻二・春場によると、当時、東直門外五里の地に春場とよばれる施設があり、立春の前日に府県官が衣朱簪花して迎春したことが記されているが、これは春餅宴とほとんど関係はなかろう。ただ、この日は冬至（この年は十一月十一日）から四十五日後にあたり、立春の日であったはずである。とすると、清代の記録ではあるが、立春と春餅の関係に触れるものがあり、これから明末の事情を類推することは可能であろう。すなわち『燕京遊覧志』に「凡そ立春の日には、午門に於いて百官に

れる。

きこんだ料理である。清朝と同じく、明朝においても、立春に春餅を百官に賜わる祝宴が行われていたと解せ

てこれを食す。咬春と曰う」とある。春餅は麺団子の一種で、白麺を煎餅のように薄くし、これに鶏卵や肉を巻

春餅を賜う」といい、『燕京歳事記』打春の頃には「是の日、富家は多く春餅を食し、婦女らは多く蘿蔔を買い

十二月二十九日　封印の日である。そのことが終了して帰宅。晩に除夕の詩をつくろうとしたが、完成しないま

ま就寝する。

〔注解〕清代における封印は、通常、十二月二十日前後に行われたようであるが、[37]崇禎五年の封印はこの日、いわゆる大晦日であった。これが異例のことであったかどうか、『日記』の前年部分に封印の記載がないから、傍証するのは難しいが、十二月二十八日には政務にかかわる記述がみえる。おそらく、年末ぎりぎりまで勤務するるのが、明末の慣行であったのであろう。

結

かくして、崇禎五年という歳は暮れて行った。「功業未だ就らずして、歳月磋跎す。古人の分陰を惜しむは、良に以有るなり」が祁彪佳の感慨であった。参考までに、この年以降の彼の略歴を記しておくと、つぎのとおりである。

あくる崇禎六年三月、彼は蘇松巡按に任じられて離京、在任一年で病気を理由に辞職して帰郷する。その後、

一度は出京するが、間もなく帰郷、終隠の計をもって寓山に別墅（寓園）の造営に着手する。同十三年三月、母親の死にあって服喪するが、十五年六月に喪があけるとともに、河南道台に任じられて出京する。しかし、亡国のせまる混乱の時期であり、ついに赴任することなく辞職帰郷した。十七年三月、明朝滅亡の後、南京に成立した福王亡命政府に招かれ、蘇松巡撫の重職を荷うが、回天の志をとげることもできず、年末には病気と称して辞職帰郷する。そして翌年（弘光元年・清朝の順治二年）、清軍が江南に侵入して紹興に迫るのを聞くと、絶食すること三日、閏六月六日に寓園の池に身を投じて、明朝に殉じた。享年四十四歳。(38)

以上の経歴からわかるように、祁彪佳は硬骨の、正義派の官僚であった。二朝に仕えるのを潔しとせず、自ら命を絶った人物であった。彼の周辺にも終生の師と仰いだ劉宗周や友人倪元璐のように、生き方を同じくする人々があった。その教えをうけた結果と思われるが、二人の息子も父親の遺志を継承して道を誤らなかった。

また、祁彪佳は勤勉且つ有能な官僚であった。すでに明らかにしたとおり、当時の官僚生活は現代のそれとは異なり、比較的ゆったりとしたものがあった。連日連夜といってもよいくらいの社交、宴会、観劇が、その余裕を証明するはずである。毎日、定刻に出勤する必要はなく、この一年間の目立った仕事としては、五月から七月頃にかけての、皇城守備の官兵に対する査察、八月から十一月頃にかけての、太倉庫などに関わる業務くらいであるが、それらの処置は適切であったと認めて差し支えあるまい。加えて、この間に本文でとりあげた二つの奏疏のほかに、四編の奏疏をたてまつっていることが、『祁彪佳集』巻一によって知られている。(39)

それらはいずれも、王朝滅亡の危機に直面しつつある現状を憂い、積極果断な行動をもって、国運の挽回を期する献策として執筆されたものである。一年間に合計六編の奏疏を書くことが通常の行為であったかどうか、比較の対象をもたないけれども、真剣に政務に従事した証拠とはなるであろう。

さらに、士大夫たる者の学問的・思想的根拠である儒教に忠実であったばかりでなく、道観を訪れて道士の教説を聞き、寺院に和尚の説法を求め、あるいは放生に参加したのも、当時の風潮であったとはいえ、真摯な生活態度というべきであろう。儒・仏・道の三教に救世の方策を求めることは、個人の信仰のためではなく、むしろ国家や人民のための行為と意識されていたのである。

ところで、呉晗によれば[40]、明末の士大夫階級の生活は、少数の例外、たとえば劉宗周や黄道周らを除けば、「驕奢淫佚」の四字に要約できるという。すなわち、彼らが科挙に合格してまず為すことは、見目麗しい夫人を娶ることであり、立派な居宅や園亭を造営することであり、飲食や衣服に贅を尽くすことであった。ついで、俳優や芸妓を蓄え、賭博にふけり、骨董を蒐集するにいたるとある。いい換れば、硬派の、正統派の士大夫たちにとっては、無視しなければならないような趣味や道楽に走る者が多かったというわけであるが、祁彪佳にもそうした側面があったことは否定できない。

士大夫はあくまでも士大夫であって、修己治人と経世済民の看板は絶対にはずすことは許されない。この点において、祁彪佳に欠けるところがあったわけではない。必須の教養である詩作についても、あまり得意であったとは思えないが、文集に数十編の詩をのこしており、書法にも関心があったことは、本文に言及したとおりである。この意味において、彼は正統の士大夫であったが、それに加えて、彼には趣味に生きることを捨てきれない生活態度があった。〝癖〟にのめり込む生活を全面否定することはできなかったのである。その蔵書癖、園林癖、梨園癖は、そうした生き方に由来するのである。

荒井健の指摘によれば[41]、明末という時代には、正統の儒者なら眉をひそめるはずの、生活の純粋な私的領域における狂熱的なのめり込みを、むしろ積極的に容認しようとする言説も出現していたという。祁彪佳の親友であった張岱に「人は癖無ければ与に交る可からず、其の深情無きを以てなり。人は疵無ければ与に交る可からず。其の真気無きを以てなり」（陶庵夢憶巻四・祁止祥癖）と記す一文がある。

こうした時代の風潮のなかで、祁彪佳は憂国の志を抱き且つ実践しながら、なお趣味に凝ることを放棄しない人物であった。彼のこのような生き方は、当時としては異数ではなかった。もちろん、これに批判的で、別の生き方をした人々、たとえば顧炎武や黄宗羲らの同時代人もいなかったわけではないが、明末士大夫の実像の一面を、祁彪佳の生活は伝えると理解できるであろう。

彼にとって、明朝の滅亡と清朝の成立は、たんなる王朝交替ではなく、異民族の支配による文明の滅亡を意味したであろう。その故に、彼は自ら命を絶ったのである。であるにもかかわらず、趣味に耽溺する生活を捨てることはできなかった。こうした士大夫の姿勢がいかなる方向に発展し、文明にどのような新風をもたらしたか、あるいはもたらさなかったか、興味ある研究課題であるように思われる。加えて、次節で明らかにするとおり、崇禎八年帰郷以後の彼の生き方は、いわゆる郷紳の日常をうかがわせる具体例でもあり、なお注目されるべきであろう。

補注

（1）国権・崇禎五年正月巳亥朔の条、また、明季北略巻八には「元旦雪積旬、厚至四五尺」とある。
（2）内城の正門である正陽門の月城内の西側に建つ関帝廟は、北京城内外に幾つもあった同廟のなかで最も名を知られ、朝廷の尊崇はもとより、内外の参詣者を多数集めていた（帝京景物略巻三）。
（3）祁忠敏公日記十冊、（一九三七年八月、紹興県修志委員会校刊）崇禎四年七月二十九日から弘光元年（清・順治二）閏六月四日まで、崇禎六・七年部分に若干の残欠があるのを除き、ほぼ完全なかたちで保存されている。
（4）青木正児・聯句浅説（全集第七巻）。
（5）小腆紀伝巻一四・李模伝。

（6）第五章第一節。
（7）呉長元・宸垣識略巻一六に「明旧制、御史乗驢、宣徳間、改騎馬」とある。したがって、福建道監察御史はもっぱら馬にのったのであろう。
（8）明史巻二六五・倪元璐伝。東林列伝巻八。小腆紀年巻三ほかに伝記がある。
（9）吉田隆英・元宵走百病考――明代を中心にして――（東方宗教六八号）。
（10）永尾龍造・支那民俗志巻二・開印の典礼（国書刊行会・一九七三）。
（11）荒井健・明末紹興の庭――祁彪佳と寓園について――（中華文人の生活・平凡社・一九九四）。
（12）明詩綜巻五九・祁承㸁伝。
（13）明史巻二八八・董其昌伝。明詩綜巻五五、列朝詩集小伝丁下など。姜紹書によれば、「長安の士紳、公の翰墨を祈請すること虚日無し」（韻石斎筆談巻下）というほどの人気であった。
（14）商夫人錦嚢集（祁彪佳集附編）。
（15）清史列伝巻七九・弐臣伝。福本雅一・王鐸（明末清初・同朋舎・一九八四）。
（16）いわゆる清明戴柳である。中村喬によると、柳枝は古くから百鬼を避けるとされ、門戸に懸ける習慣があった。また、唐の高宗が三月三日、群臣に柳圏を賜り、これを頭に戴いて蠆毒を避けると称したとも伝えられている。この風習は明清時代になると清明節にうけつがれ、門戸だけではなく、頭髻にも挿す簪柳の風へと変化したが、北京地方では簪頭のみが行われたという（中国の年中行事・平凡社・一九八八）。
（17）明史巻二五五・劉宗周伝、明儒学案巻六二、姚名達撰・劉宗周年譜など。
（18）帝京景物略巻四・城隍廟市。
（19）荒木見悟・戒殺放生思想の発展（陽明学の開展と仏教・研文出版・一九八四）、夫馬進・善会善堂の出発（明清時代の政治と社会・京都大学人文科学研究所・一九八三）。
（20）明史巻二五七・馮元颺伝。
（21）丹墀の中央通路の東側に立つのが東班、西側に立つのが西班である。故宮太和殿（明代の皇極殿）の前庭に品級石と称するものがおかれているのを見たことがあるが、各官は官品にしたがって、指定された場所に侍立したのである。

(22) 明史巻三〇八・奸臣伝に、周延儒は立伝されている。萬暦四一年（一六一三）の殿試首席合格者＝状元であるが、毅宗の信任をえて、当時、武英殿大学士として首輔の座にあった。しかし庸懦にして才略なく、さらに貪欲であるとして弾劾されること多く、ついに死を賜り、家は籍没の処分をうけるにいたった。

(23) G. Macartney: *A Journal of the Embassy to China in 1792, 1793, 1794.*（板野正高訳注・中国訪問使節日記）十八世紀の末、祁彪佳の時代から百五十年後に北京を訪れたマカートニーにも、道路事情の悪さは目についたようである。「（一七九三）十月七日（月曜日）……街路はどこも舗装されていない。したがって、雨が降れば泥んことなり、晴れた日には、どこもかしこも、何もかも埃をかぶって不愉快この上もない。しかし、我慢できないほど街路を不快なものにするのはその悪臭である」というぐあいであった。

(24) 明史巻三〇〇・周奎伝。

(25) 第五章第二節。

(26) 劇作家あるいは評論家としての祁彪佳について、わが学界ではまだ注目する人はないらしいが、中国においては、徐々に関心を集めつつある。彼の名は中国戯曲曲芸詞典（上海辞書出版社・一九八一）に登載され、主要著作である遠山堂曲品、遠山堂劇品も整理されつつある（中国古典戯曲論著集成第六冊・中国戯劇出版社・一九八〇）。

(27) 末松保和・熱河・北京の史的管見（青丘史草第一・私家版・一九六五）。

(28) 明史巻一七〇・于謙伝など。

(29) 寺田隆信・雙陸考――中国中世の遊戯と賭博――（月刊百科・一九九四年十二月号）。

(30) 中村喬・中国の年中行事（平凡社・一九八八）・九月重陽節の条。

(31) 荒井健・前掲論文、および第五章第二節を参照。

(32) 近藤秀樹・清代の銓選――外補制の成立――（東洋史研究一七巻二号）。

(33) 帝京景物略巻四・稽山会館唐大士像。

(34) 青木正児・支那近世戯曲史（全集第三巻・二〇七頁）

(35) 福本雅一・まず董其昌を殺せ（前掲書）。

(36) 明史巻二五七・馮元颷伝、小腆紀伝巻五七など。

（37）永尾龍造・前掲書。
（38）明史巻二七五・祁彪佳伝、祁忠敏公年譜。
（39）定一時勝略疏（六月）、備察群情疏（十月）、合籌天下全局疏（十一月）、特糾南枢疏（十二月）。
（40）呉晗・晩明仕宦階級的生活（大公報・史地週刊三十一期・一九三五年四月十九日）。
（41）荒井健・前掲論文。

〔注記〕本文にでてくる地名、建物の位置などについては、すべて明清北京城図（中国社会科学院考古研究所編・地図出版社・一九八六）によって校定されている。参照されたい。

第四節　祁彪佳の郷紳生活

福建道監察御史として崇禎五年を北京で過した祁彪佳は、翌六年三月に蘇松巡按に任じられ、四月に蘇州へ向け出立し六月に着任した。その在任は一年ばかりであったが、行政と監察の分野で成果をおさめ、同年の状元進士で蘇州府長洲県の人である文震孟から「先生の呉を巡するや、二百年来、僅かに見る所為り(1)」と賞賛されるほどであった。しかし、たまたま常州府宜興県に帰郷していた、政界の有力者周延儒との間に確執を生じ、文震孟の支援があったにもかかわらず、自ら病気と称して辞職帰郷した。附言するならば、周延儒は明史奸臣伝に立伝される人物である。

その後、ほどなく出京した祁彪佳は、崇禎八年四月に北京を発って再び帰郷する。以降、二度ばかり官途につく機会はあったが、ごく短期間の在職、あるいは名目的な就任にとどまり、明朝滅亡の翌年閏六月六日に亡くなるまで、ほぼ十年間、ほとんど郷里である浙江省紹興府山陰県を離れることはなかった。官僚身分をもちながらも官歴を重ねず、自発的な家居生活をおくったのであり、この期間の彼は、文字どおり正真正銘の郷紳であったといわなければならない。

郷紳とよばれる人たちの、具体的な日常をうかがうための一つの証例として、以下において、崇禎八年七月から十年十二月までの時期をとりあげ、祁彪佳の郷居生活を概観することとする。前節と同じく、史料として使用するのは『祁彪佳日記』であるが、十年のうちの二年半を対象としたことについては、特別の意味があるわけではない。時間的に、前節とつながるとともに、それが郷紳の日常生活を明らかにするのに、充分な期間であると考えたからにすぎない。

一

一時の帰郷をへて北京にもどっていた祁彪佳は、崇禎八年四月九日、北京を発って帰郷の途についた。四月二十六日に泰山に登り、翌日は岱廟に謁し、三十日には父親謫官の地であり、彼自身も十八歳の頃に住んだ沂州を通過した。ついで五月五日に黄河を渡り、揚州をへた後、九日には長江を渡って、十一日には蘇州に立ち寄った。一年前までは任地であった蘇州であるが、到着を知る人とてなく、日記には「寂として知る者無し、周巡の時を回首すれば、冠蓋雲集し、応接労擾なりしに、今日は一舟蕭然として、殊に身世両得を覚ゆ」とある。そして、五月十四日午後、杭州に到着、運河の終点である北関で下船した。

日記五月十四日の條によると、「予即ち肩輿を以て武林門外より偶居に至る」とあるから、祁彪佳は杭州にも家宅をもっていたらしく、翌十五日には職人を呼んで修葺を命じている。さらに翌十六日には夫人商氏が三子をともない、二十一日には七十二歳の老母王氏が、それぞれ紹興から出むいて来たのを迎え、西湖、霊隠寺、雷峯塔などの遊歴に四十日ばかりを費した後、六月二十九日にいたって山陰県梅墅里の自宅に帰着した。

この日から郷居の生活がはじまるわけであるが、その本拠となった梅墅里は、現在では紹興市の柯岩郷に属している。市の中心から西北十キロ附近にあたり、一帯は水路が縦横に通ずる風光明媚な水郷で、近辺には樹木の茂った小山が点在するという。ほどなく彼が造園する寓山もその一つである。そして、帰郷の翌日が七月一日であった。

七月一日　すべての来客を断り、鄭九華とともに大楼において書籍の整理をする。夜は両兄と末弟をよび、四人で酌酒聚談する。

〔注解〕帰郷後まず手掛けた仕事は蔵書の整理であった。すでに明らかなとおり、祁氏は澹生堂と名付ける書楼をもつ、当代有数の蔵書家であったが、家郷を離れた官僚生活のつづく間も、その維持管理は重大な関心事であったことを、この日の行動はうかがわせるであろう。鄭九華の名はしばしば日記にあらわれ、親しい友人であるとともに、青年期の後見役でもあったらしいが、詳細は不明。酒宴の席に集まったのは次兄鳳佳、三兄駿佳、末弟象佳であった。夭逝した長兄を除く全兄弟が列席したわけで、飲んだのは多分、紹興酒であったろう。

七月四日　久しぶりに柯園に行く。樹木は大きく成長して、景観も格段によくなっていた。午後、帰宅して整書をつづける。

〔注解〕柯園(2)は堂兄（従兄弟）祁豸佳が営んだ別邸で、梅墅の西にあり、取景に豊むと評されている。明末のこの時期、紹興には一種の造園ブームが到来しており、祁氏一族もその渦中に巻きこまれていたようである。

七月五日　父親の書庫におさめていた自分の蒐書を取り出し、四部に編入してみたところ、史部と集部の書が頗る多かった。気候はまさに溽暑焦灼で甑中にいるようである。

〔注解〕澹生堂は父親祁承㸁を創始者とするが、書庫は梅墅の自宅に隣接する密園(3)（一名曠園）に設けられていた。密園は父親が造成した別墅である。

七月八日　整書挿架の作業が終了。紫芝軒を掃除して書室と為し、午後、ここに移居する。

〔注解〕蔵書の整理は、この日に一応完了したらしい。紫芝軒(4)は密園内の一屋で、水景に恵まれており、以後、書斎として使用された。

七月十日　両兄（鳳佳と駿佳）と手分けして、さきに抄録成帙した父親の文集のうち、尺牘の部を閲覧した。暇ができたので、杜工部の詩を読んだ。

七月十二日　王粲生公祖と劉念先の書信を受け取った。城中に赴いて外父（商周祚）を訪ね、歓談して帰宅した。帰りの舟中で王・劉両君への返信を認めた。

〔注解〕商周祚は夫人商氏の父であり、のちに吏部尚書に任じているが、この頃は紹興に帰っていたのであろう。王粲生公祖の経歴は不詳であるが、公祖は撫按司道府官の別称(5)である。劉念先についても同様であるが、あるいは劉念台の誤りであるかも知れない。いずれにせよ、書信の往復は情報交換の手段であり、知人・友人の間では活溌に行われ、以後、日記には事例が頻出する。

七月十五日　午後に祖先の祭祀をとり行い、晩には彌陀寺(6)に参詣し、父親のために施食した。日暮れて微雨が降ったが、間もなく晴れた。

七月二十日　馬元常と談玄する。午後、薄産からの歳入を会計して、治生の計を為る。

〔注解〕馬元常は時々登場するけれども、人物像は明らかではない。談玄とは道を談ずること、道教をめぐる会話であろう。祁彪佳が道教にも関心をもったことは、既述のとおりである。薄産とはいっているが、二百年に近い系譜を誇る書香の家であり、士大夫・郷紳の家であった山陰の祁氏がそれなりの地主であったのは疑いなく、その歳入を計算して一家宗族の生計を確保することは、当主あるいは家長たる者の、当然の責務であった。

七月二十二日　季父（叔父祁承勲）の誕生日であり、兄弟たちと一緒に柯園に出向いたが、季父は祝い事を避けて不在。代って堂兄の豸佳が宴席を設けてくれた。

七月二十四日　王金如の書室で談話した。話題となったのは、劉念台に召命がとどいた一件であり、あわせて出処の名節について商酌した。自分は硜硜入山の志をもち、終隠するつもりであると述べておいた。午後、馬元常が来たので柯園に行き、季父を訪問して著作をもらって帰る。

〔注解〕王金如（萬暦三一～崇禎一三）、諱は朝式、山陰県の人で、姚江書院を建てて講学したが、三八歳で没した陽明学者である。(7) 劉念台召命のこととは、当時帰郷していた彼に対し、内閣欠人を理由に北京の朝廷から復帰入朝の要請があったことを指すが、人々の注目する出来事であったらしい。これを取りあげた対話のなかで、彪佳は自らの終隠の意を語ったというが、暗に念台の再出仕に異を称えたのではないか、と推察できる。劉念台（萬暦六～順治二）、諱は宗周、字は起東、念台は号であるが、紹興府山陰県の人、萬暦二九年の進士、黄道周とともに明末の思想家として知られるが、官僚としても時政直言の士、清流の名士として声望が高かった。明史巻二五五などに伝記がある。祁彪佳にとって同郷の先人、あるいは終世の師と仰いだ儒者であるが、崇禎八年のこの頃は、前年まで務めていた順天府尹を辞して帰郷していた。

七月二十八日　内子（妻）をともなって小艇を操り、榕山に至って章氏の別荘を視察した[8]。大池があり、旁らに桑橘を植えるなど、別業の佳なるものといえよう。また、帽山から李家奥まで足をのばしてみた。

〔注解〕後述するように、祁彪佳には新たな築園の意志があったが、この日の行動は、その準備参考のためであったと思われる。彼には蔵書癖・梨園癖に加えて園林癖があり、その願いはやがて寓園として実現する。

八月一日　家廟に謁す。武林（杭州）から船匠を呼び、王寖雲の舟に彷って畫舫をつくらせる。午後に大風驟雨あり。

八月二日　杜工部の詩を閲して一巻を読みおえた。鄭九華、馬元常、陳自磐らが来訪する。終日大風が吹き荒れ、農作物への影響が心配である。

八月六日　ようやく天気が回復した。午後になって堂兄豸佳と寓山に赴いたが、ここに園林を卜築しようとする意欲が湧いてきた。

〔注解〕梅墅の自宅から三里のあたりに寓山という小丘があり、三兄駿佳と堂兄豸佳がひとしきり造園に熱中した時期があったが、企てはほどなく放棄されていた。その旧地を二十年ぶりに訪れてみたところ、昔の思い出が俄かによみがえって、急激に造園の決心が固まったと、祁彪佳はのちに語っている。工事は同年十一月にはじまり、ほぼ一年半の歳月をかけて、総面積一万坪以上とされる大庭園＝寓園はひとまず完成する。その間、彼は家事雑用はすべて夜間にすませ、日中は常に現場にいてほとんど一日も休まず、且つ大金を投じて庭石建材を買いあさり、「嚢中は洗うが如く」であったなどと、「寓山注」[9]自序に、その経緯は詳細に記載されている。

八月九日　笥中の衣服を整理して、禦寒の支度をととのえた。晩に劉念台に書信を認めて問候した。

〔注解〕在郷中の劉念台は、府城内の蕺山に家居していたと思われるが、この間に祁彪佳と面会した形跡はない。おそらく、この手紙が帰郷後最初の音信であったろうが、その内容は不明である。たんなる挨拶状であった(10)のか、それとも、彼の再出仕に対する意見を伝えるものであったのか。なお、杜春生の記すところによれば、彪佳は念台に弟子の礼を執ったけれども、念台は朋輩として対応したという。

八月十一日　秋分。季父は我々を引きつれて祖先の霊を祀った。終って一同小酌した。

八月十四日　荊璞巌、王雲岫らを招いて、百順記を酌演した。

〔注解〕祁彪佳をはじめとして、祁氏一族には梨園癖、つまり演劇マニアともいうべき性癖の持ち主が多かったのは、広く知られた事実であり、観劇、劇評はいうまでもなく、脚本の執筆にまで手を染める者が輩出している。日記には、観賞した演目が一いち記録されているが、百順記もその一つである。百順記。無名氏の撰、宋の王曾が三元をもって宰相にのぼり、その子も武状元となって、百事みな順境にあるのを主題とする故に、百順記と題されたという。(11)その故に、もっぱら、賓筵吉席において演じられたともいう。

八月十九日　老母の誕生日。家族そろって祝寿し、畢って来賀者たちと小宴を催した後、鵲橋記を観劇した。この日、杜擄赤公祖が府佐たちと共同で錦軸をとどけて来て、老母の長寿を祝ってくれた。大変光栄なことである。

〔注解〕鵲橋記については不明。このように、度々観劇の集まりが開かれているのから考えると、梅墅の自宅には、劇場が附置されていたに相違ない。大家が自らの劇場をもつのは、当時の一般的な風調であった。杜擄赤公祖、公祖は知府の別称であるが、本名は杜其初、山東の人で、崇禎八年に就任した(12)とあるから、着任そうそうの知府から慶祝の贈物がとどいたのである。

八月二十日　王金如、鄭九華らがあいついで来訪する。午後、三兄駿佳らとともに、劉念台の北上を見送った。念台先生から用世の学について詢ねられたので、格君が必要であり、主上に敬し信じられ、斡旋自大して一二の事を争執すべきでないなどと答えた。そして、自分は入山終隠の志をもつこともあわせて伝えておいた。

〔注解〕前述のとおり、祁彪佳は劉念台の再出仕に批判的であったかと思われるが、念台が覚悟を決めて北京に赴くに際して、格君つまり君を格すこと、細事に固執して抗争することのないよう、その自重を要請したと解せられる。念台は直言の人として知られていたが、それが災いして、幾度も罰俸や革職、削籍の処分をうけ、「通籍四十五年、立朝わずか四年、在家して強半は教授す(13)」といわれた人物でもあり、これを心配しての忠告であったのであろう。この日に紹興を出発した念台の入京は、翌年正月であった。

八月二十三日　邑大尹が開征比較するを聞く。予のあらゆる輸すべき租税は、すべて完納している。これは士臣の分である。午後、つくった詩餘を録し、春秋半巻を読んだ。

〔注解〕邑大尹とは知県をいうのであろう。開征比較は開坐征税つまり租税を開示して比較すること。誰が幾ら租税を納めたか、あるいは納めるべきかを公示して比較すること。士臣は本地にいる臣僚すなわち郷紳であり、租税を遅滞なく完納することは責務と自覚されていたのである。

八月二十六日　郡試童子の発案が遅れているので、郡公祖（杜其初）に謁しようと出かけたが、張徹藩知県に会えたのみであった。その後、多くの友人知人に会ってから、府学に行って郷賢祠を探したところ、すでに倒壊して草叢と為っていた。誠に嘆かわしく、新しく建てなおそうと思った。

〔注解〕明代の学校試は知県の行う県試、知府の行う府試、各省提学官が各府を巡回して行う院試の三段階制(14)であったが、ここにいうのは府試であったはずである。その発案（成績発表）が遅れていたので、一大事とばかり、試験官である郡公祖＝知府に事情を聞きに出向いたのであろう。発案は、試験官が公平な採点をしたこと、結果を公表して責任をはたしたことを世論に訴える意味をもち、世間の重大な関心事であった。この日、彼が会った多くの友人知人も、発案の遅れを心配して集まった人々であったろう。郷賢祠の再建については、のちに祁彪佳の主導のもとで日の目をみることになる。

八月二十九日　城内の外父を尋ね、舟で帰宅。午後、老母は観劇したが、自分は書斎に閉じこもって杜詩十余首を閲した。

九月一日　午後、楊子常が辞去した後、陳自礬ら諸童子の就試巻を閲した。

〔注解〕陳自礬は日記にしばしばその名があらわれ、友人であったと思われるが、八月二十六日発案予定の府試の受験生であったらしい。就試巻は答案用紙をいうが、遅くれていた発案も、この日までにはすでに行われていたことがうかがえる。

九月二日　弟の象佳とともに府城に赴き、杜知府が「事を以て感憤し去らんと欲す」るのを聞いた。諸紳たちが慰留しようとしていたので、自分も一刺を投じてこれに賛同した。

〔注解〕杜知府が辞任のことを申し出たのは、さきの発案遅延の責任をとろうとする行為であったはずである。それほどの重大事であったことがわかるであろう。

九月三日　昨夜、城内から帰宅の舟中で毛子晋、顧麟士、楊子常らへの書信を認めておいたが、奴子を遣わしてとどけさせた。

〔注解〕毛晋（萬暦二七～順治一六）、原名は鳳苞、子晋は字で、蘇州府常熟県の人である。[15] 代々迎春門外の七星橋に居を構える豪家に生まれ、若くして生員となったが、挙人・進士への途を歩むことなく、蔵書家あるいは出版業者として名をなした人物である。彼の蔵書は多数の宋元版を含んで八万四千冊に及び、汲古閣・目耕楼に収められたが、これを利用して大規模な古書の復刻が試みられ、汲古閣本あるいは毛本とよばれ、経史子集の各部において、今もなお最も重んじられるテキストでありつづけている。この毛子晋と蔵書家である祁彪佳の間に交わされる書簡は、当然、書籍にかかわる内容であったはずである。奴子とは下僕、僮僕をいい、数名の者をかかえていたと思われる。

九月五日　かねて建造中の畫舫が完成した。午後、朱敬御らが来訪したが、俗務多忙を理由に謝絶させてもらった。

九月六日　鄭九華や三兄とともに柯園に出かけ、季父・止祥兄らとあいたずさえて寓山に登った。かねてここに結廬せんとの志をもっているので、三兄とその場所を選定した。以前、林慎日鹺台[16]から蔵書目録を訪求されていたので、これを録して送付した。

九月九日　重陽節。弟の発議により、次兄、三兄、鄭九華らとともに羊山に遊んだ。ついで下方寺、金白山を訪れ、深夜に帰宅したが、老母は寝ねずに待っていてくれた。

〔注解〕いわゆる重陽登高の行楽であった。羊山は別名羊石山、府城の西北三六里にあり、下方山は府城の西北四〇里にあって上方山と連らなり、山中に下方寺が建ち、金白山（金帛山）も西北四三里にあったことなど、乾隆紹興府志巻三・地理志三・山の條に記載されている。

九月十四日　十日から鄭九華の助力をえてすすめていた整書が終了。また、産籍（財産簿籍）を点検して治生の計をたてる。午後、束装して化鹿山に入る。

〔注解〕財産管理は家計運営の根幹にかかわる業務であった。化鹿山には祁氏の墓所があったらしい。日記九月十六日の條に「午間、化鹿山に抵る。予の省墓せざること、已に幾ぼ一載」などとある。

九月十五日　雨。早朝に家廟に謁してから、徳公、季超、止祥ら三兄や友人たちと舟で鑑湖に遊び、午後には顕聖寺に入った。雨で衣服が濡れたが、僧衣に着換えて石雨師と方丈に坐話する。

〔注解〕鑑湖は別名を鏡湖ともよばれ、王羲之、杜甫、陸游らの詩句によっても知られる風光明媚な景勝の地であり、府城の南三里にある。また、顕聖寺は正式には鑑湖顕聖寺といい、城外五里、鍾堰橋の北にあったと、乾隆紹興府志巻三八・祠祀志三にはみえる。

九月十七日　朝、春秋左伝及び胡伝、父親の尺牘を読んだ。

〔注解〕春秋胡伝三十巻。胡安国（宋・神宗熙寧七～南宋・高宗紹興八）の撰。いわゆる三伝の立場とは違って、もっぱら尊王攘夷の主張にもとづいて経文を解釈した著作で、時事を経義によって諷託するところが多いとされている。朱子学者に尊重され、三伝とあわせて、春秋四伝と称せられることもある。

九月二十日　季超兄から宗乘を授けられ、これを読もうした時、急に体調不良を覚えた。午後に発熱したが、そのまま公案教則に無理に目をとおそうとしたため、体力の消耗甚だしく、臥床せざるをえなくなった。

〔注解〕宗乘は別に家乗ともいい、一家あるいは宗族の記録である。公案には公務の案件をいう意味もあるけれども、この場合は、仏祖の開示した禅理を悟了すべき、禅家の問題と解するのが妥当であろう。祁彪佳は仏教にも強い関心をもっていた。

九月二十二日　午後、瘧（マラリア?）が発病した。

九月二十四日　医者王培元が来診した。彼が帰った後、書斎で仕事をしようとしたところ、また寒熱が急におこったので就寝した。

九月二十五日　病中ではあったが、杜知府に復書をとどけ、進退の義を伝えた。奴子に命じて書架から隋史遺文・皇明小説を取って来させて読んだ。

九月二十七日　病中の余暇にまかせて小説を閲覧した。なかでも皇明盛事と觚不觚録などの書によって、自分が典故に明らかであるのを識りえて、うれしかった。

〔注解〕皇明盛事一巻・王世貞撰。觚不觚録一巻・王世貞撰。ともに史部第十三故書類・十二掌故雑記之属に分類されており、俗にいう小説ではない。

九月二十九日　風を避けて部屋にこもって外出せず、邸報を読んだ。晩に鄭九華と約して魚鱗関に赴いて踏荒し、租戸を寛恤した。

〔注解〕病臥中にもかかわらず、しかも夜分に出かけて踏荒＝荒田を実地調査したというのは、よほどの事情があったからであろう。租戸寛恤のことは、十月九日の條にもみえる。魚鱗関の所在は不明。

十月一日　小説を読んで暇をつぶしたが、疲労甚だしく、床に臥す時間だけがながかった。

十月二日　この日も瘧を部屋にこもって避けようとしたが、寒熱の病いはおこらなかった。そこで読書の合間に妻と博奕をして遊んだ。また、抜貢の発表があり、近村の王姓なる者が選ばれたことを聞いた。

〔注解〕博奕については、論語集注に「博、局戯也、奕、囲棊也」とあり、すごろくと囲碁をいい、いずれも消遣の具である。抜貢は生員中の優秀な人材を科挙とは別途に採用する制度で、十二年または六年に一回、学政が特別の試験を行い、候補者（抜貢生）を決定した。通常、府学からは二名、州県学からは一名選ばれたようである。(17)

十月四日　はじめて櫛沐し、書斎を出て兄弟たちと聚談した。たまたま劉廣文が来訪し、府学の郷賢祠の修理を倡議したいと相談があった。

〔注解〕櫛沐は梳沐つまり髪をくしけずり、湯あみすること。廣文は教授の異称であり、府学教授劉某が、祁彪佳自身も心配していた郷賢祠の再建について意見を求めて来たのである。

十月八日　妻の誕生日である。王金如や兄弟たちと紫芝軒で坐談した。晩に書信を謝海観父母にとどけ、里役催科の事を述べ、つとめて比及花戸の説についても言及した。

〔注解〕花戸とは戸籍に登録された人戸のことであり、比及花戸の説の内容は不詳であるが、徭役徴収の業務と関係があるのは間違いない。謝海観は、乾隆紹興府志巻二七・職官志三・県官に記載する、崇禎八年就任の、山陰県知県謝鼎新であろうか。

十月九日　午後、昼寝をすませて、奴子を県の西郷に遣り、歉収の各田の田租を二斗ずつ免除することを伝えさせた。晩には王金如と主敬の学について論じた。

十月十一日　終日登楼して鄭九華と書籍を検点した。たまたま西郷の佃人たちが来たので面会した。

十月十五日　緑（六）竹菴において放生する。来会者多数。この日に新舫が完成する。

〔注解〕祁氏は県の西郷にも佃地を所有していたらしい。放生つまり殺生禁止、生きものの命を救うための行動であり、明末には盛んに行われた。祁彪佳が北京在任中にこれに関心をもったことは、既述のとおりである。年譜崇禎八年乙亥十月の條に「別墅を寓山に築き、終隠の計を為す。山下に水を蓄えて池を為り、放生社を立つ」とあるのは、この日の行事と関係するであろう。

十月十七日　六如師が来訪したので、養心の法を談じた。午後、陳自礜、季超兄と項王里に行き、草堂数間を視察して、寓山に移築して読書の処とすることにした。

〔注解〕項王里は紹興西郊の一村であるが、ここには項王廟が建っていた。西楚の霸王項羽が一時隠れ住んだ地とされる。

十月十九日　初任の地であった甫田県（福建興化府）から学官盧某が来訪。甫田の状況を詢ねてみたが、数年前とは少し様子が違っているらしい。縉紳の多くが凋落してしまったのを聞いて、憮然たる思いに駆られた。

十月二十日　杜知府の要請をうけて舟中で会った。彼にはかねて辞職の意があり、その出処進退は自分が決めると約束していた。彼と別れて彌陀寺に行ったところ、謝道台(18)とたまたま出会ったので、知府の去就について意見を求めた。夜、書を認めて杜・謝の両公にとどけさせた。

十月二十一日　兄弟や友人たちを招き、舟で寓山に赴き、その頂上に登って築園の規画を決定した。気分甚だよし。

〔注解〕この日をもって寓園の基本的設計はほぼ出来あがり、間もなく工事がはじまったと思われる。連日のような寓山通いの幕あけである。

十月二十五日　杜知府が人を遣わし、要路の人に諂う者がいるとして、援助を求めて来たので、郭太薇公祖に一書をとどけさせた。

十月二十七日　数日来、自分に会いたいと申し出る者が絶えず、みな酬報を求めているため、概ね謝絶することとした。妻と寓山に出向いたが、帰途の舟中で体調の不良を感じた。帰宅すると間もなく瘧がおこった。

十月二十八日　杜知府より来信。午後、趙應侯らと小艇に乗って鑑湖に遊び、桐山から新橋に至って引き返した。晩に張介子と張宗子への書簡を認めた。

〔注解〕張宗子、諱は岱、宗子は字であるが、紹興府山陰県の人で、祁氏とは姻戚の間柄にあった。彼の生涯（萬暦二五～康熙二八？）については第六章第二節にあらためて詳述する。張介子はその従弟張萼である。

十一月三日　書簡を李暎碧公祖に致し、張宗子のために屈抑の状を称述した。これより先き、医者は予の心脈の耗竭してすでに極まれるとなし、避客省事すべしというので、門番に命じて来客を断ることにした。ただ尺牘の往来は苦しくともやめるわけにはいかぬから、已むを得ざる場合にのみ応ずることに決めた。

十一月四日　書斎に坐して終日家にこもり、さきに蒐集した詞曲を整理し、彙めて帙をつくった。

十一月六日　書窗は事もなし。邸報と杜詩数行を観る。この日、項王里の銭氏の書舎を寓山に移築した。

十一月七日　沈大来が来訪したので、彼と一緒に寓山に行き、亭謝（榭）の基址を定めた。止祥兄も同道した。

〔注解〕寓園には四十を越す建物があった。亭・榭はともに壁なし吹き抜け構造の庭園建築物をいう。(19) 亭はあずまや、榭は間仕切りなしの比較的大きな家屋で、水辺や花木の側に建てられた。園内に設けられた笛亭、友石榭などがそれに該当する。

十一月十一日　二子を書室で学習させた。午後、季超兄とともに寓山に赴き、少しく卜築の址を改めた。便道にて柯園を過ぎ、季父と舟中に談じた。

〔注解〕二子とは長男同孫、次男理孫をいうが、この時、同孫は十四歳、理孫は六歳であった。いずれも就学年齢をこえており、父親として、彼らの学習指導に意を用いていた証左であろう。

十一月十三日　前日からの降雪がやんだ。兄弟たちと老母を奉じて観雪、柯園に至った。この日、母の顔色ははなはだ麗しく、家庭の楽しみを満喫した。

十一月十四日　冬至。登楼整書し、宗祠を祀ってから、族中の尊長とともに、祁氏の族人のうち、生活を援助すべき家を計り、これを冊に書して歳贍を俟たせることとした。午後、宴会が終了して、鄭九華や兄弟たちと寓山に出かけた。

〔注解〕年譜崇禎八年十一月の條には「十一日、親しく姻党に至り、疾苦し及び貧にして嫁娶殯葬する能わざる者を訪問し、即ちこれを資助す。著して規條を為り、また贍族贍鄰の産約百畝を置き、歳暮には躬自ら散給す」とある。日記には「吾族應助之家」と記すが、年譜には「姻党」とあって、姻戚仲間を含んだらしいことを推測させる。さらに「贍族、贍鄰」とあるから、救済の範囲は族人から近隣にも及んだと理解すべきであろう。いわゆる郷紳の家は家訓の類をもち、宗族内部の相互扶助をはかるのが常態であったことについては、すでに明らかにしたとおりである。

十一月十六日　雨甚だしく、外出しようと思ったが、できなかった。

十一月二十一日　大霧がやがて晴たので、葉瑛石、鄭九華と舟で柯園に行き、少休して寓山に至った。ついで新橋から項王里をへて秋湖に赴き、跨湖橋[20]下で一泊した。

十一月二十二日　暁起櫛沐してから天鏡園に抵り、その亭榭の最も勝れたところをゆっくりと観てまわった。昼食後、さらに舟を進め、表勝菴、水鋸山房を訪れ、蘭蕩から雙渓港に至って一泊した。

〔注解〕天鏡園は府城の南門外一里ばかりの蘭蕩にあり、「越中諸園、此を推して冠と為す」と祁彪佳自身が評する、張氏所有の名園であった。また、表勝菴、水鋸山房についても、彼は紹介の文をのこしている。[21]二十一日から二十五日早暁に帰宅するまでの五日間、庭園探訪の旅がつづくのである。

十一月二十三日　雨は少しやんだが、風はすこぶる強い。舟で樵風涇に行き馮氏の荘（松舫）を、ついで南して宜園を訪れ、禹陵に至った。しかし、風ますます強く、雪模様となったので城内に引き返えし、曲池に遊んだ後、舟中一泊した。

〔注解〕松舫・宜園については、越中園亭記之三・城南の條に、曲池に関しては亭記之二・城内の條にそれぞれ記述がある。禹陵は大禹廟とよばれ、府城の東南十二里の地にあったと、乾隆紹興府志巻三六・祠廟志・壇廟の項にみえる。

十一月二十四日　天気がやや回復した。友人らと快園に遊び、砎園、梯仙谷を訪れた。午後、帰宅しようし、日没が迫っているにもかかわらず、天荘、竹素と楽志の両園にまで足をのばした。舟にもどって、この数日間に遊んだ諸園についての文章を書こうとしたけれども、半分くらいにとどまった。

〔注解〕快園は府城内、龍山の麓にあった張宗子（岱）の住居である。その瑯嬛文集巻二に「快園記」をおさめるが、祁彪佳の越中園亭記之二・城内の條にも取りあげられている。砎園、梯仙谷（蒼霞谷）、天荘、竹素園、楽志園についても、紹介の記述がみえる。いずれも、府城内の園亭である。

十一月二十五日　早暁に帰宅。この日、贍族の冊（贍族簿）に序文を書いた。

〔注解〕前掲十一月十四日の條にみえる贍族と関わり、新たにつくられた簿冊の序文を認めたと解せられる。歳贍の体制が條文化されたということであろう。

十一月二十六日　杜知府の出立を見送ろうとしたが、すでに出立したと聞いて帰宅した。夜、優人が畫中人記を演ずるのを鑑賞した。

〔注解〕杜知府の辞任については紆余曲折があり、慰留の意向もなくはなかったが、彼はこの日に紹興を去ったらしい。畫中人記は呉炳（字は石渠、江蘇宜興県の人で萬暦四七年の進士）の作で、唐人の小説「真真」を換骨奪胎し、また、湯顕祖の還魂記を模倣するところが多いと評されている戯曲(22)である。

十一月二十八日　大風が吹き寒気も厳しかったため、寓山の工事は中止。戸を閉して書簡を認めた。

十一月三十日　季超兄、鄭九華と寓山に出向いた。完成した堂を寓山草堂、亭を太古、斎を詠帰と名付けたが、園にはとくに命名せず、旧のままに寓山とよぶことにした。対聯には杜甫の「高枕乃吾廬」と自作の「掃石聴長松」の詩句を用いた。杜甫の詩句は陳自譽が探してくれたものである。

〔注解〕杜甫の重過何氏五首（五言律詩）の第一首、その第四句に「高枕乃吾廬」とある。一方、自作とする「掃石聴長松」の句は、祁彪佳集巻九・詩に載せる作品のなかには見当らない。あえて類似の句を求めるならば、笛亭と題する五言律詩の第七句「臥聴松石上」が、それに当るであろうか。詠帰斎は志帰斎ともよばれている。

十二月一日　鄭九華と寓山に行く。築山をつくろうと試みたが、気に入らず、密園から一峯を移すことにした。工役を視察して、夕刻に帰宅する。

十二月三日　寓山の工事を視察する。この日、長廊が出来あがった。

〔注解〕詠帰斎（志帰斎）から、右は寓山草堂に、左は笛亭に至る長廊である。園内には曲廊が幾つもあったが、この長廊からの眺望はとくに秀れていたようで、一部は酣漱廊とよばれていた。荒井健・前掲論文の寓山平面図を参照されたい。

十二月五日　別に石工を募って進めていた築山の工事が、ほぼ半分ほど完成した。

十二月八日　雨。季父が居を移すについて、同道して新居まで行った。その後、王雲岫が来たので、季父とともに彌陀寺に出向いて放生した。これを聞きつけて、多数の人が集まって来たが、雲岫と二人で資金を出しあい、多数の魚を水に放った。

十二月十二日　午後、張宗子の宅に赴き、陶虎渓とともに林自名公祖を邀えて、雙紅記を観劇した。公祖が辞去してから、虎渓・宗子と痛飲したところ、夜半に河魚の疾を覚え、七転八倒の苦しみを味合った。

〔注解〕雙紅記は作者不詳であるが、ほぼ萬暦年間に成った戯曲とされている。(23) 河魚之疾とは河魚腹疾ともいい、いわゆるハラクダリである。林自名公祖は知県林逢春であろう。

十二月十三日　優人を呼んで水滸記を演じさせ、老母を奉養した。午後、鄭九華と寓山に至り、薄暮に季超兄と同舟帰宅する。

〔注解〕水滸記、(24) 作者は許自昌、字は玄祐、蘇州府呉県の人で、萬暦年間を生きた。この作品は小説の水滸伝にもとづいたもので、その第十三回から二十回までの内容と大差はない。

十二月十五日　数名の友人に書信を送った。そのうち、應霞城への返信は、彼が福建地方の利病を詢ねて来たのに対し、かねて聞知していた甫陽の一・二事を以て答えとする内容である。

十二月十七日　暮春のような暖かな一日であった。止祥兄らと胡青蓮の有清園に遊んだ。夕刻、郭公祖と会ったが、席上では「郷兵を散じ、及び私税を撤する事」が話題となったが、甚だ詳知するところであった。

〔注解〕有清園は城内、種山の西に在り、主人は胡青蓮であった。祁彪佳の所感は「規制は新異にして、皆な夷の思う所に匪らず」[25]であった。郭公祖は前出の郭太薇公祖と同一人物であろうが、散兵と撤税はいずれも地方行政の要件であったのであろう。

十二月十九日　午後、金楚畹の家に郭公祖を招いて、千金記を演じさせた。たまたま、老母に小恙有りとのこと

を知って帰宅する。

〔注解〕金楚畹、諱は蘭、山陰県の人で同学の士である。[26]千金記。沈采、字は練川の作で、韓信の事蹟を主と

し、項羽の行状をあわせ、劉邦の王業達成を背景とする戯曲である。千金とは、韓信が項羽の首に千金の賞を懸

けたのに由来するという。

十二月二十一日　同孫・理孫の二児に時芸と古文辞を学ばせた。

〔注解〕時芸つまり時文は、科挙の課す文章及び詩賦、いわゆる八股文であり、古文辞は古文辞学、嘉靖年間

に李攀龍や王世貞らが提唱した修辞的文学をいう。科挙を目指して、子弟の教育に熱心であったことを示す記述

である。

十二月二十三日　宗祠において贍族銀を支給した。これで貧者も生活できるとして、感謝の気持が伝わって来た。

午後、寓山に行き、杜甫の浣花草堂詩を閲し、寓山卜築の近体詩を擬作しようと試みたが、果せなかった。

十二月二十四日　舟で近村に赴き、貧窶の者に銭米を給した。時に風雨おおいにおこり、ずぶ濡れとなったのを

見て、同行者が慰めの言葉を口にしたので、「彼ら饑えて食無く、寒なれど衣無し。其の苦は予に百倍せず乎」と

応じておいた。

〔注解〕十一月十四日に定められた歳贍の計にもとづく、二日にわたる贍族と贍隣の活動である。以後、毎年、歳末には欠かさず実践され、貧者への同情に変化は生じていない。

十二月二十八日　雨。金楚畹に書簡を致し、茘枝と盆石を餽送した。

〔注解〕長物志巻十一・蔬果・茘枝によれば、茘枝は果物として珍重されたばかりでなく、文人たちの作詩文の対象であったという。また、同書巻二・花木・盆玩には、盆石は霊璧・英石西山に産するのが上物で、それ以外は数のうちに入らないとある。いずれも、文人あるいは士大夫の私的生活の楽しみとして、欠くことのできない充足根拠であった。

十二月二十九日　恒産を治理した。それについて季超兄に言ったのは、「此れ升斗の計を以てすべからず。恒産を藉して方めて恒心有り。直ちに善を為すの資と謂うて可なる耳」であった。

〔注解〕恒産つまり安定的財産を維持管理することは、恒心をもち、善事を為すための基本條件であるとの認識を、祁氏一族がもっていたことを示す記述であろう。当時、「勤倹好施」は美徳であり善事であると意識されていたのである。

十二月三十日　朝から寓山に行く。夜、子供たちの鳴らす爆竹の声を聞いて、不覚にも老年の将に至ろうとしているの感じた。燈下に除夕の詩をつくった。

〔注解〕この年、祁彪佳は三十四歳であった。

二

崇禎九年

正月一日　五鼓（午前四時）に起床。家廟に謁し神宇に詣でる。拈香して帰り、元旦の七律をつくった。午後、桐山及び梅里に至って展墓した。

正月二日　族中の尊長を拝し、諸兄とともに王雲岫らを訪問する。午後にも近村をめぐって親友たちを訪ね、晩に帰宅する。

正月三日　城内に赴き外父の家に行く。昼食後に文廟に謁し、何人かの知人に会ってから、西郭門を出て舟で帰宅する。

〔注解〕文廟は府学の内にあった。府学は府城南門の東北の地を占めていた。西郭門は俗称で、正しくは迎思門といい、府城の西門にあたると乾隆紹興府志巻七・建置志・城池には記す。

正月四日　梵通師が来訪し、季父と釈典を講究した。午後、舟に懸燈して老母と楽しんだ。

〔注解〕上元の日を中心とする前後の数日間、家々に提燈を飾って祝う習慣は、古く唐代以来つづいていたが、明代でも盛んに行われた。北京では燈市とよばれたが、紹興でも燈節と称し、海内に自慢できる風景であったと、張岱の陶庵夢憶巻六・紹興燈には、誇らしげに記されている。

正月八日　六竹菴において放生社を挙行する。諸友はみな集まった。散会の後、寓山に留まって卜築する。
正月十二日　文昌社を挙行する。終会に先立って驢馬に跨って帰る。寓山卜築の七律を作る。
〔注解〕文昌社は浙東地方を中心とする東林系の文社であり、崇禎五年頃に結成され、復社の傘下にあったらしい。劉宗周（念台）の講学を介して、東林の学問の影響をうけた文社の一つである。[28]
正月十四日　石雨師が来訪、坐談の後、ともに寓山に赴く。午後、一族の尊長、子弟を迎えて酣飲の限りを尽くした。遊覧の人々は観燈を楽しんで肩を触れあい、太平の光景が認められた。
正月十五日　畹蘭を手植し、これと書斎に対坐した。幽人と相い対し、また豪華の羨むべきを知らぬ思いであった。午後、小憩の後、戯れに燈謎を楽しんだ。夜には観燈の人々が大勢繰り出して足の踏み場もないくらいであった。
〔注解〕畹蘭は蘭の一種で、田に生えている蘭をいう。蘭は清恬雅緻の花として、文人・士人の愛好するところであった。[29]燈謎は燈籠の謎判じ。燈籠をかけ、それに謎を題し、解けた人は答を紙片に書いて下に貼りつける遊びであり、元宵前後の五夜に行われたという。[30]
正月十八日　喩醒拙公祖に書を致し、流賊渡江の報が本当かどうか、詢ねるとともに、田土丈量の挙を力止した。
正月十九日　秦教授の書信をえたところ、吾郷郷賢の姓名を示し祠宇を建てるについての意見が記されていた。返書を認め謝意を表しておいた。族中の両兄が来たので、里役の費を示した。自分は知県と相談して里役を革めようと思っている。午後、寓山に行く。郭公祖から来信あり、退休の話がもちこまれたので、今、地方は流寇の脅威にさらされ、震鄰払衣の状況にあるから、その時期ではないと返事した。よって修禦の策を話しあいたいと思う。

正月二十二日　狂風に見舞われた。午後、少しく恒産の籍を整理した。

正月二十三日　毛子晉らが来訪し、銭牧斎と王康宇の書信をとどけてくれた。子晉は自刻の甲乙集、孝経注疏など数本を恵与してくれた。彼と舟で柯園に遊び、帰って淡（澹）生堂で小酌し、夜は紫芝軒に宿泊してもらった。

〔注解〕汲古閣主人毛晉との密接な交遊を伝える記述である。銭謙益（萬暦一〇～康熙三）、字は受之、号は牧斎、萬暦三八年の進士で礼部侍郎となったが、政府に批判的であったため不遇であった。明朝滅亡後、南京に福王を擁立したが清朝に降伏、二朝に仕えた不忠の臣と非難される人物である。しかし、詩人としては呉偉業と並称され、学者としても業績をのこす一方、蔵書家として知られ、絳雲楼書目を今に伝えている。その彼とも祁彪佳は交友関係をもったようであるが、多分、書物との関わりが主であったかと思われる。王康宇については調べがつかない。

正月二十五日　朱茂如に会い、北京の近状を詢ね、はじめて今上が政府を廷簡されたことを知った。

〔注解〕「今上廷簡政府事」とは、前年十月、崇禎帝が己れを罪する詔を降したことをいうのであろうか。明史巻二三・荘烈帝本紀には「冬十月庚辰、詔を下して己を罪し、武英殿に辟居し、減膳撤楽して、将士と甘苦を同じくするを示す」とある。

正月二十七日　寓山に至る。纍石の作業がようやく緒についた。

正月二十八日　雷雨、時におこり時に止む。外出して蕭山・嵊・諸曁三県の知事に会おうとしたが、いずれも適わず、また、餘姚の知県にも会えなかった。張介子・張宗子と矸園に行き、許公祖を招いて水滸記を観た。

〔注解〕砎園は城内の龍山のかたわらにあり、張肅之先生が晩年に開園したという。(31) 張肅之は張介子らの祖父張汝霖で、萬暦二十三年の進士、福建按察司副使などに任じたが、天啓二年に病気で帰郷していた。

二月一日　張宗子らを激えて、快園、兼葭園、響屧亭、瑞蓮亭などを訪れた。その後、舟で陸氏の園に至ったが、すでに荒蕪して久しいものがあった。

〔注解〕快園、兼葭園はともに城内に設けられていた。陸氏の園は陸游（宋・徽宗宣和七～南宋・寧宗嘉定三）曾遊の庭園であったかと思われるが、詳しい所在は不明。陸游、字は務観、号は放翁、紹興山陰県の人で、南宋第一の詩人と称せられている。その邸宅は府城の西九里の三山、地名西村にあり、(32) 彼の読書処として書巣とよばれる旧蹟がのこっていた。(33) 祁彪佳集巻九には陸宣公祠と題する七律一首がおさめられている。

二月三日　府学の教授に会い、学内に設けられた郷賢祠を改修する件を相談した。

二月五日　城内に赴く舟中で春秋左伝及び杜詩を読んだ。朱教授と郷賢祠のことについて意見を交換した。

二月七日　寓山に出かけ、石工の仕事の会計をした。

二月八日　雨、翁艾弟と寓山に行き、潘鳴岐らの到着を待ち、六竹庵で食事してから放生した。

二月十一日　時に里中では丈田のことが噂になっていた。自分の考えでは騒擾の種となりかねないので、公書を記して当局に中止するよう要請した。夜、王金如と燭下で対話した。

二月十二日　早朝に起床。王金如に稽首して、昨夜の教言に感謝した。これより彼を先生と称し、弟子の礼を執ることとした。

二月十四日　老母が嘔吐の病いを発したので、医者の王培元に来診してもらった。

二月十五日　小舟で城内に行く。城隍廟で両県（会稽・山陰）の知県に会い、丈田は不便であると力言して帰宅。飯後に樛木園に遊び、花を数種買って帰る。

〔注解〕城隍廟は正式には城隍顯寧廟といったようで、城内臥龍山の西南に古くから建っていた[34]。樛木園も城内にあり、「旁に地有り百畝ばかり、皆な桑桂を植ゆ」と越中園亭記之二に記すから、花木の生産地であったと思われる。

二月十九日　何芝田と寓山に行く。午後には翠屏山記を観賞し、夜は父親の文集を攷訂した。

〔注解〕翠屏山記は蘇州呉県の人である沈自晉、字は長康の作。水滸伝に登場する楊雄と石秀を主人公とする。当時にあっては最新の戯曲であった[35]。

二月二十日　入城の舟中で春秋半帙と杜詩数首を閲する。陸放翁祠を弔せんとしたが、先客がいて入ることができなかった。

〔注解〕陸放翁祠は鑑湖上にあったと乾隆紹興府志巻三七・祠祀志二・祠にいうが、城内にもあったらしい。

二月二十一日　何芝田と寓山に行き、奴子たちを督して、花に水をやり竹を植えさせた。

二月二十二日　陳自譽、何芝田と約し、寓山に社を開こうとしたが、雨が降ってきたので中止。午後、馮養重が売却しようとする書籍を閲覧して、太乙六壬諸抄本を入手した。いずれも頗る珍本である。

〔注解〕社は文昌社であったか、それとも放生社であったか、どちらかであったと思われるが、状況からみて、多分、前者であったろう。放生社は八日に開催されるのが慣例であったからである。太乙とは太乙経、六壬は六壬神定経をいうのであろうか。ともに術数類に属するが、蒐書に熱心であった日常がうかがえよう。

二月二十四日　柯園に行き、淑母（季父の妻）を見舞う。暇になったので書室に坐し、童子に命じて池中の積草を薙かしめ、新荷を植えさせた。

〔注解〕新荷は新しい荷（はす）であるが、これも文人・士人が喜愛する植物で、庭園の池には常に植えられていた。(36)

二月二十五日　寓山に行き、老人たちと田陌の間を歩いて平疇の光景を目にし、田家の楽しみを識った。

二月二十六日　自家の糧額を会計しようとしていたら、趙應侯が来訪した。何芝田に桜桃数本を乞うた。

〔注解〕桜桃は果実を食用とするさくらの一種、あるいはその実（さくらんぼ）をいう。寓山に植えるために求めたのであろう。

三月一日　兄弟たちと柯園、寓山、ついで七星岩に遊び、清水宕に観魚した。この日は清明にあたり、踏青の俗にあたる遊行であった。

〔注解〕観魚は朱魚すなわち金魚の類を鑑賞することであり、長物志巻四・禽魚にも観魚の項がたてられている。踏青は清明の日に家々は挿柳し、人々は墓参、あるいは郊外に行楽する習慣を指す。萬暦会稽県志巻三・風俗・清明、あるいは張岱・陶庵夢憶巻一・越俗掃墓の条に、その光景が紹介されている。

三月三日　妻は実家に出かけたが、家にのこって家務を処理した。その後、徳公兄らと舟で周遊した。

三月四日　柯園に赴き、文載弟が抜貢生として都にのぼるのを見送った。午後、山陰・会稽両県の知県に会い、挙酌の日を相談した。

〔注解〕文載弟は堂弟祁熊佳であるが、この日に抜貢生として出京した彼は、同年に挙人、崇禎十三年には進士となり、福建南平県の知県などに任じている。彼に祁忠敏公行実の作があることを附記しておく。

三月五日　はや起きして怡園に遊び、午後には何芝田と蘭亭に遊んだ。山道のため輿馬は使えず、ほとんど歩きとおしたが、疲労は感じなかった。帰りの舟中で重遊蘭亭七律をつくった。

〔注解〕怡園は城南の小隠山下にあり、宋代からつづく庭園で、明末にあっても勝弈亭、瑟瑟池がのこっていた。(37) 蘭亭は府城の西南二十七里にあり、王羲之が名士四十一人を会して酒宴を催した有名な旧蹟である。(38)

三月十日　荘前より化鹿山に入り、父の墓に参拝した。その死からすでに数年がたったけれども、哀慕の思いは尽きない。

〔注解〕父親祁承㸁は崇禎元年十一月一日になくなっている。六十六歳であった。

三月十二日　莆田の旧友鄭学閔らが北京からの帰途に立ち寄ってくれた。また、蘇州での書役であった顧某が来訪した。西楼記を観る。

〔注解〕莆田県は祁彪佳初任の地である福建興化府の属県である。西楼記は蘇州呉県の人である袁于令、字は令昭の作であるが、作者の自叙伝とも称せられ、天啓年間に成ったと考えられている。[39]

三月十四日　家事の始末をつけ、人事に応接して、薄午になっても終了せず、心は頗る厭恨の情に満たされた。夜は門を閉して、父の吏牘を読んだ。

三月十六日　ようやく天候が回復する。翁艾弟と白洋に赴き、朱士服の碧園に遊んだ。花筵賺記を観る。夕方から雨が激しくなって舟中に宿泊した。

〔注解〕碧園は白洋鎮（紹興西北三十里）に朱士服が海に面してつくった庭園で、[40]杭州湾をのぞむ眺望は大観と評判であった。白洋鎮は旧暦八月中秋の頃、銭塘江の高潮、いわゆる浙江潮をみる名所でもあった。花筵賺記は范文若、字は荀鴨、松江府の人の代表作とされ、晋の温嶠の玉鏡台の故事にもとづく。[41]

三月十九日　微雨。楞厳経を読む。

三月二十一日　葉瑛石らと柯園に行き、季父、止祥兄と寓山に遊ぶ。纍石の工事が終って帰宅する。

三月二十六日　薄暮に舟で出発、天楽郷をへて柯橋鎮を過ぎ、徐義士碑なるものを読んだ。義士の弟が虎に傷つけられたので、徐義士はこれを追撃し、弟を取りもどして帰ったのを顕彰して道傍に建てられた碑である。舟は夜中も進みつづけた。

三月二十七日　終日舟旅びがつづいた。

三月二十九日　二十六日からの周遊の旅を終えて午後に帰宅。路皓月が使者をもって呉中の利弊を尋ねて来たので、清訟、清賦、甦役、除悪の四款を数千字に綴って返答した。この三日間の旅行中、夜は春秋を読んで、ほぼ半分を読み終った。

〔注解〕路皓月（萬暦一八～順治六）諱は振飛、字は見白、皓月は別号である。河北曲周県の人、天啓五年の進士で、魏忠賢や周延儒には組せず、その意味においては、祁彪佳と志を同じくする人物であった。また崇禎九年当時、蘇松巡按の職にあり、彪佳の後任者といえようが、明史巻二七六の伝に「已にして振飛は蘇松に按たり。請いて輸布、収銀、白糧、収兌の四大患を除き、民困以て蘇える」と記すのは、この日の彪佳の返書と関わりがあるはずである。明朝滅亡後は福建の唐王に仕え高官となったが、間もなく病没した。彼の三男路澤濃が顧炎武の世僕殺害事件をめぐって処分軽減に奔走したことは、前文に触れたところである。

四月三日　舟で鏡圃と淡園に遊ぶ。以前、邊秀才なる者がよく搏虎すると聞いていたので、許公祖に推薦して偏裨の選に充ててもらった。

〔注解〕鏡圃と淡園はいずれも城南、鑑湖の周辺につくられた庭園である。搏虎とは虎を手で打ちとるほどの勇気、偏裨は一方の将（裨将）をいう。

四月四日　帰宅の後、陶石染先生ほかの友人が集まり、席上、士君子たる者の立身功名は、当に致君澤民こそが課題であり、徒らに利禄によって起見すべきでないことが話しあわれた。劉念台先生の召對記注を読むをえて、互いに致君の難きを嘆いた次第である。

〔注解〕陶石梁先生は、年譜崇禎三年の条に「是の歳、劉念台・陶石梁ら諸君子と体用の学を講ず」と記す人物である。乾隆紹興府志巻五二・人物志一二・理学に伝を載せる。陶石梁、諱は奭齢、字は君奭、石梁は号で、会稽県の人、礼部尚書陶承学の第四子。兄の陶望齢（萬暦一七年の探花進士）とともに、「講学を以て名あり」と、明史巻二一六・陶望齢伝には附記されているが、文章にも巧みで、袁中郎と親交があったという。題名から考えて、召對記注は天子に召されて奉答するのに関わる文章であろうが、劉宗周文集（全六冊・浙江古籍出版社）にはそれらしいものは見当らない。

四月五日　舟で陶石梁先生を迎え、王金如らと寓山に遊んだ。この日の暑さはまさに盛夏そのものであった。夕食後、陶先生と心学の旨を窮究したところ、先生の答えは「静参相勉」であった。

四月七日　在官中に諸友から贈られた扇頭五百余柄を選別した。午後、性理を閲した。朱子のいうところと、私見は理についてやや異同があったので、これを王金如に質してみたが、その返答は頗る首肯できるものであった。

〔注解〕扇頭は摺畳扇あるいは聚頭扇、つまり、扇子（せんす）をいう。日本式のせんすは、北宋時代に伝えられたらしいが、明代後半、十五世紀の末頃から普及しはじめ、非常に高価なものであったから[42]、官僚たちの贈答の品として広く使われたのであろう。

四月八日　兄弟諸友と寓山に赴き、放生会を行った。ついで友人たちを六竹菴に集め、伊蒲供を享した。その後、密園で石雨師に会い、赤子入井の一段を質問したが、議論は夜までつづいた。

〔注解〕伊蒲供は仏事にかかわる食事のこと。赤子入井の一段とは、孟子・公孫丑篇第二の「今、人、乍かに孺子の井に入らんとするを見れば、みな怵惕惻隠の心有り」を指すはずであり、これをめぐる議論が夜になってようやく罷んだのである。

四月九日　石雨師と別れる。俗務が立て込み静課が妨げられるのを恐れ、はやめに処理することとした。

四月十日　王金如や季超兄らと、寓山において静課を開始する。

四月十一日　喧熱流汗。楞厳経を閲み、七處徵心の旨を究めようとした。
四月十二日　雨。王金如が来たり、静究心体をめぐる議論をしたが、彼の質問には対応できなかった。
四月十四日　石雨師と楞厳経を披閲したが、師の講解は諸説と異なるところがある。
四月十六日　心と万物が同体であるとする解釈について、王金如とは食い違いがある。
四月十七日　諸兄と静課を撤した。

〔注解〕俗務を処理しておいて、四月十日からはじまった静課が終了したことを告げている。この八日間の記述からすると、静課とは静謐に努める課業と解せられるが、この間に取りあげられたのは、もっぱら仏典であり、心学であった。楞厳経は心性の本体を闡明にする経典で、祁彪佳がこれを毎日のように読み、時に誦していたことは、日記の随所に記されており、仏教と深く結びついていたことが知られよう。

四月十九日　王金如らが帰ったので、書窗は事無く、酣睡して頗る爽快である。
四月二十一日　鄭九華と寓山に行き、午後には舟で宝城寺、ついで恒圃を訪れた。
四月二十五日　午後、楞厳経を閲む。また、曾謙甫らのつくった越中名園詩賦を検する。
四月二十八日　寓山に至り、松下を開いて斜めに路を開き、一山の景勝をえた気持になった。午後、止祥兄らが来て構閣の場所について相談に応じてくれた。
四月二十九日　寓山に行き、しばらく横になっていたので、爽やかな気持になった。春秋を読む。
五月一日　府城に赴き李暎碧公祖に晤い、八壩の私税を革めること、府学の郷賢祠を建てることを進言した。公祖からも、衛軍の改折、上供の差解、劣等生員の豫考について意見を求められた。いずれも地方の急務である。舟で帰る。

〔注解〕八壩が地名であるか、それとも八つの壩（堰）であるのかは不明。ただ、いずれにせよ、水運の要所にあたる壩や堰で、その啓閉を口実に、銀銭が私的に徴収されていたのであろう。地方官憲と政務についての意見交換を頻繁に行なっていたことを明らかにする。

五月三日　雨。午後になって瘧（マラリア）が発病したが、暮には治まった。

五月四日　病のため外出せず、家務を勉理した。たまたま財産争いをする者があり、自分を誑らかそうとしたので、これを調停してやったところ、感泣して帰って行った。

〔注解〕郷紳とよばれる人たちが、紛争の調停を含む、郷村の裁判事務を代行担当したことは、広く知られている。郷紳とはいえないが、糧長クラスでもそうであったことは、たとえば、何良俊・四友斎叢説巻一三などにも、その実例が記されている。

五月五日　兄弟たちと書室で閒談していたら瘧が再発し、蒲觴をあげることができなかった。かくして、佳節は眼前を過ぎてしまった。

〔注解〕この日は端午の節句にあたり、紹興地方では蒲觴（菖蒲酒の盃）を吸みかわす習慣があったことが、萬曆会稽県志巻三・風俗にみえる。

五月六日　瘧は治ったが体調は不良。ために終日、書室に臥して陽明語録を読んだ。季超兄から念仏数息の法を教えられ、力をえた思いである。

五月七日　午後、里中では戯曲が上演され、観客は大騒ぎしていたが、自分は書室に静坐して息を潜めるばかりであった。

〔注解〕一流とはいえない旅まわりの雑劇一座が訪れ、人々が大挙して観劇にでかける風習は、紹興地方においては、すでに南宋時代以来のものであったが[43]、この日のことも、それを継承する事態であったはずである。乾隆紹興府志巻一八・風俗の条に附載する禁令に「禁演唱夜戲」の一項が含まれているのも、こうした社会状況にもとづくと考えられる。

五月十一日　雨。文載弟から報告があり、廷試第五位で合格したことを知った。

〔注解〕抜貢生として北京に出た文載弟（祁熊佳）は、朝考または廷試という試験を受け、優秀な成績で合格したのである。彼らはとくに本省の郷試の代りに順天郷試に赴く便宜を許される規定[44]があった。

五月十二日　王雲岫らと寓山に出かけ、卜築の計を相談した。この日、学官四人が商賈二十余人と一緒に来て、八覇私税を条革してくれたと謝意を表したが、自分としては甚だ羞ずかしい思いであった。

五月十三日　鄭九華と寓山に行き、友石榭を建てる場所を決めた。午後、関神を祀って演戯した。

〔注解〕友石榭は園主自ら庭園鑑賞の目玉として挙げた四十九景の一つであり、これも景の一つで、自慢の冷雲石を眺め対座する位置に設けられ、来客の必ず立ち寄るべき場所とされた[45]。友石（石を友とする）とは、奇石を人間なみに扱った、宋の米芾の故事にもとづくが、寓園の見所はまず石であり、太湖石をはじめとして、幾つもの石が随処に配置されていた。冷雲石は最も愛着をよせるところであった。命名者は周又新であったらしい。

五月十六日　雨。午後には晴れたので寓山に至った。族内に訴訟事案をもって求訴する者があり、彼らをともなって柯園に行き、止祥兄と会った。

五月十七日　王雅夷に書信をとどけて建蘭を乞うた。また、金乳生に草花数本を求めた。

〔注解〕ふつう蘭は一茎一花であるが、建蘭は福建産の、秋咲き一茎数花の、高級品種として珍重された(46)。蘭や菊の栽培には、古くからそれぞれの方式があり、時に応じて園丁に命令し、仕事ぶりを見守るのも、幽居の人の務めであると、文震亨は教えている。

五月十八日　雨。童子に北窓を掃除させて避暑する。午後、楞厳経を読む。

五月二十日　晴。鄭九華と寓山に行ったが、長子（同孫）が出痘（天然痘、俗に天花という）したと聞き、急遽帰宅する。午後に楞厳経を読み、夜は杜詩を閲する。

五月二十二日　鄭九華と寓山に行く。午後医者の周敬蘭が来診して、同孫の痘瘡は非常に重症だと説明した。

五月二十三日　寓山には行かず、家にとどまって同孫のために治薬したが、病状は危篤状態で、一家をあげて惶々たる有様であった。しかし、自分一人は坦然としておれたが、それは学問によって力をえたからであろうか。夜に医者陶藤生が来診してくれた。

五月二十四日　医者凌少廣が来診、陶藤生と同じ診断であった。午後には周敬蘭と金素行が来たが、見立ては凌少廣と同じであった。ただ、馬性聚だけは診断が違い、涼剤ではなく、熱剤を用いるべしと力説し、李明初もそれを支持したので、李・馬両名の処方を採用することとした。

五日二十五日　同孫の症状がやや回復し、温補の效を確信した。午後、王少石が来診したが、李・馬の説と一致したので、はじめて涼薬服用の誤まりを知った。李明初は西学に従事しており、季超兄と弁難すること果しなかった。

〔注解〕西学は西洋医学と解すべきであろうか。マテオ・リッチらの渡航以来、すでに五十年を経過しており、西洋の医学を学ぶ者がいても不思議ではなかろう。

五月二十六日　王・李・馬先生らによると、同孫は痘起り気血が不足しているので、もはや措置なしとの見立てであった。間もなく三人の医者は帰って行った。晩に朱清宇が来診し、病状が少し回復したように見えた。この数日間、夜中に屡々目を覚まし、体の疲労は激しかったが、心はいささかも取り乱したりはしなかった。

五月二十七日　李・馬両先生が、痘疹に精しい謝爰諏をともなって来診してくれた。王少石と下薬について斟酌したところ、全員の意見は完全に一致した。

五月二十八日　同孫に温補の剤を服用させたところ、脾詠は頓りに傷つき、瀉泄はたちまち下ったので驚愕した。これによって生存の望は絶たれた。医者たちは皆、辞去した。

五月二十九日　未刻（午後一〜二時）同孫死去。雷雨にわかに至る。

五月三十日　無迹師が来訪する。季超兄らと先兄の厝所に行き、亡児の棺を置く場所を選定した。親友たちが弔問に来てくれたが、眃達に過ごすよう慰めてくれる者もあった。しかし、自分としては、児女の情については毎に有余あるに苦しみ、父母の情については毎に不足するに苦しんでいる。これを矯してこそ、猶お未だ失正と為さずと考えている。

〔注解〕先兄は長兄祁麟佳、字は元孺、府学生員をいうが、死去の年月は不明である。ただし、崇禎八年七月一日の、祁彪佳帰郷の宴席に出席していないところから察すると、その死はこれより以前のこととみるべきであろうが、柩のまま喪期を待っていたのである。なお、亡くなった同孫は、伯父麟佳の後嗣であった。

六月一日　朱氏家礼にしたがって、亡児同孫の喪儀をとり行なった。午後、柯園に行き、ついで止祥兄らと寓山に出かける。

〔注解〕明史巻四七・礼志に「永楽中、文公家礼を天下に頒つ」とあり、これより政府の方針にもとづいて、家礼は広く民間に普及することになった。朱子家礼・喪礼・成服の条には「凡そ年十九より十六に至るを長殤と爲す」とあるから、十六歳でなくなった同孫（天啓元～崇禎九）は、長殤（上殤）の礼をもって喪送されたのである。

六月二日　弔問者多し。

六月三日　一文を草して亡児を哭した。

六日四日　僧侶を招いて亡児のために仏事を行う。

六月五日　亡児の棺を先兄と兄嫁の旁に殯りした。午後、寓山に行って建閣の場所をトした。

六月六日　張太羹から董玄宰の書いた扁額がとどけられた。酷暑の連続すること三日となる。

〔注解〕喪儀と仏事がつづく間にも、寓山へ行くのをやめなかったのは、造園への情熱を示すのであろうか。祁彪佳は董玄宰（其昌）の書に関心をもっていた。

六月八日　暑熱の一日であった。寓山で放生社を挙行する。晩に妻と畫舫で納涼する。

六月九日　王金如と施薬の事を議し、燈下に募薬条款九条を起稿した。

〔注解〕年譜崇禎九年の条に「六月疫あり。其の昆仲を倡して相に医薬局を郡城の光相寺に設け、療治すること万余人に近し」と記すが、この年、春から夏にかけて、紹興地方では疫病が蔓延して多数の死者がでた。同孫も犠牲者の一人であったに相違ないが、この事態に対処すべく、祁彪佳ら兄弟は率先して救済にのりだしたのである。この間の事情は、祁彪佳集巻二の施薬紀事や施薬縁起に詳しいが、それらによれば、医薬局の設置は前日の放生会において王金如が発議したようで、九日執筆の施（募）薬条款九条もまた、同巻に全文が記載されていて、活動の内容は明らかである。(47) 光相寺の正式名称は光相禅院である。

六日十日　寓山から帰って、王金如と施薬のことをまた相談した。

六月十四日　季超兄と城内に赴き、越中の名医十人を招いて小酌し、彼らと訂約して、毎日二人に輪番で薬局に勤務してもらうことにした。午後になって、王金如がもう二人の医師をつれて来たので、彼らとも訂約した。

六月十五日　寓山に小閣を建てようと、はじめて上樑したが、鄭九華と同行して工事を視察した。

六月十八日　雨。医書を抜き書きして薬局に送付した。この日、季父が来訪して、祁家の名を騙って人を詐いた者があるのを知らされ、怒りがおさまらず、ただちに書信を認めて知県に訴えた。

六月十九日　翁艾弟と薬局に行ってみたが、診察を求める者がひきもきらず、午後にもう一度、薬局を訪ねて帰宅する。

六月二十日　王雲岫らに書簡をとどけ、募薬の資金の援助を要請した。

〔注解〕前掲の施薬紀事によれば、薬局の経費ははじめ、祁氏兄弟が拠出した基金にたよっていたが、たちまち底をつき、広く友人たちの義捐を求めて運営されるにいたった。趣旨に賛同して、遠近の友人が多数これに応じているが、その際、王金如の尽力がとくに目立ったようである。

六月二十三日　妻は長男を失ったのが影響したか、出産がはやまりそうな気配となった。夜に医者銭心繹をよんで、宿泊してもらうこととした。

六月二十四日　午刻に女子誕生する。午後には鄭九華と寓山に行く。王豫安が書いてくれた「静者軒」の扁額がとどいた。

〔注解〕祁彪佳は三男四女をもうけたが、この日に生まれたのは長女の祁徳淵（字は弢英）である。母親とともに詩作をよくした。静者軒は園内の西山（寓山）に設けられたが、この付近には「仁寿の気」がみなぎっているとして、かく命名された[48]。論語・雍也篇の「仁者は静なり」に絡ませたのである。

六月二十七日　寓山から帰り、郷賢祠再建のための公札を書いた。午後に大雨あり。翁艾弟が佃農を告発したが、彼らの農事を奪うのを心配して、調停することにした。訴訟はそのままおさまった。

六月二十八日　城内に入って薬局を訪れた。王金如らと会った。夜になって舟で帰宅。張介子に書簡をおくり、広く薬資を募るについて協力を求めた。

〔注解〕地主と佃戸の争いを調停するよう、時に要請されることがあったが、いずれもほぼ成功している。彼の威信を示すであろう。張介子らも薬局の経営に協力したと思われる。

三

七月二日　午後、王友六ら七人が来訪し、俗中爭鬪の事を訴えてきた。

〔注解〕俗中爭鬪の事が具体的にいかなる案件かは不明であるが、世俗のもめごとであるのは間違いなく、その調停役を郷紳の務めとして、引き受けさせられていたのであろう。

七月五日　たまたま張宗子が来て、陳章侯の書いた聯扁を提供し、寓園の修築について指点してくれた。とくに山林の景勝を増すための意見であった。

〔注解〕陳章侯（萬暦二七～順治九）、諱は洪綬、字は章侯、老蓮と号し、紹興府諸曁県の人で、明末清初を代表とする画人である。最も得意としたのは人物画であったという。その伝は朱彝尊の崔子思陳洪綬合伝（曝書亭集巻六四）などにみえる。

七月六日　天啓四年郷試の解元である林衍明が来訪する。王朝鑰が肖像画を書いてくれた。

〔注解〕王朝鑰は甫田の山人と紹介され、七月三日から滞在していた。画家であったらしい。

七月七日　寓山に行き、魯酒（薄酒）をもって工匠たちの労をねぎらった。午後、兄弟や鄭九華、王朝鑰らと晝舫で独山湖に遊んだ。

七月八日　来訪した友人を寓山に接待し、放生社の友人をまじえて、六竹菴で食事する。来客が帰った後、鄭九華と静者軒で休息した。

七月十日　王朝鍴に妻の肖像を書いてもらった。酷暑は六月初旬のようであった。

七月十一日　再び王朝鍴に妻の肖像を畫いてもらう。張太羹、楊龍友に書信をおくり、龍友の書扁を求め、さらに陳眉公のものを転乞した。

〔注解〕張太羹、楊龍友については不明、陳眉公は陳継儒で明史巻二九八に伝をもつ。陳継儒（嘉靖三七～崇禎一二）、字は仲醇、号は眉公、松江府華亭県の人で、幼少の頃から才能を評され生員となったが、仕進を求めず處士としての生活に終始した。経史諸子の学問に通じ、詩文書画をともによくしたが、とくに文人画にすぐれ、名声は江湖にとどろいていた。

七月十五日　午後、周又新らが訪れたので、寓山でもてなした。寓山図及び詩を贈った。これに対して、客は唐句を集めて、対聯をつくってくれた。

〔注解〕寓山図（上下）は、祁彪佳自ら編集した寓山志三冊（尊経閣文庫蔵）のはじめにおさめられているという(49)。また、寓山をうたった詩詞数編は、祁彪佳集巻九にみることができる。

七月十六日　入城して鄭九華が郷試に赴くのを見送る。その後、薬局に行って医者たちに会って報謝した。王金如ら諸友と談じあった。

七月十七日　林聖禎が松江から来訪して、張太羹被評の事を伝えてくれた。事情は詳知した。

〔注解〕日記には張太羹の名はすでに記されているけれども、被評の事件については、全く知るところがない。

七月二十日　雨、止祥兄らと寓山に行き、ささやかな宴席をもうけて、王朝鑰が福建に帰るのを餞別した。

七月二十一日　寓山に行き、次子理孫の読書を監督した、ついで柯園において季父の長壽を祝った。

〔注解〕祁理孫は天啓七年正月の誕生であるから、この年、十歳であった。つまり、経書の学問に励むべき年齢であり、父親たる者、子弟の教育に疎かであってはならなかったのである。

七月二十二日　雨。府城から帰る頃、やっと天気が回復し、景色が一段と澄みわたった。独りで衆香を楽しんだ。

〔注解〕心を清らかに、快くしてくれるものとして、香りの効用は古くから知られていたが、品質最高と認められたのは沈香であった。[50]また、香りを焚くには定法があり、士君子の嗜みとして、その日常生活に欠くことができないと理解されてもいた。これと関連して、香炉や香合にも関心が寄せられた[51]のは、いうまでもない。

七月二十三日　兩児（次子理孫、三子班孫）をつれて寓山に行く。この日はじめて、爛柯山房の基址を確定した。

〔注解〕爛柯山房は園内の西山に、静者軒や寓山草堂などとつながり合って建てられた。その名稱は、晉の王質が仙人の碁をうつのを見ているうちに、携えていた斧の柄が腐るほどの時間が過ぎてしまったという、任昉の述異記に記す故事にもとずく。囲碁の趣味をもつ故の命名であろう。山房からの眺望は遠くにまで及び、四十九景のうち最高のものであると、園主自身が語っている。[52]

七月二十七日　寓山に行く。山中の纍石がようやく完成の域に到達した。

七月二十八日　午後、医師銭心繹が来て、妻を診察してくれた。晩には王金如らと小酌しながら、薬局のことを相談して詳知した。

八月二日　妻と寓山に行った。この日に石二枚を手に入れた。その玲瓏たるさまは観るべく、当に米顚の拝に下すべきである。

〔注解〕米顚は石を友として拝した、宋の米芾をかく称したのであり、この日に入手した石は米芾に見せてもよいほどのもので、おおいに気に入ったということであろう。寓園の見所はまず石とされ、その蒐集と配置にはとくに留意していたようである。

八月三日　邸報を読んで、奴虜の勢力は逞しく、その行動がすばやいことを知った。

〔注解〕奴虜とは満洲族をさすはずで、彼らの北辺での動きが活発化しているのを知ったということであろう。遠く離れていても、王朝の命運は常に気がかりであった。

八月四日　寓山に赴いて工役を監督し、汚泥を掃除させた。動員したのは六・七十人、築室はついに告竣せんとしている。

八月六日　雨。爛柯山房が建つ。

八月八日　暑熱は夏の如し。放生社を挙行する。午後に微雨あり、寓山にて読書する。

八月十二日　寓山から域内に至り、便道をとって薬局を訪れた。ついで銭麟武らに会って奴警のことを尋ねた。

八月十三日　王太公祖の新任を祝って帰宅。太医凌敬泉ら八人を招いた。陪席したのは張介子、王金如、季超兄であった。この日、周又新が来訪し、かねて楊龍友に依頼していた、彼自作の画、対聯、そして陳眉公の扁額がとどけられた。

〔注解〕前掲七月十一日の條に記した事柄が、周又新（府学教授）の仲介で、すべて成就したということであろう。ほぼ一ヶ月を要した計算になる。

八月十四日　会稽県の二人の衙官が来たので、地方の事情を詢ねたところ、憂慮を抱かざるをえなかった。その後、驢馬に跨って客を訪ねてから薬局に行った。ついで友人らと舟に乗り、陶石梁先生を迎えて青田湖に至り、放生社を開催した。参会者は薬局に関係をもつか、證人社にかかわる友人たちであった。

〔注解〕青田湖は山陰県の西郷にあったと、乾隆紹興府志巻十四、水利志にみえる。證人社は劉宗周が主宰していた講学の会であり、劉宗周文集第二冊、語類十四に、證文会約がおさめられている。

八月十七日　王雲岫を訪問し、北京の状況を聞いたが、甚だしく杞人の憂を抱くことになった。

八月十八日　書室に坐して、新収の書物を分類した。およそ三十余種。高皇帝（太祖洪武帝）の御製文集を閲するを得た。午後、寓山に行き、春秋を読んだ。

八月二十日　この日、施薬紀事(53)を書き終えた。

〔注解〕六月八日の発議をうけて設置された医薬局の運営について、祁彪佳ら兄弟は尽力していたが、この日をもって、関連の記事は日記から消える。業務が一段落したからであろうか。

八月二十三日　秋分にあたり、時祭（四季の祭）をとり行う。

八月二十四日　寓山に赴いて扁額を懸げた。書信を李子木に送り、北京の虜状及び自分の身の処し方について意見を求めた。

〔注解〕李子木、諱は模、蘇州府太倉州の人、天啓五年の進士であるが、親しい友人の一人であり、当時は北京にいて、有力な情報の提供者であった。

八月二十六日　この日、浙江郷試の合格発表があった。

〔注解〕七月十六日に祁彪佳に見送られて出発した鄭九華が合格したかどうか、明らかではない。おそらく、不合格であったのではないか。

八月二十八日　書架の書物を整理した。妻と寓山に行き、重建融光寺橋碑記を書いた。

〔注解〕この碑記は祁彪佳集には収録されていない。融光寺は府城の西三十里にあり、柯橋寺とも俗称された(54)というが、融光寺橋はその門前あたりに架けられていたのであろう。

九月一日　早朝に舟で出発。途中で王金如らを迎えた。この日の行程は十数里ばかり、風雨にあって舟中で宿泊する破目となり、竈がないので餅餌で饑を凌ぐほかなかった。

九月四日　微雨。趙應侯が季超兄と證人社に出かけたが、自分は行をともにしなかった。寓山に至り、終日独坐して春秋を読む。ついに全巻を読了した。

九月五日　妻と両児をともなって寓山に行く。彼らが帰宅してからも一人とどまり、石工の経費を計算した。

九月七日　微雨。寓山に行って花木を植えた。帰宅して午睡からさめ、春秋左氏伝を読み、全巻を読みおえた。

九月九日　重陽の節句、徳公兄らと登高の会をもよおす。

九月十一日　朱仲含らを招いて拝月記を演じる。席半ばにして寓山に出遊、暮れに来客と別れた。

〔注解〕拝月記は拝月亭であろう。拝月亭。元末の無名氏の撰、のち明人の改刪を経たとされ、琵琶記と並列される南戯（南曲）の傑作で、金人蔣世隆と陀満興福を主人公とする。(55)

九月十二日　午後、驢馬に跨がって寓山に行き、荘奴を督して花木を植えさせた。この日、王雲岫が来て天竹（南天）数珠を恵与された。

九月十三日　季超兄らと舟で城内に赴き、望仙橋から歩いて陽明洞を探訪しようとしたが、草木が隠蔽しており、そのうえ日没も迫ってきたので、目的を達せずに帰る。

〔注解〕陽明洞(56)は城内の宛委山にあり、王陽明が刑部主事で帰郷した時、洞側に廬を結んだのにちなんで名付けられた。陽明講学の處である。

九月十四日　肩輿で化鹿山に行き、父の墓に詣でた。そこへの道すがら、渓岸が崩れていたので、資金を捐助して修復することにした。

九月十五日　午後、舟で府城に出向いた。その舟中で杜詩を読み、開元の時事に思いを致し、今見る如く、虜騎が縦横し、人民が塗炭の苦しみを味合っている現状を慨嘆せざるをえなかった。

九月十六日　王雲岫を訪れたところ、卜築に興味をもつ彼は、亭榭を建てる處を教示してくれた。園林の景勝をつくるのに役立つはずである。

九月十七日　銭宏中が来訪して、有名人の画扇を幾点も贈呈された。少しく恒産（世業・田畝）を分別整理した。
九月十九日　鄭九華と寓山に至り、荘奴を督して桃を堤に植えた。
〔注解〕堤は園の内堤である踏香堤であろうか。桃は仙木で、よく百鬼を制すといわれ、また、植えて林になると、武陵桃源の風情をもたらすとして、とくに池の辺りに多く植えるのを善しとされた(57)。
九月二十一日　早朝より舟で城内に入り、陸放翁祠で小憩して快園に行く。書食後に府学に赴き、教官たちと郷賢祠を建てる場所を視察した。
九月二十二日　葉暎石に書信をとどけ、郷賢祠のことについて意見を求めた。終日、書室にこもって詩経を読んだ。
九月二十三日　鄭九華と寓山に行き、完璞師と奕棋をしたが、勝負は決着がつかなかった。晩に王文成公（陽明）語録を読んだ。
九月二十四日　入城して府学に行き、鄭九華らと郷賢祠のことを相談した。舟で帰宅し諸園小記を書いた。
九月二十七日　林自名（公祖）が来訪する。終日歓談したが、蒲田の新合格者が十七人であること、奴虜が出口したことなどを聞いた。
九月二十九日　鄭九華と寓山に至り、暇にまかせて楞厳経を読んだ。晩には帰宅、謝知県に書信を致して郷賢祠のことに言及した。知縣がその営建について、工匠を動員しようとしているのに対し、これを止めさせようと考えたからである。
十月一日　午後、妻と寓山に行く。この日から中庸を読みはじめる。
十月二日　周又新ら府学の三教授が酒を携えて来訪し、食事をともにする。わが家の料理人の献立を柴芝軒で食した後、柯園、ついで寓山の遠閣に酌して、暮れに別れた。席上、山東地方で士子の騒動があったと聞いた。

〔注解〕遠閣は寓山草堂や静者軒などとともに、山上の建築群を形成するが、その最上層にあって、眺望は四十九景のなかでも最大の見所とされていた。六月十五日の條に、小閣上樑の掲載があるが、そこにいう小閣はこの遠閣を指す。山東士子の騒動については不明。

十月三日　入城して府学に至り、郷賢祠の再建を相談し、十一日に起工することを議した。帰途の舟中で園記を作り、詩経を読んだ。

〔注解〕郷賢祠を捐修することはすでに合意されていたが、着工の日が決定したということである。園記はおそらく、越中園亭記であろう。

十月五日　妻と寓山に行く。午後、中庸を読む。先日講学された陶石梁先生の説に質問があったので、問難一則を書いて王金如先生に詢ねてみた。

十月六日　鄭九華と寓山に行き、杜詩と楞厳経を読んだ。女性の游覧者が甚だ多かった。午後に帰宅して文成（王陽明）語録を読んだ。

〔注解〕寓園はなお工事中であったが、すでに一般に公開されていたのであろうか。これ以後、遊園者の記事は時々みられるようになる。

十月七日　薄暮に妻と寓山に行き、爛柯山房に宿した。

十月八日　妻の誕生日にあたり、放生社の社友が多数集まって、挙社以来の盛況となった。午後、邇密師と因果と気質の異同、省事収心の要を談じた。夜、燈火を山中にかかげ、妻とこれを眺めて楽しんだ。
十月十三日　止祥兄らと城内に赴き、郷賢祠に出向いて工事を視察した。
十月十四日　鄭九華とともに先賢の祀典に入れる者を確定した。現に神位を存するものの、志書に遺失する者の多いのを明らかにして、ひそかに補挙の意をあらわすためである。夜、帰宅してから、郷賢のことを張九山と相談した。
〔注解〕新しく建てられる郷賢祠に列祠されるべき人の選定に、おおいに意を用いたことを示すであろう。
十月十六日　鄭九華と寓山に行き読書したが、午後になって妻が子供たちをつれて来たため、杜詩数首を読むにとどまった。この日、はじめて鑿池築堤の地を規畫した。
〔注解〕寓山（寓園）は基本的には、いわゆる廻遊式庭園であるが、園の入口のある東側は水路乃至河川に面しており、そこに譲鴎池（南池）とよばれる池があった。また、その真ん中を突き抜けるように踏香堤が築かれ、西湖の蘇堤・白堤のようであったらしい。これら池堤の設計が完了したということである。(58)
十月十九日　入城して郷賢祠に至り、工事の進捗状況を視察した。
十月二十日　雨。午後、上方山に行って砿工を督造し、舟中に宿泊した。詩経三十余篇を読んだ。
〔注解〕上方山は府城の西北四十里にあり、山中に上方寺が建つ。砿工を督造するとは、年譜崇禎九年十一月の條に「長兄元孺を上方山に葬り、親しく工役を董す」とあるのに対応する。砿工は壙工の意であろう。長兄元孺、諱は麟佳、府学の生員であったが早逝した。四種の戯曲（うち一種が現存）の作者であることが判明[59]している。

十月二十二日　鄭九華や季超兄らと、子供たちをともなって寓山に行く。たまたま、盗人がいて無跡師の放生の資を盗む事件があったが、犯人を捕え改行従善を諭して帰らせる。

十月二十三日　夜、文載弟が順天郷試に合格（解元）したとの知らせをうけとった。

〔注解〕文載弟は堂弟祁熊佳であり、この年三月四日に紹興を出立し、郷試受験のために北京へ赴いていた。郷試は八月に実施され、合格発表は九月であるが、この日に捷報がとどいたということであろう。

十月二十五日　雨。前日から上方山にいて砿工を視察していたが、午後に降雨が激しくなったので、作業を中止して舟で帰宅する。季父と文載弟の合格を祝して小酌した。

〔注解〕季父とは叔父祁承勳（字は爾雅）であり、祁熊佳の父で、陝西布政司都事に任じたこと[60]がある。

十月二十七日　趙伯章らと寓山に行き、かねて鄭九華と計画していた、山下に池を鑿る工事に着手する。

〔注解〕前述のとおり、十月十六日に作図規畫したのにもとづき、池つまり譲鴎池（南池）の開鑿がはじまったのである。

十一月一日　亡父の諱日である。文載弟が演戯を挙行したが、あえて鑑賞しなかった。門人の郭介菴が来訪した。

十一月三日　文載弟が竪旗する。午後にまた、彼は宴会を開いて戯曲を演じさせた。

〔注解〕めでたく挙人となって帰郷した文載弟は、連日のように祝賀の行事をつづけたのであろう。竪旗とは、挙人となったことを大書した旗を立てるのをいうが、王世貞の觚不觚録や沈徳符の萬暦野獲編巻一六・旗竿の條に、そのことは詳記されている。清代の事例ではあるが、新挙人には、牌坊銀あるいは旗匾銀が下附され、その栄誉を稱えたことが知られている。

十一月四日　鄭九華と寓山に行き、ついで趙呦仲の硯園に遊んだ。午後には上方山に行って、墳工を取り仕切った。暮の帰舟のなかで、王文成公の横水三浰之略を読んだが、先生用兵の神なること、古今に罕見するのに感嘆した。

〔注解〕硯園は城北にあり、園主趙呦仲は詩文を能くしたという。(61) 横水三浰之略と題する文章は、王陽明文集などには見当たらないが、巻一六に「提督南贛軍勢、征横水桶岡三浰」と注記して収録する四〇編の公移の類であったと思われる。正徳一二・一三年の間、江西・福建・広東・湖南省境の「流賊」を討伐した「軍功」に関わる記録であろう。

十一月五日　周又新から文石一枚を贈られた。そこで「袖海」の二字を書いて返礼としてとどけさせた。蘇東坡の詩句からとったのである。午後、鄭九華、止祥兄と囲碁を楽しんだ。

〔注解〕文石は文理ある石、瑪瑙の異稱であり、書斎に数点置くのが雅であるとされたようである。(62)「袖海」は蘇東坡の「文登蓬萊閣下石壁千丈……且作詩遺垂慈堂老人」と題する五言排律（全集巻一八）の句、「我攜（持）此石去（帰）、袖中有東海」にもとづく。この詩は、東海の波浪に洗われた石を持ち帰っての作であり、寓山注には「袖海」と稱する石室があったことが記載されている。

十一月六日　先兄（祁麟佳）と兄嫁の柩を遷して上方山に運び、舟中に宿泊する。
十一月七日　寅刻（午前三～五時）、先兄と兄嫁、そして殤児を葬むった。弔客たちが帰ってから、季超兄と舟で帰宅する。
〔注解〕六月五日から先兄たちの柩の旁に殯りしておいた亡児同孫の棺を、先兄・兄嫁のそれとともに、十月二十日に着工した壙工を終えて、上方山の墓地に葬むったのである。同孫は先兄の後嗣となっていたから、一緒に葬ったのであろう。
十一月九日　兄弟たちと拝墓する。午後に上方山の頂上に登り、拱星菴に遊んだが、なかに純陽（唐の呂洞賓）の像が祀られていた。
十一月十日　王雲岫が桐山に築園しようとしたところ、載某なる者がこれと争う事件がおこったため、兄弟たちと桐山に出掛けて調停し、これに成功した。雲岫宅で小酌の後、寓山にいたり、荘奴を率いて桃李を植えた。また捜石して奇峭なるものを見つけ、心から嬉しかった。
十一月十一日　俗務を処理してから寓山に行き、晩に帰宅してから、再び石工を会計した。
十一月十二日　妻と城内に行き、府学に至って郷賢祠の工事を視察した。外父の家で食事をした後、童五莱を招いて診脈してもらった。
十一月十四日　寓山に池を鑿るべく、この日に起工する。
十一月十五日　寓山に設齋して、彌密・歴然・無量・無跡・一純・体量の六人の禅師を招いて対坐する。兄弟たちも同席する。
十一月十六日　文載弟が登科を謝して祭祖する。午後に寓山に至り、晩に鄭九華・趙應侯・季超兄らと舟で紹興府城に行き、王金如を待ったが来らず、やむをえず、舟旅に出発する。

十一月十七日　明け方に東関を過ぎた。

〔注解〕この日から二十三日まで、友人たちとの舟旅を楽しむことになる。「剡渓の遊」として計画された旅であった。ちなみに、剡渓は紹興府属の会稽・上虞両県の域を流れる曹娥江の上流を指し、晉の王子猷が雪の夜に載逵を訪うた所として知られ、別名を載渓ともいう(63)。この数日間、景勝の地を巡り、各地の旧蹟、庭園、寺観をたずね、何人もの人士に会っている。

十一月二十四日　府城に出向いて羅和陽公祖に会い、府学に足をのばして、郷賢祠の工事を視察した。

十一月二十五日　冬至節である。祖先の祭りを終えてから、瞻族の資を会計した。この日、周玄中薦師から書信がとどいたが、自分に出山を勧める内容であった。

〔注解〕乾隆紹興府志巻一八・物産志・風俗の條には、当地方の冬至について「祀先するに餛飩また或いは晏飲す。然れども拝賀せず」とある。餛飩は蒸し饅頭の類、晏飲は安らかな飲食をいうであろうから、ごくささやかな行事であったと思われる。瞻族の資は、歳末近くなって、貧しい同族の生活を救護するための資金であるが、すでに言及したとおり、帰郷直後の前年十一月には規條をつくり、田百畝を置いているから、準備は整っていた。周玄中については不詳、薦師は先生あるいは推薦人をいうから、そうした関係にある人物であったろうが、その人から官界への復帰を慫慂されたのである。

十一月二十七日　微雨。この日から北面池を鑿り、東西の長堤を築く工事に着手する。

〔注解〕北面池は前述讓鴎池の北半分をいい、この池を南北に二分するのが東西の長堤つまり踏香堤である。

十一月二十八日　族中の兄弟姪輩六人を招き、寓山で酒を楽しみ夕方に散じた。家中で演戯して老母に進奉した。

十一月二十九日　朝早くに夏履橋に行き、そこから肩輿で資壽山に赴いた。天気は三春の如くで、山間の梅花は満開であった。登科した文載弟のために墓旁に竪旗し、舟で帰宅する。

〔注解〕夏履橋は県西八十里にあり、そこまで舟に乗り、ついで肩輿をもって資壽山に行ったのである。資壽山には資壽教寺（県西百四十里）があり、晉代からつづく名刹(64)であったという。

十二月一日　雨。鄭九華と寓山に往き、工事を監督した。後には書室に静坐して詩経を読んだ。

十二月二日　鄭九華と鄉賢祠に行き、府学の秦教授と工役の経費を会計した。細かいところまで点験したので、晩になってようやく終了した。帰宅して入祠知単（案内状）と祭亭儀注を配布した。

十二月四日　秦教授からの書信を受け取り、王麗青公祖に書信をとどけ、鄉賢祠の費用について捐助を要請した。

十二月六日　鄉賢祠が完工した。

十二月八日　午後、鄉賢祠に行き、銓次して諸賢の神位を列べた。晩に一揭をつくり、先賢の祀典を攷正したところ、合祀すべき者は七十餘人であった。しかし、なお遺賢未挙の者が数人あり、当事者に検討することを依頼した。

十二月九日　鄉賢祠に至り、室宇を掃除した。規制はすでに煥然たるを覚えた。

十二月十日　朝、鄉賢祠に行った。諸賢の子孫たちが神位を迎入した。紳衿が雲集して一時の盛典となった。祭事が終了し、率先して事に当たられたとして、自分に感謝の意を表する人があったが、それには及ばないことを愧じた。諸礼が終わって散会した。

〔注解〕帰郷直後の崇禎八月二十六日に郷賢祠の再建を思い立ってから、一年数ヶ月の歳月をへて、祁彪佳の宿願は達せられた。とくに、この十日間はほとんどこれに没頭した感があり、その労苦を多とする人がいても、当然であったといえるであろう。

十二月十二日　風寒し。寓山に行き、爛柯山房に坐して、王陽明先生語録を読んだ。帰って季父と夜談した。

十二月十三日　寓山に行ったが、風雨激しくて帰宅。午睡の後に詩経を読んだ。以前、周無執なる者が兄弟喧嘩のことで一札をもたらしていたので、書簡を認めて争いをやめさせた。

十二月十四日　終日、大風が吹き荒れ、午後には雪までが降った。箱中の書籍を取りだし、かつて読んだものは架上に別置した。経子史部にわたって十餘種にのぼったが、記憶しているものなく、愧かしい思いであった。

十二月十六日　王金如に書信をとどけ、劉念台先生夫人の喪儀に賻贈した。風烈しく、寓山に行こうとしたが、途中から引き返した。

十二月十八日　寓山に行こうとしたが、結氷のために舟が進まず、断念して柯園に至って帰宅。晩に中庸を読んだ。

十二月十九日　里書（村役人）に命じて戸籍を会計させた。寓山に行き、陽明語録を読み終えた。子供たちを督励して読書させた。

十二月二十一日　城内に入って劉念台夫人を弔問した。

十二月二十三日　入城して劉念台夫人の喪儀に列席し、祭品を供えた。

〔注解〕劉念台夫人章氏は、夫に先きんじて亡くなったが、劉念台の墓に合葬されている。念台の墓は会稽県の下蒋の原にあると伝えられている[65]。なお、夫人死去の時、念台先生は北京にいたと思われる。

十二月二十四日　贍族銀を族中の貧窮者に分配した。

十二月二十六日　社廟に至り、米を近村の貧者に施散した。

〔注解〕同族あるいは近隣の生活困窮者の救済は、歳末恒例の行事の一つであった。これも郷紳たる者、あるいは同族の長の責務と意識されていたはずである。

十二月二十九日　向未刻するところの書板を分別する。牧津西事案の類は、これを架上に収蔵することとする。燈下に杜詩を読了した。

〔注解〕牧津西事案は、父親祁承爜の著書の一つである。詳細については、黄裳の祁承爜家書跋（中華文史論叢・一九八四・四）を参照されたい。

十二月三十日　披閲した書籍を選別して笥中におさめた。袁石公の瓶史および山林経済の籍を読んだ。午後、妻と寓山に行き、燈下に除夕五律をつくった。

〔注解〕袁石公の瓶史とは、袁宏道（隆慶二～萬暦三八）の撰する瓶史一巻をいう。瓶花あるいは挿花、生け花について論じた書である。瓶花は宋代以降に盛んとなり、瓶への関心を含めて、いわゆる風流趣味のうちに数えられた。山林経済の籍については不明。

四

崇禎十年

正月一日　家廟に粛謁し、同族の幼長みな集まって新年を祝賀する。ついで土神祠と彌陀寺に参謁し、二・三の近隣を訪問して帰る。午後、小憩して族内の尊長に年賀を述べる。元旦七古の詩一首をつくる。

正月二日　祖先の墓に詣でる。小舟にて寓山に行ったが、遊覧の人々が群がり集まっていた。

正月七日　妻と寓山に行き、王式弓舅死難忠烈伝を書く。午後、趙應侯が来訪、二人で山石を捜剔して、甚だ愉快であった。

〔注解〕王式弓舅死難忠烈伝がいかなるものか、題名からその内容は想像できるが、祁彪佳集には所載されておらず、詳しいことは不明である。王式弓なる人物は、母親王氏の兄弟であろうか。

正月九日　朝、商宅（商夫人の実家）に赴き、外父（商周祚）の寿を祝う。午後、商外兄や張介子と入市観燈した。晩酌の後、介子と同牀に臥した。

〔注解〕商外兄は夫人商氏の兄であろうが、人物像は不明。張介子は張萼で、張岱の堂弟にあたり、特異な性格であったことが知られている。(66) この日の行楽は、いわゆる上元観燈であった。

正月十日　老母を迎えて府城にはいり、春事を観覧した。張介子らと商八兄の躍雷館に行き、収蔵されている鼎彝などを観賞、ついで金乳生の家（亦園）に行って観花する。かくして春事は終了した。

〔注解〕春事は春興の諸行事のこと。商八兄は躍雷館の主人であるが、越中園亭記之二の、躍雷館の條に「商羽川は城東に構堂して半野と曰う……。」と記す人物であろう。いずれにせよ、商氏の一族であるのは間違いない。躍雷館は城内東部にあり、商八兄の蒐集した古銅器類を収納する施設であったと思われる。玉器、銅器、窯器、彫刻（漆器を含む彫り物細工）が、士大夫たちの好む古美術品であったことは、長物志巻七・器具の條に詳しい記載がある。また、金乳生が草花の栽培で知られていたことは、越中園亭記巻二の亦園、張岱・陶庵夢憶巻二の金乳生草花に記載がある。

正月十二日　文昌神を祀る。寓山に行き、晩に王雲岫と同舟したところ、途中で他舟と接触、舟中の器物はすべて傾圮した。そばにいた人々は怒りをぶちまけたが、自分は笑って釈してやった。

〔注解〕文昌神は別に文昌帝君、梓潼帝君ともいう道教の神で、文昌府のこと、および人間の禄籍のことを掌るとされる。なお、年譜は、両舟接触の事故は正月一日に発生したとするが、日記の記述のとおり、この日のこととすべきであろう。

正月十五日　老母と寓山に至り、小路を掃除して遊客を待ったところ、終日、士女は行列をつくり、喧声は市の如くであった。園亭もまた空前の盛況を呈した。張禹門が来訪し、府学の秦教授から花火の恵贈があった。

正月十八日　寓山に行き、ささやかな宴会を催したが、席上、張禹門が奇術を披露してくれた。彼の演法は画屏から二人の美女を出し、手を携えて同行し、出るかと思えばたちまち入るといった具合であった。

〔注解〕張禹門はいわゆる奇術師であり、こうした人物を宴席に招くのも、郷紳の日常生活の楽しみであったといえようか。

正月二十日　微雨。寓山に行き、南北の両池を開くこと各一丈、洗石は高かだかと水崖に壁峙して、園内の景色は一段と佳くなった。

正月二十一日　老母が肺気の病いを患い、劇痛をともなったので、終夜、付き添った。

正月二十三日　寓山に行き、桃数百本を堤上に植えた。帰って病む老母に侍した。数日つづいていた歯痛が、この日さらに劇しくなった。

正月二十六日　歯痛はややややわらいだ。季超兄と寓山に行った。僧侶の無迹が繋珠菴を建てたについて、姚同伯の孫たちが境界を争う一件が生じたが、季超兄とこれを調停し、両者ともに懽然として和解してくれた。

正月二十八日　寓山に行く。友人の馮、謝両人が来て、家奴李六の不法の事を訴え出た。それを聞いて怒りが収まらず、朴責したうえで、家法にしたがって李六を追放した。この処分が過酷であるという者があらわれたけれども、自分の考えは変らず、親族たる故の庇護を禁ずべしとして、矯枉を疑わなかっただけである。

〔注解〕家奴を親族に含めていたことが、この一件で明らかにされている。それが個人的な考え方であったのか、それとも一般的な風潮であったのか、にわかには断定できないが、少くとも祁彪佳自身は家奴を一族の構成員と認めていたといえるであろう。親族であるが故の、厳しい追放処分であった。

正月二十九日　終日、寓山にいた。工匠を督率して、瞬時も休まず、仕事の手を止めることがなかった。わずかに杜詩数首を読むにとどまった。

二月一日　大霧。視界ゼロにもかかわらず、寓山には遊人が絶えなかった。家奴に命じて、竹を山下に植えさせた。

二月五日　雨止む。昌安門から府城に入り、白馬山房において、王金如とともに、劉念台先生とお会いした。その後、一人で淇園に遊び表海亭に登った。帰途の舟中で王龍谿語録を読んだ。

〔注解〕昌安門は紹興府城の北門にあたる。白馬山房は城内蕺山の東北にあり、劉念台、陶石梁両先生の講学の地であった。(67) この時期、劉先生は夫人の死去をうけて帰郷していたと思われる。淇園は城内蕺山の背後にあり、所有者は王峨雲であった。表海亭も蕺山の山頂に建っていた。

二月七日　商家の外姑や老母たちが、寓山に来遊したので、茶を立てて接待した。時に婦女の遊覧があまりに多いので、繋珠菴に退避した。

二月八日　放生社を挙行したが、数名の新しい参加者があった。この日、奴子を督して桑を南園に植えた。晩に劉念台先生から来信があり、間架の税は頗る民を病ましめるものであるから、このことを当事者に告げよとのことであった。先生の仁民の熱意を知り、深く嘆服した。燈下に杜詩全首を読み終えたが、一昨年七月にはじめてから一年八ヶ月をかけ、ようやく完了した。自ら怠慢ここに至るを愧じる。

〔注解〕間架の税とは、間架の大小によって課せられる税金、つまり家屋税をいうが、その新設が話題になっていたのであろう。劉先生はこれに反対であった。

二月九日　府城に赴き、闕人孟公祖に会って間架税のことを商権して、当事者の愛民の真意を知った。ついで白馬山房に至ったところ、陶石梁らも集まっていたが、王金如と劉念台先生に間架商権のことを報告した。

〔注解〕劉先生の要請をうけ、翌日そうそうに行動をおこしたのは、事柄が民生と深く関わっていたからであろう。日記の文面からすると、間架税の件は一応中止されたかと思われる。

二月十四日　寓園に行き、桃李を幽風圃に植えた。家奴に盗竊のことがあり、一旦帰宅してこれを質した。

二月十五日　微雨。終日、寓山にいた。読易居と水明廊が完成した。

〔注解〕水明廊は寓園の玄関口にあたり、そこから読易居を通って、園池の対岸へと向うのがコースであった。いずれも四十九景の一つに数えられている(68)。

二月十七日　この日、叔父は止祥兄と文載弟が春闈を受験するについて、二絶をつくったのに和して、自分もまた五絶をつくった。

〔注解〕春闈は会試の雅名であるが、ともに挙人であった叔父の二子は、この年の会試に応じたのであった。ただし、両人ともにこの時は不合格であった。

二月二十日　王金如と寓山に行った。彼はこの私が土木を盛飾するのを殊に憚ばず、晩に手書をよこして、親友の負君、負親、負己の行為を諫止できないでいる己れを、自ら愧じると伝えてきた。これを読んで、さらに負友の責めを自覚し、惶悚の思いに耐えられなかった。

二月二十一日　鄭九華と刑塘に出向き、廃屋数間を買い求め、豊荘に構堂しようと考えた。これを四負堂と命名して、自らの過ちを識すこととした。夜、戯劇を観賞する。

〔注解〕ここ両日の出来事と関連して、年譜崇禎十年二月の條には「王金如、投書相規して謂う。泉石に癖躭するは、君親兄弟朋友の間に於いて、皆な負く有り、と。先生は書を得て、即ち四負堂を以て其室に顔して曰く、以て吾が過ちを志す。」と記している。王金如の名は日記に屡々あらわれ、前述のとおり「金如に稽首して其の教えに謝し、茲より先生と称して弟子の礼を執らん」（日記崇禎九年二月十二日）というほど、絶大な敬意を払っていた親友から、彪佳の園林癖は手厳しく批判されたのである。この間の経緯は寓山注の「四負堂」により詳しいが、王金如の指摘する背君、背親、背己など、造園にまつわる三つの背信行為に加えて、「言を聞きて未だ改めざれば、則ち所謂友に背くは、仍お予に在りて先生（金如）に在らず。其の堂に四負と名づけ、予の其の過ちを益すを志すなり」と、自らの道楽を厳しく忠告されたにもかかわらず、それを改めようとしない、あるいはできない二重の過ちを犯した事実を忘れないため、背友を加えて四負とし、四負堂を建てると語っている。反抗的態度といえるかも知れないが、以後も造園はつづけられているから、忠告には耳を傾けつつも、やめる気など毛頭なかったわけである。癖の癖たる所以であろう。なお、豊荘は園外の北側に隣接する場圃の地(69)であった。

二月二十三日　自宅で戯劇を上演するので、子供たちの読書が妨げられるのを心配し、彼らを寓山につれ出して読書させた。しかし、この日は天気がよく、遊覧の人々があふれ、さながら喧市の如くであった。

二月二十六日　春分にあたり、宗廟において春祭を挙行する。午後、寓山に至り、荘中の側屋を建てて荘奴の住居とした。

二月二十九日　寓山に行き、爛柯山房に坐して楞厳経を読んだ。遊人が雑沓して、ここに山房を卜築したのが悔まれる。

三月一日　晩に諸兄弟と舟で拝掃に出掛けた。この日、春闈の合格発表の知らせがとどいた。

〔注解〕前述のとおり、二人の堂兄弟が会試に応じていたが、合格者のなかに彼らの姓名はなかった。会試は北京の貢院で二月初旬に行われたとみられるが、その合格発表の報が紹興にとどくまで、それほどの日時はかからなかったことが知られるであろう。

三月四日　白馬山荘に赴き、劉念台、陶石梁両先生と会い、高説を拝聴して得力するところがあった。

三月五日　寓山に陶石梁、管霞標らが集まり、静者軒で挙酌した。席上、陶石梁から戯れに王右丞（王維）の輞川別荘について見解を求められた。たまたま、王金如から厳しく園林癖を批判されていたこともあり、「此れ正に解す能わず、ただ右丞は輞川を所有すべき耳」と答えるほかなかった。陶書倉が花石を恵贈してくれた。

〔注解〕王金如から批判を浴びた直後のことでもあり、唐の王維（嗣聖一八？〜上元二）の輞川別荘にかこつけて、彪佳の園林癖は、宴席での格好の話題となったのであろう。座興とはいうものの、これにまともに対応できなかった彼の苦衷は、察するに余りあるといえようが、それでも癖はやめられなかった。花石は珍花奇石をいい、庭園に景を添えるためには、なくてはならぬ素材であった。(70)

三月七日　早朝に登舟入城して可一師、董天孫らと合流、都泗門を出て禹穴に至り、南鎮神に詣でた後、桃渓より帰った。訪れた城内の友人たちはすべて不在。ために舟中に宿泊せざるをえなかった。

〔注解〕都泗門は古名で、当時は都賜門とよばれていたらしい。府城の南門である。禹穴は会稽県の東南十三里、会稽山の一峰である宛委山にあり、また禹井ともよばれる旧蹟である。(71)禹は巡狩の途中、会稽で崩じ、ここに葬られたとされる。

三月九日　王金如から府属の嵊県の飢民を救済する議がとどけられたので、ただちに返信を認めた。

〔注解〕王金如の提議に対する返信の内容は不明確であるが、賛成したのは間違いない。十五日には知県とこの件について相談している。祁彪佳が飢饉救済に積極的な関心をもち行動していたことは、祁彪佳集巻五・救荒全書小序、巻六・救荒雑議などによって明らかである。

三月十日　静坐の工は上午には香二炷。下午も同じ。晩は一炷で鳴磬（終了）するのを定めとする。今日も寓園の遊客が多すぎるので、荘奴に命じて門を閉じ、入園を謝絶することにした。

〔注解〕静坐は坐禅のように端坐すること、つまり静坐修養の業をいい、二炷はその時間をはかる単位であったのであろう。炷とは燈心である。静坐についての記述は三月十九日のそれと関わりをもつはずである。

三月十二日　清明節であるが、風雨激しく、午後になってようやく晴れた。

三月十五日　家廟を拝してから寓山に行く。書状を認めて劉宛穀知県にとどけ、嵊県散賑のことを相談した。

三月十七日　寓山に行く。朱九綸、周官相の両教授が来訪し、周官相からかつて亡父と文を論じたこと、祖先について未知の事柄の一・二を聞くことができた。この夜は月色朦朧としており、季超兄らと坐香した。

三月十九日　孕白師が来り、静課をともにする。午後、季父と新茶を摘み取ると、孕白師は手づから製茶してくれた。夕方、季超兄と新茶を石上に賞味し、孕白師と工夫の下手と得手について談じたが、習静すでに七日を経たにもかかわらず、見るべき成果なく、その難かしさを悟った。

〔注解〕静課とは習静、つまり心を静寂清澄ならしめんと努力する課業と解せられる。静は宋学が主題として論ずるところであり、人間は静であることを本質態とする存在であるが、ものに感じて、外からの働きかけによってはじめて動くと説く。また、工夫（功夫）は、王陽明のいう「修身・正心・誠意・致知・格物」とつづく実践、あるいは実践における努力の謂である。(72)

三月二十三日　雨のち霽。午後再び雨となったので、書室に坐して王陽明先生の伝習録を選読した。奴子に命じて、昨年一年間に収めた文書書翰の類を彙釘させた。

三月二十八日　午後、王雲岫が来て、王姚との争訟を和解してほしいと頼むので、関係者を集めたところ、皆懽然と承知してくれた。この日の早朝、遠閣に登って景色を眺めたが、あまりの美しさに不覚にも狂叫して、たちまち五韻ができあがった。

三月三十日　微雨。遠閣眺望詩を書した。午後に雨激しくなる。次男理孫が病んだので、袁六卿を招いて診察してもらった。晩に坐香したが、更らに昏散なるを覚えた。

四月二日　王太公祖に会い、剡邑賑飢のことを述べた。

〔注解〕年譜には「剡邑飢ゆ。王金如が賑議を首建す。先生、極力その事に賛成す」とある。ここにいう剡県は五代の頃までの旧称で、宋代以降は嵊県とよばれていたから、この一件は日記同年三月九日に記すところの後日談といえよう。

四月五日　四負堂が完成する。

四月七日　雨。豊荘の曲廊が完成した。

四月八日　雨。放生社を挙行したところ、新入社の人が数多く、社勢は甚だ盛んである。社友たちと読易居で小宴を催した。

四月十一日　南塘から府城に入り、謝霈霖公祖の転出を見送った。縉紳たちが皆な集まっていた。帰りの舟中で陶・劉両先生の書信を得たが、劉念台先生のそれには、郷賢とすべき人々の姓名が裁定されていた。

四月十二日　鄭九華らと寓山に行き、荘奴を督率して北堤を築いた。新柳が若葉を吐しているのを見て、気分は誠に壮快であった。

四月十三日　汪照隣と寓山に至り、楓社の諸友を待った。顔ぶれがそろったところで、四負堂で挙酌し、終って山上で休息した後、月がのぼりはじめた頃に散会した。

〔注解〕楓社については詳細不明であるが、祁彪佳たちが結んでいた文社＝證人社系であったはずである。

四月十七日　鄭九華と寓山に行き、工匠の数目を見積った。暇にまかせて嘉靖注略を読み、午後には楞厳経を読んだ。

四月十八日　かねて倪鴻寶から、私の舟にならって舟をつくりたいと申し出があったので、奴子に命じて舟をとどけさせた。

〔注解〕倪鴻寶、紹興府上虞県の人、諱は元璐、字は玉汝、鴻寶は別号で、天啓二年の進士である。(73)つまり、祁彪佳にとっては同郷同年の友人であるが、この時期、彼は上虞県に帰郷していたのであろうか。

四月十九日　以前、佃人の王姓なる者が人に誣告されたことがあった。自分としては門を閉して外事に預らないつもりであったが、惻然としてこれを憐み、捕庁の胥役に口を利いてやったところ、その効果があらわれた。それで王姓が三子をともなって来謝したが、これを愧じ、持参した果餌を受け取っただけで帰らせた。

四月二十日　老母を奉じて寓山に行き観戯した。たまたま、関説をもって託する者があらわれたので、これを峻拒した。午後に荷花蕩記を観賞した。

〔注解〕この両日の記事をつうじて、郷紳が周辺の人々から何を期待されていたか、その一端が具体的に理解できるであろう。まず官憲への口利き紹介であり、ついで関説があった。関説とはいうまでもなく、要人に賄賂を贈って有利な処理を依頼することである。荷花蕩記は馬佶人の作、別名を墨蓮盟というが、二流の作品と評せられているらしい。(74)

四月二十一日　寓山に飼っていた孔雀が犬に噛れて死んだので、詩をつくってこれを悼んだ。午後、刑淇瞻、倪三蘭、倪鴻寶ら三人の年兄を招いて宴席を設け、園内を散歩した後、鷯叙記を観劇して散会した。

〔注解〕年兄とは同年の科挙に合格した者の相互の呼称である。前記のとおり、倪鴻寶は倪元璐であるが、乾隆紹興府志巻三一・選挙志二・進士の項には、天啓二年壬戌科の合格者として、刑大忠（山陰人）と倪元珙（上虞人）の名がみえるから、刑淇瞻、倪三蘭はその人にあたると思われる。鷯叙記については不詳。

四月二十四日　先父を郷賢祠に入祀してもらうことが決定した。

四月二十五日　妻と寓園に行き、奴子を督して瓜菜を種えさせた。午後、医者を招いて老母の足患を治療してもらった。帰宅してから、郷賢祠入祀の器具を点検した。

四月二十七日　微雨。外父が要職に任用される報せがとどいたので、お祝いにかけつけた。午後、山陰県学に赴き郷賢祠を参観した。ついで府学に至り、秦教授と会った。

〔注解〕外父商周祚がこの時、いかなる官職につくことになったかは不明。彼はやがて吏部尚書となる。

四月二十八日　先父の神位を郷賢祠に入祀した。祭礼が終了してから、府学の明倫堂で挙酌して解散した。

四月二十九日　雨。昨日の答礼のため、府知事や列席された諸友のもとに出向いた。外父としばらく歓談の後、妻と帰宅した。

閏四月一日　家廟に謁してから、鄭九華と寓山に行った。薄暮に王金如が同郷の友人四名と来て、嵊県賑飢のことの完了を縷々語り、一泊した。

閏四月二日　王金如らと嵊県寛征の策を酌量した。彼らが辞去してから、妻と寓山に行き、楞厳経第六巻を読んだ。

閏四月三日　鄭九華たちと城内に赴き、ついで王文成祠に至った。来会の諸紳には陶石梁先生のほか、倪鴻寶らが居合わせた。主会者は王士美(75)であり、有用道学を挙げて説と為した。陶先生は致知の旨を闡明にされた。散会の後に外父宅を訪れ、同道した次男理孫に張景岳の診察を受けさせた。

〔注解〕王文成祠、すなわち陽明先生祠は府北二里ばかりにあり、嘉靖十六年に御史周汝貞によって建てられた。当初は新建伯祠とよばれていたという(76)。

閏四月四日　起きぬけに王金如らが来て、嵊県寛政の呈文を商酌したが、自分の意見をこめて数語を書き加えてもらった。また、倪鴻寶が約束どおり来訪したので、彼とともに王太公祖に会い、嵊県の窮状を力説した。王太公祖はこれを聞いて惻然となり、ついに寛征を允したが、わずかに金銭二三千（両）を免じられるにとどまった。ついで白馬山会に赴き、陶石梁先生らと講学した。その後、あらためて王金如が放賑の事を相談に来たが、それに応ずる者がないのに苦しんでいる様子を知り、再び十金を捐して基金とし、募助の方策を講ずることとした。帰宅の舟中で寛征の意を認め、劉宛穀知県に報告しておいた。

閏四月六日　社中の諸友を招待したところ、十六人が集まり、この他にも二名の参加があった。いずれも詩を能くし画を善くする人たちである。清遊の後、畫舫に乗せて彼らの帰宅を見送った。

閏四月七日　小舟で府城に行き、外父に謁した後、劉宛穀知県に会い、嵊県住民への施賑の礼を述べ、さらなる救済の方法を相談した。また、路廣心知県とも欽賑寛恤のことを語りあった。

〔注解〕嵊県飢民に対する救済の議は、三月九日の王金如の提案にはじまり、地方官憲への要請から賑飢、寛征（税役軽減）へとつづき、ほぼ一ヶ月を経過した。その間、祁彪佳は王金如に全面的に協力しているが、期待どおりの成果をおさめたとはいい難いのではなかったか。以後の日記にもなお、嵊県救済の記事が散見している。

閏四月十日　妻と寓山に行き、午後に帰宅。読み終えた書物を架上に整理した。

閏四月十一日　寓山に行こうとしたところ、金君啓年兄が来訪した。彼と同榜の人々の栄進と没落の有様を語りあったが、今昔の感に勝えなかった。

閏四月十九日　寓山に至って楞厳経を読んだ。午後、妻も到着、奴子を督して除竹刈草させた。

閏四月二十三日　雨。姜光揚から孔雀二羽を贈られたので、書簡をもって謝意を伝えた。以前、劉念台先生が紹興前代の郷賢を攷定されたことがあったが、自分としても再びこれを訂定することとした。

閏四月二十四日　雨。書室を掃除し、机硯を南窗のもとに移動した。午後、孫開素を招いて妻の肖像画を画いてもらった。暇ができたので、前日に引きつづいて郷賢の名次を攷訂した。

閏四月二十五日　霽。孫開素と四負堂に行き、自分の肖像を画いてもらった。

閏四月二十六日　鄭九華が来訪。彼に傷孫の苦痛があり、一緒に寓山に行って慰めた。帰宅してから郷賢を攷訂した。以前、暑湿のために病んだことがあったので、王麗青公祖に書信をとどけ、獄囚を清理されたいと依頼しておいた。この件について、王公祖からあらためて質問があったので、返書を認めて私見を述べた。

〔注解〕清理獄囚の一件は、年譜崇禎十年の條に「暑甚だしく病を感ず。因って獄中の苦熱するを念い、書を当事に致し、尽く宿禁を清くす」とあるのに対応する。酷暑に苦しんでいるであろう獄囚を思いやっての行動であった。

閏四月二十七日　王遂東から府龍開鑿を禁止するよう相談された。そこで自説を條列して返書とした。晩に海門先生語録を読んだ。

〔注解〕府龍開鑿が具体的にいかなる工事であったかは不明。海門先生語録は周汝登の語録である。周汝登、明史巻二八三伝を載せるが、紹興嵊県の人、字は継元、別号を海門先生といい、萬暦五年の進士である。その学問は儒教と仏教を合して会通するところに特徴をもつとされ、語録は祁彪佳の愛読書の一つであったらしい。

五月一日　夏至。李映碧公祖に盗奴のことを、王太公祖に賑済のことを、それぞれ書面に認めてとどけさせた。

五月二日　鄭九華と寓山に行き、李映碧の返信を落手した。午睡しようとしたところへ、王金如が嵊県から帰って来て、あらためて賑飢のことを相談した。

五月三日　体調やや不良につき、丸薬を調合してもらった。書信を林自名（逢春）知県におくって、嵊県賑済の事業について意見を述べた。

五月四日　雨。季超兄らは白馬山に入って講学を聴いたが、自分は妻が臨月のため参加できなかった。楞厳経を読む。

五月八日　微雨の後に霽。鄭九華らと上方山に行く。たまたま、董姓なる者が来て一穴を乞うて葬地としたいと申し出た。また、王姓なる者が他人の詐欺にあったと訴えて来たので、両人を慰諭したところ、喜んで辞去した。

五月九日　この日、楞厳経を読み終えた。よってこの二年間の読書を点検してみたところ、十二種、百五十余巻であった。しかし、掩巻茫然、徒読するのみで無益であったことがわかり、警語反省せざるをえず、あらためて読書計画をつくりなおすこととした。

五月十一日　府城への舟中で書簡を認め、余武貞の質問に答えた。間架のこと、吾郷欽贓の弊、禁護龍脈、賑済嵊県のことなどである。午後、倪鴻寶が来て歓談する。彼から門牌を贈られた。

〔注解〕間架のこととは、前述の家屋税をいうのは間違いないが、欽贓の弊、禁護龍脈が具体的に何を指すかは不明。賑済嵊県の件とともに、人々の重大な関心事であったのであろう。

五月十五日　午後、海寧の寃民が、この地の豪民が横暴であると訴えて来た。

〔注解〕海寧県は杭州府属の一県であるが、府境を越えて、その住民が紹興の祁彪佳に来訴するという事態は、何を意味するのであろうか。

五月十六日　昼頃、妻が産気づき一時危殆におちいったが、幸い回愈して出産することができた。医師銭繹思が来診したが、彼には一泊してもらった。

〔注解〕この日に誕生したのは女子であったと思われる。祁彪佳は女児四人をもった。

五月十七日　銭繹思が帰った。妻の療養の間に、王鳳洲の弇山園記と麗道元の水経注を縦覧し、寓園記の数段を起稿した。

〔注解〕王鳳洲（嘉靖五～萬暦一八）、諱は世貞、字は元美、雅号は鳳洲または弇州山人と称し、いわゆる「後七子」の一人で、明史巻二八九に伝をもつ。彼は出身の地である太倉州に弇山園と名付けた名園をもち、弇山園記はその庭園記であり、弇州続稿巻五九におさめられている。水経注は北魏の酈道元が著わした地理書である。寓園記は祁彪佳自著の寓山注をいうかと思われ、そうであるならば、それは四十九段に分けられているが、この日から書きはじめたことになる。

五月十九日　雨。鄧公祖と会い、八覇私税、嵊県賑飢、欽臟波累、刑庁訪犯などのことを説明した。すべて地方の利病にかかわる事柄であり、私事に関するものではない。

五月二十三日　午後、寓山に行き、石工を督して踏香堤の碑字を鐫刻させた。

五月二十四日　府城の水偏門に向う舟中で、越中名園記を書いた。斉企之と張介子を訪問した。張宗子も来て、楓社の諸友は不二斎に集合し、ついで張宗子の新構した雲林秘閣で歓談した。倪鴻寶も最後に来た。食事の後、宗子が弾琴したのに、俳優たちが鼓吹して伴奏とした。

〔注解〕越中名園記は越中園亭記六巻を指すのであろう。彪佳の筆になる、紹興府城内外の諸庭園の実地見聞記である。張宗子は七絃琴を稽古して名手であった。(77)

五月二十七日　鄭九華と寓山に行き、工匠が静者軒を修築するのを監督する。牧津を読むこと二巻、礼記の数葉を点句する。

〔注解〕牧津は亡父祁承爜の牧津澹生堂集二一巻を指す。

五月三十日　寓山に至り、牧津の四巻を読み終え、禦盗救荒に役立つ記事を録出した。

六月一日　寓山に行き、池の蓮花が満開となったのを見る。また、石工を督して太古亭を修理したが、自ら畚挿（もっこと鋤）を荷った。午睡からさめて礼記を読む。

〔注解〕園内の譲鴎池（南池）に咲く蓮の花を観賞したのである。太古亭は茅葺きに白木のまま建てられた素朴な亭で、最も早期の建物であるが、その修理に自ら労働参加したらしい。(78)

六月四日　寓園から帰って、午後に医者をよんだ。馮留仙が呉中から罷官して帰って来たので、彼の地の近状を詳しく聞いたが、深く慨歎せざるをえない内容であった。

六月八日　管（霞標）、沈（求如）、鄒、鄭ら四先生と寓山に行って放生する。午後、童子を督して山石を捜索選別させた。

六月十一日　族内に礼法を守らず倫理を乱す者がおり、坐視するに忍びないので、祖祠において族長とこれを公表した。

六月十三日　蔣安然と寓山に行き、奴子に令して山石を捜剔させ、漸く巉巌が露らわれて来た。また、鉄芝峰の趾に穴を掘って秋海棠数十本を植えた。

〔注解〕族内の不肖者への対応は厳しく、効果は十四日にははやくもあらわれている。鉄芝峰は志帰斎の北にあり、園内の最高地点である。(79)数十人が坐れるほどの広さで、梧桐と松が茂っていたというが、そこに秋海棠を植えることにしたのである。秋海棠は日蔭の湿り気を好むと、長物志巻二・花木に記す。

六月十四日　先日、族内の不肖者を公表したところ、自ら悔改を知り、蔵匿する非類を首縛する者があらわれた。これがために、彼らを軽く懲戒して帰らせることとした。

六月十五日　鄭九華と寓山に行く。この日、かねて進めていた剔石のことが終了した。礼記・王制の二を読み終った。

六月十六日　この日、余武貞と金楚畹の公書がとどいたが、その内容は八覇の私税について、書簡を認め当局者に送付せよとのことであった。また、八覇の商人たちも来て、このことに言及した。そこで、晩に草札して稿は半ばに及んだ。

六月十七日　城内への舟中で、八覇の公書を書きあげた。薄暮に帰宅して、越中名園記の草稿を書いたが、会稽陶氏の園の多さが目立った。

六月二十日　王雲岫と会って帰宅の後、演戯して土神に奉じた。

〔注解〕土神は土地の神、あるいは土木・家相に関わる神をいうが、この日の演戯奉神は、寓山の造営に関係する祭事であろう。

六月二十四日　八覇の私税について、商人たちが来見したので、彼らを慰諭した。

六月二十五日　独りで寓山に行き、八覇に関する公書の草稿を書きあらためた。午後になって妻が来たために遅延して、ついに晩となってしまった。

六月二十六日　紫芝軒に坐って在京の縉紳に宛てた八覇の公書を書いた。また、書信を倪鴻寶にとどけ、ついで陸象山の語録を読み、さらに族長のために族規数條を書いた。一気聯貫の義を致したつもりである。

六月二十七日　邸報のなかに、蘇州のもと推官周五溪の疏を見付けたところ、そこに「呉紳を許す」の語があり、自分を侵犯しているのを知った。管霞標、沈求如の両先生が自処の道を考えてくれたけれども、甚だ空しい気持であった。

〔注解〕周五溪については不詳といわざるをえないが、蘇州の推官であったというから、蘇州巡按をつとめた祁彪佳にとっては、旧知の人物であったはずである。その人から在職中の言動について批判を浴びたのであるから、心中穏やかでなかったのは当然であったろう。なお、周五溪の名は日記七月十二日、八月四日の條にもみえており、それらから類推すると、祁彪佳とは政治的、思想的立場を異にする者であったと思われる。

六月二十八日　謝克斎から陝西巡視の書面がとどいた。その使者に秦中流賊の状況を詢ねて、惻然たらざるをえなかった。そこで返信を認め、流賊を解散拊戢する方略を述べておいた。

六月二十九日　午後、王金如が来て嵊県救荒のことをながながと語った。人をして粛然起敬せしめる内容で、忻然と快を称した。暮れに及ぶまで聴取したが、倦きるどころではなかった。

五

七月二日　倪鴻寶の書いた公書がとどいた。鄧公祖に送付するもので、欽贓害民のことが述べられていたが、その語の充分でない部分について、書き加えておいた。

七月七日　老母を奉じて寓山に行き乞巧した。また、諸友、諸兄弟を寓山に集めて博奕角勝した。

〔注解〕七夕の日であり、乞巧奠が行われたのである。七夕祭に牽牛・織女の二星を祭り、女児が手芸の上達を祈る行事である。博奕角勝は囲碁などの勝負を争うことを意味する。

七月八日　放生会に赴く。

七月十一日　八覇の商民のために書いた公書が、当局の許可を得たとして、人々が来訪して謝辞を述べてくれた。午睡から醒めて寓山に出掛けた。

七月十二日　朱仲含から周五溪の疏掲がとどけられた。その内容は力めて復社を排斥し、張天如と張受洗への怨をはらそうとするにあったが、中に予に対する言いがかりの語も多くみられた。世情の料り難きこと此の如きを嘆かざるをえないが、一笑に付することとした。

〔注解〕周五溪は前述の人物であるが、反復社の立場にあったことが、この記述によって明らかとなる。張天如は張溥（字は天如）で、蘇州太倉州の人（萬曆三〇～崇禎一四）、「小東林」とも称される復社の創立者・指導者であり、張受洗こと張采（萬曆二四～順治五）は「婁東の二張」と併列された、同郷の同志である。周五溪の行動は前年あたりから激しくなりつつあった、反対勢力の復社への攻撃の一環と認められ、劉念台らとともに、両浙における復社の先達と認められていた祁彪佳が槍玉にあげられる[80]のは、当然の成り行きであった。

七月十五日　かつて山陰の祁氏として新しく創った族規があったが、これを頒布していなかった。そこで予は数条を擬って、この日、族長や房長の公議を要請した。旌善罰悪する所以であり、これによって族中の互争する者は平解辞去するはずである。

〔注解〕すでに明らかなとおり、有力な一族が家訓、家規、族規をもつのは常態であった。その具体的内容は知る術もないが、祁氏がそれをもち、族内の安寧を保とうとしていたことは、この記載によって証明できるであろう。

七月十八日　書信を張太羹と山陰・会稽の両知県に送付して、童試についての意見を述べておいた。午後、妻とともに寓山に行き、池水の状況を看て帰った。

七月十九日　早朝、銭塘江を渡って杭州の偶居に到着した。趙伯章は止祥兄や文載弟とともに、先きに到着していた。

〔注解〕この日から八月四日まで、杭州の別宅に滞在することになる。その目的はいわゆる観光と、友人知人との交歓であった。訪問した名所旧蹟は、およそ次ぎの如くである。

陸墳、玉蓮亭、芙蓉園、放生池、西湖、関廟、陸宣公祠、快雪堂、湖心亭、白蘇閣、霊隠寺、冷泉亭、飛来峰、韜光寺、龍井、鉢池菴、玲瓏菴、理安寺、虎跑、天龍寺、龍華寺、万松嶺、岳墳。

七月二十五日　晩に偶居へ帰ると、鄧公祖の書信がとどいていた。懇切にも八壩私税に配慮してあり、ただちに返書を認め、それに地方の利弊に関わる一・二事をつけ加えておいた。

八月三日　霊隠寺から岳墳に行く舟中の宴席で、鄧公祖と語ったのは地方の公事ばかりで、私事には全く及ばなかった。

八月四日　汪然明が来て、梁夷素の畫いた陳眉公を壽するの図を見せてくれた。また、周五溪が訪れ、上疏して張天如、張受洗を訏すことを縷述して行った。その後、帰途につき、銭塘江を渡って蕭山県に至った。舟中で周五溪の詩文を観た。

八月五日　朝、帰宅してまず老母の御機嫌を伺った。朝食後に妻と寓山に行った。夜は燈下に礼記を読んだ。

八月八日　放生する。

〔注解〕放生会は毎月八日に開催されるのが常例であったらしい。

八月九日　寓山に行き、外父のために申明憲職疏を草した。

八月十一日　外父のために肅清輦轂疏を起草した。

八月十二日　燈下に畫一台規疏を書きあげた。

八月十三日　社友を激えて中秋の会を催した。外父が手もとにとどけた三つの辞疏について、数語を更定して来たので、これに報答した。午後、妻が烈しく瘧を発病したので、読書することができなかった。

八月十五日　雨。午後、楓社の諸友を招いた。張宗子らである。この夜は月が見えなかったため、華燈を以て月に代えた。この日、老母は白洋に赴いて観潮し、晩に帰宅した。

〔注解〕中秋の名月の日であるとともに、これから三日間は世にいう浙江潮を観潮する適日とされている。白洋（白洋鎮）は紹興の西北五十里[81]、蕭山県との境に近く、観潮の場所であった。この日は母と同道しなかったが、翌年八月十八日には、彼もまた白洋に赴いて観潮したことが、日記には記るされている。

八月十六日　雨。午後、演戯して老母の長寿を祝った。

八月十八日　雨。徳公兄らは観潮に出掛けたが、予は病気のため同行できなかった。この日、寧陽の耆民たちが亡父の祠記および輓詩をとどけてくれた。感動を覚えた。

〔注解〕父親祁承㸁は萬暦三十三年に山東寧陽県の知県に任じられ、家族をともなって、三年間在職している。耆民の来訪は、住民の記憶にのこる善政をほどこした証拠であろう。

八月二十一日　妻は入城して外父の北上を見送ったが、予は体調不良のため、書室に坐して、書きはじめた寓山注を校較し、北京に送る書信を点検した。また、外父のために、さきに書きあげた申明憲職疏と肅清輦轂疏に手を入れた。

〔注解〕寓山注は寓園鑑賞の目玉とする四十九景について、園主自らが記した自注（庭園記）であり、祁彪佳集第七巻におさめられている。寓園の完工は崇禎十二年九月以降と認められているから、少くともこの時期まで、書きつづけられたと思われる。

八月二十六日　劉宛穀知県と王爾吉が来訪して、ともに嵊県賑済のことを話しあった。劉知県が餽送するものについては、峻却することにした。

〔注解〕善意をもって餽送しようという金品を峻却する理由は、全く不明である。王爾吉は母の兄弟の一人である。

八月二十八日　午後、季超兄と挙酌。また、翁艾弟の奴子が結婚したので挙酌した。燈下にこの日の行事を書きとどめた。

〔注解〕翁艾弟は弟の祁象佳であるが、その奴子、つまり家丁、家奴、奴僕たちの結婚も祝ってやるべき事柄であったらしい。奴子を同族の一員として扱うのが、祁氏の常例であった。

八月二十九日　午後、推官の李北菴が来訪するというので、近村まで出迎え、宴席を設け、浣紗記を演じて歓待した。席半ばで紫芝軒にて会談し、ほぼ二時間で終了した。

〔注解〕浣紗記は梁辰魚、字は伯龍、蘇州府崑山県の人の作で、海外にも伝わったといわれる著名な戯曲[82]である。ほぼ萬暦初年につくられたとされ、范蠡と西施のこと、呉越攻伐のことを主題としている。

九月一日　妻と城内に赴いた。ついで蔣安然と一緒に街肆を歩き、端硯や図書を看てまわった。帰宅の後、暇にまかせて世説新語を読んだ。

九月四日　八壩の商人たちが、壩税を舡鈔に易えたいといって来たので、彼らと相談してから寓山に行った。また、三江所の搬運の苦について、兵員たちが上司に訴えようとしているというので、ために一函を余武貞にとどけておいた。

〔注解〕この記載によると、八壩私税の一件は、まだ最終的には解決していなかったらしい。舡鈔をもってこれに易えたいと、商人たちが申し出ているからである。ただし、具体的な事実は不明であるが、年譜崇禎十年の条には「先生反復陳其弊、卒永革之」と記す。三江所は府城の東北四十里、海に浜した海防の要地[83]で、所属の兵員たちが搬運の労苦を提訴しようとしたのであるが、こうした問題にも、祁彪佳は関心をもったことが知られる。余武貞は既出の人物であるが、いかなる地位にいたかは不明。

九月六日　寓山に出掛けたところ、老母に河魚の疾（腹痛）ありとの知らせがあり、急遽帰宅。午睡の後に再び寓山に足を運び、荘奴を督して通霞台の除草をさせた。

〔注解〕通霞台は四十九景の一つで、寓山草堂、静者軒、遠閣の西側に設けられた見晴し台である。(84)

九月八日　鄭九華、徳公兄と寓山に行って放生する。晩には奴子に命じて燈灯を山に懸げさせ、老母と観燈する。

九月九日　重陽の日。かねての約束どおり、林自名公祖が来遊したのを迎え、世経堂で挙酌し、鷺鴻記を上演した。夕方に寓山へ行ったが、懸燈はさらに盛大で、遊覧客が雑踏を極めていた。

〔注解〕世経堂は梅墅里の自宅にあった建物である。鷺鴻記については不明。

九月十三日　朝から舟で府城に向ったが、風雨激しく、綱で挽いてやっと進む有様であった。王麗青らに会い、十八日の来訪を約束させた。この日、雪が降ったと聞いたが、自分の目にはとまらなかった。

九月十四日　霽、寒かった。叔父が族内の子弟と来て、不平のことを訴えたので、止祥兄、文載弟が関（人孟）公祖への書状を認め、予がこれに手を加えた。また、呉中の耆民張爾忠が来見し、彼の地の近日の状況を聞いた。

九月十五日　雨。寓山に行ったが、ほどなく帰宅。午後に礼記を読み、晩には嵊県の友人たちへの返信を書き、通鑑紀事本末を読んだ。

九月十七日　午後、老母が徐家の表娣と来て、人の為めに魚肉されている状を訴えた。しかし、予は硜々たる小人であり、これを援うことができなかった。

〔注解〕徐家の表娣とは、徐家に嫁いだ、父の姉妹の子、つまり従姉妹で年下の者をいうが、老母の表娣なのか、祁彪佳の表娣なのか、この文面ではわからない。ではあるけれども、人に食いものにされたと訴える者に対する態度としては、これまでの対応と較べて、やや冷淡すぎるように思われる。何らかの事情があったのであろうか。

九月十八日　約束どおりに来訪した王麗青・闞人孟(85)の両公祖を迎えて挙酌した。ついで密園、寓園に遊んだ。燈事は重陽の日よりもさらに盛大であった。四負堂で再度挙酌し、千金記を観劇、浮景（影）台に坐して花火を眺め、主客ともおおいに満足した。

〔注解〕千金記は沈采の作。八年十二月十九日にも上演している。浮景台は四十九景の一つであり、讓鴎池の真只中を突き抜ける踏香堤の西端に位置する。そこから聴止橋を渡れば、寓山に足を踏みこむことになる(86)。

九月二十三日　先日約束していた秦望山への遊行が実現した。同行したのは季超兄と二人の友人である。

〔注解〕秦望山は会稽の県域に属し、府城から東南四十里の距離にある。秦の始皇帝がこの山に登り、東・南海を望んだところとして、この名がつけられた(87)。

九月二十六日　妻と両児をともなって寓山に行き、両児を督令して読書させた。

九月二十七日　應霞城の書信がとどいた。これを持参したのが、予の旧役長班（小使い頭）であったので、北京の近況を詢ねることができた。ただちに返信を持ち帰らせた。

九月二十八日　書室において両児を督して勉学を課した。午睡から醒めて寓山に行き、槐を豊荘に植えた。

〔注解〕このところ、二人の息子の読書のことが頻出するが、歴世の士大夫、書香の家の主人として、子弟の学業督励は当然のことであったといえよう。また、先きに触れたとおり、豊荘は園外の農場であるが、そこに槐を植えたという。槐は和名エンジュ、豆科の落葉喬木で、人々の好みに合ったらしく、広く各地に拡まっていた(88)ようである。

十月一日　微雨。家廟に参謁し王文成公の傳習録を読んだ。午後に奴子を杭州に遣わした。

十月三日　この日、鄭九華が来た。燈下に書信を認めて王金如にとどけた。掩骼のことを相談するためである。

〔注解〕掩骼は枯骨を掩埋すること。明末においては、禁令が出されていたにもかかわらず、火葬の風は盛んであったと伝えられる(89)。しかし、何らかの事情で葬儀の費用や埋葬の地が確保できなかった場合、屍体をおさめた棺を路傍や田間に放置する者があらわれ、屍体の腐乱がはじまると、一種の社会問題化することがあった。とくに飢饉や疫病の流行などに際しては、こうした状況は一層深刻であった。すでに紹介したとおり、春から夏にかけて、紹興地方には痘瘡が流行し、また、嵊県地方は飢餓に見舞われていたから、多数の死者が出ていたはずで、掩骼のことは難民救済とも関連して、重要な事後処理の業務であったと思われる。

十月五日　僧侶の本原が来て、掩骼のことを相談して行った。

十月六日　小雪の日で、雪が降った。識者はこれを豊年の兆とするが、かつてそういうことにはならなかった。午後、雪はますます激しく降った。暇であったので老母に侍し、礼記などを読んだ。

十月七日　寓山に出向いて観雪した。遠閣に座して秦望山に登る七言古詩をつくった。

十月八日　妻の誕生日である。放生する。晩に雪ますます激しくなる。

十月十日　晩に掩骼のための募縁疏と告示を書いた。

〔注解〕募疏あるいは募縁疏は、寄附金をつのるための文である。王金如や僧本原らと本格的に掩骼の事業に着手する決意を固めたのであろう。

十月十三日　雨。両児の読書処を淡生堂に移した。その後、鄭九華と工匠を率いて曠園の木石を整え、地水を疏濬した。午後、嵊県の郭四尹なる者が来て、予に求めるところがあったけれども、これを峻拒した。

〔注解〕淡生堂すなわち澹生堂は、父親祁承㸁の別墅である密園（一名曠園）に設けられた書庫で、梅墅の自宅に隣接する。郭四尹の件についての詳細は不明。

十月十四日　この日また、劉念台先生の書簡を受領したが、流餔と均輸のことが記るされていた。

十月十七日　掩骼の僧本原が来たので、募疏を認め、募貲を与えて一泊させた。この日、汪澹源知県の書信をえたが、均輸のことを質問する内容であった。

〔注解〕一連の掩骼の活動について、年譜・崇禎十年の条には「また野に暴骨多きを念い、僧本原を招き、其の衣食器具を資け、地を擇んで掩埋せしむ。遠近に暴露する者無し」と記して、大きな成果をおさめたとする。当時、各地に掩骼会なる社団が設立されていた事実が知られており[90]、祁彪佳らの活動も、その一環であったに相違ないが、事業は以後も継続実行されている。祁彪佳集巻六に掩骼議をおさめ、執筆年代は明らかではないが、そこに「此の習は皆、予の庚辰（崇禎一三）壬午（一五）に已に行う所の者なり」とあるのが、それを証明するはずである。事の性質から考えて、一時的な活動では済まなかったのであろう。また、十月十四日にとどいた劉念台の書信とあわせて、均輸は当面の重要な政策課題であったことをうかがわせる。なお附言しておくと、劉宗周全集第三冊・文編三には、祁彪佳宛の書信六通を収載するが、本節に引用した日記には、それに該当するものは見当らない。

十月二十一日　章羽侯に返書を送り、均輪のことを記述した。また、莫・薛・徐の三友が来訪したので、壩税についての協力に謝意を表しておいた。

十月二十五日　宗祠において贍族銀を会計した。午後、寓山に行ったが、ほどなく帰宅した。

十月二十八日　微雨。族中の子姪で賭博する者があったので、房長や族長と宗祠に会合し、宗規にしたがってこれを処罰した。蔣安然らが来会して、賭博する棍徒の争いをともに調停した。

十月三十日　一昨日から滞在していた呉秋圃年兄と鑑湖に遊び、彤園や柳西別業を訪ね、帰宅後に別れた。張宗子に返書を認め、一示を草して、村中の賭博を禁じさせようとはかった。

〔注解〕顧炎武が「萬曆の末、太平無事にして、士大夫は心を用いる所無し。間ま相従いて賭博する者有り。天啓中に至り、始めて馬吊の戯が行われるや、今の朝士、江南・山東の若きは、幾ど人として爲さざる無し」（日知録巻一六・賭博）と記すように、賭博の風は士大夫の間にも拡がっていた。庶民についてはいうまでもない。馬吊は骨牌の戯で、やがて麻将へと変転して行く。それはともかく、こうした風潮は直接的には人々の生活を破壊し、ついには風俗の紊乱や治安の悪化を招来することになるから、賭博の禁止は識者の常に口にするところであった。(91) 彤園(92)と柳西別業(93)はいずれも鑑湖の辺にあり、彤園の所有者は王雲岫であった。

十一月一日　先父の命日であり、持斎して祭った。この日また、先兄（長兄祁麟佳）の継祀を徳公兄（次兄祁鳳佳）に譲った。

十一月四日　午後、寓山に行って、草閣を建てる場所を決定した。晩には歳租を会計した。

〔注解〕草閣は正式には溪山草閣とよばれ、四十九景の一つに数えられているが、[94]杜甫の七律「暮春」の「沙上の草閣、柳は新たに暗く」の一句にちなんで命名された。譲鴎池の西端に、竹林の一隅を切り開いて建てられた重層の建物である。歳租を会計するとは、佃戸より徴収する年貢の数量を計算することであり、収穫が終って歳末を迎える時期、地主の家では必らず行われた業務であったはずである。

十一月五日　大雪。晩になって霽れた。両児を督令して読書させた。

十一月六日　冬至節である。先祖を祀り、午後には鄭九華と寓山に行ったが、工匠たちが集まっていなかったので、ただちに帰宅した。晩に徳公兄が酒器を挙げて、老母を奉養したのに同席した。

十一月七日　林希菴公祖の書信を受け取り、古書四種を贈呈した。老母のために歳租を会計した。

十一月八日　身支度を整えて、雲門への行に赴く。出発に先立ち老母に別れを告げ、季超兄らと舟で出立した。

十一月九日　昼頃に寺前に到着し、歩いて雲門寺にはいり、六如師と荊門上人にお目にかかった。

〔注解〕雲門寺は会稽県南三十二里の雲門山にあり、六朝以来の名刹であるが、天啓二年に重建された禅寺[95]である。この寺で十一月二十三日に帰宅するまで、修業の日々を過すことになるが、坐香、礼懺が本旨であったとはいえ、友人の来訪、書信の往復、寺門を出ての散策などが記されており、かなり自由な滞在であったと思われる。

十一月二十三日　六如師や寺僧たちと別れて帰途につく。薄暮の頃に府城に着き、ほどなく自宅にもどった。

十一月二十四日　しばらく留守にしたため、処理すべき案件が山積していた。福建武科挙の解元となった鄭弘動らが来訪した。

十一月二十六日　寓山に行く。午後の余暇に邸報を読み、晩には徳公、季超両兄と書室で語りあった。

十一月二十七日　風雨。妻と城内の外家（商氏宅）に行き、里胥に受領すべき糧米を支給した。

〔注解〕里胥に糧米を給することが、郷紳である祁彪佳の仕事であったのか、この間の事情は全く不明といわざるをえない。

十一月二十八日　午後、蔣安然と陳長耀を訪ね、その詠古斎において書畫を玩賞した。ついで外家に行き、医師を招いて妻を診察してもらった。

十一月二十九日　午後、大金吾の朱仲含が来訪する。園中で北京の実状を聞いたが、功令は日々に厳しく、人情の険しさは山川よりも甚だしい、と嘆いていた。

〔注解〕大金吾は漢代の執金吾の系譜につらなる、宮衛守護を任務とする官職で、明代では上直衛親軍指揮使司に所属した。(96)はるばる北京からやって来た人物の、率直な感想であり、祁彪佳の危機感は一層増大したはずである。

十一月三十日　蔣安然・陳長耀と府城に行き、商店街を見て廻り、几案の類を求め書室の用に供しようとした。偏門に出て彼らと別れて帰宅した。

〔注解〕几案は脇息をいう。几はその小なるもの、案は大なるもの、半円形・三足のかたちをなし、座側において体を安めるための用具である。(97)偏門は水偏門の俗称で、府城の西南の門である。(98)

十二月一日　寓山に行く。渓山草堂への径が完成した。午後は讀易居に坐して、先父の文集を読んだ。

〔注解〕寓山の玄関口にあたる水明廊から園内にはいると、そのつづきに讀易居が建っている。「水石含漱の状は、惟だ讀易居、得て之を縦観す」と園主は記している。

十二月三日　一人で寓山に行く。午後になって妻が来園する。遊山の士女もぞくぞくと来り、道に絶えない有様であった。

十二月五日　魚鱗関の金姓と称する者が来て、歳租を議した。斎企之が来たが、縦言することは謝却した。

〔注解〕魚鱗関の所在は不詳であるが、祁氏はこの地に田土を所有していたらしい。金姓の者は佃戸、あるいはその代理人でもあろうか。日記崇禎八年九月二十九日の條にも、魚鱗関における踏荒と租戸寛恤のことが記されている。

十二月八日　この日、翁艾弟のために分爨して帰る。薄暮になって奴子を引き連れ、竟志堂の背後に花木を植えた。燈下に世説新語と聖学宗伝を読み終えた。

〔注解〕分爨は分居、別居することで、末弟（祁象佳）が一家を構えて自立、家計を別にしたことを意味する。竟志堂については不明、自宅内の建物であったかも知れない。

十二月十日　寓山に行き、前日以来の纍石の作業をほぼ終えた。出来あがった築山は、満足すべきものであった。

十二月十一日　早朝に入城して、汪知県が田紳に干犯されたのを理由に、辞任を申し出ていると聞き、往ってこれを慰留した。また、王麗青・闞人孟・林自名の三公祖に刺書を投じておいたが、帰りの舟は田紳らに遮られた。そこで再び、董黄庭ら数人と会い、また、林公祖が汪父母を留め、田紳の過失を謝するなどのことがあった。帰途、舟中で田紳喬梓兩と会った。

〔注解〕田紳は初出の語で、田舎紳士の意であろうが、郷紳とどう区別すべきか、断定するのは難かしい。その田紳と知県の衝突事件である。事件の具体的内容はわからないが、その解決のために、紹興府の上層部が動き、祁彪佳自身もこれに巻き込まれたのである。田紳の名は喬梓兩といったらしく、この人物と彼は舟中に会っているが、経歴、身分は不明である。

十二月十二日　喩醒拙公祖から賀歳の書状がとどいた。また、劉念台先生に書信を送って辛盤の献となした。寓山に至って纍石を完了、築山の上に花を植えた。以前、先兄の後継を次兄に譲っていたが、議論は未解決であった。ここに至って、次兄徳公兄が経紀することを了承してくれたので、ようやく重責から解放された思いである。

〔注解〕辛盤は五辛盤のこと。五辛をまぜて盤に盛ったもので、元旦にこれを食すれば、五臓の気を通じて健康長寿を保てるという。日記十一月一日の条に記す、早世した長兄麟佳の後嗣問題が、この日に解決したわけである。彪佳の長子同孫があとをつぐことになっていたが、前年五月二十九日に病死したのにともなって生じた案件であった。

十二月十四日　寓山に行く。工匠のなかに病いに倒れた者がいると聞き、気の毒に思って医薬の資を与えた。晩に礼記を読んだ。

十二月十五日　汪父母（知県）の書信を受けとった。寓山に行き、金楚畹の書信がとどいたが、汪父母を挽留するのに、杭州へ出向いて欲しいとのことであった。しかし、自分の考えではまず、紹興において引き留めるべきであり、その旨を廻状に記して、縉紳たちに周知させた。

十二月十六日　府城に赴いた。舟中から汪父母に刺書をおくり、府の庁舎において縉紳とともに王麗青・闞人孟の両公祖に会い、汪知県の件について盡力するよう求めた。ついで県の衙門に行き、汪知県と会って極力慰留した。劉念台先生の意見を聞いたところ、杭州へ行くべきだとのことであった。

十二月十八日　晝頃に西興に至り、薄暮には銭青鎮に到着した。汪父母はすでに離任を決意し、まず家族を出立させ、この地に泊舟していたのである。予はその家僕を呼んで与に語り、ついで書信を認めてとどけさせた。

〔注解〕西興（鎮）は蕭山県に属し、県城の西十二里にある。銭青（鎮）は山陰県に属し、府城の西五十里にあり、運河によって西興に直抵したという。[99]とすると、まず西興に行き、そこから引き返して銭青に戻り、汪知県の家族と接触したということになろう。附言しておくと、汪知県の一件について、日記はこれ以後の経過には言及しない。したがって、いかなる結着がついたか、それを知ることはできない。

十二月二十一日　雨。路廣心知県からの書信とともに、謹賀新禧の餽贈品がとどけられた。

十二月二十二日　寓山に行き、亡父の文集を閲読した。晩に帰宅して、鄭九華と造園工事の出費を会計した。

十二月二十三日　霽。鄭九華が嵊県へ帰るのを見送る。商等軒外父と王峩雲の、北京からの書状がとどけられた。宗祠において贍族銀を分給した。この日、銭溪雲が来訪し、古梅二株を恵贈された。

十二月二十五日　府城に赴き、南塘で看雪し、甚だ愉快であった。何芝田の自宅において、厳秋冶との間に生じた紛争を解決し、収銀発契して別れた。

十二月二十七日　妻とともに舟で村々をまわり、貧家に贍米を給した。

十二月三十日　寓山に行く。渓山草閣が竣工。奴子に命じて径を掃除させ、来客を待った。午後に帰宅し、季父の家で守歳の会を開き、燈下に年間の出入の数目を会計した。

〔注解〕守歳は大晦日に終夜眠らないで団坐することをいう。これで一年の行事は完了するが、大晦日の最後の仕事は、一年間の収入支出の結算であった。

日記はなおも、彼の死の前々日、崇禎一七年閏六月四日まで書きつづけられている。この間、二度ばかり、郷里を離れることがあったが、いずれも短期間の不在であり、祁彪佳の郷紳生活はほとんど空白を生じることなく継続された。したがって、本来ならば、そのすべてにわたって記述すべきであろうが、一応、崇禎十年末をもって終止符を打ちたいと考える。日記の記述をつうじて、郷紳とよばれる人の日常生活が、いかなるものであったか、その概要はほぼ紹介しえたと思うからである。彼らの活動は公的・私的分野をあわせて広範囲にわたり、地域あるいは郷村社会がこれに依存すること大であった事実も、認識しておかねばなるまい。とくに要約はしないけれども、郷紳の実像は、以上によって明らかにしえたはずである。

補注

（1）王思任・祁忠敏公年譜・崇禎七年の条。また、祁熊佳の撰する祁忠敏公行実には「三呉輿論謂、二百年固不乏賢直指、而恤民除奸兼之者、以公爲首」とある。この間、顧炎武の養母王氏を表したことが、張穆・顧亭林先生年譜・崇禎七年の条にみえる。

（2）祁彪佳集巻八・越中園亭記之五・柯園。

（3）同右、密園。

（4）同右、密園。読書は「人生至楽、無如読書」として、士大夫たちには居家生活の雅趣と意識されたから、日記には、読書の記事が畳見する。

（5）王士禎・池北偶談巻二六・曾祖父母に「今郷官称州県官曰父母、撫按司道府官曰公祖、沿明世之旧也」とある。

（6）乾隆紹興府志巻三八・祠祀志・寺上。県西三十里、梅市郷にあるというから、近隣の寺院であったのであろう。正式の名は彌陀教寺である。施食は施餓鬼の食をいう。

（7）乾隆紹興府志巻五三・人物志・儒林・王朝式。また徐鼒・小腆紀伝補遺巻三にも略伝を載せる。

（8）越中園亭記之三、章荘。「鑿四五池、種樹其旁、採桑釣魚、可以終老」とある。

（9）祁彪佳集巻七・寓山注。なお、荒井健・明末紹興の庭――祁彪佳と寓園について――（中華文人の生活・平凡社・一九九四）があって、寓園の全容が解説されている。

（10）邑の後学と自称する杜春生の祁忠敏公遺事に「先生少年豪士、自従劉子折節心性之学、先生執弟子之礼、而劉子則但以朋輩待之、如蘇季通例」と記す。

（11）青木正児・支那近世戯曲史（全集第三巻・二五五頁）。

（12）乾隆紹興府志巻二六・職官志二・郡守・杜其初。

（13）黄宗羲・子劉子行状（黄梨洲文集・伝状類）。官僚身分をもちながら家居した人物は多数いた。劉念台のほか、たとえば、祁彪佳の友人であり、年譜の作製者でもあった著名な文人で同郷の王思任（萬暦三～順治三）なども、その例に漏れず、このような生活形態は、当時、異例でも何でもなかった。

（14）宮崎市定・科挙史（全集第一五巻・四一頁）。

（15）銭謙益・隠湖毛君墓誌銘（牧斎有学集巻三一）、毛晋・汲古閣書跋に載せる汲古閣主人小伝。

（16）鹺台は塩務にかかわる官職である。萬暦紹興府志巻三・署解志によれば、紹興には両浙都転運塩分司が置かれていた。林慎日の経歴は不明。

（17）宮崎市定・前掲書（八八頁）。

（18）乾隆紹興府志巻二五・職官志一・統轄にみえる、謝雲虬であろうか。広東南海県の人で、萬暦四七年の進士という。

(19) 文震亨・長物志巻一〇・位置・亭榭。なお、長物志一二巻には、荒井健らによる訳注書がある（平凡社・東洋文庫六六三、六六五、六六八）。
(20) 西跨湖橋ともいう。乾隆紹興府志巻八・建置志二・関梁によれば、山陰県城外、西方六里、鏡湖上にあった。
(21) 越中園亭記之三に、天鏡園、表勝菴、水鋸山房など、城南の園亭を対象とする記述がある。天鏡園については、張岱・陶庵夢憶巻三にも紹介されており、読書の場でもあったらしい。
(22) 青木正児・前掲書二八八頁。
(23) 青木正児・前掲書二五一頁。
(24) 青木正児・前掲書二三三頁。
(25) 越中園亭記之二・城内・有清園。
(26) 乾隆紹興府志巻五四・文苑・金蘭。城内に来園とよぶ園亭を彼はもっていたらしく、越中園亭記之二にみえる来園の項に、祁彪佳は「予同年金楚畹」と記しているから、ともに天啓二年の進士であったことが知られよう。
(27) 青木正児・前掲書一〇六頁。
(28) 小野和子・明季党社考――東林党と復社（同朋舎・五八六頁）。
(29) 長物志巻二・花木・蘭。朱倩如・明人的居家生活（明史研究叢刊・一四二頁）
(30) 張岱・陶庵夢憶巻六・紹興燈。
(31) 越中園亭記之二・城内・砎園。
(32) 乾隆紹興府志巻七一・古蹟志一・宅・陸放翁宅。
(33) 越中園亭記之一・攷古・書巣。
(34) 乾隆紹興府志巻三六・祠祀志一・壇廟・府城隍廟。
(35) 青木正児・前掲書二七〇頁。
(36) 朱倩如・前掲書一四四頁。
(37) 越中園亭記之三・城南・怡園。
(38) 乾隆紹興府志巻七二・古蹟志二・亭・蘭亭。

(39) 青木正児・前掲書二六三頁。
(40) 越中園亭記之六・城北・碧園。
(41) 青木正児・前掲書二五九頁。
(42) 長物志巻七・器具・扇。
(43) 愛宕松男・合生歌と参軍戯――散楽の社会文化史的考察――（文化三〇巻三号・三一巻一号）
(44) 宮崎市定・前掲書一二二頁。
(45) 寓山注・友石榭・冷雲石。
(46) 長物志巻二・花木・蘭。
(47) 祁彪佳集巻二・施薬条款。薬局の運営細則であるが、設置場所を光相寺としたのは、そこが水陸交通の便に恵まれていたからだという。
(48) 寓山注・静者軒。
(49) 荒井健・前掲論文。
(50) 長物志巻一二・香茗。
(51) 長物志巻七・器具・香炉・香合。
(52) 寓山注・爛柯山房。荒井健・前掲論文。
(53) 祁彪佳集巻二・施薬紀事。患者救済活動の概要を記した文章であるが、末尾に「爰立名医之姓字於簡首、中載募貲出入之数、而在事諸友并志之、草略以記其始末有如此」とある。
(54) 乾隆紹興府志巻三八・祠祀志三・寺上・融光寺。
(55) 青木正児・前掲書八四頁。
(56) 越中園亭記之一・攷古・陽明洞。乾隆紹興府志巻三・地理志三・山・陽明洞。
(57) 長物志巻二・花木・桃。
(58) 寓山注・讓鴎池・踏香堤。
(59) 荒井健・前掲論文。杜春生・祁忠敏公遺事。

(60) 祁忠敏公遺事。
(61) 越中園亭記之六・城北・硯園。
(62) 長物志巻三・水石・土瑪瑙。
(63) 乾隆紹興府志巻六・地理志六・川・曹娥江。
(64) 乾隆紹興府志巻三八・祠祀志三・寺上・資壽教寺。
(65) 乾隆紹興府志巻七三・陵墓志一・会稽・明左都御史劉宗周墓。
(66) 第六章第二節・張岱略伝を参照。
(67) 越中園亭記之二・白馬山房。淇園。表海亭。
(68) 寓山注・水明廊・読易居。
(69) 同右・豊荘。「学稼学圃、予将以是老矣、堂之西有丙舍三、他日為児子読書処、読書於此、兼欲令其知農家苦」と、農民と農業に対する思いを記している。子供たちに農家の苦労を教えることの必要性を、祁彪佳は認識していた。また、ここは夫人の女紅の場でもあった。
(70) 長物志巻二・花木・巻三・水石。
(71) 乾隆紹興府志巻七三・陵墓志一・会稽・禹穴。
(72) 静および工夫の理解については、島田虎次・王陽明集（中国文明選六・朝日新聞社）の説明に依拠している。
(73) 明史巻二八五・倪元璐伝。
(74) 青木正児・前掲書三二二頁。
(75) 王士美なる人物に言及する文献は見出し難いが、松枝茂夫訳の陶庵夢憶（岩波文庫・六七頁）には、王業洵、字は士美、浙江余姚の人と紹介されている。劉念台の弟子の一人であったらしい。
(76) 乾隆紹興府志巻三七・祠祀志二・祠・陽明先生祠。
(77) 陶庵夢憶巻二・紹興琴派。前述の王士美も仲間であったらしいが、彼の芸はものにはならなかったという。
(78) 寓山注・太古亭。
(79) 同右・鉄芝峯。

(80) 宮崎市定・張溥とその時代（全集第一三巻・一一七頁）倪元璐も一員とされていた。陶庵夢憶巻三・白洋潮を参照。
(81) 乾隆紹興府志巻七・建置志一・城池。この地に白洋巡検司城が置かれていた。
(82) 青木正児・前掲書一七四頁。
(83) 乾隆紹興府志巻七・建置志一・城池。三江所城。城の西門外に有名な三江閘があり、山陰・会稽・蕭山三県の蓄水の施設であった。また、銭塘・浦陽・曹娥三江の水が集まって海に入るところでもあった。
(84) 寓山注・通霞台。
(85) 乾隆紹興府志巻四三・人物志三・名宦下に載せる、闞永傑、字は人孟、鞏昌衛の人である。崇禎四年の進士で、紹興に任じた後、崇禎十五年二月李自成との戦中に没したと記す。明史巻二九三にも伝を載せる。
(86) 寓山注・浮影台。
(87) 乾隆紹興府志巻三・地理志三・山。秦望山。
(88) 長物志巻二・花木・槐
(89) 日知録巻一八・火葬。宮崎市定・中国火葬考（全集第一七巻・二一二頁）。
(90) 陳江・明代中後期的江南社会与社会生活（上海社会科学院出版社・九一頁）田野に放置された遺骸を収集し埋葬する結社＝掩骼会を創めたのは陳龍正（萬暦一三～順治二）であったらしく、そのことは掩骼会序（幾亭全書巻五五）によって知られる。
(91) 沈徳符・萬暦野獲編補遺巻三・賭博厲禁。禁令については、證人社約言（劉宗周文集第二冊）などにも、「一、設機局騙、逐戯賭銭耆出会」とある。祁氏も宗規をもって厳禁していた。
(92) 越中園亭記之五・彤園。
(93) 同右之三・柳西別業。
(94) 寓山注・溪山草閣。
(95) 乾隆紹興府志巻三八・祠祀志三・寺上・雲門寺。
(96) 明史巻七六・職官志五。
(97) 長物志巻六・几榻・几。

(98) 乾隆紹興府志巻七・建置志一・城池・水偏門。

(99) 同右・巻七・建置志一・鎮。西興鎮・銭清（青）鎮。

第六章　非郷紳的人生——市隠の生と死

宋代以降、科挙制度が整備され、明代にいたって、その受験資格が生員（地方学校の学生）にのみ与えられるという体制が確立する。このことは取りも直さず、学校試を含む数段階の試験に合格してはじめて、官僚あるいはその候補者となり、政治と文明の営為に参加できる社会、それによって権力や名誉とともに、最も確実な致富の手段をも手にしうる社会の出現を意味する。となると、人生の最高目標は科挙に合格することとする価値観が成立定着し、そのための営みは「挙業」とよばれ、生涯を賭ける一種の職業となり、条件さえ整えば、人々はこれにむかって一意に邁進する。目標を達成すれば、本人はいうまでもなく、一家一族の社会的地位も劇的に変化向上したが、こうした体制のもとに、郷紳とよばれた階層は誕生した。

ところが一方、環境的にも、能力・資格的にも、挙業に専念しうる条件をそなえていながら、敢えてその道を選択せず、世間の常識とは懸け離れた人生を歩もうとする人物もあらわれてくる。それぞれの思いがあって、意識的にそうした生き方を選んだと考えられ、彼らは時に市隠などと称せられたりもするが、要するに、郷紳たることとは対照的な生涯を送った人といえるであろう。彼らは特権を与えられて生きるのを潔しとせず、處士のまま市井に生きたのであった。

本章は、士大夫・読書人でありながら、通常とは別の一生を過した、二人の人物の略伝を紹介し、その生き様を明らかにすることを目的とする。彼らは決して世を捨てたのではなく、まして士大夫・読書人に期待された責務を放棄したわけではない。自らの良心と意志に忠実に生きたのであり、彼らの日常との対比は、郷紳の実像を映す照魔鏡となり、また、そうした生き方を許容した、明末の社会状況の一端を想知することができるのではないか、と思うからである。

第一節　沈周略伝

一

沈周、字は啓南、別号は石田、世によんで石田先生という。蘇州府長洲県相城里の人で、宣徳二年（一四二七）に生まれ、正徳四年（一五〇九）に八三歳で亡くなっている。生涯をつうじて官途につくことなく、いわゆる處士の身で終始したが、画家として明代随一の巨匠と評せられるばかりでなく、詩人として、また文章家として、第一級の作品をのこしている。こうした略歴をもつ彼の伝記はつぎに列挙するとおり、幾つものこされている。

沈周伝（明史巻二九八・隠逸）

文徴明・沈先生行状（甫田集巻二五）

王鏊・石田先生墓誌銘（王文恪公集巻二九）

張時徹・沈孝廉周伝（国朝献徴録巻一一五）
銭謙益・石田先生事略（銭謙益・瞿式耜撰・石田先生詩鈔・文鈔巻一〇）

これらを史料として、本節は沈周の生涯を明らかにするのを目的とするが、とくに彼の生き方を問題にしたいと考えている。というのは、彼がその能力を持ちながら、敢えて立身出世の階梯である学校制度や科挙制度の外側にとどまり、通常の士大夫や読書人とは違う人生を選択し、そこに独自の価値を見出そうとした点に注目したいからである。彼のこうした生き方を考察することをつうじて、いわゆる郷紳たちのそれに、逆の照明をあてることができると期待するからでもある。

沈周の存在意義をはじめて指摘したのは、宮崎市定であった。一九五四年六月に発表された「明代蘇松地方の士大夫と民衆——明代史素描の試み」（全集第一三巻）において、明清時代の中国を代表する都市としての蘇州、生産都市、商業都市、そして文化都市であった蘇州、そこに育まれた精神の正統の顕現者（市隠）として、沈周の名が挙げられている。また、吉川幸次郎にも一九六〇年五月の「沈石田——市民的教養人の系譜」（全集第一五巻）があり、明代以降、次第に顕著となる市民の文学、その背後にみられる、教養をそなえた市民の生活の、注目すべき一例として、沈周の一代が取り扱われている。

これらの業績に触発されて、本節は執筆されること、いうまでもないが、それらとはまた別の意図をもつことは、前述のとおりである。さらに附記するならば、この節は沈周の本業ともいうべき画業を論じようとするものではない。その資格を筆者はもたない。(1)　彼はまた、詩人、文章家としての名声につつまれているけれども、このことについても、特別の興味をもつわけではない。筆者の関心はあくまでも、郷紳とよばれる存在との関わりの一点にある。生まれた環境からしても、その能力からいっても、官僚となり、あるいは郷紳となりうる条件を充分にそなえながら、そうした特権的立場に身を置くことを拒否し、一介の読書人としての生活に満足して人生を終えた人物の生き方を明らかにしつつ、それをつうじて、功罪両面にわたってさまざまな評価をうけている郷紳の実態を照射する手掛かりをえたいのである。しかも、彼は孤立してはいなかった。その晩年から、俗にいう呉中四才の時代にはいり、祝允明、文徴明、唐寅、徐禎卿らが輩出して、沈周の精神と生き方は継承されたというのが、宮崎市定の説である。

なお、本節は幾つもある伝記のうち、もっぱら、文徴明と銭謙益の筆になるものに拠っている。また、彼の詩文集には、明末の銭允治が編集した「沈石田文集不分巻」と、銭謙益と瞿式耜が共編した「石田先生詩鈔・文鈔十巻」(2)があるが、ともに完全な全集ではないらしく、収録の作品には互いに出入があることを附言しておきたい。

二

沈周が生まれて生涯をすごしたのは、蘇州府の、呉県とともにその附郭の県であった長洲県、その郊外の相城里である。府城の北方十数キロ、クリークに囲まれた水郷で、米作を主とする穀倉地帯として広く知られている。その地の地主或いは豪農の一家の長男として、彼は誕生したが、一家は四代前の曾祖父の頃から在地の有力者であった。銭謙益は沈氏の家系をこのように記している。

「曾大父の良琛、始めて闢田し以て其の家を大にす。大父は孟淵と曰い、二子を生む。貞吉と曰い、恒吉と曰う。皆仕えずして文雅を以て称せらる。恒吉は同斎と号し、三子を生む。先生（沈周）は嫡長なり」

中国における一世代は凡そ三十年とされているから、沈周誕生の年を基準に計算すると、一三四〇年前後に曽祖父の沈良琛は生まれたと推定できる。元朝の順帝治世の初年にあたろう。そして、元末明初の時代を生きた彼は、何らかの努力によって富を手に入れ、地主になったと思われるが、その一生はおそらく、たんなる地主としてすごしたにとどまり、文学や芸術とは無縁の生活であったはずである。しかし、資産を蓄えた家が子供に教育をほどこし、士大夫あるいは読書人に育てるという風習は、すでに宋代以来定着しており、ことに経済的・文化的な先進地帯であった江南地方、その中心に位置する蘇州一帯では普遍的であったから、世間の慣習にならって、曽祖父良琛は祖父孟淵を教育したとみえる。文徵明によれば「孟淵先生より、儒碩を以て肇家す」とあるから、祖父の代から沈氏はいわゆる読書人の家となったと認められる。

沈孟淵（諱は澄）は一三七〇年頃、つまり明朝成立の頃に生まれたはずであるが、曽祖父が望んだとおり、読書人として作詩の能力をそなえていたらしく、列朝詩集乙集・七に作品がおさめられている。永楽初年に、彼は有為の人材であるとして官界入りを求められたが、病気を理由に固辞している。異民族の支配に反発した南宋の遺臣たちにはじまり、元代の江南に形成された在野士大夫の気風―ある種の抵抗精神を継承する行為であったのかも知れない。彼はまた、日常、道士の衣服をつけて附近を逍遥するとともに、宴席を設けて来客を接待するのを好んだ。客のない日には、家人を堤上にやり、通りかかった舟から友人を無理やりつれてこさせることもあったという。そして、沈周三六歳の年に八八歳の長寿をもって没した。

沈孟淵は二人の男の子をもった。長男が沈貞吉、次男が沈恒吉で、沈周の父親である。すでに読書人であった祖父は、二人の息子にも同じ教養を身につけさせようとして、かつて翰林院検討をつとめた陳嗣初（諱は継）を招いて家庭教師を依頼したが、その甲斐あって、二人とも立派な読書人に成長し、名声は近在に知れわたった。銭謙益によれば「貞吉・恒吉、皆な唐律に工みにして、兼ねて絵事を善くす」というから、作詩の能力にとどまらず、絵事すなわち南画をかく能力まであわせもつにいたったらしい。絵をえがくことは、士大夫・読書人として必須の条件ではなかったが、それをもつことはより望ましいと考えるのが、当時の常識であった。彼らの甥であり子である沈周が、当代を代表する画家に大成する素地は、こうして出来あがっていたといえよう。

沈孟淵の生涯にみるとおり、彼の時代から相城里の沈氏は、歴とした読書人の家であり、時に仕官を要請されることもあったが、これを受け入れなかった。しかも、そうした姿勢は彼の個人的なものではなく、家法として子孫を拘束した如くであり、後述するとおり、沈氏からは一人の官僚も出さなかった。もっとも、こうした事例は、明初の江南地方にあっては、必ずしも珍しいものではなかった。すでに言及したとおり、南宋遺臣以来の気風が存在していたほか、蘇州府崑山県の人である帰有光の贈弟子敏授尚医序（震川先生全集巻一三）に「国朝、元氏の玩に懲りて、人は仕進を楽しまず」といい、林希元の揚典幕斎君伝（林次崖先生文集巻一四）に「国初は法峻にして、人は仕進を楽しまず」とあるのによって、人々が官界への進出に消極的であった事情がうかがえるであろう。二十二史箚記巻三二・明初文人多不仕の条には、幾つかの具体的事例を紹介した後、「蓋し是の時に当り、明祖（太祖）は元季の縦弛に懲りて一切重典を用う。故に人多く仕進を楽しまず」と結んでいる。

宋代に科挙制度が整備され、それが制度として社会的に定着して以降、人々が学問に志し、詩文の技を磨いて読書人となるのを終生の目標としたのは、その能力と資格をもって科挙に応じ、官僚として出世することを願ったからに他ならない。しかも、こうしてえられた政治的、社会的な地位や身分は、そのまま経済的優位を保証し、最も手近かで確実な致富の道でもあったから、人々の関心が加速されるのは当然の成り行きであった。にもかかわらず、沈孟淵はそうした生き方を退りぞけ、息子の沈貞吉、沈恒吉にも仕官をめざそうとした形跡は全くない。沈周についても、事情は同じである。彼らはすべて、官僚への道を歩もうとすれば、その能力からみても、歩みえなかったわけではないが、そうした人生を選択しなかった。意識的にそれらを拒否したとみるべきである。

その理由としては、前述のような状況が一般的に存在したことが挙げられるであろう。より具体的には、明初の時期において、太祖の王朝建設の事業に抵抗したとして、蘇州を中心とする江南地方が、新政府からとくに激しい弾圧を加えられたこと、明朝の制度として、官僚に対する制裁が厳しかったこと、それらが江南の読書人を恐怖させたことなどが関係するといえる。それに加えて、沈氏にあっては、少くとも四代つづいた地主であり、商業に手を染めることはなかったらしいが、地主あるいは豪農として充分に恵まれた生活が維持されていたから、危険を承知で官界に入る必要がなかったからでもあったろう。さらに、人々の憧れる官僚とならず、それらがもたらす特権、たとえば過重な力役免除の権利を自ら放棄し、自由人として生きる人生についての、積極的な誇りを一家がもっていたことも、理由の一つに数えられよう。

祖父と父についてはしばらく措くとして、沈周の場合は明らかにそうであった。彼の伝記が明史の隠逸伝におさめられていることが、何よりの証拠といえるであろう。中国における隠逸は決して世捨て人ではなく(3)、読書人として官僚となる資格もしくは能力をもちながら、政治の世界を俗とみなし、これとは距離をもって庶民の間に身をおき、高潔に生きた人たちをいうのである。その意味において、通常の読書人とは正反対の生き方をした人々であった。彼らは政府の附与する特権に背を向けて生きたけれども、世を捨てたわけではない。後述するとおり、沈周は多数の高官たちと交際をもつとともに、読書人として忘れてはならない経世済民の精神を体現して、憂うべき世態に率直な政治的発言をするのを辞さなかったのである。

父親沈恒吉（諱は恒、同斎と号す）は伯父貞吉とともに、祖父の財産を継承して地主であったろうが、すでに明らかなとおり、読書人であって「貌厚くして神明、これを望めば温然たる美玉なり」と称せられる、おだやかな慎しみ深い人であった。また、その日常生活は「居る所は窻几明潔にして、器物は古雅、而して奇石嘉樹は庭所を掩映し、儼として畫中の如し。風日清美なれば、毎に古冠服を被け、登楼眺望して神情爽然たり。或いは時に扁舟にて入城（蘇州）せば、留止は必ず僧舎にて焚香瀹茗し、累夕して返るを忘る」と伝えられている。

以上の記述は、沈周の友人であった呉寛が、彼の求に応じて書いた沈恒吉の伝記・隆池阡表（匏翁家蔵集巻七〇）の一節であるが、父親の生活は、このような風流高雅の日々ばかりではなく、糧長という俗務を担わなければならない日もあった。一家から官僚を出しておけば免れうる職役であるが、その要件をもたない相城里の沈氏は、これを引き受けねばならなかった。その間の事情について、隆池阡表にはつぎのように記されている。

「聞くならく、昔、正統の間、周文襄公は工部尚書を以て、畿内に巡撫たり。慨然として経理國用を己が任と為し、郡県に戒して田賦に長ずる者を慎選せしむ。處士（恒吉）は選中に在り。公は其の賢なるを知り、これを待するに庶人の礼を以てせず」

周文襄公すなわち周忱（洪武一四～景泰四）は江西省吉水県の人。永楽二年（一四〇四）の進士で、宣徳五年から景泰二年まで、二十年以上にわたって江南の巡撫をつとめ、民政に数々の画期的な改革を断行し、明一代をつうじて稀にみる誠実な能吏であったとされる人物である(4)。とくに蘇州府だけでも八〇〇万石に達した、滞納の租税問題を解決して、農民から父母の如く慕われたという話は有名である。その周忱によって、沈恒吉は選ばれて糧長となったが、無位無官、有力な地主ではあっても、處士にすぎない彼を、工部尚書の肩書をもち江南巡撫の任にある高官の周忱が、一介の庶民として扱わなかったというのである。周忱は沈恒吉の人柄と詩文および絵画の能力を重視して、一般の農民としては応待しなかったのであろう。

糧長(5)は、明代において、税糧の徴収と輸送を担当した重要な職役であった。里甲の正役に準じ、国初には徴税額一万石あるいは数千石ごとに一名が、主として在郷の大戸（地主）から輪番制で選任され、当初の社会的処遇としては、ほぼ官僚層に準ずる扱いであった。以後、何度か制度の改正が試みられているが、沈恒吉が任じられた正統年間には、ややともすれば永充制（終身就役）が常態となっていた。その負担と責任は一段と重くなったであろうが、糧長としての沈恒吉の行動について、呉寛はさらにつづけて、つぎのように記している。

「適たま歳飢えるや、廩を発して賑貸するも、明年の春、督償亟ち甚だし。民は相い視て堪えず。處士（恒吉）首ず父老を率い、往きて公（周忱）に訴う。乞うらくは秋に至って乃ち償わん、と。公は可とせず。則ち為めに反履して其の利害を辨ず。公悟りてこれに従い、後に其の言を用いて令と為す。

又、民は歳ごとに漕粟し、輪納多く足らず。豪家は利するに金貸を以てすれば、比々として破産す。處士、其の往役に当るや、輙ち預めこれに貸し、而して其の息を取らず。民は今に至るまで其の恵を感ず。其の忘怨釋讐、䘏貧排難を恵と為すが若きは、盡書すること能わず」

このように、沈恒吉は農民への善意に満ちた糧長であった。また、慈悲深い糧長でもあった。郷村社会のために献身するのを厭わず、ために人々の尊敬を集め、職責を全うしたといえよう。糧長のなかには、在地における自己の勢力を利用して吏胥と結託し、私利をはかる者がなかったわけではないが、彼はそうした人々とは無縁であった。時には当局と対立することも辞さずに、饑民の救済に尽力し、納税に苦しむ農民に金を貸しても利息はとらず、民間の紛争についても調停解決につとめたのであった。(6)

附言しておくと、沈恒吉は蘇州府知府況鍾ともある種の関係をもったらしい。府下に糧長をつとめる者としては当然であろうが、況鍾の、宣徳七年二月二八日の日付をもつ遵旨辨明誣陥奏（況太守集巻一二）には、彼の身にふりかかった誣告案件について、糧長沈恒吉が出名告保したことが言及されている。況鍾（洪武一六～正統八）は、宣徳から正統にかけての一三年間、難治の地とされた蘇州府の知府の任にあり、とくに税役の軽減と適正化につとめ、後世からたかい評価を与えられている人物である。ついでもう一つ、沈恒吉は愛犬家であったようで、忠犬ハチ公類似の逸話が、ほぼ同時代を生き、同じ長洲県人である王錡の随筆(7)によって伝えられている。

この沈恒吉を父として、沈周は宣徳二年一一月二一日に生まれた。明朝成立の年から数えて五八年めである。父は一九歳、母の張氏もまた一九歳、若い夫婦の長男であった。張氏は近隣の唯亭という村の旧家の娘で、父親の張浩は彦廣と字し、「畊讀を以て家に老いたり(8)」というから、一応の読書人であったが、官界への意欲を持たない人であったと思われる。その規模は不明であるが、地主であったはずであるから、沈氏とは釣合いのとれた一家であったろう。

三

祖父や父の代からすでに読書人の家であった相城里の沈氏では、いわば三代目として沈周が生まれ、もの心つく歳頃になると、当然のこととして、家庭教師を招いて教育をほどこし、家風を継承させようと手立てが講じられた。招聘されたのは、父たちの先生であった陳継の子の陳寛であった。当時の一般的な教育(9)は、三・四歳からはじめるのが普通であった。まず漢字の読み書きを教え、八歳から爾雅を除く十三経の全文を読み、十五歳からは朱子の注によって四書を、ついで五経を学び、さらに史書を読み、文章と詩賦を読み、最後に詩文のつくり方を学んで、教育課程は終了することになっていた。したがって、沈周もまた、こうした内容の教育をうけたはずである。

ただし、幼い沈周の成長には、教師である陳寛ひとりがあずかったのではなく(10)、一家の持つ知的雰囲気も多分に好き影響を及ぼしたはずである。さきに触れたとおり、祖父や父の代から文事にかかわり、また、客を好む家風をもった故に、多数の文人墨客の来訪があったから、これらの人々からも、沈周は多くを学んだに相違ない。加えて、彼は幼時より俊才の誉たかく、そのつくる詩をみて、陳寛先生はもはや教えることがなくなったとして、自ら辞職を申し出たという。文徴明によると、詩は白居易、蘇軾、陸游らに、書は黄庭堅に学んだが、

「先生既に長ずるや、益々学に務め、群経より而下、諸子、史集の若き、釋老の若き、稗官小説の若き、總貫せざるなく、其の得る所を淹浹し、悉く以て詩に資す」

であったとある。まだ修学の時期にあったと思われるにもかかわらず、長男である沈周は一五歳になると、父に代って糧長に就役するが、このことと関連して、彼の詩才をうかがわせるエピソードが伝えられている。

「年十五にして、其の父に貸って賦（糧）長と為り、南京に聴宣す。時に地官侍郎崔公（崔恭）は文学を雅尚す。先生、百韻の詩を為ってこれを上る。崔は詩を得て驚異し己が出すに非らざるを疑い、鳳凰台の歌を面試するに、先生、筆を援りて立ちどころに就る。詞采爛発たり。崔乃ち大いに激賞して曰く、王子安の才なり、と。即日、有司に檄下して、其の役を蠲す」(11)

文中にみえる王子安とは、初唐四傑の一人にあげられる王勃（六四七〜六七四）を指し、華麗な詩風は一世を風靡したとされるが、それに比すべき偉才として、糧長を免除されたというのである。ただし、免役が事実であったかどうかについては、疑問がのこる。というのは、沈周がその職務から解放されるのは、かなり後年のことであったと考えられるからであり、それを証明するのが、銭允治の編する詩集に載せる二つの詩である。すなわち「息役即事」と「退役即興、寄沈廷佐」の、二つの七言律詩であるが、とくに後者において、退役の喜びが、髪の毛がうすくなろうとする年齢になって、ようやく到来したとうたっているからである。就役そうそう、十五や

十六歳の出来事とは、とうてい認められないのではなかろうか。

一従帰踏旧魚磯　　一たび帰踏に従う、旧き魚磯
便覚心情与世違　　便ち覚ゆ、心情の世と違うを
林屋夜涼黄葉下　　林の屋の夜は涼しくして、黄ばみし葉の下ち
水庄秋浄白雲飛　　水の庄に秋は浄くして、白雲は飛ぶ
常時有券因賒酒　　常時に券有るは、酒を賒するに因り
毎月無塵不浣衣　　毎月塵無ければ、衣を浣わず
亦念東林老知己　　また東の林に念い、老いて己を知る
苦吟先我鬢毛稀　　苦吟すること我に先んじ、鬢毛稀れなり

沈周が糧長の重役から解放されたのは、おそらく三十代の後半、四十歳前後のことであったと推測されるから、二十年以上もその任についていたはずである。この間、景泰元年には、二四歳の彼と二十歳の妻陳氏との間に、長子沈雲鴻が生まれている。だから、結婚はその少し前のことであったろう。陳氏は隣県である常熟県の陳原嗣の娘であり、家族は半農半商であったというから、地主兼商人であったのだろう。彼女の兄か弟である陳蒙は育庵と号した読書人であり、その詩三首が列朝詩集丙集・八に収録されている。沈周にも、彼との交際を示す数首[12]の詩がある。そして、長子が誕生して間もない頃、蘇州知府の王滸から賢良に推挙したいとの申し出があったが、沈周はこれを断っている。その間の経緯はつぎのようであったと、文徴明は行状のなかで説明している。

「先生は筮易して、遯の九五を得たり。曰く、嘉《よ》ろしく遯《かく》れ、貞《ただ》しくして吉。喜んで曰く、吾れ其れ遯れんかな。

卒に辞して応ぜず」

推挙に応ずるか否か、易をたてて占ってみたところ、出たのは遯の九五の卦であり、その意味するところは、「嘉ろしく遯れ、貞しくして吉」であったのを理由に、これを断ったというのである。後年、仕官を求められるたびに、彼はしばしば老父母の存命を辞退の理由としているが、この時は易の卦を利用したようである。これによって、祖父にならって生涯仕えないという姿勢は公然と表明され、官僚にはならないとする家風は堅守されたのである。ついで、天順六年、彼三六歳の年に祖父が八八歳で世を去った。

糧長をやめたと思われる四十歳の頃から、画家として、書家としての沈周の名声は、広く天下に鳴りひびくようになる。文徵明によれば「内は京師より、遠くしては閩浙川広にまで、沈周先生有るを知らざる莫し」であった。また、これまでは小品が多く、古人の模倣も少くなかったが、四十を過ぎると大作をかきはじめ、自らの創意にもとづく作品が目につくようになったと、画家であり弟子であった文徵明は解説している。この頃の沈周の暮しぶりについても、つぎのように附け加えている。

「先生、居る所を去ること里餘りに別業を為り、有竹居と曰う。其の間に耕読し、往時勝日には、必ず酒肴を具えて近局を合わせ、従容として談笑し、蓄う所の古き図書器物を出して、相い与に撫玩品題して楽しみと為す。晩歳には名は益ます盛んに、客の至るまた益ます多く、戸屨常に満つ。先生既に老いたるも、而も聡明衰えず。酬対すること終日、少やも厭怠せず、風流文物、一時を昭暎す。百年来、東南文物の盛んなること、蓋しこれに過ぐる者有る莫し」

沈周には画家・詩人・文人のほかに、知られざる一面として、料理についても一家言をもっていたことを、紹介しておかねばならない。料理書というほどではないが、彼の随筆集である石田雑記には六ケ条ばかり、料理に関する記述が載っている。詳細については説明し難いが、一例を挙げれば、老鶏や鵝鳥は殺してから、しばらく浄處に置いておき、その肉が冷えるのを待って、毛のついたまま煮ると、やわらかく仕上る、などとある。神仙造酒方と名付ける酒造法もあるが、神仙の道術と関わりをもつのであろうか。

ところで、一介の處士ではあっても、天下に知られた著名人である沈周のまわりには、常に多数の人々が集まった。来客を好み、歓待につとめた彼であったから、なおさらであったが、その家に出入りしたのは、近局つまり隣り近所に住む庶民から、高位高官の有力者にいたるまで、多彩であった。彼との間に親しい関係をもった官僚として、以下の三人の名が知られている。

王恕（永楽一四～正徳三）(13)、陝西省西安府三原県の人で、字は宗貫、正統一三年の進士で、以後、官界にあること五十余年、直言をもって知られたが、とくに南京兵部尚書在任中には「両京十二部、独り王恕あるのみ」と称せられたといい、剛正清厳の誉たかい、成化・弘治朝の名臣である。この彼と沈周とは、地位や身分をはなれて対話をもちうる間柄で、その江南巡撫としての施政について、「公（王恕）の呉を按ずるや、必ず與語を求め、語は日夜を連ねて休まず」であったこと、また、一日、諌言をテーマとする意見の交換があったことなどが、文徴明によって記録されている。

呉寛(14)、（宣徳一〇～弘治一七）、沈周の最も親しい友人で、八歳若く、五年早く亡くなっているが、頼まれて父親沈恒吉の伝記を書いたことは、すでに触れたとおりである。その字は原博、同じく長洲県の人で、成化八年の廷試第一、つまり状元であるが、翰林院修撰をふりだしに、吏部右侍郎、礼部尚書を歴任したが、内閣大学士となることは固辞した。明史巻一八四に載せる伝には、つぎのような人物であったと記している。

「(呉)寛、行履は高潔にして激矯を為さず、而して自守するに正を以てす。書に於いては讀まざるなく、詩文には典則あり。兼ねて書法に工なり。田数頃を有し、嘗て以て親故の貧なる者に周す」

若いころから学問、詩文、書法をつうじて交友のあった沈周と呉寛の関係について、銭謙益の記すところは、次のようである。

「先生は匏菴(呉寛)に長ずること八年、匏菴未だ第せざる時、先生と唱酬すること甚だ多し。匏菴、修撰に官となるも、父の病むを以て帰省を乞い、遂に終制す。成化戊戌(一四年)、先生に雨夜宿匏菴宅詩(15)あり。匏菴、啓南の有竹別業を過ぎ、李成の書を閲し、商乞父尊を観て、五言今体詩あり。同に虞山(常熟県)に遊び、各おの五言古詩三首(16)あり。是年、匏菴は先生の父同斎の為めに、隆池新阡表を作る。己亥(一五年)、匏菴服闋かれて京に還る。先生に送行七言の長編あり。弘治中、吏侍を以て継母の憂に丁る。丁巳(弘治一〇年)、服除かれ、啓南の宅に宿す。……三月、匏菴北上し、啓南に和東坡清虚堂韻送別詩(17)あり。謂うならく、年老いて離別す。舟を拏き送りて京口に至る……と。此の後、復た相見ざるなり」

少年時代にはじまった交友は、沈周七一歳の時、北京に帰る呉寛を京口に見送るまで、五十年ばかりもつづいた。その間、詩作をともにするにとどまらず、互いの住居を訪れあい、名勝への遊覧に同行するなど、地位や身分の距りを感じさせない関係は、絶えることがなかった。互いに相手の人物と能力に敬意を抱いていたからこそ、それは継続しえたのであろう。呉寛が吏部侍郎であった時期、蘇州知府某が来訪したので「沈石田先生は近来いかん」と問うたところ、知府は沈石田のことを全く知らなかった。それを聞いた呉寛は「太守は一郡の主なり。郡中に賢者有るも尚お能く知らず。餘は何ぞ問うに足らん」と、おおいに不満をもらしたという話柄が、何良俊によって伝えられている。[18]

王鏊[19]（景泰元〜嘉靖三）、字は済之、蘇州府呉県の人。成化一一年の廷試第三、つまり探花の合格者として翰林院修撰となり、吏部右侍郎、戸部尚書、文淵閣大学士などを歴任したが、宦官劉瑾と対立して辞職帰郷、しばしば官界への復帰を求められたが応ぜず、そのまま郷里で亡くなった。文恪と諡をたまわっている。彼は沈周より二四歳も若かったが、両者の間に生じた出来事について、銭謙益はこのように記述している。

「王文恪、内閣より帰るや、石田先生病む。亟ちに人を遣わしてこれを問う。答詩に云わく、勇退帰来したる宰公に説く、此の機は超出す萬人の中、門前の車馬多きこと許の如きに、那ぞ心情有りて病翁を問うや、と。字墨惨淡として遂に絶筆と為る。のち二日にして卒す。今、集中には載せず」

沈・王両人が日常的に、どのような交際をしていたかは不明であるが、同郷の間柄とはいえ、かなり年齢に差があるばかりか、内閣大学士をつとめた高官の王鏊が、帰郷そうそうにもかかわらず、無位無官の沈周が病むのを知ると、ただちに見舞の使者をおくったのである。答礼の詩にはいささか謙譲の意をあらわしているとはいうもの、両人の間に地位や身分の差にもとづく隔意が全くなかったことがうかがえるであろう。しかも、王鏊は自ら、沈周の墓誌銘を書いている。これらのことがあってから数十年の後、何良俊は「文恪公の賢を重んじて旧を存す。今また復び此の風有らず」（四友斎叢説巻一五）と、この件を評している。萬暦の世にはもはや、沈周や王鏊のような人物は見当らず、この種の美談は語られなくなったというのであろう。

さらにもう一人、楊循吉[20]（景泰七〜嘉靖二三）という好学の友がいる。字は君謙、蘇州府呉県の人。成化二十年の進士であるが、生来多病であったため、三一歳で卑官のまま、退任して帰郷、支硎山に盧を結んで読書詩作の日々をすごした人である。三十歳も年下の彼と、沈周がどのような交わりをもったのか、詳しいことはほとんど明らかではないが、銭允治や瞿式耜の編する詩本には、楊君謙の名を題目にとどめる作品が何点も見出されるから、詩文をつうじて親しい間柄であったのは間違いなかろう。

たとえば、瞿式耜の石田先生詩鈔巻七に「楊君謙の致仕するを聞き、此れを賦して以て健羨を致す」と題して、一五首をおさめているのは、弘治五年、楊循吉が告退帰休したのを迎え、羨望の情を告げるための作である。同巻にはまた「支硎山の麓にて楊君謙に逢う」と題するものもあり、支硎山の盧に彼を訪ねた際の作である。一方、楊循吉は沈周の画業よりも文章の才を認めていたらしく、その画に書いた跋文には「石田先生は蓋し文章の大家にして、其の山水樹石は特に其の餘事のみ。而して世は乃ち専ら此を以てこれを称す。豈に冤に非らざるか」（石田先生事略）とある。沈周の文才を評価する姿勢は、銭謙益も同じであった。

四

四十歳前後に糧長を退いた沈周ではあるが、これですべての俗務から解放されたわけではなく、地主一家の主人として、労働こそしなかったであろうが、それなりの苦労はなおつづいたと思われる。後述するとおり、長男の雲鴻が家業を主宰してはいたが、家長としての負担は避けられなかったであろう。加えて、画家として、あるいは詩人・文人としての彼の名がたかまるにしたがって、多様な経歴をもつ人々が周囲に集まり、身辺は一層多忙となったはずである。しかし、ある種の公務であった糧長の職責をはなれてからの彼は、身分としては完全な庶民であり、八三歳で亡くなるまで、四十余年の歳月を、その誇りをもって生きたということができる。

成化十年、四八歳の時につくった「市隠」[21]（詩鈔巻五）と題する七言排律は、市井に暮らす隠者的読書人の生活をうたうものであり、沈周自身が市隠をもって任じていたことをうかがわせる作品である。市隠とはもちろん彼の造語ではなく、たとえば「小隠は陵藪に隠れ、大隠は朝市に隠る」（王康琚・反招隠詩）などに由来する、古くから用いられた言葉である。朝市とは官界と家郷をあわせた語である。

莫言嘉遯独終南　言う莫れ、嘉しく遯れて独り終南すと
即此城中住亦甘　此の城中に即きて住むこともまた甘し
浩蕩開門心自静　浩蕩として門を開き心自ら静かに
滑稽翫世估仍堪　滑稽にも世を翫び估は仍お堪ゆ
壺公溷世無人識　壺公は溷世に人の識る無く
周令移文好自慚　周令は移文して好く自ら慚ず
酷愛林泉図上見　林泉を酷愛して図上に見
生嫌官府酒辺談　官府を生嫌して酒辺に談ず
経車過馬嘗無数　経車過馬は嘗て数無きも
掃地焚香日載三　掃地焚香して日に載すること三たび
市脯不教供座客　市脯は教えずして座客に供し
戸傭還喜走丁男　戸傭は還るを喜び丁男を走らす
簷頭沐髪風初到　簷頭沐髪して風初めて到る
楼角攤書月半含　楼角に書を攤いて月半ば含む
蝸壁雨深留篆看　蝸壁に雨は深く篆を留むるを看る

燕巣春暖忌僮探　　燕巣は春暖かく僮の探ずるを忌む
時来卜肆聴論易　　時に卜肆に来たりて易を論ずるを聴き
偶見隣家問養蚕　　偶たま隣家を見て養蚕を問う
為報山公休薦達　　山公に報ぜんが為めに薦達を休め
只今雙鬢已毿毿　　只今雙つの鬢は已に毿々たり

この詩にみるとおり、市隠として生きることに満足した沈周ではあるが、幼い頃から経・史・子・集部の学問に励み、読書人として成人した者にとって、経世済民の本旨を忘れることはできなかった。彼には若干の道教臭さがなくはないが、自らを士大夫乃至読書人と強く意識していたことは、呉寛に父親の伝記の執筆を依頼するにあたって語った、つぎの言葉によって明らかである。

「是に於いて（沈）周泣きて其の友・翰林修撰呉寛に告げて曰く、不肖、先訓を奉じて列を士大夫の間に獲たるも、自ら以てこれを顕揚する者無きを媿ず。惟だ幸いに一言を得て其の阡を表せん耳」

士大夫・読書人である以上、そのあるべき姿を見失うわけにはいかなかった。政治への関心あるいは発言は、その責務と意識するのは当然であった。前述のとおり、彼は官僚となるよう推挙された経歴をもち、何人もの高官を友としたが、時に政治の得失について、意見を求められることもあった。そうした際、彼のとった態度は常に謙虚であったと、文徴明は記している。

「同時の文学の士にして、上官の礼するところと為る者、往々、時弊を陳説す。先生は然らずして曰く、彼ら南面して我に臨む。我は北面にしてこれに事う。安くんぞ能く其の情を尽くさんや。君子は其の位を出でざるを思う。

吾は吾が事を尽くさん而已」

このように、身分をわきまえての行動と発言をむねとしたとはいえ、政治への関心は非常に積極的であった。つづいて文徴明は、このように述べる。

「然れども、先生、時政の得失を聞く毎に、輒ち憂喜は色に形わる。人、是を以て、先生の忘世に終る者に非らざるを知る」

市隠と自称するとはいえ、士大夫あるいは読書人としては政治に無関心であるべきではなかった。まして、地主として、糧長として、市井に生きた沈周のまわりには、隣人であり、苦しい生活をする庶民・農民の姿があったから、これに目を被うわけにはいかなかった。彼の詩がしばしばこの現実に触れることは、すでに指摘されており、前掲の吉川論文には例証が幾つも紹介されている。不幸な人々に代ってその悩みをうたい、社会の良心となることは、中国の詩人の伝統であり、杜甫や白居易以来、こうした作詩の姿勢は確立していたとされるけれども、彼もまた、その継承者であったといえよう。

政治の得失と直接かかわる庶民の、その多半を占める農民の姿をうたった詩作の一例として、晩年のものと認められる「暗紡詞」（詩鈔巻四）と題する七言古詩を挙げておきたい。沈周が住んだ蘇州を中心とする江南地方は、少なくとも宋代以降、財賦の淵藪として富饒の名を負いながら、生産者である農民の暮しは決して豊かではなかった。このため、とくに明代にはいると、農民たちは全国をつうじて最もたかい重租重税に対処し、また進行する貨幣経済の渦中を生きるため、副業として棉作・棉糸・棉布の加工製造を発展させ、やがて専業化するにいたるが(22)、これら棉業に従事する農家の生産活動をうたった作品である。

貧家紡婦夜紡紗　　貧家の紡婦は夜に紗を紡ぐ
無油点火暗揺車　　油の点火する無くして暗に車を揺らす
紡多手熟不労力　　紡ぐは多く手熟して力を労せず
眼雖不見手明白　　眼は見えずと雖も手は明白に
車揺揺兮夜迢迢　　車は揺々として夜は迢々と
今夜不作無明朝　　今夜作らざれば明朝は無し
来図織布且換米　　来って織布を図り且つ米に換え
早粥在鍋渾舍喜　　早の粥は鍋に在りて渾舍喜ぶ
富家焼钃満堂紅　　富家は焼钃して満堂は紅に
弾糸調竹喧春風　　弾糸調竹して春風を喧わす
紡車嘈嘈只隔壁　　紡車は嘈嘈として只だ壁を隔て
苦楽雨声何不同　　苦楽と雨声は何ぞ同じからず

「時政の得失を聞く毎に、輒ち憂喜は色に形わる」とされた沈周の姿は、彼のもう一つの随筆集である客座新聞にも、これを見出すことができる。すなわち、弘治年間のことというから、彼の六・七十代の話であろうが、桑民懌という役人がある富家をおとずれ、その家が深い考えもなく田産を所有しているのをみて、戯れに「広く田産を置くこと真に愛す可し、糧長解頭は専ら等待す。眼を転じて三四年を過来すれば、挑んで担頭に在れば人の売う無し」といいのこして去った。この話を耳にした沈周によれば、近年、土地を所有する一家は糧長以下の各種の重役を課せられ、その重い負担をまかなうため、人々は多く土地を質入するが、このため土地の値段は下がりつづける。しかし、官府の苛斂誅求はとどまるを知らず、その苦しみのなかで、ついに人々は生を傷つけ業を破るにいたっている、と。

この現実はとりもなおさず、地主であり糧長でもあった沈周自身が、身をもって経験したところであったはずである。「桑民懌の言はこれを嘲れると曰うと雖も、切に時弊に中る。嗚呼、惛《だま》らん哉」が、彼の評言であった。もはやこの現状を黙って見過ごすことはできないというのが、彼の率直な意見であった。この事態に対して、彼がどのように行動したかは知りえないけれども、この言葉のなかに「忘世に終わる者に非らざる」人であった彼の姿をみるのは、それほど難かしくはないはずである。

沈周の人柄について、文徴明はまた「尤も人の疾苦を忍びず、緩急に求むる有れば、応ぜざる者無し、里党戚属は咸なこれを仰成す」と記しているから、飢饉や災害に際しては、彼は全力で救済にあたったであろう。こうした曖かい人柄の故に隣人たちの敬愛をうけながら、彼は年齢を重ねたが、この間にも、画家として、詩人・文人としての名声はますますたかまっていった。そして、五一歳の時に父親を失い、八十歳になって母親を亡くした。父に対しては「平居して其の父に事うるや、至らざる所無し」であり、九九歳で没した母の張氏についても「猶お孺慕して已まず」であったという。

正徳四年（一五〇九）八月二日、沈周は八三歳で世を去った。夫人陳氏との間に長男として雲鴻をもうけたほか、側室も次男の復を生んでいる。雲鴻は読書人として崑山県の陰陽訓術（県の陰陽官）をつとめたが、父親七六歳の年、弘治一五年に五三歳で先立っている。復は府学の学生（生員）となった。また、長女は崑山県の生員許貞に、次女は徐襄に、三女は呉江県の太学生史永齢に嫁いでいる。孫一人、曾孫一人があったことが知られている。次女の結婚相手となった徐襄については、蘇州府呉県出身の徐有貞の一族であった可能性[23]がある。

附記しておくと、長男の沈雲鴻については、二十歳年下の友人であった文徴明が父親沈周の依頼をうけて書いた、沈維時墓志銘（甫田集巻二九）がある。それによると、維時は字であり、成人の後には、芸術や文学の活動に専念する父に代って、よく家務を取り仕切り、「家を摻すること三十年、業は日に加拓すれども、而も人は其の積を怨やまず。蓋し其の賑荒赴急は、寔に一郷の倚成する所なり」であったという。地主としての資産は着々と増加したけれども、それによって人々の怨みをかうことなく、飢饉や災害には救済に尽力して、郷民の信頼を集めたのであり、父祖以来の功業は継続されたと認めるべきであろう。彼自身もまた、考訂の学に長じ、詩をよくし、書画骨董を愛好する人であった。

加えて、銘文の終りに「君は嘗て一たび試吏し、崑山陰陽訓術と為る。今、維時と書し、而して官を以て示さず。其の志に非らざればなり」と記すとおり、官界とは距離をおくことを希望する人であった。この点についても、一家の伝統のよき継承者であったといえよう。崑山県の陰陽訓術がどのような役職であったか、その地位がいかなるものであったか、具体的には不明であるが、卑官であったのは間違いないのに、それすらも、肩書として墓銘の題に記すことを潔しとしなかったのである。市隠たるべき志の表現であったはずである。

沈雲鴻以後、沈氏の子孫がどうなったか、詳しいことはわからない。沈周の生き方がどう受け継がれたのか、これもまた知ることはできない。ただ、たとえば、王士性が「縉紳（士大夫・読書人）の家は、科第を奕葉するに非らざれば、富貴を長守するに難し」（広志繹巻四）と指摘するような社会において、いくら富裕な地主であったとしても、科挙に応ずることなく、官僚を一家にもたないのを信条とする相城里の沈氏が、ながく繁栄するのは難かしかったのではなかろうか。おそらく、間もなく没落したのではないかと思われる。少なくとも「文氏は待詔（徵明）より以来、累世皆な風雅を以て士林の推す所と為る」（天啓崇禎両朝遺詩小伝・文文粛公）と称せられた、文徵明の家系のようにならなかったのは確実であったろう。

五

沈周の生涯は一貫して處士としてのそれであったが、彼は芸術と文学の領域において、明一代を代表する大家であり、その故に社会から絶大な尊敬をうけた。銭謙益の列朝詩集小伝丙集・呉尚書寛に「呉人は先哲名賢を屈指するに、搢紳は首ず匏翁を称し、布衣は首ず白石翁を推す。其の他は或いは少次する」という如くである。白石翁とは、沈周が六十歳をすぎてから用いた自称であり、呉寛（匏翁）は前述のとおり、礼部尚書までつとめた彼の親友であるが、両者は地位や身分の差をこえて、人々から第一級の人物として併称されたのである。

一流の芸術家や文学者に対する尊敬は非常なものがあり、それは一流の政治家に対するのに匹敵するのが、宋代以降の中国社会の特徴であった。ただし、その場合、芸術家・文学者と政治家はおおむね一致することが多かったのも見逃されてはならない。にもかかわらず、沈周はその例に反して、處士の身のままで、時代を代表する人物として立ち、高官たちと対等の交際をつづけるとともに、世人のたかい評価をかちえていたのであり、この事実は注視されてよいと思われる。

沈周はまた、その能力を充分にもちながら、あえて立身出世の道を歩まず、處士として市井に生き、市隠の誇りを全うした。それは家法に忠実であったばかりでなく、自ら選択した生き方であった。官僚への望みを捨て、郷里に住みつき、郷民とともに苦楽をともにしようとしたのであった。別の表現を用いるならば、官僚として与えられる特権を忌避し、特権をふりまわして放縦な生活をひけらかすことを善とせず、周囲の人々に関心をもちつつ、彼らと同じ地平に生きることを決意したともいいえよう。それは性格や趣向をこえて、意識的な行為であったはずである。

とはいえ、市隠として生きることは、現実の政治や社会から逃避することではなかった。幼い頃から経書を学び、儒教経典にもとづく教養の保持者、つまり士大夫あるいは読書人であるかぎり、その教える政治主義から離脱すべきではなかった。いい換えれば、経世済民の責務を放棄してはならなかったのである。そして、このように意識するならば、たとえ官僚への路＝政治への直接関与の路を自ら閉ざしたとしても、最終的にはその責務に忠実であるべきであり、それが中国における隠逸の正統的なあり方であった。市隠として生きた沈周が、士大夫の路を全うしたことは、すでに明らかにしたとおりである。

しかも、こうした生き方は沈周のみにとどまらなかった。市隠の伝統は広く継承されたのである。具体的にいえば、呉中四才と呼ばれる人々である。祝允明（天順四～嘉靖五）、文徴明（成化六～嘉靖三八）、唐寅（成化六～嘉靖二）、徐禎卿（成化一五～正徳六）であり、彼らはいずれも、沈周のように生涯、處士のままであったわけではないが、その生き方と精神を沈周から学んだ人たちである。この他にも、それほど多くはないが、市隠として生きた人は存在する。(24)

こうした生き方とは別の人生を選んだのが、広く郷紳と呼ばれた人々である。学業に精励してまず生員となり、監生となり、挙人となり、進士となり、あるいは官僚となり、それぞれの身分や地位に応じた特権を政府から与えられて郷里に住み、正負の影響を郷村社会にもたらした人たちである。それは士大夫あるいは読書人にとって、全く通常のあり方ではあるが、時に「明季紳衿之横」（顧公燮・消夏閑記摘鈔巻上）、「明郷官虐民之害」（趙翼・二十二史劄記巻三四）などと指弾されるような事態を惹起して、問題視される側面を、彼らがもったのも事実である。これらと対照的な生き方を選んだのが、いわゆる市隠であり、その意味において、彼らの存在は注目されねばならないのである。

補注

（1）沈周の画業に関する筆者の知識は、長尾雨山・中国書畫話（筑摩叢書二一七）、青木正児・明代蘇州の文苑（全集第七巻）からえた範囲にとどまる。
（2）四庫全書存目叢書・集部第三七冊。
（3）根本誠・専制社会における抵抗精神・第三章　隠逸の類型。
（4）周忱の伝記は明史巻一五三、国朝献徴録巻六〇などにおさめられている。彼が能臣であったことは、日知録巻一一・銀の条にも触れられている。
（5）梁方仲・明代糧長制度（上海人民出版社・一九五七）、川瀬智壽子・明代の糧長（文化一七巻六号）、小山正明・明代の糧長について――とくに前半期の江南デルタを中心にして――（東洋史研究二七巻四号）。
（6）糧長が徴税などの直接的任務のほかに、紛争の調停を含む、郷村の、いわば裁判事務をも担当したことは、すでに指摘されている。四友斎叢説巻一三にも、著者である何良俊の見聞として、祖父と父の二代、五十年間にわたって糧長をつとめた自家の実態が語られている。すなわち「百姓……有事即質成於糧長、糧長即爲處分、即人人稱平謝去」と。
（7）王錡・寓圃雑記第八・沈氏犬。
（8）銭謙益・石田先生事略に引用する注文。
（9）本書第二章第一節を参照。
（10）何良俊・四友斎叢説巻一六の記載によれば、著名な詩人として知られた陸潤玉も招かれたとある。
（11）明史の沈周伝には「年十一」と記すが、おそらく間違いであろう。
（12）詩鈔巻二・和王秋官元勛寄陳育菴韵、巻五・仲冬七日与陳育菴別後聞其阻雨崇福菴寄此抵面など。
（13）明史巻一八二・王恕伝、詩鈔巻二・画松寿大司馬三原王公、巻七・奉寄三原王家宰、巻八・寄三原王家宰、などの詩を沈周は王恕におくっている。
（14）明史巻一八四・呉寛伝、列朝詩集小伝丙集・呉尚書寛、王鏊・資善大夫礼部尚書翰林院学士贈太子太保謚文定呉公神道碑（王文恪公集巻二二）。

(15) 詩鈔巻一・雨夜宿呉匏菴宅。
(16) 沈石田集・五言古詩　舟中望虞山与匏菴同賦三編。
(17) 詩鈔巻四・用清虚堂韻送匏菴少宰服闋還京。
(18) 何良俊・四友斎叢説巻一〇。
(19) 明史巻一八一・王鏊伝。
(20) 明史巻二八六・楊循吉伝。
(21) 詩中の語句について一応の説明をしておきたい。
嘉遯についてはすでに本文中に解説している。終南は終南山で、この山中に高臥すること。壺公は後漢の仙人。薬を市中に売り、終われば跳って壺中に入ったと伝える。周令移文の典拠は不明ではあるが、周令は父親と親しかった周忱を指すのかも知れない。市脯は買った乾肉。論語に「沽酒と市脯は食せず」とある。卜肆は易占舗。山公は晋の山濤のこと、竹林の七賢の一人であるが、一方、吏部尚書として人物の選抜にも任じた（晋書巻四三）。
(22) 寺田隆信・明代蘇州平野の農家経済について（東洋史研究一六巻一号）。
(23) 明史巻一七一・徐有貞伝。生没年は不明であるが、宣徳八年の進士で、天順の復辟に大功があった。しかし、権勢を恣いままにしたために失脚して帰郷した。書法に秀いで、風流儒雅の士として名声があった。彼が沈恒吉の知人であったことは、吉川論文の指摘するところである。
(24) 本書第六章第二節を参照。張岱の生涯もその一例である。

第二節　張岱略伝

一

市隠とは市井の隠者の謂である。中国では隠者というよりも、一般的に隠逸あるいは逸民とよぶことが多いが、それは俗にいう「世捨て人」ではない。彼らは士人、士大夫、読書人つまり知識人階級に属し、官僚となる資格と能力をもち、政治にかかわって経世済民に努める責務を自覚しながら、政治の世界を俗として敢えて任官せず、あるいは官職を離脱し、民間に隠れて高潔に生きた人々であり、別に隠士、逸士、高逸、高士などとも称せられる。

隠逸の歴史は古く、聖天子の堯に招かれたにもかかわらず、これを拒否した許由、周の武王の治世に生きながら、その粟を食するのを潔しとせずに餓死した伯夷と叔斉たちが、その代表として挙げられる。彼らの生活態度は相対的現実を超えて脱俗的であり、その点では道教の立場に近いが、儒教でも『論語』泰伯篇に「天下に道有れば則ち見れ、道なければ則ち隠る」というように、混迷の世を避けて隠遁する人を君子と評価し、微子篇には逸民七名の名を記して、それぞれの在り方を論じている。また、民の声を代表する暗黙の批判者として、隠逸を容認し尊重する寛容さが、為政者には必要であると考えられた節もある。

　要するに、隠逸は消極的、非社会的な存在ではなく、逆に権力を否定し政治と社会を批判して沈潜する人であり、人間主義の立場にたって生き方の価値転換を行い、自己の主体性の確立を求めて、最も積極的に生きた人々であった。彼らは平静、有閑、自適、逍遥の生活のなかに、ひたすら生の充実と喜びを求めつつ、なお権力と死を恐れず、節度ある人生を全うしたともいえよう。ここに隠逸の倫理があった。そして、すでに三世紀の頃から、そうした人たちの伝記がまとめられ、『後漢書』に逸民伝が加えられて以降、ほとんどすべての正史に彼らの伝記が収載されているの[1]は、隠逸が価値ある生き方と認められ、社会的に肯定された人物として、その存在が容認されていたことを反映するであろう。

　市隠は隠逸、逸民の系譜につらなり、この用語はもっぱら明清時代の文献にあらわれるが、経済的な先進地帯であった江南、長江下流域の蘇州を中心に、市民的隠逸として、あるいは文明の正統の担当者として活躍した。彼らの存在にはじめて注目したのは宮崎市定[2]であるが、市隠の定義はつぎの如くであった。すなわち、人々の憧れの的であり、最も捨て難い官途への望みを自ら絶ち、富貴を去って廉直につき、郷里に住みついた士大夫である。彼らのなかには進士、挙人、監生、生員などの一種の学位、それ以上の意義をもつ官僚としての肩書を帯び、特権的な地位を与えられた者もいたけれども、何よりも生まれた土地を愛し、郷党とともに苦楽を共にしようとする生活態度を貫いた。こうした市井に隠れた市大夫を市隠と称するのであり、明清時代をリードする蘇州の文化は、民間に生きた彼らの手によって推進されたということができる、と。

　蘇州の市隠を代表するのは、詩文書画のすべてに傑出した沈周であり、祝允明であり、唐寅であり、文徴明であり、徐禎卿である。彼らは皇帝や官僚をまともな相手とは認めず、矛盾した社会、虚偽の生活、行き詰まった政治に背をむけ、互いに理解しあえる者同志が集まって、気のおけない社交界を形成した。彼らは人里離れた山中に籠って仙人のまねなどせず、ささやかなグループをつくったが、政治や社会との関わりを捨てたわけではない。もっとも、このような社交界が成立するためには、経済的な繁栄と太平の時代を必要とするが、沈周らが生きた一五・一六世紀の間、ことに蘇州一帯はまさにそうした好条件に恵まれていたのである。以上のような時流をうけて、一六世紀の末、蘇州から少し離れた紹興の町に、一人の市隠があらわれる。その名を張岱というが、順風満帆であった前半生にくらべ、彼の後半生は悲惨であり苦悩に満ちていた。王朝の滅亡という恐怖と混乱の時代を生き、貧窮に耐え、そして死んだのである。市隠の生き方に、彼はどれほどの、いかなる人間的理想をこめたのであろうか。

二

張岱（一五九七～一六八九？）字は宗子、一字に石公、号を陶庵、また蝶庵居士とも称し、浙江省紹興府山陰県の人である。山陰の張氏は「貴冑の家」つまり地方の名門として知られていたが、彼の文集である、『瑯嬛文集』巻四に載せる自撰の「家伝」によると、それは高祖にあたる張天復の代からであるという。

張天復、字は復亨、号は内山、正徳八年（一五一三）に生まれ、嘉靖二六年（一五四七）の進士で、官は太僕寺卿にのぼったが、六二歳で亡くなった。曾祖の張元汴は字を子藎、号を陽和といったが、隆慶五年（一五七一）に殿試第一名すなわち状元で進士に及第し、左諭徳となって経筵に侍すなど、官は翰林院侍読学士に進み、卒すると文恭と諡を賜わった。祖父の張汝霖は字を肅之、号を雨若と称したが、萬暦二三年（一五九五）に進士となり、広西参議から福建按察司副使を歴任した。夫人朱氏は内閣大学士、俗にいう宰相をつとめた同郷の朱賡の娘であった。父の張耀芳、字は爾弢、号は大滌であるが、県学の学生（生員）とはなったものの、五〇歳を過ぎるまで科挙を受験しつづけたにもかかわらず、ついに合格できず、晩年には山東兗州の魯王府に右長史として仕え、魯王のあつい信頼をうけた。

このように、山陰の張氏は三代にわたって進士を出した名家であり、書香の家の子として、子弟は幼少より学問に精励し科挙に応ずることを本業とすべきであった。しかし、「家伝」の「附伝」には、張岱が「瑜有り瑕有り」と評した三人の叔父の生涯が語られており、彼らは少し異なった生き方をしたことがわかっている。張氏の一家に、そうした人の系譜もあったことに注目しておきたい。

まず、仲叔つまり二番目の叔父である張聯芳は字を爾葆といい、進士にはなれなかったけれども、河南の孟津県の知県や漕運の監督官などをつとめている。こうした官歴とは別に、彼は少年のころから書芸に関心をもち、画家としては前述の沈周や明代後期を代表する董其昌と並称され、鑑識にも長じて、江南では五指にはいる書画骨董の収蔵家であった。ついで三叔の張炳芳は三峨と号し、若くして機略の才をそなえ、生員の身分に終ったが、諸官の幕客として活躍したというから、後世に有名な紹興師爺の先駆者であったのであろう。そして、季叔の張㸌芳であるが、七磐と号し、「生まれながら跅弛にして、文墨を喜ばず、里中の侠邪を招集して相い与に弾箏蹴鞠、陸博樗蒱し、化粧登場し、斗鶏走馬する。食客五六十人、常に一猳を蒸して客に饗す」と記される人であった。弾箏が琴を弾ずること、化粧登場が役者の眞似事であるのを除き、蹴鞠（けまり）、陸博、樗蒱、斗鶏、走馬はいずれも、賭博を目的とする遊戯である。彼は全く読書しなかったわけではないが、遊侠まがいの自由奔放の日々をおくった挙句、薬毒にあたって死亡した。

また、『文集』巻四には「五異人伝」と題する一文がおさめられ、銭の癖あり、酒の癖あり、気の癖あり、土木の癖あり、書史の癖ある五人の同族の伝が記るされている。冒頭に「人は癖無ければ与に交る可からず、其の深情無きを以てなり。人は庇無ければ与に交る可からず、其の眞気無きを以てなり」とあるが、癖とは生活の純粋な私的領域における熱狂的なのめり込みであり、趣味や諸技に没入することを指し、癖をもつことを積極的に容認しようというのが、張岱の主張であって、彼自身もそれを実践したことは後述する。この一文は癖に生き「みな伝に意無きも……之を伝せざるを得ない」と認めた五人の略伝であるが、そのうちの三人が張岱以前の世代に属する。

張汝方、号を瑞陽といい、祖父張汝霖の兄である。若くして学問に励んだがついにものにならず、商売にも失敗して貧乏暮らしをつづけていた。そこで妻子を捨てて北京に出て掾史（属吏）となったところ、偶然のことから銀二万両を手にいれ、郷里に帰って妻子と再会し、金満家として八〇歳を超える長寿を全うした。張汝森、諱から考えて、祖父と同じ排行の人であろうが、字は衆之、「髯の張」ともよばれ、山水園林を好む一方、無類の愛酒家であり、そのために病をえて亡くなった。十叔にあたる張煜芳は紫淵と号し、二〇歳で生員となり、国子監生たること三〇余年であった。学問ができ文章も上手であったが、母親の溺愛が原因で強情な性格となり、短気でつむじ曲り、眼中に人なき態度を持しつづけた。崇禎一三年（一六四〇）に特例をもって進士を賜わり官界にはいるが、同僚と和合できず、ために間もなく解任され、忿懣やる方なく、病を発して死亡した。その故に「気の癖」の持ち主とよばれる。

以上にみるとおり、学問や芸術の香りたかい正統的な士大夫の家でありながら、その枠組みをやや逸脱した人物をも生んだ家系に張岱は生まれた。萬暦二五年（一五七九）八月二五日である。父親は張耀芳、母は陶氏で、その嫡男であった。陶氏は監生から福建塩運司同知に任じた陶允嘉（字幼美、号蘭風）の娘で、近隣の陶堰鎮の人であったという。後に解説するように、彼には「自為墓誌銘」と題する自伝があるが、生涯の概略を示しておくと、ほぼつぎの如くである。(3)

張岱は子供の頃には病身であり、母方の祖母馬氏の手もとで育てられ、薬をあびるほど服用して、一六歳でようやく健康体となった。その間、祖父の張汝霖につれられて杭州に赴き、文壇の大御所であった陳継儒に会い、その詩才を賞せられることがあった。しかし、周囲の期待を他処に、有り余る財と暇にまかせて趣味と遊蕩に余念がなく、学問や文芸に通暁し、有数の蔵書家であったにもかかわらず、科挙に応ずる気持を抱くことはなかった。父が亡くなり、三六歳で張家の当主になってからも、彼の生活態度はいささかも変らなかった。紹興城内の竜山の南麓にあった邸宅に自適の日々を送るとともに、杭州西湖の風景を愛し、一年の半ばを湖畔の別荘である寄園にすごし、南京や揚州へも屢々足を運び、さまざまな人々との交遊を楽しんだ。

父親は志をとげなかったが、三代にわたって進士を出した家の子として、科挙に合格して官途につき、身を立て名をあげるのが当然であったにもかかわらず、彼には一度も科挙を受験した形跡がない。同郷の友人たち、たとえば五歳年長の倪元璐や四歳若い祁彪佳らが、みな進士となって出世街道を歩んでいたのを横目に、彼は社会通念に反する生き方を選んで悔いなかったらしい。人々の目には、彼のこうした自由放縦、贅沢三昧の生活態度は大家の若旦那、あるいは無軌道な道楽息子、遊蕩児と映ったに相違ない。

前述のように、張岱には癖ある暮しを善しとする姿勢があり、趣味を含めて、物事をとことんまで究めつくさないと満足しない性癖があった。『文集』巻六の「祭周戬伯文」には、時芸の知己、古文の知己、山水の知己、詩学の知己、字畫の知己、曲学の知己、史学の知己、禅学の知己と彼がよんで尊敬した二〇人近い友人の名が列記されている。そのうち、時芸とは八股文のことであり、山水は園林つまり庭園を指し、字畫は書畫、曲学は戯曲演劇をいうが、科挙を受ける気もないのに、その受験用の八股文つくりを好んだなどというのは、癖の最たるものといえるであろう。この一文からも、彼の物事に対する執着心の強さがうかがえよう。また、彼の数ある著書の多くはすでに亡佚しているが、現存するものとして最も知られている『陶庵夢憶』八巻にも、癖有り疵有る畸人として生きた快楽主義者の関心をもって、この世にある美しいもの、楽しいもの、愛すべきものについて、数々の記述をのこしている。彼が貪って飽くことを知らなかった、その幾つかを紹介しておこう。

〔巻一〕「筠芝亭」の条は、高祖張天復が紹興竜山に営んだ庭園を例にあげ、そのあるべき姿を論じている。張氏は他に幾つもの園林を所有しており、張岱自身も「山水の知己」を求めるほどの興味をもち、快園と名付けた庭園を造営していた。「天硯」の条では、文房四宝のうちの硯について、天硯と命名された名硯の入手をめぐる逸話を語り、自らの見識を披露している。「呉中絶技」の条においては、蘇州のすぐれた細工職人たちの技術を評し、「蓋し技や、道に進んだり」と『荘子』を引用して絶賛した。

〔巻二〕「紹興琴派」の条は、自らも学んだ七絃琴の名手の技を論じているが、彼の技術も相当なものであったらしい。「三代蔵書」の条では、張氏の蔵書の由来をたどり、明清交替の戦火のなかで、彼自ら四〇年をかけて蒐集した三万巻の書籍が一日にして失われたと記している。山陰の張氏は当代有数の蔵書家であったことは広く知られていた。

〔巻三〕「蘭雪茶」の条は、天下の茶を論じる一方、自ら炮製法を考案した蘭雪茶が広く世人に愛好されていた実情を紹介している。『文集』巻一の「茶史序」によると「飲事に精なることその右に出ずる無し」などと評されたとある。これまた彼のこの道における力量を知らしめるであろう。「斗鶏社」の条には、若い頃に凝った斗鶏の思い出が述べられているが、間もなくこの遊びはやめたとある。

〔巻四〕「秦淮河房」の条は、屢々遊んだ南京秦淮河畔の歌楼舞館の盛況を伝え、その遊蕩がどの程度のものであったかをうかがわせる。「乳酪」の条には、自ら実行したうまい乳酪（ヨーグルトの類似品）のつくり方が詳説されている。「張氏声伎」の条は、曾祖父の代からはじまった張氏の俳優養成について語り、多数の名優を抱えていたことを明らかにしている。当時、大家や名家では自家の劇団や楽団をもち、自邸に舞台を設けることは普通であったが、彼自身はこの分野にも深い造詣をもち、「曲学の知己」のいたことは前述のとおりである。また、「方物」の条には、「城中の清饞、余に過ぐる者無し」と自讃する彼の好みによる、各地のうまい食べものが列挙されている。彼は下戸であったらしいが、食いしん坊と自ら名のり、全国各地から珍味を取り寄せ、日々の口腹のために苦労したと語っている。

〔巻五〕「姚簡叔画」の条は、姚允在、字を簡叔といった著名な画家との交友を述べ、その画風が「孤意一往」つまりわが道を行くものであったと評している。前述のとおり、張氏一族には画家として大成した人がおり、また、所蔵の書画も多かったところから類推すると、張岱の画に対する鑑識眼はかなりのものであったと思われる。「柳敬亭説書」の条は、柳麻子のニックネームで知られた講釈師の芸風を扱っている。柳は芸能史にその名を逸することのできぬ名人で、南京を訪れる名士はすべて、彼の講説を聴き、親交を結んだとされるから、張岱もその一人であったのであろう。「樊江陳氏橘」の条では、紹興の東方一五里に位置する、樊江の陳氏の果樹園に産する蜜柑を論じ、それを好んだが故に、毎年必ず自分で買いだしをし、いくら高価でもこれを手にいれて賞味したと記している。自ら「橘虐」（みかん気違い）を称したくらいである。

〔巻六〕「彭天錫串戯」の条においては、串戯、すなわち俳優を職業とするのでなく、身分も財産も学問もありながら、芝居が好きで素人の域を超えた名優の演技を評し、彭天錫のそれが天下一品であったと記している。当時、俳優は賤業と見做されたが、串戯は社会的に尊敬の対象であった。士大夫階級の間で広く演劇が愛好された時代の雰囲気を反映すると考えられる。

〔巻七〕「閏中秋」の条は、崇禎七年（一六三四）閏八月一五日に、蘇州の虎邱で行われていた慣例にならい、友人たちと城内の蕺山で開いた宴会を紹介している。七〇余席を設け、会する者七〇〇〇余人、もちろん芝居も演じられたが、野外の宴というものの実態を伝え、その大散財ぶりをうかがわせるであろう。

〔巻八〕「蟹会」の条は、一〇月なると肥って一段とうまくなる河蟹の話である。張家では毎年、この時期に「蟹会」が催されたようで、その席での食べ方、付け合わせ、果物、飲みもの、野菜、飯、茶について蘊蓄を傾けている。食道楽を自認する彼が主役をつとめる集まりであり、贅をつくしたこと、いうまでもない。

ところが、崇禎一七年（一六四四）三月、張岱四八歳の年に明朝が滅亡するのと同時に、彼の豪華な遊蕩生活は終わりを告げ、思いもよらぬ後半生が待ちかまえていた。「古文の知己」と尊敬した倪元璐は北京で亡国に殉じ、翌年閏六月には「山水の知己」であった祁彪佳も故郷で入水自殺した。張岱自身もまた、父が先代魯王に仕えた縁故もあって、紹興に亡命政権をたてた魯王朱以海のもとに参じ、家産をあげて軍資金の調達にあたった。従弟の萼、字は介子も対清の義軍に加わって戦死した。彼らの献身にもかかわらず、形勢は日に日に不利となり、家財を蕩尽したうえ、居宅も掠奪をうけて廃墟となったため、命を永らえた彼はついに会稽山中に隠棲し、復明の志を抱きながらも、逃亡の日を過さねばならなかった。自ら田畑で働きもしたらしく、以後、再び世に出ることはなかった。

こうした失意の時代において、張岱は幾つかの著述をなしとげた。かなり永い後半生を著述一筋に燃焼させたといって差し支えない。『陶庵夢憶』(4)はその代表作であるが、特筆すべきものとして、洪武から天啓にいたる明朝の歴史をまとめた『石匱書』二二一巻がある。一時頓挫していた執筆を再開したのは、夢にあらわれた祁彪佳の要請によると、彼は書きのこしているが、「石匱書自序」（文集巻一）に記す執筆の経緯と方針は、つぎのとおりである。要するに、実証史学の方法に徹したのである。

「余、崇禎戊辰（元年・一六二八）自り遂に此書を泚す。十有七年にして遽かに国変に遭う。其の副本を携えて深山に屏跡し、また研究すること十年にして甫めて此帙成る。幸い余、仕版に入らざれば、既に恩仇鮮く、世情を顧りみず、復た忌諱する無し。事は必ず眞を求め、語は必ず確に努め、五たび其の稿を易え、九たび其の訛を正す。稍や未核なる有らば、寧ろ闕きて書すること勿し」

明朝滅亡から十年をへて、六〇歳前後の頃にこの書を完成すると、さらに続編として、崇禎の歴史である、『石匱書後集』六三巻を、彼は書くことになる。『石匱書』は刊行されなかったため、現在は一部の写本が伝わるのみであるが、『後集』は影印本があって、完全なかたちで読むことができる。

前朝の遺民として、彼は恒心ある余生を送ったのであり、晩年、世を隠れた彼が紹興の城内に出向くことがあっても、人々は誰一人として張岱の名を知らなかったという。そして、九三歳で没したとされるが、一説には七〇余歳とも八八歳ともいい、彼が全く世間から忘れ去られていたことを証明している。誕生については月日までわかっているのに対し、卒年が不明であるところに、彼の後半生がいかなる境遇にあったか、明確に示されていると見るべきであろう。

三

前述のとおり、その前半生、明朝がなお存続していた時期において、張岱は趣味と遊蕩の奔放な生活に明け暮れていたが、それが生活のすべてではなかった。社会通念に逆らった生き方を選択したとはいえ、彼は歴とした士大夫として社交の場を離れてはおらず、修己治人と経世済民の看板をはずすことも絶対にしていない。こうした側面についても、触れておかねばならないであろう。

すでに何度か名をあげているが、張岱には同郷の若い友人として祁彪佳がいた。祁氏もまた張氏とならぶ紹興の名族であり、両氏は姻戚の間柄でもあった。祁彪佳（一六〇二～一六四五）、字は虎子または弘吉、号は世培、天啓二年（一六二二）の進士として諸官を歴任したが、明朝滅亡後は南京に成立した福王政府に招かれて蘇松巡撫の重責を荷った。しかし、回天の志をとげることができず、病気を口実に辞職帰郷し、清軍が江南に進攻して紹興に迫ると、絶食すること三日、寓園と名付けた別墅の池に身を投じて明朝に殉じた人である。

彼は『祁忠敏公日記』一〇冊をのこし、崇禎四年七月二九日から弘光元年（一六四五）閏六月四日、つまり死の前々日まで一五年間の生活を記録している。張岱の名はそこに五十数回にわたって記載され、また書簡集もあって、これにも彼あての手紙が数通おさめられている。一方、張岱の側にも「与祁世培」（文集巻三）と題する書簡がのこっており、「山水の知己」にあてるにふさわしく、「園亭を造るの難は、結構に難く、更に命名に難し」の書き出しではじまっている。これらをつうじて、両者の地位や身分にかかわらぬ親密な交際がうかがえるとともに、張岱のもった別の一面を見出すことができるのである。『日記』に張岱（宗子）の名が最初にあらわれるのは、崇禎六年五月二二日の条である。

「雨、出でて張宗子、張介子、金楚畹、李玉完の諸家を弔す」

張宗子とは張岱、張介子は従弟の張萼を指すが、この日、祁彪佳が彼らを弔問したことを伝えている。この年の三月まで祁彪佳は福建道監察御史として北京にあったが、蘇松巡按に任じられ、任地の蘇州に赴くのに先立ち、一時紹興に帰省中であった。前年一二月二七日に亡くなった張岱の父親耀芳の葬儀に出席できなかったため、帰郷に際してあらためて弔意を表すための訪問であった。

祁彪佳の次回の帰郷は崇禎八年七月になるが、この度は一三年三月四日に母親が死去したこともあって、一五年九月に河南道事として復官するまで、七年以上も紹興にとどまった。この間に両人の交際は一段と深まったようで、張岱の名は『日記』に頻出するが、帰郷の年における関連記事は、およそつぎのとおりである。

「八年八月二五日　張宗子に晤い、亟ちに帰る」
「八年十月二八日　晩に札を作り張介子に与え、更に数行を以て張宗子を慰む」
「八年十一月一日　張介子が来訪し、乃兄宗子失意の状を言う」
「八年十一月二四日　余独り介子と与に張宗子を訪れ、乃ち帰る」
「八年十二月一二日　午後、張宗子の宅に就き、陶虎溪と与に同に林自名公祖を邀えて雙紅記を観る」

気ままに生活していたはずであるが、この年、張岱は何か困難な事態に直面していたらしく、祁彪佳は友人として、彼を慰め激励するために屡々訪問したのであろう。ついで十二月一二日の記事は、当時、士大夫たちの間に演劇の趣味が広まり、自ら劇団や舞台をもつ者が多かったのと無関係ではない。張岱の家では代々俳優を養い、彼自身も関心が強かったことはすでに述べたが、祁彪佳もまたその一人であり、その名は近年、戯作家もしくは評論家として注目されつつある。そして、この日、張岱の屋敷では自家の舞台で「雙紅記」が上演された。この作品は、青木正児によれば、伝本は稀れで全本を見ることはできないが、萬暦年間（一五七三～一六一九）に成ったことはほぼ間違いなかろうという(5)。同席した林自名公祖は、当地の知県をつとめていた林逢春(6)であるが、離任帰郷の身とはいえ官僚身分をもつ祁彪佳や、無官ではあっても士大夫である張岱らは、地方官と親しくつきあっていたのである。

また、『日記』崇禎十年六月二二日の条に、張岱作の「木猶竜詩」をえたと記すのは、『陶庵夢憶』巻一・木猶竜に、亡父が買い求めた家宝の木竜を魯王府から持ち帰り、詩会を催して友人たちに命名を依頼し、且つ詩を賦してもらったことを記すのと対応する。附言すれば、木猶竜（この木はなお竜の如きかの意）と名付けたのは周墨農であるが、祁彪佳がつけたのは海槎であった。同年八月一五日の条には、張岱らと楓社を結成していたことがみえるが、前述の詩会は楓社の集まりでもあったのであろう。詩文の交わりをもつのは、士大夫にとっては不可欠の営為であった。

ところで、崇禎一三年（一六四〇）から翌一四年にかけて、紹興地方は近年稀れな自然災害に見舞われた。『康熙紹興府志』巻一三・災祥志によれば、一三年には春から秋にかけて長雨が降りつづき、洪水が発生して農作物に甚大な被害を与え、人々は地中の白土を観音粉と称して貪り食ったという。さらに一四年には一転して旱魃となり、米価が騰貴して社会不安が一段と深刻化した。事態を憂慮した祁彪佳は、いわゆる郷紳の責務として、紹興の県官に対策を具申するとともに、自ら救済にのりだしているが、張岱も積極的な協力者であった。

『日記』十四年正月十七日の条によると、城内の米舗や当舗が略奪をうけ強借がやまない実情に鑑み、「期を約して給米せん」と各坊任事の友人を自宅に招いたところ、多数の来会者があったが、そのなかに張岱の名がみえる。賑済の事業は祁彪佳が中心となって三カ月もつづけられるが、張岱の名はそれに関連して何度も記載されており、彼が郷土のために尽力したことは間違いない。祁彪佳はこの時の経験をもとに、のちに「救荒雑議」（祁彪佳集巻六）を書くが、その「民糴議」に「在城の搢紳を分って五隅と爲し、隅毎に一二の賢紳を擇び、其の自ら其親を糾め、自ら其族に勧め、各々米本一千石を措するを聴す」とあるのから類推すると、この時にも、富豪や有力者から米穀の提供を求めたはずであり、張岱も大量の蓄積を投入したに相違ない。彼は決して遊蕩にふけるだけの人ではなかったのである。

あくる崇禎一五年九月、祁彪佳は河南道事に任じられたが、北京周辺の治安は極度に悪化しており、敍任の通知はようやく一一月になって到着した。彼はただちに北上の途にのぼるが、閏一一月になっても、揚州にとどまり先に進むことができないでいた。その頃、張岱もまた揚州に滞在しており、――彼はこの城市が好きであった(7)――連日のように両者は会っていたが、出立にあたって、張岱が「金湯十二策」を示したことが、一五年閏一一月七日の条には記されている。今、その内容を知ることはできないが、表題から推測すると、おそらく、北京防衛もしくは明朝保衛の処策を論じたものかと考えられる。

祁彪佳は一二月四日にようやく北京に到着したものの、滞在は翌一六年八月までで、任地に赴くこともなく、八月一六日に離京し、十月一三日に紹興へ帰ってくる。そして、一九日に張岱らと寓園に遊んでいる。彼が全精力をこめて築きつつあった郊外の別墅であるが、『日記』に張岱の名がでてくるのはこの日が最後で、以後は張介子（萼）の名が数回みえるのみである。翌年三月一九日に明朝は滅亡するが、さらにその翌年、乙酉（一六四五）閏六月六日、祁彪佳が寓園の池に身を投ずる直前、三月一日の条に、張介子が「書を以て薦む」と記すのをもって、張氏従兄弟との交わりは絶えている。

以上、『日記』からみるとおり、張岱は決して世捨て人などではなかった。自らの意志で科挙に応せず、官職にはつかず、無位無官のまま終わったけれども、士大夫たるの立場を忘れたのではなかった。世事に関心をもたないどころか、むしろ積極的にこれに関わる一面をもったのである。趣味と遊興に没頭したとはいえ、賑済の事業には進んで参加し、国家の安危についても発言した事実から、それは充分に証明できるであろう。

しかも、張岱は後半生において、明朝の歴史を書いている。中国においては、詩をつくること、文章を書くことすら、時に政治的危険をともなう場合がある。まして新王朝、それも清朝という異民族政権のもとで、前朝の歴史に筆を染めるというのは、よほどの覚悟がなければできない行為である。それを敢えてした彼は、この一事だけからしても、遊蕩無軌の前半生をもつとは言え、世捨て人などではなく、むしろ時代と社会に対して積極的な意志をもって生きたといわなければなるまい。

なお、張介子について、前掲「五異人伝」に伝記がおさめられているので、付論として触れておきたい。張萼、字は介子あるい燕客は、さきに紹介した仲叔張聯芳の一子で、張岱の従弟にあたるが、生母王氏が溺愛したため、粗暴で、ひねくれた性格となり、誰もなだめられなかったと、従兄は記している。「気の癖あり」と評された十叔張煜芳と似たタイプの人物であったのであろう。しかし、書畫の才に恵まれた父親の血をひいて、多彩な趣味をもち、表芸たる学問もまた人後に落ちるものではなかった。

「七歳にして小学に入り、書は過口すれば即ち成誦す。長ずるや穎敏にして常人と異なる。書史を渉覧すれば、一目にして輒ち能く記憶す。故に凡そ詩詞、歌賦、書画、琴棋、笙簫、絃管、蹴鞠、弾棊、博陸、斗牌、使鎗、弄棍、射箭、走馬、撾鼓、唱曲、傳粉登場、説書、諧謔、撥院、投壷など、一切遊戯撮弄の事は匠意してこれを爲し、工巧入神せざる無し」

ただ、前述の性格であったため、気にいらぬことがあると、容赦なく怒鳴りつけ、召使たちを冷酷無惨に扱ったため、騒動をおこすことが多く、あわや一揆になりかけたことすらあったが、生涯その行動はあらたまらなかった。夫人の商氏は同郷の吏部尚書商周祚の女で、祁彪佳夫人の商景蘭と姉妹関係にあった。そして、遊蕩三昧の暮らしをつづけ、骨董の蒐集にも大金を投じ、父親が遺した田畑や数万両の金銭を右から左へと、またたく間に使いはたしてしまう有様であった。しかし、清軍が進攻してくると、魯王の幕下に加わって抵抗し、順治三年（一六四六）「遂に死を以て殉じた」。破滅的な生き方をしながらも、一旦緩急あれば死を恐れず、彼は士大夫たるの道を誤らなかったのであり、張岱と同じ人生をもったといえるのではなかろうか。

四

張岱には「自爲墓誌銘」（文集巻五）と題する自伝がある。生前に自己の墓誌銘を書くことは、古人にもその例があって、必ずしも珍しいことではないが、七四歳の時に書かれたこの墓誌銘は、いわば彼自身の人生の精算書ともいえ、全文九五五字ばかりの文章である。以下、八段に分かって読み下し文を示し、注釈を附して紹介してみよう。(8) 失意の生活をつうじて、彼は自分を冷たく突き放して眺めることを体得したらしい。

「蜀の人たる張岱、陶庵は其の号なり。少なくして紈袴の子弟と爲り、極めて繁華を愛し、精舎を好み、美婢を好み、孌童を好み、鮮衣を好み、美食を好み、駿馬を好み、華燈を好み、煙火を好み、梨園を好み、鼓吹を好み、古董を好み、花鳥を好み、兼ぬるに茶淫橘虐、書蠹詩魔を以てし、半生を労碌せしも、皆な夢幻と成りぬ。五十に至って、国破れ家亡び、跡を山居に避く。存する所の者は、破れし牀、砕けし机、折れたる鼎、病める琴と、残書数帙、欠硯一方のみ。布衣蔬食、常に炊を断つに至る。二十年前を回首すれば、眞に隔世の如し」

浙江省紹興府山陰県の人である張岱が蜀の人と自称するのは、「家伝」によれば、十数代前の祖先が南宋の末に紹興へ移住するまで、張氏は代々蜀（四川）の人であったからである。紈袴は絹のズボンで、貴人の子弟の着るものをいう。精舎は数奇を凝らした美邸園林、孌童は美少年、華燈は元宵節の夜に美しく飾り燈もされる燈籠、煙火は花火、梨園は芝居のことである。茶淫は喫茶マニア、橘虐は蜜柑気違い、書蠹は書物の虫、詩魔は「詩という魔性のもの」を指すが、これらの趣味に関連する記述は『陶庵夢憶』のなかに見出すことができる。しかし、五十歳（正確には四八歳）の時に明朝は滅び、彼は家を捨て、会稽の山中に隠れ住むことになる。生活は一変し、粗末な衣服を身につけ、肉のない食事、それさえ満足に口に入らない日が多く、二十年前を回顧すれば、まるで別の世界のことのように思われてくる。

「常に自らこれを評すらくは、七つの不可解有りと。向きには韋布を以てして上公侯に凝したるに、今は世家を以てして下乞丐に同じ。此の如くんば則ち貴賤紊れたり。不可解の一なり。産は中人に及ばざるに、而も金谷に斉駆せんと欲す。世に頗る捷径多きに、而も独り於陵に株守す。此の如くんば則ち貧富舛けり。不可解の二なり。書生を以てして戎馬の場を践み、将軍を以てして文章の府を飜えす。此の如くんば則ち文武錯えり。不可解の三なり。上は玉皇大帝に陪して諂わず、下は悲田院の乞児に陪して驕らず、此の如くんば則ち尊卑溷れたり。不可解の四なり。弱ければ則ち面に唾せらるるも肯えて自から乾かしめ、強ければ則ち単騎にして能く敵に赴く。此の如くんば則ち寛猛背けり。不可解の五なり。利を奪い名を争うには、甘んじて人後に居り、場を観て遊戯するには、肯えて人の先んずるに譲らんや。此の如くんば則ち緩急謬れり。不可解の六なり。博奕樗蒲するには、則ち勝負を知らざるに、茶を啜り水を嘗むれば則ち能く澠淄を弁ず。此の如くんば則ち智愚雑りたり。不可解の七なり。此の七つの不可解有りて自らすら解せず。安んぞ人の解することを望まんや」

この段では率直な自己観察が行われているが、こうした文章は中国では一般的に「自嘲」とよばれる文学のジャンルに属する。しかも、彼の筆法は極めて鋭く、徹底した自己分析と自己侮蔑が展開されている。韋布は粗末な庶民の着物、世家とは名門の家柄、金谷は西晋の富豪として知られる石崇の豪華な荘園の名称、於陵は戦国時代に斉の陳仲子（諱は子終）が世を避けて隠棲したところで、現在の山東省長山県の西南に当る。「書生を以てして戎馬の場を践み……」とあるのは、文人の身でいながら対清の抵抗運動に参加したことを意味すると思われる。玉皇大帝は道教の最高神であり、悲田院は唐代に老廃者を救恤するために置かれた施設である。敵とはいうまでもなく満洲族の清朝を指すであろう。「場を観て遊戯す」とは芝居見物や遊戯にふけることをいう。博奕と樗蒲はともに古代から広く愛好されたゲームで、もっぱら賭博の対象であった。(9) 澠淄とは澠水と淄水であり、いずれも山東省を流れる川の名で、河水の味がよいことで有名であったが、茶淫と自ら称する彼はその水を弁別できたというのである。

「故に之を稱するに富貴人を以てするも可、之を稱するに貧賤人を以てするもまた可、之を稱するに智慧人を以てするも可、之を稱するに強項人を以てするも可、之を稱するに柔弱人を以てするもまた可、之を稱するに柔弱人を以てするもまた可、之を稱するに卞急人を以するも可、之を稱するに懶散人を以てするもまた可なり。書を学んで成らず、劒を学んで成らず、節義を学んで成らず、文章を学んで成らず、仙を学び仏を学び、農を学び圃を学んで倶に成らず。世人の之を呼んで敗子と爲し、廃物と爲し、頑民と爲し、純秀才と爲し、瞌睡漢と爲し、死老魅と爲すに任すのみ」

強項は剛直の意であり、卞急は短気であること、懶散は怠けて役に立たないこと、敗子は極道者、頑民とは清朝に仕えるのを潔しとしない頑固者を指し、純秀才は低能学生、瞌睡漢は居眠り男、死老魅は死にぞこないの化物爺さんをいう。張岱の徹底した自己摘抉は、この段においても止るところがない。

「初めての字は宗子なりしも、人之を呼んで石公と稱し、即ち石公を字とす。書を著わすを好み、其の成すところの書に、石匱書、張氏家譜、義烈伝、瑯嬛文集、明易、大易用、史闕、四書遇、夢憶、説鈴、昌谷解、快園道古、傒囊十集、西湖夢尋、一巻冰雪文有りて世に行なわる」

ここでようやく本来の自伝となり、まず数々の著書が列挙されている。この他にも幾つかあったようであるが、伝存しないものが多い[10]。「世に行なわる」と記すけれども、すべてが出版され流布していたわけではないらしい。それらのうち、『石匱書』は彼の代表作であり、前掲「石匱書自序」によると、曾祖父の張元汴の代から蒐集されていた史料にもとづき、崇禎元年、三二歳の時に執筆をはじめた紀伝体の明史である。前述の如く、この書は刊行されなかったため、完本は現存しないが、谷應泰の『明史紀事本末』や勅撰の『明史』の編集に利用された事実がわかっている。『瑯環文集』についても、現行の光緒三年（一八七七）刊本が六巻本であるのに対し、別に一六巻本もあるらしいから、これを完本とは必ずしもいえないかも知れない。そして『夢憶』は『陶庵夢憶』八巻のことで、張岱の著作としては最もよく知られているが、これにも異本が存在するらしい[11]。

「萬暦丁酉（二五年・一五九七）八月二五日の卯の時に生まる。魯国の相たる大滌翁の樹子なり。母は陶宜人と曰う。幼にして痰疾多く、外大母の馬太夫人に養わるること十年、外太祖雲谷公は両広に宦たり。生の牛黄丸を蔵し数簏に盈ちしが、余の囡地せしより以て十有六歳に至るまで、之を食盡して厥の疾始めて瘳えぬ。六歳の時、大父雨若翁、余を攜えて武林（杭州）に之き、眉公先生の一角の鹿に跨りて、銭塘の遊客と爲るに遇う。〔先生〕大父に対して曰く、〈文孫の属対を善くすと聞く。吾れ之を面試せん〉と。屏上の李白騎鯨図を指して曰く、〈太白鯨に騎り、采石江辺に夜月を撈う〉と。余応えて曰く、〈眉公鹿に跨り、銭塘県裏に秋風を打す〉と。眉公大笑し躍り起ちて曰く、〈那ぞ靈雋此の若くなるを得ん、吾が小友なり〉と。余に進むるに千秋の業を以てせんと欲せしに、豈に料らんや、余の一事も成す無からんとは」

魯国の相たる大滌翁とは、山東兗州の魯王府の長史をつとめた父親張耀芳で、大滌はその号である。樹子は家督を継いだ嫡子、痰疾は結核性の病気であろう。外太祖雲谷公は陶大順、字は景熙であり、広東と広西の巡撫に任じた。牛黄丸は牛の胆嚢で、強心補血剤として用いられ、篾とは竹で編んだ丈のたかい箱をいう。因地は世に生まれ落ちることである。大父雨若翁は祖父の張汝霖であり、眉公先生は陳継儒（一五五八～一六三九）を指す。この人は博識の学者であるとともに、詩文書画にすぐれた趣味豊かな文人として、当時、江南の文壇に名声がとどろいていた。属対は対句をつくることで、詩作の練習はこれからはじめるのが常道であった。秋風を打す（打秋風）とは、権貴に謁見を求めて取り入る者の意であるが、陳継儒はその頃、銭塘県の知県の幕客（顧問）をしており、相当の収入をえていたであろうことを皮肉った表現である。千秋の業は文学の道をいうが、大先生の期待にもかかわらず、「豈に料らんや、私はついに何一つものにすることができなかった」という次第であった。

「甲申以後は悠々忽々として、既に死を覓めて能わず、また生に聊んずる能わず。白髪婆々として、猶お人の世を視息す。恐らくは一旦溘として朝露に先んじ、草木と同じく腐らん。因りて古人の王無功、陶靖節、徐文長の如き、皆な自ら墓銘を作りしを思い、余も亦た𩐋みに効い之を爲らんとす。甫めて思いを構うるや、人と文と倶に佳ならざるを覚え、筆を輟むること再びなりき。然りと雖も、第だ吾れの癖錯を言うのみにても、則ちまた伝う可きのみ」

甲申は崇禎一七年（一六四四）であり、この年三月一九日に明朝は滅亡した。時に張岱四八歳、以後は「死を覓めて能わず、また生に聊んずる能わざ」る日々が、世を辞するまでつづいた。そこで古人の例にならい、自選の墓誌銘を書く決心を固めた。王無功は随末唐初の隠逸で、その志と奇行をもって知られる王績（?～六四四）、陶靖節は田園詩人として有名な陶潜、字は淵明（三六五～四二七）、徐文長は同郷の文人徐渭（一五二一～九三）であり、いずれも自ら墓誌銘を書いている。癖錯は癖のあやまてるもの、すなわち癖に生きた彼の人生を総括した言葉と解すべきであろう。

「曾て生壙を項王里の鶏頭山に営み、友人李研斎、其の壙に題して曰く、〈嗚呼、有明の著述鴻儒なる陶庵張長公の壙〉」と。伯鸞は高士にして、塚は要離に近し。余は故に項王に取る有るなり。明年、年は七十有五に躋る。死と葬とは、其の日月は尚お知らず、故に書かず」

項王里は紹興西郊の村で、西楚の覇王と称した項羽（前二三二～前二〇二）が一時隠れ住んだとされる地であり、張家代々の墓地はここにあった。李研斎、諱は長祥というが、南京に隠棲していた明の遺民である。伯鸞は後漢の逸民梁鴻の字であり、その伝は『後漢書』逸民伝にみえる。要離は戦国時代の呉の刺客で、彼の事蹟は『呉越春秋』などによって知られる。梁鴻伝によれば、彼は温厚篤実の隠君子であったが、洛陽に出た時、国政を批判した「五噫之歌」をつくって官憲の探索をうけ、ために変名して各地を放浪し、呉の地に至って病没したとある。遺志にしたがって、亡骸は郷里に帰らず、彼の面倒をみていた皐伯通は、烈士要離の塚の傍に墓を設けて葬った。これを見て、人々は「要離は烈士にして、梁伯鸞は清高なり。相い近からしむべし」と語りあったと伝えられる。要離は呉の公子光（呉王闔盧）の依頼をうけて仇敵をつけねらったが失敗し、敵からも天下の国士と賞讃されながら自決した勇士である。

梁鴻の挿話を見習うべき前例として、張岱は項羽縁りの場所に生前の墓をつくった。梁鴻と要離の関係は、とりもなおさず彼と項羽の関係であり、老残絶望の晩年ではあったが、決して志を捨てたわけではないことを、世間に知らせようとしたのであろう。張岱の詩文に項羽に関わる作品はないが、要離と同じ刺客を謡ったものは幾つかある。たとえば『文集』巻三・楽府におさめる「荊軻匕」や「漸離筑」がそれである。荊軻と高漸離はともに秦王政（のちの始皇帝）を暗殺しようとした刺客で、彼らの行動は『史記』刺客列伝に詳しく、司馬遷は「此れ其の義は或いは成り、或いは成らざるも、然れども其の立意は較然として、其の志を欺かず、名を後世に垂るること、豈に妄ならんや」と評している。「士は己れを知る者の為に死す」のであり、信義に生きた刺客は高潔の人士であった。隠逸もまた彼等と同列に扱われるべきであるというのが、中国古来の、そして張岱自身の認識であった。

「銘に曰く、窮せる石崇、金門に斗わす。盲たる卞和、荊玉を献ず。老いし廉頗、涿鹿に戦う。贋の竜門、史局を開く。饞き東坡、孤竹よりも餓ゆ。五羖大夫、焉んぞ肯えて自ら鬻らん。空しく陶潜に学び、枉らに梅福を希う。必ずや三外野人を尋うて、方めて我の衷曲を暁らん」

張岱本人が「一事も成す無し」と自嘲した己れの生涯をしめくくった銘文である。窮せる石崇とは、前述の富豪石崇のように、かつては豪勢な暮らしをしていたけれども、今や素寒貧となってしまったこの俺様、つまり張岱自身を指しているのであり、以下に列挙された古人もまた、反価値的概念でとらえられた彼自身に他ならない。卞和は美玉の鑑識家として名があり、廉頗は勇名をはせた趙の将軍、竜門は『史記』の著者たる司馬遷、東坡は宋の文人蘇軾で美食家としても知られている。孤竹は周の武王を諫めて首陽山に餓死した孤竹君の二子、伯夷と叔斉をいう。五羖大夫は秦の大夫百里奚で、楚に拉致されたが仕えず、秦の穆公に五枚の羊皮で贖われて帰国すると、大夫となって秦を強国にした人物であるが、彼に習って、我身を売るような真似はせぬ、いい換えれば清朝には仕えない意志を示したと解せられる。陶潜については説明の必要はなかろうが、梅福は王莽が前漢を簒奪したのを批判し、妻子を捨てて姿を消した隠士である。三外野人は宋末の隠士鄭思肖の自称であり、終生、元朝に抵抗する気概を示し、その意志をこめた『心史』の著作をもっている。

文中に配された窮、盲、老、贋、饞の五つの言葉は、いずれも彼自身の現実の姿である。しかし、五羖大夫、陶潜、梅福、鄭思肖たらんと志していることを述べ、地下に鄭思肖を尋ねたならば、自分の内奥の心事を私に代って説き明かしてくれるであろうと結んでいる。張岱の代表作である『石匱書』は、『心史』を凝した史書である。

以上にみるとおり、張岱は市隠としての生涯を全うした。前半生は表面的には遊蕩生活に耽溺したが、士人としての立場を忘れることはなかった。後半生は一転して無惨な落魄の暮しを余儀なくされたとはいえ、明朝の歴史をはじめとする多くの著述を完成し、自選の墓誌銘に記すとおり、自己の内部に並在する高貴性と俗物性、その矛盾を直視しながら、清節を守り、遺民の誇りに生きた。時代と社会に背を向けたりは決してしなかった。彼の生涯には、ヨーロッパの隠遁者（monk, hermit anchoret）のような修道士的側面はなく、あるいは、仏教の流れを汲む日本の世捨人のもつ、社会からの逃避、閑居の風流、鬱情や道心に根ざす無用者の意識なども、全く認められない。むしろ、大陸的に澄み透った清愁を抱きつつ、自己の主体性に忠実に、動乱の世をふてぶてしく、何ものにも屈しない意志をもって生きたというのが、彼の人生ではなかったろうか。

要するに、市隠はこのような生き方をする人々であった。彼らは平静、有閑、自適、逍遥の生活を求め、時に型破りの享楽にふけり、あらゆる芸術をその愉しみのために動員しようとすることもあったが、内に烈日のような厳しさ、とくに士大夫たる己れに対する厳しさを秘めていた。梁鴻のように隠逸がすんなりと刺客に結びつき、張岱にみる如く項羽のような覇者と関係づけようとする意識は、隠逸として己れを定立しきることの厳しさが、生半可なものでなかったことと無関係ではなかろう。朱子が告げているとおり、「隠者は多く帯気負性の人これと為る」（朱子語類巻一四〇）のである。帯気負性の人とは気性の激しい人をいうが、中国の隠者はそうした気質の人がなるのである。いい換えれば、中国における隠逸の正統的な在り方は、それ自体が明白に政治的行為であるような生き方なのであり、おそらく、その背骨として、正義の大系としての儒教の存在が指摘できるように思われる。

補注

（1）根本誠・専制社会のおける抵抗精神・第三章　隠逸の類型を参照。
（2）宮崎市定・明代蘇松地方の士大夫と民衆（宮崎市定全集第一三巻）。
（3）「自為墓誌銘」のほかに、松枝茂夫訳『陶庵夢憶』（岩波文庫）の「まえがき」に詳しい伝記が紹介されている。また中国においても朱慧深・呉癡両氏による張岱の著述に関する研究があり、「芸林叢録」第九編に掲載されていると報告されている。
（4）『陶庵夢憶』には現行の八巻本のほか、別に一巻本があると、松枝氏は解説している。一巻本は短文四三条、八巻本は一二三条を収め、うち三九条は重複するというが、この条は八巻本にはなく、したがって筆者未見の記載である。
（5）青木正児・支那近世戯曲史・第九章　崑曲極盛時代の戯曲（青木正児全集第三巻）。
（6）『康熙紹興府志』巻二七・職官志三・縣官の条。
（7）『陶庵夢憶』には、揚州清明（巻五）・二十四橋風月（巻四）・揚州瘦馬（巻五）など、揚州に関する記述が多い。
（8）「自為墓誌銘」については、松枝の翻訳のほかに、入矢義高の詳細な評釈があり、『明代詩文』（筑摩書房・昭和五三年）におさめられている。参照させていただいた。
（9）寺田隆信・中国古代の遊戯と賭博（上・下）（月刊百科第三六五・三六六号）、樗蒲考——中国中世の遊戯と賭博（上・下）（月刊百科第三八〇・三八一号）。
（10）前掲松枝茂夫の「まえがき」には、張岱の著作についての解説が含まれている。なお、散佚したものの幾つかについては、『文集』巻一などにその序文がおさめられていて、内容の大略をうかがうことは可能である。
（11）注（4）を参照のこと。

あとがき――結びに代えて

郷紳の語は明代中期に生まれ、明清時代をつうじて使用された。その意味するところは「在郷の縉紳」であり、原籍地に居住する、政府によって身分や地位を保証され、特権を与えられ、礼遇をうけて、庶民とは区別された人たちをいう。また、彼らは科挙と学校制度の、いわば申し子であり、具体的には、生員・監生・挙人・進士の称号をもつ人々である。もっとも、この点については異なった理解もあり、たとえば、郷紳と士人を区別した用例などがあるのも知られているが、そうした理解がすべての事例に当てはまるとはいえない。郷紳の語を使った同時代人の執筆者が、そのような厳密な意識を共有していたとは考え難い。したがって、郷紳の語は、そのもつ制度的・社会通念的含意を考慮して定義さるべきであり、筆者の主張するように、やや緩やかに、幅広く解釈する方が、用語の本来的な使用意図に合致するのではあるまいか。

郷紳はまた、古くから士人・士大夫・讀書人とよばれた人々と同類の存在であり、政治と文明の担当者として、あるいは郷村＝地域社会の指導者・秩序の擁護者として、何よりも儒教的な学問と教養の持ち主でなければならなかった。儒教経典についての学識と作詩作文の能力、それが必然的にともなう道徳的・人格的優越性をもつ知識人・教養人として、「天下の儀表」たることを期待されていた。こうした要請こそ、彼らの拠ってたつ最大の存在意義であって、郷紳について、時として地主であることが注目されるけれども、それは属性の一つにすぎず、必須の条件などではなく、むしろその結果と見做さるべきであろう。

郷紳と遇せられるためには、必ず学校と科挙という立身出世の階梯を登らねばならず、そのためには、まず生員として科挙の受験資格を取得する必要があった。この目的の達成をめざし、科挙に合格して高官となるのを人生の最高目標とする一枚岩的価値体系のもと、多くの子弟たちは既定の教育課程にしたがって、挙業に励んだのである。すなわち、幼少の頃から文字を習い、学齢の八歳になると、四書五経や歴史書を読み、詩文の学習に没頭する日々を過したが、めでたく合格する者は少なく、失敗する者が圧倒的に多いのが現実であった。そこに請託や関節などの不正行為が介在したことも知られている。

こうして難関を突破して生員になると、学生であるが故に、そのままでは官職につけなかったが、科挙の受験資格の所有者として礼遇され、免役の特権をえて、最下層ではあるけれども、縉紳の列に加えられる。以後、監生・挙人・進士と階梯を進めるにしたがって、地位や権力は強化され、「在郷の縉紳」としての責務を果すよう、より強く期待されることになる。それがいかなる内容をもつかといえば、何よりも身を修め家を斉え、郷村の指導者として、風俗の醇化に務め天下国家の治平に貢献することであった。

にもかかわらず、その身分や地位、それにともなう特権を悪用し乱用して、私利私欲に走る者が目立っていた。その代表例としては、董其昌があげられようが、極端な場合には、林希元のように、任官の経歴をもちながら、公然と政府の方針に逆らうなどのこともあった。悪辣な利殖と収奪によって、近隣の士民を苦しめたばかりか、自己の利益を守るためには、敢えて政府と対決するのも辞さない者まであらわれたのである。国都を遠く離れていながら、朝政を動かしうる実力を、郷紳は時にもつことがあった。

こうした郷紳の悪業は、「縉紳の横」などといって、世人の注目するところであり、はやくから指弾の的であったが、容易にあらたまらなかった。それは郷紳の習性あるいは属性とさえ見做されるにいたったといえよう。あくどいこれらの連中は、やがて清代にはいると「土豪劣紳」とよばれて、より厳しい批判の対象とされるようになる。

このように、郷紳とよばれる人のなかには理念として堅持すべき責務を忘れ、ひたすら私利の追求に余念のない者がいた。それはもっぱら、財力に支えられて自己の立場を強化し、あわせて一家一族の永続を願っての行動と思われるが、彼らは決して安定した存在ではなかった。階層としての郷紳は、明代中期から清末・民国初年にかけて、数百年にわたって注目されつづけたけれども、個々の家系についてみれば、家運の盛衰は極めて激しく、数代つづくのすら困難であるのが、実状であった。それは、彼らの身分や地位が世襲ではなく、科挙や学校のなかでの競争に勝つことを前提に、附与され維持されたからである。

こうした現実に対応して、家名家門の永続を願って、幾つもの家訓がつくられたが、それは家族や宗族の日常生活や行動を律する規範であるとともに、社会秩序の安定と維持を求める志向を反映するものでもあった。そこにおいて冀求されたのは、まず読書と勤倹であり、ついで修身・礼譲・族内の和睦と結束、さらに隣人との調和、それにもとづく社会秩序の安泰であった。郷紳の身分や地位が、学問に精励し成果をあげることによって保証される以上、読書が力説されるのは当然であるが、勤儉とともに、族内はもちろん、社会秩序の安寧と維持もまた、自らの存続を左右する條件であった。

とはいえ、個々の郷紳についてみれば、その影像は多様であった。第四章に挙例した五氏についての考察をつうじて、その一端は明らかであろう。同州の馬氏は清代まで続いた稀有な一族であるが、その間、地域の有力者・調停者として、数々の公的・私的事業に参加している。泉州の林氏は讀書と勤倹に支えられた礼教的体制に忠実であろうとする一方、私利のために政府の方針に徹底して抵抗するなど、二面性を指摘できる存在であった。同じ泉州の丁氏などのように、回族のなかからも、衣冠の族として郷紳仲間に入る者もあらわれたが、漢回対立の狭間に苦しめられ、教律と信仰を維持するには、さまざまな困難と妥協をともなわざるをえなかった。また、松江の董氏は悪辣な手段で利殖をはかり、一代で巨富を蓄え、そのために士民の反撥を招き、一大騒動を巻き起すにいたった。蘇州の顧氏は同じ郷紳を相手とする抗争、家奴の離反に悩まされた。そして、紹興祁氏の日記は、郷紳の日常を最も詳細に伝えている。

すなわち、祁彪佳は「癖」としての蔵書や園林や梨園の趣味に生き、儒仏道の三教を究める努力を怠らず、読書と修養の日々を過す傍ら、師友との交際、書信の往来をつうじて政治の動向をうかがい、王朝の前途に不安を感じながらも地方行政への関心を失わず、時として積極的に関与することがあった。また、私的には家産の管理、族人の養贍、佃戸の寛恤に務めるなど、族務を処理するばかりか、地域紛争の調停、郷賢祠の再建、医薬局の設立と経営、飢民の救済、放置された屍体の埋葬、獄囚への配慮など、本来ならば、行政の担当すべき分野にまで、幅広く活動の場を拡げていたことがわかっている。

こうした彼の行状によって、郷紳は在郷の有識者・指導者として、「刑名銭穀」つまり裁判と徴税以外の業務、たとえば殖産興業などにはほとんど関わることのなかった地方官僚と行政のもとで、庶民のための自治的組織を企画し運営する役割を演じたことが知られるであろう。庶民にとって、郷紳（士）は官よりも身近な存在であったといえようが、喧伝される悪業とは別に、郷紳にはこのような側面があった事実も、見逃されてはならない。そこにこそ、「天下の儀表」たるべき彼らの、本来あるべき実像が描き出されているのである。

そして、郷紳の傍らには、同じ士大夫・知識人・教養人でありながら、別の人生を選択した人たちがいた。時には市隠などとよばれた人々であり、人数は多くはなかったが、彼らの所行は、郷紳のそれと対比して、注目されて然るべきであろう。彼らは自ら責務と意識したところに、忠実に生きることをつうじて、郷紳への批判的存在であったともいえるのである。

最後に一つ、郷紳が超エリートであったことに触れておきたい。その最下層におかれる生員を例にとるならば、顧炎武が記すとおり、明末の時期に、その数は五十万であった。これに対して、何炳棣の人口問題研究書(1)によれば、明代の人口は国初の六千五百万から、明末＝一六〇〇年頃までには一億五千万に増加したというから、明末の時点において、生員の数は総人口のうち、わずか〇・三三パーセントを占めるにすぎない。生員の数がむやみに増え、学力の低下が憂慮された明末においてすら、この低い比率であった。

監生の総数については、それを明らかにする材料をもたないが、明末に近づくにつれて財政は逼迫し、捐納の監生をより多く採用する必要に迫られたであろうと想像できる。したがって、仮りに生員と同じ程度であったとすれば、五十万とみることも不可能ではあるまい。そして、再び何炳棣(2)によれば、明末における一世代の平均的な挙人の総数は、おそらく一万人程度であったろうと推計されている。とするならば、進士の数は多くても千数百人前後であったとみて、大きな誤りはないのではなかろうか。

以上はあくまで、推計にもとづく大雑把な数字ではあるが、生員五十万、監生五十万、挙人一万、進士千数百人とするならば、明末において郷紳の範疇に属した人の数は、一世代の平均で百一・二万ということになろう。総人口に占める比率は〇・七パーセントを越えない。ちなみに、わが江戸時代の武士がほとんど城下町に生み、人口の一〇パーセントくらいであったとされるのとは、比較にならない少数者であった。郷紳を論ずる際、この数字は常に記憶さるべきであろう。

補注

（1） Ping-ti Ho（何炳棣）: *Studies on the Population of China 1368～1953.*（1959）その後、中国においても、同類の書が幾つか出版されているが、それらの指摘する数字は、何炳棣のそれとほとんど変らない。たとえば、葛劍雄主編の中国人口史（復旦大学出版会）第四巻には、明末の人口は一億五二五〇万前後であったといい、路遇・勝澤之の中国人口通史（山東人民出版社）下巻は、時期を明らかにしないまま、明代最高の人口数は一億六六三〇万としている。

（2） Ping-ti Ho（何炳棣）：*The ladder of Success in I mpeial china.* 寺田・千種訳本・一八五頁。附記しておくと、明一代二七七年間に誕生した進士の総数は二万二千五百七十七人であった（同書七九頁）。一年当り八十一・五人となるが、彼らが進士として二〇年生きるとすれば、常時、千六・七百人が在世した計算になる。

寺田隆信　著作目録

著書・編書

1　永楽帝　人物往来社　一九六六年三月
2　山西商人の研究——明代における商人および商業資本——　東洋史研究会　一九七二年十一月
3　中国の歴史⑥元・明（愛宕松男氏と共著）　講談社　一九七四年十一月
4　鄭和——中国とイスラム世界を結んだ航海者——　清水書院　一九八一年八月
5　中国の大航海者・鄭和　清水新書（〇五二）　一九八四年十月
6　好太王碑探訪記（井上秀雄氏と共編）　日本放送出版協会　一九八五年三月
7　好太王碑——五十年ぶりに見た高句麗の遺跡——　ぎょうせい　一九八五年九月
8　山西商人研究（張正明・道豊・孫耀・閻守誠訳）　山西人民出版社　一九八六年六月
9　鄭和（庄景輝訳）　海洋出版社　一九八八年十二月
10　永楽帝（中公文庫）　中央公論社　一九九七年二月
11　物語中国の歴史——文明史的序説——（中公新書）　中央公論社　一九九七年四月
12　モンゴルと大明帝国（講談社学術文庫）　講談社　一九九八年二月
13　紫禁城史話——中国皇帝政治の檜舞台——（中公新書）　中央公論新社　一九九九年三月
14　明代郷紳の研究　京都大学学術出版会　二〇〇九年九月

訳書

1　社会発展史講話（北京師範大学政治教育系政治経済学組他編著）　東方書店　一九七八年五月

2　科挙と近世中国社会——立身出世の階梯——（何炳棣著）（千種眞一氏と共訳）（Ping-ti Ho; *The Ladder of Success in Imperial China—Aspects of Social Mobility*, 1368~1911）　平凡社　一九九三年二月

論文

1　明代蘇州平野の農家経済について　東洋史研究第十六巻一号　一九五七年六月

2　蘇・松地方に於ける都市の棉業商人について　史林第四十一巻六号　一九五八年十一月

3　雍正帝の賤民開放令について　東洋史研究第十八巻三号　一九五九年十二月

4　商品生産と地主制をめぐる研究——明清社会経済研究史の諸問題（一）——　東洋史研究第十九巻四号　一九六一年三月

5　一九六一年の歴史学界——回顧と展望——明清　史学雑誌第七十一編五号　一九六二年五月

6　明代における辺餉問題の一側面——京運年例銀について——　清水博士追悼記念明代史論叢（大安）　一九六二年六月

7　民運糧と屯田糧——明代における辺餉問題の一側面（二）——　東洋史研究第二十一巻二号　一九六二年十月

8　開中法の展開　明代満蒙史研究（京都大学文学部）　一九六三年十月

9 清朝の海関行政について　史林第四十九巻二号　一九六六年三月
10 一条鞭法の研究史　文化第三十巻三号　一九六六年十一月
11 明代における北辺の米価問題について　東洋史研究第二十六巻二号　一九六七年九月
12 蘇州踹布業の経営形態　東北大学文学部研究年報第十八号　一九六八年三月
13 明末における銀の流通量について　田村博士頌寿東洋史論叢　一九六八年五月
——あるいは蔣臣の鈔法について——
14 明清時代の商業書について　集刊東洋学第二十号　一九六八年十月
15 明清時代における商品生産の展開　岩波講座世界歴史⑫　中世6　一九七一年二月
※16 山西絳州韓氏の家産分割文書について　文化第三十五巻四号　一九七二年三月
※17 陝西同州の馬氏　東洋史研究第三十三巻三号　一九七四年十二月
——明清時代における郷紳の系譜——
18 揚州の痩西湖——「山西商人の研究」補遺——　集刊東洋学第三十四号　一九七五年十一月
※19 蘇州の哭廟案について　星博士退官記念中国史論集　一九七八年一月
20 王艮の家系について　加賀博士退官記念中国文史哲学論集　一九七九年三月
（講談社）
21 湖広熟天下足　文化第四十三巻一・二号　一九七九年九月
22 西安の清真大寺　集刊東洋学第四十三号　一九八〇年五月
23 明代的陝西商人（中文）　陝西歴史学会会刊第二期　一九八一年二月
※24 「郷紳」について　文化第四十五巻一・二号　一九八一年九月
25 関于〝郷紳〟（中文）　明清史国際学術討論会論文集（天津　一九八二年七月
人民出版社）
26 新安商人と山西商人　中世史講座③中世の都市（学生社）　一九八二年八月
※27 林希元の『家訓』について　中国における人間性の探求（創文　一九八三年二月

社）

※28 明代泉州回族雑考　東洋史研究第四十二巻四号　一九八四年三月

29 湖広熟天下足（中文）　徽商研究論文集（安徽人民出版社）　一九八五年十月

30 山西票号覚書
　——『山西商人の研究』補遺之二——　集刊東洋学第五十四号　一九八五年十一月

31 校定元典章兵部（上）　東北大学東洋史論集第二輯　一九八六年一月

32 蘇州的踹布業（中文）　外国社会科学情況一九八六年第六期　一九八六年十二月

※33 祁彪佳と顔茂猷
　——「迪吉録序」の書かれた頃——　道教と宗教文化（平河出版社）　一九八七年三月

※34 紹興祁氏の「澹生堂」について　東方学会創立四十周年記念東方学論集　一九八七年六月

35 清代北京の山西商人
　——（附）天津估衣街の山西会館——　東北大学東洋史論集第三輯　一九八八年一月

36 校定元典章兵部（中）　東北大学東洋史論集第三輯　一九八八年一月

37 校定元典章兵部（下）　東北大学東洋史論集第四輯　一九九〇年一月

38 鄭和下西洋余聞　山根幸夫教授退官記念明代史論叢上巻（汲古書院）　一九九〇年三月

39 清代北京的山西商人
　——附天津估衣街的山西会館——（中文）　鄭天挺記念論文集（中華書局）　一九九〇年三月

40 関于北京歙県会館（中文）　中国社会経済史研究　一九九一年第一期（傅衣凌学術記念専号）　一九九一年一月

※41 近世士人の読書について　新野直吉・諸戸立雄両教授退官記念歴史論集（みしま書房）　一九九一年二月

4　「……論（アジア経済研究

44　The Chinese Gentry　歴史第八十二輯

※45　士人の史的教養について——あるいは『資治通鑑』の流布について——　東北大学文学部研究年報第四十四号　一九九五年三月

※46　明末北京の官僚生活について　いわき明星大学人文学部研究紀要第九号　一九九六年三月

47　中世士人の賭博について　集刊東洋学第七十六号　一九九六年十一月

※48　はじめて『通鑑』を読んだ日本人　東方学会創立五十周年記念東方学論集　一九九七年五月

49　囲碁考——中国中世の遊戯と賭博——　いわき明星大学人文学部研究紀要・開学十周年記念特別号　一九九七年十月

※50　張岱略伝——ある市隠の生と死——　いわき明星大学人文学部研究紀要第十五号　二〇〇二年三月

51　有智子内親王の詩をめぐって　東北大学東洋史論集第十輯　二〇〇五年三月

※52　沈周略伝——市隠の生き方について——　東北大学東洋史論集第十一輯　二〇〇七年三月

※53　顧炎武「生員論」をめぐって

書　評

1　傅衣凌『明清時代商人及商業資本』　東洋史研究第十六巻二号　一九五七年九月

2 Ping-ti Ho; *Studies on the Population of China,* 東洋史研究第二十巻四号 一九六二年三月
3 仁井田陞『中国法制史研究』（全四冊） 東洋史研究第二十三巻四号 一九六五年三月
4 王毓銓『明代的軍屯』 東洋史研究第二十五巻二号 一九六六年九月
5 横山英『中国近代化の経済構造』 東洋史研究第三十一巻三号 一九七七年十二月
6 奥崎裕司『中国郷紳地主の研究』 集刊東洋学第四十二号 一九七九年十月
7 田中正俊「明清時代の問屋制前貸生産について——衣料生産を主とする研究史的覚え書——」 法制史研究三五 一九八六年三月
8 小野和子「山西商人と張居正——隆慶和議を中心に——」 法制史研究三七 一九八八年三月

索引

1 宋代文集索引（温国文正司馬文集索引） 東洋史研究会 一九七〇年三月
2 宋会要輯稿　食貨索引　人名・書名篇（塩法） 東洋文庫宋代史研究委員会 一九八二年三月
3 宋会要輯稿　食貨索引　年月日・詔勅篇（塩法） 東洋文庫宋代史研究委員会 一九八五年二月
4 宋会要輯稿　食貨篇　社会経済用語集成 東洋文庫前近代中国研究班 二〇〇八年三月

雑録

1 中国世界の変容 世界歴史⑤（人文書院） 一九六六年七月
2 明代遷民碑　資料紹介と解説 集刊東洋学第十七号 一九六七年五月
3 近代日中交渉史・文献と解題 アジア・アフリカ文献解題2・中国 文化関係[illegible] 一九六八年一月

4	宮城県図書館蔵坤輿万国全図	みやぎ一九六八年十・十一月号	一九六八年十・十一月
5	十五・十六世紀の日本と中国	国民の歴史⑩月報（文英堂）	一九六八年十一月
6	明の建国——農民起義から中華の回復へ——	日本と世界の研史⑪（学研）	一九七〇年六月
7	人頭税の廃止——一条鞭法から地丁銀制へ——	日本と世界の歴史⑮（学研）	一九七〇年十一月
8	張居正——鉄腕宰相の治績——	歴史と人物（中央公論社）	一九七三年十一月
9	北京大学社会科学代表団を迎えて	龍渓第十三号	一九七五年四月
10	魯迅の故地を訪ねて	朝日新聞（宮城版一九七五・四・六）	一九七五年四月
11	訪中雑感三則	日本と中国（宮城）第二十四号	一九七六年二月
12	愛宕松男先生の業績と学風	文化第三十九巻三・四号	一九七六年三月
13	中国研究者の訪中	日中文化交流第二三〇号	一九七六年四月
14	日本人にとっての中国	飛翔（第一回仙台市勤労青年日中友好の翼訪中団報告集）	一九七六年四月
15	塔から塔へ	日中仏教第三号	一九七六年五月
16	ある感想——魯迅展によせて——	図書新聞（一九七六・十一・二〇）	一九七六年十一月
17	中国の外国語教育について	かけはし（宮城学院高校ＰＴＡ会誌）第二号	一九七七年七月
18	「痩西湖」名称の起源について	集刊東洋学第三十九号	一九七八年六月
19	中国における明代史研究の概況　附〔資料紹介〕太原双塔寺近渓隠君家訓碑	明代史研究第七号	一九七九年十一月
20	現代化と近代化	社会科学の方法一二七号	一九八〇年一月
21	中国人の歴史認識	信濃毎日新聞（一九八〇・三・十四）	一九八〇年三月
22	明清史国際学術討論会	集刊東洋学第四十四号	一九八〇年十月

23	鄭和	季刊マンパワー創刊号（発見の巻）	一九八〇年十一月
24	魯迅先生生誕百周年記念祭によせて	日中文化交流第三〇五号	一九八一年九月
25	旧中国の受験勉強	朝日新聞（一九八一・九・二九）	一九八一年九月
26	洪武帝	人物中国の歴史　第八巻（集英社）	一九八二年一月
27	鄭天挺先生の生涯と業績	明代史研究第十号	一九八二年三月
28	「教科書問題」の根底にあるもの	日中文化交流第三二八号	一九八二年十月
29	日本東北大学寺田隆信教授在我院部分教師座談会上談山西商人之研究（中文）	山西財経学院学報総第十四期	一九八二年十月
30	寺田隆信談鄭和研究的几个問題（中文）	中国社会経済史研究　一九八二年第三期	一九八二年十一月
31	中国の大学入試制度	河北新報（一九八三・一・十三）	一九八三年一月
32	福建省鄭成功研究学術討論会	明代史研究第十一号	一九八三年三月
33	鄭和のふるさと	月刊百科第二四六号（平凡社）	一九八三年四月
34	清陵見聞記	世界の歴史⑨最後の東洋的社会（中公バックス）附録	一九八三年四月
35	留学雑記	社会科学の方法第一六八号	一九八三年六月
36	来新夏「地方志研究の状況と趨勢」（訳）	東北大学東洋史論集第一輯	一九八四年一月
37	線装の本	木這子（東北大学附属図書館報）第八巻四号	一九八四年二月
38	中国のたばこ	月刊百科第二五八号	一九八四年四月
39	好太王碑を語る	河北新報（一九八四・七・二八）	一九八四年七月
40	好太王碑を現地に見る	出版ダイジェスト第一一〇六号	一九八四年十月

41 甲子訪碑雑感　東方第四十六号　一九八五年一月
42 嗅ぎタバコの話　中国のたばこ第二号　一九八五年七月
43 一冊の本から・宮崎市定・中国史（岩波全書）　東北大学新聞（一九八六・三・一五）　一九八六年三月
44 「彩色版」によせて　北京風俗図譜（平凡社）　一九八六年六月
45 三百年前の『北京風俗図譜』　月刊百科第二八六号　一九八六年八月
46 『北京風俗図譜』介紹　日中文化交流第四〇六号　一九八六年八月
47 マルコ・ポーロと鄭和　（新）中国の旅第四巻（講談社）　一九八六年八月
48 永楽銭　日本の歴史二十二（週刊朝日百科）　一九八六年八月
49 黄河の話　仙台南ロータリークラブ週報（一九八六・十・三十）　一九八六年十月
50 明代の政治と文化――庶民生活の向上――　日本の歴史三十三（週刊朝日百科）　一九八六年十一月
51 中国の独眼竜　河北新報（一九八七・二・十四）　一九八七年二月
52 記念創刊五周年筆談（中文）　中国社会経済史研究　一九八七年第二期　一九八七年五月
53 ラスト・エンペラーの天津脱出行（上・下）　河北新報（一九八七・五・九／十一）　一九八八年五月
54 元号（年号）について　河北新報（一九八七・一・八）　一九八九年一月
55 清朝皇帝の文化事業と文物愛玩　清朝宮廷文化展図録　一九八九年九月
56 楽器を鳴らして客をよぶ――街頭の中国職人――　世界の歴史五十九（週刊朝日百科）　一九九〇年一月
57 宦官の航海者・鄭和　世界の歴史六十三（週刊朝日百科）　一九九〇年二月
58 淡路丸船長の日記――宣統廃帝の天津脱出行――　東方第一一二号　一九九〇年七月
59 追憶鄭天挺先生（中文）　鄭天挺学記（三聯書店）　一九九一年四月
60 鄭和十題　北海タイムス（一九九一・七・十～十九）　一九九一年七月

61 中国の教育的父親像　えぬぶん第一四九号　一九九一年八月
62 『韃靼漂流記』解題　平凡社・東洋文庫五三九　一九九一年九月
63 これを仰げば弥いよ高く　宮崎市定全集　月報一（岩波書店）　一九九一年十月
64 内部に絵もえがかれた芸術的な鼻煙壺　季刊民族学第五十八号　一九九一年十月
65 わたしのシベリア見聞記（一・二・三）　東北大学学報一三〇五～七号　一九九一年十～十一月
66 無題　広幼四十九期生会文集　一九九一年十一月
67 イルクーツクの日本語学校（上・下）　河北新報（一九九一・十二・一／三）　一九九一年十二月
68 曾我部静雄博士追悼の辞　東北大学東洋史論集第五輯　一九九二年一月
69 はじめて世界を一周した日本人　――仙台漂民津太夫らのこと――（上・中・下）　仙台経済界第五十～五二号　一九九二年二～六月
70 中国古代の遊戯と賭博（上・下）　月刊百科第三六五・三六六号　一九九三年三・四月
71 土木工事の中国史（一・二・三）　SCAPE第二一～二三号　一九九三年三・六・九月
72 東洋史の百年（上・下）　河北新報（一九九四・一・二十／二三）　一九九四年一月
73 樗蒲考――中国中世の遊戯と賭博――（上・下）　月刊百科第三八〇・三八二号　一九九四年六・八月
74 孔子の墓　えぬぶん第一八九号　一九九四年十二月
75 雙陸（双六）考――中国中世の遊戯と賭博――　月刊百科第三八六号　一九九四年十二月
76 帰鳥妄語　東北大学学報一三八四号　一九九五年一月
77 定年退休の春に　河北新報（一九九五・二・二五）　一九九五年二月
78 文学部とは何か　東北大学文学部概要　一九九五年三月
79 宮崎市定先生追悼　共同通信社配信（一九九五・五・二六）　一九九五年五月
80 安全ということ　建設通信新聞（一九九五・七・五）　一九九五年七月
81 食は中華に在り　仙台経済界第七十四号　一九九五年八月

82　人師は遭い難し　東洋史研究第五十四巻四号宮崎市定博士追悼録　一九九六年三月
83　複製本「坤輿万国全図」のために　臨川書店「坤輿万国全図」内容見本　一九九六年十月
84　劉基小伝　歴史読本　一九九六年十一月号（人物往来社）　一九九六年十一月
85　内藤湖南博士生誕一三〇年（上・下）　秋田魁新報（一九九六・十一・十五／十八）　一九九六年十一月
86　京都と仙台の間　小川環樹著作集第三巻月報（筑摩書房）　一九九七年三月
87　取宝船団の活動――鄭和の西洋下り――　しにか八巻七号　一九九七年七月
88　「論語」私見　聖教新聞（一九九七・八・十九）　一九九七年八月
89　孔子はグルメだった　河北新報（一九九七・十・五）　一九九七年十月
90　太祖朱元璋　歴史と旅・増刊号九十（秋田書店）　一九九八年一月
91　京都学派の成立――湖南追想――　湖南第十八号　一九九八年三月
92　明の崇禎帝　中国の群雄第八巻（講談社）　一九九八年四月
93　世界遺産「平遥古城」について　明星学苑報第二号　一九九八年十二月
94　湖南と露伴　湖南第十九号　一九九九年五月
95　西太后という「女帝」（上・下）　福島民報（一九九九・五・八／九）　一九九九年五月
96　「海のシルクロード」略史　世界美術大全集東洋篇第八巻（小学館）月報　一九九九年五月
97　都城北京の簡史　ＮＩＲＡ政策研究十二巻十号　一九九九年十月
98　辰年と餃子の話　文化福島三三七号　二〇〇〇年一月
99　明の崇禎帝（韓文）（キム・ジョンヒ訳）　大徳文化社　二〇〇〇年二月

100 読書の伝統（一・二・三）　いわき明星大学図書館報　二〇〇〇年七・十月・〇一年六月
101 先学を語る——宮崎市定博士——　東方学第百輯　二〇〇〇年九月
102 天道は是か非か　うえいぶ第二十五号　二〇〇一年二月
103 内藤湖南博士の書軸　湖南第二十一号　二〇〇一年三月
104 妄議一篇　いわき民報（二〇〇一・五・三〇）　二〇〇一年五月
105 新春随想——河合隼雄博士との対話から——　いわき明星大学報第二十二号　二〇〇二年一月
106 内藤湖南博士の書軸（二）　湖南第二十二号　二〇〇二年三月
107 ほどほどの説　日本万歩クラブ会誌四四五号　二〇〇二年七月
108 曹操の死　ＮＨＫその時歴史が動いた「三国志英雄伝」　ＫＴＣ中央出版　二〇〇二年九月
109 私の半生（一～三十二）　福島民友新聞（二〇〇二・十一・二九～十二・三一）　二〇〇二年十一月～十二月
110 羊のイメージ　教育学術新聞（二〇〇三・二・十二）　二〇〇三年二月
111 銭婉約「内藤湖南関于清朝史的研究」を読む　湖南第二十三号　二〇〇三年三月
112 明・崇禎帝（王詩怡編訳）（中文）　思文堂　二〇〇三年六月
113 士は己れを知る者の為に死す　うえいぶ三十号　二〇〇三年八月
114 燕窩（燕巣）の伝来　環（藤原書店）第十六号　二〇〇四年一月
115 「明治の青年」内藤湖南　湖南第二十四号　二〇〇四年三月
116 壮年期の内藤湖南　湖南第二十五号　二〇〇五年三月
117 内藤湖南の業績　週刊司馬遼太郎・街道をゆく　四八・秋田県散歩（朝日新聞社）　二〇〇五年十二月

118 中国における内藤湖南研究　湖南第二十六号　二〇〇六年三月
119 思い出すこと　清水宏幸先生追悼集　二〇〇六年九月
120 内藤湖南の文明史観　新しい漢字漢文教育四四号・湖南第二十七号　二〇〇七年六月
121 「湖南全集」読書箚記　湖南第二十八号　二〇〇八年三月

追　記

一九五七年三月、大学院の修士課程を修了するに際して提出した論文「明代蘇州府の発展と農村の変貌」の一部を、宮崎市定先生のお薦めで整理発表してから、五十余年の歳月が経過した。その間に書きとどめたのが、「著作目録」に列記した諸篇である。今後、少しは増えるかも知れないが、おそらく、それほど多くはならないであろう。

研究生活を回顧すれば、前半期の課題が「山西商人」であったのに対し、後半期のそれは「郷紳」であった。七十年代の当時、郷紳は注目の研究対象であったけれども、筆者がそれに関心をもつ直接の契機となったのは、一九八一年十月から翌年七月まで、文部省在外研究員として、中国で暮らした日々の実感であった。中国には今なお「士庶の区別」が存在するのではないか、少くとも人々の意識のなかには残存しているのではないか。そう思わざるをえない場面に屡々遭遇したのである。であるならば、それは基本的テーマであり、士人の生活と心理、あるいは郷紳のそれを明らかにすることは、中国の社会と歴史を理解するための捷径となりうるのではないか。このように考えて着手した研究の、一応の成果を提示したのが本書である。

ただ、もう少しはやく公けにするつもりであったが、俗務に振り回されて時期を失い、数年遅れとなったのは遺憾である。内心忸怩たるものがあるが、何とか目的を達成した満足感は否定できない。

本書の刊行については、夫馬進氏を煩わし、京都大学学術出版会の理解と協力をえている。とくに佐伯かおるさんには、格別の配慮をいただいた。記して感謝の意を表わしておかねばならない。

二〇〇九年七月二十六日

寺　田　隆　信

■ナ行

■ハ行

■マ行

■ヤ行

■ラ・ワ行

■タ行

■サ行

索　引

著者略歴

寺田隆信（てらだ・たかのぶ）

一九三一年（昭和六）五月、兵庫県姫路市に生まれる。京都大学大学院文学研究科博士課程（東洋史専攻）を単位取得して退学。京都大学文学博士。京都大学・東北大学・いわき明星大学に勤務。現在、東北大学名誉教授、鹿角市（秋田県）先人顕彰館名誉館長。

東洋史研究叢刊之七十三（新装版 11）

明代郷紳《みんだいきょうしん》の研究《のけんきゅう》

二〇〇九年九月二〇日　初版第一刷発行

著　者　寺《てら》田《だ》隆《たか》信《のぶ》

発行者　加藤重樹

発行所　京都大学学術出版会

〒606-8305　京都市左京区吉田河原町一五-九京大会館内
電話〇七五(七六一)六一八二　FAX〇七五(七六一)六一九〇
URL http://www.kyoto-up.or.jp

印刷所　亜細亜印刷　株式会社

ISBN978-4-87698-531-9 C3322

ORIENTAL RESEARCH SERIES No.73

A Study on the Chinese Gentry in Ming Dynasty

by

Takanobu TERADA

Kyoto University Press

2009